한눈에 잡히는 형사법

윤동호

CRIMINAL LAW

박영사

　변호사시험의 과목 중 형사법은 형법과 형사소송법(형소법)으로 구성된다. 형법과 형소법의 중요 개념과 쟁점들이 출제된다. 경찰공무원시험도 형사법이라는 이름으로 치러지고 있다. 이에 따라 형사법의 중요 쟁점들을 한눈에 볼 수 있는 책이 있으면 변호사시험이나 (경찰)공무원시험을 준비하는 사람들에게 좋을 것 같다는 생각을 했다.

　이 책은 사례(스토리)를 통해 형사법의 핵심 개념과 쟁점을 이해하는 데 도움을 주고자 기획되었다. 특히 이해가 쉽지 않지만, 이해하지 못하면 시험에 합격하기 어려운 쟁점을 기출문제를 통해서 선별했다.

　이렇게 선정한 22개의 주제의 쟁점이 담긴 사례(스토리)를 제시하고 사례와 관련된 학설과 판례를 자세하게 설명한 후 이 내용을 제대로 이해했는지 확인해 볼 수 있게 하기 위해서 기출문제를 풀어 볼 수 있는 기회를 갖도록 했다. 그리고 해당 주제와 관련된 논의를 생각해 볼 수 있는 시간을 갖도록 하기 위해서 탐구과제를 제시했다. 형사법의 전문적인 내용이지만 형사법을 마음으로 느끼면서 호기심을 유발하고 시험에도 대비하며 비판적인 안목도 가지길 기대하는 마음을 담았다.

　형사법이 무엇이고, 시험에 어떻게 나오는지, 어떻게 공부하면 될지 깨닫는 데 도움이 되길 바란다. 이 책을 통해 형사법의 본질을 깨닫고 형사법의 핵심 개념과 쟁점에 대한 이해가 수월해져서 (경찰)공무원시험이나 변호사시험에 쉽게 합격하고, 이후 실력있는 형사법전문가로 활동할 수 있기를 진심으로 바란다.

　혹시 이 책에 오류가 있거나 의견이 있으면 이메일(pdhyun@kookmin.ac.kr)로 연락주시길 바란다.

2024년 3월 5일

윤동호

CONTENTS │ 차례

1강 형법＋형소: 형사법의 본질과 개관 및 형사제재론의 주요 쟁점 · · · 005

2강 형총＋형소: 위헌결정 이후 폐지된 간통죄와 재심의 본질 · · · 033

3강 형총＋형각: 낙태죄의 헌법불합치결정과 영아살해죄 폐지의 의미 및 미필적 고의 · · · 053

4강 형총＋형각: 과수원실화사건과 과실범의 공동정범 및 공모관계의 이탈 · · · 067

5강 형총＋형각: 보라매병원사건과 부작위범 및 퇴거불응죄 · · · 081

6강 형총＋형각: 현주건조물방화치사죄와 부진정결과적 가중범 및 위험범 · · · 101

7강 형법＋형소: 공무상비밀누설죄와 필요적 가담(공범, 정범) 및 공소시효 · · · 119

8강 형총＋형각: 성범죄의 체계와 준강간죄의 불능미수의 성부 및 불능범 · · · 133

9강 형총: 정당방위와 긴급피난의 구별과 피해자의 승낙 및 정당행위 · · · 157

10강 형총: 양심적 병역거부사건과 구성요건해당성조각사유 및 피해자의 양 · · · 171

11강 형총: 책임능력과 원인에서 자유로운 행위의 의미 · · · 183

12강 형총: 예비·음모죄의 중지미수와 방조범의 성부 · · · 195

13강 형총＋형각: 공범과 신분 및 간접정범과 문서범죄의 체계 · · · 207

14강 형총＋형각: 오상방위(誤想防衛)와 우연방위(偶然防衛) 및 명예범죄 · · · 231

15강 형각: 재산범죄의 체계와 동산양도담보물 임의처분의 형사책임 · · · 255

16강 형각: 방해범죄의 체계와 범인이 타인을 교사하여 범한 사법방해범죄 · · · 283

17강 형소: 친고죄의 고소불가분원칙과 반의사불벌죄 및 재정신청제도 · · · 301

18강 형소: 체포·구속과 석방제도 및 공판기일 전 판사의 강제처분 · · · 329

19강 형소: 수색·압수·감청·검증·감정유치(처분)의 원칙과 예외 · · · 371

20강 형총＋형소: 죄수 및 경합론과 기판력 내지 일사부재리효력 · · · 395

21강 형소: 피의자신문조서의 증거능력 요건과 형소법 제310조의2의 전문증 · · · 423

22강 형소: 법원의 공정성 확보와 상소제도 및 특별절차 · · · 459

■ 사항색인 · · · 500

■ 판례색인 · · · 511

01강

형법 + 형소: 형사법의 본질과 개관 및
형사제재론의 주요 쟁점

형법+형소: 형사법의 본질과 개관 및 형사 제재론의 주요 쟁점

형사법의 의의와 목적 및 원칙을 이해하여 형사법의 본질을 파악한다. 금지된 육체적 사랑을 소재로 형사법을 개관한다. 이어 형사제재론의 주요 쟁점을 본다.

사례

12세 남녀의 육체적 사랑은 처벌되는 범죄인가? 15세 남성과 19세 여성의 육체적 사랑도 범죄인가?

해결

1. 형사법의 의의와 개관

가. 형사법의 의의

형사제재권은 국가에게 있다. 그 행사는 범죄행위에 대해서만 가능하다. 법치국가이면 범죄의 성립요건 등을 비롯하여 형사제재 여부를 결정하는 요건을 법으로 정해놓아야 한다. 그런 규정을 총칭하여 형법이라고 한다. 무엇이 범죄이고, 이에 대해서는 어떠한 형사제재가 이루어질 수 있는지 규정한 법이 형법인 것이다.

어떤 행위가 형사제재가 부과될 수 있는 범죄에 해당한다는 사실을 적법한 절차에 따라 증거로써 판단하는 과정을 형사절차라고 한다. 이를 규정한 법률이 형사소송법이다. 형사법은 국가의 형사제재권 행사의 요건과 절차를 규정한 법이라고 할 수 있다.

나. 형사법 개관

형사법을 흔히 형법과 형사소송법 두 분야로 구별한다. 전자는 실체형법으로, 후자는 절차형법으로 각각 부르기도 한다. 그래서 형법과 형사소송법을 포함하여 형법이라고 부를 수도 있다. 그런데 형법이라고 부르면 흔히 실체형법을 말하는 것이다. 형사정책은 형법과 형사소송법의 바람직한 방향을 모색하는 분야이다.

형법은 흔히 범죄와 형사제재를 규정한 일반 법률인 형법전(법률)을 의미하지만, 이에 한정되지 않는다. 이 밖에도 범죄와 형사제재를 규정한 법률이나 규정이 많이 있다. 이들을 총칭하여 특별형법이라고 부르지만, 형법전에 견줘 모두 특별한 것은 아니다. 형법전은 형법총칙과 형법각칙으로 구성된다. 형법은 형법총칙과 형법각칙 및 특별형법 3가지 분야로 구별할 수 있다.

(1) 형법총칙 개관

형법총칙은 형법각칙에 규정된 범죄와 형벌에 공통적으로 적용되는 내용을 규정한 것이다. '제1장 형법의 적용범위'는 형법각칙의 범죄와 형벌이 언제, 어디에서, 누구에게 적용되는지 규정한 것이다. '제2장 죄'는 형법각칙의 범죄에 공통하는 개념인 고의, 과실, 부작위, 인과관계는 무엇이고, 이들 범죄의 위법성이나 책임이 어떤 경우에 부정될 수 있으며, 이들 범죄의 미수에는 어떤 형태가 있고 어떤 형벌을 받는지, 또 이들 범죄에 다수인이 가담하는 형태에는 어떤 것들이 있고 어떤 형벌을 받는지(정범 및 공범), 나아가 1인이 다수의 범죄를 저지른 때에는 어떤 형벌을 받는지(죄수 및 경합) 규정하고 있다. '제3장 형벌'과 '제4장 기간'은 이런 범죄의 형벌을 어떤 방식으로 선고하고 집행하는지 규정하고 있다.

아래 표는 흔히 형법총칙으로 불리는 형법전의 총칙과 흔히 보는 형법총칙 교과서를 비교한 것이다. 이 표에서 보면 형법전의 총칙은 크게 4개의 장(章)으로 이루어져 있다. 제1장과 제2장의 조문의 수가 제3장과 제4장의 조문의 수보다 적지만, 형법총칙에 관한 논의의 약 80%는 제1장과 제2장에 관한 내용이다.

형법전의 총칙			형법총칙 교과서		
제1장 형법의 적용범위 (제1조–제8조)			제1편 서론	형법의 의의·기능·역사, 형법의 적용범위, 행위론 죄형법정주의, 형법이론	
제2장 죄 (제9조–제40조)	제1절 죄의 성립과 형의 감면	책임	제2편 범죄론	구성요건론	
		구성요건		위법성론	
		위법성		책임론	
	제2절 미수범			미수론	
	제3절 공범			공범론	
	제4절 누범				
	제5절 경합범			죄수 및 경합론	
제3장 형 (제41조–제82조)	제1절 형의 종류와 경중		제3편 형벌론 또는 형사제재론	형벌	형벌의 의의
	제2절 형의 양정				형벌의 종류
	제3절 형의 선고유예				양형
	제4절 형의 집행유예				형의 유예
	제5절 형의 집행				형의 집행
	제6절 가석방				형의 시효와 소멸
	제7절 형의 시효				
	제8절 형의 소멸				
제4장 기간 (제83조–제86조)				보안처분	

(2) 형법각칙 개관

형법각칙은 다음 표에서 보듯이 모두 42개의 장(章)으로 이루어져 있는데, '국가적 법익–사회적 법익–개인적 법익'의 순서로 되어있다. 이런 체계에서 개인보다는 국가나 사회를 중시하는 국가주의 또는 전체주의적 경향을 읽을 수 있다. 흔히 보는 형법각칙 교과서는 '개인적 법익−사회적 법익−국가적 법익'의 순서로 이루어져 있다.

보호법익		형법전의 각칙	
공공적 법익 (공익)	국가적 법익	제1장 내란의 죄(제87조−) 제2장 외환의 죄 제3장 국기에 관한 죄 제4장 국교에 관한 죄	제7장 공무원의 직무에 관한 죄 제8장 공무방해에 관한 죄 제9장 도주와 범인은닉의 죄 제10장 위증과 증거인멸의 죄 제11장 무고의 죄
	사회적 법익	제5장 공안을 해하는 죄 제6장 폭발물에 관한 죄 제12장 신앙에 관한 죄 제13장 방화와 실화의 죄 제14장 일수와 수리에 관한 죄 제15장 교통방해의 죄 제16장 음용수에 관한 죄	제17장 아편에 관한 죄 제18장 통화에 관한 죄 제19장 유가증권, 우표와 인지에 관한 죄 제20장 문서에 관한 죄 제21장 인장에 관한 죄 제22장 성풍속에 관한 죄 제23장 도박과 복표에 관한 죄
개인적 법익 (사익)	인격적 법익	제24장 살인의 죄 제25장 상해와 폭행의 죄 제26장 과실치사상의 죄 제27장 낙태의 죄 제28장 유기와 학대의 죄 제29장 체포와 감금의 죄 제30장 협박의 죄	제37장의 권리행사방해죄 중 강요의 죄 제31장 약취와 유인 및 인신매매의 죄 제32장 강간과 추행의 죄, 제33장 명예에 관한 죄 제34장 신용, 업무와 경매에 관한 죄 제35장 비밀침해의 죄 제36장 주거침입의 죄
	재산적 법익	제37장 권리행사를 방해하는 죄 제38장 절도와 강도의 죄 제39장 사기와 공갈의 죄	제40장 횡령과 배임의 죄 제41장 장물에 관한 죄 제42장 손괴의 죄(−제372조)

(3) 형사특별법 개관

폭력행위 등 처벌에 관한 법률(폭처법), 특정범죄가중처벌 등에 관한 법률(폭처법), 특정경제범죄가중처벌 등에 관한 법률(특경법), 성폭력범죄의 처벌 등에 관한 특례법(성폭법), 아동·청소년의 성보호에 관한 법률(특경법), 가정폭력범죄의 처벌 등에 관한 특례법(폭처법), 정보통신망 이용촉진 및 정보보호 등에 관한 법률(정보통신망법), 도로교통법(도교법), 교통사고처리특례법(교특법) 등이 형사특별법에 해당한다. 형사특별법의 범죄는 안전범죄(사람의 안전을 위태롭게 하는 범죄)와 공정범죄(국가·사회·경제의 공정성을 위태롭게 하는 범죄)로 구별할 수 있다.

형사특별법에는 형법전에 없는 새로운 구성요건을 가진 다양한 개별 법률의 형벌규정(개별형법)도 있지만, 형법각칙의 범죄에 특별한 구성요건을 추가한 것이거나 단지 형벌을 가중한 경우(특별형법)도 있다. 그래서 구성요건이 중복되는 경우가 많아서 어느 법을 적용할지 많은 논란이 되고 있고, 죄수 및 경합론의 비중이 커졌다. 범죄행위 중 형법전으로 처벌되는 경우는 대략 50%에 불과하고, 나머지 50%는 형사특별법으로 처벌된다. 형사특별법을 만들 때는 형법전에 대한 충분한 검토를 한 후에 가능하면 형법전에 규정하여 법적용의 혼란을 최소화할 필요가 있다.

(4) 형사소송법 개관

형사절차는 형법이 규정한 범죄를 저질렀다고 의심되는 사람이 형사제재를 받기까지 거쳐야 하는 과정이다. 정식의 형사절차는 크게 ① 흔히 사법경찰관(형소법에서는 수사하는 경찰을 이렇게 부름) 이 담당하는 수사절차, ② 흔히 검사가 담당하는 공소절차, ③ 법원이 담당하는 공판준비 및 공판절차 세 단계로 구별할 수 있다.

피고인의 유·무죄를 판단하기 위해 법관 앞에서 진행되는 공판절차만을 가리켜 형사소송이라고도 한다. 따라서 형사소송법전은 형사소송만이 아니라 이를 포함하는 형사절차 전체를 규율하는 법이 므로 형사절차법이라고 해야 하지만, 흔히 이런 구별을 하지 않고 형사절차법과 형사소송법을 혼동 해서 쓴다. 공판절차는 '모두절차 → 심리절차(증거조사와 피고인신문) → 판결선고'의 순서로 진행 되는데, 2007년 개정형소법에서 그 순서가 다음 2가지에서 바뀌었다. 하나는, 인정신문에 앞서 진 술거부권의 고지가 이루어진다는 것이다. 다른 하나는, 증거조사 후에 피고인신문이 이루어진다는 것이다. 전자는 인정신문도 진술거부권의 대상이 됨을 분명히 한 것이고, 후자는 피고인의 무죄추정 권을 실질화하고 예단배제원칙을 강화하기 위한 것으로서 피고인의 지위강화를 의미한다.

종전	2007년 개정형소법
모두절차 • 인정신문(제284조) • 진술거부권 고지(제289조) • 검사의 기소요지 진술(임의적) • 피고인의 이익사실 진술(제286조)	모두절차 • 진술거부권 고지(제283조의2) • 인정신문(제284조) • 검사의 공소장 낭독의무(제285조) • 피고인의 공소사실 인정여부 진술, 이익사실 진술(제286조) • 재판장의 쟁점질문 및 검사, 변호인의 주장·입증계획 진술 가능(제287조)
심리절차 • 피고인신문(제287조) • 증거조사(제290조)	심리절차 • 증거조사(제290조): 증거조사의 순서(검사쪽 증거 → 피고인쪽 증거 → 직권) 규정신설(제291조의2) • 피고인신문(제296조의2)
판결선고 • 최종의견 　－검사의 논고와 구형(제302조) 　－변호인의 최종의견과 피고인의 최후진술(제303조) • 결심과 변론재개(제305조) • 판결선고	판결선고 • 최종의견 　－검사의 논고와 구형(제302조) 　－변호인의 최종의견과 피고인의 최후진술(303조) • 결심과 변론재개(제305조) • 판결선고(변론종결 당일, 제318조의4)

그러나 정식의 형사절차만 있는 것은 아니다. 국민의 형사재판 참여에 관한 법률(국민참여재판법)의 국민참여재판절차, 형소법 제448조의 약식절차, 즉결심판에 관한 절차법(즉결심판법)의 즉결심판 절차 등의 특별한 형사절차도 있다. 국민참여재판절차는 정식의 형사절차보다 복잡하지만, 약식절 차와 즉결절차는 정식의 형사절차보다 훨씬 단순하다.

2. 형법의 목적과 그 한계

가. 법익보호원칙

형법의 본질과 임무는 사회의 존립과 유지에 필요불가결한 기본가치를 보호하는 데 있다(2010도14328 전합). 그런 기본가치는 사람들이 공존하기 위한 최소조건으로서 이를 법익이라고 한다. 형법을 둔 목적은 법익을 보호하는 데 있다. 이를 법익보호원칙이라고 한다. 형법의 법익보호원칙은 "국가는 개인이 가지는 불가침의 기본적 인권을 확인하고 이를 보장할 의무를 진다"는 헌법 제10조 제2문에 근거한다. 법익은 개인적 법익과 공공적 법익으로 구별된다. 개인적 법익은 다시 인격적 법익과 재산적 법익으로 구별되고, 공공적 법익은 사회적 법익과 국가적 법익으로 구별된다.

나. 비례성원칙

형사제재는 여러 가지 제재수단 가운데 가장 가혹하다. 형법은 법익보호를 위해 범죄혐의자의 자유와 권리를 제한한다. 오·남용시 시민들이 입는 인권침해의 폐해는 크고 돌이킬 수 없다. 따라서 법익보호라는 형법의 목적과 형사제재라는 수단 사이에 비례성이 인정되어야 한다. 이를 비례성원칙이라고 한다. "국민의 모든 자유와 권리는 국가안전보장, 질서유지, 공공복리를 위하여 필요한 경우에 한해 법률로써 제한할 경우에도 자유와 권리의 본질적인 내용을 침해할 수 없다"는 헌법 제37조 제2항에 근거한다.

비례성원칙은 적합성, 필요성, 균형성 3가지 의미를 갖는다.[1] 적합성은 형법이라는 수단이 법익보호라는 목적을 달성하는 데 적합해야 한다는 의미이다. 형법이 실효성 없이 상징적으로만 존재하는 경우 형법은 적합성이 없는 것이다. 그런 형법을 상징형법이라고 한다. 낙태죄를 예로 들 수 있다. 필요성은 형법이 사회통제의 최후수단으로 사용되어야 한다는 원칙이다. 형법의 규율 대상은 다른 규범이나 사회적 통제수단으로는 해결할 수 없는 중대한 사회유해적 행위 또는 법익침해 행위에 한정되어야 한다 (2010도14328전합). 이를 형법의 보충성(ultima ratio) 또는 최후수단성이라고 한다. 예컨대 채무불이행에 대해서는 민법의 책임으로 충분하므로, 이를 사기죄로 처벌하는 것은 형법의 보충성원칙에 어긋난다고 할 수 있다. 그러나 형법의 보충성이 형사제재와 민사제재가 동시에 부과될 수 있는 경우에 민사제재가 부과된다면 형사제재가 배제됨을 의미하는 것은 아니다. 만일 이렇게 되면 형사제재규정을 둔 의미가 없어진다. 예컨대 사기죄가 성립할 경우 민법의 손해배상책임도 발생할 수 있다. 균형성은 형법 (수단)과 법익보호(목적) 사이에 균형을 이루어야 한다는 원칙이다. 법익보호(목적)를 이루기 위한 형법 (수단)이 개인의 기본권을 지나치게 침해해서는 안 된다는 의미이다. 균형성원칙에 따르면 범죄행위로 실현된 불법을 초과해서 책임을 물을 수 없다. 책임은 불법과 같거나 그것보다 낮게 정해져야 하고 책임이 없이는 형벌도 없다. 이를 책임원칙이라고 한다.

다. 죄형법정주의 개념과 파생원칙

(1) 개념

법익을 침해하는 행위일지라도 형법이 정한 범죄에 해당하지 않으면 처벌할 수 없다. 이를 죄형법정

---

1 이상돈, 형법강론, 박영사, 2017, 8면 이하.

주의라고 한다. 예컨대 군형법의 적용을 받지 않는 사람의 동성애는 처벌할 수 없다. 이를 처벌하는 규정이 없기 때문이다. 이는 '법률없으면 범죄없고 형벌없다(nullum crimen, nulla poena sine lege)'고 표현된다. "범죄의 성립과 처벌은 행위시의 법률에 의한다"는 형법 제1조 제1항은 형법의 시간적 적용범위에 관한 규정이지만, 죄형법정주의를 의미하기도 한다. 1992년 형법개정안[2]은 이를 명문화한다.[3] 헌법 제12조 제1항의 "법률과 적법한 절차에 의하지 아니하고는 처벌·보안처분 또는 강제노역을 받지 아니한다"는 것과 제13조 제1항의 "모든 국민은 행위시의 법률에 의하여 범죄를 구성하지 아니하는 행위로 소추되지 아니하며"라는 것도 이를 규정한 것이다.

죄형법정주의는 권력분립사상과 심리강제설에 이론적 근거가 있다. 형법의 마련은 입법부의 몫으로서 사법부나 행정부가 새로운 형법을 제정할 수 없다는 논리는 권력분립사상을 전제로 한 것이다. 또 심리강제설은 형법을 명시적으로 명확하게 규정해두면 공리적이고 합리적인 인간에게는 심리적인 범죄예방효과를 가질 수 있다는 이론으로, 일반예방이론의 논리적 근거가 된다. 이런 인간상은 근대의 계몽사상을 전제로 한 것이다.

죄형법정주의의 기능은 시민의 자유와 권리보장에 있다. 헌재는 이를 '이미 제정된 정의로운 법률에 의하지 아니하고는 처벌되지 아니한다는 원칙으로 무엇이 처벌될 행위인가를 국민이 예측가능한 형식으로 정하도록 하여 개인의 법적 안정성을 보호하고 성문의 형벌법규에 의한 실정법질서를 확립하여 국가형벌권의 자의적 행사로부터 개인의 자유와 권리를 보장하려는 법치국가 형법의 기본원리이다'라고 하고 있다(91헌가4).

죄형법정주의의 파생원칙에는 법률주의, 명확성원칙, 유추금지, 소급효금지로 4가지가 있다.

(2) 법률주의(성문법주의, 관습형법금지)와 백지(白紙)형법

법률주의란 범죄와 형벌은 법률에 규정해야 한다는 원칙을 말한다. 가장 강력한 규범인 형법규범의 정당성은 국민을 대표하는 국회가 만든(곧 민주적 정당성을 가진) 법률에서만 찾을 수 있다는 논리를 전제로 한 것이다.

개별형법에는 백지형법[4]이 많다. 2005. 5. 31 법률 제7545호로 전부개정되기 전 옛 도교법 제41조 제1항과 제107조의2 제1호[5]는 음주운전죄로 처벌되는 범죄의 구성요건인 '운전이 금지되는 술에 취한 상태의 기준'을 시행령인 대통령령으로 정하도록 했다. 이때 도교법은 백지형법이라고 하고, 그

---

2 1992년에 법무부가 내놓은 형법개정법률안(법무부, 형법개정법률안 제안이유서, 1992. 10)으로서 입법으로 이어지지는 않았지만 현행 형법에 의미가 있는 내용을 많이 담고 있다.
3 제1조(죄형법정주의) 법률에 의하지 아니하고는 누구든지 형벌 또는 보안처분을 받지 아니한다.
4 백지구형이란 말이 있다. 적의판단(검사가 결심 공판에서 형에 대해 특별한 의견이 없으니 법원이 형을 정해달라)을 요청하는 것을 말한다.
5 제41조(주취중 운전금지) ④ 제1항의 규정에 의하여 운전이 금지되는 술에 취한 상태의 기준은 대통령령으로 정한다.
제107조의2(벌칙) 다음 각호의 1에 해당하는 사람은 2년 이하의 징역이나 500만원 이하의 벌금의 형으로 벌한다.
1. 제41조 제1항의 규정에 위반하여 술에 취한 상태에서 자동차등을 운전한 사람
도교법 시행령 제31조(술에 취한 상태의 기준) 법 제41조의 규정에 의한 술에 취한 상태의 기준은 혈중 알콜농도가 0.05퍼센트 이상으로 한다.

시행령은 보충규범이라고 한다. 현재는 '운전이 금지되는 술에 취한 상태의 기준'이 도교법에 직접 규정되었다.[6] 백지형법은 헌법의 죄형법정주의나 과잉입법금지원칙에 위배되지 않는다(96초111). 위임입법은 죄형법정주의에 반하지 않는다(2002도2998).

옛 의료법 시행령 제18조 제1항은 위임입법의 한계를 벗어난 것으로서 무효라고 판례는 본다(2015도16014전합).[7] 법률의 시행령은 모법인 법률의 위임 없이 법률이 규정한 개인의 권리·의무에 관한 내용을 변경·보충하거나 법률에서 규정하지 아니한 새로운 내용을 규정할 수 없고, 특히 법률의 시행령이 형사처벌에 관한 사항을 규정하면서 법률의 명시적인 위임 범위를 벗어나 처벌의 대상을 확장하는 것은 죄형법정주의에도 어긋난다는 것이다. 이에 따라 의료법 제41조 제2항을 신설하여 직접적 위임규정을 둔다.[8]

(3) 명확성원칙

명확성원칙이란 범죄와 형벌을 규정한 법률의 내용이 명확해야 한다는 원칙을 말한다. 명확성원칙은 2가지 의미를 갖는다. 먼저 형벌의 명확성이다. 예비·음모를 처벌한다고만 규정하고 있을 뿐 그 형에 관하여 따로 규정하고 있지 않다면 죄형법정주의에 따라 예비·음모를 처벌할 수 없다(77도251). 또한 상대적 부정기형(소년법 제60조)은 허용되나 절대적 부정기형은 허용되지 않는다.

다음은 범죄구성요건의 명확성이다.[9] 선거운동의 자유를 제한하고 있는 공직선거법의 예시적 입법

---

6 제44조(술에 취한 상태에서의 운전금지) ① 누구든지 술에 취한 상태에서 자동차등을 운전하여서는 아니된다. ④ 제1항의 규정에 따라 운전이 금지되는 술에 취한 상태의 기준은 혈중알콜농도가 0.05퍼센트 이상으로 한다.
7 이 판결의 별개의견은 모법에 직접 위임규정을 두고 있지 않더라도 모법의 시행령이 모법의 입법취지와 관련 조항 전체를 유기적·체계적으로 봤을 때 모법의 해석상 가능한 것을 명시하거나 구체화한 것으로 볼 수 있을 때는 위임입법의 한계를 넘어선 것으로 볼 수 없으므로 옛 의료법 시행령 제18조 제1항은 무효는 아니지만 이 규정으로 의료법 제41조 위반 여부를 판단할 수 없다고 본다. 별개의견은 반대의견과 달리 다수의견과 결론은 같지만 그 이유가 다른 것을 말한다.
8 의료법 제90조(벌칙) 제41조를 위반한 자는 500만원 이하의 벌금에 처한다.
  개정 이전 의료법 제41조(당직의료인) 각종 병원에는 응급환자와 입원환자의 진료 등에 필요한 당직의료인을 두어야 한다.
  의료법 시행령 제18조(당직의료인) ① 법 제41조에 따라 각종 병원에 두어야 하는 당직의료인의 수는 입원환자 200명까지는 의사·치과의사 또는 한의사의 경우에는 1명, 간호사의 경우에는 2명을 두되, 입원환자 200명을 초과하는 200명마다 의사·치과의사 또는 한의사의 경우에는 1명, 간호사의 경우에는 2명을 추가한 인원 수로 한다. ② 제1항에도 불구하고 정신병원, 재활병원, 결핵병원 등은 입원환자를 진료하는 데에 지장이 없도록 해당 병원의 자체 기준에 따라 배치할 수 있다.
  개정 이후 의료법 제41조(당직의료인) ① 각종 병원에는 응급환자와 입원환자의 진료 등에 필요한 당직의료인을 두어야 한다. ② 제1항에 따른 당직의료인의 수와 배치 기준은 병원의 종류, 입원환자의 수 등을 고려하여 보건복지부령으로 정한다.
9 판례는 명확성원칙을 다음과 같이 이해하고 있다(2006도920. 同旨: 2013도12939). "① 명확성원칙은 <u>법률이 처벌하고자 하는 행위가 무엇이며 그에 대한 형벌이 어떠한 것인지를 누구나 예견할 수 있고, 그에 따라 자신의 행위를 결정할 수 있도록 구성요건을 명확하게 규정하는 것을 의미한다.</u> 그러나 처벌법규의 구성요건이 명확하여야 한다고 하여 모든 구성요건을 단순한 서술적 개념으로 규정하여야 하는 것은 아니고, 다소 광범위하여 법관의 보충적인 해석을 필요로 하는 개념을 사용하였다고 하더라도 <u>통상의 해석방법에 의하여 건전한 상식과 통상적인 법감정을 가진 사람이면 당해 처벌법규의 보호법익과 금지된 행위 및 처벌의 종류와 정도를 알 수 있도록 규정하였다면 처벌법규의 명확성에 배치되는 것이 아니다.</u> 또한 ② 어떠한 법규범이 명확한지 여부는 그 법규범이 수범자에게 법규의 의미내용

형태, 예컨대 '그 밖에 이와 유사한 것'은 선거에 영향을 미치기 위한 매체나 수단을 의미하므로 명확성원칙에 반하지 않고, UCC(이용자제작콘텐츠)도 이에 해당한다(2007헌마718). 그러나 헌재는 옛 전기통신사업법 제53조 제2항이 '제1항의 규정에 의한 공공의 안녕질서 또는 미풍양속을 해하는 것으로 인정되는 통신의 대상 등은 대통령령으로 정한다"고 한 것은 아래 이유로 위헌이라고 본다(99헌마480). 먼저 너무나 불명확하고 모호하다. 이런 모호성·추상성·포괄성으로 말미암아 필연적으로 규제되지 않아야 할 표현까지 다함께 규제하게 되어 과잉금지원칙에 어긋난다. 포괄위임입법금지원칙에 위배된다. 헌재는 전기통신기본법의 허위통신죄[10]가 표현의 자유를 침해하는 위헌이라고 본다(2008헌바157). "공익"과 "허위"란 말은 명확성원칙에 어긋나고, 이로써 헌법이 (인터넷에서 특히) 보호해야 할 표현까지도 금지되어 과잉금지원칙에 어긋난다.

(4) 유추(해석)금지

문언의 가능한 의미를 벗어나서 피고인에게 불리하게 해석하는 것은 자의적 법적용으로서 유추 또는 유추해석이고, 이는 금지된다. 따라서 형벌법규의 해석에 있어서 유추해석이나 확장해석도 피고인에게 유리한 경우에는 가능하나 그 해석이 문리를 넘어설 경우에는 그렇게 해석하지 아니하면 그 결과가 현저히 형평과 정의에 반하거나 심각한 불합리가 초래되는 경우에 한하여야 할 것이고, 그렇지 않는 한 입법자가 그 나름대로의 근거와 합리성을 가지고 입법한 경우에는 입법자의 재량을 존중해야 한다(2004도4049).

'외국에서 통용하는 지폐'에 '일반인의 관점에서 통용할 것이라고 오인할 가능성이 있는 지폐'도 포함시키는 해석은 유추해석 내지 확장해석이다(2003도3487). 필요적 감면 대상인 공직선거법 제262조의 자수를 '범행발각 전의 자수'로 한정하는 것은 유추해석이다(96도1167전합[11]). 전자장치 부착

을 알 수 있도록 공정한 고지를 하여 예측가능성을 주고 있는지 여부 및 그 법규범이 법을 해석·집행하는 기관에게 충분한 의미내용을 규율하여 자의적인 법해석이나 법집행이 배제되는지 여부, 다시 말하면 예측가능성 및 자의적 법집행 배제가 확보되는지 여부에 따라 이를 판단할 수 있다. 그런데 ③ 법규범의 의미내용은 그 문언뿐만 아니라 입법 목적이나 입법 취지, 입법 연혁, 그리고 법규범의 체계적 구조 등을 종합적으로 고려하는 해석방법에 의하여 구체화하게 되므로, 결국 법규범이 명확성 원칙에 위반되는지 여부는 위와 같은 해석방법에 의하여 그 의미내용을 합리적으로 파악할 수 있는 해석기준을 얻을 수 있는지 여부에 달려 있다."

10 전기통신기본법 제47조(벌칙) ① 공익을 해할 목적으로 전기통신설비에 의하여 공연히 허위의 통신을 한 자는 5년 이하의 징역 또는 5천만원 이하의 벌금에 처한다.

11 다수의견: 자수의 요건과 효과는 논리의 문제가 아니라, 자수의 두 가지 점(범죄를 스스로 뉘우치고 개전의 정을 표시하는 것으로 보아 비난가능성이 약함. 수사를 하는 데 용이할 뿐 아니라 형벌권을 정확하게 행사할 수 있어 죄 없는 자에 대한 처벌을 방지할 수 있음)을 고려한 입법정책의 문제인데, 이런 해석은 언어의 가능한 의미보다 제한함으로써 처벌범위를 실정법 이상으로 확대한 것으로서, 단순한 목적론적 축소해석에 그치는 것이 아니라, 형면제사유에 대한 제한적 유추를 통해 처벌범위를 실정법 이상으로 확대하는 것이라는 게 그 이유이다. 이는 위법성 및 책임의 조각사유나 소추조건의 범위를 제한적으로 유추적용하게 되면 행위자의 가벌성의 범위가 확대되어 행위자에게 불리하게 되는 것 또는 가능한 문언의 의미를 넘어 범죄구성요건을 유추적용하는 것과 같은 결과가 초래된다.

반대의견: 이런 해석은 범행발견에 아무런 기여를 한 게 없음에도 불구하고 특혜를 주는 것이어서 형의 필요적 면제를 규정한 입법 취지에 반하고, 범죄와 형벌의 균형에 관한 국민 일반의 법감정에 맞지 않아 정의와 형평에도 현저히 반하며, 제52조에 따라 형이 임의적 감경되는 범죄의 자수자, 특히 공직선거법의 다른 범죄자와 달리 아무런 합리적 이유도 없이 필요적 형면제라는 차별적 특혜를 받게 되어 헌법 제11조 제1항의 평등원칙위반이라는 위헌의 소지도 있다.

등에 관한 법률이 부착명령청구의 요건으로 정한 '성폭력범죄를 2회 이상 범하여(유죄확정판결 포함)'에 '소년보호처분을 받은 전력'을 포함시키는 것은 피고인에게 불리한 확장해석 또는 유추해석이다(2011도15057전합).

라. 소결

형법의 (법익)보호적 기능과 (인권)보장적 기능이 긴장관계에 있다고 보는 견해도 있다. 이에 따르면 예컨대 형법에 "건전한 국민감정에 반하는 행위는 … 처벌한다"는 규정을 두면 이로써 형법의 법익보호적 기능은 강화될 수 있지만, 인권보장적 기능은 현저히 약화된다. 그러나 형법의 원칙을 준수하며 형법의 목적을 추구해야 한다. 법익보호원칙은 비례성원칙과 죄형법정주의의 한계 안에서 추구해야 한다. 열명의 범인을 잡지 못해도 무고한 피해자는 한 명도 만들지 말아야 한다.

3. 형사소송법의 목적과 원칙

가. 실체적 진실주의

형사절차의 목적은 범죄의 성립 여부나 이를 전제로 한 형벌의 종류나 양형 등 구체적 법률관계의 확정에 있는데, 이는 사실관계의 확정(사실의 인정)을 전제로 한다. 이렇게 인정된 사실이 진실인 경우, 그 진실을 흔히 실체적 진실이라고 부르며, 형사절차의 목적을 실체적 진실 여부를 밝히는 데 두는 입장을 가리켜 실체적 진실주의라고 한다.

이는 민사소송이 추구하는 형식적 진실과 구별된다. 형식적 진실은 민사소송에서는 당사자의 공격과 방어를 통해 얻어진 사실이 진실이 아닐지라도(예컨대 원고의 주장이 거짓일지라도 피고가 다투지 않는 경우), 법률관계 확정의 전제가 될 수 있다는 의미를 가진 개념이다. 또 민사소송에서는 당사자가 자백한 사실은 증명을 요하지 않지만(민소법 제288조), 형사소송에서는 공판정 자백일지라도 자백만으로는 유죄를 인정할 수 없고 보강증거가 필요한데, 이를 자백보강법칙이라고 한다.

나. 적법절차원칙: 인권보장

이미 과거의 일이 된 사건의 실체적 진실을 밝히는 데는 여러 가지 제약이 따른다. 과거의 일을 다시 복원해내는 데는 인간의 인식능력과 기억력의 한계가 있을 수 있다. 또 실체적 진실보다 더 중요하게 다루어야 하는 다른 가치나 사회적 요청 때문에 진실을 묻어 두어야 할 때도 있다. 예컨대 피해자가 성범죄를 공론화하고 싶지 않을 수도 있다. 또한 어떠한 수단과 방법을 통해서라도 실체적 진실만 발견하면 그만인 것은 아니며, 일정한 절차를 준수하여 발견해야 한다. 이것이 바로 적법절차원칙이다. 헌법 제12조 제1항도 "법률과 적법한 절차에 의하지 아니하고는 처벌·보안처분 또는 강제노역을 받지 아니한다"고 규정하고 있다. 적법절차란 '법률이 정한 절차 및 그 실체적 내용이 모두 적정한 것'을 의미하고, 여기서 적정성은 공정하고 합리적이며 상당성이 있어 정의관념에 합치되는 것을 뜻한다(88초60).

적법절차원칙의 하부원칙에 관해서 다툼이 있을 수 있지만, 크게 공정한 재판의 원칙, 비례성원칙, 피고인보호원칙, 신속한 재판의 원칙으로 4가지를 들 수 있다.

다. 소결

두 이념 내지 목적의 관계에 관해 대립이 있다. 이원적 목적설은 형사절차는 실체적 진실주의와 적법절차원칙 두 목적을 동시에 추구하지만, 두 이념은 갈등관계에 있다고 보는 입장이다. 이에 따르면 예컨대 수사기관은 어떤 수단을 이용해서라도 실체적 진실을 발견하기만 하면 되는 것이 아니라 적법절차원칙에 따른 제한을 받으면서 실체적 진실을 발견해야 한다. 형사소송의 목적을 '적정절차에 의한 신속한 실체적 진실의 발견'으로 이해하는 판례(90도1229)가 이에 해당한다.

그러나 위 두 이념은 대립적인 갈등관계에 있지 않다고 보는 절차주의설이 옳다. 형사절차에서 진실은 인간의 인식능력이나 기억력의 한계를 전혀 고려하지 않은 실체적 진실이 아니라, 인간과 사회의 현실을 고려하고 적법절차에 따라 발견되는 절차적 진실이다. 이는 진실개념을 절차주의적으로 이해한 것이다. 이에 따르면 형사절차에서 진실은 발견되는 것이 아니라 구성되는 것이다. 인간의 인식능력의 한계로 인해 사건을 정확하게 복원하여 진실을 완벽하게 발견한다는 것은 불가능한 작업이고, 참여자들이 가능한 인식능력을 최대한 발휘하여 형사절차라는 무대에서 진실에 가깝게 재현하고 사건을 재구성할 수 있을 뿐이다.

4. 형법의 전반적인 이해

가. 범죄성립요건

범죄성립 여부의 판단은 흔히 3단계로 이루어진다. ① 구성요건해당성 여부를 판단하는 단계이다. 12세 남녀의 육체적 사랑, 15세 남성과 19세 여성의 육체적 사랑 모두 범죄이다. 형법 제305조 중 전자는 제1항에 해당하고, 후자는 제2항에 해당한다.

> 제305조(미성년자에 대한 간음, 추행) ① 13세 미만의 사람에 대하여 간음 또는 추행을 한 자는 제297조, 제297조의2, 제298조, 제301조 또는 제301조의2의 예에 의한다.
> ② 13세 이상 16세 미만의 사람에 대하여 간음 또는 추행을 한 19세 이상의 자는 제297조, 제297조의2, 제298조, 제301조 또는 제301조의2의 예에 의한다.

② 위 간음·추행죄의 구성요건해당행위가 위법성조각(阻却)사유(정당화사유)에 의해 위법성이 조각 또는 배제되는지 판단하는 단계이다. 구성요건해당성이 인정되고 위법성조각사유에 해당하지 않는 행위만을 불법행위라고 할 수 있다. 형법총칙은 위법성조각사유로 정당행위, 정당방위, 긴급피난, 자구행위, 피해자의 승낙의 5가지를 규정하고 있다. 형법각칙에 명예훼손죄에 대해서만 적용되는 특별한 위법성조각사유(제310조)가 있다. 그런데 위 간음·추행죄는 당사자의 합의가 있더라도 성립한다. 피해자의 승낙이 있더라도 위법성이 조각되지 않는다.

③ 위 간음·추행죄의 불법행위를 한 행위자의 책임을 조각 또는 배제시킬 만한 책임조각사유가 있는지 판단하는 단계이다. 불법행위를 한 사람일지라도 그 사람을 비난할 수 없는 경우도 있기 때문이다. 쉽게 말해 '죄가 있어도 미워할 수 없는 경우'도 있다. 형사책임능력이 없거나 행위자에게 그런 행위를 할 수밖에 없는 사정이 있는 경우이다. 이런 경우에는 행위는 나쁘지만 그 행위자에게 책임을 물을(귀속시킬) 수 없다. 형법은 책임조각사유로 책임무능력, 강요된 행위, 위법성의 착오의 3가지를 규정하고 있다.

나. 처벌조건 및 소추조건

범죄의 성립요건을 갖추었어도 인적 처벌조각사유(소극적 처벌조건)에 해당하면 처벌할 수 없다. 이를 흔히 처벌조건이라고 한다. 형법 제328조의 친족간특례규정이 이에 해당한다. V의 혼인외 출생자 甲이 V의 지갑에서 돈을 훔쳤는데, V가 甲을 민법 제855조에 따라 혼인 중의 출생자로 인정, 즉 인지(認知) 한 경우, 민법 제860조에 따라 인지의 소급효가 인정되므로 친족간특례규정이 적용되어 甲을 처벌할 수 없다(96도1731).

검사의 공소제기 여부에 피해자의 의사가 영향을 미치는 범죄도 있다. 친고죄와 반의사불벌죄가 이에 해당한다. 이런 피해자의 의사를 소추조건이라고 한다. 친고죄는 피해자의 처벌희망의사표시가 있어야 기소할 수 있는 반면, 반의사불벌죄는 피해자의 처벌희망의사표시가 없더라도 기소할 수 있다. 범죄의 성립요건과 처벌조건을 갖추었어도 소추조건을 갖추지 못하면 처벌할 수 없다.

5. 형사제재의 주요 쟁점

가. 형벌과 보안처분의 구별

(1) 형사제재의 의의와 본질

형사제재는 크게 형벌과 보안처분 2가지로 분류할 수 있다. 형법 제41조가 규정하고 있는 형벌은 9가지밖에 없다. 이는 크게 ① 생명박탈형(사형), ② 자유제한형(징역, 금고, 구류), ③ 자격제한형 (자격상실, 자격정지), ④ 금전납부형(벌금, 과료, 몰수)으로 구별할 수 있다. 보안처분의 예로는 소년법의 보호처분, 보호관찰, 사회봉사명령, 수강명령, 치료감호법의 치료감호나 치료명령, 보안관찰법의 보안관찰 등을 들 수 있다. 그런데 보안관찰은 행정처분이고, 나머지는 사법처분이다. 보안관찰처분은 보안관찰처분심의위원회의 의결을 거쳐 법무부장관이 결정하기 때문이다.

형벌의 목적이 범죄예방에 있다는 관점도 있으나 형벌은 그 자체에 주된 목적이 있다. 과거의 행위에 대한 응보이기 때문이다. 다만 이로써 부수적으로 예방효과를 거둘 수 있다. 여기서 예방은 일반 시민들을 대상으로 일반예방과 범죄자를 대상으로 한 특별예방(재사회화)의 두 가지 의미를 갖는다. 일반예방은 또다시 소극적 일반예방(잠재적 범죄인에 대한 겁주기)과 적극적 일반예방(일반인에 대한 규범의식의 강화 또는 내면화)으로 구별된다. 이와 달리 보안처분의 목적은 장래 재범의 위험성이 있는 범죄인의 치료나 교육 또는 사회방위를 통한 범죄예방에 있다. 그래서 다수견해와 판례(97도703)는 형벌과 보안처분을 구별한다. 형벌이 과거적이라면, 보안처분은 미래적이다. 형법의 통제 대상은 법익을 침해하는 행위이다. 행위에 대한 책임인 것이다. 행위형법이다. 이와 달리 보안처분은 행위자형법이다. 행위자의 인격이나 생활 또는 장래의 위험에 대한 통제이다. 행위가 아니라 행위자에게 문제가 있다고 보는 것이다. 보안처분은 행위형법의 관점에서 보면 문제이다. 따라서 행위형법의 한계 내에서 보안처분을 부과하는 것이 옳다. 행위에 대한 책임의 범위 안에서 행위자의 위험성 여부를 판단하여 보안처분을 부과해야 한다.

(2) 가폭법의 보호처분은 형벌을 대체하는 처분

보안처분은 형벌과 성질이 다르므로 범죄 후 재판 중 보안처분이 신설된 경우 소급효금지원칙이 적용되지 않는다(97도703). 그러나 가폭법의 사회봉사명령은 가정폭력범죄를 범한 자에 대하여 환경의 조정과 성행의 교정을 목적으로 하는 것으로서 형벌 그 자체가 아니라 보안처분의 성격을 가지지만, 이는 형사처벌 대신 부과되는 것으로서,[12] 가정폭력범죄를 범한 자에게 의무적 노동을 부과하고 여가시간을 박탈하여 실질적으로 신체적 자유를 제한하는 것이므로, 이에 대해서는 소급효금지원칙이 적용된다(2008어4).[13]

나. 형법의 적용에 관한 보호주의와 세계주의

범죄자에게 형벌을 줄 수 있으려면 그 행위자에 대해 형사재판권을 행사할 수 있어야 하는데, 이는 그 행위에 대한 한국 형법의 적용을 전제로 한다. 이에 관해 속지주의(제2조, 제4조), 속인주의(제3조), 보호주의, 세계주의의 4가지 원칙이 있다.

(1) 보호주의

> 제5조(외국인의 국외범) 본법은 대한민국영역 외에서 다음에 기재한 죄를 범한 외국인에게 적용한다.
> 1. 내란의 죄
> 2. 외환의 죄
> 3. 국기에 관한 죄
> 4. 통화에 관한 죄
> 5. 유가증권, 우표와 인지에 관한 죄
> 6. 문서에 관한 죄중 제225조 내지 제230조[공문서나 공전자기록]
> 7. 인장에 관한 죄중 제238조[공인장]

보호주의란 자국 또는 자국민의 법익을 침해하는 범죄는 누구에 의하든, 어느 장소에서 발생한 것인지 관계없이 자국 형법을 적용한다는 원칙이다. 제6조를 국가적 법익에 초점을 맞춘 국가보호주의와 개인적 법익에 초점을 맞춘 국민보호주의로 이해하는 견해도 있지만, 사회적 법익을 침해하는 경우도 제6조를 적용해야 한다는 견해도 있다. 그 이유는 제6조 단서가 제6조 본문의 지나친 적용을 막고 있기 때문에 제6조 본문의 적용범위를 축소할 필요가 없다는 것이다.

그러나 판례는 중국인이 중국에서 한국국적 주식회사의 인장을 위조한 사건에서 보호주의를 적용하지 않고, 한국 법원에는 형사재판권이 없다는 이유로 중국인 甲에게 형소법 제327조에 따라 공소기각판결을 한다(2002도4929. 同旨: 2006도5010[중국 북경시 소재 대한민국 영사관 내부는 여전히 중국영토에 속함]; 2011도6507). 또한 판례는 독일인 甲이 독일 내에서 북한의 지령을 받아 베를린 주재 북한이익대표부를 방문하고 그곳에서 북한공작원을 만난 경우에도, 독일인 甲의 행위는 국가보안법위반죄에 해당하지만, 한국 형법으로 처벌할 수 없다고 본다(2004도4899전합). 그 이유는 甲은 외국인의 국외범이고, 제5조와 제6조에 따른 보호주의의 적용대상이 아니라는 것이다. 결국 판례는 사인위조죄와 국가보안법위반죄는 제5조와 제6조의 죄에 해당하지 않는다고 본 것이다.

---

12 가폭법 제9조(가정보호사건의 처리) ① 검사는 가정폭력범죄로서 사건의 성질·동기 및 결과, 행위자의 성행등을 고려하여 이 법에 의한 보호처분에 처함이 상당하다고 인정할 때에는 가정보호사건으로 처리할 수 있다. 이 경우 검사는 피해자의 의사를 존중하여야 한다.

13 2006년 7월 말에 있었던 폭행행위에 대해 2007. 8. 3. 법률 제8580호로 개정되어 사회봉사명령 부과시간의 상한이 100시간에서 200시간으로 상향된 가폭법을 적용하여 甲에게 6개월간 보호관찰을 받을 것과 200시간의 사회봉사 및 80시간의 수강을 명한 사건.

캐나다인이 캐나다에서 위조사문서를 행사한 경우 제5조의 보호주의를 적용할 수 없어서 한국에 재판권이 없으나, 캐나다인이 캐나다에 거주하는 한국인을 상대로 사기죄를 범한 경우 제6조의 보호주의를 적용할 수 있는지 판단해야 한다(2011도6507).

(2) 세계주의

세계주의란 로마조약[14]의 국제범죄들처럼 문명국가이면 공통적으로 규정할 수 있는 범죄들은 누가 어디에서 누구에게 저지른 것인지에 관계없이 자국 형법을 적용한다는 원칙을 말한다. 현행 형법에는 세계주의에 관한 명시적 규정이 없었다. 그런데 2013. 4. 15. '약취와 유인 및 인신매매의 죄는 대한민국 영역 밖에서 죄를 범한 외국인에게도 적용한다'는 세계주의 규정(제296조의2)이 형법에 신설된다.

항공기납치사건[15]에서 판례는 항공기납치치상죄를 인정한다(84도39). 그 이유는 항공보안법(당시는 항공기운항안전법)과 관련 국제조약에 따라 항공기등록지국인 중국뿐만 아니라 항공기착륙국인 한국에도 재판관할권이 있다는 것이다. 당시에는 항공기납치범죄에 대한 세계주의를 규정한 국민보호와 공공안전을 위한 테러방지법이 없어서 처벌이 어려웠는데, 조약을 근거로 처벌한 것으로서 죄형법정주의에 어긋난다.

다. 외국에서 집행된 형의 필요적 산입

> 제7조(외국에서 집행된 형의 산입) 죄를 지어 외국에서 형의 전부 또는 일부가 집행된 사람에 대해서는 그 집행된 형의 전부 또는 일부를 선고하는 형에 산입한다.

종전 형법 제7조[16]에 따르면 외국에서 형의 집행을 받은 것은 임의적 감면사유에 불과하였는데, 이것이 형 감면 여부를 법관 재량에 전적으로 위임한 것이어서 신체의 자유의 심각한 제한이 발생하여 과잉금지원칙에 어긋난다는 이유로 헌재에서 헌법불합치결정을 받았고(2013헌바129), 이에 따라 2016. 12. 20. 현행 제7조처럼 외국에서 집행된 형의 전부나 일부를 반드시 산입해야 하는 것으로 개정되었다. 외국에서 무죄판결을 받은 사람의 미결구금일수는 국내에서 같은 행위로 인해 선고받는 형에 산입할 수 없다고 판례는 본다(2017도5977전합). 형법 제7조의 '외국에서 형의 전부 또는 일부가 집행된 사람'이라는 문언과 취지에 비추어 '외국 법원의 유죄판결에 의하여 자유형이나 벌금형 등 형의 전부 또는 일부가 실제로 집행된 사람'을 말한다고 해석해야 한다는 것이다.

---

14 전쟁범죄, 반인도주의적 범죄의 처벌과 국제형사재판소(ICC)의 창설을 규정한 조약(1998년)으로서 120개국이 비준했지만, 미국·중국·이라크·이스라엘은 비준을 거부했다. 국제형사재판소의 관할은 피고발자의 국적이 조약비준국이거나, 범죄행위가 조약비준국의 영토에서 일어났거나 유엔안전보장이사회가 피고발자를 국제형사재판소에 넘기는 경우에 생긴다. 미국은 유엔안보리 상임이사국으로서 거부권을 갖고 있다.

15 중공인 甲 외 5인은 국외탈출을 기도하여 중공국적민항기를 중공 상공에서 납치하고 그 과정에서 중공인 승무원이 상해를 입었고 이후 서울방향으로 강제운항하게 하여 강원도 소재 비행장에 항공기를 착륙시킨 사건.

16 제7조(외국에서 받은 형의 집행) 범죄에 의하여 외국에서 형의 전부 또는 일부의 집행을 받은 자에 대하여는 형을 감경 또는 면제할 수 있다.

라. 몰수·추징
  (1) 몰수·추징의 본질
    형법은 몰수를 '다른 형벌'에 대한 부가적 형벌로 보고 있다. '다른 형벌'이 주위적 형벌이라면 몰수는 부수적 형벌(collateral punishment)인 것이다. 추징은 몰수에 갈음한 사법처분이다. 따라서 형법이 이를 형벌로 규정하고 있지는 않지만, 형벌로 보는 것이 옳다. 몰수가 형벌이기 때문이다. 판례는 주형을 선고유예할 경우에는 몰수·추징도 선고유예할 수 있지만, 주형을 선고유예하지 않으면서 몰수·추징만 선고유예를 할 수는 없다고 본다(88도551). 그 이유는 몰수·추징은 부가형이고, 제59조가 몰수는 선고유예의 대상으로 규정하고 있지 않기 때문이다. 주형의 선고유예를 하는 경우 몰수의 요건이 충족되면 몰수형만을 선고를 할 수는 있다(73도1133). 그런데 몰수·추징을 형벌로 보기 어려운 점도 있다. 우선 형법은 유죄 재판을 하지 않는 경우에도 몰수·추징을 할 수 있도록 규정하고 있다. 또 '범인 이외의 자'의 물건에 대해서도 몰수·추징을 할 수 있도록 규정하고 있으나, 형벌은 유죄의 범인에게 부과된다.
    이처럼 형법이 몰수·추징을 부수적 형벌로 보면서도 다른 한편 형벌로 보기 어려운 규정을 두고 있는 현행 몰수·추징의 체계로 인해 몰수·추징을 보안처분으로 보는 견해도 있고, 형벌과 보안처분 두 성격을 모두 갖는다는 견해도 있는 것이다. 판례의 입장도 혼란스럽다. 판례는 '범인 이외의 자'에서 '범인'에는 공범도 포함되고, 그 공범의 기소 여부에 관계없고, 또 유죄가 아닐지라도 몰수·추징을 할 수 있다고 해석함으로써 몰수·추징의 보안처분적 성격을 강조하면서도, 몰수·추징 판결의 대세적 효력을 부인해서 형벌적 성격에 무게를 두고 있다.
    그런데 형벌과 보안처분은 피고인의 관점에서 보면 차이가 없고, 형벌에도 범죄예방적 성격이 있다. 형법이 제공물건을 몰수의 대상으로 삼은 것은 그 제공물건이 위험하기 때문이고, 따라서 이 경우에는 몰수를 보안처분적 성격으로 볼 수도 있다. 그러나 엄밀히 말하면 그 제공물건이 위험한 것이 아니라 그 제공물건이 특정한 사람에게 있는 경우에 위험한 것이다. 그래서 특정인으로부터 그 제공물건을 떼어낼 필요가 있는 것이다. 이런 점에서 보면 제공물건에 대한 몰수도 특정인에 대한 형벌로 이해할 수 있다.

  (2) 몰수·추징을 하는 이유
    몰수·추징을 해야 하는 이유는 범인이나 범죄행위를 처벌하면서 이와 관련된 물건이나 재산 또는 이익을 그대로 두면 처벌의 취지가 약화되거나 상실될 수 있기 때문이다. 예컨대 제공물건이나 생성물건을 그대로 두어서 다시 사용할 수 있는 가능성이 있다면 처벌의 취지가 약화되고, 취득물건이나 그 대가물건을 그대로 두면 처벌은 받더라도 경제적 이득은 남기 때문에 처벌의 취지가 상실된다. 몰수·추징이 형벌인지, 보안처분인지의 논의에 관계없이 범인이나 범죄행위를 처벌하는 취지에 부합하도록 몰수·추징 판결의 대세적 효력이 인정될 수 있도록 하는 장치, 예컨대 범인이나 범죄행위와 관련된 물건이나 재산 또는 이익에 이해관계를 갖는 3자의 참가절차를 만들어서 몰수·추징 판결의 실효성도 확보하고, 3자의 재산권도 보호할 수 있는 길을 열 필요가 있다.
    몰수·추징의 필요성과 한계도 이런 관점에서 설정되어야 한다. 다시 말해 몰수·추징의 대상이라고

해서 언제나 몰수·추징을 할 것이 아니라 몰수·추징을 하지 않으면 범인이나 범죄행위를 처벌하는 취지가 약화 또는 상실될 경우에만 몰수·추징이 이루어져야 하고(몰수·추징의 필요성), 범인이나 범죄행위의 처벌을 강화하는 차원에서 몰수·추징이 이루어져서는 안 된다(몰수·추징의 한계). 이런 점에서 필요적 몰수·추징 법제, 추징에 대해 징벌적 성격을 부여하는 엄벌 실무 모두 옳지 않다.

(3) 몰수의 대상

형법총칙은 아래 물건의 전부 또는 일부를 몰수의 대상으로 하고 있다. ① 범죄행위에 제공하였거나 제공하려고 한 물건(제공물건, 例 강도행위에 사용한 흉기), ② 범죄행위로 인하여 발생한 물건(생성물건, 例 문서위조죄에서 위조문서), ③ 범죄행위로 인하여 취득한 물건(취득물건, 例 도박죄로 번 돈), ④ 제공물건과 생성물건 및 취득물건의 대가로 취득한 물건(대가물건, 例 강도행위에 사용할 자동차를 빌려주고 받은 돈).

범죄행위에 제공한 물건에는 살인행위에 사용한 칼 등 범죄의 실행행위 자체에 사용한 물건에만 한정되지 않고, 실행행위의 착수 전의 행위 또는 실행행위의 종료 후의 행위에 사용한 물건이더라도 그것이 범죄행위의 수행에 실질적으로 기여하였다고 인정되는 한 범죄행위에 제공한 물건에 포함된다(2006도4075).[17] 甲은 '은행에서 800만원짜리 수표를 끊어야 되는데 잘못하여 8,000만원짜리 수표를 끊어왔다'고 자랑삼아 이야기하면서 의도적으로 V가 보고 있는 상태에서 그 수표를 乙에게 건네주었고, 乙은 이 수표를 자신의 지갑에 넣어 둔 채로 V를 상대로 도박을 빙자한 상습사기죄를 범한 경우, 그 수표도 몰수할 수 있다(2002도3589). 수표가 직접 도박자금으로 사용되진 않았지만 사기도박에 참여하도록 하기 위해 사용되었기 때문이다.

형법총칙의 몰수 대상은 이처럼 물건이지만 형법각칙의 뇌물죄의 몰수 대상은 뇌물이고, 범죄수익 은닉의 규제 및 처벌 등에 관한 법률(범죄수익규제법)의 몰수 대상은 범죄수익 관련 재산이다. 대표이사 甲이 아무런 반대급부를 제공받지 않고 회사 소유의 양도성예금증서를 X의 금융기관 대출에 대한 담보로 제공하고 25억원의 대출금이 X의 계좌로 입금되어 특경법의 배임죄를 범한 후에 X가 甲에게 그 대출금을 부정한 청탁과 함께 교부한 경우, 그 대출금을 범죄행위에 의해 생긴 재산으로서 범죄수익으로서 범죄수익규제법에 근거하여 몰수할 수 있고, X가 甲에게 그 대출금을 부정한 청탁과 함께 교부했다고 해서 범죄수익으로서의 성질이 사라지지 않는다(2006도4885).

(4) 추징의 대상: 추징은 범죄이득의 박탈인가, 징벌인가

추징은 이런 몰수 대상 물건이나 재산을 몰수하기 불능한 경우 몰수에 갈음하여 그 가액의 납부를 명하는 사법처분이다. 벌금의 환형처분이 노역장유치라면, 몰수의 환형처분은 추징인 것이다. 법률마다 표현의 차이가 있으나, 앞서 보았듯이 형법총칙은 범죄행위와 관련한 제공물건, 생성물건, 취득물건, 대가물건을 몰수의 대상으로 하고 있다. 따라서 이런 물건을 몰수할 수 없는 경우에 추징을

---

17 甲이 대형할인매장을 1회 방문하여 범행을 할 때마다 1-6개 품목 수십만원어치 상품을 절취하여 이를 자신의 소나타 승용차에 싣고 간 경우, 물품의 부피가 상당한 크기의 것이어서 대중교통수단을 타고 운반하기에 곤란하므로, 승용차는 범행장소에 도착하기 위한 교통수단이 아니라 장물의 운반에 사용한 자동차라고 볼 수 있다는 이유로 승용차를 몰수한 사건.

해야 한다.

수인이 공동하여 수수한 뇌물을 분배한 경우 각자로부터 실제로 분배받은 금품만을 개별적으로 몰수·추징을 해야 하고(93도2056), 만일 그 액수가 불명일 때에는 평등하게 분할한 액을 수뢰액으로 인정하여 그 가액을 추징해야 한다(개별추징, 76도1982. 同旨: 99도5294). 뇌물죄의 몰수·추징은 범인이 취득한 당해 재산을 범인으로부터 박탈하여 범인이 부정한 이익을 보유하지 못하게 함에 그 목적이 있으므로 뇌물에 대한 사실상의 처분권을 획득하는 뇌물의 귀속주체(2018도13792전합)에게 실질적으로 귀속된 것만 몰수·추징을 해야 하기 때문이다(2002도1283). 공동정범이 아닌 공범도 공동수수자가 될 수 있으나, 공동수수자가 아닌 공범에게 뇌물 중의 일부를 사례금 등의 명목으로 교부한 경우, 이는 뇌물을 수수하는 데에 따르는 부수적 비용의 지출 또는 뇌물의 소비행위에 지나지 않으므로, 뇌물수수자로부터 그 수뢰액 전부를 추징해야 한다(2011도9585).

그러나 판례는 마약류관리법의 추징은 범죄이득의 박탈이 아니라 징벌적 성질을 갖는다고 본다. 이에 따라 甲이, 필로폰 수요자 乙과 필로폰 공급자 사이에서 아무런 대가도 받지 않고 필로폰의 매매를 알선하여 유죄판결을 받은 경우, 甲이 이 범행으로 이득한 것이 없더라도 甲에게 그 가액을 추징(징벌적 추징)할 수 있다고 본다(2006도9314). 또한 판례는 관세법의 몰수·추징도 징벌적 제재의 성격을 가지고 있다고 보고, 물품의 소유자나 점유자가 아닐지라도 공범자 전원으로부터 각각 추징할 수 있다(공동연대추징)고 본다(83도639. 同旨: 2006도638). 판례는 밀항단속법(2008도7034)과 외국환관리법(95도2002전합)의 몰수·추징도 징벌적 제재의 성격을 가지고 있다고 본다. 그런데 판례는 공동연대추징의 경우에 어떤 자가 전액을 납부한 때에는 다른 공범자에 대해서는 그 추징의 집행이 면제된다고 본다(2006도455). 그러나 이처럼 추징의 집행이 면제된다고 보면 추징을 징벌적 성격으로 보는 것과 모순된다.

(5) 검사가 몰수·추징을 요구해야 하는가, 몰수 대상 물건이 압수되어야 하는가

형법총칙의 몰수·추징은 임의적이다. 따라서 몰수·추징 여부는 법원의 자유재량사항이다(2002도3589. 同旨: 2012도15805). 따라서 몰수·추징의 대상일지라도 법원이 몰수·추징을 하지 않을 수 있다. 그러나 뇌물죄에서 뇌물은 필요적(필수적) 몰수·추징의 대상이다. 또한 개별형법의 몰수·추징도 대부분 필요적이다. 공소사실과 별개의 범죄사실을 법원이 인정하여 몰수·추징을 선고하는 것은 불고불리원칙에 위반되지만(92도700), 몰수·추징은 일종의 형벌로서 직권으로 하는 것이므로 공소사실에 대해 검사가 추징을 구하는 의견을 진술해야 선고할 수 있는 것은 아니지만(88도2211), 검사가 필요적 추징규정의 적용을 빠뜨린 채 공소제기한 경우 법원이 직권으로 추징을 해야 한다(2006도8663).

이미 그 집행을 종료함으로써 효력을 상실한 압수·수색영장에 기하여 다시 압수·수색을 실시하면서 몰수 대상 물건을 압수한 경우, 압수 자체가 위법하지만 그것이 몰수의 효력에는 영향을 미칠 수 없다(2003도705). 몰수는 반드시 압수되어 있는 물건에 대해서만 하는 것이 아니고, 몰수 대상 물건이 압수되어 있는지, 적법한 절차에 의해 압수되었는지 등은 몰수의 요건이 아니기 때문이다.

(6) 몰수는 유죄를 전제로 하는가, '범인 이외의 자'의 소유 물건도 몰수할 수 있는가

형법은 유죄의 재판을 하지 않는 경우에도 몰수의 요건이 있는 때에는 몰수만을 선고할 수 있도록 하고 있다(제49조). 그러나 공소사실에 관해 이미 공소시효가 완성되어 유죄의 선고를 할 수 없는 경우에는 몰수·추징을 선고할 수 없다(92도700).

형법은 몰수 대상 물건일지라도 '범인 이외의 자'의 소유가 아니어야 몰수할 수 있도록 하면서도, '범인 이외의 자'가 범죄행위와 관련된 물건임을 알면서 취득한 경우에는 그 물건도 몰수할 수 있도록 하고 있는데, '범인 이외의 자'의 '범인'에 공범도 포함되고(2006도8929), 공범의 소유물은 소추 여부를 불문하고 또 유죄가 아닐지라도 몰수할 수 있다(2006도5586).

(7) 몰수 판결은 대세적 효력을 갖는가

몰수·추징이 유죄를 전제로 하지 않고 또 '범인 이외의 자'의 물건에 대해서도 허용된다는 점에 주목하면 몰수 판결은 대세적 효력을 가져야 한다.

그러나 판례는 甲이 1990. 4.경 乙로부터 매수하여 같은 해 6.경 일본국으로 밀반출한 문화재를 丙이 1994. 5. 16.경 일본인으로부터 매수하였는데, 甲이 문화재보호법위반죄[18]로 유죄판결을 받은 경우, 그 문화재는 몰수의 대상이 아니라고 본다(99다12161).[19]

마. 양벌(兩罰)규정

(1) 법인(法人)의 범죄능력 및 수형능력과 양벌규정

법인에게도 형벌을 부과할 수 있는지 여부는 법인도 범죄를 저지를 수 있는지, 곧 범죄능력을 인정할 수 있는지 여부에 따라 달라지는데, 다수견해는 이를 부정하며, 예외적으로 양벌규정이 있는 경우에만 법인에게 형벌을 부과할 수 있다고 본다. 제41조가 규정한 형벌은 자연인을 전제로 하고 있다고 봐야 한다는 것이 주된 이유다.

판례도 법인의 범죄능력을 부정한다. 전임 대표이사가 회사소유 부동산을 매도하고 중도금을 받은 사실을 알고도 후임 대표이사가 제3자에게 매도한 사건에서 판례는 배임죄의 주체인 타인의 사무의 처리자가 법인일지라도 법인은 사법상의 의무의 주체가 될 뿐 범죄능력이 없고, 그 타인의 사무는 법인을 대표하는 자연인인 대표기관의 의사결정에 따른 대표행위에 의하여 실현될 수밖에 없으므로 배임죄의 주체는 법인이 아니라 대표기관이라고 본다(82도2595전합).[20]

양벌규정이란 범죄행위를 한 종업원을 처벌하는 외에 그 종업원이 소속되어 있는 법인·사용자 등 영업주까지도 처벌하는 규정을 말한다. 법인의 범죄능력 인정설은 양벌규정은 법인의 수형능력, 곧

---

18 제101조(무허가 수출 등의 죄) ② 제94조 제1항을 위반하여 문화재를 국외로 수출 또는 반출하거나 반출한 문화재를 다시 반입하지 아니한 자는 3년 이상의 유기징역에 처하고 그 문화재는 몰수한다.

19 그 이유는 문화재보호법위반죄의 문화재는 그 소유가 제3자에게 있다 할지라도 제3자의 선의·악의를 불문하고 필요적으로 몰수해야 하지만, 그 문화재에 대해 몰수를 선고한 판결의 효력은 원칙적으로 몰수의 원인이 된 사실에 관하여 유죄의 판결을 받은 피고인 甲에 대한 관계에서 그 물건을 소지하지 못하게 하는 데 그치고 그 사건에서 재판을 받지 않은 제3자의 소유권에 어떤 영향을 미치지 않는다는 것이다.

20 이 판결의 소수의견은 법인이 사법상의 의무주체가 된다는 것은 배임죄의 주체가 될 수 있다는 것이므로 이 사건에서 배임죄의 주체는 법인이지 대표기관이 아니라고 본다.

형벌능력을 확인하는 규정에 불과하다고 보지만, 법인의 범죄능력 부정설은 양벌규정은 법인의 수형능력을 창설하는 성격을 가진다고 본다.

(2) 양벌규정에 대한 헌재의 위헌결정과 판례의 입장

영업주에 대한 면책규정도 없이 자유형도 부과할 수 있도록 한 보건범죄특별법의 양벌규정에 대해 헌재가 위헌결정(2005헌가10)을 한 후 면책규정 없는 양벌규정은 면책규정이 신설된다.[21] 양벌규정에 무과실면책조항이 신설된 경우 형법 제1조 제2항에 따라 개정된 양벌규정을 적용해야 한다(2010도12069).

양벌규정과 관련하여 실질적인 영업주가 영업주이다(2000도3570, 2003도3984[22]). 또 이른바 지입(持入)제[23]의 경우, 지입차주의 도로법위반행위에 대해 지입회사가 양벌규정에 의해 처벌된다(2003도3073).[24] 영업주에 지방자치단체도 포함된다(2004도2657). 다만 지방자치단체의 업무가 항만관리사무처럼 자치사무가 아니라 국가로부터 위임받은 기관위임사무인 경우는 제외하는데(2008도6530), 이는 형벌권의 주체인 국가가 자신을 스스로 처벌할 수 없다는 논리이다. 그런데 법인격없는 사단은 이를 포함시키는 명시적인 양벌규정이 없는 한 죄형법정주의상 양벌규정을 적용할 수 없다(94도3325).

영업주의 책임은 그 종업원 처벌과 독립된 선임감독상 과실로 인한 책임이므로, 종업원의 범죄 성립이나 처벌이 영업주 처벌의 전제조건이 될 필요는 없다(2005도7673). 친고죄의 경우는 고소의 효력을 확대하여 저작권법 제103조의 양벌규정의 경우에 종업원에 대한 고소가 있으면, 영업주에 대한 별도의 고소는 필요 없다(94도2423). 또 영업주가 종업원에게 윤락행위알선을 하지 않도록 교육을 시키고, 또 입사시에 그 다짐을 받는 각서를 제출하게 하는 등 일반적이고 추상적인 감독을 하는 것만으로는 공중위생법 제45조 단서에 따른 면책을 부정한다(92도1395).

종업원의 행위가 객관적으로 영업주의 업무에 관한 행위이면 그 위법행위의 동기가 종업원 기타 제3자의 이익을 위한 것에 불과하고 영업주의 영업에 이로운 행위가 아니어도 영업주는 책임을 진다(87

---

21 예컨대 의료법 제91조(양벌규정) 법인의 대표자나 법인 또는 개인의 대리인, 사용인, 그 밖의 종업원이 그 법인 또는 개인의 업무에 관하여 제87조, 제87조의2, 제88조, 제88조의2, 제89조 또는 제90조의 위반행위를 하면 그 행위자를 벌하는 외에 그 법인 또는 개인에게도 해당 조문의 벌금형을 과(科)한다. 다만, 법인 또는 개인이 그 위반행위를 방지하기 위하여 해당 업무에 관하여 상당한 주의와 감독을 게을리하지 아니한 경우에는 그러하지 아니하다.

22 건축법 제81조 제2항의 양벌규정상 당해 업무를 실제로 집행하는 자의 위반행위로 인해 이익이 귀속되는 업무주가 영업주이고, 민법상 조합도 영업주에 해당한다.

23 화물자동차운송사업면허를 가진 운송사업자와 실질적으로 자동차를 소유하고 있는 차주 사이의 계약으로 외부적으로는 자동차를 운송사업자 명의로 등록하여 운송사업자에게 귀속시키고 내부적으로는 각 차주들이 독립된 관리 및 계산으로 영업을 하며 운송사업자에 대하여는 지입료를 지불하는 운송사업형태.

24 그 이유는 지입제의 경우 지입차주가 세무관서에 독립된 사업자등록을 하고, 지입된 차량을 직접 운행·관리하면서 그 명의로 화물운송계약을 체결하였다고 하더라도, 그 자동차가 지입회사의 소유로 등록되어 있고, 지입회사만이 화물자동차운송사업면허를 가지고 있어서, 지입차주는 객관적 외형상으로 보아 그 차량의 소유자인 지입회사와의 위탁계약에 의해 그 위임을 받아 운행·관리를 대행하는 지위에 있는 자로서 도로법 제86조에서 정한 "대리인·사용인 기타의 종업원"에 해당하기 때문이다.

도1213). '법인의 사용인', 곧 종업원에는 법인과 정식 고용계약이 체결되어 근무하는 자뿐만 아니라 그 법인의 업무를 직접 또는 간접으로 수행하면서 법인의 통제·감독하에 있는 자도 포함되므로 (2003도4966), 다단계판매원도 다단계판매업자의 종업원에 해당한다(2011도11264).

건축법의 양벌규정은 위반행위를 한 행위자의 처벌규정임과 동시에 그 위반행위의 이익귀속주체인 업무주에 대한 처벌규정이므로 업무주가 아니면서 당해 업무를 실제로 집행한 자도 건축법의 양벌규정에 따라 처벌할 수 있다(95도2870전합).[25]

공인중개업법[26]의 중개사무소의 개설등록제한사유인 '이 법을 위반하여 벌금형의 선고를 받고 3년이 경과되지 않은 경우'에 '중개보조인 등이 중개업무에 관해 위반하여 그 영업주인 중개업자가 양벌규정으로 처벌받은 경우'는 제외한다(2007두26568). 그 이유는 양벌규정은 형법의 자기책임원칙에 대한 예외로서 그런 양벌규정을 행정처분의 근거로 규정한 법규의 해석은 그 문언에 맞게 엄격하게 해야 하기 때문이다.

바. 형의 감경

제53조(정상참작감경) 범죄의 정상(情狀)에 참작할 만한 사유가 있는 경우에는 그 형을 감경할 수 있다.

제54조(선택형과 정상참작감경) 한 개의 죄에 정한 형이 여러 종류인 때에는 먼저 적용할 형을 정하고 그 형을 감경한다.

제55조(법률상의 감경) ① 법률상의 감경은 다음과 같다.
1. 사형을 감경할 때에는 무기 또는 20년 이상 50년 이하의 징역 또는 금고로 한다.
2. 무기징역 또는 무기금고를 감경할 때에는 10년 이상 50년 이하의 징역 또는 금고로 한다.
3. 유기징역 또는 유기금고를 감경할 때에는 그 형기의 2분의 1로 한다.
4. 자격상실을 감경할 때에는 7년 이상의 자격정지로 한다.
5. 자격정지를 감경할 때에는 그 형기의 2분의 1로 한다.
6. 벌금을 감경할 때에는 그 다액의 2분의 1로 한다.
7. 구류를 감경할 때에는 그 장기의 2분의 1로 한다.
8. 과료를 감경할 때에는 그 다액의 2분의 1로 한다.
② 법률상 감경할 사유가 수개 있는 때에는 거듭 감경할 수 있다.

(1) 종류

형의 감경에는 작량감경(酌量減輕)과 법률감경이 있었는데, 작량감경이 정상참작감경으로 그 이름이 변경되었다. 정상참작감경은 법률상 감경에 대비시켜 재판상 감경이라고도 한다. 그런데 정상참작감경도 법률감경 규정에 따라 감경한다(92도1428전합).

---

25 부산광역시 도시개발공사A가 발주하고 B주식회사가 시공한 공사에서 B사의 대표이사의 포괄적 위임에 따라 B사의 건축기사 甲이 현장소장 겸 현장대리인으로서 실질적으로 공사 전반을 지휘·감독하면서 A공사의 현장감독인 乙과 공모하여 건축물 구조의 안전확인의무를 위반한 사건으로, 위와 같은 논리로 甲을 대표이사와 乙과 함께 건축법위반의 공범으로 처벌함.

26 제10조(등록의 결격사유 등) ① 다음 각 호의 어느 하나에 해당하는 자는 중개사무소의 개설등록을 할 수 없다. 11. 이 법을 위반하여 벌금형의 선고를 받고 3년이 경과되지 아니한 자

① 동시적 경합범에 대해 병과주의에 따라 징역형과 벌금형을 병과하는 경우에 징역형에만 정상참작감경을 하고 벌금형에는 정상참작감경을 하지 않는 것은 각 형에 대한 범죄의 정상에 차이가 있을 수 있다는 이유로 적법하지만(2006도1076), ② 하나의 죄에 대해 징역형과 벌금형을 병과하는 경우에는 그렇게 할 수 없고 둘 모두에 대해 정상참작감경을 해야 한다(76도2012). ③ 사후적 경합범에 대해 형법 제39조 제1항에 의해 형을 감경할 때에도 형법 제55조 제1항이 적용돼 유기징역 형기의 2분의 1 미만으로는 감경할 수 없다(2017도14609전합).

(2) 형의 감경시 무기징역형의 상한

형법의 강도치사죄와 특가법의 절도죄가 경합범이어서 전자에 대해서는 법정형 중 무기징역형을, 후자에 대해서는 법정형 중 유기징역형을 각각 선택하고, 제38조 제1항 제1호에 따라 유기징역을 무기징역에 흡수시켜 무기징역형을 선택한 후 그 무기징역형 자체가 너무 무겁다고 인정되어 정상참작감경을 하는 경우, 그 형은 제55조 제1항 제2호에 따라 '10년 이상 50년 이하'가 된다(92도1428전합).

(3) 벌금의 법률상감경시 상한과 하한 모두 감경

벌금을 감경할 때 '다액'이라는 문언은 입법과정에서 발생한 표현상의 착오로서 '금액'으로 해석하여 그 상한과 함께 하한도 2분의 1로 내려가는 것으로 해석해야 한다고 판례는 본다(78도246전합).

(4) 형의 가중과 감경의 순서

> 제56조(가중·감경의 순서) 형을 가중·감경할 사유가 경합하는 경우에는 다음 각 호의 순서에 따른다.
> 1. 각칙 조문에 따른 가중
> 2. 제34조 제2항[특수한 교사, 방조에 대한 형의 가중]에 따른 가중
> 3. 누범 가중
> 4. 법률상 감경
> 5. 경합범 가중
> 6. 정상참작감경

기출문제 ✎

01 형법의 기능에 관한 설명 중 옳은 것은?   2007년 사법시험 문1

① 만일 형법이 "건전한 국민감정에 반하는 행위는 … 으로 처벌한다"라고 규정한다면 이로써 형법의 법익보호적 기능이 심각하게 손상당하게 된다.

② "강자(연방검찰)와 약자(피고인) 간의 재판을 할 때 어느 쪽에도 기울지 않겠다고 한 재판은 지금 생각해 보면 강자 측에 기운 재판이었고, 약자 측에 조금 기울었다고 생각하며 한 재판은 지금 생각해 보면 오히려 중립적이었음을 알게 되었다"는 어느 미국 연방대법관의 고백은 피고인의 인권보장보다는 일반인보호의 상대적 우위를 인정해야 함을 강조한 것이다.

③ "법은 도덕의 최소한이며, 형법은 도덕의 등뼈이다"라는 표현과 관련된 형법의 기능은 불법관(不法觀)에 있어서 결과반가치론으로 등장한다.

④ "국가형벌의 과제는 규범승인훈련에 따른 일반예방에 있다"는 주장은 형법의 소극적 일반예방기능과 관련된 것으로 단순한 규범승인훈련은 반사회윤리적 수단에 의해서도 추구될 수 있다는 비판이 제기된다.

⑤ 위험형법은 위험사회에서 등장한 새로운 위험에 적극적으로 대처함으로써 인간의 공동생활을 보호하는 사회보호적 기능을 충실히 수행할 수 있다.

해설 ✎

⑤가 옳은지 의문이다. 위험형법은 이론적으로는 사회보호적 기능을 충실히 수행한다고 하지만, 현실적으로 그런 기능을 수행하지 못하고 집행이 잘 되지 않는 상징적 의미에 그쳐서 상징형법이라는 비판을 받기 때문이다. ① ×(인권보장적 기능이 침해됨), ② ×(미국 연방최고재판소 판사로 재직했던 Benjamin Nathan Cardozo의 말), ③ ×(행위반가치론이 등장함), ④ ×(규범승인훈련은 적극적 일반예방과 관련이 있다고 봐야 한다. 또한 이 보기에서 '반사회윤리적 수단'이라는 표현이 문장에서 사용된 의미는 '형법이 아닌 다른 수단'이라고 생각하는데, 이 표현은 마치 '폭력적 수단'이라는 의미로 이해될 수 있으므로 적절하지 않음) **정답** 공지된 답은 ⑤

02 죄형법정주의에 관한 설명 중 옳지 않은 것은? (다툼이 있는 경우 판례에 의함)   2017년 변호사시험 문1

① 블로그 등 사적 인터넷 게시공간의 운영자가 게시공간에 게시된 이적표현물인 타인의 글을 삭제할 권한이 있는데도 이를 삭제하지 않고 그대로 둔 경우, 그 운영자의 행위를 「국가보안법」 제7조 제5항의 '소지'로 보는 것은 유추해석금지원칙에 반한다.

② 구 「특정 범죄자에 대한 위치추적 전자장치 부착 등에 관한 법률」 제5조 제1항 제3호에서 부착명령청구요건으로 정한 '성폭력범죄를 2회 이상 범하여(유죄의 확정판결을 받은 경우를 포함한다)'에 「소년법」에 의한 보호처분을 받은 전력'이 포함된다고 보는 것은 유추해석금지원칙에 반하지 않는다.

③ 「가정폭력범죄의 처벌 등에 관한 특례법」이 정한 사회봉사명령은 형사처벌 대신 부과되는 것으로서 가정폭력범죄를 범한 자에게 의무적 노동을 부과하고 여가시간을 박탈하여 실질적으로 신체적 자유를 제한하게 되므로, 이에 대해서는 형벌불소급원칙이 적용된다.

④ 구 「청소년의 성보호에 관한 법률」 제16조의 반의사불벌죄의 경우 성범죄의 피해자인 청소년에게 의사능력이 있는 이상, 그 청소년의 처벌희망 의사표시의 철회에 법정대리인의 동의가 필요하다고 보는 것은 유추해석금지원칙에 반한다.

⑤ 「도로교통법」 제154조 제2호의 '원동기장치자전거면허를 받지 아니하고'라는 법률문언의 통상적인 의미에는 '운전면허를 받았으나 그 후 운전면허의 효력이 정지된 경우'가 포함된다고 해석할 수 없다.

해설 ✎

② ×(2011도15057전합), ① ○(2010도8336), ③ ○(2008어4), ④ ○(2009도6058전합), ⑤ ○(2011도7725) **정답** ②

03 위임입법에 관한 설명으로 옳은 것은 모두 몇 개인가? (다툼이 있는 경우 판례에 의함)

2023년 경위공채시험 형사법 문2

가. 헌법은 법률에서 구체적으로 범위를 정하여 위임받은 사항에 관하여 하위법령에 규정하는 것을 허용한다.

나. 법률의 시행령이나 시행규칙의 내용이 모법의 입법 취지와 관련 조항 전체를 유기적·체계적으로 살펴보아 모법의 해석상 가능한 것을 명시한 것에 지나지 아니하거나 모법 조항의 취지에 근거하여 이를 구체화하기 위한 것인 때에는 모법에 이에 관하여 직접 위임하는 규정을 두지 아니하였다고 하더라도 이를 무효라고 볼 수는 없다.

다. 법률의 시행령이 형사처벌에 관한 사항을 규정하면서 법률의 명시적인 위임 범위를 벗어나 그 처벌의 대상을 확장하는 것은 죄형법정주의의 원칙에도 어긋나는 것이므로, 그러한 시행령은 위임입법의 한계를 벗어난 것으로서 무효이다.

라. 형벌법규의 위임은 특히 긴급한 필요가 있거나 미리 법률로써 자세히 정할 수 없는 부득이한 사정이 있는 경우로 한정되어야 하며, 이러한 경우에도 법률에서 범죄의 구성요건은 처벌대상행위가 어떠한 것일 것이라고 예측할 수 있을 정도로 구체적으로 정하여야 한다.

① 1개   ② 2개   ③ 3개   ④ 4개

정답 ④

---

04 형사소송의 이념에 대한 설명 중 가장 적절하지 않은 것은? (다툼이 있는 경우 판례에 의함)

2020년 1차 순경시험 문1

① 형사소송의 목적은 적정절차에 의한 신속한 실체진실의 발견이다.

② 실체진실주의란 소송의 실체에 관하여 객관적 진실을 발견하여 사안의 진상을 명백히 하자는 원칙으로 적극적 실체진실주의와 소극적 실체진실주의로 구별할 수 있다.

③ 헌법 제12조 제1항 후문이 규정하고 있는 적법절차란 법률이 정한 실체적 내용이 아니라 절차가 적정하여야 함을 말하는 것으로서 적정하다고 함은 공정하고 합리적이며 상당성이 있어 정의관념에 합치되는 것을 뜻한다.

④ 구속사건에 대해서는 법원이 구속기간 내에 재판을 하면 되는 것이고 구속만기 25일을 앞두고 제1회 공판이 있었다 하여 헌법에 정한 신속한 재판을 받을 권리를 침해하였다 할 수 없다.

해설 🖉

③ ×(88초60: 적법절차란 '법률이 정한 절차 및 그 실체적 내용이 모두 적정한 것'을 의미하고, 여기서 적정성은 공정하고 합리적이며 상당성이 있어 정의관념에 합치되는 것을 뜻한다. 92헌가8; 2000헌마138: 적법절차란 형사절차상의 영역에 한정되지 않고 입법, 행정 등 국가의 모든 공권력의 작용에는 절차상의 적법성뿐만 아니라 법률의 구체적 내용도 합리성과 정당성을 갖춘 실체적인 적법성이 있어야 한다는 원칙임), ① ○(90도1229). ② ○(94헌바1; 2017재고합4: 형사소송의 기본이념인 실체진실주의란 법원이 사건의 실체적 진실을 밝혀냄으로써 죄를 저지른 자에게는 그에 상응한 형벌을 부과하는 한편, 무고한 자를 국가의 형벌권 행사로부터

지켜주는 것을 말한다. 통상 그중 전자를 적극적 실체진실주의라 하고, 후자를 소극적 실체진실주의라 칭한다. 관념적으로는 실체진실주의의 두 요청이 서로 모순된다 할 수 없겠지만, 인간은 전지전능한 존재가 아닌 까닭에 사건의 실체를 규명하는 능력에 한계가 있을 수밖에 없고, 현실에 있어서 두 개의 요청은 언제나 서로 갈등하고 저촉하는 형태로 발현되게 마련인바, 인류의 이성과 역사적 경험은 그중 소극적 실체진실주의를 형사소송의 기본이념으로 채택하도록 하였다. 이는 흔히 "백 명의 죄인을 놓치더라도 한 명의 무고한 자를 처벌하여서는 아니 된다"라는 명제로 표현되고, 형사소송을 담당한 법관들에게 주어진 화두이자 무엇에도 양보할 수 없는 일차적 임무이다. 소극적 실체진실주의는 적법절차원칙 안에서 진실을 발견하자는 입장이고, 반면 적극적 실체진실주의는 적법절차보다는 진실발견에 더 우위를 두는 입장이라고 할 수 있음), ④ ○(90도672)

정답 ③

05 공판기일의 절차 진행을 순서대로 바르게 나열한 것은?

2019년 국가직 9급 형소법 문4

① 인정신문 – 진술거부권 고지 – 모두절차 – 피고인신문 – 증거조사
② 인정신문 – 모두절차 – 진술거부권 고지 – 증거조사 – 피고인신문
③ 진술거부권 고지 인정신문 – 모두절차 – 증거조사 – 피고인신문
④ 진술거부권 고지 – 인정신문 – 모두절차 – 피고인신문 – 증거조사

정답 ③

06 형벌에 대한 설명으로 옳지 않은 것은?

2023년 국가직 9급 형법 문4

① 형을 가중·감경할 사유가 경합하는 경우에는 각칙 조문에 따른 가중, 「형법」 제34조 제2항에 따른 가중, 누범 가중, 경합범 가중, 법률상 감경, 정상참작감경의 순으로 한다.
② 판결선고전의 구금일수는 그 전부를 유기징역, 유기금고, 벌금이나 과료에 관한 유치 또는 구류에 산입한다.
③ 형을 병과할 경우에도 형의 전부 또는 일부에 대하여 선고를 유예할 수 있다.
④ 형의 선고를 유예하는 경우에 재범방지를 위하여 지도 및 원호가 필요한 때에는 보호관찰을 받을 것을 명할 수 있다.

해설 ✎

① ×(제56조: 법률상 감경 후 경합범 가중을 함), ② ○(제57조 제1항), ③ ○(제59조 제2항), ④ ○(제59조의2 제1항)

정답 ①

07 몰수와 추징에 대한 설명으로 옳지 않은 것은?

① 공범자의 소유물도 몰수할 수 있지만, 적어도 그 공범자가 소추되어야만 가능하다.

② 몰수는 반드시 압수되어 있는 물건에 대하여만 하는 것이 아니므로 몰수대상물건이 압수되어 있는가 하는 점 및 적법한 절차에 의하여 압수되었는가 하는 점은 몰수의 요건이 아니다.

③ 몰수를 선고하기 위해서는 몰수의 요건이 공소가 제기된 공소사실과 관련되어 있어야 하고, 공소가 제기되지 않은 별개의 범죄사실을 법원이 인정하여 그에 관하여 몰수나 추징을 선고하는 것은 허용되지 않는다.

④ 몰수하기 불가능한 때에 추징하여야 할 가액은 범인이 그 물건을 보유하고 있다가 몰수의 선고를 받았더라면 잃게 될 이득상당액을 초과하여서는 아니 된다.

해설 ✎

① ✕(2006도5586: 소추 여부를 불문하고 또 유죄가 아닐지라도 공범의 소유물도 몰수할 수 있음), ② ○ (2003도705), ③ ○(92도700), ④ ○(91도352: 추징 가액산정은 재판선고시의 가격을 기준으로 하여야 함)

정답 ①

08 「형법」 제48조 몰수 · 추징에 대한 설명으로 옳지 않은 것은?

① 몰수 또는 이에 갈음하는 추징은 부가형적 성질을 가지므로 그 주형에 대하여 선고를 유예하지 아니하면서 이에 부가할 몰수 · 추징에 대하여서만 선고를 유예할 수는 없다.

② 범죄실행행위의 착수 전의 행위 또는 실행행위의 종료 후에 사용한 물건이더라도 그것이 범죄행위의 수행에 실질적으로 기여하였다고 인정되는 한, 몰수의 대상인 범죄행위에 제공한 물건에 포함된다.

③ 추징 가액의 산정은 특별한 사정이 없는 한 재판선고 시의 가격을 기준으로 하여야 한다.

④ 피고인이 범죄행위에 이용한 웹사이트는 범죄행위에 제공된 무형의 재산에 해당하여 몰수할 수는 없지만, 범죄행위에 이용한 웹사이트 매각을 통하여 취득한 대가는 범죄행위로 인하여 생겼거나 이로 인하여 취득한 물건의 가액에 해당하므로 추징의 대상이 된다.

해설 ✎

④ ✕(2021도7168: 웹사이트는 범죄행위에 제공된 무형의 재산에 해당할 뿐 범죄제공 '물건'에 해당하지 않으므로 몰수할 수 없고, 따라서 웹사이트 매각을 통해 취득한 대가는 추징의 대상이 아님), ① ○(88도551), ② ○(2006도4075), ③ ○(91도352)

정답 ④

09 법인의 형사책임 또는 양벌규정에 관한 설명 중 옳지 않은 것은? (다툼이 있는 경우 판례에 의함)

2021년 변호사시험 문3

① 양벌규정의 '법인의 대표자'는 그 명칭 여하를 불문하고 당해 법인을 실질상 경영하면서 사실상 대표하고 있는 자를 포함한다.

② '법인의 대표자나 법인 또는 개인의 대리인·사용인 기타의 종업원이 그 법인 또는 개인의 업무에 관하여 제○○조의 규정에 의한 위반행위를 한 때에는 행위자를 벌하는 외에 그 법인 또는 개인에 대하여도 해당 조문의 벌금형을 과한다'는 내용의 양벌규정은 법치국가의 원리 및 죄형법정주의로부터 도출되는 책임주의원칙에 반한다.

③ 법인 대표자의 법규위반행위에 대한 법인의 책임은 법인 자신의 법규위반행위로 평가될 수 있는 행위에 대한 법인의 직접책임으로서, 대표자의 고의에 의한 위반행위에 대하여는 법인 자신의 고의에 의한 책임을, 대표자의 과실에 의한 위반행위에 대하여는 법인 자신의 과실에 의한 책임을 부담한다.

④ 법률의 벌칙규정의 적용대상자가 일정한 '업무주'로 한정되어 있는 경우, 업무주가 아니면서 그 업무를 실제로 집행하는 자가 그 벌칙규정의 위반행위를 하였다면, 그 집행하는 자는 그 벌칙규정을 적용대상으로 하고 있는 '양벌규정'에 의해 처벌될 수 있다.

⑤ 회사 대표자의 위반행위에 대하여 징역형의 형량을 작량감경하고 병과하는 벌금형에 대하여 선고유예를 한 이상 양벌규정에 따라 그 회사를 처단함에 있어서도 같은 조치를 취하여야 한다.

해설 ✎

⑤ ×(95도1893: 양벌규정에 의한 영업주의 처벌은 금지위반행위자인 종업원의 처벌에 종속하는 것이 아니라 독립하여 그 자신의 종업원에 대한 선임감독상의 과실로 인한 처벌임[2005도7673; 87도1213]), ① ○(96도 1703), ② ○(2005헌가10), ③ ○(2010헌바307), ④ ○(95도2870전합) **정답 ⑤**

---

10 양벌규정에 대한 설명으로 옳지 않은 것은?

2023년 국가직 7급 형법 문6

① 양벌규정 중 법인 대표자의 법규위반행위에 대한 법인의 책임은 법인 자신의 법규위반행위로 평가될 수 있는 행위에 대한 법인의 직접 책임이지만, 대표자의 고의·과실에 의한 위반행위에 대하여는 법인도 고의·과실책임을 부담하므로 법인의 처벌은 그 대표자의 처벌을 요건으로 한다.

② 양벌규정에서 법인처벌의 요건으로 규정된 '법인의 업무에 관하여' 행한 것으로 보기 위해서는 객관적으로 법인의 업무를 위하여 하는 것으로 인정할 수 있는 행위가 있어야 하고, 주관적으로는 피용자 등이 법인의 업무를 위하여 한다는 의사를 가지고 행위하여야 한다.

③ 구 「건축법(1991. 5. 31. 법률 제4381호로 개정되어 1992. 6. 1. 시행되기 전의 것)」 제54조 내지 제 56조의 벌칙규정과 같이 법률의 벌칙규정에서 그 적용대상자를 일정한 업무주로 한정한 경우에 업무주가 아니면서 그 업무를 실제로 집행하는 자가 그 벌칙규정의 위반행위를 하였다면, 실제로 업무를 집행하는 자는 그 벌칙규정을 적용대상으로 하고 있는 양벌규정에 의해 처벌된다.

④ 지방자치단체가 그 고유의 자치사무를 처리하는 경우, 지방자치단체는 국가기관의 일부가 아니라 국가기관과는 별도의 독립한 공법인으로서 양벌규정에 의한 처벌대상이 되는 법인에 해당한다.

① ×(2005도7673: 영업주의 책임은 그 종업원 처벌과 독립된 선임감독상 과실로 인한 책임이므로, 종업원의 범죄 성립이나 처벌이 영업주 처벌의 전제조건이 될 필요는 없음), ② ○(87도1213), ③ ○(95도2870전합), ④ ○(2004도2657)

정답 ①

탐구 과제

- 육체적 사랑을 나눈 12세 남녀에게 국가가 형벌을 줄 수 있을까? 없다면 이들에게 어떠한 형사제재를, 어떠한 절차에 따라 줄 수 있을까?
- 인공지능(AI)도 사람으로 볼 수 있을까? 범죄를 범할 수 있을까?

형총 + 형소: 위헌결정 이후 폐지된 간통죄와 재심의 본질

형총 + 형소: 위헌결정 이후 폐지된 간통죄와 재심의 본질

간통죄1의 위헌결정의 의미와 위헌결정으로 효력을 상실한 형벌규정의 효력 상실 시점이 언제인지, 또 간통죄의 심리 중에 간통죄의 효력이 상실되거나 간통죄에 대해 재심이 청구된 경우 어떤 재판을 해야 하는지 본다. 나아가서 간통죄에 대한 재심사건을 통해서 재심의 의의와 본질을 이해한다.

🔨 사례

甲은 2009. 1. 15. 서울중앙지방법원에서 간통죄와 상해죄로 징역 1년에 집행유예 2년을 선고받아 2009. 1. 23. 그 판결(재심대상판결)이 확정된다. 그런데 간통죄에 관한 형법 제241조에 대한 헌법재판소의 위헌결정이 있자 2015. 3. 17. 재심대상판결에 대해 헌법재판소법에 따라 재심청구를 한다. 이에 1심은 2015. 4. 16. 재심개시결정을 한 다음, 2015. 5. 29. 간통의 공소사실에 대하여는 위헌결정으로 형벌법규가 효력을 상실하였다는 이유로 무죄를 선고하고, 상해의 공소사실에 대하여는 벌금 400만원을 선고한다. 재심대상판결에 따른 집행유예기간이 도과한 이 사건에서 재심사유가 없는 상해의 공소사실에 대하여 새로이 형을 선고하는 것이 일사부재리원칙과 불이익변경금지원칙에 어긋나지 않는가?

🔍 해결

1. 간통죄의 위헌결정의 의미

간통은 도덕적 차원의 문제로서 간통죄는 성적 자기결정권의 지나친 제한이고 벌금형이 없어서 과잉금지원칙에 반한다는 이유로 제기한 위헌법률심판사건에서 헌재는 2008. 10. 30. 합헌(위헌4인, 헌법불합치1인)이라고 보았으나(2007헌가17), 2015. 2. 26. 위헌 결정(위헌7인, 합헌2인)이 나왔고(2009헌바17), 이에 따라 2016. 1. 6. 간통죄가 삭제되었다.

간통죄가 폐지되었다고 해서 간통자와 그 상간자의 민사책임이 부정되는 것은 아니다. 간통자의 배우자는 간통자와 상간자를 상대로 민법2의 불법행위를 근거로 한 손해배상청구를 할 수 있다.

---

1 제241조(간통) ① 배우자있는 자가 간통한 때에는 2년 이하의 징역에 처한다. 그와 상간한 자도 같다. ② 전항의 죄는 배우자의 고소가 있어야 논한다. 단 배우자가 간통을 종용 또는 유서한 때에는 고소할 수 없다(2016. 1. 6. 삭제).
2 제750조(불법행위의 내용) 고의 또는 과실로 인한 위법행위로 타인에게 손해를 가한 자는 그 손해를 배상할 책임이 있다.

2. 위헌결정으로 상실된 형벌조항의 소급적 효력 상실

가. 소급효금지원칙과 법률의 변경

甲은 혈중알코올농도 0.209% 이상의 음주상태로 전동킥보드를 운전하였다고 하여 도교법 제148조의2 제3항의 자동차등음주운전죄로 기소된 후 도교법이 개정되어 전동킥보드와 같은 '개인형 이동장치'는 자전거로 분류되었다. 이에 따라 개인형 이동장치 음주운전 행위는 제156조 제11호의 자전거등음주운전죄에 해당하여 그 법정형이 종전보다 가볍도록 법률이 변경되고 이에 관해 별도의 경과규정은 두지 않았다(전동킥보드음주운전사건). 甲에게 적용되는 죄는?

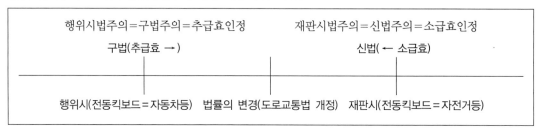

소급효금지원칙이란 형법 제1조 제1항이 규정한 '범죄의 성립과 처벌은 행위시의 법률에 의한다'는 원칙을 말한다. 행위시법주의라고도 한다. 행위 후에 새롭게 제정된 법률, 곧 신법(新法)이 아니라 그 이전 법, 곧 구법(舊法)을 적용한다는 점에서 구법주의로서, 이는 신법주의와 구별된다. 그러나 법률의 변경으로 어떤 행위가 범죄가 아니거나 형이 구법보다 가볍게 된 경우는 재판시법주의(신법주의)에 따르는데, 다만 법률의 변경시점이 ① 범죄 후 재판확정 전인 때는, 그 변경된 법률에 따르고(제1조 제2항), ② 재판확정 후인 때는, 형의 집행을 면제한다(제1조 제3항). 여기서 형집행면제란 판결확정 후의 사유로 부과된 형을 집행하지 않는 것을 말한다. 이와 달리 형면제란 예컨대 친족상도례처럼 판결확정 전의 사유로 형을 부과하지 않는 것을 말한다.

행위시법주의에서 '행위시'란 범죄행위의 종료시를 의미한다. 변호사법이 금지하는 법률사건에 대한 화해관여행위가 그 변호사법의 개정 이전에 착수된 것일지라도 그 행위가 변호사법 개정 이후에 종료된 것이면 변호사법 위반죄로 처벌할 수 있다(94도563).

판례는 행위자에게 유리한 신법을 제정하면서 부칙에 '그 신법 시행 전의 범죄에 대해서는 구법을 적용한다'는 경과규정을 부칙에 둘 수 있고, 이것이 소급효금지원칙에 반하지 않는다고 본다(99도3003; 99도1695). 또한 판례는 법률의 변경(보충규범의 변경 포함)의 경우 언제나 신법을 따르는 것이 아니라 법률변경의 내용을 실질적으로 판단하여 종전의 처벌이 부당하다는 반성적 고려에 따른 법률이념의 변경인 경우에는 신법을 적용하고, 일시적인 사정 변화에 따른 정책의 변경인 경우에는 구법을 적용했다(법률변경의 동기에 주목한다는 점에서 이른바 동기설). 그러나 전동킥보드음주운전사건에서 그 입장이 변경된다(2020도16420전합). 법률변경의 동기에 관계없이 피고인에게 유리하게 법이 개정된 경우 종전 구법을 적용한다는 경과규정을 두고 있지 않은 한 신법을 적용해야 하지만, 다음 두 가지 경우는 구법을 적용해야 한다는 것이다. ① 해당 형벌법규 자체 또는 그로부터 수권 내지 위임을 받은 법령이 아닌 다른 법령이 변경된 경우로서 해당 형벌법규에 따른 범죄의 성립 및 처벌과 직접적으로 관련된 형사법적 관점의 변화를 주된 근거로 하는 법령의 변경이 아닌 경우, ② 법령이 개정 내지 폐지된 경우가 아니라, 스스로 유효기간을 구체적인 일자나 기간으로 특정하여 효력의 상실을 예정하고 있던 법령이 그 유효기간을 경과함으로써 더 이상 효력을 갖지 않게 된 경우(한시법). 이 판결은 한시법의 경우에는 명시적으로 법률의 변경에 해당하지 않는다고 하여 추급효 긍정설[3]의 입장을 명확히 했다.

범죄와 형벌 이외의 변경, 예컨대 보안처분의 변경(97도703), 판례의 변경(97도3349), 공소시효의 변경(96도3376전합) 모두 원칙적으로 소급효금지원칙의 대상이 아니지만, 소송조건 신설(2005도4462)의 경우에는 피고인에게 유리한 변경된 신법을 적용해야 한다.

나. 포괄일죄와 법률의 변경

형법 제1조 제1항의 행위시법주의에서 '행위시'란 범죄행위의 종료시를 말한다. 따라서 포괄일죄의 도중에 법령의 변경이 있는 경우, 형법(1953. 9. 18. 법률 제293호) 부칙 제4조와 같은 규정[4]을 두고 있지 않은 한, 행위시법주의원칙에 따라 그 범죄행위가 종료하는 시점의 법령인 변경된 법령을 적용해야 한다(92도407; 2008도8607; 2009도5075).

그러나 아래 두 판례는 포괄일죄의 중간에 법률의 개정이 있는 경우 그 포괄일죄가 개정 전과 후로 분리된다고 보고 있다. ① 건축법의 건축물의 무단용도변경죄와 관련하여 일반적으로 이런 계속범의 경우에는 그 도중에 법령의 변경이 있더라도, 실행행위가 종료되는 시점의 법률이 적용되어야 하지만, 이 법의 부칙에 '개정된 법 시행 전의 행위에 대한 벌칙의 적용에 있어서는 종전의 규정에 의한다'는 규정을 두고 있다면, 개정건축법이 시행되기 전의 행위에 대해서는 개정 전의 건축법을, 그 이후의 행위에 대해서는 개정건축법을 각각 적용해야 한다(2001도3990). ② '형법의 수뢰죄의 수뢰액의 2배 이상 5배 이하의 벌금을 병과한다'라는 특가법의 규정을 신설하여 수뢰죄에 대해 종전에 없던 벌금형을 필요적으로 병과하도록 했는데, 수뢰죄가 포괄일죄로서 위 신설 규정의 시행 전후에 걸쳐 행해진 경우, 헌법 제13조 제1항의 소급효금지원칙과 형법 제1조 제1항의 행위시법주의에 비추어 보면, 벌금형 산정기준이 되는 수뢰액은 위 규정이 신설된 2008. 12. 26. 이후에 수수한 금액으로 한정된다(2011도4260). 수뢰죄가 신설 전후로 범해져서 포괄일죄일지라도 신설규정 이후 수뢰액의 2배 이상 5배 이하 범위에서만 병과할 수 있다고 본 것이다. 예컨대 신설규정 이전 수뢰액이 500만원이고, 이후 수뢰액이 500만원이면 1000만원 이상 2500만원 이하 사이에서 벌금을 병과할 수 있다는 것이다. 그러나 두 판례의 사건에 대해서도 부칙규정이 적용되지 않는다고 봐야 한다. 포괄일죄의 행위가 종료된 시점은 '개정 법령 시행 후'이므로 행위시법주의가 적용되어야 하기 때문이다.

다. 위헌결정으로 상실된 형벌조항의 소급적 효력 상실

위헌결정으로 상실된 형벌조항의 소급효는 인정하는 것이 옳다. 행위자에게 유리한 경우에는 형법 제1조 제2항과 제3항의 재판시법주의에 따라야 하기 때문이다. 헌법재판소법 제47조[5]도 위헌결정으로 상

---

3 하태훈, 사례판례중심 형법강의, 법원사, 2021, 14면 이하.

4 제4조(1개의 죄에 대한 신구법의 적용례) ① 1개의 죄가 본법 시행 전후에 걸쳐서 행하여진 때에는 본법 시행전에 범한 것으로 간주한다. ② 연속범 또는 견련범이 본법 시행 전후에 걸쳤을 때에는 본법 시행 전에 범한 것만을 1죄로 한다.

5 제47조(위헌결정의 효력) ① 법률의 위헌결정은 법원과 그 밖의 국가기관 및 지방자치단체를 기속(羈束)한다. ② 위

실된 형벌조항은 소급해서 효력이 상실된다는 점을 명백히 하고 있고(제3항), 이런 경우 재심을 청구할 수 있다(제4항)고 말하고 있다.

그런데 동일한 형벌조항이 과거 헌법재판소의 결정에 의해 합헌으로 선언되었으나 그 후의 사정변경 때문에 새로 위헌으로 결정된 경우에도 그 위헌결정은 소급효를 가지며, 종전의 합헌결정시점까지로 제한하는 것은 허용되지 않는다(2010도5606; 2010도5605).

그러나 이 판결 이후 헌법재판소법 제47조가 2014. 5. 20. 개정되어(법률 제12597호) 이런 경우 소급효가 종전의 합헌 결정일의 다음 날부터 인정되게 되었다. 종래의 합헌결정 이전의 확정판결에 대한 무분별한 재심청구를 방지하고[6] 합헌결정에 실린 당대의 법감정과 시대상황에 대한 고려를 존중하려는 데 그 취지가 있다.

따라서 간통죄의 위헌결정에 따른 간통죄의 효력 상실 시점은 간통죄가 제정된 1953. 9. 18.이 아니라 헌법재판소의 종전 합헌 결정(2007헌가17) 시점인 2008. 10. 30.의 다음 날이다. 헌법재판소법 제47조의 개정은 간통죄의 위헌결정을 앞두고 기획한 정책적 입법이라고 할 수 있다.

라. 형사절차의 변경과 소급효금지원칙

(1) 공소시효의 변경

공소시효에 대해서도 소급효금지원칙을 적용할 것인지 여부에 대해 다툼이 있다. 이는 공소시효를 형법에 두고 있는 독일에서 온 논의인데, 공소시효의 본질을 어떻게 볼 것인지에 따라 달라진다. 공소시효는 범죄와 형벌에 관한 실체규정이 아니라 절차규정이라는 이유로 형사정의실현 또는 진실발견이념을 앞세워서 이를 부정하는 견해도 있지만, 범죄자에게 불이익한 것이라는 이유로 적법절차원칙을 내세워서 긍정하는 견해도 있다.

5·18민주화운동 등에 관한 특별법(5·18특별법) 제2조[7]에 대한 합헌결정에서 진정소급효(공소시효가 만료된 후에 그 범죄에 대한 공소시효를 연장하거나 배제하는 신법을 제정하여 소급효를 인정하는 것)는 예외적으로 인정되나 부진정소급효(공소시효가 만료되기 전에 그 범죄에 대한 공소시효를 연장하거나 배제하는 신법을 제정하여 소급효를 인정하는 것)는 원칙적으로 인정된다고 헌재는 본다(96헌가2, 96헌바7, 96헌바13 병합). 이에 따라 5·18특별법에 따른 공소시효 정지 규정은 5·18특별법 시행 당시 이미 공소시효가 완성되었는지 여부에 관계없이 모두 적용된다고 판례는 본다(96도3376전합).

헌으로 결정된 법률 또는 법률의 조항은 그 결정이 있는 날부터 효력을 상실한다. ③ 제2항에도 불구하고 형벌에 관한 법률 또는 법률의 조항은 소급하여 그 효력을 상실한다. 다만, 해당 법률 또는 법률의 조항에 대하여 종전에 합헌으로 결정한 사건이 있는 경우에는 그 결정이 있는 날의 다음 날로 소급하여 효력을 상실한다. ④ 제3항의 경우에 위헌으로 결정된 법률 또는 법률의 조항에 근거한 유죄의 확정판결에 대하여는 재심을 청구할 수 있다.

6 범행이 종전 합헌결정일 이전에 이루어졌으나 그 범행에 대한 확정판결이 종전 합헌결정일 이후에 이루어진 경우에는 헌법재판소법 제47조 제4항에 따라 재심이 허용된다(2015모1475).

7 제2조(공소시효의 정지) ① 1979년 12월 12일과 1980년 5월 18일을 전후하여 발생한 헌정질서파괴범죄의 공소시효 등에 관한 특례법 제2조의 헌정질서파괴범죄행위에 대하여 국가의 소추권행사에 장애사유가 존재한 기간은 공소시효의 진행이 정지된 것으로 본다. ② 제1항에서 "국가의 소추권행사에 장애사유가 존재한 기간"이라 함은 당해 범죄행위의 종료일부터 1993년 2월 24일까지의 기간을 말한다.

(2) 소송조건의 신설

근로기준법의 임금등청산의무위반죄[8]를 범한 후 재판을 받을 때 이 죄가 반의사불벌죄로 변경된 경우, 변경된 신법의 부칙에 그 적용과 관련한 경과규정이 없다면 신법이 피고인에게 더 유리하므로 형법 제1조 제2항에 따라 신법이 적용되어야 하고, 공소제기 전에 처벌불원의 의사표시가 있다면 공소기각판결을 선고해야 한다(2005도4462).

3. 위헌결정된 간통죄 사건에 대한 재판의 형식

가. 위헌결정과 재심

피고사건에 대한 종국재판이 확정되면 재판에 오류가 있더라도 더 이상 그 재판의 당부를 다툴 수 없는 것이 원칙이다. 그러나 예외적으로 확정재판의 오류를 바로잡을 수 있도록 한 제도가 있다. 재심과 비상상고이다. 비상구제절차라고 할 수 있다. 상소제도가 미확정재판에 대한 불복방법이라면, 재심절차와 비상상고는 확정판결에 대한 불복방법이다. 다만 재심절차는 사실인정의 오류를 바로잡기 위한 제도(2005모472전합)인 반면, 비상상고는 법령적용의 오류를 바로잡기 위한 제도로서 법령위반의 경우에 인정된다.[9]

그런데 헌법재판소법 제47조 제4항에 따르면 위헌결정을 받은 법률조항에 근거한 유죄의 확정판결에 대해서도 재심을 청구할 수 있다. 헌법재판소의 헌법불합치결정도 재심사유에 해당한다(2008도7562전합). 헌법불합치결정은 헌법과 헌법재판소법이 규정하고 있지 않은 변형된 형태이지만 법률조항에 대한 위헌결정에 해당하기 때문이다(2004도7111). 다만 한정위헌은 재심사유가 아니다(2012재두299).

나. 종전 합헌결정일(2008. 10. 30.) 이후 간통행위에 대한 재심사건

종전에 합헌결정이 있는 경우 위헌결정의 효력이 발생하는 시점은 종전 합헌결정일(2008. 10. 30.) 익일부터이다. 따라서 형벌에 관한 법령이 헌법재판소의 위헌결정으로 인하여 소급하여 그 효력을 상실한 경우에 종전 합헌결정일 이후 간통행위에 대해 당해 법령을 적용하여 공소가 제기된 사건 또는 재심사건에 대해서는 무죄를 선고해야 하는데, 헌법불합치결정도 위헌결정이므로 마찬가지이고 개정요구시한까지 법률 개정이 이루어지지 않았다고 해서 달리 볼 것은 아니라고 판례는 본다(2008도7562전합 다수의견). 그러나 이 판결의 소수의견은 범죄 후 법령개폐로 형이 폐지된 경우에 해당하므로 형소법 제326조 제4호에 따라 면소판결을 해야 한다고 본다.

---

8 제36조(금품 청산) 사용자는 근로자가 사망 또는 퇴직한 경우에는 그 지급 사유가 발생한 때부터 14일 이내에 임금, 보상금, 그 밖에 일체의 금품을 지급하여야 한다. 다만, 특별한 사정이 있을 경우에는 당사자 사이의 합의에 의하여 기일을 연장할 수 있다.

9 반의사불벌죄에서 피해자의 처벌불원의사표시가 있음에도 불구하고 유죄판결(2009오1), 공소시효가 완성됐는데 약식명령 확정(2006오2), 검사 실수로 동명이인에게 약식명령 확정(2023오9), 즉결심판으로 벌금 30만원 선고 확정(2014오3), 벌금형의 상한을 넘겨서 판결(2021오11). 법령위반이 사실오인으로 발생한 경우 비상상고이유가 되는지 다툼이 있다. 소년의 연령을 오인하여 부정기형을 선고해야 함에도 불구하고 정기형을 선고한 경우에는 비상상고가 인정된다(63오1). 그러나 확정판결 전에 피고인이 이미 사망한 사실을 법원이 알지 못하고 공소기각결정을 하지 않은 경우는 비상상고 대상이 아니다(2004오2: 확정판결 법원이 인정한 사실을 전제로 한 법령위반이 아니라 단순히 법령적용의 전제사실을 오인한 경우).

> **제326조(면소의 판결)** 다음 경우에는 판결로써 면소의 선고를 하여야 한다.
> 1. 확정판결이 있은 때
> 2. 사면이 있은 때[10]
> 3. 공소의 시효가 완성되었을 때
> 4. 범죄후의 법령개폐로 형이 폐지되었을 때

그런데 공소기각판결(97도1211)이나 면소판결(84도2106)에 대해 무죄판결을 구하는 상소는 상소이익이 없으므로 원칙적으로 허용되지 않지만, 위헌결정으로 효력이 상실된 형벌조항에 따라 소수의견처럼 면소판결이 내려진 경우는 예외적으로 무죄판결을 구하는 상소가 허용된다고 판례는 본다(2010도5986 전합).

다. 종전 합헌결정일(2008. 10. 30.) 이전 시점의 간통행위에 대한 재심사건

甲은 1996. 10. 중순, 1996. 11. 초순, 1997. 3. 초순, 1997. 6. 초순 각 간통하였다는 공소사실로 기소되었고, 1심이 1999. 7. 8. 징역 6월에 집행유예 2년을 선고하였으며, 甲이 제기한 항소와 상고가 모두 기각되어 판결이 확정되었다. 그런데 이에 대해 재심개시결정이 된 경우,[11] 이런 (2008. 10. 30. 합헌결정 이전) 간통행위에 대한 재심의 공판절차에서 어떤 판결을 해야 하는가? 무죄판결인가, 아니면 면소판결인가?

간통죄에 대한 위헌결정의 효력은 종전 합헌결정일의 다음 날로 소급하여 상실하므로 종전 합헌결정일(2008. 10. 30.)과 그 이전 시점의 간통행위 당시에는 간통죄를 규정한 형법은 유효하다고 볼 수 있고, 그 당시 간통행위에 대한 재심사건의 경우는 행위 당시에 있던 법률 또는 법률의 조항이 행위 이후 재판 단계에서 폐지된 경우와 마찬가지로 볼 수 있다. 따라서 형소법 제326조 제4호에 해당하는 것으로 보아 면소판결을 선고하여야 한다고 판례는 본다(2019도15167).

결국 간통사건에 대한 유죄판결이 간통죄에 대한 헌법재판소의 종전 합헌결정 이전에 확정된 경우, 이 판결에 대한 재심개시결정이 간통죄에 대한 헌법재판소의 위헌결정일 이후에 확정되었다면 재심심판법원은 면소판결을 하여야 한다.

---

10 특별사면은 확정판결을 전제로 형 선고의 효력을 상실시키는 것이므로 이 사면은 형의 선고를 받지 않은 경우에 적용되는 일반사면을 의미한다(99도2983).

11 헌법재판소법 제47조 제4항에 따라 재심을 청구할 수 있는 유죄의 확정판결은 그 범행이 종전 합헌결정 이후 이루어진 경우에 한정된다는 판결(2015모1475)에 따르면 이 사건 범행은 종전 합헌결정일 이전에 이루어진 것이므로 재심개시결정은 적법하지 않은데, 이례적으로 재심개시결정이 이루어졌다.

4. 간통에 대한 재심사건(2015도15782)을 통해서 본 재심의 의의와 본질

가. 재심의 의의와 본질

재심절차는 재심개시절차(재심청구절차)와 재심심판절차로 구별된다. 전자는 재심의 청구를 받은 법원이 재심을 개시할지 여부를 심리하는 절차이다. 후자는 재심개시결정이 확정된 후에 재심대상사건을 심판하는 절차이다. 재심개시절차에서는 재심사유가 있는지 여부만을 판단해야 하고, 재심사유가 재심대상판결에 영향을 미칠 가능성이 있는가라는 실체적 사유는 고려하지 않아야 한다(2008모77). 재심기각결정이나 재심개시결정에 대해서는 즉시항고를 할 수 있다(제437조).

재심절차의 본질은 확정판결의 사실인정에 중대한 하자가 있는 경우 구체적 정의를 실현하기 위해 그 판결의 확정력으로 유지되는 법적 안정성을 후퇴시키고 사건 자체를 다시 심판하는 데 있다(2018도13382; 2009헌바430). 재심개시결정이 확정되면 재심법원은 그 심급에 따라 다시 심판하도록 하고 있다(제438조). 재심심판절차는 원판결의 당부를 심사하는 종전 소송절차의 후속절차가 아니라 사건 자체를 처음부터 다시 심판하는 완전히 새로운 소송절차이다(2015도15782). 그런데 형소법은 '유죄의 확정판결에 대하여 그 선고를 받은 자의 이익을 위한' 재심만을 허용하고 있다(제420조). 이익재심원칙을 규정한 것이다. 따라서 확정판결을 받은 자에게 불이익한 경우에는 사실인정의 오류가 있더라도 재심을 청구할 수 없다.

나. 불이익변경금지원칙과 일사부재리원칙

이익재심원칙에 따라 재심심판절차에서도 불이익변경금지원칙이 적용된다(제439조). 불이익변경금지원칙이란 피고인이 항소·상고한 사건과 피고인을 위해 항소·상고한 사건에 대해서는 원심판결의 형보다 중한 형을 선고하지 못한다(제368조)는 원칙을 말한다. 따라서 재심대상사건에서 징역형의 집행유예를 선고하였음에도 재심사건에서 원판결보다 주형을 가볍게 하고 집행유예를 없앤 경우, 불이익변경금지원칙에 위반된다(2016도1131).

불고불리(不告不理)원칙에 따라 법원은 검사가 공소제기하지 않은 범죄사실에 대해서는 심판할 수 없고, 공소불가분원칙(제248조 제2항)에 따라 범죄사실의 일부에 대한 공소는 그 효력이 전부에 미치며, 공소장변경은 공소사실의 동일성을 해하지 않는 한도에서만 가능하다(제298조 제1항). 실체재판이 확정되면 동일한 사건에 대해 재소가 금지되는 효과가 발생하고, 이런 재소(再訴)금지의 효력을 일사부재리(一事不再理, ne bis in idem)효력(헌법 제13조 제1항 후단: 모든 국민은 동일한 범죄에 대하여 거듭 처벌받지 아니한다)이라고 하는데, 일사부재리효력은 공소사실과 동일성이 인정되는 전체의 범죄사실에 미친다. 이에 따르면 1개의 범죄사실 모두가 당연히 법원의 심판대상이 되어야 하고, 일사부재리효력도 심판대상이 된 1개의 범죄사실에 대해서만 미쳐야 한다.

다. 대법원의 판단

경합범 관계에 있는 수개의 범죄사실을 유죄로 인정하여 한 개의 형을 선고한 불가분의 확정판결의 경우는 그중 일부의 범죄사실에 대해서만 재심청구의 이유가 있더라도 형식적으로는 1개의 형이 선고된 판결에 대한 것이므로 그 판결 전부에 대해 재심개시결정을 할 수밖에 없지만, 재심사유가 없는 범죄사실에 대해서는 재심개시결정의 효력이 그 부분을 형식적으로 심판의 대상에 포함시키는데 그치므로 재심법원은 그 부분을 다시 심리하여 유죄인정을 파기할 수 없고, 그 부분에 관해 새로이 양형을 해야 하므로 양형을 위해 필요한 범위에 한해서만 심리를 할 수 있을 뿐이다(2016도1131; 2015도15782). 이런 점에서 위 사건에서 상해죄에 대해 새로운 양형을 하여 벌금 400만원을 선고한 것은 불이익변경금지원칙과 일사부재리원칙에 어긋나지 않는다.

재심판결이 확정되면 원판결은 당연히 효력을 잃는다. 이는 확정된 판결에 중대한 하자가 있는 경우 구체적 정의를 실현하기 위하여 그 판결의 확정력으로 유지되는 법적 안정성을 후퇴시키고 사건 자체를 다시 심판하는 재심의 본질에서 비롯된 것이다. 그러므로 재심판결이 확정됨에 따라 원판결이나 그 부수처분의 법률적 효과가 상실되고 형 선고가 있었다는 기왕의 사실 자체의 효과가 소멸하는 것은 재심의 본질상 당연한 것으로서, 원판결의 효력 상실 그 자체로 인해 피고인이 불이익을 받더라도 이를 두고 재심에서 보호되어야 할 피고인의 법적 지위를 해치는 것은 아니다(2015도15782).[12]

5. 재심사유

성폭법의 특수강간죄로 징역 10년의 확정판결을 받은 甲은 수감생활 중 재심을 청구한다. 그 이유는 당시 사건 직후 채취한 피해자의 질 내용물에서 정액 양성반응이 나타났으나, 피해자의 유전자형 외에 관련 남성의 유전자형은 검출되지 않았고, 정자가 발견되지 않은 것으로 보아 범인은 무정자증인 것으로 추정된다는 국립과학수사연구소의 감정의뢰회보 및 검찰주사의 수사보고서가 있었는데, 확정판결 이후 실시한 정액검사 결과 甲은 무정자증이 아니라는 사실이 밝혀졌다는 것이다. 재심청구가 기각되자 甲은 재항고하고, 2009년에서야 비로소 대법원은 기각한다(무정자증사건). 대법원의 판단은 옳은가?

재심사유는 규문주의에서 인정된 신증거(nova)형 재심사유와 탄핵주의에서 인정된 오류(falsa)형 재심사유로 구별된다(제420조). 헌법재판소법과 소촉법에도 재심사유가 있는데, 전자는 위헌형 재심사유로, 후자는 불출석재판형 재심사유[13]로 각각 부를 수 있다.

가. 신증거형 재심사유: 증거의 신규성과 명백성

(1) 개념

신증거형 재심사유란 확정판결의 사실적 기초를 뒤집을 수 있는 새로운 증거나 사실의 발견에 터

---

12 따라서 원판결이 선고한 집행유예가 실효 또는 취소됨이 없이 유예기간이 지난 후에 새로운 형을 정한 재심판결이 선고되는 경우에도, 그 유예기간 경과로 인하여 원판결의 형 선고 효력이 상실되는 것은 원판결이 선고한 집행유예 자체의 법률적 효과로서 재심판결이 확정되면 당연히 실효될 원판결 본래의 효력일 뿐이므로, 이를 형의 집행과 같이 볼 수는 없고, 재심판결의 확정에 따라 원판결이 효력을 잃게 되는 결과 그 집행유예의 법률적 효과까지 없어진다 하더라도 재심판결의 형이 원판결의 형보다 중하지 않다면 불이익변경금지의 원칙이나 이익재심의 원칙에 반한다고 볼 수 없다.

13 소촉법 제23조의2 제1항에 따르면 공시송달사건에 대해서 불출석재판으로 1심의 공판절차에서 유죄판결을 받고 그 판결이 확정된 자가 책임을 질 수 없는 사유로 공판절차에 출석할 수 없었던 경우 재심청구권자는 그 판결이 있었던 사실을 안 날부터 14일 이내(재심청구인이 책임을 질 수 없는 사유로 위 기간 내에 재심청구를 하지 못한 때는 그 사유가 없어진 날부터 14일 이내)에 1심 법원에 재심을 청구할 수 있다. 이처럼 소촉법은 1심의 피고인 불출석 재판에 의해 유죄판결이 확정된 경우에만 1심 법원에 재심을 청구하는 것을 허용하고 있지만, 판례는 1심에 이어 항소심도 피고인 불출석 재판으로 진행하여 1심판결을 파기하고 다시 유죄판결을 선고하여 확정된 경우에도 소촉법의 이 재심규정을 유추적용하여 항소심 법원에 재심을 청구할 수 있다고 본다(2014도17252전합).

잡은 재심사유를 말한다. '유죄의 선고를 받은 자에 대해 무죄 또는 면소를, 형의 선고를 받은 자에 대해 형의 면제 또는 원판결이 인정한 죄보다 경한 죄를 인정할 명백한 증거가 새로 발견된 때(제5호)'가 신증거형 재심사유에 해당한다. 여기서 '경한 죄'란 법정형이 가벼운 죄를 말하므로 공소기각 판결을 할 경우는 '경한 죄를 인정할 경우'에 해당하지 않는다고 판례는 본다(96모51).

'형의 면제'는 필요적 면제만을 의미하고 임의적 면제는 해당하지 않는다(84모32). 형벌에 관한 법령이 당초부터 헌법에 위배되어 법원에서 위헌·무효라고 선언한 경우도 '증거가 새로 발견된 때'에 해당한다(2010모363).

(2) 증거의 신규성과 명백성(제420조 제5호)의 의미에 관한 견해의 대립[14]

(가) 학설

먼저 증거의 신규성과 관련하여, 법원 이외의 청구인에게도 새로운 증거이어야 하는지를 두고 부정설, 긍정설, 절충설이 대립한다. 부정설은 법원에게만 새로운 증거이면 충분하다는 입장이다. 법원과 청구인 모두에게 새로운 증거이어야 한다는 긍정설은 청구인이 증거의 존재를 알고 있었던 경우에는 증거의 신규성을 부정하는 견해로, 이는 다시 청구인에게 고의나 과실 등 귀책사유가 있는 경우에 신규성을 부정하는 견해(귀책사유설)와 청구인에게 고의(위장출석, 알리바이가 있음에도 여죄의 발각 등을 피하기 위해 알리바이 주장을 하지 않음)가 있는 경우에만 신규성을 부정하는 견해(고의설)로 구별된다. 절충설은 원칙적으로 부정설의 입장이지만, 피고인 자신이 위장출석을 이유로 재심을 청구하는 경우에 한해 신규성을 부정하는 견해이다.

다음으로 증거의 명백성과 관련하여, 그 판단대상이 되는 증거의 범위와 심증정도를 두고 다툼이 있다. 명백성의 판단대상이 되는 증거는 새로운 증거에 한정된다는 고립평가설, 새로운 증거에 추가하여 이와 유기적 관련성을 갖는 모순되는 구증거도 포함된다는 제한평가설, 새로운 증거 외에 구증거도 모두 포함된다는 종합평가설이 대립한다. 또 명백성에 대한 심증의 정도를 두고 확정판결을 파기할 고도의 가능성 내지 개연성이 인정되어야 한다는 엄격설과 확정판결의 사실인정에 관해 합리적인 의심을 갖게 하는 정도로 충분하다는 완화설이 대립한다. 전자에 따르면 '의심스러운 경우에는 피고인의 이익으로' 원칙이 적용될 여지가 없지만, 후자에 따르면 있다.

(나) 판례

무정자증사건의 정액검사결과에 대한 증거의 신규성과 명백성이 부정된다(2005모472전합). 먼저 증거의 신규성과 관련하여 판례는 귀책사유설이다. 증거의 신규성은 재심대상이 되는 확정판결의 소송절차에서 발견되지 못하였거나 발견되었다 하더라도 제출할 수 없었던 증거를 새로 발견하였거나 비로소 제출할 수 있게 된 때를 말하므로, 그 증거가 법원과 피고인 모두에게 새로 발견된 것이어야 하고, 재심대상이 되는 확정판결의 소송절차 중에 그러한 증거를 제출하

---

14 김태업, "형사소송법 제420조 제5호의 재심사유에서 '증거의 신규성과 명백성", 사법 제11호, 대법원 사법연구지원재단, 2010, 320면 이하.

지 못한 데 피고인의 과실이 있으면 위 사유에서 제외되는데, 정액검사결과는 재심대상판결의 소송절차에서 제출할 수 없었던 증거라고 볼 수 없다는 것이다. 다음으로 증거의 명백성과 관련하여 판례는 제한평가설과 엄격설이다. 법원은 새로 발견된 증거만을 독립적·고립적으로 고찰하여 그 증거가치만으로 재심의 개시 여부를 판단할 것이 아니라 재심대상이 되는 확정판결을 선고한 법원이 사실인정의 기초로 삼은 증거들 가운데 새로 발견된 증거와 유기적으로 밀접하게 관련되고 모순되는 것들은 함께 고려하여 평가해야 한다. 이는 새로 발견된 증거의 증거가치만을 기준으로 하여 증거의 명백성 여부를 판단해야 한다고 본 종전 입장(99모93)을 변경한 것이다. 판례는 이처럼 변경된 입장에 따라 무정자증사건에서 채취한 가검물의 상태나 그 보존과정 등에서 여러 가지 요인에 의해 정자가 소실되는 등의 다른 원인이 있을 수 있으므로 국립과학수사연구소의 감정의뢰회보와 수사보고서는 범인이 무정자증이라고 단정한 것이 아니라 단순히 추정한 것에 불과하므로, 이런 증거들과 정액검사결과를 함께 고려하면(제한평가설) 재심대상판결을 그대로 유지할 수 없을 정도로 고도의 개연성(엄격설)이 인정되는 증거가치를 가질 수 없다고 본다.

나. 오류형 재심사유

(1) 개념

오류형 재심사유란 원판결에 일정한 잘못이 있음을 내용으로 하는 재심사유를 말한다. 여기서 원판결이란 재심청구인이 재심사유가 있다고 하여 재심청구의 대상으로 삼은 판결을 말한다. 오류형 재심사유 가운데 그 사유가 확정판결로 증명되어야 하는 경우에는, 확정판결의 등본을 교부받아 재심을 청구해야 한다.

그런데 확정판결을 받을 수 없는 경우가 있다. 예컨대 범인의 사망이나 행방불명, 공소시효의 완성이나 사면 등의 경우가 이에 해당한다. 이런 경우에는 그런 확정판결을 받을 수 없는 사실을 증명하여 재심의 청구를 할 수 있다(제422조). 확정판결을 받을 수 없는 경우는 사실상·법률상 장애로 확정판결을 받을 수 없는 경우를 말하므로, 단순히 증거가 없다는 이유로 확정판결을 수 없는 경우는 이에 해당하지 않는다.

(2) 유죄의 확정판결에 대한 재심사유

다음이 흔히 유죄의 확정판결에 대한 오류형 재심사유에 해당한다. 형소법 제420조의 ① 원판결의 증거된 서류 또는 증거물이 확정판결로 위조 또는 변조인 것이 증명된 때(제1호), ② 원판결의 증거된 증언, 감정, 통역 또는 번역이 확정판결로 허위인 것이 증명된 때(제2호)이다.[15] 허위로 증명되기

---

15 분신자살한 A의 유서를 대신 써 준 甲에게 자살방조죄를 인정한 유서대필사건(92도1148)이 있었는데, 2007년에 진실화해를 위한 과거사 정리위원회는 국립과학수사연구소의 기존 감정결과와 반대되는 새로운 감정결과('A의 유서는 甲이 대필한 것이 아니라 A가 직접 쓴 것이다')에 따라 조작된 사건임을 밝혔다. 이에 따라 甲(강기훈)은 2008. 2. 재심을 청구하여, 2014. 2. 13. 무죄판결을 받은(2008재노20) 후 2015. 5. 14. 비로소 대법원은 이를 확정한다(2014도2946). 법정에서 진실이 밝혀지기까지 24년이 걸린 것이다. 이제는 유서대필사건이 아니라 유서대필조작사건이라고 불러야 한다.

만 하면 (허위증거 외에) 다른 증거에 의해 유죄로 인정되는지 여부는 관계없다(2011도8529; 2008도11481). 원판결의 증거된 증언을 한 자가 그 재판 과정에서 자신의 증언과 반대되는 취지의 증언을 한 다른 증인을 위증죄로 고소하였다가 그 고소가 허위임이 밝혀져 무고죄로 유죄의 확정판결을 받은 경우는 이 재심사유에 해당하지 않는다(2003도1080). 원판결의 증언이 거짓임이 간접적으로 증명되었지만, 위증죄나 허위감정·감정·통역·번역죄로 유죄판결을 받은 것은 아니기 때문이다.
③ 타인을 사기죄로 무고했다는 이유로 무고죄의 유죄선고를 받았는데 그 무고의 내용이 된 사기죄가 확정판결로 증명된 때(제3호), ④ 원판결, 전심판결 또는 그 판결의 기초된 조사에 관여한 법관, 공소의 제기 또는 그 공소의 기초된 수사에 관여한 검사나 사법경찰관이 그 직무에 관한 죄를 범한 것이 확정판결에 의하여 증명된 때(제7호)도 오류형 재심사유이다. 다만, 이 경우는 원판결의 선고 전에 법관, 검사 또는 사경에 대해 공소의 제기가 있는 경우에는 원판결의 법원이 그 사유를 알지 못한 때에 한한다. 수사기관이 영장주의를 배제하는 위헌적 법령에 따라 영장 없는 체포·구금을 한 경우도 제7호의 재심사유에 해당한다(2015모3243). 불법체포·감금죄는 위 재심사유가 규정하는 대표적인 직무범죄로서 헌법상 영장주의를 관철하기 위한 것인데, 영장주의를 배제하는 법령 자체가 위헌이라면 결국 헌법상 영장주의에 위반하여 체포·구금을 한 것과 다르지 않기 때문이다. 사법경찰관 P의 첩보보고로 원판결의 피고인 甲에 대한 수사가 개시되었다면 P가 원판결의 甲에 대한 수사에 관여한 것으로 봐야 하고, P의 직무범죄가 원판결의 甲에 대한 사건의 실체관계에 관계된 것인지, 또 P가 원판결의 甲을 직접 피의자로 조사하였는지 등은 제7호의 재심사유를 판단할 때 고려할 사항이 아니다(2008모77. 同旨: 2004모16).
⑤ 원판결의 증거된 재판이 확정재판에 의하여 변경된 때(제4호)와 ⑥ 저작권, 특허권, 실용신안권, 의장권 또는 상표권을 침해한 죄로 유죄의 선고를 받은 사건에 관해 그 권리에 대한 무효의 심결 또는 무효의 판결이 확정된 때(제6호)도 오류형 재심사유이다.
그런데 ④와 ⑥ 두 가지를 신증거형 재심사유로 보기도 한다. 원판결의 기초가 된 재판이나 권리에 오류가 있었음이 확정판결이나 심결로 밝혀졌다는 사실 그 자체는 새로운 증거로 봐야 한다는 것이다. 여기서 '원판결의 증거된 재판'이란 원판결의 이유 중에서 증거로 채택되어 죄로 되는 사실을 인정하는데 인용된 다른 재판을 말한다(86모15).

(3) 항소·상고를 기각한 확정판결에 대한 재심사유

형소법은 항소·상고기각판결에 대한 재심사유로 다음 3가지를 들고 있다(제421조 제1항). ① 항소·상고기각판결의 증거된 서류 또는 증거물이 확정판결로 위조 또는 변조인 것이 증명된 때(제1호), ② 항소·상고기각판결의 증거된 증언, 감정, 통역 또는 번역이 확정판결로 허위인 것이 증명된 때(제2호), ③ 항소·상고기각판결의 기초된 조사에 관여한 법관, 공소의 제기 또는 그 공소의 기초된 수사에 관여한 검사나 사법경찰관이 그 직무에 관한 죄를 범한 것이 확정판결에 의하여 증명된 때(제7호)이다.
이처럼 항소·상고기각판결에 대해서도 재심을 인정하는 것은 아래 이유 때문이다. 먼저 ① 원심판결 자체에는 재심사유가 없지만 항소·상고기각판결에 재심사유가 있을 수 있기 때문이다. 예컨대

상소기각판결을 한 법원이 증거조사를 하였는데 제1호나 제2호의 사유가 있는 경우이다. 또 ② 원심판결에 있는 위 재심사유를 상소심이 밝혀내지 못하고 기각판결을 내린 경우로, 이 경우에는 상소를 기각한 판결이 확정되면 원심판결도 확정되기 때문이다. 따라서 이 경우에는 재심사유가 원심심판결과 항소·상고기각판결에 공통되므로, 원심의 유죄확정판결에 대해 재심을 청구하지 않은 경우에만 항소·상고기각판결에 대한 재심을 허용하는 것이 옳을 것이다. 그래서 제421조가 1심 확정판결에 대한 재심청구사건의 판결이 있은 후에는 항소기각판결에 대해 다시 재심을 청구하지 못하고(제2항), 1심 또는 2심의 확정판결에 대한 재심청구사건의 판결이 있은 후에는 상고기각판결에 대해 다시 재심을 청구하지 못한다(제3항)고 한 것이다.

기출문제 ___ ✎

형법의 적용범위	1. 포괄일죄로 되는 개개의 범죄행위가 법 개정의 전후에 걸쳐서 행하여진 경우에는 신·구법의 법정형에 대한 경중을 비교하여 볼 필요도 없이 범죄 실행 종료시의 법인 신법을 적용하여 포괄일죄로 처단하여야 한다. [2019년 국가직 9급 형법 문4] [2013년 사법시험 형법 문20] [2008년 사법시험 형법 문5]
	2. 실행행위의 도중에 법률이 변경되어 실행행위가 신·구법에 걸쳐 행하여진 때에는 신법 시행 전에 이미 실행행위가 착수되었으므로 이 행위에는 구법이 적용되어야 한다. [2015년 변호사시험 형사법 문5]
	3. 포괄일죄에 관한 기존 처벌법규에 대하여 그 표현이나 형량과 관련한 개정을 하는 경우가 아니라 애초에 죄가 되지 아니하던 행위를 구성요건의 신설로 포괄일죄의 처벌대상으로 삼는 경우에는 신설된 포괄일죄 처벌법규가 시행되기 이전의 행위에 대하여는 신설된 법규를 적용하여 처벌할 수 없다. [2019년 변호사시험 형사법 문2]
간통죄와 재심	4. 간통사건에 대한 유죄판결이 간통죄에 대한 헌법재판소의 종전 합헌결정 이전에 확정된 경우, 이 판결에 대한 재심개시결정이 간통죄에 대한 헌법재판소의 위헌결정일 이후에 확정되었다면 재심심판법원은 무죄판결을 하여야 한다. [2023년 국가직 9급 형소법 문19]

🔒 정답 및 해설

1. ○(2009도5075), 2. ×(포괄일죄는 행위종료시의 법률을 적용하나 그렇지 않은 경우에는 법정형의 경중을 비교하여 가장 경한 법을 적용해야 함[2012도7760의 취지]), 3. ○(2015도15669), 4. ×(2019도15167: 면소판결을 해야 함)

---

01 죄형법정주의에 관한 설명으로 가장 적절하지 않은 것은? (다툼이 있는 경우 판례에 의함)

2019년 2차 순경시험 형법 문1

① 「의료법」 제41조가 "환자의 진료 등에 필요한 당직의료인을 두어야 한다."라고 규정하고 있을 뿐인데도 「의료법 시행령」 제18조 제1항이 당직의료인의 수와 자격 등 배치기준을 규정하고 이를 위반하면 「의료법」 제90조에 의한 처벌의 대상이 되도록 함으로써 형사처벌의 대상을 신설 또는 확장한 경우, 본 시행령 조항은 위임 입법의 한계를 벗어나 무효이다.

② 과거에 이미 행한 범죄에 대하여 공소시효를 정지시키는 법률이라 하더라도 그 사유만으로 형벌불소급의 원칙에 언제나 위배되는 것은 아니다.

③ 「청소년보호법」 제30조 제8호 소정의 "풍기를 문란하게 하는 영업행위를 하거나 그를 목적으로 장소를 제공하는 행위"라는 문구는 "청소년에 대하여 이성혼숙을 하게 하거나 그를 목적으로 장소를 제공하는 행위" 등이라고 볼 수 있으므로 명확성원칙에 반하지 않는다.

④ 「도로교통법」상 도로가 아닌 곳에서 운전면허 없이 운전한 행위를 무면허운전으로 처벌하는 것은 유추해석금지원칙에 반하지 않는다.

해설 🖉

④ ×(2017도17762: 도로가 아닌 곳에서 운전면허 없이 운전한 경우에는 무면허운전에 해당하지 않음), ③ △ (2003도5980판결의 취지를 제대로 반영하지 않은 지문. 청소년보호법 제30조[당시는 제26조의2] 제8호는 "청소년을 남녀 혼숙하게 하는 등 풍기를 문란하게 하는 영업행위를 하거나 이를 목적으로 장소를 제공하는 행위"라고 규정하고 있는데, 이 중 "풍기를 문란하게 하는 영업행위를 하거나 이를 목적으로 장소를 제공하는 행위"는 예로 제시한 "남녀혼숙"에 준해서 판단할 수 있으므로 명확성원칙에 어긋나지 않는다는 게 2003도5980 판결의 취지. 청소년보호법 제30조 제8호의 규정이 모두 제시된 상태에서 이 지문이 나와야 함), ① ○(2015도16014전합), ② ○(96헌가2, 96헌바7, 96헌바13)　　　　**정답** ④

---

02 다음 설명 중 옳은 것은? (다툼이 있는 경우 판례에 의함)　　　　2021년 변호사시험 형사법 문10

① 「가정폭력범죄의 처벌 등에 관한 특례법」에서 규정하고 있는 사회봉사명령은 보안처분이므로 이 명령에 형벌불소급의 원칙이 적용되지 않는다.

② 종전보다 가벼운 형으로 형벌법규를 개정하면서, 개정된 법 시행 전의 범죄에 대해서 종전의 형벌법규를 적용하도록 그 부칙에 규정하는 것은 형벌불소급의 원칙에 반한다.

③ 행위 시에 없던 보호관찰규정이 재판 시에 신설되어 이를 근거로 보호관찰을 명할 경우, 형벌불소급의 원칙 또는 죄형법정주의에 위배된다.

④ 1억원 이상의 벌금형을 선고하는 경우 노역장유치기간의 하한을 중하게 정한 개정 「형법」 제70조 제2항을 시행일 이후 최초로 공소제기되는 경우부터 적용하도록 한 개정 「형법」 부칙 제2조 제1항은 형벌불소급의 원칙에 위반된다.

⑤ 「디엔에이신원확인정보의 이용 및 보호에 관한 법률」이 시행 당시 디엔에이감식시료 채취 대상 범죄로 이미 징역이나 금고 이상의 실형을 선고받아 그 형이 확정되어 수용 중인 사람에게도 적용될 수 있도록 한 위 법률 부칙 제2조 제1항은 소급입법금지원칙에 위배된다.

해설 🖉

④ ○(2015헌바239: 형벌불소급원칙에서 의미하는 '처벌'은 형법에 규정되어 있는 형식적 의미의 형벌 유형에 국한되지 않으며, 범죄행위에 따른 제재의 내용이나 실제적 효과가 형벌적 성격이 강하여 신체의 자유를 박탈하거나 이에 준하는 정도로 신체의 자유를 제한하는 경우에는 형벌불소급원칙이 적용되어야 한다. 노역장유치는 그 실질이 신체의 자유를 박탈하는 것으로서 징역형과 유사한 형벌적 성격을 가지고 있으므로 형벌불소급원칙의 적용대상이 된다. 노역장유치조항은 1억원 이상의 벌금형을 선고받는 자에 대하여 유치기간의 하한을 중하게 변경시킨 것이므로, 이 조항 시행 전에 행한 범죄행위에 대해서는 범죄행위 당시에 존재하였던 법률을 적용하여

야 한다. 그런데 부칙조항은 노역장유치조항의 시행 전에 행해진 범죄행위에 대해서도 공소제기의 시기가 노역
장유치조항의 시행 이후이면 이를 적용하도록 하고 있으므로, 이는 범죄행위 당시 보다 불이익한 법률을 소급
적용하도록 하는 것으로서 헌법상 형벌불소급원칙에 위반), ① ×(2008어4), ② ×(99도1695), ③ ×(97도
703), ⑤ ×(2011헌마28)   정답 ④

03 죄형법정주의의 형벌불소급원칙에 관한 다음 설명 중 옳지 않은 것은? (다툼이 있는 경우에는 판례에 의함)

2008년 사법시험 형법 문10(배점 2)

① 행위 당시의 판례에 의하면 처벌대상이 되지 아니하는 것으로 해석되었던 행위를 판례의 변경에 따라
확인된 내용의 형법조항에 근거하여 처벌할 수 있다.
② 범죄행위시와 재판시 사이에 수차 법령의 개정으로 인한 형의 변경이 있을 경우에, 중간시법의 형이
행위시법의 형이나 재판시법의 형보다 가벼운 때에는 중간시법을 적용하더라도 소급효금지원칙에 위배
되지 않는다.
③ 기존의 법을 변경해야 할 공익적 필요는 심히 중대한 반면에 그 법적 지위에 대한 개인적 신뢰를 보호해
야 할 필요가 상대적으로 적어 개인의 신뢰이익을 관철하는 것이 객관적으로 정당화될 수 없는 경우에
는 예외적으로 공소시효에 대한 진정소급입법이 허용될 수 있다.
④ 형의 집행을 유예하는 경우 명할 수 있는 보호관찰도 형사제재이므로 행위 이전에 규정되어 있지 않으
면 재판시의 규정에 의하여 보호관찰을 받을 것을 명할 수 없다.
⑤ 기소된 공소사실에 대한 적용법조가 헌법재판소의 위헌결정으로 소급하여 실효된 경우, 그 피고 사건은
범죄로 되지 아니한 때에 해당하기 때문에 법원은 무죄를 선고하여야 한다.

해설 ✎

④ ×(97도703), ① ○(97도3349), ⑤ ○(99도3003)   정답 ④

04 형법의 적용에 관한 설명 중 옳은 것은? (다툼이 있는 경우 판례에 의함)

2014년 사법시험 형법 문2(배점 2)

① 형의 경중의 비교는 원칙적으로 법정형을 표준으로 할 것이고 처단형이나 선고형에 의할 것이 아니며,
법정형의 경중을 비교함에 있어서 법정형 중 병과형 또는 선택형이 있을 때에는 모든 형의 경중을 비교
하여야 한다.
② 2008. 12. 26. 개정·시행된 「특정범죄 가중처벌 등에 관한 법률」은 제2조 제2항에서 뇌물수수죄 등에
대하여 종전에 없던 벌금형을 필요적으로 병과하도록 하고 있으므로 뇌물수수 범행이 위 신설 규정의
시행 전후에 걸쳐 행하여진 경우 벌금형 산정기준이 되는 수뢰액은 위 규정이 신설된 2008. 12. 26.
이후에 수수한 금액으로 한정된다고 보아야 한다.
③ 헌법재판소가 형벌에 관한 법률조항에 대해 헌법불합치 결정을 선고하면서 개정시한을 정하여 입법개
선을 촉구하였는데 위 시한까지 법률 개정이 이루어지지 않았다면 위 법률조항을 적용하여 제기되었던
공소사실에 대해서는 유죄를 선고할 수 있다.

④ 형을 종전보다 가볍게 형벌법규를 개정하면서 그 부칙으로 개정된 법의 시행 전의 범죄에 대하여 종전의 형벌법규를 적용하도록 규정하는 것은 신법우선주의에 반한다.

⑤ "1개의 죄가 본법 시행전후에 걸쳐서 행하여진 때에는 본법 시행전에 범한 것으로 간주한다."라고 규정한 형법 부칙 제4조 제1항은 다른 법과의 관계에도 적용되기 때문에 「특정경제범죄 가중처벌 등에 관한 법률」 시행 전후에 상습으로 사기범행을 행한 경우, 위 법률 시행 이후에 취득한 재물의 가액이 위 법률에 규정된 하한을 넘고 있더라도 위 법률 시행 전의 법률에 따라 처벌하여야 한다.

해설 🖉

② ○(2011도4260), ① ×(92도2194: 가장 중한 형을 비교), ④ ×(99도1695: 부칙규정이 우선 적용되므로 신법주의에 반하지 않음), ⑤ ×(86도1012전합16)   **정답** ②

05 「형법」 제1조 제2항에 대한 설명으로 옳지 않은 것은?   2023년 국가직 9급 형법 문1

① 범죄 후 법률의 변경이 있더라도 형의 변경이 없는 경우에는 「형법」 제1조 제1항에 따라 행위시법을 적용해야 한다.

② 형의 경중의 비교는 원칙적으로 법정형을 표준으로 하고, 처단형이나 선고형에 의할 것은 아니다.

③ 범죄 후 형벌법규의 위임을 받은 법령의 변경에 따라 범죄를 구성하지 아니하게 된 경우, 종전 법령이 범죄로 정하여 처벌한 것이 부당하였다는 반성적 고려에 따라 변경된 경우에 한하여 「형법」 제1조 제2항이 적용된다.

④ 행위 시 양벌규정에는 법인에 대한 면책규정이 없었으나 법률 개정으로 면책규정이 추가된 경우, 법원은 「형법」 제1조 제2항에 따라 피고인에게 개정된 양벌규정을 적용해야 한다.

해설 🖉

③ ×(2020도16420전합), ① ○(2021도760의 취지), ② ○(92도2194), ④ ○(2009헌가23)   **정답** ③

---

16 다수의견: 위 부칙은 신형법[1953. 9. 18 공포 법률 제293호] 시행에 즈음하여 구 형법과의 관계에서 그 적용범위를 규정한 이른바 경과법으로서 형법총칙 제8조에서 규정하는 "본법총칙"이 아닐 뿐 아니라 범죄의 성립과 처벌은 행위시의 법률에 의한다고 규정한 형법 제1조 제1항의 해석으로서도 행위종료시의 법률의 적용을 배제한 점에서 타당한 것이 아니므로 위 신구형법과의 관계가 아닌 다른 법과의 관계에서는 위 부칙을 적용 내지 유추적용할 수 없으므로, 이런 경우 법정형이 중한 위 특경가법위반죄에 나머지 행위를 포괄시켜 특경가법위반죄로 처단해야 한다. 소수의견: 형법 부칙 제4조 제1항은 범죄의 실행행위가 신·구 양법에 걸쳐서 행하여진 범죄의 행위시를 정한 것으로 형법의 적용범위, 범죄와 형벌 등에 관한 것이어서 비록 그것이 부칙에 규정되어 있다고 하여 형법만의 경과규정에 불과한 것이 아니라 형법총칙규정 내지는 그 보완규정이라고 풀이할 것이어서 이는 형법과 다른 법률과의 사이 또는 다른 법률의 개정과정에서 그 양법에 걸쳐서 행하여진 범죄에 대하여 그 행위시를 정함에 있어 다같이 적용되는 조문이다. 따라서 특경가법 시행 전후에 상습으로 사기범행을 행한 경우 위 법 시행 이후에 취득한 재물의 가액이 위 법 제3조 제1항 제3호 소정의 하한을 넘고 있더라도 위 법률시행 전의 법률에 따라 처단해야 한다.

06 재심에 대한 설명으로 옳지 않은 것은? (다툼이 있는 경우 판례에 의함) 2020년 국가직 9급 형소법 문6

① 재심심판절차에서 재심의 판결을 선고하고 그 재심판결이 확정된 때에 종전의 유죄의 확정판결은 효력을 상실한다.

② 재심심판절차에서는 특별한 사정이 없는 한 재심사건에 다른 사건의 공소사실을 추가하는 공소장변경을 하거나 다른 일반 사건을 병합하여 함께 심판하는 것이 허용되지 않는다.

③ 원판결의 증거가 된 증언이 나중에 확정판결에 의하여 허위임이 증명되더라도 허위증언 부분을 제외하고 다른 증거에 의하여 그 범죄사실이 유죄로 인정될 개연성이 있으면 재심사유는 인정되지 않는다.

④ 재심이 개시된 사건에 적용되어야 할 형벌에 관한 법령이 헌법재판소의 위헌결정으로 소급하여 그 효력을 상실하였다면 재심사건에 대하여 무죄를 선고하여야 한다.

해설 ✎

③ ✕(2011도8529: 허위로 증명되기만 하면 (허위증거 외에) 다른 증거에 의해 유죄로 되는지는 무관), ① ○ (2018도20698전합), ② ○(2018도20698전합), ④ ○(2008도5986전합의 취지)   **정답** ③

07 재심에 대한 설명으로 옳지 않은 것은? (다툼이 있는 경우 판례에 의함) 2020년 국가직 7급 형소법 문19

① 「형사소송법」상 재심청구는 형의 집행을 정지하는 효력이 없지만, 관할법원에 대응한 검찰청 검사는 재심청구에 대한 재판이 있을 때까지 형의 집행을 정지할 수 있다.

② 경합범 관계에 있는 수개의 범죄사실을 유죄로 인정하여 1개의 형을 선고한 불가분의 확정판결에서 그 중 일부의 범죄사실에 대하여만 재심청구의 이유가 있는 것으로 인정된 경우, 그 판결 전부에 대하여 재심개시결정을 할 수밖에 없지만 재심사유가 없는 범죄사실에 대하여는 이를 다시 심리하여 유죄인정을 파기할 수 없고, 그 부분에 관하여는 양형을 위하여 필요한 범위에 한하여만 심리할 수 있을 뿐이다.

③ 특별사면으로 형 선고의 효력이 상실된 유죄의 확정판결은 「형사소송법」 제420조의 '유죄의 확정판결'에 해당하므로 재심청구의 대상이 될 수 있다.

④ 재심청구인이 재심청구를 한 후 그 청구에 대한 결정이 확정되기 전에 사망하더라도 재심청구절차가 재심청구인의 사망으로 종료하지 않는다.

해설 ✎

④ ✕(2014모739: 이 경우 재심청구인의 배우자나 친족 등에 의한 재심청구인 지위의 승계를 인정하거나 형소법 제438조와 같이 재심청구인이 사망한 경우에도 절차를 속행할 수 있는 규정이 없으므로, 재심청구절차는 재심청구인의 사망으로 당연히 종료하게 됨), ① ○(제428조), ② ○(2015도15782), ③ ○(2011도1932전합: 법률요건인 '유죄의 선고'와 법률효과인 '형의 선고'는 구별되어야 한다는 관점에서 형 선고의 효력을 상실하게 하는 특별사면은 형 선고의 법률적 효과만 장래를 향해 소멸시킬 뿐이고 확정된 유죄판결에서 이루어진 사실인정과 그에 따른 유죄 판단까지 없어지게 하는 것은 아니므로 유죄판결은 형 선고의 효력만 상실된 채로 여전히 존재하는 것으로 보아야 하고, 유죄의 선고는 물론 형 선고가 있었다는 기왕의 경력 자체 등을 제거하여 명예를 회복하고 형사보상을 받을 기회를 주는 것이 재심제도의 취지에 부합함. 이때 다시 심판하였는데 유죄가 인정되

더라도 '피고인에 대하여 형을 선고하지 아니한다'는 주문을 선고해야 한다[2012도2938]. 만일 형을 선고하면 이미 형 선고의 효력을 상실시키는 특별사면을 받은 피고인의 법적 지위를 해치게 되어 이익재심원칙과 불이익변경금지원칙에 반하게 되기 때문) 　　**정답** ④

08 재심에 관한 설명 중 옳지 않은 것은? (다툼이 있는 경우 판례에 의함)　　2020년 변호사시험 형사법 문33
① 형사재판에서 재심은 유죄의 확정판결 및 유죄판결에 대한 항소 또는 상고를 기각한 확정판결에 대하여만 허용되며, 면소판결을 대상으로 한 재심청구는 부적법하다.
② 수사기관이 영장주의를 배제하는 위헌적 법령에 따라 영장 없는 체포·구금을 한 경우는 '공소의 기초된 수사에 관여한 검사나 사법경찰관이 그 직무에 관한 죄를 범한 것이 확정판결에 의하여 증명된 때'라는 재심사유에 해당하지 아니한다.
③ 재심심판절차는 원판결의 당부를 심사하는 종전 소송절차의 후속절차가 아니라 사건 자체를 처음부터 다시 심판하는 완전히 새로운 소송절차로서, 종전의 확정판결은 재심판결이 확정된 때 효력을 상실한다.
④ '재심에는 원판결의 형보다 중한 형을 선고하지 못한다.'라는 것은 단순히 원판결보다 무거운 형을 선고할 수 없다는 원칙일 뿐만 아니라, 실체적 정의를 실현하기 위하여 재심을 허용하지만 피고인의 법적 안정성을 해치지 않는 범위 내에서 재심이 이루어져야 한다는 취지이다.
⑤ 재심사유로서 '원판결이 인정한 죄보다 경한 죄를 인정할 경우'라 함은 원판결에서 인정한 죄와는 별개의 경한 죄를 말하는 것이지, 원판결에서 인정한 죄 자체에는 변함이 없고 다만 양형상의 자료에 변동을 가져올 사유에 불과한 경우를 말하는 것은 아니다.

해설 ✐

② ✕(2015모3243), ① ○(2015모3243: 면소판결은 유죄 확정판결이 아님), ③ ○(2018도20698전합: 재심의 경우 종전의 확정판결의 효력이 상실되는 시점은 재심개시결정이 내려진 때가 아니라 재심판결이 확정된 때), ④ ○(2015도15782), ⑤ ○(92모31)　　**정답** ②

09 재심에 대한 설명으로 옳은 것은?　　2023년 국가직 9급 형소법 문20
① 재심사유 중 '무죄 등을 인정할 명백한 증거'에 해당하는지 여부는 새로 발견된 증거만을 독립적·고립적으로 고찰하여 그 증거가치만으로 판단하여야 한다.
② 재심심판절차에서는 특별한 사정이 없는 한 재심대상사건과 별개의 공소사실을 추가하는 내용의 공소장변경을 하거나 일반절차로 진행 중인 별개의 형사사건을 병합하여 심리할 수 없다.
③ 특별사면으로 형 선고의 효력이 상실된 유죄확정판결에 대하여 재심개시결정이 확정된 경우, 재심심판절차에서는 그 심급에 따라 다시 심판하여 특별사면을 이유로 면소판결을 하여야 한다.
④ 경합범 관계에 있는 수개의 범죄사실을 유죄로 인정하여 1개의 형을 선고한 불가분의 확정판결에서 그 중 일부의 범죄사실에 대하여만 재심청구의 이유가 인정되는 경우, 그 부분에 대해서만 재심개시결정을 하여야 한다.

② ○(2018도20698전합), ① ×(2005모472전합), ③ ×(2011도1932전합: 실체에 관한 유·무죄 등의 판단을 해야 함), ④ ×(2015도15782: 전부에 대해 재심개시결정을 할 수밖에 없음) 정답 ②

10 면소판결에 대한 설명으로 옳지 않은 것은?

2023년 국가직 7급 형사소송법 문11

① 재심대상판결이 확정된 후에 형 선고의 효력을 상실케 하는 특별사면이 있었던 사건에 대하여 재심개시결정이 확정되어 재심심판절차를 진행하는 법원은 면소판결이 아니라 실체에 관한 유·무죄 등의 판단을 해야 한다.

② 법원은 범죄 후 법령의 개폐로 그 형이 폐지되었을 경우 실체적 재판에 앞서 면소판결을 선고하여야 하며, 이에 관하여 무죄로서의 실체적 재판을 하는 것은 위법이다.

③ 면소판결은 유죄의 확정판결이라고 할 수 없으므로 면소판결을 대상으로 한 재심청구는 부적법하다.

④ 공소제기 당시의 공소사실에 대한 법정형을 기준으로 하면 공소시효가 완성되지 않았던 경우, 법원은 공소장변경에 의하여 변경된 공소사실에 대하여 그 법정형을 기준으로 하면 공소제기 당시 이미 공소시효가 완성된 경우에도 공소시효의 완성을 이유로 면소판결을 선고할 수 없다.

④ ×(2001도2902: 변경된 범죄를 기준으로 공소시효 완성 여부 판단함), ① ○(2011도1932전합), ② ○(2007도7523), ③ ○(2015모3243) 정답 ④

탐구 과제

- 간통죄를 비범죄화한 것은 옳은가?
- 재심과 비상상고 및 상소제도의 차이는?

03강

03.강

형총 + 형각: 낙태죄의 헌법불합치결정과
영아살해죄의 폐지의 의미 및
미필적 고의

형총＋형각: 낙태죄의 헌법불합치결정과 영아살해죄의 폐지의 의미 및 미필적 고의

형법각칙 제27장에 규정된 낙태죄의 체계를 보고, 자기낙태죄와 의사동의낙태죄에 관한 헌법재판소의 헌법불합치결정의 의미 및 이를 반영하여 지난 20대 국회에 제출된 관련 법률개정안을 본다. 아울러 영아살해죄와 영아유기죄의 폐지의 의미를 본다.

🔨 사례

배우자 있는 甲男은 술집에서 만난 미혼인 乙女와 사랑에 빠져 간음을 했다. 乙女는 甲男의 아이를 갖게 되었지만, 사회적 시선과 경제적 형편상 아이를 키울 수 없어서 산부인과 의사 丙의 도움을 받아서 낙태를 하였다. 산부인과 의사 丙은 2013. 11. 1.경부터 2015. 7. 3.경까지 69회에 걸쳐 부녀의 촉탁 또는 승낙을 받아 낙태하였다는 공소사실(업무상승낙낙태)로 기소되었다. 1심 재판 계속 중 형법 제269조 제1항, 제270조 제1항이 헌법에 위반된다고 주장하면서 헌법재판소법 제41조[1]에 근거 위헌법률심판제청신청을 하였으나 그 신청이 기각되자 2017. 2. 8. 헌법재판소법 제68조 제2항[2]에 근거 위 조항들의 위헌확인을 구하는 헌법소원심판을 청구하였다.

🔍 해결

1. 낙태죄와 모자보건법

가. 낙태죄의 체계와 해석

> 제27장 낙태의 죄
> 제269조(낙태) ① 부녀가 약물 기타 방법으로 낙태한 때에는 1년 이하의 징역 또는 200만원 이하의 벌금에 처한다.
> ② 부녀의 촉탁 또는 승낙을 받아 낙태하게 한 자도 제1항의 형과 같다.

---

1 제41조(위헌 여부 심판의 제청) ① 법률이 헌법에 위반되는지 여부가 재판의 전제가 된 경우에는 당해 사건을 담당하는 법원(군사법원 포함)은 직권 또는 당사자의 신청에 의한 결정으로 헌법재판소에 위헌 여부 심판을 제청한다. ④ 위헌 여부 심판의 제청에 관한 결정에 대하여는 항고할 수 없다.
2 제68조(청구 사유) ① 공권력의 행사 또는 불행사(不行使)로 인하여 헌법상 보장된 기본권을 침해받은 자는 법원의 재판을 제외하고는 헌법재판소에 헌법소원심판을 청구할 수 있다. 다만, 다른 법률에 구제절차가 있는 경우에는 그 절차를 모두 거친 후에 청구할 수 있다. ② 제41조 제1항에 따른 법률의 위헌 여부 심판의 제청신청이 기각된 때에는 그 신청을 한 당사자는 헌법재판소에 헌법소원심판을 청구할 수 있다. 이 경우 그 당사자는 당해 사건의 소송절차에서 동일한 사유를 이유로 다시 위헌 여부 심판의 제청을 신청할 수 없다.

③ 제2항의 죄를 범하여 부녀를 상해에 이르게 한 때에는 3년 이하의 징역에 처한다. 사망에 이르게 한 때에는 7년 이하의 징역에 처한다.

제270조(의사등의 낙태, 부동의낙태) ① 의사, 한의사, 조산사, 약제사 또는 약종상이 부녀의 촉탁 또는 승낙을 받아 낙태하게 한 때에는 2년 이하의 징역에 처한다.
② 부녀의 촉탁 또는 승낙없이 낙태하게 한 자는 3년 이하의 징역에 처한다.
③ 제1항 또는 제2항의 죄를 범하여 부녀를 상해에 이르게 한 때에는 5년 이하의 징역에 처한다. 사망에 이르게 한 때에는 10년 이하의 징역에 처한다.
④ 전3항의 경우에는 7년 이하의 자격정지를 병과한다.

(1) 자기낙태죄와 낙태원조죄

형법각칙 제269조 제1항은 자기낙태죄의 주체를 부녀로 규정하고 있지만, 입법취지상 임산부를 말한다. 1992년 형법개정안은 '임신 중인 여자', 곧 '임부'로 규정하고 있다. 국어사전은 임산부를 임부와 산부를 아우르는 말로 정의하고 있고, 산부는 산모와 같은 의미로서 출산 후 며칠 되지 않은 사람으로 정의하고 있다. 따라서 낙태죄와 관련해서는 임부라는 표현이 적절하다.

낙태죄는 임부만 범할 수 있는 신분범이지만, 흔히 의사등의 도움을 받아 임부가 낙태를 한다. 그래서 낙태죄는 크게 임부가 스스로 낙태하는 자기낙태죄와 임부의 낙태를 가능하게 하는 낙태원조죄[3]로 구별할 수 있다. 낙태원조죄는 다시 임부의 촉탁·승낙을 받아 낙태하게 하는 동의낙태원조죄와 그런 촉탁·승낙 없이 낙태하게 하는 부동의낙태원조죄로 구별할 수 있다. 동의낙태원조죄는 다시 의사등이 원조하는 업무상동의낙태원조죄와 단순동의낙태원조죄로 구별할 수 있다.

자기낙태죄와 단순동의낙태원조죄의 법정형은 같지만(1년 이하 징역 또는 200만원 이하 벌금), 업무상동의낙태원조죄의 법정형은 무거워진다(2년 이하 징역). 부동의낙태원조죄의 법정형은 낙태원조자가 의사등인지 여부에 관계없이 3년 이하 징역이다.

낙태원조로 인한 임부치사상죄가 있는데, 그 낙태원조가 단순동의낙태원조인 경우 치상이면 3년 이하 징역, 치사이면 7년 이하 징역이고, 그 낙태원조가 업무상동의낙태원조이거나 부동의낙태원조인 경우 치상이면 5년 이하 징역, 치사이면 10년 이하 징역이다.

(2) 낙태죄의 구성요건해당성

태아란 수태 후 출생 전 상태를 말한다. 배아와 사람의 중간 단계라고 할 수 있다. 낙태죄의 보호법익은 일차적으로는 태아의 생명이지만, 낙태로 인한 임부치사상죄의 경우는 부차적으로 임산부의 생명과 신체의 안전도 보호법익이 된다.

낙태란 태아를 모체 안에서 살해하거나 자연분만기 전에 모체 밖으로 배출하는 것을 말한다(2003도2780). 이에 대한 고의가 필요하다. 낙태로 태아가 사망하였는지 여부는 낙태죄의 성부에 영향을 미치지 않으므로 체외로 배출된 태아를 살해한 경우 낙태죄와 살인죄의 실체적 경합범이다(2003도2780). 낙태죄를 추상적 위험범으로 본 것이다.

---

3 필자가 만들어낸 용어로서 아래에서 볼 필요적 공범의 한 형태인 원조범에 해당한다.

(3) 과실낙태 불처벌과 임부에 대한 업무상과실치상죄 불성립

과실낙태사건[4]에서 과실낙태죄의 처벌규정이 없어서 甲의 과실낙태행위를 처벌할 수 없자 검사는 임부에 대한 업무상과실치상죄로 기소하였는데, 판례는 이를 부정한다(2005도3832). 형법이 태아를 임부의 신체의 일부로 보거나, 낙태행위가 낙태죄와 별개로 임부에 대한 상해죄를 구성한다고 보고 있다고 해석할 수는 없으므로, 태아를 사망케 한 행위를 임부의 신체의 일부를 훼손하는 것이라거나 태아의 사망으로 인해 그 태아를 양육, 출산하는 임부의 생리적 기능이 침해되어 임부에 대한 상해가 된다고 볼 수는 없다는 것이다(同旨: 2009도1025).

나. 모자모건법의 위법성조각사유

모자보건법은 '태아가 모체 밖에서는 생명을 유지할 수 없는 시기에 태아와 그 부속물을 인공적으로 모체 밖으로 배출시키는 수술'을 인공임신중절수술이라고 부르고(제2항 제7호), 이를 예외적으로 허용하고 있다.

모자보건법 제14조(인공임신중절수술의 허용한계) ① 의사는 다음 각 호의 어느 하나에 해당되는 경우에만 본인과 배우자(사실상의 혼인관계에 있는 사람을 포함한다. 이하 같다)의 동의를 받아 인공임신중절수술을 할 수 있다.[5]

1. 본인이나 배우자가 대통령령으로 정하는 우생학적(優生學的) 또는 유전학적 정신장애나 신체질환이 있는 경우
2. 본인이나 배우자가 대통령령으로 정하는 전염성 질환이 있는 경우
3. 강간 또는 준강간(準强姦)에 의하여 임신된 경우
4. 법률상 혼인할 수 없는 혈족 또는 인척 간에 임신된 경우
5. 임신의 지속이 보건의학적 이유로 모체의 건강을 심각하게 해치고 있거나 해칠 우려가 있는 경우

② 제1항의 경우에 배우자의 사망·실종·행방불명, 그 밖에 부득이한 사유로 동의를 받을 수 없으면 본인의 동의만으로 그 수술을 할 수 있다.

③ 제1항의 경우 본인이나 배우자가 심신장애로 의사표시를 할 수 없을 때에는 그 친권자나 후견인의 동의로, 친권자나 후견인이 없을 때에는 부양의무자의 동의로 각각 그 동의를 갈음할 수 있다.

위와 같이 모자보건법은 우생학적 사유(제1호, 제2호), 윤리적 사유(제3호, 제4호), 의학적 사유(제5호)만 인정하고 있고, 사회적·경제적 사유에 의한 낙태는 허용하고 있지 않다.

---

4 조산사 甲은 임신 5개월째 내원한 V(37세)로부터 자연분만을 의뢰받으면서 V가 이미 제왕절개 방법으로 두 딸을 출산하여 자연분만의 경험이 없고, 당뇨증상 및 양수과다증상이 있어서 태아에게 매우 위험한 상황이었으며, 그 후 더욱이 V가 출산예정일을 2주나 지나서 태아가 5.2kg까지 성장한 상태로 내원했음에도 불구하고, 산부인과 전문병원으로 옮겨서 적절한 조치를 받도록 하지 않고, V에 대해 초음파검사를 실시하지 않아서 태아를 자궁 내에서 사망하게 하였다.

5 모자보건법 시행령 제15조(인공임신중절수술의 허용한계) ① 법 제14조에 따른 인공임신중절수술은 임신 24주일 이내인 사람만 할 수 있다.

다. 낙태죄에 관한 헌법재판소의 결정

   (1) 종전의 합헌결정

     2012. 8. 23. 선고된 헌법재판소 결정의 다수의견은 자기낙태죄와 동의낙태죄가 합헌이라고 보았으나, 이들 죄의 '낙태'에 '임신 12주 이내의 낙태'가 포함되는 것으로 해석하는 한 위헌이라는 반대의견이 있었다(2010헌바402).

   (2) 이후 헌법불합치결정

     그러나 위 반대의견은 2019. 4. 11. 선고된 헌법재판소 결정(2017헌바127)의 다수의견이 된다. 임신한 여성이 의사의 도움을 받아 낙태한 경우 그 여성과 의사를 처벌하는 것은 여성의 자기결정권을 침해하는 것으로서 헌법불합치라는 것이다. 이에 따라 형법각칙 제269조 제1항의 자기낙태죄와 제270조 제1항 중 의사에 관한 동의낙태죄는 2020. 12. 31.까지만 효력이 있다.[6]

라. 법무부가 발의한 형법개정안

   법무부는 기존 모자보건법에 규정되어 있던 낙태 허용요건을 확대하여 형법 제270조의2에 신설하는 형법개정안을 아래와 같이 발의한다.

> 제270조의2(낙태의 허용요건) ① 제269조 제1항, 제2항 또는 제270조 제1항의 행위가 임신 14주 이내에 의사에 의하여 의학적으로 인정된 방법으로 이루어진 때에는 처벌하지 아니한다.
> ② 제269조 제1항, 제2항 또는 제270조 제1항의 행위가 임신 24주 이내에 의사에 의하여 의학적으로 인정된 방법으로 이루어지고 다음 각 호의 어느 하나에 해당하는 때에는 처벌하지 아니한다. 다만 제3호에 해당하는 경우에는 임신한 여성이 모자보건법에서 정한 상담을 받고, 그 때부터 24시간이 경과하여야 한다.
> 1. 강간 또는 준강간(準强姦) 등 범죄행위로 인하여 임신된 경우
> 2. 법률상 혼인할 수 없는 혈족 또는 인척 간에 임신된 경우
> 3. 임신의 지속이 사회적 또는 경제적 이유로 임신한 여성을 심각한 곤경에 처하게 하거나 처하게 할 우려가 있는 경우
> 4. 임신의 지속이 보건의학적 이유로 임신한 여성의 건강을 심각하게 해치고 있거나 해칠 우려가 있는 경우
> ③ 임신한 여성이 모자보건법에서 정한 상담 절차에 따라 임신의 지속, 출산 및 양육에 관한 충분한 정보를 제공받고 숙고 끝에 임신을 지속할 수 없다는 자기 결정에 이른 경우에는 제2항 제3호의 사유가 있는 것으로 추정한다.

---

6 다수의견: 임신한 여성의 자기결정권에는 임신의 유지와 출산 여부에 대하여 스스로 결정할 수 있는 권리가 포함되어 있는데, 모자보건법에서 정한 예외사유를 제외하고 임신기간 전체의 모든 낙태에 대하여 전면적·일률적으로 금지하고 이를 위반한 경우 형벌을 부과하는 형법 규정은 과잉금지원칙을 위반하여 임신한 여성의 자기결정권을 침해한다. 또한, 태아가 독자적으로 생존할 수 있는 시점인 임신 22주 내외에 도달하기 전이면서 동시에 임신 유지와 출산 여부에 관한 자기결정권을 행사하기에 충분한 시간이 보장되는 시기(결정가능기간)까지의 낙태에 대해서는 국가가 생명보호의 수단 및 정도를 달리 정할 수 있고, 입법자에게 결정가능기간의 설정, 결정가능기간과 사회적·경제적 사유의 조합방식(일정한 시기까지는 사회적·경제적 사유의 확인을 요구하지 않을 것인지 여부 포함), 상담이나 숙려기간 등 일정한 절차적 요건의 추가 여부 등에 관하여 입법재량이 있다.

마. 낙태죄와 모자보건법의 개정 필요

　　형법의 낙태죄의 효력 상실 이후 장기간의 법적 공백으로 인해 임신중절을 하려는 여성들은 임신 초기의 경우 스스로 약물로도 가능한지, 임신중절수술을 할 경우 어느 병원으로 갈지, 어느 주수까지, 어느 정도의 비용으로 가능한지, 건강보험은 적용되는지, 국가의 지원을 받을 수 있는지 등에 대한 정보와 이를 위한 상담을 제대로 받지 못하고 있다. 안전하게 임신중절을 할 권리를 온전히 보장받지 못하고 있는 것이다. 이로써 임신한 여성의 건강권과 자기결정권은 물론 태아의 생명권까지 위협받고 있다.

　　임신 34주의 여성에 대해 제왕절개수술 방식으로 임신중절수술을 시행한 병원도 있다. 수술 후 살아 있던 영아는 곧바로 살해되었는데, 낙태죄로는 처벌할 수 없고, 살인죄로만 처벌되었다. 국가가 태아의 생명을 보호해야 할 의무를 방치하고 있는 것이다. 임신중절에 관한 명확한 법적 규정이 없기 때문에 의사들의 임신중절에 대한 태도도 다양하다. 수술을 거부하기도 하고, 12주까지만 가능하다고 보기도 하며, 그 이후도 가능하다고 보기도 한다. 수술 비용도 임신주수에 따라 다양하다.

　　헌재의 2019년 낙태죄 결정 이후 보건복지부가 먹는 임신중절약품의 허가를 결정하여, 한 제약회사가 허가 절차를 밟았다가 식품의약품안전처의 심사가 1년 넘게 지연되자 결국 신청을 자진 철회했다. 그 사이 먹는 임신중절약품의 불법 판매가 횡행하고 부작용 사례도 나타났다. 모자보건법은 임신중절의 방법으로 임신중절수술만을 정하고 있기에, 약물을 통한 임신중절을 가능하게 하려면 모자모건법의 개정이 필요하다.

2. 영아살해죄와 영아유기죄의 폐지

　　낙태죄와 모자보건법의 개정은 이뤄지지 않은 채 2023. 8. 8. 영아살해죄가 폐지되었다. 그 이유는 저항 능력이 없거나 현저히 부족한 사회적 약자인 영아를 범죄로부터 두텁게 보호할 필요가 있다는 것이다. 같은 취지에서 영아유기죄도 폐지된다. 최근 영아살해가 빈번하게 발생하면서 엄중 처벌의 목소리에 힘입어 70년 만에 형법에서 사라진 것이다. 그러나 임신중절에 대한 국회의 외면이 임부들을 위험한 낙태와 원치 않는 영아 출산, 영아살해·유기로 내몰고 있는 것일 수 있다.

제251조(영아살해) 직계존속이 치욕을 은폐하기 위하거나 양육할 수 없음을 예상하거나 특히 참작할 만한 동기로 인하여 분만중 또는 분만직후의 영아를 살해한 때에는 10년 이하의 징역에 처한다.

제250조(살인, 존속살해) ① 사람을 살해한 자는 사형, 무기 또는 5년 이상의 징역에 처한다.

　② 자기 또는 배우자의 직계존속을 살해한 자는 사형, 무기 또는 7년 이상의 징역에 처한다.

제272조(영아유기) 직계존속이 치욕을 은폐하기 위하거나 양육할 수 없음을 예상하거나 특히 참작할 만한 동기로 인하여 영아를 유기한 때에는 2년 이하의 징역 또는 300만원 이하의 벌금에 처한다.

제271조(유기, 존속유기) ① 나이가 많거나 어림, 질병 그 밖의 사정으로 도움이 필요한 사람을 법률상 또는 계약상 보호할 의무가 있는 자가 유기한 경우에는 3년 이하의 징역 또는 500만원 이하의 벌금에 처한다.
　② 자기 또는 배우자의 직계존속에 대하여 제1항의 죄를 지은 경우에는 10년 이하의 징역 또는 1천500만원 이하의 벌금에 처한다.

영아와 그렇지 않은 사람의 생명의 가치는 차이가 없고, 오히려 영아가 그렇지 않은 사람보다 더 보호와 도움이 필요함에도 불구하고 가볍게 처벌해온 것이다. 영아살해죄의 폐지는 옳지만, 이로 인해 원하지 않는 임신중절이 더 늘어날 수 있고, 임부의 건강을 위협할 수 있다. 낙태죄와 모자보건법의 개정이 더 시급해졌다.

3. 미필적 고의와 인식 있는 과실

> 제13조(고의) 죄의 성립요소인 사실을 인식하지 못한 행위는 벌하지 아니한다. 다만, 법률에 특별한 규정이 있는 경우에는 예외로 한다.
>
> 제14조(과실) 정상적으로 기울여야 할 주의(注意)를 게을리하여 죄의 성립요소인 사실을 인식하지 못한 행위는 법률에 특별한 규정이 있는 경우에만 처벌한다.
>
> 2020. 12. 8. 개정 이전 제14조(과실) 정상의 주의를 태만함으로 인하여 죄의 성립요소인 사실을 인식하지 못한 행위는 법률에 특별한 규정이 있는 경우에 한하여 처벌한다.

가. 형법은 고의범만 처벌, 과실범은 예외적 처벌

(1) 고의와 과실의 개념

형법은 원칙적으로 고의범만 처벌하고, 과실범은 예외적으로 처벌한다. 따라서 어떤 행위에 대해 고의가 인정되는지, 부정된다면 과실범처벌규정이 있는지, 과실이 인정될 수 있는지는 등의 검토가 필요하며, 미필적 고의와 인식있는 과실의 구별이 문제된다.

고의를 범의라고 규정해왔으나 2020. 12. 8. 고의라고 개정한다. 그런데 고의를 '죄의 성립요소인 사실'의 "인식"으로 이해하는 입장(인식설)도 있지만, 다수견해는 여기에 의지적 요소까지 추가하여, '죄의 성립요소인 사실'에 대한 인식과 이를 실현하려는 "의지 또는 의사"로 정의한다(의사설).

과실은 일반적인 주의의무의 위반을 의미한다. 어떤 행위에 대해 고의를 인정할 수는 없지만 과실은 인정할 수 있고, 예컨대 과실치사·상죄처럼 이를 처벌하는 규정이 있다면 과실범이 성립할 수 있다. 자신의 집인 줄 알고 실수로 타인의 집에 들어간 경우 과실주거침입죄로 처벌할 수 없다. 주거침입행위에 대한 과실범 처벌규정이 없기 때문이다. 업무상과실장물취득죄와 중과실장물취득죄만 있고 단순과실장물취득죄는 없다. 과실치상죄는 반의사불벌죄이지만, 업무상과실치상죄와 중과실치상죄는 반의사불벌죄가 아니다.

(2) 미필적 고의와 인식있는 과실의 구별

미필적 고의는 구성요건적 사실에 대한 인식이나 의지의 정도가 낮은 고의를 말하는데, 어느 정도로 낮아야 미필적 고의인지 다툼이 있으며, 이는 인식있는 과실의 구별과 관련하여 의미가 있다. ① 가능성설은 그 인식이 가능성으로 충분하다는 견해로, 이에 따르면 인식 있는 과실은 곧 미필적 고의이다. ② 개연성설은 인식의 개연성으로 충분하다는 견해로, 인식의 개연성만 있으면 미필적 고의라는 견해이다. 이는 가능성과 개연성을 구별하기 힘들다는 비판을 받는다. 가능성설과 개연성설은 모두 인식설에 해당한다. ③ 의사설에 속하는 감수(묵인)설이나 인용(용인)설(86도2338)은 인식적 요소는 미필적 고의와 인식있는 과실 모두에 있다는 것을 전제로 미필적 고의는 의지적 요소의 정도가 감수나 용인인 반면, 인식있는 과실은 이런 정도의 의지적 요소조차 없다는 견해이다. 이에 따라 미필적 고의는 "결과가 발생할지도 몰라, 하지만 그래도 할 수 없지" 또는 "결과가 발생할지도 몰라, 하지만 그렇더라도 좋아"라고 표현되고,[7] 인식있는 과실은 "결과가 발생할지도 몰라, 그러나 괜찮을 거야"라고 표현된다.

나. 고의범에 관한 판례

범죄구성요건의 주관적 요소로서 미필적 고의란 범죄사실의 발생 가능성을 불확실한 것으로 표상하면서 이를 용인하고 있는 경우를 말하므로, 미필적 고의를 인정하려면 범죄사실의 발생 가능성에 대한 인식이 있음은 물론 나아가 범죄사실이 발생할 위험을 용인하는 내심의 의사가 있어야 한다(2004도74). 살인죄에서 살인의 범의는 반드시 살해의 목적이나 계획적인 살해의 의도가 있어야 인정되는 것은 아니고, 자기의 행위로 인하여 타인의 사망이라는 결과를 발생시킬 만한 가능성 또는 위험이 있음을 인식하거나 예견하면 족하다(2006도734).

부진정부작위범의 고의는 반드시 구성요건적 결과발생에 대한 목적이나 계획적인 범행 의도가 있어야 하는 것은 아니고 법익침해의 결과발생을 방지할 법적 작위의무를 가지고 있는 사람이 의무를 이행함으로써 결과발생을 쉽게 방지할 수 있었음을 예견하고도 결과발생을 용인하고 이를 방관한 채 의무를 이행하지 아니한다는 인식을 하면 족하다(2015도6809전합).

공무집행방해죄의 범의는 상대방이 직무를 집행하는 공무원이라는 사실, 그리고 이에 대하여 폭행 또는 협박을 한다는 사실을 인식하는 것을 그 내용으로 하고, 그 인식은 불확정적인 것이라도 미필적 고의가 있다고 보아야 하며 그 직무집행을 방해할 의사를 필요로 하지 않는다(94도1949; 98도980).

다. 과실범에 관한 판례

"행정상의 단속을 주안으로 하는 법규라 하더라도 명문규정이 있거나 해석상 과실범도 벌할 뜻이 명확한 경우를 제외하고는 형법의 원칙에 따라 고의가 있어야 벌할 수 있다"는 판례(85도108; 2009도9807)에 따르면 '해석상 과실범도 벌할 뜻이 명확한 경우'에는 과실범을 처벌하는 명문규정이 없더라도 과실범으로 처벌할 수 있어서, 이 판례의 표현은 문제가 있다고 볼 수 있다.

골프장캐디치상사건[8]에서 주의의무를 현저히 위반하여 사회적 상당성의 범위를 벗어난 행위라는 이유로 과실치상죄를 인정한다(2008도6940).

---

7 감수설과 용인설을 구별해서 의지적 요소가 전자는 소극적 태도에 그치는 경우이고, 후자는 이를 넘어서서 긍정적인 태도를 보이는 경우로 이해하는 견해(신동운, 형법총론, 법문사, 2006, 187면)도 있다.

8 甲이 골프공을 멀리 보낼 욕심으로 어깨에 너무 힘이 들어가서 무리한 스윙을 하여 중심이 무너지면서 축이 되는 왼쪽 발이 뒤로 빠져 경기보조원 V를 향한 자세로 골프공을 쳐서 골프공이 甲의 뒤쪽으로 날아가 본래 甲의 등 뒤쪽 약 8m 지점에 서 있던 V의 하복부를 맞춰서 V가 상해를 입힌 사건. 운동경기에 참가하는 자가 경기규칙을 준수하는 중에 또는 그 경기의 성격상 당연히 예상되는 정도의 경미한 규칙위반 속에 제3자에게 상해의 결과를 발생시킨 것으로서, 사회적 상당성의 범위를 벗어나지 아니하는 행위라면 과실치상죄가 성립하지 않지만, 이처럼 주의의무를 현저히 위반하여 사회적 상당성의 범위를 벗어난 행위에 대해서는 과실이 인정되고, 골프는 통상 권투나 유도처럼 상대방의 상해를 수반하는 경기가 아닐뿐더러 이와 같은 상황에서는 V에게 상해의 예견가능성을 인정하기 어려우므로 피해자의 명시적 또는 묵시적 승낙을 인정하기도 어렵다.

간호사가 의사의 처방에 의한 정맥주사를 의사의 입회 없이 간호실습생에게 실시하도록 하여 발생한 의료사고에 대하여는 의사의 과실이 부정된다(2001도3667⁹).

내과의사가 신경과 전문의에 대한 협의진료 결과와 환자에 대한 진료 경과 등을 신뢰하여 뇌혈관계통 질환의 가능성을 염두에 두지 않고 내과 영역의 진료 행위를 계속하다가 환자의 뇌지주막하출혈(두피밑 출혈)을 발견하지 못해 식물인간 상태에 이르게 한 경우, 내과의사의 업무상과실은 부정된다(2001도3292).

기출문제 ___✎

인과관계	甲은 乙의 임신 사실을 알고 수회에 걸쳐 낙태를 권유하였다가 거절당하였음에도 계속 乙에게 "출산 여부는 알아서 하되 아이에 대한 친권을 행사할 의사가 없다."라고 하면서 낙태할 병원을 물색해 주기도 하였다. 그 후 乙은 甲에게 알리지 않고 자신이 알아본 병원에서 낙태시술을 받았다면 甲의 낙태교사행위와 乙의 낙태행위 사이에는 인과관계가 인정되지 않는다. [2014년 사법시험 형법 문8(배점 2 보기 5번)]

🔒 정답 및 해설
×(2012도2744: 낙태죄의 교사 인정)

01 다음 기술 중 옳지 않은 것은? (다툼이 있는 경우에는 판례에 의함) 2010년 사법시험 형법 문32(배점 2)

① 낙태죄를 침해범으로 보는 견해에 의하면 태아를 살해한 때 낙태죄의 기수가 된다.

② 제왕절개수술을 함에 있어 임산부의 상태변화, 의료진의 처치경과 등 제반사정을 토대로 의학적으로 수술이 가능하였고 규범적으로 수술이 필요하였던 시기(時期)를 분만개시의 시점으로 볼 수 있다.

③ 낙태죄를 위험범으로 보는 견해에 의하면 태아를 모체 내에서 살해한 경우뿐만 아니라 모체 외로 배출 시키는 경우에도 낙태죄가 성립한다.

④ 산부인과 의사가 임산부로부터 낙태시술을 부탁받고 낙태시술을 하였으나 태아가 살아서 미숙아 상태로 출생하자 그 미숙아에게 염화칼륨을 주입하여 사망하게 한 경우, 업무상촉탁낙태죄와 살인죄의 실체적 경합범이 성립한다.

⑤ 산부인과 의사가 제왕절개수술 중 과실로 모체 안에서 태아의 사망에 이르게 하였더라도, 태아의 사망 자체를 임산부에 대한 상해로 볼 수 없다.

---

9 신경외과 전공의 甲은 뇌출혈 증세로 병원에 입원하여 뇌실외배액술 등의 수술을 받은 환자(여, 70세) V에게 대퇴부 정맥에 연결된 튜브를 통해 항생제, 소염진통제 등의 주사액을 투여할 것을 당직간호사에게 지시하였는데, 그는 신경 외과 간호실습생에게 지시하고 자신은 그 병실의 다른 환자에게 주사를 하는 사이, 그 간호실습생이 뇌실외배액관을 대퇴부 정맥에 연결된 튜브로 착각하여 그곳에 주사액을 주입하였고, 그 결과 V가 뇌압상승에 의한 호흡중추마비로 사망한 사건으로, 자신의 지시를 받은 간호사가 자신의 기대와는 달리 간호실습생에게 단독으로 주사하게 하리라는 사정을 예견할 수 없었다는 이유로 甲의 업무상과실치사죄를 부정한다

② ×(2005도3832: 이 시기는 불명확하여 사람의 시기로 볼 수 없음), ③ ○(2003도2780), ④ ○(2003도2780), ⑤ ○(2009도1025)　　　　　**정답** ②

02 생명과 신체에 관한 죄에 대한 설명 중 옳지 않은 것은? (다툼이 있는 경우에는 판례에 의함)

2012년 사법시험 형법 문7(배점 2)

① 공휴일 또는 야간에 구치소 소장을 대리하는 당직간부에게는 구치소에 수용된 수용자들의 생명·신체에 대한 위험을 방지할 법령상 내지 조리상의 의무가 있고, 이와 같은 의무를 직무로서 수행하는 교도관들의 업무는 업무상과실치사죄에서 말하는 업무에 해당한다.

② 낙태죄는 태아를 자연분만기에 앞서서 인위적으로 모체 밖으로 배출하거나 모체 안에서 살해함으로써 성립하고, 그 결과 태아가 사망하였는지 여부는 낙태죄의 성립에 영향이 없다.

③ 양친자관계를 창설하려는 명백한 의사가 있고 기타 입양의 실질적 요건이 구비되었음에도 입양신고를 하지 아니한 채 친생자 출생신고를 한 이후 계속하여 자신을 양육하여 온 사람을 살해한 경우 존속살해죄가 성립한다.

④ 인터넷 사이트 내 자살 관련 카페 게시판에 청산염 등 자살용 유독물의 판매광고를 한 행위가 단지 금원 편취목적의 사기행각의 일환으로 이루어졌고, 자살자들이 다른 경로로 입수한 청산염을 이용하여 자살하였다면 자살방조에 해당하지 않는다.

⑤ 형법의 해석상 태아는 임산부 신체의 일부에 해당된다고 볼 수 있어, 낙태행위는 임산부 신체의 일부에 대한 훼손이나 임산부의 태아 양육·출산 기능의 침해 측면에서 낙태죄와는 별개로 임산부에 대한 상해죄를 구성한다.

⑤ ×(2005도3832), ① ○(2006도3493), ② ○(2003도2780), ③ ○(2007도8333: 이런 경우 입양신고의 효력이 있음), ④ ○(2005도1373)　　　　　**정답** ⑤

03 고의와 목적에 대한 설명으로 옳은 것은? (다툼이 있는 경우 판례에 의함)　　2020년 경찰간부후보생시험 형법 문2

① 방조범의 경우에 정범의 고의는 정범에 의하여 실현되는 범죄의 구체적 내용을 인식할 것을 요하는 것은 아니고 미필적 인식 또는 예견으로 족하다.

② 공직선거법 제93조 제1항의 '선거에 영향을 미치게 하기 위하여'는 목적범 규정으로서, 그 목적에 대하여는 미필적 인식으로는 부족하고 적극적 의욕이나 확정적 인식을 필요로 한다.

③ 「형법」 제305조의 미성년자의제강제추행죄의 성립에 필요한 주관적 구성요건요소는 고의만으로는 부족하며, 성욕을 자극·흥분·만족시키려는 주관적 동기 혹은 목적이 존재해야 한다.

④ 미필적 고의를 판단함에 있어 범죄사실이 발생할 가능성을 용인하고 있었는지의 여부는 외부에 나타난 행위의 형태와 행위의 상황 등 구체적인 사정을 기초로 삼아 일반인이라면 범죄사실의 발생 가능성을 어떻게 평가할 것인지를 고려하여 일반인의 입장에서 그 심리상태를 추인하여야 한다.

① ○(2012도2628), ② ×(2004도8716: 미필적 인식만으로도 족함), ③ ×(2009도2576: 고의만으로 충분하고, 주관적 동기나 목적까지 있어야 하는 것은 아님), ④ ×(2016도15470: 구체적인 사정을 기초로 일반인이라면 해당 범죄사실이 발생할 가능성을 어떻게 평가할 것인지 고려하면서 행위자의 입장에서 그 심리상태를 추인하여야 함)

정답 ①

04 미필적 고의에 대한 설명으로 옳은 것만을 모두 고르면? 2023년 국가직 9급 형법 문7

> ㄱ. "결과가 발생할지도 몰라. 하지만 그래도 할 수 없지."라고 생각했으면 미필적 고의가 인정되지만, "결과가 발생할지도 몰라. 그러나 괜찮을 거야."라고 생각한 경우는 인식 없는 과실에 해당한다.
>
> ㄴ. 경찰관이 차량 약 30 cm 전방에 서서 교통차단의 이유를 설명하고 있는데 운전자가 신경질적으로 갑자기 좌회전하여 우측 앞 범퍼 부분으로 해당 경찰관의 무릎을 들이받은 경우, 이는 경찰관을 충격한다는 결과의 발생을 용인하는 내심의 의사가 있었다고 봄이 경험칙상 당연하다.
>
> ㄷ. 대구지하철 화재 사고 현장을 수습하기 위한 청소 작업이 한참 진행되고 있는 시간 중에 실종자 유족들로부터 이의제기가 있었음에도 즉각 청소작업을 중단하도록 지시하지 않고 수사기관과 협의하거나 확인하지 않은 경우, 그러한 청소작업으로 인한 증거인멸의 결과가 발생할 가능성을 용인하는 내심의 의사가 있었다고 단정하기는 어렵다.
>
> ㄹ. 행위자가 범죄사실이 발생할 가능성을 용인하고 있었는지는 행위자의 진술에 의존하지 않고 외부에 나타난 행위의 형태와 행위의 상황 등 구체적인 사정을 기초로 일반인이라면 범죄사실이 발생할 가능성을 어떻게 평가할 것인지를 고려하면서 객관적 제3자의 입장에서 그 심리상태를 추인하여야 한다.

① ㄱ, ㄴ   ② ㄱ, ㄹ

③ ㄴ, ㄷ   ④ ㄴ, ㄷ, ㄹ

ㄱ: ×(인식있는 과실), ㄴ: ○(94도1949), ㄷ: ○(2004도74), ㄹ: ×(2016도15470: 행위자의 입장에서 추인)

정답 ①

05 과실범에 관한 설명 중 옳은 것은? (다툼이 있는 경우 판례에 의함) 2017년 변호사시험 형사법 문6

① 의사 甲이 고령의 간경변증 환자 A에게 수술과정에서 출혈 등으로 신부전이 발생하여 생명이 위험할 수 있다는 점에 대하여 설명하지 아니하고 수술하던 도중 출혈 등으로 A가 사망한 경우, A가 당해 수술의 위험성을 충분히 인식하고 있어 甲이 설명의무를 다하였더라도 A가 수술을 거부하지 않았을 것으로 인정된다면 甲의 설명의무위반과 A의 사망 사이에 인과관계가 부정된다.

② 도급인이 수급인에게 공사의 시공이나 개별 작업에 관하여 구체적으로 지시·감독하였더라도, 법령에 의하여 도급인에게 구체적인 관리·감독의무가 부여되어 있지 않다면 도급인에게는 수급인의 업무와 관련하여 사고방지에 필요한 안전조치를 해야 할 주의의무가 없다.

③ 안전배려 내지 안전관리사무에 계속적으로 종사하지 않았더라도 건물의 소유자로서 건물을 비정기적으로 수리하거나 건물의 일부분을 임대한 자는 건물에 화재가 발생하는 것을 미리 막아야 할 업무상 주의의무를 부담한다.

④ 의료사고에서 의사의 과실을 인정하기 위한 요건과 판단기준은 한의사의 그것과 다르다.

⑤ 행정상의 단속을 주안으로 하는 법규의 위반행위는 과실범 처벌규정은 없으나 해석상 과실범도 벌할 뜻이 명확한 경우에도 형법의 원칙에 따라 고의가 있어야 벌할 수 있다.

해설 ✎

① ○(2014도11315), ② ✕(2015도5545: 법령에 의하여 도급인에게 수급인의 업무에 관해 구체적인 관리·감독의무가 부여되어 있거나 도급인이 공사의 시공이나 개별 작업에 관하여 구체적으로 지시·감독하였다는 등의 특별한 사정이 없는 한, 도급인에게는 수급인의 업무와 관련하여 사고방지에 필요한 안전조치를 할 주의의무가 없음), ③ ✕(2009도1040: 업무상과실치상죄에서 '업무'는 계속적 사무로서 직무 자체의 위험성으로 인한 안전배려의무 또는 생명·신체의 위험 방지의무를 의미하므로 계속성을 갖지 아니한 채 단지 건물의 소유자로서 건물을 비정기적으로 수리하거나 건물의 일부분을 임대하였다는 사정만으로는 업무상과실치상죄의 '업무'로 보기 어려움), ④ ✕(2013도16101: 의료사고에서 의사의 과실의 유무를 판단할 때에는 같은 업무와 직종에 종사하는 일반적 보통인의 주의정도를 표준으로 하고, 사고 당시의 일반적인 의학의 수준과 의료환경 및 조건, 의료행위의 특수성 등을 고려해야 하는데, 이러한 법리는 한의사의 경우에도 마찬가지임)   **정답** ①

탐구 과제

• 낙태죄에 대한 헌법불합치결정은 옳은가?
• 존속살인죄나 존속유기죄를 살인죄나 유기죄에 견줘 무겁게 처벌하는 것은 옳은가?
• 영아살해죄나 영아유기죄의 폐지는 입법적 비범죄화인가? 피고인에게 유리한 것인가?

형총 + 형각: 과수원실화사건과 과실범의
공동정범 및 공모관계의 이탈

04강 형총 + 형각: 과수원실화사건과 과실범의 공동 정범 및 공모관계의 이탈

과수원실화사건을 통해서 방화(放火)죄와 실화(失火)죄의 구성요건과 체계를 이해하고, 형법에서 해석이 갖는 의미와 문언해석의 한계를 인식하며, 어떤 경우에 과실범의 공동정범이 성립하는지, 공동정범에서 공모관계 이탈의 의미를 본다

⚖ 사례

甲은 다른 사람의 사과나무밭에서 바람이 세게 불어 담뱃불이 붙지 않자 마른 풀을 모아놓고 성냥불을 켜 담뱃불을 붙인 뒤, 그 불이 완전히 소화(消火)되었는지 여부를 확인하지 않은 채 자리를 이탈해서, 남은 불씨가 주변에 있는 마른 풀과 잔디에 옮겨 붙어 사과나무 217주등 671만원 상당이 불태워졌고[1] 공공의 위험이 발생했다(과수원실화사건).[2] 실수(失手)로 불을 내서 다른 사람의 사과나무를 태워버려 공공의 위험을 발생시킨 甲에게 형사책임을 물을 수 있을까?

🔍 해결

1. 실화죄의 구성요건해당성

가. 과실범은 예외적 처벌규정

甲의 실수 내지 부주의한 행위가 ① 형법 제14조가 말하는 '정상적으로 기울여야 할 주의(注意)를 게을리하여 죄의 성립요소인 사실을 인식하지 못한 행위', 곧 과실(過失)행위에 해당하고, ② 과실로 화재를 일으키는 행위, 곧 실화(失火)행위를 처벌하는 '특별한 법률 규정'이 있어야만 처벌할 수 있다.

따라서 甲의 행위가 과실행위에 해당한다는 점이 인정되더라도 이를 처벌하는 규정이 있어야 甲을 처벌할 수 있다. 만일 그런 규정이 없다면 甲을 처벌할 수 없다. 바로 이 대목에서 죄형법정주의가 적용되는 것이다.

나. 실화죄의 구성요건해당성

甲의 실화행위를 처벌하는 규정이 있는가? 甲의 실화행위가 그 규정이 요구하는 요건에 해당하는지, 곧 구성요건해당성 여부를 판단해야 하고, 이를 충족하면 위법성조각사유의 부존재와 책임조각사유의 부존

---

1 소훼(燒毀)가 불태워짐으로 개정되었다. 아래 논의는 2020. 12. 8. 개정 이전 제170조에 관한 것이다.
2 유사사건: 甲은 2021. 3. 17. 09:47 편의점 앞에서 흡연 후 담배꽁초의 불씨 끝부분을 손으로 튕기는 방법으로 뒤처리를 하였는데, 이때 떨어진 불씨가 편의점 창고 앞 종이컵 등에 붙었고, 09:52 그 불이 다시 창고 내 종이상자로 옮겨붙는 등 건물 지하 1층에 번져서 817만원 상당의 물품 등이 타버렸다.

재 여부를 따져서 두 조각사유가 부존재하면 실화죄의 성립요건을 갖춘 것으로서 원칙적으로 그 구성요건에서 규정하고 있는 법정형의 범위 안에서 처벌할 수 있다. 실화행위를 처벌하는 규정이 형법각칙 제170조에 있다.

> 제170조(실화) ① 과실로 제164조 또는 제165조에 기재한 물건 또는 타인 소유인 제166조에 기재한 물건을 불태운 자는 1천500만원 이하의 벌금에 처한다.
> ② 과실로 자기 소유인 제166조의 물건 또는 제167조에 기재한 물건을 불태워 공공의 위험을 발생하게 한 자도 제1항의 형에 처한다.
>
> 2020. 12. 8. 개정 이전 제170조(실화) ① 과실로 제164조 또는 제165조에 기재한 물건 또는 타인의 소유에 속하는 제166조에 기재한 물건을 소훼한 자는 1천500만원 이하의 벌금에 처한다.
> ② 과실로 자기의 소유에 속하는 제166조 또는 제167조에 기재한 물건을 소훼하여 공공의 위험을 발생하게 한 자도 제1항의 형에 처한다.

그런데 실화죄 규정은 방화죄에 관한 제164조부터 제167조의 조문을 활용해서 구성요건화하고 있으므로 甲의 실화행위가 제170조의 구성요건에 해당하는지 판단하려면 방화죄에 관한 제164조부터 제167조의 구성요건의 구조와 체계를 이해할 필요가 있다.

2. 방화죄의 구성요건의 구조와 체계

> 제164조(현주건조물 등 방화) ① 불을 놓아 사람이 주거로 사용하거나 사람이 현존하는 건조물, 기차, 전차, 자동차, 선박, 항공기 또는 지하채굴시설을 불태운 자는 무기 또는 3년 이상의 징역에 처한다.
> ② 제1항의 죄를 지어 사람을 상해에 이르게 한 경우에는 무기 또는 5년 이상의 징역에 처한다. 사망에 이르게 한 경우에는 사형, 무기 또는 7년 이상의 징역에 처한다.
>
> 제165조(공용건조물 등 방화) 불을 놓아 공용(公用)으로 사용하거나 공익을 위해 사용하는 건조물, 기차, 전차, 자동차, 선박, 항공기 또는 지하채굴시설을 불태운 자는 무기 또는 3년 이상의 징역에 처한다.
>
> 제166조(일반건조물 등 방화) ① 불을 놓아 제164조와 제165조에 기재한 외의 건조물, 기차, 전차, 자동차, 선박, 항공기 또는 지하채굴시설을 불태운 자는 2년 이상의 유기징역에 처한다.
> ② 자기 소유인 제1항의 물건을 불태워 공공의 위험을 발생하게 한 자는 7년 이하의 징역 또는 1천만원 이하의 벌금에 처한다.
>
> 제167조(일반물건 방화) ① 불을 놓아 제164조부터 제166조까지에 기재한 외의 물건을 불태워 공공의 위험을 발생하게 한 자는 1년 이상 10년 이하의 징역에 처한다.
> ② 제1항의 물건이 자기 소유인 경우에는 3년 이하의 징역 또는 700만원 이하의 벌금에 처한다.

형법의 방화죄의 기본범죄는 제167조의 일반물건방화죄이다. 객체에 따라 불법이 크다고 봐서 법정형을 무겁게 한 일반건조물방화죄(제166조), 공용건조물방화죄(제165조), 현주건조물방화죄(제164조 제1항) 등은 불법가중범죄라고 볼 수 있다. 결과에 따라 법정형을 높인 현주건조물방화치사상죄도 불법가중범죄이다. 형법 제167조의 일반물건방화죄의 객체는 현주건조물·공용건조물·일반건조물 이외의 물건이고, 이런 객체가 타인소유이건 자기소유이건 관계없이 공공의 위험을 구성요건으로 규정하고 있는데, 타인소유인 경우는 그 법정형이 1년 이상 10년 이하 징역인 반면(제1항), 자기소유인 경우는 그 법정형이 3년 이하 징역 또는 700만원 이하 벌금이다(제2항). 제167조 제1항의 죄는 타인소유일반물건방화죄이고, 제167조 제2항의 죄는 자기소유일반물건방화죄인 것이다.

형법 제166조의 일반건조물방화죄의 객체는 건조물, 기차, 전차, 자동차, 선박, 항공기 또는 지하채굴시설(종전에는 광갱) 중에서 제164조와 제165조에 해당하지 않는 것, 달리 말해 현주 또는 현존하지 않거나 공용 또는 공익이 아닌 것을 말한다. 그런데 객체가 타인소유냐(제1항) 자기소유냐(제2항)에 따라 법정형을 달리하고 있으므로 공공의 안전 외에 명시적으로 재산도 부차적 보호법익으로 한다고 볼 수 있다. 다만 객체가 자기소유인 경우는 '공공의 위험 발생'을 구성요건으로 하고 있고, 흔히 구체적 위험범으로 이해한다. 반면에 객체가 타인소유인 경우는 흔히 추상적 위험범으로 이해한다. '공공의 위험 발생'이라는 구체적 위험이 발생하지 않더라도 방화로 인해 추상적 위험이 발생하면 타인소유일반건조물방화죄의 구성요건을 충족한다고 본다. 예컨대 타인소유일반건조물에 방화를 하면 그 자체로 공공의 안전에 위험이 발생한다고 보는 것이다. 따라서 자기소유일반건조물에 방화를 하여 추상적 위험을 발생시켰을지라도 안전장치를 설치하여 구체적 위험이 발생하지 않았다면 자기소유일반건조물방화죄의 구성요건해당성을 충족하지 않는 반면, 안전장치를 설치하여 타인소유일반건조물에 방화하였더라도 공공의 안전에 대한 추상적 위험이 발생하면 타인소유일반건조물방화죄의 구성요건해당성이 인정된다. 물론 추상적 위험조차 발생하지 않았는지, 아니면 추상적 위험이 발생했는지, 더 나아가서 구체적 위험이 발생했는지 판단하는 것은 어려운 일이다.

3. 형법의 실화죄의 구성요건의 구조와 체계 및 해석적 논란

가. 형법의 실화죄의 구성요건의 구조와 체계

형법 제170조 제1항의 실화죄의 구성요건은 '과실로 인하여 제164조 또는 제165조에 기재한 물건 또는 타인의 소유에 속하는 제166조에 기재한 물건을 소훼'이다. 현주건조물실화죄, 공용건조물실화죄, 타인소유일반건조물실화죄를 규정하고 있는 것이다.

제170조 제2항의 실화죄의 구성요건은 '과실로 인하여 자기의 소유에 속하는 제166조 또는 제167조에 기재한 물건을 소훼하여 공공의 위험을 발생하게' 하는 것이다. 제170조 제1항의 실화죄와 달리 '공공의 위험 발생'을 요건으로 하고 있다. 그런데 '자기의 소유에 속하는'이라는 문언이 제166조만 수식한다고 볼 것인지, 아니면 제167조까지 수식한다고 볼 것인지에 따라 제170조 제2항이 어떤 실화죄를 규정하고 있는지가 달라진다. 전자로 보면 제170조 제2항은 자기소유일반건조물실화죄, 타인소유일반물건실화죄, 자기소유일반물건실화죄를 규정하고 있다고 봐야 한다. 후자로 보면 제170조 제2항은 자기소유일반건조물실화죄, 자기소유일반물건실화죄만 규정하고 있고, 타인소유일반물건실화죄는 규정하고 있지 않다고 봐야 한다. 따라서 甲의 실화행위에 대한 처벌규정이 전자로 보면 존재하는 것이고, 후자로 보면 부존재하는 것이다.

나. 해석적 혼란

'자기의 소유에 속하는 제166조 또는 제167조에 기재한 물건'이라는 문구에서 "또는"이라는 문언을 전자는 분리어의 의미로 본 것(분리어설)인 반면, 후자는 연결어의 의미로 본 것(연결어설[3])이다.

---

3 김영환, "형법해석의 한계 – 허용된 해석과 금지된 유추와의 상관관계", 법률해석의 한계, 법문사, 2000, 37면.

(1) 1심과 2심의 판단

검사는 과수원은 물건이고, 공공의 위험도 발생했다는 것을 전제로, 분리어설에 따라 甲을 제170조 제2항의 타인소유일반물건실화죄로 기소하였다.

그러나 1심은 '공소장에 기재된 사실이 진실하지만 범죄가 될 만한 사실이 없다'는 이유로 형사소송법 제328조 제1항 제4호에 따라 공소기각결정을 한다. 유죄인지, 무죄인지 따져볼 필요도 없이 공소장에 기재된 사실만으로도 범죄에 해당하지 않음이 명백한 경우에 공소기각결정을 하는데(90도174), 甲의 실화행위가 이에 해당한다고 본 것이다. 그래서 재판의 형식이 판결이 아니라 결정인 것이다.

> 제328조(공소기각의 결정) ① 다음 경우에는 결정으로 공소를 기각하여야 한다.
> 1. 공소가 취소 되었을 때
> 2. 피고인이 사망하거나 피고인인 법인이 존속하지 아니하게 되었을 때
> 3. 제12조 또는 제13조의 규정에 의하여 재판할 수 없는 때
> 4. 공소장에 기재된 사실이 진실하다 하더라도 범죄가 될 만한 사실이 포함되지 아니하는 때
> ② 전항의 결정에 대하여는 즉시항고를 할 수 있다.

이에 검사는 형소법 제328조 제2항을 근거로 즉시항고를 한다. 이에 대해 2심도 원심을 지지하여 항고기각결정을 하자, 검사는 형소법 제415조[4]를 근거로 대법원에 즉시항고를 하는데, 이를 재항고를 한다. 1심과 2심은 연결어설에 따른 것이다.

(2) 대법원의 판단

그런데 대법원은 분리어설에 따라 형법 제170조 제2항의 타인소유일반물건실화죄가 인정된다는 취지로 1심과 2심의 결정을 모두 취소하고 재판을 다시 하라고 사건을 1심법원에 환송하는 결정을 한다(94모32전합). 대법원의 다수의견은 '관련조문을 전체적, 종합적으로 해석할 필요가 있고, 이 해석이 법규정의 가능한 의미를 벗어난 법형성이나 법창조행위도 아니므로 죄형법정주의원칙상 금지되는 유추해석이나 확장해석에 해당한다고 볼 수는 없다'고 본다.

이와 달리 대법원의 반대의견은 연결어설에 따라 다음과 같이 말한다. 형법 제170조 제2항은 명백히 '자기의 소유에 속하는 제166조 또는 제167조에 기재한 물건'이라고 되어 있을 뿐 '자기의 소유에 속하는 제166조에 기재한 물건 또는 제167조에 기재한 물건'이라고는 되어 있지 아니하므로, 우리말의 보통의 표현방법으로는 '자기의 소유에 속하는'이라는 말은 '제166조 또는 제167조에 기재한 물건'을 한꺼번에 수식하는 것으로 볼 수밖에 없고, 같은 규정이 '자기의 소유에 속하는 제166조에 기재한 물건 또는 아무런 제한이 따르지 않는 단순한, 제167조에 기재한 물건'을 뜻하는 것으로 볼 수는 없다. 이어 반대의견은 이렇게 말한다. '형벌법규의 해석은 문언해석으로부터 출발하여야 하고, 문언상 해석 가능한 의미의 범위를 넘어서는 것은 법창조 내지 새로운 입법행위 바로 그것이라

---

4 제415조(재항고) 항고법원 또는 고등법원의 결정에 대하여는 재판에 영향을 미친 헌법·법률·명령 또는 규칙의 위반이 있음을 이유로 하는 때에 한하여 대법원에 즉시항고를 할 수 있다.

고 하지 아니할 수 없으며, 이는 죄형법정주의의 중요한 내용인 유추해석금지원칙상 쉽게 허용되어서는 안 될 것이다. 과실로 인하여 타인의 소유에 속하는 일반물건을 소훼하여 공공의 위험을 발생하게 한 경우 그 처벌의 필요성이 있다는 점에는 의견을 같이 할 수 있으나, 그 처벌의 필요성은 법의 개정을 통하여 이를 충족시켜야 할 것이고 법의 개정에 의하지 아니한 채 형법의 처벌규정을 우리말의 보통의 표현방법으로는 도저히 해석할 수 없는 다른 의미로 해석하는 것에 의하여 그 목적을 달성하려고 한다면 그것은 죄형법정주의의 정신을 훼손할 염려가 크다고 아니할 수 없다.'

다. 2003년 국회의원이 발의한 제170조 제2항 개정안과 2020년 형법 개정

제170조 제2항의 해석적 논란 때문에 2003년 국회의원의 발의로 '제166조에 기재한 자기의 소유에 속하는 물건 또는 제167조에 기재한 물건'으로 개정하는 형법법률안이 나오지만, 국회를 통과하지는 못했다. 앞서 보았듯이 2020. 12. 8. 제170조가 개정되어 '자기의 소유에 속하는'은 '자기 소유인'으로, '타인의 소유에 속하는'은 '타인 소유인'으로 각각 바뀌었고, '또는'이란 문언 앞에 '의 물건'이 들어갔다. 따라서 2020 12. 8. 개정 형법은 위 결정의 다수의견을 따른 것으로 볼 수 있다. 위 결정의 반대의견은 '자기의 소유에 속하는 제166조 또는 제167조에 기재한 물건'이란 말을 '자기의 소유에 속하는 제166조에 기재한 물건 또는 제167조에 기재한 물건'이라고 해석할 수 없다고 보기 때문이다. 2020. 12. 8. 개정의 취지는 단순히 용어의 순화에 있었으나 의미에 변화를 가져왔고, 94모32 결정의 다수의견에 따라 위 해석적 논란은 해결되었다고 볼 수 있다.

4. 유사사건: 형법 제62조의2 제1항의 "또는"의 의미

과수원실화사건에서 '또는'의 의미에 관해 분리어설과 연결어설의 대립이 있었는데, 아래에서 보듯이 '또는'이 분리어나 연결어 모두의 의미를 가질 수 있다고 본 판례[5]도 있다. 이는 과수원실화사건에서 '또는'을 분리어로 본 것에 견주면 의미의 확장이다.

제62조의2(보호관찰, 사회봉사·수강명령) ① 형의 집행을 유예하는 경우에는 보호관찰을 받을 것을 명하거나 사회봉사 또는 수강을 명할 수 있다.
② 제1항의 규정에 의한 보호관찰의 기간은 집행을 유예한 기간으로 한다. 다만, 법원은 유예기간의 범위 내에서 보호관찰기간을 정할 수 있다.
③ 사회봉사명령 또는 수강명령은 집행유예기간 내에 이를 집행한다.

형법 제62조의2는 '보호관찰, 사회봉사·수강명령'라는 제목 아래 제1항에서 '형의 집행을 유예하는 경우에는 보호관찰을 받을 것을 명하거나 사회봉사 또는 수강을 명할 수 있다'고 규정하고 있다.

그런데 판례는 집행유예를 선고할 때 보호관찰과 사회봉사를 동시에 명할 수 있다고 본다(98도98). 예컨대 보호관찰, 사회봉사, 수강 3가지 모두를 명령하거나 2가지를 명령하거나 이 가운데 하나만을 명령하는 것 등이 가능하다는 것이다.[6]

---

5 이런 입장: 이상돈, "형법해석의 한계", 법률해석의 한계, 법문사, 2000, 63면.
6 ① 이 규정을 문리해석하면 보호관찰과 사회봉사는 각각 독립하여 명할 수 있다는 것이지, 반드시 그 양자를 동시에 명할 수 없다는 취지는 아니고, ② 소년법과 성폭법 및 가폭법은 보호관찰과 사회봉사를 동시에 명할 수 있다고 명시

5. 과실범(실화죄)의 공동정범

> 제30조(공동정범) 2인 이상이 공동하여 죄를 범한 때에는 각자를 그 죄의 정범으로 처벌한다.

가. 이론

공동정범은 분업의 원리에 따른 범죄형태를 말한다. 범죄를 혼자서 범하지 않고 ① 2인 이상이 공모를 한 후에 ② 역할을 분담하여 범죄에 본질적 기여를 함으로써 범하는 것이다. 예컨대 甲과 乙이 살해의 공모 아래 V를 살해하기 위해서 乙은 V가 움직이지 못하게 잡고 甲은 V를 칼로 찔러 사망하게 한 경우처럼 乙의 행위가 甲의 살해행위에 결정적인 역할을 하는 경우를 말한다. 이에 대한 형사책임은 각자가 맡은 부분에 대해서만 지지 않고, 전체에 대해 진다. 각자의 역할이 범죄를 기능적으로 지배하고 있기 때문이라는 것이다. 이를 기능적 범행(행위)지배라고 한다.

공모라는 주관적 요건을 인정하기 어렵다는 이유로 과실범의 공동정범을 부정하는 견해에 따라 과실범의 동시범으로 보게 되면 각자의 과실과 결과 사이에 인과관계가 밝혀지지 않은 때는 과실미수범이 되어 처벌할 수 없다. 이와 달리 제30조는 공동의사를 규정하고 있지 않다는 이유로 이를 인정하는 견해도 있다. (객관적) 기능적 행위지배의 관점에서 ① 주의의무를 공동으로 부담하는 자들이 ② 모두 그 의무를 위반하고, ③ 각자의 의무위반 중 어느 하나라도 없었다면 결과가 발생하지 않았거나 각자의 의무위반이 단독으로는 결과를 초래하지 못해도 함께 누적적으로 작용하여 결과를 초래한 것이 확실한 경우에는 과실범의 공동정범을 인정할 수 있다는 것이다.

나. 판례

과실범의 공동정범은 부정된다고 본 오래된 판례(4289형상276)도 있지만, 그 밖의 많은 판례는 이를 인정한다. 제30조가 '공동하여 "죄"를 범한 때'라고만 하고 있지 '고의범'에 한정하고 있지 않고, 공동정범의 주관적 요건인 공동의 의사도 고의를 공동으로 가질 의사임을 필요로 하지 않고 고의 행위이고 과실 행위이고 간에 그 행위를 공동으로 할 의사이면 족하다고 해석해야 하므로 2인 이상이 어떠한 과실 행위를 서로의 의사연락 아래 함으로써 범죄되는 결과를 발생케 한 것이라면 과실범의 공동정범이 성립되는 것이다(4294형상598). 예컨대 ① 건설업자 甲의 부실시공, ② 제작시공에 대한 감독공무원 乙의 감독소홀, ③ 유지·관리 공무원 丙의 유지·관리소홀 각각은 성수대교 붕괴의 원인이 될 수 없지만 그것이 합쳐져서 교량이 붕괴되어 사람이 사망에 이른 경우, 업무상과실치사죄의 공동정범이 성립한다(97도1740).

공장전소사건[7]에서 판례(2022도16120)는 甲과 乙에 대한 실화죄의 공동정범의 성립을 부정한다. 과실

적으로 규정하고 있는데, 형법에 따라 보호관찰과 사회봉사를 명하는 경우를 특별히 달리 취급할 만한 이유가 없으며, ③ 제도의 취지에 비추어 보더라도, 범죄자에 대한 사회복귀를 촉진하고 효율적인 범죄예방을 위하여 양자를 병과할 필요성이 있는 점 등을 종합해보면 그렇다.

7 같은 공장에 근무하는 근로자 甲과 乙은 재활용 박스를 모아두는 분리수거장 옆에서 담배를 피운 후 분리수거장 방향으로 던진 담배꽁초의 불씨가 재활용 박스에 불을 내고, 이 불이 공장으로 번져 공장 수리비로 약 6억5천만원이 들 정도로 공장이 타버린 사건.

범의 공동정범은 공동의 목표와 의사연락을 필요로 하는데, 이 경우에는 함께 담배를 피웠을 뿐 '공동의 목표'가 부정된다는 것이다. 그러나 각자 실화죄가 성립한다고 본다. 甲과 乙 각자 본인 및 상대방이 버린 담배꽁초 불씨가 살아 있는지를 확인하고 이를 완전히 제거하는 등 화재를 미리 방지할 주의의무가 있음에도 이를 게을리한 채 만연히 현장을 떠난 과실이 인정되고, 각자의 과실이 경합하여 화재가 발생했으며, 각 과실이 화재의 발생에 대하여 하나의 조건이 되었다는 것이다(82도2279).

甲이 운전자인 乙의 부탁을 받고 차량의 조수석에 올라탄 상태에서 사고가 난 경우, 甲은 과실범의 공동정범이 아니다(82도3136).[8] 또한 차량의 동승자 甲이 교통사고 후 운전자와 공모하여 운전자의 도주행위에 가담한 경우, 운전과실에 대해 甲에게 과실범의 공동정범의 책임을 물을 수 있는 특별한 경우가 아니면 특가법의 대인사고후미조치도주운전죄의 공동정범이 아니다(2007도2919).

6. 공동정범에서 공모관계의 이탈

교도소에서 만난 甲, 乙, 丙 세 사람은 출소 후 재회한 자리에서 甲이 근무한 적이 있는 A 산업 창고에 보관되어 있는 전자 부품을 절취하기로 결의하였다. 甲은 전자 제품에 대한 정보 및 침입 방법과 보안장치 해제 방법을 알려주는 등 주도적으로 구체적인 범행 계획을 수립하였다. 그런데 그 후 甲은 고향으로 돌아오라는 어머니의 전화를 받고서 마음의 동요를 일으키게 되어 스스로 범행을 포기하기로 하였다. 甲이 乙과 丙에게도 범행을 포기하도록 권유하였다면 그 권유 시점과 乙, 丙의 범행의 시간적 진행을 고려하여 판례에 따라 다음을 논하시오(단, 甲과 상관없이 乙과 丙이 스스로 범행을 포기하는 경우는 상정하지 않는다)(공모관계이탈사건).　　　　　　　　　　　　　　　　　　　　　　　　　　　　　[2009년 51회 사법시험]

1. 甲이 무죄가 되는 경우 (10점)
2. 甲이 특수절도죄의 기수가 되는 경우 및 특수절도죄의 중지미수가 되는 경우 (20점)

가. 실행의 착수 전 이탈

공동정범에서 ① 단순공모자 甲이 다른 공모자가 실행행위에 이르기 전에 그 공모관계에서 이탈한 때에는 그 이후 다른 공모자의 행위에 대해서 甲은 공모공동정범으로서 책임은 지지 않고, 그 이탈의 표시가 반드시 명시적일 필요가 없다고 본다(71도2277; 85도2371, 85감도347).

그러나 ② 공모자가 공모에 주도적으로 참여하여 다른 공모자의 실행에 영향을 미친 때에는 공모관계에서 이탈은 공모자가 공모에 의해 담당한 기능적 행위지배를 해소하는 것이 필요하므로 범행을 저지하기 위해 적극적으로 노력하는 등 실행에 미친 영향력을 제거하지 않는 한 공모관계에서 이탈되었다고 할 수는 없다. 따라서 주도적 공모자가 구속되었다는 사유만으로는 공모관계에서 이탈하였다고 할 수 없다(2010도6924). 또한 다른 3명의 공모자들과 강도 모의를 하면서 삽을 들고 사람을 때리는 시늉을 하는

---

8 그 이유는 甲의 동승은 乙의 차량운전행위를 살펴보고 잘못된 점이 있으면 이를 지적하여 교정해주려는 데 목적이 있었을 뿐 甲 자신이 주도적인 지위에서 차량을 운행할 의도가 있었다거나 실제로 그런 운행이 이루어졌다고는 보기 어렵고, 그렇다고 甲이 전문적인 운전교습자로서 피교습자가 운전기기를 직접 조작하도록 하되 교습자 자신이 일일이 당해 차량의 운행에 관한 모든 지시를 하고 피교습자는 그 지시에 따라 기계적으로 움직일 뿐 차량운행의 주도적인 책임은 교습자 자신에게 귀속하는 경우와 같은 간접정범이라고 보기도 어렵다는 것이다.

등 그 모의를 주도한 甲이 함께 범행 대상을 물색하다가 다른 공모자들이 강도의 대상을 지목하고 뒤쫓아 가자 단지 "어?"라고만 하고 비대한 체격 때문에 뒤따라가지 못한 채 범행현장에서 200m 정도 떨어진 곳에 앉아 있고 위 공모자들이 피해자를 쫓아가 강도상해의 범행을 한 경우, 甲이 다른 공모자의 강도상해 죄의 실행을 만류하지 않았다는 이유로 강도상해죄의 공모공동정범이라고 본다(2008도1274).

나. 실행의 착수 후 이탈

甲이 乙과 합동하여 V를 텐트 안으로 끌고 간 후 乙, 甲 순으로 성관계를 하기로 하고 甲은 텐트 밖으로 나와 주변에서 망을 보고 乙은 V를 강간하고, 이어 甲이 위 텐트 안으로 들어가 V를 강간하려 하였으나 V가 반항을 하며 강간을 하지 말아 달라고 사정을 하여 강간을 하지 않은 경우, 다른 공범의 범행도 중지하게 해야 중지미수가 성립한다는 이유로 甲은 성폭법의 특수강간죄의 기수범이라고 본다(2004도 8259).

판례는 공모공동정범에서 공모자가 이탈한 시점이 다른 공모자가 실행에 착수한 후라면 다른 공모자의 그 이후 범행을 적극적으로 저지하지 않는 한 다른 공모자가 실행한 범죄에 대해 공동정범의 책임을 진다고 본 것이다.

다. 공모관계이탈사건의 해결

앞의 공모관계이탈사건의 경우에 위와 같은 판례의 입장에 따르면 甲이 무죄가 되려면 甲이 스스로 범행을 포기함은 물론 乙·丙에게 범행을 포기하도록 권유하여 乙·丙이 특수절도죄의 실행에 착수하지 않아야 한다. 甲이 특수절도죄의 기수가 되려면 甲만 스스로 범행을 포기하고 甲의 권유에도 불구하고 乙·丙이 특수절도죄의 실행에 착수하여 그 범행이 기수에 이르러야 한다. 甲이 특수절도죄의 중지미수가 되려면 甲이 스스로 범행을 포기한 후 특수절도죄의 실행에 착수한 乙·丙의 범행을 저지시켜서 그 범행이 미수 에 그치도록 해야 한다.

라. 포괄일죄에서 공범관계 이탈과 범행 도중 가담

공모자 甲이 포괄일죄인 사기죄의 일부를 실행한 후 공범관계에서 이탈하였으나 다른 공범에 의해 나머 지 범행이 이루어진 경우, 甲은 포괄일죄 전부에 대한 공동정범의 책임을 진다고 본다(2001도513). 공 모자가 이탈한 시점이 실행에 착수한 이후라면 다른 공범의 그 이후 범행을 적극적으로 저지하지 않는 한 다른 공범이 실행한 범죄에 대해서도 공동정범의 책임을 인정해야 한다고 본 것이다.

포괄일죄의 범행 도중에 공동정범으로 가담한 자는 범행에 가담할 때 그 이전의 범행을 알았다 하더라도 그 가담 이후의 범행에 대해서만 공동정범으로 책임을 진다(97도163). 乙이 1981. 1월 초순경부터 히로 뽕제조행위를 계속하던 중인 1981. 2. 9. 甲이 비로소 乙의 행위를 알고 그에 가담한 경우, 甲은 가담 이전의 행위에 대해서는 형사책임을 지지 않는다(82도884. 同旨: 2007도6336). 이 사례에서 가담 이 전의 행위에 대해서도 甲에게 책임을 물을 수 있게 해주는 개념이 승계적 공동정범이다. 따라서 판례는 승계적 공동정범을 부정한다고 볼 수 있다. 승계적 공동정범 개념을 긍정하는 입장에서는 위 사례의 경 우 甲에게 포괄일죄 전체에 대한 책임을 인정한다.

유추해석 금지원칙	형법 제170조 제2항에서 말하는 '자기의 소유에 속하는 제166조 또는 제167조에 기재한 물건'에 대하여 '자기의 소유에 속하는 제166조에 기재한 물건 또는 자기의 소유에 속하든, 타인의 소유에 속하든 불문하고 제167조에 기재한 물건'을 의미하는 것이라고 해석하는 것은 죄형법정주의의 원칙상 금지되는 유추해석이나 확장해석에 해당한다고 볼 수 없다. [2005년 사법시험 형법 문6] [2006년 사법시험 형법 문3]

01 현행 형법상 형의 집행유예를 선고하면서 명할 수 있는 것을 모두 고른 것은?   2014년 사법시험 형사정책 문12

a. 보호관찰	b. 사회봉사명령	c. 수강명령

① a   ② a, b   ③ a, c

④ b, c   ⑤ a, b, c

🔒 **정답 및 해설**

⑤ ○(98도98)

02 다음 중 甲과 乙에 대하여 과실범의 공동정범이 성립하지 않는 것은? (다툼이 있는 경우 판례에 의함)

2013년 국가직 9급 형법 문5

① 甲이 차량운전행위를 살펴보고 잘못된 점이 있으면 지적하여 교정해주려고 운전자 乙의 부탁으로 차량의 조수석에 동승하였는데 운행 중 사고가 난 경우

② 정기관사 甲의 지휘감독을 받는 부기관사 乙이 정기관사와 사고열차의 후진에 관하여 서로 상론, 동의한 후 후진하다가 다른 열차와 충돌한 경우

③ 터널굴착공사를 도급받은 건설회사의 현장소장 甲과 공사를 발주한 한국전력공사의 지소장 乙이 철로 밑 굴착공사를 하다가 무너져 통과하던 열차가 전복된 경우

④ 식품회사 대표이사 甲과 공장장 乙이 먼저 제조한 빵을 늦게 배식하여 수 명의 아동이 식중독에 걸려 사망하고 다른 수 명은 병원에 입원한 경우

해설 ✎

① ✕(82도3136), ② ○(82도781), ③ ○(94도660), ④ ○(78도2082로 추정)   정답 ①

03 공동정범에 관한 설명 중 옳은 것을 모두 고른 것은? (다툼이 있는 경우에는 판례에 의함)

2013년 변호사시험 형사법 문3

> 가. 2인 이상이 범죄에 공동가공하는 공범관계에서 비록 전체의 모의과정이 없더라도 수인 사이에 순차적으로 또는 암묵적으로 상통하여 의사의 결합이 이루어지면 공모관계가 성립한다.
>
> 나. 乙, 丙과 A회사의 사무실 금고에서 현금을 절취할 것을 공모한 甲이 乙과 丙에게 범행도구를 구입하여 제공해 주었을 뿐만 아니라 乙과 丙이 사무실에서 현금을 절취하는 동안 범행장소가 보이지 않는 멀리 떨어진 곳에서 기다렸다가 절취한 현금을 운반한 경우, 甲은 乙, 丙의 합동절도의 공동정범의 죄책을 진다.
>
> 다. 甲이 부녀를 유인하여 성매매를 통해 수익을 얻을 것을 乙과 공모한 후, 乙로 하여금 유인된 A녀(16세)의 성매매 홍보용 나체사진을 찍도록 하고, A가 중도에 약속을 어길 경우 민·형사상 책임을 진다는 각서를 작성하도록 하였지만, 자신이 별건으로 체포되어 구치소에 수감 중인 동안 A가 乙의 관리 아래 성매수의 대가로 받은 돈을 A, 乙 및 甲의 처 등이 나누어 사용한 경우라도 甲에게는 공모관계에서의 이탈이 인정된다.
>
> 라. 포괄일죄의 범행 도중에 공동정범으로 범행에 가담한 자는 비록 그가 그 범행에 가담할 때에 이미 이루어진 종전의 범행을 알았다 하더라도 그 가담 이후의 범행에 대하여만 공동정범의 책임을 진다.
>
> 마. 甲과 乙은 알선 등과 관련하여 금품 등을 특정 금액 이하로만 받기로 약정하고 이를 수수하기로 공모하였지만 乙이 공모내용을 현저히 초과하는 금품을 수수한 경우, 수수한 금품 등의 구체적 금액을 공범자가 알아야 공모공동정범이 성립하는 것은 아니므로 甲에게는 乙이 수수한 금품 전부에 관하여 공모공동정범이 성립한다.

① 가, 나, 다   ② 가, 나, 라   ③ 나, 다, 라

④ 가, 나, 라, 마   ⑤ 나, 다, 라, 마

해설 🖉

다: ×(2010도6924: 공모관계에서 이탈은 공모자가 공모에 의해 담당한 기능적 행위지배를 해소하는 것이 필요하므로 공모자가 공모에 주도적으로 참여하여 다른 공모자의 실행에 영향을 미친 때에는 범행을 저지하기 위해 적극적으로 노력하는 등 실행에 미친 영향력을 제거하지 않는 한 공모자가 구속되었다는 등의 사유만으로 공모관계에서 이탈하였다고 할 수 없음), 마: ×(2010도387: 특가법의 알선수재죄와 관련 사전에 특정 금액 이하로만 받기로 약정하였다든가 수수한 금액이 공모 과정에서 도저히 예상할 수 없는 고액이라는 등과 같은 특별한 사정이 없는 한, 그 수수한 금품이나 이익 전부에 관해 공모공동정범이 성립하고, 수수할 금품이나 이익의 규모나 정도 등에 대하여 사전에 서로 의사의 연락이 있거나 수수한 금품 등의 구체적 금액을 공범자가 알아야 공모공동정범이 성립하는 것은 아님), 가: ○(98도30), 나: ○(98도321전합의 취지), 라: ○(82도884)

정답 ②

04 공동정범에 대한 설명으로 옳지 않은 것은? 2023년 국가직 7급 형법 문12

① 강도를 모의한 공동정범 중 1인이 강도범행의 실행행위 중 강간을 한 경우, 이를 예견할 수 없었던 다른 공모자는 강도의 공동정범만 인정될 뿐 강도강간의 공동정범이 인정될 수는 없다.

② 포괄일죄의 일부에 공동정범으로 가담한 피고인이 그때에 이미 이루어진 종전의 범행을 알았다면 그러한 사정만으로도 그 가담 이전의 범행에 대해서도 공동정범으로서의 책임을 진다.

③ 공동정범이 성립하기 위하여는 반드시 공범자 간에 사전에 모의가 있어야 하는 것은 아니며, 우연히 만난 자리에서 서로 협력하여 공동의 범의를 실현하려는 의사가 암묵적으로 상통하여 범행에 공동가공하더라도 공동정범은 성립된다.

④ 피고인이 포괄일죄의 관계에 있는 범행의 일부를 실행한 후 공범관계에서 이탈하였고 다른 공범자에 의하여 나머지 범행이 이루어진 경우에 그 피고인이 관여하지 않은 부분에 대하여도 죄책을 부담한다.

해설 🖉

② ×(2007도6336; 82도884), ① ○(예견할 수 없었던 결과에 대해서는 책임을 물을 수 없음), ③ ○(98도30), ④ ○(2001도513)　　　　　**정답** ②

05 〈보기 1〉을 읽고 甲, 乙, 丙의 형사책임에 관하여 〈보기 2〉 중 옳은 것(○)과 옳지 않은 것(×)을 올바르게 조합한 것은? (다툼이 있는 경우 판례에 의함)　　　　　2014년 사법시험 형법 문14(배점 4)

┌ 보기 1 ├

甲은 乙과 강도 모의를 하면서 도망가는 사람을 돌을 주워 폭행하는 시늉을 해 보이는 등 그 모의를 주도하고 乙과 함께 범행 대상을 물색하였는데, 물색과정에서 丙도 乙의 부탁을 받고 함께 가담하였다. 그런데 丙은 甲과 乙이 실행행위에 착수하기 전에 죄책감을 느낀 나머지 아무런 말없이 택시를 타고 집으로 돌아가 버렸다. 이후 甲과 乙은 피해자 A를 발견하고 쫓아가다가 甲은 숨이 차 따라가지 못하고 "그만두자"고 말을 하면서 포기해 버렸다. 그러나 乙은 약 100m를 더 쫓아가 A를 폭행하여 항거불능케 한 다음 A의 지갑을 빼앗고 그에게 약 4주간의 치료가 필요한 흉부염좌 등 상해를 입게 하였다.

┌ 보기 2 ├

ㄱ. 甲이 乙의 범행을 만류하였더라도 乙이 강도의 실행에 착수한 이상 甲에게도 실행의 착수가 인정된다.

ㄴ. 乙의 상해에 대해서는 甲에게 예견가능성이 없으므로, 甲은 강도상해죄의 공동정범으로서의 책임을 지지 않는다.

ㄷ. 甲은 공모관계에서 이탈하였다고 볼 수 없으므로 적어도 강도행위의 공동정범으로서의 책임을 면할 수 없다.

ㄹ. 이탈의 표시는 반드시 명시적일 필요가 없으므로 丙은 乙의 강도상해행위에 대한 공동정범의 책임을 지지 않는다.

ㅁ. 乙이 실행행위에 착수한 이상, 丙은 중지미수의 책임을 면할 수 없다.

ㅂ. 甲이 적극적으로 강도상해의 결과발생을 방지하였다면 乙도 강도상해죄의 중지미수가 된다.

① ㄱ(×), ㄴ(○), ㄷ(×), ㄹ(○), ㅁ(○), ㅂ(○)
② ㄱ(○), ㄴ(○), ㄷ(×), ㄹ(×), ㅁ(○), ㅂ(×)
③ ㄱ(×), ㄴ(○), ㄷ(○), ㄹ(○), ㅁ(×), ㅂ(×)
④ ㄱ(×), ㄴ(×), ㄷ(○), ㄹ(×), ㅁ(○), ㅂ(○)
⑤ ㄱ(○), ㄴ(×), ㄷ(○), ㄹ(×), ㅁ(×), ㅂ(○)
⑥ ㄱ(○), ㄴ(×), ㄷ(○), ㄹ(○), ㅁ(×), ㅂ(×)

해설 ✎

ㄴ: ×(甲이 돌을 주워 폭행하는 시늉을 사람에게 하였으므로 예견가능성 인정 가능), ㅁ: ×(丙은 단순가담자이고, 실행의 착수 전에 이탈했으므로, 그 이후 범행에 대해서 책임이 없으나 강도예비음모죄의 책임은 질 수 있음), ㅂ: ×(중지미수의 효과는 결과발생을 저지한 사람에게만 발생)

정답 ⑥

탐구 과제

• 구체적 위험범의 경우 구체적 위험은 고의의 인식 대상인가?
• 파생적 공동정범(2010도7412)과 편면적 공동정범이란?

형총 + 형각: 보라매병원사건과 부작위범 및 퇴거불응죄

05강 형총 + 형각: 보라매병원사건과 부작위범 및 퇴거불응죄

보라매병원사건 판결(2002도995)을 통해서 법원이 형법을 어떻게 해석하고 적용하는지 보고, 이후 발생한 이와 유사한 김할머니사건을 계기로 제정된 연명의료결정법을 본다. 이 과정을 보면 형법이 어떻게 해석되고 정책에 반영되는지 알 수 있다.

🔍 사례

1997. 12. 4. 14:30 술에 취한 채 화장실을 가다가 중심을 잃어 기둥에 머리를 부딪치고 시멘트 바닥에 넘어지면서 다시 머리를 바닥에 찧어 경막외출혈상을 입고 보라매병원으로 응급후송된 환자 V는 신경외과 전문의 甲, 수련의 3년차 주치의(레지던트) 乙, 수련의 1년차 인턴 丙을 포함한 의료진에 의해 수술을 받고 중환자실로 옮겨져 의식이 회복되고 있었으나 뇌수술에 따른 뇌부종으로 자가호흡을 할 수 없는 상태에 있었으므로 호흡보조장치를 부착한 채 계속 치료를 받고 있었고, 회생가능성이 전혀 없지는 않았다. 그런데 더 이상의 치료는 큰 의미가 없는 반면 치료비는 큰 부담이 되고, 17년 동안 무의도식하면서 술만 마시고 가족들에게 구타를 일삼아 온 V가 차라리 사망하는 것이 낫겠다고 생각한 V의 처는 의학적 권고에도 불구하고 V의 퇴원을 강청하여 乙은 甲의 지시에 따라 丙에게 V의 퇴원조치를 하도록 지시했다. 丙은 1997. 12. 6. 14:00경 환자에게 부착된 인공호흡기를 제거한 후 V의 처와 함께 병원 구급차로 환자를 후송하면서 인공호흡보조장치를 사용하여 수동으로 호흡을 보조하다가 V의 주거지에 도착한 후 V의 처에게 인공호흡보조장치를 제거하면 사망하게 된다는 사실을 고지한 후 인공호흡보조장치를 제거했다. V는 丙이 떠난 후 5분도 안 되어 목 부위에서 꺽꺽거리는 등의 소리를 내며 불완전하게 숨을 쉬다가 뇌간압박에 의한 호흡곤란으로 사망했다. 처와 의사의 형사책임은?

🔍 해결

1. 부작위에 의한 살인죄의 성부

가. 살인죄와 부작위범의 구성요건

살인죄가 성립하려면 범죄성립요건 3가지인 구성요건해당성, 위법성조각사유의 부존재, 책임조각사유의 부존재를 충족해야 한다. 살인죄의 구성요건해당성이 인정되려면 고의에 의한 살해행위가 있어야 하고, 이 행위와 V의 사망 사이에 인과관계가 인정되어야 한다. 또한 하나의 살인죄에 다수가 참여하고 있으므로 누가 정범이고, 누가 공범인지 문제된다. 그런데 V의 처와 甲과 乙 및 丙의 행위가 작위인지, 부작위인지 문제되고, 부작위이면 형법 제18조의 구성요건도 충족할 필요가 있다.

> 제18조(부작위범) 위험의 발생을 방지할 의무가 있거나 자기의 행위로 인하여 위험발생의 원인을 야기한 자가 그 위험발생을 방지하지 아니한 때에는 그 발생된 결과에 의하여 처벌한다.

제18조의 부작위범의 구성요건은 아래 4가지이다. ① 형법이 금지하고 있는 법익침해의 결과발생을 방지할 법적인 작위의무를 지고 있는 자가, ② 그 의무를 이행함으로써 결과발생을 쉽게 방지할 수 있었음에도 불구하고, ③ 그 결과의 발생을 용인하고 이를 방관한 채 그 의무를 이행하지 않았고, ④ 그 부작위가 작위에 의한 법익침해와 동등한 형법적 가치가 있는 것이어서 그 범죄의 실행행위로 평가할 만한 것이면, 부작위범도 작위범과 동일하게 처벌할 수 있다(91도2951). 그런데 작위범보다 불법이 낮다고 볼 수도 있다. 그래서 독일 형법 제13조는 부작위범을 임의적 감경사유로 규정하고 있다.

부작위로 작위범의 구성요건을 실현하는 범죄를 부진정부작위범이라고 부른다. 이와 달리 구성요건에 "… 하지 아니한 자"처럼 부작위가 실행행위로 명시된 경우에 판례(2007도482전합)는 진정부작위범이라고 부르고, 퇴거불응죄가 이에 해당한다고 본다. 구성요건의 형식에 따라 진정부작위범과 부진정부작위범을 구별한 것이다. 형식설에 따르면 의료법의 진료거부죄[1]도 진정부작위범이다. 그런데 이 진료거부죄는 원칙적으로 폐지되어야 한다는 견해[2]도 있다. 진료인수의무는 형법적 의무가 아니라 순수한 직업윤리적 의무에 불과하므로 이 의무위반을 형법으로 처벌하는 것은 옳지 않다는 것이다.

나. 작위와 부작위의 구별기준

아내가 남편의 생명보험금 8억원을 노리고 내연남과 함께 수영할 줄 모르는 남편에게 4m 높이의 바위에서 3m 깊이의 계곡물로 스스로 뛰어들게 해서 살해한 경우, 심리적 지배(가스라이팅)에 의한 작위인가, 아니면 구조의무를 이행하지 않은 부작위인가?

작위와 부작위의 구별기준에 관해 다툼이 있는데, 크게 존재론적(또는 자연과학적) 관점과 규범적 관점으로 구별할 수 있다. 먼저 존재론적 관점에는 신체거동설, 에너지투입설,[3] 작위를 통한 부작위범설 등이 있다. 작위를 통한 부작위범설은 예컨대 의사의 치료중단(의사가 인공호흡기의 스위치를 내리는 경우)처럼 부작위범이 작위로도 이루어질 수 있다는 견해이다. 다음으로 규범적 관점에는 사회의미성설, 법익관련설(법익침해 및 위태화 관련성), 비난중점설(비난가능성의 중점), 작위범이 성립하지 않는 경우에 한해 부작위범의 성립을 검토하는 보충관계설, 의심이 있으면 작위로 추정하는 작위추정설, 부작위추정설[4]이 있다.

---

1 의료인은 진료나 조산 요청을 받으면 정당한 사유 없이 거부할 수 없고, 이를 위반하면 1년 이하 징역이나 500만원 이하 벌금으로 처벌된다(의료법 제15조 제1항, 제89조).

2 정현미, "의료법상 의사의 진료거부금지와 응급조치의무", 형사판례연구[5], 박영사, 1997, 477면; 이상돈, 의료형법, 법문사, 1998, 69면 이하.

3 이석배, "형법상 이중적 의미를 가지는 행위의 작위·부작위 구별과 형사책임의 귀속", 형사법연구 25호(2006년 여름), 67면 이하.

4 다른 견해들은 처벌필요성, 입증편리성 등과 같은 형사정책적 결정에 따른 부작위나 작위의 선택을 근거짓는 논증의 도구에 불과하고, 부작위범은 논증에 더 큰 어려움을 지므로 민주적 법치국가에서는 의심스러울 때에는 부작위범으로 (in dubio pro imissio) 봐야 한다는 입장: 이상돈, 형법강론, 박영사, 2017, 169면 이하.

다. V의 처와 甲과 乙 및 丙의 행위는 작위인가, 부작위인가

丙이 인공호흡보조장치로 연명하고 있는 환자에게서 인공호흡보조장치를 떼어내서 그 V가 사망한 경우, 丙의 행위는 인공호흡보조장치를 떼어낸 작위로 봐야 하는가, 아니면 치료를 하지 않은 부작위로 봐야 하는가? V의 사망은 V의 처의 퇴원요구행위, 甲의 퇴원결정·지시 행위, 乙의 퇴원지시행위 등 작위로 인한 것인가, 아니면 그들이 V를 치료하지 않은 부작위로 인한 것인가?

검사는 V의 처와 甲과 乙 및 丙 모두를 작위에 의한 살인죄의 공동정범으로 기소하였으나, 1심은 V의 처와 甲과 乙의 형사책임을 먼저 검토한 후 부작위에 의한 살인죄의 공동정범을 인정하고, 丙은 무죄로 본다. 丙의 행위는 의료행위의 중지로서 부작위에 해당하나 의료행위를 보조하는 역할을 담당할 뿐 자신의 판단에 따라 독자적으로 결정하거나 그 결정에 관여할 수 있는 지위에 있지 않다는 이유로 부작위범의 보증인지위를 인정할 수 없다는 것이다.

그러나 항소심은 V의 처는 부작위에 의한 살인죄, 전문의 甲과 주치의 乙은 작위에 의한 살인죄의 방조범, 인턴의사 丙은 살인고의를 인정할 수 없다는 이유로 무죄라고 보고, 대법원은 이를 지지한다(2002도995). 대법원은 "행위자가 자신의 신체적 활동이나 물리적·화학적 작용(퇴원결정·지시를 의미)을 통해 적극적으로 타인의 법익상황을 악화시킴으로써 결국 그 타인의 법익을 침해하기에 이르렀다면(작위로 봐야 하고), 작위에 의해 악화된 법익상황을 다시 돌이키지 아니한 점에 주목하여 이를 부작위범으로 볼 것은 아니며, 악화되기 이전의 법익상황이 그 행위자가 과거에 행한 또 다른 작위(치료를 의미)의 결과에 의해 유지되고 있었다 하여 달리 볼 이유가 없다"고 본다. 대법원은 작위와 부작위의 구별에 관한 존재론적 관점을 따르고 있다고 볼 수 있는데,[5] 특히 신체거동설 내지 에너지투입설의 입장이라고 할 수 있다.

> 제32조(종범) ① 타인의 범죄를 방조한 자는 종범으로 처벌한다.
> ② 종범의 형은 정범의 형보다 감경한다.

위 판례는 방조범의 경우에는 방조의 고의와 정범의 고의가 필요한데, 정범의 고의는 정범에 의하여 실현되는 범죄의 구체적 내용을 인식할 것을 요하는 것은 아니고 미필적 인식 또는 예견으로 족하다고 입장(2012도2628)에 따른 것이다.

그러나 이와 달리 방조행위에 대한 고의와 정범의 실행행위에 대한 인식 외에도 '정범과 연대의식(Solidarität)' 속에서 방조행위를 한다는 의지적 요소도 인정할 수 있어야 방조의 고의가 인정된다는 견해[6]는 보라매병원사건의 의사(작위에 의한 살인방조)와 환자의 부인(부작위에 의한 살인) 사이에 이런 의지적 요소를 인정할 수 없다고 본다.

---

5 이에 대한 평석으로는 이정원, "의학적 권고에 반한 퇴원으로 사망한 환자에 대한 형사책임", 비교형사법연구 제6권 제2호, 2004, 361면 이하.
6 이상돈, 형법강의, 법문사, 2010, 604면 이하.

2. 무의미한 연명치료 중단과 연명의료결정법

가. 김할머니사건과 무의미한 연명치료 중단

환자의 생명이 인공생명연장조치로 유지되고 있을 뿐 소생가능성도 의식도 없는 환자에게서 인공생명연장조치를 제거하거나 치료를 중단하여 사망에 이르게 하는 경우이다. 소극적 안락사처럼 육체적 고통이 문제되는 것이 아니라 의미없는 치료와 생명연장 그 자체에서 오는 정신적 고통에 주목한다는 점에서 이를 존엄사나 자비사(慈悲死)로 부르기도 하지만, 세브란스 병원에서 발생한 이른바 김할머니사건[7]을 계기로 '무의미한 연명치료 중단'이라는 용어를 사용하자는 주장도 등장했다. 존엄사란 용어는 불분명하고 해외에서는 의사조력자살을 의미한다는 것이다. 환자 자신이 명시적인 의사를 밝힐 수 없다는 것도 소극적 안락사와 다른 점인데, 그래서 이 경우에는 생전의사(living will)나 추정적 의사 또는 보호자의 의사가 문제되는 것이다. 소극적 안락사[8]처럼 허용해야 한다는 견해, 뇌사상태에 이르렀을 때 한해서 사회상규에 해당한다는 견해 등이 있다.

김할머니사건에서 인공호흡기의 도움으로 생명을 연장하고 있는 의식불명의 지속적 식물인간 상태인 환자의 의사에 대한 인공호흡기제거 청구는 정당하다고 판례는 본다(2009다17417전합[9]).

나. 이른바 웰다잉(Well-Dying)법으로 불리는 연명의료결정법

이른바 웰다잉(Well-Dying)법으로 불리는 호스피스·완화의료 및 임종과정에 있는 환자의 연명의료결정에 관한 법률(연명의료결정법)에 따라 소극적 안락사나 존엄사가 명시적으로 합법화된다. 말기환자나 임종과정의 환자가 연명의료를 받지 않겠다는 내용의 연명의료계획서를 주치의와 함께 작성하거나 '회복불가능한 상태가 됐을 때 연명의료 중단을 희망한다'는 내용의 사전연명의료의향서를 미리 작성해둔 경우 치료효과 없이 임종과정의 기간만을 연장하는 연명의료를 중단할 수 있는데, 여기에는 심폐소생술, 혈액투석, 항암제 투여, 인공호흡기 착용 등이 포함되지만 영양공급, 수분공급, 산소공급은 포함되지 않는다.[10] 연명의료계획서나 사전연명의료의향서가 없는 경우에도 가족과 의료진의 판단으로 연명의료 중단이 가능하다(제18조).

---

7 김할머니는 기관지 내시경 검사를 하다 과다출혈이 발생해 뇌손상을 입었고, 이로 인해 고소된 의사를 검찰은 무혐의처분을 했는데, 그 이유는 과다출혈의 원인은 의사가 발견하지 못한 희귀병인 다발성 골수종으로 밝혀졌고, 이를 내시경 검사과정에서 발생한 의료과실로 볼 수는 없다는 것이다.

8 소극적 안락사란 불치나 난치의 질병으로 죽음의 단계에 들어선 환자에게 고통이 계속되지 않도록 하기 위해 생명연장을 위한 조치나 치료를 중단하여 죽음에 이르도록 하는 경우를 말한다. 소극적 안락사는 ① 환자가 참을 수 없는 육체적 고통에 시달리고 있고, ② 의학적으로 죽음의 단계에 들어섰고, ③ 생명연장조치거부에 대한 환자의 진지한 의사가 있으며, ④ 의사의 조치가 환자의 육체적 고통을 제거하는 데 있다는 것을 조건으로 촉탁·승낙살인죄의 위법성이 조각된다는 데 견해가 일치한다.

9 ① 생명과 직결되는 진료 중단은 생명 존중의 헌법이념에 비춰 신중히 판단해야 하지만, 짧은 시간 안에 사망에 이를 수 있음이 명백할 때는 회복 불가능한 사망 단계에 진입한 것으로 평가할 수 있고, 이 경우도 ② 연명치료를 강요하는 것은 오히려 인간 존엄을 해치므로 환자의 결정을 존중하는 게 인간 존엄과 행복추구권을 보호하는 것이며, ③ 환자는 사전의료지시서 등의 방법으로 미리 의사를 밝힐 수도 있지만 그렇지 않더라도 평소 가치관, 신념 등에 비춰 객관적으로 환자의 이익에 부합된다고 인정되면 연명치료를 중단할 수 있다.

10 노환규, 골든타임, 한겨레출판, 2016, 117면 이하.

3. 부작위범의 관련 쟁점

가. 부작위범의 공동정범

판례는 다수의 부작위범에게 공통된 의무가 부여되어 있고 그 의무를 공통으로 이행할 수 있다면 부작위범의 공동정범도 성립할 수 있다고 본다. 예컨대 동일한 공간에 있는 甲과 乙이 퇴거요구를 받았음에도 불구하고, 둘이 손을 꼭 잡고 불응한 경우 甲과 乙에게 퇴거불응죄의 공동정범이 성립한다. 이에 따라 공중위생영업회사 지점의 실장들인 甲, 乙, 丙이 공동하여 공중위생관리법 제3조 공중위생영업 신고의무를 이행하지 않은 경우, 이들에 대한 공동정범이 부정된다(2008도89). 공중위생영업회사의 직원인 실장들은 영업자에게 부여되는 신고의무를 지지 않는다.

나. 부작위범의 착오

甲은 자신의 자식 V가 물에 빠져 허우적거림에도 불구하고 부주의로 V가 자신의 자식이 아니라고 생각하고 구하지 않아서 V가 익사하였다. 甲을 처벌할 수 있는가?

양부(養父) 乙은 물에 빠져 허우적거리는 사람이 자신의 양자(養子) V라는 것을 알았지만, 자신은 친부가 아니라 양부이므로 V를 구해줄 의무는 없다고 생각하여 구하지 않아서 V가 익사하였다. 乙을 처벌할 수 있는가?

甲과 乙의 형사책임은 작위의무의 형법체계상 지위, 곧 작위의무를 구성요건요소로 볼 것인지, 아니면 위법성의 요소로 볼 것인지에 따라 달라지고, 이에 관해 다툼이 있으며, 이에 따라 착오의 효과가 달라지며, 이에 따라 甲과 乙의 형사책임도 달라진다.

> **제15조(사실의 착오)** ① 특별히 무거운 죄가 되는 사실을 인식하지 못한 행위는 무거운 죄로 벌하지 아니한다.
> **제16조(법률의 착오)** 자기의 행위가 법령에 의하여 죄가 되지 아니하는 것으로 오인한 행위는 그 오인에 정당한 이유가 있는 때에 한하여 벌하지 아니한다.

(1) 위법요소설

위법요소설은 작위의무에서 보증인지위를 별도로 파악하지 않고, 작위의무를 위법성의 요소로 파악한다. 부작위범을 위법성의 문제로 본 것이다. 이는 Welzel의 개방적 구성요건에 배경을 둔 것으로서, 부작위의 위법성은 구성요건해당성이 추정할 수 없고 부작위 자체의 위법성 여부를 적극적 판단해야 한다는 이유로 작위의무를 위법요소로 본 것이다. 예컨대 甲의 부작위로 V가 사망한 경우 부작위범의 구성요건해당성은 인정되지만, 그 행위가 작위의무를 위반한 것이 아니면 위법하지 않다고 본 것이다. 작위범의 경우는 구성요건해당성을 추정한 후에 위법성 판단을 소극적으로 한 것이라면, 부작위범의 경우는 구성요건해당성 판단을 하지 않고 곧바로 위법성 판단을 적극적으로 한 것과 같다. 위법요소설은 위 두 경우 모두 위법성의 착오라고 보고 책임조각 여부가 문제된다고 본다.

(2) 구성요건요소설

Nagler의 보증인설의 영향을 받은 구성요건요소설은 부작위범을 구성요건의 문제로 전환시킨다. 부작위범의 경우에도 작위범의 경우처럼 구성요건해당성을 판단하는 과정이 필요하고 또 가능하며,

그것은 바로 부작위범의 경우에 특별히 요구되는 구성요건인 보증인지위라는 것이다. 이 설은 보증인지위와 보증인의무를 구별하지만, 모두 구성요건요소로 본다. 그 이유는 보증인의무를 가진 자의 부작위만이 작위와 같은 가치를 가질 수 있고, 보증인의무는 부작위범의 불법의 핵심이라는 것이다. 작위범의 경우 금지의무(예컨대 사람을 죽이지 말라)가 작위에 의한 살인죄의 구성요건해당성에 내재된 불법유형의 핵심인 것처럼 부작위범의 경우 요구의무(例 죽을 위험에 처한 사람을 구하라)도 부작위에 의한 살인죄의 구성요건해당성에 내재된 불법유형의 핵심으로 봐야 한다는 것이다. 구성요건요소설 안에서 다시 다툼이 있다. 위 두 경우 모두 구성요건 착오로 봐야 한다는 견해도 있지만, 乙의 경우 보증인의무는 규범적 구성요건요소로서 자신의 부작위가 제18조에 따라 부작위범이 성립하는 것을 인식하지 못한 포섭의 착오의 일종으로서 위법성의 착오라고 보는 견해도 있다.

(3) 이원설

현재의 다수견해인 이원설은 보증인지위는 구성요건요소로, 보증인의무는 위법성의 요소로 각각 본다. 그 이유는 보증인지위도 위법요소로 보는 위법요소설에 따르면 작위범과 달리 부작위범의 경우에는 구성요건해당성이 위법성을 징표할 수 없고, 결국 부진정부작위범의 구성요건해당성이 부당하게 확대되는 문제가 있고, 또한 작위범의 경우에는 금지의무가 구성요건요소가 아니라 위법요소로서 이를 착오한 경우 책임이 문제되는 것처럼 부작위범의 경우에도 요구의무를 위법요소로 봐야 한다는 것이다. 이원설은 甲의 경우는 구성요건 착오라고 보지만, 乙의 경우는 위법성의 착오라고 본다.

다. 부진정부작위범인 직무유기죄

직무유기죄의 구성요건은 정당한 이유없이 직무수행을 거부하거나 직무를 유기하는 것이다. 직무유기죄는 부진정부작위범이다(82도3065). '직무의 유기'란 공무원이 법령, 내규 등에 의한 추상적인 충실한 근무의무를 태만히 하는 일체의 경우를 말하는 것이 아니라, 직장의 무단이탈, 직무의 의식적인 포기 등과 같이 그것이 국가의 기능을 저해하는 것으로서, 국민에게 피해를 야기시킬 가능성이 있는 경우(2007도7725) 또는 그럴 구체적 위험성이 있고 불법과 책임비난의 정도가 높은 법익침해의 경우(2006도1390)이다.

사법경찰관이 경미사범을 조사한 후 입건하지 않고 훈방한 경우 직무유기죄가 성립하지 않는다(82도117). 직무집행의사를 포기한 것이 아니라 직무집행의사로 위법사실을 조사하여 훈방하는 등 어떤 형태로든지 그 직무집행행위를 하였다는 것이다. 경찰의 재량권을 인정한 판례이다.

라. 부작위범과 작위범 사이의 죄수 및 경합

부작위범(직무유기죄)과 작위범 사이의 죄수 및 경합관계에 대해 다툼이 있다. 죄수(罪數)판단이란 어떤 행위가 하나의 죄(일죄)인지, 수개의 죄(수죄)인지 판단하는 것이고, 경합(競合)판단은 수죄를 전제로 그 수죄가 상상적 경합인지, 실체적 경합인지 판단하는 것이다. 구성요건해당행위가 다수일지라도 일죄인 경우도 있는데, 학설과 판례가 인정하는 '포괄일죄(84도1139)'와 '법조경합(2001도1429)'이 이에 해당한다. 상상적 경합과 실체적 경합을 구별하는 기준은 '한 개의 행위'이다.

(1) 학설: 법조경합설과 상상적 경합설의 대립

작위범과 부작위범 사이의 상상적 경합을 부정하는 견해가 있다. 예컨대 수영안전요원이 물에 빠진 사람을 구조하지 않고 그 사람의 재물을 절취하는 경우처럼, 부작위와 작위는 단지 시간적으로만 중복될 수 있을 뿐 그 행위가 공통할 수 없으므로 실행행위의 동일성을 인정할 수 없다는 것이다. 그러나 부작위와 작위 사이에 실행행위의 동일성을 인정할 수 없다고 하더라도, 두 행위 사이에 긴밀한 기능적 연관성이 인정되는 경우, 곧 작위가 부작위의 위법상태유지에 기여하거나 직접적인 수단이 되는 경우에는 상상적 경합이 인정될 수 있다고 본다. 예컨대 퇴거에 불응하기 위해 퇴거를 요구하는 주인을 폭행하는 경우이다.

(2) 판례: 원칙적 법조경합설, 예외적 실체적 경합설

작위범과 부작위범이 경합하는 경우 공무원이 위법사실을 발견하고도 직무상 의무에 따른 적절한 조치를 하지 않고 위법사실을 적극적으로 은폐할 목적으로 작위범을 범한 경우에는 부작위의 위법상태는 작위범에 포함되므로 두 죄는 법조경합으로서 부작위범인 직무유기죄는 불성립하지만(82도 2210),[11] 그런 적극적 은폐 목적이 없는 경우에는 두 죄가 모두 성립하고 실체적 경합이라고 본다 (92도3334[12]). 다만 법조경합인 경우 불성립하는 직무유기죄로 기소할 수도 있다고 판례는 본다 (99도1904; 2005도4202).

---

11 同旨: 검사로부터 범인의 검거지시를 받은 경찰관이 범인을 도피하게 한 경우, 범인도피죄만 성립(96도51); 경찰이 도박범행사실을 적발하고 인적사항을 확인하고도 이를 상사인 파출소장에게 즉시 보고하여 그 도박자금 등을 압수하고 도박죄로 형사입건하는 등 범죄수사에 필요한 조치를 다하지 않고 그들로부터 이를 묵인하여 달라는 부탁을 받고 그 도박사실을 발견하지 못한 것처럼 근무일지를 허위로 작성하고 파출소장에게 이를 보고한 경우, 부작위범인 직무유기죄는 불성립하고 작위범인 허위공문서작성·동행사죄만 성립(99도2240. 同旨: 72도722; 2002도5004; 2008도11226); 출원에 대한 심사업무를 담당하는 공무원 甲이 출원인의 출원사유가 허위라는 사실을 알면서도 위계로써 결재권자의 인·허가처분에 대한 결재를 받아낸 경우 위계에 의한 공무집행방해죄만 성립하고 직무유기죄는 불성립(96도2825); 경찰서 방범과장이 부하직원으로부터 옛 음반·비디오물 및 게임물에 관한 법률 위반 혐의로 오락실을 단속하여 증거물로 오락기의 변조기판을 압수하여 사무실에 보관 중임을 보고받아 알고 있음에도 불구하고 그 직무상의 의무에 따라 압수물을 수사계에 넘기고 검찰에 송치하여 범죄혐의의 입증에 사용하도록 하는 등의 적절한 조치를 하지 않고, 오히려 부하직원에게 압수한 변조기판을 돌려주라고 지시하여 오락실 업주에게 돌려준 경우, 작위범인 증거인멸죄만 성립한다(2005도3909전합. 이는 경찰 甲이 피의자 A와 그의 처에게 허위진술을 하도록 교사한 경우, 증거인멸죄의 교사범과 직무유기죄가 모두 성립한다고 본 종전 66도840판결을 변경한 것임).

12 공무원이 1991. 10. 16. A의 농지불법전용사실을 알았음에도 불구하고 애써 외면하고 아무런 조치를 취하지 않음은 물론 1991. 10. 21. A가 농지의 일시전용허가서를 제출하자 허가함이 타당하다는 취지로 허위의 현장출장복명서와 심사의견서를 작성하여 행사한 경우 현장출장복명서 및 심사의견서를 허위작성한 것은 농지일시전용허가를 신청하자 이를 허가하여 주기 위해 한 것으로서 농지불법전용 사실을 직접적으로 은폐하기 위한 것이 아니므로 허위공문서작성 및 동행사죄와 직무유기죄의 실체적 경합이다.

4. 퇴거불응죄 - 부작위에 의한 주거침입죄

> 제319조(주거침입, 퇴거불응) ① 사람의 주거, 관리하는 건조물, 선박이나 항공기 또는 점유하는 방실에 침입한 자는 3년 이하의 징역 또는 500만원 이하의 벌금에 처한다.
> ② 전항의 장소에서 퇴거요구를 받고 응하지 아니한 자도 전항의 형과 같다.
> 제322조(미수범) 본장의 미수범은 처벌한다.

가. 퇴거불응죄는 진정부작위범이고 미수범 처벌

퇴거불응죄는 주거침입죄를 부작위로 범하는 진정부작위범(2007도482전합)이자 거동범이다. 적법하게 주거에 들어온 사람이 퇴거요구를 받고 응하지 않는 경우에 성립한다. 헌재는 퇴거불응죄가 죄형법정주의의 명확성원칙이나 헌법 제37조 제2항의 과잉금지원칙에 어긋나지 않는다고 본다(2011헌바48). 사용자의 직장폐쇄는 노사 간의 교섭태도, 경과, 근로자 측 쟁의행위의 태양, 그로 인한 사용자 측이 받는 타격의 정도 등에 관한 구체적 사정에 비추어 형평상 근로자 측의 쟁의행위에 대한 대항·방위 수단으로서 상당성이 인정되는 경우에 한하여 정당한 쟁의행위로 평가받을 수 있는데, 적법한 쟁의행위로서 사업장을 점거 중인 근로자들이, 정당한 쟁의행위로 인정되지 않는 공격적, 곧 불법한 직장폐쇄를 단행한 사용자로부터 퇴거요구를 받고 이에 불응한 경우는 퇴거불응죄가 성립하지 않고(2007도5204), 또 사용자의 직장폐쇄가 불법하다면 근로자가 평소 출입이 허용되는 사업장 안에 들어간 경우, 주거침입죄도 성립하지 않는다(2002도2243).

그러나 적법한 직장폐쇄를 단행한 사용자의 퇴거요구를 받고도 노동자들이 불응한 경우는 퇴거불응죄가 성립한다(91도1324). 사용자의 적법한 직장폐쇄로 사용자의 사업장에 대한 물권적 지배권이 전면적으로 회복되기 때문이다.

나. 주거침입죄에 관한 판례의 새로운 법리

판례는 주거침입죄의 보호법익은 '주거권'이 아니라 '사실상 주거의 평온'이고, 여기서 침입이란 사실상 평온상태를 해치는 행위 태양으로 주거에 들어가는 것을 의미한다(2017도18272전합)고 봄으로써 주거침입죄에 관한 새로운 법리를 제시한다. 침입을 '거주자의 의사에 반해서 주거에 들어가는 것'으로 봐온 종전과 다른 해석이지만, 그렇다고 침입의 의미에 관한 종전 해석을 명시적으로 변경한 것은 아니다. 새로운 법리에 따르면 침입에 해당하는지 여부를 판단하는 기준은 출입 당시 객관적·외형적으로 드러난 행위 태양이고, 거주자의 의사는 이를 판단할 때 고려 요소 중 하나이지만 주된 평가 요소는 아니다(2017도18272전합). 따라서 일반인의 출입이 허용된 음식점에 영업주의 승낙을 받아 통상적인 출입방법으로 들어갔다면, 출입 목적이 도청장치를 설치할 목적이었더라도 주거침입죄가 성립하지 않는다(2017도18272전합[13]).

새로운 법리에 따라 판례는 甲男과 乙女의 사랑이 乙이 다른 남자와 결혼한 후에도 이어져 甲이 乙의

---

[13] 이는 출입이 허용된 음식점이더라도 도청용 송신기를 설치할 목적으로 들어간 것이라면 영업주의 명시적·추정적 의사에 반한다는 이유로 주거침입죄를 인정한 종전 입장(95도2674: 이른바 초원복집사건)을 변경한 것이다.

남편의 부재중 혼외성관계의 목적으로 乙의 승낙을 받아 주거에 들어간 경우, 주거의 사실상 평온을 깨뜨렸다고 볼 수 없다는 이유로 종전 입장(83도685)을 변경하여 甲에게 주거침입죄의 성립을 부정한다(2020도12630전합).

부부불화사건¹⁴에서 甲에게 폭처법의 공동재물손괴죄는 성립하지만, 공동주거침입죄는 성립하지 않는다고 판례는 본다(2020도6085전합¹⁵).

주거침입죄의 실행의 착수는 건조물 등에 들어가는 행위, 즉 구성요건의 일부를 실현하는 행위까지 요구하는 것은 아니고 범죄구성요건의 실현에 이르는 현실적 위험성을 포함하는 행위를 개시하는 것으로 충분하다고 판례는 본다(2008도1464).

얼굴만들이민사건¹⁶에서 판례는 甲은 주거침입죄의 기수범이라고 본다(94도2561). 그 이유는 신체의 일부만 타인의 주거 안으로 들어갔다고 하더라도 거주자가 누리는 사실상의 주거의 평온을 해할 수 있는 정도이면 주거침입죄의 기수라는 것이다.

다. 성폭법의 다중이용장소침입죄

자기의 성적 욕망을 만족시킬 목적으로 화장실, 목욕장·목욕실·발한실(發汗室), 모유수유시설, 탈의실 등 불특정 다수가 이용하는 다중이용장소에 침입하거나 같은 장소에서 퇴거의 요구를 받고 응하지 아니하는 사람은 1년 이하 징역 또는 1천만원 이하 벌금으로 처벌한다(제12조).

5. 부작위에 의한 사기죄

가. 판례의 기본입장과 비판

사기죄에서 부작위에 의한 기망은 부작위범으로서 제18조가 말하는 '작위의무'라는 구성요건을 요구하므로 작위에 의한 기망과 구별할 필요가 있는데, 그 구별기준이 명확하지 않다. 판례는 기망을 재산적 거래관계에서 서로 지켜야 할 신의와 성실의 의무를 저버리는 모든 적극적·소극적 행위로 정의하는데, 여기서 '적극적·소극적'이란 말은 '작위·부작위'를 의미한다. 이 점을 분명하게 밝혀서 "소극적 행위로서의 부작위에 의한 기망(2007도1033)"이나 "어떠한 범죄가 적극적 작위에 의하여 이루어질 수 있음은 물론 결과의 발생을 방지하지 아니하는 소극적 부작위에 의하여도 실현될 수 있는 경우(2002도995)"라고 하기도 한다.

소극적 행위로서의 부작위에 의한 기망은 법률상 고지의무 있는 자가 일정한 사실에 관하여 상대방이 착오에 빠져 있음을 알면서도 그 사실을 고지하지 않는 것을 말하는데, 일반거래의 경험칙상 상대방이 그 사실을 알았더라면 당해 법률행위를 하지 않았을 것이 명백한 경우에는 신의칙에 비추어 그 사실을

---

14 아내와 싸운 甲은 공동생활을 하던 아파트에서 짐 일부를 챙겨 나왔는데, 그 후 자신의 부모와 함께 아파트에 찾아가 출입문을 열 것을 요구하였으나 외출한 아내의 동생이 출입문에 설치된 체인형 걸쇠를 걸어 문을 열어주지 않자 공동하여 걸쇠를 손괴한 후 아파트에 침입하였다.

15 甲이 사실상 주거의 평온을 해치는 방법으로 들어간 것은 맞으나, 甲도 공동주거권자로서 주거의 평온을 누릴 수 있고, 이를 다른 공동주거권자가 법률적 근거 기타 정당한 이유없이 배제할 수 없다는 것이다.

16 甲은 야간에 타인의 집의 창문을 열고 집 안으로 얼굴만 들이밀어서, 거주자가 누리는 사실상의 주거의 평온을 해할 수 있는 정도에 이르렀다.

고지할 법률상 의무가 인정된다(2006도1715; 2005도8645). 따라서 임대인이 임대차계약을 체결하면서 임차인에게 임대목적물이 경매진행 중인 사실을 알리지 않은 경우, 임차인이 등기부를 확인 또는 열람하는 것이 가능하더라도 사기죄가 성립한다(98도3263).

그런데 판례는 부동산 매매의 경우에는 좀 더 구체적으로 특정 상황[17]에서는 신의성실의 원칙상 매수인에게 미리 그와 같은 사정을 고지할 의무가 매도인에게 있다고 본다(2010도5124). 이런 판례보다 그 요건을 강화하여 매매에 따른 채무의 이행에 장애가 되는 사유가 등기된 경우에는 매도인의 고지의무가 없다고 봐야 한다는 견해[18]도 있다. 또한 허위사실을 숨기거나 불완전한 정보를 제공하여 상대방을 착오에 빠지게 한 경우는 작위적 요소와 부작위적 요소를 모두 갖는 이중적 의미의 행위이고, 이런 경우는 보충관계설에 따라 작위에 의한 기망으로 봐야 한다고 판례를 비판하는 견해[19]도 있다.

나. 부작위에 의한 사기죄를 인정한 판례

매수인이 매도인에게 매매잔금을 지급할 때 착오에 빠져 지급해야 할 금액을 초과하는 돈을 교부함에도 불구하고 매도인이 그 사실을 알면서도 그대로 수령한 경우(2003도4531), 백화점의 식품매장에서 당일 판매되지 못하고 남은 생식품들에 대해 그 다음날 아침 포장지를 교체하면서 가공일자가 재포장일자로 기재된 바코드라벨을 부착하여 재판매한 경우(95도1157[20]. 同旨: 95도2121) 모두 고지의무를 인정한다.

다. 부작위에 의한 사기죄를 부정한 판례

부동산중개업자가 아파트 입주권을 매도하면서 그 입주권을 2억 5,000만원에 확보하여 2억 9,500만원에 전매한다는 사실을 매수인에게 고지하지 않은 경우(2010도5124). 이런 사실은 매매로 인한 법률관계에 아무런 영향도 미칠 수 없는 것이어서 매수인의 권리의 실현에 장애가 되지 않는 사유까지 매도인이 매수인에게 고지할 의무는 없다.

중고차 매매업자가 할부금융회사에 대한 할부금채무를 승계하기로 하고 매입한 승용차를 다시 매도하면서 할부금채무가 있다는 사실을 매수인에게 고지하지 않은 경우(98도231), 할부금 채무가 당연히 매수인에게 승계되는 것은 아니고, 그렇다면 매수인이 자동차의 소유권을 확보하지 못할 위험이 생기는 것은 아니므로, 할부금채무가 있다는 것을 고지받았더라면 그 자동차를 매수하지 아니하였을 것임이 경험칙상 명백하지 않다.

---

17 ① 매도인이 매수인에게 매매와 관련된 어떤 구체적인 사정을 고지하지 않음으로써 장차 매매의 효력이나 매매에 따르는 채무의 이행에 장애를 가져와 매수인이 매매목적물에 대한 권리를 확보하지 못할 위험이 생길 수 있음을 알면서도, ② 매수인에게 그런 사정을 고지하지 않은 채 매매계약을 체결하고 매매대금을 교부받고, ③ 매수인은 그런 사정을 고지받았더라면 매매계약을 체결하지 않거나 매매대금을 지급하지 않았을 것임이 경험칙상 명백한 상황.

18 신의성실원칙에 따라 고지의무를 넓게 인정하는 것은 죄형법정주의의 명확성원칙에 어긋나고, 민법이 부동산물권변동에 관해 공시제도를 채택하고 있으므로 이런 정보를 확인하지 않은 것은 매수인의 책임이다(하태훈, "부동산거래관계에 있어서 고지의무와 부작위에 의한 기망", 형사판례연구[2], 1994, 202면 이하).

19 이석배, "묵시적 기망행위와 부작위에 의한 기망행위", 비교형사법연구 제10권 제2호, 2008. 220면 이하.

20 제품의 신선도에 대한 소비자들의 신뢰를 배신하고 그들의 생식품 구매 동기에 있어서 중요한 요소인 가공일자에 관한 착오를 이용하여 재고상품을 종전 가격에 판매하고자 하는 것으로서 그 사술의 정도가 사회적으로 용인될 수 있는 상술의 정도를 넘은 것이다.

01 부작위범에 관한 설명 중 옳은 것은? (다툼이 있는 경우에는 판례에 의함) 2013년 사법시험 형법 문6(배점 2)

① 보증인적 지위와 보증의무를 구별하는 이원설에 의하면 보증의무에 대한 착오를 일으킨 경우 그 착오에 정당한 이유가 있으면 과실범으로 처벌된다.

② 부작위에 의한 교사는 가능하지만 부작위에 의한 방조는 불가능하다.

③ 부진정부작위범은 작위범에 비해 불법의 정도가 가벼우므로, 형법은 이를 임의적 감경사유로 규정하고 있다.

④ 은행지점장이 은행에 대한 부하직원의 범행사실을 발견하고도 손해의 보전에 필요한 조치를 취하지 않고 배임행위를 방치하였다면 부작위에 의한 업무상배임죄의 정범으로 처벌된다.

⑤ 부작위자를 도구로 이용한 간접정범도 가능하다.

해설 ✎

⑤ O(甲은 물가에서 V와 고스톱을 치고 있던 중 물에 빠져 허우적대는 사람이 V의 아들임을 확신했다. 그러나 공부를 잘하는 그 아들을 자랑하는 V가 미워서 이 기회에 죽게 내버려 두어야겠다는 생각에서 V가 甲에게 혹시 내 아들이 아니냐는 물음에도 확신에 차서 아니라고 말했다. 결국 그 아들은 죽었다. 이런 경우가 부작위자를 도구로 이용한 간접정범이라고 볼 수 있음), ① ×(위법성의 착오인데, 판례는 책임설의 입장이므로 이에 따르면 정당한 이유가 있으면 고의범은 성립하나 책임이 면제됨), ② ×(판례는 부작위에 의한 방조를 인정. 다수견해는 부작위에 의한 교사를 부정), ③ ×(독일 형법이 그렇다), ④ ×(부작위에 의한 방조) **정답** ⑤

02 부작위범에 관한 설명 중 옳은 것은? (다툼이 있는 경우에는 판례에 의함) 2012년 변호사시험 형사법 문10

① 신의성실의 원칙이나 사회상규 혹은 조리상 작위의무가 기대되는 경우에는 법적인 작위의무가 인정되지 않는다.

② 법적인 작위의무를 지고 있는 자가 결과발생을 쉽게 방지할 수 있었음에도 불구하고 이를 방관한 채 그 의무를 이행하지 아니한 경우에, 그 부작위가 작위에 의한 법익침해와 동등한 형법적 가치가 있는 것이어서 그 범죄의 실행행위로 평가될 만한 것이라면, 부작위범으로 처벌할 수 있다.

③ 부작위에 의한 방조범은 성립하지 않는다.

④ 행위자가 자신의 신체적 활동이나 물리적·화학적 작용을 통하여 적극적으로 타인의 법익상황을 악화시킴으로써 결국 그 타인의 법익을 침해하기에 이르렀더라도 작위에 의하여 악화된 법익상황을 다시 돌이키지 아니한 이상 부작위범이 성립하는 것이 원칙이다.

⑤ 진정부작위범의 경우 다수의 부작위범에게 부여된 작위의무가 각각 다르더라도 각각의 작위의무에 위반되는 행위를 공동으로 하였다면 부작위범의 공동정범이 성립할 수 있다.

함), ④ ×(2000도1731: 사고후구호등미조치죄의 의무는 피해자의 구호와 교통질서의 회복을 위한 것이므로 교통사고를 발생시킨 운전자에게 고의·과실 혹은 유책·위법의 유무에 관계없이 인정됨)　　**정답** ③

04 부작위범에 대한 설명으로 옳지 않은 것은?　　2023년 국가직 9급 형법총론 문20

① 부작위에 의한 기망은 보험계약자가 보험자와 보험계약을 체결하면서 상법상 고지의무를 위반한 경우에도 인정될 수 있지만, 고지의무 위반은 '보험사고의 우연성'이라는 보험의 본질을 해할 정도에 이르러야 한다.

② 경찰관이 압수된 증거물을 검찰에 송치하여 범죄 혐의의 입증에 사용하도록 하는 등의 적절한 조치를 취하지 않고 오히려 피압수자에게 돌려주어 작위범인 증거인멸죄를 범한 경우, 부작위범인 직무유기죄도 함께 성립한다.

③ 범죄가 적극적 작위는 물론 소극적 부작위로도 실현될 수 있는 경우에 행위자가 자신의 신체적 활동이나 물리적·화학적 작용으로 타인의 법익 상황을 악화시켜 결국 침해에 이르렀다면, 이는 작위에 의한 범죄로 봄이 원칙이다.

④ 부작위범의 작위의무는 법적인 의무인 한 성문법이건 불문법이건 상관이 없으며, 법령, 법률행위, 선행행위로 인한 경우는 물론 신의성실의 원칙이나 사회상규 혹은 조리상 작위의무가 기대되는 경우에도 법적인 작위의무가 인정된다.

해설 🖋

② ×(2005도3909전합: 직무유기죄 불성립), ① ○(2017도1405)　　**정답** ②

05 부작위범에 관한 설명 중 옳은 것은? (다툼이 있는 경우에는 판례에 의함)　　2014년 변호사시험 형사법 문11

① 생존가능성이 있는 환자를 보호자의 요구로 치료를 중단하고 퇴원을 지시하여 사망하게 한 의사의 경우에는 치료중단이라는 부분에 비난의 중점이 있기 때문에 부작위범으로 평가된다.

② 부진정 부작위범의 성립요건과 관련하여 보증인지위와 보증의무의 체계적 지위를 나누는 이분설에 따르면, 부작위 행위자의 보증의무에 관한 착오는 구성요건적 착오에 해당한다.

③ 미성년자를 유인하여 포박·감금한 자가 중간에 살해의 고의를 가지고 계속 방치하여 사망케 하였다면 감금 행위자에게도 보증인지위 내지 보증의무가 인정되어 부작위에 의한 살인죄의 성립을 인정하여야 한다.

④ 과실에 의한 교사와 방조가 모두 불가능하듯이, 부작위에 의한 교사와 방조도 모두 불가능하다.

⑤ 매매 대상 토지에 대하여 도시계획이 입안되어 협의 수용될 것을 알고 있는 매도인이 이러한 사실을 모르는 매수인에게 이 같은 사실을 고지하지 아니하고 매도하였더라도 매수인에게 소유권이전등기가 완료되었다면 부작위에 의한 사기죄가 성립하지 않는다.

06 부작위범에 관한 설명으로 옳은 것을 모두 고른 것은? (다툼이 있는 경우 판례에 의함)

2019년 2차 순경시험 형법 문8

> ㉠ 「형법」은 부작위범의 성립요건을 별도로 규정하고 있다.
> ㉡ 진정부작위범은 그 속성상 미수가 불가능하며, 「형법」도 진정부작위범의 미수에 대한 처벌규정을 두고 있지 않다.
> ㉢ 부진정부작위범의 구성요건인 보증인적 지위(작위의무)는 신의칙이나 조리에 의해서도 발생한다.
> ㉣ 부진정부작위범을 작위범과 동일하게 평가하기 위해서는 보증인적 지위 외에 부작위와 작위의 동가치성(상응성)을 요하며, 이는 「형법」이 명문으로 규정하고 있다.
> ㉤ 부작위범의 공동정범은 성립할 수 있으나, 부작위에 의한 교사범은 성립할 수 없다.

① ㉠, ㉡, ㉣　　　　　　　　　　　　② ㉠, ㉢, ㉤
③ ㉡, ㉢, ㉣　　　　　　　　　　　　④ ㉢, ㉣, ㉤

07 부작위범에 대한 설명 중 옳은 것은? (다툼이 있는 경우에는 판례에 의함)　　2012년 사법시험 형법 문3(배점 2)

① 보증인지위의 발생근거에 대한 실질설(기능설)은 법령·계약·선행행위·조리 등을 주된 근거로 들며, 형식설(법원설)은 보호의무와 안전의무를 지도적 관점으로 채택한다.

② 보증인지위와 보증인의무의 체계적 지위를 구별하는 이분설에 따를 때 보증인지위와 보증인의무에 대한 착오는 구성요건적 착오에 해당한다.

③ 부작위범 사이의 공동정범은 다수의 부작위범에게 공통된 의무가 부여되어 있고 그 의무를 공통으로 이행할 수 있을 때에만 성립한다.

④ 부작위에 의한 사기죄에서 작위의무의 발생근거는 유기죄에서 보호의무의 발생근거보다 그 범위가 좁다.

⑤ 살인죄와 같은 단순결과범과 사기죄와 같은 행태의존적 결과범을 구별하는 견해에 따르면 행위정형의 동가성(동가치성)은 전자의 경우에만 특별한 의미를 가진다.

③ ○(2008도89), ① ×(실질설이 보호의무와 안전의무를 지도적 관점으로 채택. 법령 등에 의해 발생한다는 입장이 형식설), ② ×(보증인지위에 관한 착오는 구성요건착오이고, 보증의무에 관한 착오는 위법성의 착오), ④ ×(이런 비교가 가능할지 의문. 다만 유기죄의 보호할 법률상·계약상 의무있는 자를 구성요건으로 하는 진정부작위범이므로 부진정부작위범인 사기죄의 경우보다 보호의무의 발생근거가 그 범위가 좁다고 볼 수 있음), ⑤ ×(동가치성은 행위불법과 관련된 것이므로 행태의존적 결과범의 경우에 더 의미가 있음) **정답** ③

08 부작위범에 관한 설명 중 옳은 것을 모두 고른 것은? (다툼이 있는 경우에는 판례에 의함)

2013년 변호사시험 형사법 문16

> 가. 하나의 행위가 작위범과 부작위범을 동시에 충족할 수는 없다.
> 나. 중고 자동차 매매를 하면서 자신의 할부금융회사에 대한 할부금 채무가 매수인에게 당연히 승계되는 것이 아니라는 이유로 그 할부금 채무의 존재를 매수인에게 고지하지 아니한 매도인에게는 부작위에 의한 사기죄가 성립하지 않는다.
> 다. 전담의사가 중환자실에서 인공호흡기를 부착하고 치료를 받던 환자의 처의 요청에 따라 치료를 중단하고 퇴원조치를 함으로써 귀가 후 수련의의 인공호흡기 제거로 환자가 사망한 경우, 전담의사에게 작위에 의한 살인방조죄가 성립한다.
> 라. 모텔 방에 투숙 중 담배를 피운 후 담뱃불을 제대로 끄지 않은 중대한 과실로 화재를 일으킨 투숙객에게도 화재를 소화할 의무가 있음에도 모텔 주인이나 다른 투숙객에게 아무 말 없이 도망쳐 나와 다른 투숙객이 사망했다면, 비록 소화하기는 쉽지 않았더라도 부작위에 의한 현주건조물방화치사죄가 성립한다.
> 마. 법무사가 아닌 사람이 법무사로 소개되거나 호칭되는 데도 자신이 법무사가 아니라는 사실을 밝히지 않은 채 법무사 행세를 계속하면서 근저당권설정계약서를 작성해 준 경우, 법무사가 아님을 밝힐 계약상 또는 조리상 법적 의무가 있기는 하나, 이는 법무사 명칭을 사칭하는 경우와 동등한 형법적 가치가 있다고 할 수 없으므로 부작위에 의한 법무사법위반죄(법무사명칭사용금지)가 성립하지 않는다.

① 가, 다   ② 나, 다   ③ 라, 마
④ 가, 나, 다   ⑤ 나, 다, 마

해설 🖊

"가"를 옳지 않은 지문으로 처리한 이유는 '어떤 행위가 작위범과 부작위범의 구성요건을 동시에 충족하는 경우 후자만 기소할 수 있다'는 판례(2005도4202)의 표현을 근거로 한 것이다. 그러나 이 판례의 취지는 '작위범과 부작위범이 경합하는 경우 법조경합이어서 부작위범은 성립할 수 없다'는 것인데, 이런 취지에 따르면 '어떤 행위가 작위범과 부작위범의 구성요건을 동시에 충족할 수 있다'라는 표현은 적절하지 않고, 판례의 취지에 따르면 오히려 "가"와 같은 표현이 옳다. 이런 방식의 출제는 판례의 취지를 생각하게 하는 것이 아니라 판례의 표현을 그대로 외우라는 것으로서 옳지 않다. 라: ×(2009도12109: 부작위에 의한 현주건조물방화죄를 인정하려면 법률

상 소화의무 외에 소화의 가능성 및 용이성이 인정되어야 하는데, 이런 사정만으로는 후자를 인정하기 어려움)

 정답 공지된 답은 ②

09 부작위범에 관한 설명 중 옳은 것(○)과 옳지 않은 것(×)을 올바르게 조합한 것은? (다툼이 있는 경우 판례에 의함)

2021년 변호사시험 형사법 문14

> ㄱ. 부진정부작위범에서의 보증인지위와 보증의무를 구별하는 입장에 의하면, 보증의무가 존재하지 아니하는 것으로 착오한 경우는 법률의 착오로 취급된다.
> ㄴ. 임대인이 임대차계약을 체결하면서 임차인에게 임대목적물이 경매진행 중인 사실을 알리지 않은 경우 임차인이 등기부를 확인 또는 열람하는 것이 가능하였다면 임대인에게 사기죄가 성립하지 않는다.
> ㄷ. 진정부작위범과 부진정부작위범 모두 작위의무가 법적으로 인정되더라도 작위의무를 이행하는 것이 사실상 불가능한 상황이었다면, 부작위범이 성립할 수 없다.
> ㄹ. 부진정부작위범의 요건으로 행위태양의 동가치성을 요구하는 것은 부진정부작위범의 형사처벌을 확장하는 기능을 한다.
> ㅁ. 의사가 수술 후 치료를 계속하지 않으면 환자가 사망할 수 있음을 알면서도 보호자의 강력한 요청으로 치료를 중단하고 퇴원을 허용하여 보호자의 방치로 환자가 사망한 경우, 그 의사에게는 부작위에 의한 살인방조죄가 성립한다.

① ㄱ(○), ㄴ(×), ㄷ(○), ㄹ(×), ㅁ(×)   ② ㄱ(×), ㄴ(○), ㄷ(×), ㄹ(○), ㅁ(×)
③ ㄱ(○), ㄴ(○), ㄷ(×), ㄹ(×), ㅁ(×)   ④ ㄱ(×), ㄴ(○), ㄷ(×), ㄹ(×), ㅁ(○)
⑤ ㄱ(○), ㄴ(×), ㄷ(○), ㄹ(○), ㅁ(○)

해설 ✎

ㄱ: ○, ㄴ: ×(98도3263), ㄷ: ○, ㄹ: ×(부진정부작위범의 성립요건을 강화하는 것이므로 형사처벌을 축소하는 기능을 함), ㅁ: ×(2002도95: 살인죄에 대한 작위에 의한 방조범 성립)

 정답 ①

10 주거침입의 죄에 대한 설명으로 옳은 것만을 모두 고르면?

2023년 국가직 9급 형법 문11

> ㄱ. 외부인이 주거 내에 현재하는 거주자의 현실적인 승낙을 받아 통상적인 출입방법에 따라 공동주거에 들어갔다 하더라도 그것이 부재중인 다른 거주자의 의사에 반하는 것으로 추정되는 경우 주거침입죄가 성립한다.
> ㄴ. 관리자의 현실적인 승낙을 받아 건조물에 통상적인 출입방법으로 들어간 경우에도 관리자의 가정적·추정적 의사는 고려되어야 하며, 그 승낙의 동기에 착오가 있었던 경우 승낙의 유효성에 영향을 미쳐 건조물침입죄가 성립할 수 있다.
> ㄷ. 일반인의 출입이 허용된 음식점에 영업주의 승낙을 받아 통상적인 출입방법으로 들어갔다면 설령 행위자가 범죄 등을 목적으로 음식점에 출입하였거나 영업주가 행위자의 실제 출입목적을 알았더라면

96 한눈에 잡히는 형사법

출입을 승낙하지 않았을 것이라는 사정이 인정되더라도 주거침입죄에서 규정하는 침입행위에 해당하지 않는다.

ㄷ. 일반인의 출입이 허용된 음식점에 영업주의 승낙을 받아 통상적인 출입방법으로 들어갔다면 설령 행위자가 범죄 등을 목적으로 음식점에 출입하였거나 영업주가 행위자의 실제 출입목적을 알았더라면 출입을 승낙하지 않았을 것이라는 사정이 인정되더라도 주거침입죄에서 규정하는 침입행위에 해당하지 않는다.

ㄹ. 주거침입죄의 실행의 착수는 구성요건의 일부를 실현하는 행위까지 요구하는 것은 아니고 범죄구성요건의 실현에 이르는 현실적 위험성을 포함하는 행위를 개시하는 것으로 족하다.

① ㄱ, ㄴ   ② ㄱ, ㄷ
③ ㄴ, ㄹ   ④ ㄷ, ㄹ

해설 ✎

ㄱ: ×(2020도12630전합), ㄴ: ×(2018도15213: 관리자의 현실적인 승낙이 있었으므로 가정적·추정적 의사는 고려할 필요가 없다. 단순히 승낙의 동기에 착오가 있다고 해서 승낙의 유효성에 영향을 미치지 않으므로, 관리자가 행위자의 실제 출입 목적을 알았더라면 출입을 승낙하지 않았을 사정이 있더라도 건조물침입죄가 성립한다고 볼 수 없음), ㄷ: ○(2017도18272전합), ㄹ: ○(2008도1464)   **정답** ④

---

11 다음은 행위와 성립 가능한 범죄를 짝지어 놓은 것이다. 바르게 연결한 것을 모두 고르면?

2023년 국가직 7급 형법 문25

ㄱ. 지붕과 문짝, 창문이 없고 담장과 일부 벽체가 붕괴된 철거 대상 건물로서 사실상 기거·취침에 사용할 수 없는 상태의 폐가에 불을 놓아 소실케 함으로써 공공의 위험을 발생하게 한 경우 – 일반건조물방화죄

ㄴ. 공공기관 민원실에서 민원인들이 위력에 해당하는 소란을 피워 공무원들의 업무를 방해한 경우 – 업무방해죄

ㄷ. 남편이 부인과의 불화로 공동생활을 영위하던 아파트에서 짐 일부를 챙겨 나왔는데, 그 후 남편이 아파트에 찾아갔으나 정당한 이유 없이 출입이 금지되자 물리력을 행사하여 주거에 들어간 경우 – 주거침입죄

ㄹ. 공무원인 의사가 공무소의 명의로 허위진단서를 작성한 경우 – 허위공문서작성죄

① ㄹ   ② ㄱ, ㄴ
③ ㄱ, ㄹ   ④ ㄴ, ㄷ

해설 ✎

ㄱ: ○(2013도3950), ㄴ: ×(2009도4166전합: 업무방해죄의 업무에 공무는 포함되지 않음), ㄷ: ×(2020도6085전합), ㄹ: ○(2003도7762)   **정답** ③

- 진정부작위범과 부진정부작위범의 구별기준에 관한 실질설은 어떤 학설인가?
- 거동범의 미수는 인정되는가?

06강

형총 + 형각: 현주건조물방화치사죄와
부진정결과적 가중범 및
위험범

06 강 형총 + 형각: 현주건조물방화치사죄와 부진정 결과적 가중범 및 위험범

부진정결과적 가중범 개념을 이해하고, 부진정결과적 가중범의 성부가 문제된 사건에 대한 대법원의 판단을 봄으로써 사형제도에 대한 정책이 형법규정과 그 해석에 미치는 영향을 이해한다. 결과적 가중범의 미수의 성부에 관한 논란을 본다.

🔍사례

甲이 친구 V를 살해하기 위하여 V가 잠든 틈을 이용하여 V가 거주하는 주거에 방화하였고, V가 미처 빠져나오지 못한 채 질식하여 사망하였다. 甲에게는 현주건조물방화죄와 살인죄의 상상적 경합이 성립할까, 현주건조물방화치사죄만 성립할까, 아니면 현주건조물방화치사죄와 살인죄의 상상적 경합이 성립할까?

🔍해결

1. 결과적 가중범

가. 개념

예컨대 다치게만 할 생각으로 야구방망이로 옆구리를 때렸는데 사망한 경우처럼 신체만 상해하려다가 사망에 이르게 하는 일은 흔히 발생할 수 있으므로 그 처벌을 무겁게 하는 것이 옳다는 견해도 있다. '사람의 신체를 상해하여 사망에 이르게 한 경우'에 성립하는 상해치사죄(제259조 제1항)는 이를 반영한 것이다. 상해치사죄의 법정형(3년 이상 유기징역)은 상해죄(7년 이하 징역, 10년 이하 자격정지 또는 1천만원 이하 벌금)와 과실치사죄(2년 이하 금고 또는 700만원 이하 벌금)의 상상적 또는 실체적 경합에 의한 처단형보다 무겁다. 이처럼 고의의 기본범죄와 중한 결과에 대한 과실의 결합형태로 구성요건을 만들고 그 법정형을 무겁게 한 범죄를 결과적 가중범이라고 한다.

형법은 사실의 착오라는 제목 아래 제15조 제2항에서 규정하고 있지만, 1992년 형법개정안은 결과적 가중범이라는 제목 아래 별개의 조문으로 하고 있다.[1]

> 제15조(사실의 착오) ② 결과 때문에 형이 무거워지는 죄의 경우에 그 결과의 발생을 예견할 수 없었을 때에는 무거운 죄로 벌하지 아니한다.

---

1 제14조(결과적 가중범) 결과로 인하여 형이 무거운 범죄에 있어서 그 결과의 발생에 대하여 과실이 없는 때에는 무거운 범죄로 벌하지 아니한다.

나. 성립요건

상해행위자가 피해자의 사망을 예견할 수 없었던 경우에도 무겁게 처벌하는 것은 책임원칙에 어긋난다. 그래서 제15조 제2항은 중한 결과에 대한 예견가능성, 곧 '과실'이 있는 경우에만 무겁게 처벌하도록 한 것이다. 따라서 행위자가 행위시에 그 결과의 발생을 예견할 수 없을 때에는 비록 그 행위와 결과 사이에 인과관계가 있다 하더라도 중한 죄로 벌할 수 없다(88도178). 고의행위와 중한 결과 사이에 인 과관계도 인정되어야 한다. 따라서 (진정)결과적 가중범의 성립요건은 ① 고의에 의한 기본범죄, ② 중 한 결과에 대한 과실범, ③ 이 둘 사이에 인과관계로 3가지이다.

강간을 당한 피해자가 자신의 집에 돌아가 수치심과 장래에 대한 절망감 등으로 인해 음독자살한 경우, 강간치사죄가 성립하지 않는다(82도1446). 자살이 바로 강간으로 인해 생긴 결과로 볼 수 없으므로 강 간과 자살 사이에 인과관계를 인정할 수 없다.

낙산비치호텔사건[2]에서 판례는 상해치사죄라고 본다(94도2361). 판례가 상해할 때 사망의 결과를 예견 하지 못한 과실과 사망한 것으로 알고 베란다 아래로 떨어뜨린 과실을 묶어서 하나의 과실, 이른바 개괄 적 과실을 인정한 것으로 볼 수 있다는 견해[3]도 있다. 이와 달리 이 사건은 진정한 개괄적 과실[4]과는 구별되고, 결과적 가중범의 인과관계 또는 객관적 귀속의 문제로 해결해야 하는데, 상해와 사망 사이에 직접성을 인정할 수 있는지 여부가 문제가 되고, 상해죄·과실치사죄·사체손괴죄의 불능미수가 문제된 다고 보는 견해[5]도 있다.

다. 결과적 가중범의 공동정범

상해치사죄의 공동정범은 폭행 기타의 신체침해 행위를 공동으로 할 의사가 있으면 성립되고 결과를 공 동으로 할 의사는 필요 없으므로, 여러 사람이 상해의 범의로 범행 중 한 사람이 중한 상해를 가하여 피해자가 사망에 이르게 된 경우 나머지 사람들은 사망의 결과를 예견할 수 없는 때가 아닌 한 상해치사 죄가 성립한다(2000도745).

甲은 건물에서 농성학생들을 총지휘하면서, 특히 건물옥상에 사수대를 배치하고 경찰 진입에 대비하여 미리 쇠파이프, 보도블록, 벽돌 등을 준비하도록 한 다음, 경찰진입이 시작되자 보도블록과 벽돌 등을

---

2 甲이 1993. 10. 3. 01:50경 V와 함께 낙산비치호텔에 투숙한 후 손으로 V의 뺨을 때리고 어깨를 잡아 밀치며 V의 머리를 부딪치게 하고 바닥에 넘어진 V의 우측 가슴 부위를 때리고 밟아서 V에게 상해를 입혔는데, V가 바닥에 쓰 러진 채 정신을 잃고 빈사상태에 빠지자, V가 사망한 것으로 오인하고 이런 행위를 은폐하려고 V가 자살한 것처럼 가장하기 위해 V를 베란다로 옮겨 베란다 밑 약 13미터 아래의 바닥으로 떨어뜨렸고 그 충격으로 V가 현장에서 사 망한 사건.

3 장영민, "개괄적 과실(culpa generalis)?", 형사판례연구[6], 박영사, 1998, 66면.

4 운전 중 과실로 사람을 친 후(치상의 제1과실) 피해자가 사망한 것으로 알고 교통사고를 은폐할 목적으로 그 피해자 를 물에 빠뜨렸는데 익사(치사의 제2과실)한 경우(이른바 과실의 결과적 가중범).

5 조상제, "개괄적 과실(culpa generalis)사례의 결과귀속", 형사판례연구[10], 박영사, 2002, 76면 이하.

경찰관들에게 던지도록 지시하였는데 경찰관이 사수대원이 던진 보도블록에 맞아 사망한 경우, 甲에게 특수공무집행방해치사죄가 성립한다(97도1720. 同旨: 2000도3485). 결과적 가중범의 공동정범은 기본행위를 공동으로 할 의사가 있고 결과를 예견할 수 있었다면 성립하고 결과를 공동으로 할 의사는 필요 없다.

甲, 乙, 丙 3명이 등산용 칼을 이용한 노상강도를 공모하여, 甲은 차 안에서 망을 보고, 乙과 丙은 차에서 내려 금품을 강취하려는데, 우연히 이 현장을 목격한 V를 乙이 소지하던 등산용 칼로 살해한 경우, 甲과 丙에게 강도치사죄가 성립한다(90도2262). 乙의 강도살인행위를 전혀 예상하지 못했다고 할 수 없기 때문이다.

甲, 乙, 丙 3명이 강도를 공모하고, V의 집 안방에 들어가 과도를 들이대고 전화선으로 V의 손발을 묶고 주먹과 발로 수회 때려 반항을 억압한 다음 甲이 장농 등을 뒤져 강취하는 사이에 乙과 丙은 V를 강간하였는데, 甲은 이를 전혀 모르고 있었다면, 甲에게 강간에 대한 책임을 물을 수 없다(88도1114).

2. 부진정결과적 가중범

가. 현주건조물방화치사죄

甲이 V를 살해하기 위하여 V가 잠든 틈을 이용하여 V가 거주하는 주거에 방화하였고, V가 미처 빠져나오지 못한 채 질식하여 사망한 경우 甲에게는 어떤 죄가 성립할까? 현주건조물방화치사죄는 살인의 고의 없이 현주건조물에 방화하여 과실로 사망의 결과를 초래한 경우를 처벌하기 위한 규정이다. 예컨대 乙은 자신보다 좋은 집에 살고 있는 V에게 질투심을 느끼고 V의 집을 불태울 의도로 V가 살고 있는 집에 방화를 하였는데, V가 외출하여 없는 것으로 알았으나 V가 잠을 자고 있었고, 이 사실을 예견할 수 있는 상황에서, V가 미처 빠져나오지 못한 채 질식하여 사망한 경우 乙에게 현주건조물방화치사죄가 성립한다. 따라서 살인의 고의로 현주건조물에 방화한 甲에게는 현주건조물방화죄와 살인죄의 상상적 경합이 성립한다고 보는 것이 옳다.

그러나 판례는 甲에게 현주건조물방화치사죄가 성립한다고 본다(82도2341). 만일 甲에게 현주건조물방화죄와 살인죄의 상상적 경합이 성립한다고 보면 처단형이 살인죄의 법정형인 '사형, 무기 또는 5년 이상 징역'이 되는데, 이는 현주건조물방화치사죄의 법정형인 '사형, 무기 또는 7년 이상 징역'보다 낮게 되고, '고의(현주건조물방화)와 고의(살인)'가 결합된 범죄가 '고의(현주건조물방화)와 과실(과실치사)'이 결합된 범죄보다 그 불법이 낮은 것으로 평가되는 모순이 발생한다는 것이다. 쉽게 말해 甲이 乙보다 더 나쁜 짓을 했는데, 乙보다 가벼운 법정형을 적용하는 것은 옳지 않다고 본 것이다. 따라서 현주건조물방화치사죄는 고의에 의한 현주건조물방화로 사망이라는 중한 결과를 과실로 발생시킨 경우는 물론 고의로 발생시킨 경우에도 인정된다. 그래서 현주건조물방화치사죄를 부진정결과적 가중범이라고 부른다. 결과적 가중범 중에서 중한 결과에 대해 과실이 있는 경우뿐만 아니라 고의가 있는 경우도 인정되는 결과적 가중범이다.

나. 부진정결과적 가중범과 중한 결과에 대한 고의범의 죄수 및 경합관계

부진정결과적 가중범을 인정하면 이 죄와 중한 결과에 대한 고의범의 죄수 및 경합관계가 문제된다. 다시 말해 현주건조물방화치사죄를 부진정결과적 가중범으로 보면 현주건조물방화치사죄와 살인죄의 죄수 및 경합관계에 관해 다툼이 있다.

현주건조물방화치사죄와 살인죄의 상상적 경합을 인정해야 한다는 견해는 부진정결과적 가중범은 중한 결과에 대한 고의범의 인정을 전제로 한 예외적인 현상이므로 중한 결과에 대한 고의범의 불법평가를 유지시켜야 한다는 입장이다. 이와 달리 법조경합설 또는 부진정결과적 가중범설은 위 견해는 중한 결과에 대한 고의를 이중 평가한 것이어서 이중평가금지원칙에 어긋나므로 부진정결과적 가중범만 인정해야 한다는 입장이다. 판례는 부진정결과적 가중범의 법정형과 중한 결과에 대한 고의범의 법정형을 비교하여 ① 중한 결과에 대한 고의범의 법정형이 부진정결과적 가중범의 법정형보다 무거운 경우에만 두 죄의 상상적 경합을 인정하고(96도485), ② 그렇지 않으면, 곧 동일하거나(2008도7311) 부진정결과적 가중범의 법정형이 중한 결과에 대한 고의범의 법정형보다 무거우면 법조경합의 특별관계에 해당하여 부진정결과적 가중범만 성립한다고 본다. 형량을 최대한 확보하려는 것이다.

그렇다면 자기의 직계존속을 살해할 목적으로 그 존속이 현존하는 건조물에 방화하여 사망에 이르게 한 경우 무슨 죄가 성립할까? 판례는 현주건조물방화치사죄와 존속살인죄의 상상적 경합이라고 봤다.[6] 그런데 당시에는 존속살인죄의 법정형이 사형 또는 무기징역이었다. 그러나 1995. 12. 29. 형법이 개정되면서 존속살인죄의 법정형이 지나치게 무겁다고 봐서 여기에 7년 이상 징역이 추가되었고, 이것이 현재까지 유지되고 있다.

> 제250조(살인, 존속살해) ① 사람을 살해한 자는 사형, 무기 또는 5년 이상의 징역에 처한다.
> ② 자기 또는 배우자의 직계존속을 살해한 자는 <u>사형, 무기 또는 7년 이상의 징역</u>에 처한다.
>
> 1995. 12. 29. 개정 이전 제250조(살인, 존속살해) ① 사람을 살해한 자는 사형, 무기 또는 5년 이상의 징역에 처한다.
> ② 자기 또는 배우자의 직계존속을 살해한 자는 <u>사형 또는 무기징역</u>에 처한다.

현재도 존속살인죄의 법정형이 무겁다고 볼 수 있다. 현주건조물방화치사죄와 존속살인죄의 법정형은 동일하게 '사형, 무기 또는 7년 이상 징역'이지만, 존속살인죄의 경우에는 제256조에 따라 '10년 이하 자격정지'를 병과할 수 있기 때문이다. 그런데 이런 차이 때문에 현행 형법도 여전히 존속살인죄의 법정형이 현주건조물방화치사죄의 법정형보다 무겁다고 봐서 직계존속에 대한 현주건조물방화살인의 경우 종전 판례처럼 판단할지, 현주건조물방화치사죄만 인정할지 알 수 없다. 다만 형량을 최대한 확보하려는 판례의 해석 관점에 따르면 현주건조물방화치사죄만 인정하지 않고, 현주건조물방화치사죄와 존속살

---

6 96도485: 甲이 1995. 8. 7. 03:15경 자신의 집 안방에서 잠을 자고 있던 자신의 아버지와 동생을 살해하기 위해 그곳에 있던 두루마리 화장지를 말아 장롱 뒷면에 나 있는 구멍을 통해 장롱 안으로 집어넣은 다음, 1회용 라이터로 화장지에 불을 붙여 장롱으로 불이 번지자 그곳을 빠져나와서, 아버지와 동생은 연기로 인해 질식사하고 건조물은 소훼된 사건으로, 동생에 대해서는 현주건조물방화치사죄만 성립하고, 아버지에 대해서는 존속살해죄와 현주건조물방화치사죄의 상상적 경합을 인정했다. 이는 존속살해죄의 경우에는 현주건조물방화죄와 존속살해죄의 상상적 경합을 인정하더라도 현주건조물방화치사죄와 비교하여 처벌의 불합리가 생기지 않음에도 불구하고 현주건조물방화치사죄를 인정하며, 존속살해죄와 상상적 경합을 인정한 것은 형량을 최대한 확보하려는 해석으로 볼 수 있다.

인죄의 상상적 경합을 인정할 가능성이 높지만, 이를 단정할 수 없다. 이런 점에서 아래 2020년 1차 순경시험 문제 4번의 보기 ④번을 거짓(×)으로 처리한 것은 옳지 않다.

> 자기의 존속을 살해할 목적으로 존속이 현존하는 건조물에 방화하여 사망에 이르게 한 경우는 현주건조물방화치사죄만 성립하고 고의범에 대하여는 별도로 죄를 구성하지 않는다. [2020년 1차 순경시험 문4]

다. 현주건조물일수치사죄도 부진정결과적 가중범인가

형법 제177조 제2항의 현주건조물일수치사죄도 결과적 가중범으로서, 현주건조물에 일수(溢水)하여, 곧 물을 넘치게 해서 사람을 사망에 이르게 하는 범죄이다. 그럼 현주건조물일수치사죄도 부진정결과적 가중범으로 해석해야 할까? 예컨대 살인의 고의로 현주건조물에 일수하여 사람이 사망한 경우 현주건조물일수치사죄를 인정해야 할까?

> 제177조(현주건조물등에의 일수) ① 물을 넘겨 사람이 주거에 사용하거나 사람이 현존하는 건조물, 기차, 전차, 자동차, 선박, 항공기 또는 광갱7을 침해한 자는 무기 또는 3년 이상의 징역에 처한다.
> ② 제1항의 죄를 범하여 사람을 상해에 이르게 한 때에는 무기 또는 5년 이상의 징역에 처한다. 사망에 이르게 한 때에는 무기 또는 7년 이상의 징역에 처한다.
> 제182조(미수범) 제177조 내지 제179조 제1항의 미수범은 처벌한다.

그럴 필요가 없다. 현주건조물일수치사죄는 부진정결과적 가중범으로 해석할 필요가 없다. 현주건조물에 일수하여 과실로 사람을 사망하게 한 경우에 견줘 처단형의 불합리가 생기지 않기 때문이다. 현주건조물방화치사죄의 법정형은 사형, 무기 또는 7년 이상 징역인 반면, 현주건조물일수치사죄의 법정형은 무기 또는 7년 이상 징역이기 때문이다. 이 경우에는 현주건조물일수죄와 살인죄의 상상적 경합을 인정하면 된다.

왜 현주건조물방화치사죄의 법정형은 사형, 무기 또는 7년 이상 징역인데, 현주건조물일수치사죄의 법정형은 무기 또는 7년 이상 징역일까?

> 1995. 12. 29. 개정 이전 제164조(현주건조물등에의 방화) 불을 놓아 사람의 주거에 사용하거나 사람의 현존하는 건조물, 기차, 전차, 자동차, 선박, 항공기 또는 광갱을 소훼한 자는 <u>무기 또는 5년 이상의 징역</u>에 처한다. 이로 인하여 사람을 사상에 이르게 한 자는 사형, 무기 또는 7년 이상의 징역에 처한다.
> 1995. 12. 29. 개정 이전 제177조(현주건조물등에의 일수) 물을 넘겨 사람의 주거에 사용하거나 사람의 현존하는 건조물, 기차, 전차, 자동차, 선박, 항공기 또는 광갱을 침해한 자는 <u>무기 또는 3년 이상의 징역</u>에 처한다. 이로 인하여 사람을 사상에 이르게 한 자는 사형, 무기 또는 7년 이상의 징역에 처한다.

1995. 12. 29. 형법 개정 이전에는 현주건조물방화치사죄의 법정형과 현주건조물일수치사죄의 법정형은 동일했다. 모두 '사형, 무기 또는 7년 이상 징역'이었다. 그런데 1995. 12. 29. 형법을 개정하면서 사형폐지론의 입장을 반영하여 사형이 법정형으로 규정된 일부 범죄에서 사형을 폐지하면서 현주건조물일수치사죄의 법정형에서 사형이 삭제된 것이다. 따라서 현주건조물방화치사죄의 법정형에서 사형이 삭

---

7 2020. 12. 8. 형법을 개정하면서 제164조 이하의 방화죄와 관련하여 광갱을 지하채굴시설로 바꾸면서 일수죄에 관해서는 광갱을 그대로 두었다.

제되면 현주건조물방화치사죄를 부진정결과적 가중범으로 해석할 필요가 없다. 바꿔 말하면 현주건조물방화치사죄를 부진정결과적 가중범으로 해석할 필요성은 현주건조물방화치사죄의 법정형을 지나치게 무겁게 규정했기 때문에 발생한 것이다. 부진정결과적 가중범 개념을 인정하는 해석은 피고인에게 불리한 유추이다. 살해 의도로 현주건조물에 방화하여 사람을 사망하게 한 경우를 무겁게 처벌하려면 이를 처벌하는 명확한 규정이 있어야 한다. 현주건조물방화살인죄를 신설함으로써 다시 말해 입법적으로 해결해야 한다. 이런 점에서 부진정결과적 가중범 개념은 부정하는 것이 옳다.

3. 결과적 가중범의 미수범 처벌규정의 존부

가. 진정결과적 가중범: 강도치상죄의 미수범 처벌규정의 존재 여부

甲이 날치기 수법으로 가방을 탈취하면서 가방을 놓지 않고 버티는 V를 5m가량 끌고 가다 가방을 빼앗아 달아나던 중 아파트경비업체 직원에게 붙잡혔고, 이 과정에서 V가 무릎 등에 상해를 입은 경우, 甲에게 성립하는 죄는 강도치상죄의 미수인가, 기수인가?

위 사건에서 甲에게 강도치상죄의 미수가 인정되려면 강도치상죄의 미수범 처벌규정이 존재한다고 볼 여지가 있어야 한다.

> 제337조(강도상해, 치상) 강도가 사람을 상해하거나 상해에 이르게 한때에는 무기 또는 7년 이상의 징역에 처한다.
> 제338조(강도살인·치사) 강도가 사람을 살해한 때에는 사형 또는 무기징역에 처한다. 사망에 이르게 한 때에는 무기 또는 10년 이상의 징역에 처한다.
> 제342조(미수범) 제329조 내지 제341조의 미수범은 처벌한다.

위 사건에서 甲에게 강도치상죄의 미수를 인정하는 견해는 위에서 보듯이 강도치상죄·강도치사죄·해상강도치상죄·해상강도치사죄는 미수범 처벌규정을 둔 것이라고 볼 수 있고, 강도치상죄의 기수가 아니라 강도치상죄의 미수로 처벌하는 것이 '책임은 불법에 상응해야 한다'는 책임원칙에 부합한다고 본다. 그러나 위 사건의 甲에게 강도치상죄의 미수를 부정하는 견해는 미수범 처벌규정은 강도상해죄처럼 두 개의 고의가 결합된 범죄에만 적용된다고 본다. 그 이유는 강도치상죄에 미수범처벌규정을 둔 것이라고 해석하는 것은 아래에서 보듯이 강간치상죄의 미수범처벌규정을 두지 않은 것과 통일성이 없고, 이런 점은 양형에서 고려하면 충분하다는 것이다. 판례도 위 사건의 甲에게 강도치상죄의 기수가 성립한다고 본다(2007도7601).

> 제300조(미수범) 제297조, 제297조의2, 제298조 및 제299조의 미수범은 처벌한다.
> 제301조(강간 등 상해·치상) 제297조, 제297조의2 및 제298조부터 제300조까지의 죄를 범한 자가 사람을 상해하거나 상해에 이르게 한 때에는 무기 또는 5년 이상의 징역에 처한다.

그런데 진정결과적 가중범의 미수범 처벌규정이 없더라도 기본범죄가 미수에 그친 점을 정상참작감경규정을 적용하여 양형에 반영하자는 견해[8]도 있다. 그래야 책임원칙에 부합한다는 것이다.

---

8 이상돈, 형법강론, 박영사, 2017, 139면.

나. 부진정결과적 가중범: 현주건조물일수치상죄의 미수범 처벌규정은 입법 오류

> **제164조(현주건조물 등 방화)** ① 불을 놓아 사람이 주거로 사용하거나 사람이 현존하는 건조물, 기차, 전차, 자동차, 선박, 항공기 또는 지하채굴시설을 불태운 자는 무기 또는 3년 이상의 징역에 처한다.
> ② 제1항의 죄를 지어 사람을 상해에 이르게 한 경우에는 무기 또는 5년 이상의 징역에 처한다. 사망에 이르게 한 경우에는 사형, 무기 또는 7년 이상의 징역에 처한다.
>
> **제174조(미수범)** 제164조 제1항, 제165조, 제166조 제1항, 제172조 제1항, 제172조의2 제1항, 제173조 제1항과 제2항의 미수범은 처벌한다.

현주건조물방화치사죄의 미수범 처벌규정은 존재하지 않는다. 위 제174조는 제164조 제1항만 지시하고 있기 때문이다. 그러나 현주건조물일수치사상죄는 미수범 처벌규정은 존재한다고 볼 수 있다. 제182조가 제177조의 제1항과 제2항 모두를 지시하고 있기 때문이다. 다만 앞서 보았듯이 현주건조물일수치사죄는 부진정결과적 가중범이 아니나, 현주건조물일수치상죄는 부진정결과적 가중범으로 봐야 한다. 현주건조물일수치상죄를 부진정결과적 가중범으로 보지 않으면 현주건조물일수죄를 범하면서 상해의 고의를 가진 경우 현주건조물일수죄(무기 또는 3년 이상 징역)와 상해죄(7년 이하 징역이나 10년 이하 자격정지 또는 1천만원 이하 벌금)의 상상적 경합으로 봐야 하는데, 이는 현주건조물일수치상죄(무기 또는 5년 이상 징역)의 법정형보다 가벼운 것이어서 처벌이 불합리하다고 볼 수 있기 때문이다. 따라서 부진정결과적 가중범인 현주건조물일수치상죄의 미수범 처벌규정은 존재한다고 말할 수 있다.

그런데 제174조는 제164조 제1항만 가리키고 있는데, 왜 제182조는 제177조의 제1항과 제2항 모두를 가리키고 있을까? 후자는 입법 오류라고 본다. 1995. 12. 29. 형법을 개정할 때 제164조를 제1항과 제2항으로 분리하여 전자에는 현주건조물방화죄를 후자에는 현주건조물방화치사상죄를 각각 규정한 후 다시 후자는 현주건조물방화치상죄와 현주건조물방화치사죄로 분리하고 그 법정형도 다르게 규정하였다. 제177조의 죄도 이런 방식으로 개정하면서, 현주건조물일수치사죄의 법정형을 낮춘 것이다. 그런데 이때 미수범 처벌규정을 정리하면서 제174조는 제164조 제1항만 지시하는 것으로 개정하였으나 제182조는 그렇게 하지 못한 것이다. 전문과 후문의 형태로 된 제177조를 제1항과 제2항으로 개정하면서 실수로 이 점을 반영하지 못한 것이다. 마치 2020. 12. 8. 형법을 개정하며 제164조 이하의 방화죄와 관련하여 광갱을 지하채굴시설로 바꾸면서 일수죄에 관해서는 광갱을 그대로 두는 오류를 범한 것과 같다. 교통방해치사상죄에도 미수범 처벌규정이 없다. 부진정결과적 가중범은 처벌을 무겁게 하기 위한 예외적 개념인데 다시 이런 개념을 두고 처벌을 가볍게 하기 위해서 미수를 인정하는 것은 모순이다.

다. 부진정결과적 가중범의 미수 긍정설은 실제는 미수 부정설

부진정결과적 가중범은 기본범죄의 고의범과 중한 결과의 고의범의 결합범이므로 이론적으로는 ① 기본범죄는 미수이나 중한 결과가 발생한 경우, ② 기본범죄는 기수이나 중한 결과가 발생하지 않아서 미수인 경우, ③ 기본범죄도 미수이고 중한 결과도 발생하지 않은 경우 3가지 유형이 있을 수 있으므로, 부진정결과적 가중범의 경우는 ①의 경우는 물론 ②와 ③의 경우도 미수의 성부를 논의할 수 있다. 그러나 현주건조물일수상해죄는 부진정결과적 가중범이 아니라 고의범인 현주건조물일수죄와 또 다른 고의범인 상해죄가 결합된 범죄라는 점에서 ㉮의 경우만 부진정결과적 가중범의 성부를 논의하는 것이 옳다. 한국 형법에서 결과적 가중범은 중한 결과의 발생을 전제로 한 과실범이므로 이런 중한 결과의 발생을 전제로 하지 않는 미수범과는 어울릴 수 없다.

그런데 부진정결과적 가중범의 미수를 인정하는 견해는 ②와 ③의 경우 현주건조물일수치상죄의 미수를 논의할 때는 현주건조물일수치상죄가 아니라 현주건조물일수상해죄의 미수의 성부를 논의하고, 이 두 경우가 현주건조물일수상해죄의 미수이며,[9] 정작 ①의 경우는 현주건조물일수치상죄의 기수라고 본다. 결국 결과적 가중범의 미수를 부정하는 판례의 입장과 다르지 않은 것이다.

라. 결과적 가중범의 미수범 처벌규정은 존재하는가?

아래에서 보듯이 이 물음은 형법 공무원시험과 변호사시험에서 여러 차례 출제되었다.

결과적 가중범은 중한 결과가 발생하여야 성립하는 범죄이므로「형법」에는 결과적 가중범의 미수를 처벌하는 규정이 존재하지 않는다. (×)　　　　　　　　2020년 경찰간부후보생시험 형법 문4 보기 ②

해상강도치사상죄, 현주건조물일수치사상죄, 강도치사상죄, 인질치사상죄 모두 형법상 미수범 처벌규정이 있다. (○)　　　　　　　　2019년 경찰간부후보생시험 형법 문5 보기 ④

결과적 가중범은 중한 결과가 발생하여야 성립되는 범죄이므로「형법」에는 결과적 가중범의 미수를 처벌하는 규정을 두고 있지 않다. (×)　　　　　　　　2015년 변호사시험 형사법 문3 보기 ①

형법에는 결과적 가중범의 미수에 관한 규정이 없지만 성폭력범죄의처벌및피해자보호등에관한법률에는 결과적 가중범의 미수범 처벌규정이 있다. (×)　　　　　　　　2006년 사법시험 형법 문14 보기 ⑤

부진정결과적 가중범을 인정하는 견해에 따를 때, 이론적으로는 중한 결과의 미수형태의 결과적 가중범의 미수를 인정할 수 있으나, 우리 형법상 그와 같은 규정은 존재하지 않는다. (×)

　　　　　　　　2011년 모의변호사시험 형사법 문3 보기 바

형법에 결과적 가중범의 미수범 처벌규정은 존재하는가? 결과적 가중범에 관한 조문의 형식만 보면 '그렇다(○)'고 말할 수 있다. 이에 따르면 위 시험에서 제시된 정답은 옳다고 볼 수 있다.

그러나 진정결과적 가중범의 미수는 인정할 수 없다는 것이 판례의 입장이다. 따라서 '다툼이 있으면 판례에 따름'이라는 전제에서 진정결과적 가중범의 미수범 처벌규정의 존재 여부를 판단해야 한다면, '아니다(×)'라고 말하는 것이 옳다. 다음 2005년 사법시험 형법 문제 22번은 이 점을 분명히 하여 출제한 것이다.

결과적 가중범의 미수를 부정하는 견해에 의하면 미수범 처벌규정(형법 제342조)에 결과적 가중범이 포함되어 있지만 이 규정은 강도치사죄에는 적용되지 않고 강도살인죄에 적용된다. (○)

　　　　　　　　2005년 사법시험 형법 문22 보기 ④

---

9 손동권, "결과적 가중범에서의 기본범죄유형 –「성폭력범죄의 처벌 및 피해자보호 등에 관한 법률」에 관한 입법론을 중심으로–", 형사정책 제20권 제1호, 2008, 117면 이하.

그렇다면 부진정결과적 가중범의 미수범 처벌규정은 존재하는가? 이 또한 조문의 형식만 보면 '그렇다 (○)'고 말할 수 있다. 그러나 이는 입법의 오류이다. 부진정결과적 가중범의 미수를 인정하는 견해도 그 내용을 보면 결과적 가중범의 미수를 부정하는 판례와 다르지 않다. 결국 '형법에 결과적 가중범의 미수범 처벌규정은 존재하는가?'라는 질문은 아쉽지만 선택형 문제로는 부적절하다고 생각한다. 아니면 위의 2005년 사법시험 형법 문제 22번 보기 ④처럼 출제하는 것이 적절하다고 본다.

4. 위험범과 침해범 및 결과범

가. 위험범의 개념

형법에서 위험범은 침해범과 구별되는 개념이다. 침해범은 법익을 침해해야 기수를 인정하는 개념이다. 이와 달리 위험범은 법익침해에 이르지 않더라도 그 위험을 발생시키면 기수를 인정하는 개념이다. 위험범의 위험을 흔히 구체적 위험과 추상적 위험으로 구별해서 이해하고, 위험이 구성요건요소로 규정된 범죄를 구체적 위험범이라고 이해한다. 이에 따르면 현주건조물방화죄, 공용건조물방화죄, 타인소유일반건조물방화죄는 추상적 위험범이지만, 자기소유일반건조물방화죄와 일반물건방화죄는 구체적 위험범이다.

위험(危險)의 사전적 의미는 안전의 반대말이지만, 우리 생활에서는 흔히 '어떤 결과가 발생할 수 있음'을 가리키는 의미로 사용한다. 그러나 '발생 가능성'도 그 정도에 따라 관념적 가능성과 실제적 가능성으로 구별할 수 있다. 영어로 전자는 Risk(확률), 후자는 Danger(위해)를 의미한다. Risk는 통계적 개연성인 반면, Danger는 실제적 위험이다. 형법의 위험은 흔히 실제적 위험을 의미하지만, 리스크를 가리키는 경우도 많다. 현대 위험사회에서는 리스크를 통제하는 범죄 형태도 많이 볼 수 있다. 위해는 개인에게 귀속가능한 실제적인 위험이지만 리스크는 그렇지 않은 위험으로서 환경형법과 같은 위험형법의 위험이 이에 해당하며,[10] 두 개념을 구별하기 위해 형법의 전통적인 위험범은 위해범으로 부르기도 하는데,[11] 판례는 위태범으로 부르기도 한다(2008도10971).

판례는 낙태죄(2003도2780), 업무방해죄(2003도7927), 폭행·협박에 의한 공무집행방해죄(2017도21537), 일반교통방해죄(2017도1056), 장례식방해죄(2010도13450), 공문서부정행사죄(2021도14514), 명예훼손죄(2020도5813전합)는 추상적 위험범으로 보는 반면, 협박죄(2007도606전합), 횡령죄(2008도10971), 배임죄(99도883)는 구체적 위험범으로 본다.

나. 결과범과 인과관계

결과범이란 결과의 발생을 필요로 하는 범죄형태를 가리킨다. 여기서 결과란 보호법익에 대한 침해 또는 구체적 위험을 말한다. 따라서 침해범과 구체적 위험범이 결과범이다. 살인죄나 과실치사죄가 이에 해당한다. 이 죄들은 피해자의 사망이라는 결과를 필요로 한다. 아래 제17조에서 '위험'은 '결과'와 같은 개념이다.[12] 이에 견줘 거동범이란 구성요건에 규정된 행위를 하는 것만으로 성립하는 범죄를 말한다.

---

10 이상돈, 형법강의, 법문사, 2010, 4/43.
11 이상돈, 형법강론 제2판, 박영사, 2017, 58면의 각주 11 참조.
12 형법개정논의에서 '제13조(인과관계) 어떤 행위라도 죄의 요소되는 결과발생에 연결되지 아니한 때에는 그 결과로

폭행죄와 퇴거불응죄가 이에 해당한다.

결과범의 경우에는 행위자가 결과에 대해 책임을 지려면 자신의 행위(고의행위, 과실행위)가 그 결과의 원인이어야 한다. 행위와 결과 사이의 이런 관계를 가리켜 인과관계라고 한다. 이는 결과범의 범죄성립의 객관적 구성요건요소이다.

> 제17조(인과관계) 어떤 행위라도 죄의 요소되는 위험발생에 연결되지 아니한 때에는 그 결과로 인하여 벌하지 아니한다.
> 제19조(독립행위의 경합) 동시 또는 이시의 독립행위가 경합한 경우에 그 결과발생의 원인된 행위가 판명되지 아니한 때에는 각 행위를 미수범으로 처벌한다.
> 제263조(동시범) 독립행위가 경합하여 상해의 결과를 발생하게 한 경우에 있어서 원인된 행위가 판명되지 아니한 때에는 공동정범의 예에 의한다.

행위와 결과 사이에 인과관계가 인정되지 않으면 결과에 대한 책임을 지지 않는다. 결과범의 경우에 이런 인과관계가 인정되지 않으면 과실범은 성립할 수 없고, 고의범은 미수범 처벌규정이 있는 경우에 한하여 예외적으로 미수범만 성립할 수 있다. 인과관계가 밝혀지지 않은 경우도 원칙적으로 미수이다. 독립행위가 경합한 경우에 인과관계가 밝혀지지 않으면 제19조에 따라 각 행위를 미수범으로 처벌한다. 이처럼 경합하는 독립행위를 동시범(同時犯, Nebentäterschaft)이라고 한다.

그러나 甲, 乙, 丙 세 사람이 의사의 연락없이 각자 독립적으로 V에게 상해나 폭행을 하여 그 결과 V가 상해를 입었지만, 누구의 행위로 상해를 입은 것인지 밝혀지지 않은 경우는 제19조가 아니라 제263조에 따라 처리하여 甲, 乙, 丙 모두 상해기수죄나 폭행치상죄로 처벌한다. 제263조는 제19조에 대한 특례규정이기 때문이다. 제263조는 공모관계가 인정되지 않는 경우에만 적용되는 것이므로, 예컨대 甲의 폭행 이후에 연락을 받고 온 乙이 폭행을 하였고 사망하였는데, 그 원인이 판명되지 않은 경우는 제263조가 적용되지 않는다(85도1892). 제263조의 법적 성격을 두고 ① 거증책임전환설, ② 공모부분은 의사연락의 의제이고, 인과관계부분은 거증책임의 전환이라는 이원설,[13] ③ 책임원칙과 in dubio pro reo원칙에 어긋난다는 위헌설[14]이 대립한다. 그런데 이런 논란에도 불구하고 판례는 이시(異時)의 상해의 독립행위가 경합하여 사망의 결과가 일어났는데, 그 원인된 행위가 판명되지 아니한 상해치사죄에 대해서도 제263조를 적용한다(80도3321). 다만 판례는 강간치상죄(84도372)와 교특법의 과실치사(2005도8822)에 대해서는 제263조를 적용하지 않는다.

인하여 벌하지 아니한다'라는 개정안이 나오기도 했다(신양균, "형법총칙개정의 기본방향", 형사법연구 제22권 제4호 특집호, 2010, 27면).

13 신동운, 신형사소송법, 법문사, 2007, 882면.
14 이상돈, 형법강의, 법문사, 2010, 11/127; 배종대·이상돈·정승환, 신형사소송법, 홍문사, 2009, 54/25.

| 죄수 및 경합론 | 1. 부진정 결과적 가중범의 처벌은 고의로 중한 결과를 발생케 한 경우에 무겁게 벌하는 구성요건이 따로 마련되어 있는 경우에는 당연히 무겁게 벌하는 그 구성요건에서 정하는 형에 의하고, 결과적 가중범의 형이 더 무거운 경우에는 결과적 가중범에서 정한 형에 의한다. [2006년 사법시험 형법 문14] |
| | 2. 직계존속이 아닌 사람을 살해할 목적으로 현주건조물에 방화하여 사망에 이르게 한 경우에는 현주건조물방화치사죄로 처벌하여야 하고 이와 더불어 살인죄와의 상상적 경합범으로 볼 것은 아니다. [2005년 사법시험 형법 문22] |

🔒 **정답 및 해설**

1. ○(94도2842),   **2.** ○(96도485)

---

01 **결과적 가중범에 관한 설명으로 가장 적절하지 않은 것은?** (다툼이 있는 경우 판례에 의함)

2020년 1차 순경시험 형법 문4

① 부진정결과적 가중범이란 고의에 의한 기본범죄에 기하여 중한 결과를 과실뿐만 아니라 고의로 발생케 한 경우에도 성립하는 결과적 가중범을 말한다.

② 진정결과적 가중범만 인정하면 과실로 중한 결과를 발생시킨 경우가 고의로 중한 결과를 발생시킨 경우보다 형이 높아지는 경우가 있으므로 형량을 확보하여 형의 불균형을 시정하기 위해서 부진정결과적 가중범을 인정하고 있다.

③ 만약 부진정결과적 가중범의 개념을 인정하지 않는다면 현주건조물에 방화하여 사람을 살해할 고의가 있었던 경우 현주건조물방화죄와 살인죄의 상상적 경합범이 된다.

④ 자기의 존속을 살해할 목적으로 존속이 현존하는 건조물에 방화하여 사망에 이르게 한 경우는 현주건조물방화치사죄만 성립하고 고의범에 대하여는 별도로 죄를 구성하지 않는다.

해설 🖊

④를 옳지 않다고 본 것은 앞서 보았듯이 존속살인죄와 현주건조물방화치사죄의 상상적 경합범 관계에 있다는 판례(96도485)에 근거한다. 그런데 이 판례는 현재의 시점에서는 달라질 수 있다. 왜냐하면 당시에는 존속살인죄의 법정형이 사형, 무기징역이었으나 현재는 사형, 무기, 7년 이상 징역이기 때문이다. 따라서 위 96도485판결에 따라 ④를 옳지 않다고 단정하는 것은 적절하지 않다.   **정답** 공지된 답은 ④

> 甲은 방화의 고의로 A가 주거로 사용하는 집에 불을 놓았고, 이로 인해 A가 사망하였다.

① A가 사망하였더라도 甲의 방화가 미수에 그쳤다면, 甲은 현주건조물방화치사죄 미수범의 죄책을 진다.

② 甲이 A에 대한 살인의 고의로 방화한 것이라면 甲에게는 현주건조물방화치사죄 외에 고의범인 살인죄가 별도로 성립하고 양죄는 상상적 경합관계에 있다.

③ 만약 甲이 A를 살해할 고의로 방화를 하였으나 A가 사망하지 않았다면, 甲에게는 현주건조물방화치사죄의 미수범이 성립한다.

④ 만약 A가 甲의 부친(父親)이고 그 사망에 대해 甲에게 고의가 인정된다면, 甲에게는 현주건조물방화치사죄와 존속살해죄가 성립하고 양죄는 상상적 경합관계에 있다.

해설 ✏

부적절한 출제이다. ④ ○(96도485: 존속살해죄의 법정형이 가볍게 되기 전의 판례), ① ✕(2007도7601과 2008헌바840의 취지. 그런데 현주건조물방화치사죄는 미수범 처벌규정 자체가 없음), ② △(A가 존속이 아니라고 보면 현주건조물방화치사죄만 성립하지만[2008도7311], A가 존속이라고 보면 옳음[96도485]), ③ ✕(2007도7601의 취지. 그런데 중한 결과가 발생하지 않았으므로 현주건조물방화치사죄가 성립할 수 없음)

정답 공지된 답은 ④

03 결과적 가중범에 대한 설명으로 옳지 않은 것은?   2023년 국가직 7급 형법 문5

① 부진정결과적 가중범의 경우에 중한 결과에 대한 고의범과 결과적 가중범의 법정형이 같은 경우에는 결과적 가중범만 성립하지만, 중한 결과에 대한 고의범의 법정형이 결과적 가중범보다 중한 경우에는 결과적 가중범과 중한 결과에 대한 고의범은 상상적 경합관계에 있다.

② 사람이 현존하는 건조물을 방화하는 집단행위의 과정에서 일부 집단원만이 고의행위로 살상을 가한 경우, 다른 집단원이 그 결과를 예견할 수 있었더라도 현존건조물방화치사상죄의 죄책을 인정할 수 없다.

③ 결과적 가중범에 있어서 중한 결과를 같이 발생시킬 의사가 없었더라도 행위를 공동으로 할 의사가 있고 중한 결과가 예견 가능한 것이었다면 결과적 가중범의 공동정범이 성립한다.

④ 조문형식상 결과적 가중범에 대한 미수범처벌규정이 있더라도 이는 결합범에만 적용되고, 결과적 가중범의 경우에는 중한 결과가 발생한 이상 기본범죄가 미수에 그쳐도 결과적 가중범의 기수범이 된다.

해설 ✏

② ✕(96도215: 현주건조물방화치사상죄 인정), ① ○(96도485와 2008도7311의 취지), ③ ○(97도1720; 2000도3485), ④ ○(2007도7601과 2008헌바840의 취지)

정답 ④

04 방화와 실화의 죄에 대한 설명 중 옳은 것은 모두 몇 개인가? (다툼이 있는 경우 판례에 의함)

2020년 경찰간부후보생시험 형법 문33

가. 「형법」은 방화죄의 객체를 소유권 귀속에 따라 자기소유물과 타인소유물 및 무주물로 구분하고 법정형에 차등을 두고 있다.

나. 「형법」 제13장(방화와 실화의 죄)은 구체적 위험범을 규정하고 있고, 구체적 위험의 내용으로는 '공공의 위험'만을 규정하고 있다.

다. 자기소유물에 대한 방화죄는 모두 구체적 위험범의 형태로 규정되어 있으며, 구체적 위험의 발생은 구성요건요소로서 고의의 인식대상이 된다.

라. 구체적 위험범으로 규정된 구성요건에서 구체적 위험이 발생하지 않은 경우 미수가 되며, 「형법」 제13장에 규정된 구체적 위험범들은 모두 미수범 규정을 두고 있다.

마. 연소죄는 자기소유물에 대한 방화가 확대되어 타인소유물 또는 현주건조물 등의 소훼라는 중한 결과를 야기한 경우를 처벌하기 위한 결과적 가중범이다.

① 1개   ② 2개   ③ 3개   ④ 4개

해설 ✎

가: ×(일반건조물방화죄와 일반물건방화죄의 경우에만 자기소유물과 타인소유물로 구별하고 있고, 무주물을 법정형 차등의 기준으로 삼고 있지는 않음), 나: ×(「형법」 제13장(방화와 실화의 죄)에는 방화죄나 실화죄 외에 폭발성물건파열죄 등도 규정되어 있고, 자기소유일반건조물방화(제166조)나 일반물건방화(제167조)는 '공공의 위험'을 요건으로 하는 구체적 위험범이나, 폭발성물건파열죄는 '생명·신체·재산에 대한 위험(제172조, 제173조)'을 구성요건으로 규정하고 있음), 다: ×(현주건조물방화죄는 그 건조물이 자기소유인 경우에도 추상적 위험범), 라: ×(방화죄에 관한 구체적 위험범의 경우 미수범 처벌규정이 없음), 마: ○(소훼[燒毀]가 '불태움'으로 변경)

정답 공지된 답은 ②, 그러나 정답은 ①

---

05 위험범에 관한 설명 중 옳은 것을 모두 고른 것은?

2012년 사법시험 문39(배점 2)

ㄱ. 구체적 위험범에서의 위험은 구성요건표지이며 객관적 구성요건은 그 위험이 발생하였을 때 비로소 충족된다.

ㄴ. 구체적 위험범에서의 위험은 고의의 인식대상이다.

ㄷ. 중상해죄, 중유기죄, 중손괴죄, 중감금죄는 구성요건의 충족을 위해 구체적 위험의 발생을 요구하는 범죄이다.

ㄹ. 형법상 구체적 위험범은 고의범뿐만 아니라 과실범의 형태로도 존재한다.

① ㄱ, ㄴ   ② ㄱ, ㄹ   ③ ㄴ, ㄷ
④ ㄱ, ㄴ, ㄹ   ⑤ ㄱ, ㄷ, ㄹ

ㄷ: ✕(중체포·감금죄는 체포·감금하여 가혹행위를 하는 범죄), ㄹ: ○(자기소유일반건조물방화죄는 '공공의 위험'을 구성요건으로 하며, 제170조 제2항이 이 죄의 과실범도 처벌)   **정답** ④

06 위험범에 관한 설명으로 옳지 않은 것을 모두 고른 것은? (다툼이 있는 경우 판례에 의함)

2023년 경위공채시험 형사법 문3

> 가. 「형법」제230조의 공문서부정행사죄는 공무원 또는 공무소의 문서 또는 도화를 부정행사함으로써 성립하는 죄로 추상적 위험범에 해당한다.
> 나. 「형법」제185조의 일반교통방해죄는 육로, 수로 또는 교량을 손괴 또는 불통하게 하거나 기타 방법으로 교통을 방해함으로써 성립하는 죄로 구체적 위험범에 해당한다.
> 다. 「형법」제158조의 장례식방해죄는 장례식을 방해함으로써 성립하는 죄로 구체적 위험범에 해당한다.
> 라. 「형법」제307조의 명예훼손죄는 공연히 사실 또는 허위의 사실을 적시하여 사람의 명예를 훼손함으로써 성립하는 죄로 추상적 위험범에 해당한다.

① 가, 나   ② 가, 라   ③ 나, 다   ④ 다, 라

나: ✕(일반교통방해죄(2017도1056; 2004도7545: 교통이 불가능하거나 현저히 곤란한 상태가 발생하면 바로 기수가 되고 교통방해의 결과가 현실적으로 발생하여야 하는 것은 아님)), 다: ✕(장례식의 평온과 공중의 추모 감정을 보호법익으로 장례식방해죄(2010도13450: 장례식이 현실적으로 저지 내지 방해되었다고 하는 결과의 발생까지 요하지 않고 객관적으로 보아 장례식의 평온한 수행에 지장을 줄 만한 행위를 함으로써 장례식의 절차와 평온을 저해할 위험이 초래될 수 있는 정도면 성립)), 가: ○(공문서부정행사죄(2021도14514) 모두 추상적 위험범), 라: ○(명예훼손죄(2020도5813전합: 개인의 명예에 대한 사회적 평가를 진위에 관계없이 보호함을 목적으로 하고, 적시된 사실이 특정인의 사회적 평가를 침해할 가능성이 있을 정도로 구체성을 띠어야 하나, 침해할 위험이 발생한 것으로 족하고 침해의 결과를 요구하지 않음))   **정답** ③

07 인과관계에 관한 견해 〈보기 1〉과 그 내용 〈보기 2〉 및 이에 대한 비판 〈보기 3〉이 바르게 연결된 것은?

2022년 변호사시험 형사법 문1

┤ 보기 1 ├
> 가. 행위와 결과 사이에 그 행위가 없었더라면 결과가 발생하지 않았다고 볼 수 있는 모든 조건에 대하여 인과관계가 인정된다는 견해
> 나. 행위가 시간적으로 뒤따르는 외계의 변화에 연결되고, 외계변화가 행위와 합법칙적으로 결합되어 구성요건적 결과로 실현되었을 때에 인과관계가 인정된다는 견해
> 다. 결과발생을 위해 경험칙상 상당한 조건만이 원인이 되고 이 경우 인과관계가 인정된다는 견해

A. 사실적 측면과 규범적 측면을 모두 고려하여 행위와 결과 사이의 높은 가능성이라는 개연성 관계를 판단한다.
B. 행위와 결과 간의 전개과정이 이미 확립되어 있는 자연과학적 인과법칙에 부합하는가를 심사하여 인과관계를 판단한다.
C. 중요한 원인과 중요하지 않은 원인을 구별하지 않고 모든 조건을 동일한 원인으로 파악한다.

보기 3

a. 당대의 지식수준에서 알려진 법칙적 관계의 내용이 명확하게 제시되어 있지 않고, 인과관계를 인정하는 범위가 너무 넓어 결과책임을 제한하려는 형법의 목적을 실현하는 데에 문제가 있다.
b. 단독으로 동일한 결과를 발생시킬 수 있는 수개의 조건이 결합하여 결과가 발생한 경우에 행위자의 책임을 인정해야 함에도 인과관계를 부인하게 되는 불합리한 결과가 발생한다.
c. 인과관계와 결과귀속을 혼동한 잘못이 있을 뿐 아니라 인과관계의 판단척도가 모호하여 법적안정성을 해칠 우려가 있다.

① 가-A-b, 나-B-a, 다-C-c   ② 가-B-b, 나-C-a, 다-A-c
③ 가-C-b, 나-A-a, 다-B-c   ④ 가-C-b, 나-B-a, 다-A-c
⑤ 가-C-c, 나-B-b, 다-A-a

해설 ✎

'가'는 조건설, '나'는 합법칙적 조건설, '다'는 상당인과관계설   정답 ④

08 다음 사례에서 甲과 乙의 형사책임에 관한 설명으로 옳은 것은? (다툼이 있는 경우에는 판례에 의하며, 특별법 위반죄의 성립 여부는 논외로 함)
2012년 사법시험 형법 문38(배점 2)

전문수렵인인 甲과 乙은 함께 멧돼지 사냥을 하던 중 멀리서 움직이는 물체가 멧돼지라고 생각하고 함께 총을 발사하자고 서로 손짓을 한 후 동시에 사냥총 1발씩을 각각 발사하였으나, 그 물체는 멧돼지가 아니라 심마니 A였다. 甲과 乙이 쏜 총알 중 1발은 옆의 나무에 맞았고, 다른 1발은 A의 심장에 맞아 A가 사망하였다. 그런데 A를 사망에 이르게 한 그 총알은 누가 쏜 것인지 판명되지 않았다.

① 고의의 독립행위가 경합하여 사망의 결과가 발생한 경우 그 원인행위가 판명되지 아니한 때에는 공동정범의 예에 의하여야 하므로, 甲과 乙은 살인미수죄의 공동정범으로 처벌된다.
② 과실의 독립행위가 경합하여 사망의 결과가 발생하였으나 그 원인행위가 판명되지 아니한 경우 각 행위는 미수범으로 처벌되는데, 업무상과실치사죄에는 미수범처벌규정이 없으므로 甲과 乙에 대해서 무죄를 선고하여야 한다.
③ 고의행위이든 과실행위이든 행위를 공동으로 할 의사로 결과를 발생케 한 경우에는 공동정범이 성립하고 그 원인행위가 판명되지 아니한 경우 각 행위는 미수범으로 처벌되나, 업무상과실치사죄에는 미수범처벌규정이 없으므로 甲과 乙에 대해서 무죄를 선고하여야 한다.

④ 고의행위이든 과실행위이든 행위를 공동으로 할 의사로 결과를 발생케 한 경우에는 공동정범이 성립하고, 공동정범의 경우에는 독립행위의 경합이 문제되지 않으므로 甲과 乙은 업무상과실치사죄의 공동정범으로 처벌된다.

⑤ 과실범 상호 간에는 공동정범이 성립할 수 없고, 비록 원인행위가 판명되지 않더라도 A의 사망은 甲 또는 乙의 과실행위에 의한 것이 분명하므로 甲과 乙은 각각 업무상과실치사죄로 처벌된다.

해설 🖊

제263조가 말하는 '독립행위'의 의미와 과실범의 공동정범을 인정하는 판례의 입장을 이해하는 데 도움이 되는 의미있는 문제

정답 ④

탐구 과제

• 과실의 결과적 가중범이란?
• 특수공무집행방해치상죄는 부진정결과적 가중범인가?
• 인과관계의 판단기준에 관한 조건설, 합법칙적 조건설, 상당인과관계설은?

07강

강

형법 + 형소: 공무상비밀누설죄와
      필요적 가담(공범, 정범) 및
      공소시효의 정지

07강 형법＋형소: 공무상비밀누설죄와 필요적 가담 (공범, 정범) 및 공소시효의 정지

필요적 가담(공범, 정범)의 개념을 이해하고, 이에 관한 형사법적 쟁점을 본다. 필요적 공범 내부자에 대해서도 형법총칙의 공범규정이 적용되는지 여부와 공범에 관한 공소시효 정지 규정이 필요적 공범에 대해서도 적용되는지 다툼이 있다.

🔨 사례

변호사 사무실 직원 甲이 법원공무원에게 부탁하여 수사 중인 사건의 체포영장 발부자 명단을 받았다(공무상비밀누설사건). 甲을 공무상비밀누설죄의 교사범으로 처벌할 수 있는가?

🔍 해결

1. 필요적 가담(공범, 정범)의 개념

형법총칙의 공동정범이나 교사범 또는 방조범은 단독으로도 구성요건의 실현이 가능한 범죄에 둘 이상의 사람이 가담하는 범죄형태로서 임의적 공범이다. 이와 달리 반드시 둘 이상의 사람이 가담해야 구성요건을 실현할 수 있는 범죄형태도 있는데, 이를 흔히 필요적 공범(정범)이라고 한다. 판례는 '범죄의 실행이 다수인의 협력을 필요로 하는' 범죄로 정의한다(87도1699; 2007도10804). 가담자를 정범으로 처벌하는 것이므로 필요적 정범이라고 할 수도 있다. 그런데 필요적 공범(정범) 중 가담자를 처벌하지 않는 경우도 있으므로 필요적 공범(정범)이란 용어도 옳지 않다고 볼 수 있다. 그래서 필요적 가담이라고 부르기도 한다.

그런데 가담자 전부가 책임을 져야 필요적 공범이 성립하는 것은 아니다. 필요적 공범이 성립하려면 행위를 공동으로 하면 충분하고, 반드시 협력자 전부가 책임을 져야만 하는 것은 아니다. 예컨대 乙이 오로지 공무원 甲을 함정에 빠뜨릴 의사로 직무와 관련되었다는 형식을 빌려 甲에게 금품을 공여한 경우, 공여자 乙이 처벌되지 않을지라도 甲이 그 금품을 직무와 관련하여 수수한다는 의사를 가지고 받았다면 甲에게 뇌물수수죄가 성립한다(2007도10804).

2. 필요적 가담(공범, 정범)의 유형

가. 기존 유형

필요적 공범은 다수인이 범행에 가담하는 방향에 따라 그 방향을 같이 하는(↑↑) 집합범(例 내란죄, 소요죄)과 마주하는(→ ←) 대향범(例 뇌물죄, 음화판매죄)로 구별할 수 있다. 대향범은 다시 쌍방 모두를 처벌하는 경우(쌍방처벌 대향범)와 일방은 처벌하지 않는 경우(일방불벌 대향범)로 구별할 수 있다.

쌍방처벌 대향범도 쌍방의 법정형이 같은 경우(아동혹사죄[1])와 다른 경우(뇌물수수죄)로 구별할 수 있다. 편면적 대향범으로 부르기도 하는[2] 일방불벌 대향범의 예로 음화판매죄를 들 수 있다. 이 죄는 음화의 매도인은 처벌하지만 매수인은 처벌하지 않는다.[3]

집합범이란 말은 포괄일죄의 한 유형으로도 사용된다는 이유로 집합범을 군집범이나 집단범으로 부르자는 견해[4]도 있으나, 병렬범으로 부를 것을 제안한다. 범행 주체들의 협력방향을 가지고 집합범과 대향범을 구별한 것인데, 대향범은 범행주체들이 서로 마주보고 있는(→ ←) 것이라면 집합범은 범행주체들이 같은 방향을 보고 있는(↑↑) 것이라고 할 수 있으므로, 이를 가리키는 말로는 병렬범이 적절하다고 보기 때문이다.

나. 새로운 유형: 원조범

(1) 범인도피죄는 범인도피원조죄로서 필요적 공범[5]

범인도피죄에서 '도피하게 하는'이라는 구성요건의 의미를 '범인을 도피시키거나 범인이 도피하는 것을 용이하게 하는'으로 파악하는 판례(93도3080)에 따르면, 이 죄는 다시 ① 범인이 도피를 의도하지 않은 상황에서 일방적으로 범인을 도피시키는 범죄와 ② 범인이 도피를 의도한 상황에서 이를 용이하게 하는 범죄로 구별할 수 있다. 범인에게 도피의 의도가 있는지 여부와 관계없이 '도피하게 함'으로써 도피라는 결과를 발생시키는 범죄, 다시 말해 타인의 도움을 받아서 범인의 도피가 가능해지는 범죄라는 점에서 모두 범인도피원조죄로 불러도 무방하다고 본다. 범인은 도피를 지향하고 있고 타인은 그 옆에서 그 도피를 원조하고 있는 형태(↑←)라는 점에서 대향범이나 병렬범과 차이가 있다고 본다. 그런데 위 ①의 경우는 범인이 행위의 객체일 뿐 협력의 주체가 아니라는 점에서 필요적 공범이 아니지만, 위 ②의 경우는 범인이 도피자로서 협력의 주체라는 점에서 필요적 공범이라고 볼 수 있다.[6]

이런 범인도피원조죄처럼 범죄구성요건의 특성상 그 범죄의 실행에 다수인의 협력이 언제나 필요한 경우도 있지만, 그렇지 않은 경우도 있는데, 이런 필요적 공범은 부진정 필요적 공범이라고 부를 수 있다.[7] 반면에 범죄의 실행에 다수인의 협력이 언제나 필요한 기존의 필요적 공범은 진정 필요적

---

1 제274조(아동혹사) 자기의 보호 또는 감독을 받는 16세 미만의 자를 그 생명 또는 신체에 위험한 업무에 사용할 영업자 또는 그 종업자에게 인도한 자는 5년 이하의 징역에 처한다. 그 인도를 받은 자도 같다.

2 일방을 불처벌한다는 의미를 정확하게 나타내지 못하고 있고, 편면적 공동정범에서 사용된 '편면적'의 의미와 혼동될 수 있어서 부적절하다는 견해: 구길모, "대향범에 대한 공범규정의 적용의 타당성", 안암법학 제40권, 2013, 90면.

3 제243조(음화반포등) 음란한 문서, 도화, 필름 기타 물건을 반포, 판매 또는 임대하거나 공연히 전시 또는 상영한 자는 1년 이하의 징역 또는 500만원 이하의 벌금에 처한다.

4 임웅, 형법총론, 법문사, 2002, 381면; 김성돈, 형법총론, 현암사, 2006, 634면.

5 윤동호, "범인도피죄가 아니라 범인도피원조죄로서 필요적 공범의 새로운 유형인 '원조범'", 비교형사법연구 제21권 제1호, 2019, 185면 이하.

6 김민이·민만기, "공무상비밀누설죄와 편면적 대향범", 홍익법학 제13권 제1호, 2012, 835면; 이정원, "제조업자의 염산날부핀 판매행위와 필요적 공범", 형사법연구 제20권 제1호, 2008, 248면.

7 同旨: 김종원, "필요적 공범", 고시계, 1968. 2., 71면 이하.

공범이라고 할 수 있다.

(2) 형법전에 규정된 원조범

(간수자)도주원조죄[8]도 원조범으로서 도주자와 도주원조자 모두를 처벌하는 쌍방처벌인 원조범인데, 특이한 것은 도주자보다 도주원조자를 더 무겁게 처벌한다는 것이다.

'음행매개'라는 제목 아래 '영리의 목적으로 사람을 매개하여 간음하게 한 자'를 처벌하는 형법 제242조의 음행매개죄도 구성요건의 특성을 제대로 반영해서 부르자면 간음원조죄로서 원조범이라고 볼 수 있다. 간음하는 자는 처벌하지 않으므로 일방불벌인 원조범이라고 볼 수 있다.

형법의 자살교사·방조죄[9]도 원조범이라고 볼 수 있다. 형법의 촉탁·승낙살인죄처럼 피해자가 범죄의 객체이면서 동시에 주체로 등장하는 범죄를 필요적 공범으로 봐야 할지 논란이 될 수 있는데, 촉탁·승낙이라는 형태의 협력이 없이는 촉탁·승낙살인죄가 성립할 수 없다는 점에서 필요적 공범이라고 볼 수 있다.[10] 촉탁·승낙은 무형적 원조라는 점에서 이 또한 원조범에 해당한다고 볼 수 있다. 같은 맥락에서 형법의 촉탁·승낙낙태죄도 원조범에 해당한다고 볼 수 있다. 다만 자살교사·방조죄와 촉탁·승낙살인죄는 자살자와 촉탁·승낙자를 처벌하지 않는 일방불벌 원조범인 반면, 촉탁·승낙낙태죄는 낙태하게 한 자와 촉탁·승낙낙태자 모두를 처벌하는 쌍방처벌 원조범이라고 할 수 있다.

3. 합동범(合同犯)에서 '합동'의 의미

합동범은 합동절도처럼 '2인 이상이 합동하여'라는 구성요건을 가진 범죄형태로, 필요적 공범이다. 그런데 '합동'의 의미를 두고 다툼이 있고, 이에 따라 합동범의 성부가 달라질 수 있다. 이와 관련하여 특히 삐끼주점사건[11]에서 甲을 합동절도죄의 정범으로 볼 수 있는지가 문제된다. 크게 이를 긍정하는 입장과 부정하는 입장으로 구별할 수 있다.

가. 합동절도죄의 정범을 긍정하는 입장

(1) 이론

공모공동정범설은 공모공동정범을 일반적으로 인정하는 판례의 입장을 제한하기 위해서, 공모공동정범을 합동범의 경우에 한정해서 인정하는 입장이다.

가중적 공동정범설은 합동범은 공동정범과 아무런 차이가 없고, 다만 절도·강도·도주·강간 등의

---

8 제147조(도주원조) 법률에 의하여 구금된 자를 탈취하거나 도주하게 한 자는 10년 이하의 징역에 처한다.
  제148조(간수자의 도주원조) 법률에 의하여 구금된 자를 간수 또는 호송하는 자가 이를 도주하게 한 때에는 1년 이상 10년 이하의 징역에 처한다.
9 제252조(촉탁, 승낙에 의한 살인 등) ① 사람의 촉탁 또는 승낙을 받아 그를 살해한 자는 1년 이상 10년 이하의 징역에 처한다. ② 사람을 교사 또는 방조하여 자살하게 한 자도 전항의 형과 같다.
10 범죄형성적 협력이 아닌 범죄축소적 협력이므로 필요적 공범이 아니라는 견해: 최정일, "불가벌적 대향범에 대한 총칙상의 공범규정의 적용문제", 형사법연구 제26권 제3호, 2014, 40면.
11 속칭 삐끼주점의 지배인 甲, 삐끼 乙, 삐끼주점 업주 丙은 V의 신용카드를 강취하고 신용카드의 비밀번호를 알아낸 후 현금자동지급기에서 인출한 돈을 분배하기로 공모하고, 甲은 삐끼주점 안에서 V를 계속 붙잡아 두면서 감시하는 동안 乙과 丙은 V에게서 강취한 신용카드를 이용하여 주점 근처 현금자동지급기에서 현금 4,730,000원을 절취하였는데, 이 범행에 甲이 주도적 역할을 한다.

공동정범을 가중처벌하는 데 목적이 있다는 입장이다.

현장적 공동정범설은 합동범은 원칙적으로 현장성을 필요로 하지만, 현장에서 단지 방조적 기여를 한 사람은 합동범이 아닌 반면, 기능적 범행지배를 한 배후나 두목은 현장성이 불필요하다는 견해[12]이다. 공동정범의 정범 표지인 기능적 행위지배를 기준으로 합동범의 성부를 판단하는 입장이다.

(2) 판례

원칙적으로 합동범이 성립하려면 주관적 요건인 '공모'와 객관적 요건인 '실행행위의 분담'이 있어야 하고 그 실행행위는 시간적·장소적 협동관계에 있어야 한다. 甲이 절취를 하는 동안 乙은 가까운 곳에 대기하고 있다가 절취품을 가지고 같이 나온 경우 합동절도죄가 성립한다(96도313). 3인이 사전 모의에 따라 강간할 목적으로 심야에 인가에서 멀리 떨어져 있어 쉽게 도망할 수 없는 야산으로 피해자 3명을 유인한 다음 각자 마음에 드는 피해자들을 데리고 불과 100m 이내의 거리에 있는 곳으로 흩어져 동시·순차적으로 각각 강간한 경우도 성폭법의 특수(합동)강간죄가 성립한다(2004도2870).

이처럼 합동을 시간적·장소적 협동 개념으로 이해하면, 예컨대 甲과 乙이 상점에서 현금을 훔치기로 공모하고, 甲은 상점에서 마치 물건을 구매할 것처럼 가장하여 주인과 흥정하면서 주인의 시선을 돌리게 하고, 그 틈을 이용해 乙이 상점 내부에 있는 소형금고에서 현금을 훔친 경우, 합동절도죄가 성립한다. 반면 예컨대 서울에 사는 甲과 부산에 사는 乙이 부산의 상점에서 현금을 훔치기로 하고, 甲이 상점 주인에게 전화해서 주위를 산만하게 동안 乙이 현금을 훔친 경우, 甲과 乙은 절도죄의 공동정범이다.

그런데 판례는 가담자의 시간적·장소적 협동관계를 요구하면서도 삐끼주점사건에서도 甲에게 합동절도의 공모공동정범을 인정한다(98도321전합). 2인 이상의 범인이 합동절도의 범행을 공모한 후 1인의 범인만 단독으로 절도의 실행행위를 한 경우는 합동범의 객관적 요건을 갖추지 못해 합동절도가 성립할 여지가 없지만, 3인 이상의 범인이 합동절도의 범행을 공모한 후 적어도 2인 이상의 범인이 범행현장에서 시간적·장소적 협동관계를 이루고 절도의 실행행위를 분담하여 절도죄를 저지른 경우는 합동범이 성립하며, 합동절도에서도 공동정범과 교사범·종범의 구별기준은 일반원칙에 따라야 하므로, 범행현장에 존재하지 않은 범인도 공동정범이 될 수 있고, 반대로 상황에 따라서는 장소적으로 협동한 범인도 방조만 한 경우에는 종범으로 처벌될 수도 있다는 것이다.

나. 합동절도죄의 정범을 부정하는 입장

다수견해인 현장(성)설은 합동범은 공모 외에 범행현장에서 실행행위의 분담을 요구하며, 그런 현장성을 조건으로 가중처벌하려는 데 그 목적이 있다는 입장이다. 이에 따르면 甲은 절도죄의 공동정범 또는 특수(합동)절도죄의 교사범이다.

---

12 김일수·서보학, 새로 쓴 형법총론, 박영사, 2018, 469면.

4. (일방불벌) 대향범에서 내부자(불벌자)에 대한 형법총칙의 공범규정의 적용 여부

일방불벌인 대향범에서 내부자이자 불벌자에 대해 형법총칙의 제30조 내지 제32조를 적용하여 불벌자를 처벌할 수 있을지 다툼이 있다. 예컨대 음화판매죄에서 음화판매자를 교사의 형태로 적극적으로 가담하여 음화를 구매한 경우, 음화매수인을 음화판매죄의 교사범으로 처벌할 수 있을지 다툼이 있다.

가. 학설

이를 긍정하는 견해[13]도 있다. 교사의 형태로 음화판매죄의 불법에 가담한 자는 음화판매죄의 교사범으로 처벌해야 한다는 것이다. 다수견해는 부정한다. 만일 일방불벌인 대향범에 대해 형법총칙규정을 적용하여 교사범으로 처벌하면, 일방불벌인 대향범으로 규정한 취지에 어긋난다는 것이다.

나. 판례

부정설의 입장이다. 공무상비밀누설죄를 비롯하여 약사법의 판매목적취득죄(2001도5158), 변호사법의 변호사 아닌 자의 변호사고용죄(2004도3994)와 알선수재죄, 자본시장법의 미공개내부정보를 이용하게 한 죄(2000도90) 모두 일방불벌 대향범이고, 그 내부자(곧 약사법의 판매목적취득죄의 경우는 취득하게 한 자, 변호사법의 변호사 아닌 자의 변호사고용죄와 알선수재죄의 경우 변호사와 알선중재자, 자본시장법의 미공개내부정보를 이용하게 한 죄의 경우 미공개내부정보 이용자)에 대해서는 형법총칙의 공범규정을 적용할 수 없다.

공무상비밀누설사건에서 변호사 사무실 직원 甲에게 공무상비밀누설죄의 교사범이 성립하지 않는다 (2009도3642). 공무원 또는 공무원이었던 자가 법령에 의한 직무상 비밀을 누설하는 행위만 처벌할 뿐 직무상 비밀을 누설받은 상대방을 처벌하는 규정이 없으므로 공무상비밀누설죄는 일방불벌 대향범인데, 직무상 비밀을 누설받은 자에 대해서 공범에 관한 형법총칙 규정이 적용될 수 없다. 甲이 세무사의 사무직원과 공모하여 그가 직무상 보관하고 있던 임대사업자 등의 인적사항, 사업자소재지가 기재된 서면을 교부받은 경우 세무사법의 직무상비밀누설죄의 공동정범이 성립하지 않는다(2007도6712).

5. 대향적 배임죄에 가담하는 행위와 중립적 방조

1인회사의 주주이자 대표이사인 甲은 자신의 상속세 납부자금을 마련하기 위해 주식을 매매하면서 그 계약 해제시 부담하게 될 매매대금반환채무를 담보하기 위해 주식의 매수인 乙 명의로 회사 소유의 부동산에 소유권이전등기청구권 가등기를 해줌으로써 배임죄를 저지른 경우, 판례는 乙이 甲의 행위에 적극 가담한 것은 아니라면 乙은 방조범이 아니라고 본다(2005도4915).[14]

---

13 김일수·서보학, 새로 쓴 형법총론, 박영사, 2018, 482면.

14 거래상대방의 대향적 행위의 존재를 필요로 하는 유형의 배임죄에서 거래상대방은 기본적으로 배임행위의 실행행위자와는 별개의 이해관계를 가지고 반대편에서 독자적으로 거래에 임하므로, 거래상대방이 배임행위를 교사하거나 그 배임행위의 전 과정에 관여하는 등으로 배임행위에 적극 가담함으로써 그 실행행위자와의 계약이 반사회적 법률행위에 해당하여 무효로 되는 경우는 배임죄의 교사범이나 공동정범이 될 수 있지만, 관여가 그 정도가 아니어서 법질서 전체적인 관점에서 살펴볼 때 사회적 상당성을 갖춘 경우에는 비록 정범의 행위가 배임행위에 해당한다는 점을 알고 거래에 임하였다는 사정이 있어 외견상 방조행위로 평가될 수 있는 행위가 있었다 할지라도 범죄를 구성할 정도의 위법성은 없다.

이 판례가 일방불벌 대향범에서 불벌자가 교사의 형태로 가담한 경우에 교사범의 성립을 인정할 수 있지만, 방조의 형태로 가담한 경우에는 방조범의 성립을 인정할 수 없다고 본 것이라고 보는 견해도 있고, 또 이 판례에서 '위법성이 없다'는 것은 '위법성조각사유의 존재'가 아니라 '불법을 구성하는 실질적인 방조행위가 없다'는 것을 의미한다고 해석하는 견해[15]도 있지만, 중립적 방조이론[16]을 적용한 것으로 볼 수도 있다.

6. 공소시효의 정지

가. 공소시효의 의의와 취지

공소시효가 완성된 범죄사실에 대한 공소제기는 효력이 없으며, 이는 면소판결로 종결해야 한다(제326조 제3호). 공소시효란 검사가 일정기간 공소를 제기하지 않고 방치하면 국가의 소추권이 소멸되도록 하는 제도를 말한다. 공소시효는 시간이 국가형벌권에 영향을 미친다는 점에서 형법의 형의 시효(제77조)와 같지만, 형의 시효는 판결확정 후에 집행을 면제시키는 제도라는 점에서 차이가 있다.

공소시효제도를 둔 근본취지는, 다른 시효제도와 마찬가지로 일정 기간의 경과에 따른 사실상태를 존중하여 형사정의의 실현보다 법적 안정성을 보장하려는 데 있다. 존재 이유로는 ① 시간의 경과에 따라 범죄의 사회적 영향력이 미약해지며, ② 많은 경우 범행에 대한 후회나 처벌에 대한 불안 등으로 장기간 범인이 처벌을 받은 것과 비슷한 상태가 계속되어 형벌이 기대하는 범인의 인격의 변화가 기대될 수 있다는 점, ③ 장기간 형사소추권이 행사되지 않았다는 것은 결국 국가가 소추권의 행사를 게을리 한 것인데 그 불이익을 오로지 범인만이 감수해야 하는 것은 부당하다는 점, ④ 유죄의 증거이든 무죄의 증거이든 오랜 기간의 경과로 증거가 소멸되거나 발견하기 어려워서 공정한 재판을 기대하기 어렵다는 점, ⑤ 오래전의 범죄에 대한 수사나 재판의 필요를 면제함으로써 국가의 부담의 경감을 도모할 수 있다는 점 등을 들 수 있다(94헌마246).

나. 공소시효의 기산점과 공소시효기간의 결정기준

공소시효는 범죄행위가 종료한 때로부터 진행하고 공범의 경우에는 최종행위가 종료한 때로부터 모든 공범에 대한 시효기간을 기산한다(제252조).

공소시효는 일정 기간의 경과로 완성하는데, 여기서 말하는 형은 선고형이 아니라 법정형이다. 따라서 A범죄의 법정형이 '5년 이하 징역'이면 A범죄의 공소시효는 7년이다. 2개 이상의 형(예컨대 징역형과 벌금형)을 병과하거나 2개 이상의 형(예컨대 사형, 무기 또는 5년 이상 징역)에서 그 1개를 부과할 범죄인 경우에는 중한 법정형을 기준으로 한다(제250조). 형법에 의해 형을 가중 또는 감경하는 경우에는 가중 또는 감경하지 않은 법정형을 기준으로 한다(제251조). 교사범과 종범은 정범의 법정형을 기준으

---

15 이상돈, 형법강의, 법문사, 2010, 609면의 각주 6.

16 중립적 행위에 의한 방조(Beihilfe durch neutrales Verhalten)로도 불리는 중립적 방조란 예컨대 식품점 상인이 후추를 판매하면서 이를 범죄에 이용할지도 모른다는 걱정을 하면서 팔았는데, 이를 구매한 甲이 강도를 저지르면서 이를 V의 눈에 뿌려 강도에 사용함으로써, 결국 상인의 후추판매행위가 甲의 강도를 돕게 된 경우처럼 외형상 범죄와 무관해 보이는 일상적·중립적 행위가 객관적으로 범죄를 용이하게 하는 경우를 말한다. 이에 대한 방조범의 성부에 관해 다툼이 있다. 그러나 이 개념은 본래 종래 인과관계나 고의를 통한 방조범의 성립을 제한하는 데에는 한계가 있다는 인식에서 등장한 것으로서, '중립적 행위'라는 객관적 개념으로 방조범의 성립범위를 제한하려는 데 그 취지가 있다(신양균, "중립적 행위에 의한 방조", 형사법연구 제26호, 2006, 3면 이하와 21면).

로 한다.

법률의 변경으로 법정형이 변경된 경우 판례는 형법 제1조에 따라 가벼운 법정형을 기준으로 한다(87도84). 공소사실의 예비적·택일적 기재나 상상적 경합의 경우에 가장 중한 죄에 정한 법정형이 기준이 된다는 견해도 있지만, 각 범죄는 수죄이므로 개별 법정형이 기준이 된다(2006도6356). 상상적 경합인 죄들 중 일부의 죄에 대해 공소시효가 완성되었다고 하여 다른 죄의 공소시효까지 완성되는 것은 아니다.

공소장변경의 경우 공소시효의 완성 여부는 공소장의 변경시점이 아니라 공소의 제기시점을 기준으로 판단해야 하지만(82도535; 80도3245; 91도3150; 2001도4014), 공소시효의 기간은 변경된 공소사실의 범죄의 법정형을 기준으로 결정해야 한다(2001도2902).[17]

다. 공소시효 정지의 의의와 사유

공소시효의 정지는 일정한 사유가 존재하는 동안 공소시효가 진행되지 않는 것을 말한다. 이는 공소시효의 중단과 구별된다. 공소시효의 중단은 지금까지 진행된 공소시효의 기간을 무효로 하고 새로이 기간을 진행하는 것을 말한다. 형법의 형의 시효의 경우 중단이 인정된다.[18] 독일의 형소법은 공소시효의 중단을 인정한다.

형소법은 공소시효의 정지사유로 3가지를 두고 있다. ① 공소제기: 공소제기로 정지된 공소시효는 공소기각 또는 관할위반의 재판이 확정된 때부터 다시 진행한다(제253조 제1항). ② 범인의 국외도피: 범인이 형사처분을 면할 목적으로 국외에 있는 경우 그 기간 동안 공소시효는 정지된다(제253조 제3항). 여기서 범인의 국외체류의 목적은 오로지 형사처분을 면할 목적만으로 국외체류하는 것에 한정되지 않고 범인의 여러 국외체류의 목적 중 형사처분을 면할 목적이 포함되어 있으면 충분하고(2009도1446), 또한 범인이 국내에서 범행을 하고 형사처분을 면할 목적으로 국외로 도피한 경우는 물론 범인이 국외에서 범행을 하고 형사처분을 면할 목적으로 국외에서 체류를 계속하는 경우도 포함된다(2015도5916). 다만 甲이 당해 사건으로 처벌받을 가능성이 있음을 인지하였다고 보기 어렵다면 甲이 다른 고소사건과 관련하여 형사처분을 면할 목적으로 국외에 있다 할지라도 당해 사건의 형사처분을 면할 목적으로 국외에 있었다고 볼 수 없다(2013도9162). ③ 재정신청: 재정신청이 있으면 재정결정이 확정될 때까지 공소시효의 진행이 정지된다(제262조의4 제1항).

공소시효의 정지에 관한 명시적 규정이 없음에도 불구하고 공소시효를 정지시킬 수 있는지가 대통령의 불소추특권(헌법 제84조[19])과 관련하여 문제될 수 있는데, 불소추기간 동안 공소시효가 정지된다고 헌재는 본다(94헌마246). 그러나 검사의 불기소처분에 대한 헌법소원을 청구하더라도 공소시효가 정지되는 것은 아니다(92헌마284). 다만 불기소처분을 받은 고소인은 헌법소원 청구권이 없다.

---

17 예컨대 1987. 12. 11. 저지른 범행을 A죄로 1989. 8. 24 공소제기 후 1991. 10. 24. B죄로 공소장변경을 한 경우 B죄를 기준으로 한 공소시효가 3년이라면 공소장변경시(1991. 10. 24: 1987. 12. 11부터 3년이 지난 시점)에 B죄의 공소시효가 완성되는 것이 아니라 A죄의 공소제기 시점에 공소시효가 정지되므로 B죄의 공소시효는 완성되지 않는다.

18 제80조(형의 시효의 중단) 시효는 징역, 금고 및 구류의 경우에는 수형자를 체포한 때, 벌금, 과료, 몰수 및 추징의 경우에는 강제처분을 개시한 때에 중단된다.

19 대통령은 내란 또는 외환의 죄를 범한 경우를 제외하고는 재직중 형사상 소추를 받지 아니한다.

라. 공소시효 정지의 효력 범위와 필요적 공범

공소시효의 정지는 형소법의 사건이 기준이 되는 것이 아니라 형법의 일죄가 기준이 된다. 따라서 상상적 경합의 경우에도 공소시효의 정지는 각 범죄가 기준이 된다. 공소시효의 기간은 개별범죄의 법정형에 따라 달리 결정되기 때문이다.

공범의 1인에 대한 공소시효의 정지는 다른 공범에게도 효력이 미치고, 당해사건의 재판이 확정된 때로부터 진행한다(제253조 제2항). 공범처벌의 획일성과 처벌의 공평을 위한 것이다.[20] 여기서의 재판은 종국재판이면 그 종류를 묻지 않지만, ① 구성요건에 해당하는 위법행위를 공동으로 하였다(곧 불법하다)고 인정되기는 하나 책임조각을 이유로 공범 중 1인이 무죄로 되는 경우와는 달리, ② 범죄의 증명이 없다(곧 불법하지 않다)는 이유로 공범 중 1인이 무죄의 확정판결을 선고받은 경우에는 그를 공범이라고 할 수 없어 그에 대해 제기된 공소는 다른 공범에 대한 공소시효정지의 효력이 없다(98도4621). 공소시효 정지규정이 적용되는 공범에 필요적 공범, 특히 대향범도 포함되는지 다툼이 있다. 판례는 부정한다(2012도4842).[21] 그 이유는 공범이나 방조범에 관한 형법총칙 규정의 적용이 있을 수 없고, 대향범 상호 간에는 범죄구성요건, 죄질이 같지 않으며, 그 법정형도 별개로 규정되어 있는 점 등에 비추어 볼 때, 강학상 필요적 공범, 특히 대향범은 형법의 공범과는 전혀 다르다는 것이다.

그러나 이는 옳지 않다. 임의적 공범과 필요적 공범은 다수인이 가담하는 범죄형태라는 점에서 공통되고, 필요적 공범은 임의적 공범의 특별규정이라고 볼 수 있다. 예컨대 뇌물을 받은 사람을 증뢰죄의 방조범으로 처벌할 수 있지만 입법자가 수뢰죄로 구성요건화하면서 증뢰죄보다 무겁게 법정형을 규정한 것으로 볼 수 있다. 그래서 판례도 필요적 공범에 대해서는 공범에 관한 형법총칙규정을 적용할 수 없다고 보는 것이다(87도2451; 84도2747). 필요적 공범이 임의적 공범의 특별규정이기 때문에 필요적 공범에 대해서는 형법총칙의 공범규정을 적용하지 않는 것이지, 전혀 다르기 때문이 아니다.

위 판례(2012도4842)는 친고죄의 고소불가분원칙과 관련하여 친고죄의 공범 중 그 일부에 대해 1심판결이 선고된 후에는 1심 판결선고 전의 다른 공범에 대하여는 그 고소를 취소할 수 없고 그 공범에는 필요적 공범도 당연히 포함된다고 본 판례(85도1940)나 증인적격과 관련해서 임의적 공범과 필요적 공범의 성격을 동일하게 본, 예컨대 소송절차의 분리를 전제로 공범인 공동피고인의 증인적격인 인정된다는 법리(2008도3300)[22]는 대향범인 공동피고인의 경우에도 그대로 적용된다고 본 판례(2009도11249)와 모순된다.[23]

---

20 이른바 에버랜드사건에서 검찰은 이 규정을 이용하여 공소시효 만료를 하루 앞두고 피고발인 33명 가운데 전현직 대표이사 2인만 먼저 기소함으로써 나머지 피고발인에 대한 공소시효를 정지시켰다(이순혁, 검사님의 속사정, 시네21북스, 2011, 138면).

21 同旨: 윤남근, "공소제기로 인한 공소시효의 정지와 필요적 공범", 법조 2012. 5., 300면 이하.

22 공범인 공동피고인은 당해 소송절차에서는 피고인의 지위에 있으므로 다른 공동피고인에 대한 공소사실에 관하여 증인이 될 수 없으나, 소송절차가 분리되어 피고인의 지위에서 벗어나게 되면 다른 공동피고인에 대한 공소사실에 관하여 증인이 될 수 있다.

23 이와 달리 공소시효정지의 효력규정은 증인적격이나 친고죄의 고소불가분원칙에 관한 규정과 그 성질을 달리하므로 공소시효정지의 효력규정에 관한 판례는 옳고, 이 판례가 증인적격이나 친고죄의 고소불가분원칙에 관한 판례와 모

합동범의 공동정범	1. 甲이 피해자 일행을 한 사람씩 나누어 강간하자는 乙과 丙의 제의에 아무런 대답도 하지 않고 따라다니다가 자신의 강간 상대방으로 남겨진 丁에게 일체의 신체적 접촉도 시도하지 않은 채 乙과 丙이 인근 숲속에서 각각 강간을 마칠 때까지 丁과 함께 이야기만 나눈 경우, 甲에게도 특수강간죄의 공동정범이 성립한다. [2007년 사법시험 형법 문14]
	2. 甲, 乙, 丙이 사전의 모의에 따라 강간할 목적으로 심야에 인가에서 멀리 떨어져 있어 쉽게 도망할 수 없는 야산으로 피해자 A, B, C를 유인한 다음 곧바로 암묵적인 합의에 따라 각자 마음에 드는 피해자 1명씩만을 데리고 불과 100m 이내의 거리에 있는 곳으로 흩어져 동시 또는 순차적으로 피해자들을 각각 강간하였다면, 甲에게는 A, B, C 모두에 대한 성폭력범죄의 처벌 등에 관한 특례법상의 특수강간죄가 성립한다. [2013년 변호사시험 형사법 문6]

🔒 **정답 및 해설**

1. ✕(2002도7477: 乙과 丙은 공동정범이고, 甲은 乙과 丙의 범행에 대한 공동가공의 의사를 인정할 수 없음),   2. ○(2004도2870)

01 합동범에 대한 설명으로 옳지 않은 것은?   2023년 국가직 9급 형법 문10

① 합동강도의 공범자 중 1인이 강도의 기회에 피해자를 살해한 경우, 다른 공모자가 살인의 공모를 하지 아니하였다고 하여도 그 살인행위나 치사의 결과를 예견할 수 없었던 경우가 아니면 강도치사죄의 죄책을 면할 수 없다.

② 피고인이 다른 피고인들과 택시강도를 하기로 모의한 일이 있다고 하여도 다른 피고인들이 피해자에 대한 폭행에 착수하기 전에 겁을 먹고 미리 현장에서 도주해 버린 것이라면, 피고인을 특수강도의 합동범으로 다스릴 수는 없다.

③ 합동절도에서도 공동정범과 교사범·종범의 구별기준은 일반원칙에 따라야 하고, 그 결과 범행현장에 존재하지 아니한 범인도 공동정범이 될 수 있으며, 상황에 따라서는 장소적으로 협동한 범인도 방조만 한 경우에는 종범으로 처벌될 수도 있다.

④ 합동범이 성립하기 위한 주관적 요건으로서 공모는 법률상 어떠한 정형을 요구하는 것이 아니어서 공범자 상호 간에 직접 또는 간접으로 범죄의 공동가공의사가 암묵리에 서로 상통하면 되지만, 적어도 그 모의과정은 사전에 있어야 한다.

해설 ✎

④ ✕(98도30: 사전에 모의가 있어야 하는 것은 아님), ① ○(91도2156), ② ○(84도2956: 실행행위 분담이 없음), ③ ○(98도321전합)   **정답** ④

순이 아니며, 다만 범죄구성요건이 상이한 필요적 공범에는 확대 적용할 수 없다고 보는 견해: 이주원, "필요적 공범과 공소시효 정지의 효력", 고려법학 제74호, 2014, 319면 이하와 각주 68 참조.

02 필요적 공범에 대한 설명으로 옳지 않은 것은? (다툼이 있는 경우 판례에 의함)　2022년 국가직 9급 형법 문10

① 공무상비밀누설죄에 있어서 비밀을 누설하는 행위와 그 비밀을 누설받는 행위는 대향범 관계에 있지만, 처벌받지 않는 대향자는 처벌받는 대향자의 교사범이 될 수 있다.

② 「형법」은 절도의 죄, 강도의 죄 및 도주의 죄에 관하여 '2인(또는 2명) 이상이 합동하여' 죄를 범하는 경우를 규정하고 있다.

③ 합동범이 성립하기 위하여는 객관적 요건으로서의 실행행위가 시간적으로나 장소적으로 협동관계에 있다고 볼 수 있는 사정이 있어야 한다.

④ 뇌물공여자와 뇌물수수자 사이에서는 각자 상대방의 범행에 대하여 「형법」 총칙의 공범규정이 적용되지 않는다.

해설 ✏

① ×(2009도3642), ② ○, ③ ○(96도313), ④ ○　**정답** ①

---

03 공범에 관한 설명 중 옳은 것은? (다툼이 있는 경우 판례에 의함)　2015년 사법시험 형법 문1(배점 2)

① 甲이 친구인 乙을 교사하여 乙 자신의 아버지를 살해하게 한 경우, 乙에게는 존속살인죄의 정범이, 甲에게는 보통살인죄의 교사범이 각각 성립한다.

② 甲이 정범의 횡령행위를 방조할 의사로 행위한 경우, 그 정범이 방조행위를 인식하지 못했더라도 甲에게 횡령죄의 방조범이 성립하지만 정범의 실행행위가 없다면 그렇지 않다.

③ 대향범은 2인 이상의 서로 대향된 행위의 존재를 필요로 하는 필요적 공범으로서, 대향범 간에는 공범에 관한 형법총칙 규정이 적용된다.

④ 절도를 모의한 3인 가운데 2인이 시간적·장소적으로 협동관계를 이루어 절도의 실행행위를 한 경우, 모의에는 주도적으로 참여하였으나 현장에서 실행행위를 분담하지 않은 자에 대해서는 합동절도의 공동정범이 성립하지 않는다.

⑤ 뇌물공여죄가 성립하기 위해서는 뇌물을 공여하는 일방의 행위와 그 뇌물을 받아들이는 상대방의 행위가 필요하고 나아가 상대방에게 뇌물수수죄가 성립해야 한다.

해설 ✏

② ○(74도3113; 74도509), ① ×(97도2609), ③ ×(2009도3642), ④ ×(98도321전합), ⑤ ×(2005도4737)　**정답** ②

ㄱ. 공모공동정범의 경우 제반 상황에 비추어 공모자들이 범행도중에 부수적인 다른 범죄가 파생되리라고 예상하거나 충분히 예상할 수 있는데도 이를 방지하기 위한 합리적인 조치를 취하지 아니하여 예상되던 범행들이 발생하였다면, 그 파생적인 범행에 대하여 개별적인 의사의 연락이 없었다고 하더라도 당초의 공모자들 사이에 그 범행 전부에 대하여 암묵적인 공모는 물론 그에 대한 기능적 행위지배가 인정된다.

ㄴ. 공모공동정범에서 공모관계로부터의 이탈은 공모자가 공모에 의하여 담당한 기능적 행위지배를 해소하는 것이 필요하므로, 공모자가 공모에 주도적으로 참여하여 다른 공모자의 실행에 영향을 미친 때에는 범행을 저지하기 위하여 적극적으로 노력하는 등 실행에 미친 영향력을 제거하지 않는 한 공모관계로부터 이탈하였다고 할 수 없다.

ㄷ. 대향범은 2인 이상의 대향적 협력에 의하여 성립하는 범죄로서 대향자 쌍방의 불법내용이 같으므로 「형법」상 쌍방을 처벌하는 경우 전부 쌍방의 법정형이 같은데, 다만 대향자 일방만을 처벌하는 경우가 있다.

ㄹ. 변호사 사무실 직원 甲이 법원공무원 乙에게 부탁하여 수사 중인 사건의 체포영장 발부자 명단을 누설받은 경우, 乙이 직무상 비밀을 누설한 행위와 甲이 이를 누설받은 행위는 대향범 관계에 있으므로 甲의 행위를 공무상비밀누설교사죄로 처벌할 수 없다.

① ㄱ, ㄴ   ② ㄱ, ㄹ   ③ ㄱ, ㄴ, ㄹ
④ ㄴ, ㄷ, ㄹ   ⑤ ㄱ, ㄴ, ㄷ, ㄹ

해설 🖊

ㄷ: ✕(대향범인 증뢰죄와 수뢰죄의 법정형은 차이가 있다. 후자가 무거움)   **정답** ③

05 공소시효에 관한 설명 중 옳지 않은 것은? (다툼이 있는 경우 판례에 의함)

① 상상적 경합관계에 있는 죄들 중 일부의 죄에 대해 공소시효가 완성되었다고 하여 그 죄와 상상적 경합관계에 있는 다른 죄의 공소시효까지 완성되는 것이 아니다.

② 공소시효는 범죄행위가 종료한 때로부터 진행하고, 미수범은 범죄의 실행에 착수하여 행위를 종료하지 못하였거나 결과가 발생하지 아니한 때에 처벌받게 되므로, 미수범의 범죄행위는 행위를 종료하지 못하였거나 결과가 발생하지 아니하여 더 이상 범죄가 진행될 수 없을 때부터 공소시효가 진행된다.

③ 공범 중 1인에 대한 공소제기는 다른 공범자에게 효력이 없지만 공소시효정지의 효력은 다른 공범자에게도 미친다. 이는 임의적 공범뿐만 아니라 필요적 공범(대향범)에 있어서도 마찬가지이다.

④ 범죄 후 법률의 개정에 의하여 법정형이 가벼워진 경우에는 「형법」 제1조 제2항에 의하여 당해 범죄사실에 적용될 신법의 법정형이 공소시효기간의 기준이 된다.

해설 ✐

③ ×(2012도4842: 제253조 제2항의 '공범'에서 필요적 공범은 제외), ① ○(2006도6356), ② ○(2016도14820), ④ ○(2008도4376)　　　　　　　　　　　**정답** ③

06 공소시효에 대한 설명으로 옳지 않은 것은?　　　　　　　　　2023년 국가직 7급 형소법 문13

① 범죄 후 법률의 개정에 의하여 법정형이 가벼워진 경우에는 「형법」 제1조 제2항에 의하여 당해 범죄사실에 적용될 가벼운 법정형인 신법의 법정형이 공소시효기간의 기준이 된다.

② 1개의 행위가 「형법」상 사기죄와 변호사법위반죄에 해당하고 양 죄가 상상적 경합관계에 있는 경우, 변호사법위반죄의 공소시효가 완성되었다면 사기죄의 공소시효도 완성된 것으로 보아야 한다.

③ 공범의 1인으로 기소된 자가 범죄의 증명이 없다는 이유로 무죄의 확정판결을 선고받은 경우, 그는 공범이라고 할 수 없으므로 그에 대하여 제기된 공소는 진범에 대한 공소시효를 정지시키는 효력이 없다.

④ 공범의 1인에 대한 공소시효정지는 다른 공범자에게 대하여 그 효력이 미치는데, 여기의 '공범'에는 뇌물공여죄와 뇌물수수죄 사이와 같은 대향범 관계에 있는 자는 포함되지 않는다.

해설 ✐

② ×(2006도6356), ① ○(2008도4376), ③ ○(98도4621), ④ ○(2012도4842)　　　　　　　　　**정답** ②

탐구 과제

- 필요적 공범의 새로운 유형인 원조범이 갖는 의의는 무엇인가?
- 공소시효제도는 적법절차나 법적 안정성의 관점에서 필요한가?

08강

형총 + 형각: 성범죄의 체계와 준강간죄의 불능미수의 성부 및 불능범

형총＋형각: 성범죄의 체계와 준강간죄의 불능미수의 성부 및 불능범

준강간죄의 불능미수를 인정한 판례를 이해하기 위해서 먼저 성범죄의 체계를 본다. 다음은 미수범의 개념과 유형 및 예비·음모범과 차이, 미수범의 한 요건인 범죄실행의 착수시기에 관한 학설과 판례 등을 봄으로써 미수범의 체계를 이해한다. 이어 불능범과 불능미수의 의미와 구별기준을 보고, 소송사기 관련 불능범을 인정한 판례를 이해한다.

사례

甲은 술을 마시고 거리를 배회하던 중 우연히 버스에서 내려서 걸어가는 여성 A의 용모에 반하여 마스크를 착용한 채 뒤따라가다가 인적이 없고 외진 곳에서 가까이 접근하여 양팔을 높이 들고 껴안으려고 하였으나, A가 뒤돌아보면서 소리치자 그 상태로 몇 초 동안 쳐다보다가 다시 오던 길로 되돌아갔다(기습추행시도사건). 甲의 죄책을 논하시오. (특별법 위반죄는 논외로 하고, 다툼이 있는 경우 대법원 판례에 따름)

[2021년 제27회 법무사 2차 시험 형법 문1(배점 25)의 일부]

해결

1. 성범죄의 체계와 위장수사제도 도입

가. 개관

성범죄는 크게 주로 성매매알선 등 행위의 처벌에 관한 법률(성매매처벌법)에 있는 거래적 성범죄와 형법전·성폭법·아청법에 산재한 비거래적 성범죄로 구별할 수 있고, 후자는 다시 강제적 성범죄와 비강제적 성범죄로 구별할 수 있다.

강제적 성범죄는 폭행·협박이나 이에 준하는(심신상실·항거불능 상태를 이용한) 성범죄와 위계·위력에 의한 성범죄로 구별할 수 있다. 강제적 성범죄는 피해자의 의사에 반하여 강제로 성적 행위를 하는 범죄로서 성적 행위는 크게 간음, 유사간음, 추행으로 구별된다. 강제적 성범죄의 기본 형태는 형법전에 규정하고 있고, 성폭법과 아청법은 형법전의 성범죄의 주체, 객체, 행위수단 등을 변형한 후 그 법정형을 상향하고 있다.

비강제적 성범죄에는 피해자의 승낙이 있더라도 성립하는 신체접촉성범죄, 공중밀집장소추행죄,[1] 신체

---

1 대중교통수단, 공연·집회 장소, 그 밖에 공중(公衆)이 밀집하는 장소에서 사람을 추행한 사람은 3년 이하 징역 또는 3천만원 이하 벌금으로 처벌하는데(제11조), 찜질방 수면실에서 옆에 누워 있던 피해자의 가슴 등을 손으로 만진 경

촬영이나 음란행위를 처벌하는 이른바 디지털성범죄 등이 있다.

간음은 이성 사이의 성교행위를 말한다. 유사강간죄란 폭행·협박으로 사람에 대하여 구강, 항문 등 신체(성기는 제외)의 내부에 성기를 넣거나 성기, 항문에 손가락 등 신체(성기는 제외)의 일부 또는 도구를 넣는 행위를 하는 죄이다. 추행은 간음과 유사간음 이외의 행위이다. 추행을 객관적으로 일반인에게 성적 수치심이나 혐오감을 일으키게 하고 선량한 성적 도덕관념에 반하는 행위로서 피해자의 성적 자유를 침해하는 것이고, 추행인지 여부는 피해자의 의사, 성별, 행위에 이르게 된 경위, 구체적 행위 태양, 주위의 객관적 상황 등을 종합적으로 고려해야 한다고 판례는 본다(2009도13716).

나. 강제적 성범죄

(1) 폭행·협박이나 이에 준하는(심신상실·항거불능 상태 이용한[2]) 성범죄

행위 객체	간음	유사간음	추행
19세 이상	형법 제297조 3년↑	형법 제297조의2 2년↑	형법 제298조 10년↓/1,500만원↓
	+흉기나 그 밖의 위험한 물건을 지닌 채 또는 2명 이상이 합동하여		
	성폭법 제4조 제1항 무기/7년↑		성폭법 제4조 제2항 5년↑
군인등	군형법 제92조[3] 5년 이상	군형법 제92조의2 3년 이상	군형법 제92조의3 1년 이상
신체·정신 장애인	성폭법 제6조 제1항 무기/7년↑	성폭법 제6조 제2항 5년↑	성폭법 제6조 제3항 3년↑/3−5천만원↓
아동·청소년 (13~18세)	아청법 제7조 제1항 무기/5년↑	아청법 제7조 제2항 5년↑	아청법 제7조 제3항 2년↑/1−3천만원↓
13세 미만자	성폭법 제7조 제1항 무기/10년↑	성폭법 제7조 제2항 7년↑	성폭법 제7조 제3항 5년↑

판례는 강제추행죄를 폭행 자체가 곧바로 추행에 해당하는 경우(기습추행형)와 폭행·협박이 추행보다 시간적으로 앞서 그 수단으로 행해진 경우(폭행·협박선행형)로 구별하고, 전자는 상대방의 의사를 억압할 정도의 것임을 요하지 않고 상대방의 의사에 반하는 유형력의 행사가 있는 이상 그 힘의 대소강약을 불문하지만(2001도2417), 후자는 상대방의 항거를 곤란하게 하는 정도의 폭행·협박이 요구된다(2011도8805)고 봤으나, 폭행·협박선행형 강제추행죄의 폭행·협박은 형법상 폭행죄나 협박죄에서 말하는 폭행·협박을 의미하는 것으로 그 입장을 변경한다(2018도13877전합[4]). 이에

우가 이에 해당한다(2009도5704).

2 19세 이상: 형법 제299조, 성폭법 제4조 제3항, 군인등: 군형법 제92조의4, 신체·정신장애인: 성폭법 제6조 제4항 (신체적·정신적 장애로 항거불능·항거곤란 상태에 있음을 이용), 아동·청소년(13~18세): 아청법 제7조 제4항, 13세 미만자: 성폭법 제7조 제4항.

3 군형법 제84조(전지 강간) ① 전투지역 또는 점령지역에서 사람을 강간한 사람은 사형에 처한다.

4 甲은 2014. 8. 15. 19:23경 자신의 주거지 방안에서 4촌 친족관계인 V(여, 15세)에게 "내 것 좀 만져줄 수 있느

따라 강제추행죄는 상대방의 신체에 대해 불법한 유형력을 행사하거나 상대방으로 하여금 공포심을 일으킬 수 있는 정도의 해악을 고지하여 상대방을 추행한 경우에 성립한다고 본다.[5]

강제추행죄는 정범 자신이 직접 범죄를 실행해야 성립하는 자수범이라고 볼 수 없으므로, 처벌되지 않는 타인을 도구로 삼아 추행하는 간접정범의 형태로도 범할 수 있는데, 그 타인이 피해자이더라도 무방하며, 신체접촉이 없이도 가능하다(2016도17733).[6]

음주 후 준강간 또는 준강제추행을 당하였음을 호소한 피해자가 범행 당시 알코올로 인한 기억형성의 실패만을 야기한 알코올 블랙아웃 상태였다면 심신상실의 상태가 아니지만 피해자가 술에 취해 수면상태에 빠지는 등 의식을 상실한 패싱아웃 상태였다면 심신상실의 상태에 해당한다(2018도9781).

결합범인 주거침입강간등죄는 주거침입을 범한 후에 사람을 강간하는 등의 행위를 해야 하는 일종의 신분범이다. 따라서 甲이 술을 마시던 중 자신을 남자화장실 앞까지 부축해준 여성을 건조물인 그 주점의 여자화장실로 끌고 가 용변 칸으로 밀어 넣고 유사강간하려고 하였으나 미수에 그친 경우, 주거침입강간죄가 아니라 주거침입죄와 유사강간죄의 미수범의 실체적 경합범이 성립한다(2020도17796). 甲은 주거침입 이전에 유사강간의 고의를 가지고 있었고, 여성을 억지로 끌고 가 여자화장실로 들어가게 한 것은 유사강간의 폭행·협박을 개시한 것으로서, 주거침입 후에 유사강간죄의 실행에 착수한 것으로 볼 수 없다.

그런데 주거침입(준)강제추행죄에 대해 헌재가 위헌결정을 한다(2021헌가9등). 법정형의 하한을 높게 책정하여 경미한 (준)강제추행도 모두 엄격하게 처벌하는 것은 책임주의와 비례성원칙에 위배되어 헌법에 반한다는 것이다. 이에 따라 甲이 모텔 객실의 문이 살짝 열려 있는 것을 발견하고 객실에 침입한 후 불을 끈 상태로 침대에 누워 있던 여성의 가슴, 허리 및 엉덩이를 만져 성폭법의 주거침입강제추행으로 기소된 사건에 대해 판례는 무죄를 선고한다(2023도162).

냐?"며 V의 왼손을 잡아 甲의 성기 쪽으로 끌어당겼으나 V가 이를 거부하며 일어나 집에 가겠다고 하자, "한 번만 안아줄 수 있느냐?"며 V를 양팔로 끌어안은 다음 V를 침대에 쓰러뜨려 V위에 올라타 반항하지 못하게 한 후, V에게 "가슴을 만져도 되느냐?"며 甲의 오른손을 V의 상의 티셔츠 속으로 집어넣어 속옷을 걷어 올려 왼쪽 가슴을 약 30초 동안 만지고 V를 끌어안고 자세를 바꾸어 V가 甲의 몸에 수차례 닿게 하였으며, "이러면 안 된다. 이러면 큰 일 난다"며 팔을 풀어줄 것을 요구하고 방문을 나가려는 V를 뒤따라가 약 1분 동안 끌어안았다.

5 별다른 폭행·협박 없이 혼인 외 성관계를 폭로하겠다고 협박하여 추행한 경우(2006도5979), 여종업원인 피해자의 거절에도 불구하고 대표자와의 친분관계를 내세워 피해자에게 어떠한 신분상의 불이익을 가할 것처럼 행동하여 피해자의 목 뒤로 팔을 감아 돌리는 이른바 러브샷을 한 경우(2007도10050) 강제추행죄가 성립한다.

6 甲은 스마트폰 채팅 애플리케이션을 통해 알게 된 V로부터 은밀한 신체 부위가 드러난 사진을 전송받았는데, V가 시키는 대로 하지 않으면 이 사진과 개인정보를 유포하겠다고 V를 협박하여 겁을 먹은 V가 어쩔 수 없이 나체나 속옷만 입은 상태로 스스로를 촬영하거나, 성기에 이물질을 삽입하거나 자위를 하는 등의 행위를 하게 한 사건.

(2) 위계·위력에 의한 성범죄

객체 \ 행위	간음	유사간음	추행
피보호·감독자	형법 제303조 제1항 5년↓/1,500만원↓		성폭법 제10조 제1항 3년↓/1,500만원↓
미성년자·심신미약자	형법 제302조 5년↓		형법 제302조 5년↓
신체·정신 장애인	성폭법 제6조 제5항 5년↑		성폭법 제6조 제6항 1년↑/1-3천만원↓
아동·청소년 (13~18세)7	아청법 제7조 제5항 무기/5년↑	아청법 제7조 제5항 5년↑	아청법 제7조 제5항 2년↑/1-3천만원↓
13세 미만자	성폭법 제7조 제4항 무기/10년↑	성폭법 제7조 제4항 7년↑	성폭법 제7조 제4항 5년↑

판례는 청소년에게 성교의 대가로 돈을 주겠다고 거짓말하고 간음하거나(2001도5074), 피해자에게 남자를 소개시켜 준다고 거짓말을 하여 여관으로 유인하여 간음하는 것(2002도2029) 또는 정신장애가 있는 피해자를 인터넷 쪽지를 이용하여 집으로 유인한 후 간음하는 것(2014도8423)은 위계에 의한 간음이 아니라고 봤었다. 그 이유는 여기서 말하는 위계란 행위자가 간음의 목적으로 상대방에게 오인·착각·부지를 일으켜서 상대방의 그러한 심적 상태를 이용하여 간음의 목적을 달성하는 것을 말하므로, 간음행위 자체에 대한 위계가 아니라 간음행위와 불가분적 관련성이 인정되지 않는 다른 조건에 관한 위계는 될 수 없다는 것이다. 그러나 이런 종전 입장이 변경된다(2015도9436전합). 위계가 간음 자체에 대한 것이 아닐지라도 간음의 목적으로 한 위계의 내용 중에 피해자가 간음을 결심하게 된 중요한 동기를 이룰 만한 사정이 포함되어 있어서 피해자의 자발적인 성적 자기결정권의 행사가 없었다고 평가할 수 있다면 위계와 간음 사이에 인과관계를 인정할 수 있다는 것이다.[8] 이에 따르면 위계의 대상이 간음행위 자체일 수도 있고, 간음행위에 이르게 된 동기나 간음행위와 결부된 금전적·비금전적 대가일 수도 있다.

---

7 아동·청소년(13~18세)에 대한 위계·위력성범죄의 법정형은 폭행·협박(준)성범죄의 법정형과 동일하다.

8 36세 남성이 스마트폰 채팅앱을 통해 나이를 속이고 사귀게 된 14세 여성에게 자신을 스토킹하는 여성이 있는데 너무 집착해서 힘들어 죽고 싶은 상황이니 우리 헤어질까라고 거짓말하면서 '그 여성을 떼어내려면 나의 선배와 성관계하고 그 장면을 촬영하여 그 여성에게 보내주면 된다'고 말하여, 결국 이별이 싫은 그 여성은 마치 선배인 것처럼 행세하는 남성과 간음한 사건에서 위계간음죄를 인정한다.

다. 비강제적 성범죄

(1) 피해자의 승낙이 있더라도 성립하는 신체접촉성범죄

객체 \ 행위	간음	유사간음	추행
군인등		항문성교	그 밖의 추행
		군형법 제92조의6 2년↓	
피구금자	형법 제303조 제2항 7년↓		성폭법 제10조 제2항 5년↓/2,000만원↓
장애아동·청소년 (13~18세)	아청법 제8조 제1항 3년↑		아청법 제8조 제2항 10년↓/5,000만원↓
13~15세	형법 제297조(제305조) 3년↑	형법 제297조의2(제305조) 2년↑	형법 제298조(제305조) 10년↓/1,500만↓
13세 미만자			

위 표에서 13~18세 장애아동·청소년과 13~15세 청소년에 대한 비강제적 신체접촉성범죄의 주체는 19세 이상 사람이어야 한다.

강간죄, 유사강간죄, 강제추행죄, 준강간죄, 준강제추행죄의 미수범은 처벌하지만, 13세 미만자 간음·추행죄의 미수범 처벌규정은 없다고 볼 수 있다. 제305조에서 제300조는 없기 때문이다. 그러나 판례는 제305조의 입법 취지는 성적으로 미성숙한 13세 미만의 미성년자를 특별히 보호하기 위한 것이므로, 형법 제297조와 제298조의 '예에 의한다'는 의미는 13세 미만자 간음·추행죄를 처벌할 때 그 법정형뿐만 아니라 미수범에 관하여도 강간죄와 강제추행죄의 예에 따른다는 취지로 해석할 수 있고, 이는 죄형법정주의가 금지하는 확장해석이나 유추해석이 아니라고 본다(2006도9453).

텔레그램을 이용한 성착취 사건 등 사이버 성범죄에 대한 대책으로 2020. 5. 19. 신설된 또 하나의 조문이 제305조의3이다. 강간(유사강간, 준강간, 강간상해 포함)이나 단순간음·추행죄를 목적으로 예비·음모한 사람은 3년 이하 징역으로 처벌한다. 성범죄와 관련한 예비·음모죄가 신설된 것이다.

(2) 디지털성범죄

디지털성범죄에는 성폭법의 통신매체이용음란죄(제13조)와 카메라등이용촬영·유포죄(제14조)가 있었는데, 텔레그램을 이용한 성착취사건을 비롯하여 사이버성범죄의 증가에 따라 2020년에 카메라등이용촬영·유포죄의 법정형을 상향하고, 촬영물소비죄와 촬영물이용협박·강요죄(제14조의3) 및 영상물조작·유포죄(제14조의2)와 이들 범죄의 상습범과 미수범 처벌규정(제15조)을 신설한다.

아청법의 아동·청소년 대상 성착취물 제작·판매죄와 성착취 목적 대화죄(일명 온라인 그루밍 성범죄)도 디지털성범죄에 해당한다. 온라인 그루밍 성범죄는 아청법 제15조의2에 '아동·청소년에 대한 성착취 목적 대화 등'이라는 제목으로 신설된 범죄로서 19세 이상 사람이 정보통신망을 통해서 아동·청소년에게 성적 대화를 하거나 성적 행위를 유인·권유하는 행위를 처벌한다.[9]

---

9 19세 이상 사람이 <u>성적 착취를 목적으로</u> 정보통신망을 통해 아동·청소년에게 다음 중 하나에 해당하는 행위를 한 경

라. 위장수사제도 도입과 온라인 그루밍 성범죄의 미수범 처벌규정 신설 논의

(1) 아동·청소년 대상 디지털 성범죄에 대한 위장수사제도의 도입

아동·청소년 대상 디지털 성범죄(아동·청소년 대상 성착취물 제작·판매죄, 온라인 그루밍 성범죄, 카메라등이용촬영·유포죄)에 대해 위장수사제도가 도입되어 2021. 9. 24.부터 일종의 함정수사가 가능해졌다. 이에 따라 아동·청소년 대상 디지털 성범죄에 대한 증거수집·범인검거가 용이해졌다. 다만 범의유발형 함정수사는 허용되지 않는다.

아청법 제25조의2에 따르면 위장수사는 신분비공개수사와 신분위장수사로 구별된다.[10] 신분비공개수사는 경찰이 신분을 밝히지 않고 범인에게 접근하여 전자기록 등의 작성·행사 등의 수단을 활용하는 수사 방법이다. 신분위장수사는 경찰이 다른 신분으로 위장하기 위한 문서·전자기록 등의 작성·행사 등의 수단을 활용하는 수사 방법이다. 그런데 새로운 주민등록번호를 생성하는 방법은 허용되지 않는다.

(2) 온라인 그루밍 성범죄의 미수범 처벌규정 신설 논의

독일 형법 제176조도 온라인 그루밍 성범죄(제4항 제3호와 제4호)를 규정하고 있는데, '행위자나 제3자에게 또는 행위자나 제3자 앞에서 성적 행위를 하도록 하거나 행위자나 제3자가 성적 행위를 하는 것을 수인하도록 할 목적'으로 서면이나 정보통신기술을 이용하여 아동에게 영향을 준 행위(법정형 5년 이하 자유형)에 대해서는 불능미수(행위자가 착오로 자신이 아동에게 영향을 미친다고 생각하였으나 실패하여 기수가 되지 못한 경우)를 처벌하는 규정(제6항)을 두고 있다. 이는 2020. 1. 17. 신설된 것인데, 그 이유는 행위자가 성적 행위를 할 의도로 온라인에서 아동으로 알고 대화를 시도하였으나 실제는 성인인 경우 처벌 필요성이 있다는 점을 반영한 것이다.[11]

우 3년 이하 징역 또는 3천만원 이하 벌금에 처한다(제1항). ① 성적 욕망이나 수치심 또는 혐오감을 유발할 수 있는 대화를 지속적 또는 반복적으로 하거나 그러한 대화에 지속적 또는 반복적으로 참여시키는 행위, ② 아청법 제2조 제4호의 아동·청소년의 성을 사는 행위를 하도록 유인·권유하는 행위. 19세 이상의 사람이 정보통신망을 통해 <u>성적 착취 목적이 없이</u> 위와 같은 행위를 했더라도 그 대상이 <u>16세 미만 아동·청소년</u>이면 위와 같은 법정형으로 처벌된다(제2항).

10 제25조의2(아동·청소년대상 디지털 성범죄의 수사 특례) ① 사법경찰관리는 다음 각 호의 어느 하나에 해당하는 범죄(디지털 성범죄)에 대하여 신분을 비공개하고 범죄현장(정보통신망 포함) 또는 범인으로 추정되는 자들에게 접근하여 범죄행위의 증거 및 자료 등을 수집(신분비공개수사)할 수 있다.
  1. 제11조 및 제15조의2의 죄
  2. 아동·청소년에 대한 「성폭력범죄의 처벌 등에 관한 특례법」 제14조 제2항 및 제3항의 죄
  ② 사법경찰관리는 디지털 성범죄를 계획 또는 실행하고 있거나 실행하였다고 의심할 만한 충분한 이유가 있고, 다른 방법으로는 그 범죄의 실행을 저지하거나 범인의 체포 또는 증거의 수집이 어려운 경우에 한정하여 수사 목적을 달성하기 위하여 부득이한 때에는 다음 각 호의 행위(신분위장수사)를 할 수 있다.
  1. 신분을 위장하기 위한 문서, 도화 및 전자기록 등의 작성, 변경 또는 행사
  2. 위장 신분을 사용한 계약·거래
  3. 아동·청소년성착취물 또는 「성폭력범죄의 처벌 등에 관한 특례법」 제14조 제2항의 촬영물 또는 복제물(복제물의 복제물을 포함한다)의 소지, 판매 또는 광고
  ③ 제1항에 따른 수사의 방법 등에 필요한 사항은 대통령령으로 정한다.

11 안경옥, "독일 온라인 그루밍 처벌규정의 검토 및 우리 형법에의 시사점", 경희법학 제55권 제4호, 2020, 44면과

한국의 아청법의 온라인 그루밍 성범죄에 대해서는 미수범 처벌규정을 신설해야 한다는 주장이 있는데, 그 이유는 위장수사에서 적발된 온라인 그루밍 성범죄는 미수이므로 처벌할 수 없다는 것이다. 그러나 온라인 그루밍 성범죄는 일종의 예비행위를 범죄화한 것이므로 예비행위에 대해서는 미수를 인정하기 어렵다는 문제가 있다.

2. 미수범의 의의

가. 개념과 유형

> 제25조(미수범) ① 범죄의 실행에 착수하여 행위를 종료하지 못하였거나 결과가 발생하지 아니한 때에는 미수범으로 처벌한다.
> ② 미수범의 형은 기수범보다 감경할 수 있다.
> 제26조(중지범) 범인이 실행에 착수한 행위를 자의(自意)로 중지하거나 그 행위로 인한 결과의 발생을 자의로 방지한 경우에는 형을 감경하거나 면제한다.
> 제27조(불능범) 실행의 수단 또는 대상의 착오로 인하여 결과의 발생이 불가능하더라도 위험성이 있는 때에는 처벌한다. 단 형을 감경 또는 면제할 수 있다.
> 제29조(미수범의 처벌) 미수범을 처벌할 죄는 각칙의 해당 죄에서 정한다.

미수범에는 (장애)미수범, 중지(미수)범, 불능(미수)범으로 3가지가 있다. 형법은 미수범을 기수범보다 가볍게 처벌할 수 있도록 하고 있다. 보호법익에 대한 위험을 발생시킨 미수범은 보호법익을 침해한 기수범에 견줘 불법이 낮다고 볼 수 있다. 다만 어떤 형태의 미수범인지에 따라 그 정도에 차이가 있다. (장애)미수범은 기수범보다 그 형을 감경할 수 있다. 중지(미수)범은 필요적 감면사유이고, 불능(미수)범은 임의적 감면사유이다.

중지미수란 범죄의 실행행위에 착수하고 그 범죄가 완수되기 전에 자기의 자유로운 의사에 따라 범죄의 실행행위를 중지하는 것으로서 甲이 V를 강간하려다 V가 다음번에 만나 친해지면 응해 주겠다는 취지의 간곡한 부탁으로 그 목적을 이루지 못한 후 V를 자신의 차에 태워 집에까지 데려다준 경우 강간죄의 중지미수가 인정된다(93도1851).

(장애)미수는 미수범의 기본적인 형태로서, 미수범 가운데 중지미수도 불능미수도 아닌 경우에 인정된다. 따라서 장애미수와 중지미수나 불능미수가 경합하는 경우 중지미수나 불능미수만 성립한다. 장애미수와 중지미수나 불능미수는 그 불법이 양립할 수 없는 (입법목적에 따른) 법조경합에 해당한다고 봐야 하기 때문이다.

나. 예비·음모와 구별

> 제28조(음모, 예비) 범죄의 음모 또는 예비행위가 실행의 착수에 이르지 아니한 때에는 법률에 특별한 규정이 없는 한 벌하지 아니한다.

55면 이하.

> 제255조(예비, 음모) 제250조와 제253조의 죄를 범할 목적으로 예비 또는 음모한 자는 10년 이하의 징
> 역에 처한다.

범죄실행을 위한 준비행위(例 살해를 위해 칼을 구입하여 날카롭게 하거나 계획함)가 범죄 '실행의 착수
(例 살해하려고 칼로 찌름)'로 이어지지 않는다면, 그런 준비행위는 원칙적으로 형법은 처벌하지 않지
만, 예외적으로 처벌하는 경우가 있다. 이를 예비·음모범이라고 한다. 예비가 유형적 준비행위라면, 음
모는 언어 등을 통한 무형적 준비행위다. 식칼소지사건[12]에서 乙이 만일 살해할 목적으로 식칼을 소지한
것이라면 형법 제255조의 살인죄의 예비범으로 처벌할 수 있다. 그런데 그런 목적이 없더라도 폭처법
제7조[13]의 우범자로서 처벌할 수도 있다.

미수범처럼 법익을 침해할 위험이 있는 행위를 처벌하는 범죄이지만, 미수범은 그 위험이 구체적인 경
우이고, 예비·음모범은 그 위험이 추상적인 경우이므로, 예비·음모범은 형법의 법익보호원칙을 더더욱
충실하게 실현하기 위한 범죄형태라고 할 수 있다. 법익침해의 추상적 위험을 통제할 필요성은 중한 범
죄, 예컨대 살인죄, 강도죄, 방화죄 등에 대해서만 인정되므로, 형법은 이런 범죄에 대해서만 예비·음모
범을 두고 있다. 예비·음모범은 이런 죄들을 "범할 목적"을 요건으로 한다는 점에서 목적범이다. 그런데
아래에서 보듯이 강간죄 등에 대해서도 2020. 5. 19. 예비·음모범 규정이 신설되었다.

3. 미수범 처벌규정과 실행의 착수시기

가. 성범죄의 미수범 처벌규정

형법은 강간죄, 유사강간죄, 강제추행죄, 준강간죄, 준강제추행죄에 대해서 미수범 처벌규정을 두고 있
다. 사람의 심신상실이나 항거불능의 상태를 이용하여 간음·추행하는 범죄가 준강간·강제추행죄이다.
폭행·협박을 할 필요 없는 상태에 있는 사람을 간음하거나 추행하는 범죄라고 할 수 있다.

나. 실행의 착수시기

어떤 형태의 미수범인가에 관계없이 미수범은 모두 '실행의 착수'를 전제로 한다. (장애)미수범, 중지(미
수)범, 불능(미수)범 모두 미수범이기 때문이다. 따라서 범죄 '실행의 착수' 여부가 중요하다. 예컨대 살
해를 위해 칼을 손에 잡는 순간으로 보는가, 아니면 그렇게 잡은 칼이 피해자의 몸에 닿았을 때로 보는
가에 따라 미수범의 성부가 달라질 수 있기 때문이다. 이런 '실행의 착수' 시기를 개별 범죄의 구성요건
별로 검토해야 한다는 견해도 있지만, 다수견해는 일반적 기준을 모색하려고 하는데, 이에 관해 다툼이
있다.

---

12 과대망상증이 있는 乙은 누군가 자신을 해칠지 모른다는 불안감을 느껴서 새벽에 신문배달을 할 때 가방에 식칼을
  넣어서 다녔는데, 경찰의 불심검문을 받자 도주하였고, 이를 수상하게 여긴 경찰은 乙의 집을 수색·압수했지만, 범
  죄정황을 발견하지 못하였다.
13 제7조(우범자) 정당한 이유 없이 이 법에 규정된 범죄에 공용(供用)될 우려가 있는 흉기나 그 밖의 위험한 물건을
  휴대하거나 제공 또는 알선한 사람은 3년 이하의 징역 또는 300만원 이하의 벌금에 처한다.

(1) 객관설

형식적 객관설과 실질적 객관설로 구별된다. ① 형식적 객관설은 구성요건해당행위를 개시한 때로 본다. 이에 따르면 구성요건해당행위의 전 단계에 있는 행위에 대해서는 실행의 착수를 인정할 수 없다. 예컨대 절도죄의 경우 절도의사로 장롱의 문을 여는 정도로는 부족하고 재물을 손으로 잡았을 때 실행의 착수가 인정된다. 또 살해를 위해 휘두른 칼이 피해자의 몸에 닿았을 때 살인죄의 실행의 착수가 인정된다. 미수범의 범위를 가장 좁게 파악하므로 죄형법정주의와 법치국가 요청에 부합한다는 장점이 있다.

② 실질적 객관설은 실질적으로 구성요건실현에 밀접한 행위를 하거나 보호법익에 대한 직접적 위험을 야기하였을 때, 예컨대 "자연적으로 보아 구성요건적 행위와 밀접하게 결합되어 있어서 그 구성요건의 본질적 요소로 보이는 행위가 있을 때(Frank)", "법익침해의 제1의 행위가 있었을 때"로 본다. 보호법익의 관점에서 실행의 착수시기를 정하기 때문에 구성요건해당행위의 전 단계에 있는 행위에 대해서도 실행의 착수를 인정할 수 있다는 장점이 있다. 그러나 법익침해에 대한 직접적 위험을 야기 또는 법익침해의 밀접성이란 기준은 불명확하고, 행위자의 범죄의사를 전적으로 도외시하고 객관적 측면만 부각시켰다는 비판을 받는다.

(2) 주관설

주관설은 범죄의사의 비약적 표동이 있을 때로 본다. 간첩죄에서 간첩이 국내에 잠입할 때 간첩행위의 실행의 착수가 있다고 본 판례가 이에 해당한다. 예비도 범죄의사의 표현이므로 예비와 미수의 구별이 명확하지 않고, 내부 의사에만 치중하므로 구성요건의 정형성(예컨대 밀가루반죽이 붕어빵의 모습을 갖도록 하는 틀을 떠올려보자)을 무시하여 죄형법정주의를 침해할 우려가 있다는 비판을 받는다.

(3) 절충설(주관적 객관설)

절충설은 독일 형법[14]의 입장으로, 행위자의 개별적 범죄계획에 따라(주관적 측면), 구성요건을 실현하는 행위가 직접적으로 개시된 때로 본다. 이때 '직접적으로'란 구성요건해당행위에 시간적·장소적으로 밀착될 때 또는 구성요건을 실현하기 위해 또 다른 본질적인 중간 단계의 행위가 더 이상 필요하지 않게 된 때를 의미한다. 절도죄에서 절취할 재물을 물색하거나 이에 접근할 때가 이에 해당한다. 행위자의 개별적 범죄계획이 실질적 객관설을 제한하는 기능을 한다. 곧, 객관적으로 구성요건실현을 위한 직접적인 행위가 있더라도 행위자의 범죄계획과 무관한 것이면 실행의 착수로 인정되지 않는다.

절충설에 따르면 범인이 살해의 의사로 독약이 든 음식물을 피해자의 냉장고에 넣어둔 경우, 피해자가 스스로 이 음식을 곧바로 꺼내먹고 죽을 것으로 생각하고 넣어 둔 것이면 실행의 착수가 인정되지만, 범인 자신이 이 음식을 꺼내 피해자에게 제공하려고 넣어 둔 것이면 실행의 착수가 부정된다.

---

14 제22조(개념정의) 자신의 의사에 따라 구성요건의 실현을 위한 행위를 직접 개시한 자는 미수범이다.

(4) 판례

판례(86도2256)가 절도죄의 경우에 채택하고 있는 "밀접행위설"은 실질적 객관설의 입장이다. 기습추행시도사건에서 甲에게 강제추행죄의 미수범이 성립한다고 판례는 본다(2015도6980). 여성을 추행하기 위해 뒤따라간 것으로 추행의 고의를 인정할 수 있고, 甲이 가까이 접근하여 갑자기 뒤에서 껴안는 행위는 A의 성적 자유를 침해하는 이른바 '기습추행'으로서 실행의 착수가 인정되고, 마침 A가 뒤돌아보면서 소리치는 바람에 몸을 껴안는 추행의 결과에 이르지 못했다는 것이다.

4. 불능범과 불능미수범

남성 甲은 자신의 집에서 여성 A와 함께 술을 마시던 중, 술에 취해 누워 있는 A의 하의를 벗긴 후 A를 1회 간음하였다. 당시 甲은 A가 만취하여 심신상실 상태에 있다고 생각하고 이를 이용한 것이었는데, 실제로 A는 반항이 불가능할 정도로 술에 취하지는 않았고 무서워서 가만히 있었다(준강간불능사건). 甲의 죄책은?

[2022년 제11회 변호사시험 형사법 문2의 일부]

가. 개념과 쟁점

형법 제27조의 제목은 불능범이지만, 판례는 ⓐ 실행의 수단이나 대상의 착오로 결과의 발생이 불가능할지라도 위험성이 존재하지 않는 경우만을 불능범이라고 부르고 처벌하지 않는 반면, ⓑ 위험성이 존재하는 경우는 불능미수라고 부르고 처벌하는데, 다만 임의적 감경 또는 면제한다(83도2967; 2005도8105; 2007도3687). 독일 형법에는 이런 불능범 개념이 없고, 불능미수 개념만 있다. 일본 형법에는 불능범과 불능미수 개념 모두 없다.

불능미수는 실제로는 구성요건에 해당하지 않음에도 불구하고 행위자가 구성요건에 해당한다고 오인하였다는 측면에서 구성요건에 해당함에도 불구하고 이를 인식하지 못한 사실의 착오와 다르다(2018도16002전합). 미신(迷信)범은 주술이나 미신적인 방법으로 구성요건적 결과를 실현하려는 행위를 가리킨다. 미신범은 구성요건해당성이 부정된다는 데 다툼이 없지만, 그 근거에 관해 고의결여설과 불능범설이 대립한다.

환상(幻想)범 또는 환각(幻覺)범은 반전된 금지착오로서, 자신의 행위가 법으로 금지된다고 생각했지만, 현실은 이를 금지하고 있지 않은 경우로 불가벌이다. 예컨대 일본에서 오래 생활한 한국인이 일본 형법의 중혼죄처럼 한국에도 이런 죄가 있다고 생각하고 자신의 중혼행위가 이 죄에 해당한다고 생각하면서 중혼행위를 하는 경우다.

불능미수의 구성요건은 '실행의 수단이나 대상의 착오로 인한 결과발생의 불가능'과 행위에 대한 '위험성의 존재'로 두 가지이다. 그런데 두 요건이 어떤 면에서는 모순처럼 생각될 수 있다. 결과발생이 불가능하면 위험성이 없고, 결과발생이 가능해야 위험성이 있다고 볼 수도 있기 때문이다.

이것이 '결과발생 불가능'과 '위험성'의 관계와 의미 및 그 존부의 판단기준에 관한 논의가 치열하고, 이에 따라 어떤 행위를 결과발생이 가능한 장애미수로 봐야 할지, 아니면 결과발생은 불가능하지만 위험성이 있는 불능미수로 봐야 할지, 이것도 아니면 결과발생도 불가능하고 위험성도 없는 불능범으로 봐야 할지 논란이 계속되는 이유이다.

나. 실행의 수단이나 대상의 착오로 인한 결과발생의 불가능

장애미수나 중지미수는 범죄의 실행에 착수할 당시 실행행위를 놓고 판단하였을 때 행위자가 의도한 범죄의 기수가 성립할 가능성이 있었으므로 처음부터 기수가 될 가능성이 객관적으로 배제되는 불능미수와 구별된다(2018도16002전합). 따라서 불능범이나 불능미수가 성립하려면 실행에 착수하였으나 '구성요건적 결과가 발생하지 않았다'는 것으로는 부족하고, 행위를 할 때부터 실행의 수단이나 대상의 착오로 인해 '구성요건적 결과의 발생이 불가능'해야 한다.

장애미수와 불능미수의 구별기준은 구성요건적 결과 발생의 가능성 여부인데, 이를 두고 견해의 대립이 있으나, 규범적 관점이 아니라 자연과학적·사실적 관점에서 판단해야 한다. 요구르트 한 병마다 섞은 농약 1.6cc가 그 치사량에 약간 미달한다 하더라도 이를 마시는 경우 사망의 결과 발생의 가능성을 배제할 수는 없다고 판례는 본다(83도3331). 또 일정량 이상을 먹으면 죽을 수도 있는 '초우뿌리'나 '부자' 달인 물을 마시게 하였으나 토해서 사망하지 않은 경우, 용량과 체질에 따라 다르지만 부작용으로 인한 사망이라는 결과의 발생가능성을 배제할 수 없다는 이유로 불능범이 아니라 살인미수라고 판례는 본다(2007도3687). 甲이 V소유 승용차의 브레이크호스를 잘라 브레이크액을 유출시켜 주된 제동기능을 완전히 상실시킴으로써 그 때문에 V가 그 자동차를 몰고 가다가 반대차선의 자동차와의 충돌을 피하기 위해 브레이크 페달을 밟았으나 전혀 제동이 되지 않아서 사이드브레이크를 잡아당김과 동시에 인도에 부딪히게 함으로써 겨우 위기를 모면한 경우도, 甲의 행위는 사망의 결과발생에 대한 위험성을 배제할 수 없으므로 살인미수라고 판례는 본다(90도1149). 이들 판례 모두 참조조문에 제27조가 있어서 불능미수를 인정한 것으로 볼 여지도 있지만, 판결문의 위 밑줄 친 부분과 같은 내용을 보면 모두 살인죄의 장애미수를 인정한 것으로 보는 것[15]이 옳다.

다. 위험성의 존재 여부의 판단기준

실행의 수단이나 대상의 착오로 인해 구성요건적 결과의 발생이 불가능한 경우에는 불능범인지, 아니면 불능미수인지 문제가 되는데, 그 구별기준은 위험성의 존재 여부이다. 이에 관해 견해의 대립이 있다.

(1) 학설

(가) 객관설

절대적 불능·상대적 불능설(구객관설, 형식적 객관설)은 절대적 불능은 구성요건의 실현이 개념적으로 불가능한 경우(例 설탕으로 살해하려고 하거나 사체를 살해하려고 하는 경우)이고, 상대적 불능은 일반적으로는 구성요건의 실현이 가능하지만 특정한 경우에는 불가능한 경우(例 치사량 미달의 독약으로 살해하려고 한 경우)로서, 절대적 불능은 불능범이지만 상대적 불능은 불능미수라고 본다.

법률적 불능·사실적 불능설은 프랑스학자들의 주장으로 법률적 불능(자기소유의 재물에 대한 절도)은 불능범이고, 사실적 불능은 불능미수라고 본다. 그런데 법률적 불능을 절대적 불능으

---

15 한상훈, "형법 제27조(불능범)에서 "결과발생의 불가능"과 "위험성" 표지의 구별기준", 형사법연구 제20권 제3호, 2008, 100면 이하.

로, 사실적 불능을 상대적 불능으로 이해하기도 하고, 법률적 불능을 구성요건의 흠결로, 사실적 불능을 단순한 사실의 흠결로 이해하기도 한다.

구체적 위험설(신객관설)은 행위 당시에 행위자가 인식한 사정과 일반인이 인식할 수 있었던 사정을 일반인의 관점에서 평가해서 위험성이 인정되는 경우는 불능미수라고 본다. 예컨대 명백히 사정거리 밖에 있는 자에 대해 사정거리 안에 있는 것으로 오인하고 총격한 경우는 불능범이라고 보는 반면, 치사량에 해당한다고 생각하고 살해하려 하였으나 치사량 미달의 독약이었던 경우는 불능미수라고 본다. 구체적 위험설은 행위 당시 행위자가 인식한 사정과 일반인이 인식할 수 있었던 사정이 일치하지 않는 경우에 어느 사정을 기초로 판단해야 하는지 불분명하다는 문제점을 안고 있으므로, 행위 당시 일반인이 인식한 사정만을 기초로 하여 일반인의 관점에서 위험성의 존부를 판단해야 한다는 변형된 구체적 위험설도 있다.

강화된 구체적 위험설은 판단대상은 추상적 위험설과 동일하지만, 판단관점을 일반인이 아니라 과학적 일반인에 두는 견해이다. 이런 엄격한 해석이 불능미수의 성립범위를 좁히려는 제27조의 입법취지에 부합한다는 게 그 이유이다.

(나) 주관설

주관설은 미수범의 처벌근거는 범죄의사의 표현에 있으므로 결과 발생이 객관적으로 불가능하더라도 위험성은 인정된다고 본다. 다만 미신범의 경우는 구성요건해당행위가 없으므로 예외적으로 불능범이라고 본다. 미신범을 불능미수로 포섭하지 않은 이유를 합리적으로 설명해 줄 수 없을 뿐만 아니라 행위자의 의사 이외에 객관적 요소를 고려하지 않으므로 미수범의 성립 범위를 지나치게 넓힐 염려가 있다는 비판을 받는다.

(다) 절충설

추상적 위험설(주관적 위험설, 행위자위험설)은 행위 당시에 행위자가 인식한 사정을 일반인의 관점에서 평가해서 위험성이 인정되는 경우, 예컨대 설탕으로 당뇨병환자를 살해하려고 한 경우,[16] 권총에 탄환을 집어넣어 사람을 쏘았는데 그 탄환은 도저히 사람을 죽일 수 없는 불발탄인 것으로 밝혀진 경우, 독약으로 오인하고 설탕을 먹여 살해하려고 한 경우 등은 불능미수라고 본다. 행위자가 느끼는 위험이라는 점에서 행위자위험설, 또 행위자가 인식한 사정만 위험성 판단의 대상이 된다는 점에서 주관적 위험설이라고 하며, 그러한 위험을 구체적인 행위자가 아니라 추상화된 일반인의 관점에서 파악한다는 점에서 추상적 위험설이라고 한다. 행위자가 경솔하게 잘못 안 경우에도 그 사실만을 기초로 위험성을 판단해야 하므로 부당하다.

인상설은 독일의 다수견해로, 행위자의 법적대적 의사실행이 법적 평화를 교란하기에 충분한 사회심리적 인상을 줄 때 위험성이 인정된다고 본다.[17] 독일 형법은 위험성을 불능미수의 요건으로 하지 않는다. 인상설은 미수범 일반의 처벌근거를 설명하는 것으로는 타당하지만, 불능미

---

16 단음식도 당뇨병의 (간접적인) 원인이 될 수 있지만, 당뇨병의 직접적인 원인은 혈당을 조절하는 췌장기능의 손상이다.
17 김일수, "소송사기의 불능과 불능미수: 대법원 1997년 7월 8일 선고 97도632판결", 법률신문 제2655호, 1997.

수의 전제조건인 위험성의 판단방법에 대해서는 아무런 답을 주지 못한다는 비판을 받는다.

(라) 위험성 요건 무의미설＝비독자적 위험성 개념설

형법 제27조의 위험성은 별도로 규정할 필요가 없는 불능미수의 당연한 요건으로서 독자성이 없는 무의미한 문언이라는 견해[18]는 불능미수는 제16조의 금지착오의 유형으로서 책임영역에서 다루어야 할 문제이고, 불가벌적 불능범은 언어유희로서 이론적 개념에 불과하다는 것이다. 그 이유는 위험하지 않아서 불가벌인 행위를 형법이 범죄로 규정할 수는 없으므로 '위험성'이라는 개념은 모든 범죄의 표지이고, 다만 위험성의 정도(양과 질)가 범죄마다 차이가 있을 뿐이라는 것이다.

(2) 판례: 절대적 불능·상대적 불능설과 추상적 위험설

"불능범은 범죄행위의 성질상 결과발생 또는 법익침해의 가능성이 절대로 있을 수 없는 경우를 말한다"라고 하여 절대적 불능·상대적 불능설의 입장인 판례(2007도3687)도 있으나, "위험성 판단은 행위자가 행위 당시에 인식한 사정을 객관적으로 일반인의 판단으로 보아 결과 발생의 가능성이 있느냐를 따져야 한다"라고 하여 추상적 위험설의 입장인 판례(2005도8105; 2018도16002전합)가 더 많다. 준강간불능사건의 丙에 대해서도 판례는 추상적 위험설의 입장에서 준강간죄의 불능미수가 성립한다고 본다(2018도16002전합). 丙이 행위 당시에 인식한 사정을 놓고 일반인이 객관적으로 판단하여 보았을 때 준강간의 결과가 발생할 위험성이 있다는 것이다.

사망자를 상대로 한 소송사기(2000도1881; 87도852[19]), 소송비용 편취를 위해 손해배상청구의 소를 제기한 사기(2005도8105[20]), 이미 배당금을 수령할 권리를 가진 임차인이 경매배당금을 편취할 의사로 임차인 명의를 처(妻)로 변경하고 경매법원에 배당을 요구한 사기(2001도6669[21])에서 판례는 모두 사기죄의 불능범을 인정한다.

---

18 천진호, "불능미수범의 위험성 판단－해석상의 오류를 중심으로－", 비교형사법연구 창간호, 1999, 85면 이하와 89면; 이정원, "불능미수에서 범죄실현의 불가능과 위험성", 형사정책연구 제18권 제4호, 2007, 11면 이하. 특히 21면 이하는 이를 지지하면서도 불능범 또는 불능미수는 범죄실현의 불가능성을 전제로 하는데, 이는 곧 범죄실현의 구체적 위험성과 같고 불능미수는 구체적 위험은 없지만 추상적 위험 내지 인상설에 따른 법질서에 대한 위험성은 인정된다고 본다.

19 사망한 자에 대한 판결은 그 내용에 따른 효력이 생기지 않아서 상속인에게 그 효력이 미치지 않는다.

20 민소법상 소송비용의 청구는 소송비용액 확정절차에 따라야 하므로 손해배상청구소송으로 소송비용의 지급을 구하는 것은 소의 이익이 없는 부적법한 소로서 허용될 수 없어서, 이런 청구방법에 관한 법률적 지식을 가진 일반인의 판단으로 보아 결과 발생의 가능성이 없어서 위험성이 인정되지 않는다.

21 보증금 3,000만원의 임대차계약을 체결한 임차인 甲은 임차건물에 거주하기는 하였으나 그의 처만이 전입신고를 마쳐서 甲 명의의 확정일자를 받아 두지 못한 상황에서 임차목적물에 대한 경매절차가 개시되자 불안감을 느끼고 임대인에게 요구해 임대차계약서를 처의 명의로 변경하여 확정일자를 받아서 경매법원에 위 보증금에 대한 배당요구를 하여 처 명의로 1,200만원을 배당받은 사건이다. 주택임대차보호법(주임법)의 대항력은 실제 거주자(전입신고한 자)가 계약의 명의자로서 확정일자를 받아야 발생하지만, 甲은 대항력을 갖추지 못했다고 하더라도 주임법 제8조를 근거로 소액임대차보증금에 대한 최우선변제권 행사로 배당금을 수령할 권리가 있으므로 경매법원이 실제의 甲을 처로 오인하여 배당결정을 하였더라도 이로써 재물의 편취라는 구성요건적 결과의 발생은 불가능하다고 봤다.

(3) 소결: 처벌의 필요성을 의미하는 정책적 개념

불능미수과 불능범은 모두 결과 발생의 불가능성을 전제로 하므로 모두 위험성이 없는 행위로 볼 수 있다. 그럼에도 다시 위험성을 기준으로 불능미수와 불능범을 구별하는 것은 국가의 관점에서 처벌의 필요성이 있는 행위와 없는 행위를 구별하기 위한 것이다. 이런 점에서 불능미수의 위험성은 정책적 개념이다. 추상적 위험 또는 법질서에 대한 위험은 처벌의 필요성을 포장해주는 해석적 개념에 불과하다.

라. 성전환여성에 대한 성기 삽입사건

여성으로 성전환수술을 받은 남성에 대한 성기 삽입사건[22]에서 강간죄의 불능미수라는 견해[23]가 있다. 그러나 강간죄가 아니라 강제추행죄라는 것이 당시 판례의 취지였다(96도791). 그 이유는 성전환여성은 성염색체의 구성, 본래의 내·외부성기의 구조, 수술 후에도 여성으로서 생식능력이 없는 점, 사회일반인의 평가와 태도 등을 보면 남성이라고 봐야 한다는 것이다. 그런데 성전환여성을 남성으로 보는 이 입장은 성전환여성의 호적정정 및 개명허가신청사건에서 2006년 변경되어(2004스42전합) 성전환여성도 여성으로 보게 되었고, 변경된 입장이 반영되어 그 후 강간죄가 인정된다(2009도3580). 현재는 형법이 개정되어 강간죄의 객체가 여성에서 사람으로 바뀌었다.

기출문제 ✎

01 성폭력범죄에 관한 설명 중 옳지 않은 것은? (다툼이 있는 경우에는 판례에 의하고 성폭력범죄 이외의 범죄 성립 여부는 논외로 함)
2012년 사법시험 형법 문40(배점 2)

① 골프장 여종업원들이 거부의사를 밝혔음에도, 골프장 사장과의 친분관계를 내세워 함께 술을 마시지 않을 경우 신분상의 불이익을 가할 것처럼 협박하여 이른바 '러브샷'의 방법으로 술을 마시게 한 것은 강제추행죄에 해당한다.

② 다른 특별한 사정이 없는 한 특수강간범이 강간행위 종료 전에 특수강도의 행위를 하고 계속하여 그 자리에서 강간행위를 하는 경우 특수강도가 부녀를 강간한 때에 해당하여 성폭력범죄의처벌등에관한특례법위반(특수강도강간등)죄가 성립한다.

③ 甲이 같은 시간에 같은 장소에서 부녀자들인 A와 B를 강제로 추행함에 있어 A의 반항을 억압하는 과정에서 깨어진 병조각을 휴대하고 있었다면 비록 B의 반항을 억압하는 과정에서는 이를 휴대하지 아니하고 있었다 하더라도 B에 대한 범행 역시 성폭력범죄의처벌등에관한특례법위반(특수강제추행)죄에 해당한다.

---

22 남성이 1995. 4. 24. 00:30 경 서울 소재 호텔 부근에서 호객행위를 하던 V를 승용차로 납치하여 골목길로 끌고 가서 폭행과 협박을 하여 V의 반항을 억압한 다음 차 안에서 성기를 V의 음부에 삽입하였는데, 실제는 V는 여성으로 성전환수술을 받은 남성이었다.

23 김일수, "합동강간치상죄의 불능미수-대법 1996. 6. 11, 96도791-", 고려대학교 판례연구 제8집, 1996, 118면; 정현미, "성전환수술자의 강간죄의 객체 여부", 형사판례연구[6], 박영사, 1998, 181면.

④ 甲이 에스컬레이터에서 카메라폰으로 A의 치마 속 신체 부위를 일정한 시간 동안 동영상 촬영하여 영상정보가 주 기억장치 등에 입력되었으나 카메라폰의 저장버튼을 누르지 않은 상태에서 경찰관에게 발각되었다면 성폭력범죄의처벌등에관한특례법위반(카메라등이용촬영)죄의 미수범이 성립한다.

⑤ 甲이 엘리베이터라는 폐쇄된 공간에서 여자인 A를 칼로 위협하는 등으로 꼼짝하지 못하도록 한 다음 자위행위 모습을 보여주고 A로 하여금 이를 외면하거나 피할 수 없게 한 행위는 성폭력범죄의처벌등에관한특례법위반(특수강제추행)죄에 해당한다.

해설 ✏️

④ ✕(2010도1067724), ① ○(2007도10050), ② ○(2010도9630), ③ ○(92도265), ⑤ ○(2009도13716)

정답 ④

02 성폭력범죄에 대한 설명으로 옳지 않은 것은? 2023년 국가직 7급 형법 문24

① 골프장 여종업원이 거부의사를 밝혔음에도 골프장 사장과의 친분관계를 내세워 함께 술을 마시지 않으면 신분상의 불이익을 가할 것처럼 협박하여 이른바 '러브샷'의 방법으로 술을 마시게 한 행위는 「형법」 제298조의 강제추행죄에 해당한다.

② 피고인이 타인의 주거에 침입하여 피해자를 강제추행한 경우, 「성폭력 범죄의 처벌 등에 관한 특례법」 제3조 제1항에 따라 주거침입강제추행죄로 가중처벌된다.

③ 다른 특별한 사정이 없는 한 강간범이 강간의 범행 후에 특수강도의 범의를 일으켜 그 피해자의 재물을 강취한 경우에는 이를 「성폭력 범죄의 처벌 등에 관한 특례법」 제3조 제2항 소정의 특수강도강간죄로 의율할 수 없다.

④ 甲이 카메라폰(촬영된 피사체의 영상정보가 기계장치 내의 RAM 등 주기억장치에 입력되어 임시저장되는 기능 탑재)을 가지고 에스컬레이터에서 A의 치마 속 신체 부위에 대한 동영상 촬영을 시작하여 일정한 시간이 경과하였다면, 설령 촬영 중 경찰관에게 발각되어 저장버튼을 누르지 않고 촬영을 종료하였더라도 「성폭력 범죄의 처벌 등에 관한 특례법」 제14조 제1항 카메라등이용촬영죄의 기수범이 성립한다.

---

24 '카메라 등 이용 촬영죄'는 카메라 기타 이와 유사한 기능을 갖춘 기계장치 속에 들어 있는 필름이나 저장장치에 피사체에 대한 영상정보가 입력됨으로써 기수에 이른다고 보아야 하지만, 최근 기술문명의 발달로 등장한 디지털카메라나 동영상 기능이 탑재된 휴대전화 등의 기계장치는, 촬영된 영상정보가 사용자 등에 의해 전자파일 등의 형태로 저장되기 전이라도 일단 촬영이 시작되면 곧바로 촬영된 피사체의 영상정보가 기계장치 내 RAM(Random Access Memory) 등 주기억장치에 입력되어 임시저장되었다가 이후 저장명령이 내려지면 기계장치 내 보조기억장치 등에 저장되는 방식을 취하는 경우가 많고, 이러한 저장방식을 취하고 있는 카메라 등 기계장치를 이용하여 동영상 촬영이 이루어졌다면 범행은 촬영 후 일정한 시간이 경과하여 영상정보가 기계장치 내 주기억장치 등에 입력됨으로써 기수이다. 촬영된 영상정보가 전자파일 등의 형태로 영구저장되지 않은 채 사용자에 의해 강제종료되었다고 하여 미수로 볼 수 없다.

② ✕(성폭법의 주거침입(준)강제추행죄에 대한 헌재의 위헌결정(2021헌가9등)에 따라 판례는 무죄 선고(2023도162), ① ○(2007도10050), ③ ○(88도1240: 강간죄와 강도죄의 실체적 경합), ④ ○(2010도10677)

정답 ②

03 실행의 착수에 관한 견해인 〈보기 1〉과, 이에 대한 내용 또는 비판인 〈보기 2〉를 올바르게 연결한 것은?

2008년 사법시험 형법 문34(배점 2)

┤ 보기 1 ├─

가. 법률에 기술된 구성요건에 해당하는 정형적인 행위 또는 적어도 구성요건에 해당한다고 볼 수 있는 행위의 일부를 실현하였을 때에 실행의 착수가 있다.

나. 행위자의 전체적 범행계획에 비추어 볼 때 행위가 당해 구성요건에 의하여 보호되는 법익에 대한 직접적인 위험을 발생시키는 행위로 볼 수 있을 때에 실행의 착수가 있다.

다. 보호법익에 대한 직접적 위험 또는 법익침해에 대한 밀접한 행위가 있으면 실행의 착수가 있다.

┤ 보기 2 ├─

A. 판단자의 자의가 개입될 여지가 있고, 행위자의 내심상태를 고려함이 없이 행위의 의미를 파악한다는 것은 불가능하다는 비판이 제기된다.

B. 이 견해에 의하면 외형적으로는 동일한 행위라도 행위자의 범행계획에 따라 의미가 달라질 수 있다.

C. 행위자의 내심만 고려하기 때문에 미수의 성립 범위가 지나치게 확대될 위험이 있다.

D. 실행의 착수를 인정하는 시점이 지나치게 늦어지기 때문에 예비행위의 영역이 넓게 확대되어 처벌의 공백이 생길 수 있다는 문제점이 있다.

① 가-A, 나-B, 다-D   ② 가-A, 나-C, 다 - D
③ 가-B, 나-C, 다-A   ④ 가-C, 나-A, 다 - D
⑤ 가-C, 나-B, 다-A   ⑥ 가-D, 나-A, 다-C
⑦ 가-D, 나-B, 다-A   ⑧ 가-D, 나-B, 다 - C

해설 ✎

가: 형식적 객관설, 나: 주관적 객관설, 다: 실질적 객관설

정답 ⑦

04 다음 문장의 ( )안에 아래 (a)에서 (l)까지의 〈어구〉 중 적당한 말을 골라 넣으면 실행의 착수에 관한 설명이 된다. 알맞게 짝지은 것은? 2007년 사법시험 형법 문20(배점 3)

> "실행의 착수시기에 관하여 (㉠)은 (㉡)에 실행의 착수를 인정하는 (㉢)과 (㉣)에 실행의 착수를 인정하는 (㉤)으로 나누어진다. (㉢)에 대해서도 강도, 강간 등과 같은 결합범에서는 실행의 착수를 확정하기가 용이하지만 하나의 행위로 이루어진 범죄에서는 실행의 착수를 확정하기 곤란하고, 실행의 착수시기를 너무 늦게 잡음으로써 처벌의 공백이 생길 수 있다는 비판이 가해진다. 이에 대해 (㉥)은 (㉦)에 따라 구성요건 실행행위가 직접 개시되었을 때를 실행의 착수시기로 본다.
>
> 〈어구〉
> (a) 주관설 (b) 객관설 (c) 절충설 (d) 형식적 객관설 (e) 실질적 객관설 (f) 주관적 객관설
> (g) 범의를 징표하는 외부적 행위가 개시된 때
> (h) 구성요건해당행위가 개시된 때
> (i) 구성요건(또는 법익침해)에 대한 밀접한 행위가 개시된 때
> (j) 행위에 의해 표현된 법적대적 의사
> (k) 행위가 지닌 법익침해의 위험성
> (l) 행위자의 범행계획

① ㉡–(i), ㉢–(c), ㉣–(g), ㉦–(j)　　② ㉡–(h), ㉢–(d), ㉣–(i), ㉦–(l)

③ ㉡–(i), ㉢–(d), ㉣–(h), ㉦–(k)　　④ ㉡–(h), ㉢–(f), ㉣–(g), ㉦–(l)

⑤ ㉡–(g), ㉢–(e), ㉣–(i), ㉦–(j)

해설 🖋

순서대로 b, h, d, i, e, d, f, l　　　　　　　　　　　　　　　　　　**정답** ②

---

05 미수범에 대한 설명으로 옳지 않은 것은? (다툼이 있는 경우 판례에 의함) 2022년 국가직 9급 형법 문9

① 장애미수범(「형법」 제25조)에 해당하기 위하여는 물론이고 중지미수범(「형법」 제26조)에 해당하기 위하여도 실행의 착수가 있어야 한다.

② 중지미수범은 임의적 형감면사유에 해당하지만, 불능미수범(「형법」 제27조)은 필요적 형감면사유에 해당한다.

③ 상대방을 살해할 목적으로 낫을 들고 상대방에게 다가섰지만 제3자가 이를 제지하는 사이에 상대방이 도망함으로써 그 목적을 이루지 못한 경우는 살인죄의 미수범에 해당한다.

④ 불능미수범에서 말하는 '실행의 수단 또는 대상의 착오'는 행위자가 시도한 행위방법 또는 행위객체로는 결과의 발생이 처음부터 불가능하다는 것을 의미한다.

해설 🖋

② ✕(중지미수범은 필요적 형벌 감면사유이나, 불능미수범은 임의적 형벌 감면사유)　　**정답** ②

06 불능범과 불능미수를 구별하는 기준으로서 '위험성'의 판단방법에 관한 설명 중 옳은 것을 모두 고른 것은?

2005년 사법시험 형법 문32

> ㄱ. 주관설에 대해서는 불능미수의 한계를 명확히 할 수 없고, 행위자의 의사 이외에 객관적 요소를 고려
> 하지 않으므로 미수범의 성립범위를 과도하게 넓힐 우려가 있다는 비판이 제기되고 있다.
> ㄴ. 구객관설은 결과발생의 불가능성을 절대적 불능과 상대적 불능으로 구별하여 전자의 경우에는 위험
> 성을 부정하여 불능범이 되고 후자의 경우에는 위험성을 인정하여 불능미수가 된다는 견해이다.
> ㄷ. 구체적 위험설에 대해서는 행위자가 인식한 사정과 일반인이 인식할 수 있었던 사정이 일치하지 않는
> 경우에 어느 사정을 기초로 판단할 것인가가 명확하지 않다는 비판이 제기되고 있다.
> ㄹ. 추상적 위험설은 밀가루를 독약으로 알고 먹인 경우에 행위자가 인식한 대로라면 일반인의 입장에서
> 도 위험성이 있다고 판단되는 때에는 불능미수에 해당한다고 한다.
> ㅁ. 추상적 위험설에 대해서는 행위자가 경솔하게 잘못 안 경우에도 그 사실을 기초로 위험성을 판단해야
> 한다는 것은 부당하다는 비판이 제기되고 있다.
> ㅂ. 구객관설은 시체를 살아있는 사람으로 오인하고 발포한 경우, 치사량미달의 독약을 음용하게 하여
> 사람을 살해하려고 한 경우에는 결과발생이 개념적으로 불가능한 절대적 불능으로 보아 위험성을 부
> 정하여 벌할 수 없다고 한다.

① ㄱ, ㄴ, ㄷ, ㄹ   ② ㄱ, ㄴ, ㄷ, ㄹ, ㅁ   ③ ㄱ, ㄴ, ㄷ, ㅁ
④ ㄱ, ㄴ, ㄹ, ㅂ   ⑤ ㄴ, ㄷ, ㄹ, ㅁ, ㅂ

해설 ✏

ㅂ: ✕(치사량 미달 독약으로 사람을 살해하려고 한 경우 구객관설에 따르면 상대적 불능) **정답** ②

07 〈보기 1〉은 불능범과 불능미수를 구별하는 기준인 「형법」 제27조의 위험성에 관한 학생들의 주장이고, 〈보기 2〉
는 사례이다. 〈보기 2〉의 사례를 〈보기 1〉의 각각의 주장에 따라 판단할 경우, 다음 연결 중 살인죄의 불능범인
것은?

2015년 사법시험 형법 문3(배점 2)

┤ 보기 1 ├

- 학생A: 행위자에게 범죄를 실현하려는 의사가 있고 이를 표현하는 행위가 있으면 위험성을 인정해야
  한다.
- 학생B: 위험성의 유무를 행위 당시에 일반인이 인식할 수 있었던 사정만을 기초로 일반인의 관점에서
  판단해야 한다.
- 학생C: 위험성의 유무를 행위 당시에 행위자가 인식한 사실만을 기초로 일반인의 관점에서 판단해야
  한다.

┌─ 보기 1 ├─

ㄱ. 甲은 설탕을 독약으로 오인하고 乙을 살해하기 위해 설탕을 먹였다. 乙은 죽지 않았다.

ㄴ. 甲은 乙을 살해하기 위해 독약을 준비하여 치사량에 해당한다고 생각하고 乙에게 먹였으나 치사량에 조금 미달하여 乙이 죽지 않았다.

ㄷ. 甲은 乙을 공기총으로 살해하기로 마음먹고 乙이 착탄거리 안에 있다고 생각하고 총을 발사하였는데, 누가 보더라도 乙은 공기총의 착탄거리 밖에 있음을 쉽게 알 수 있었다.

① 학생A−ㄱ   ② 학생B−ㄴ   ③ 학생C−ㄴ

④ 학생B−ㄷ   ⑤ 학생C−ㄱ

해설 ✎

학생A는 주관설, 학생B는 변형된 구체적 위험설, 학생C는 추상적 위험설. 학생B는 구체적 위험설의 한계를 해결하기 위해 일반인이 인식할 수 있었던 사정만을 기초로 일반의 관점에서 판단하는 견해이다.   **정답** ④

---

08 불능미수에 관한 설명으로 가장 적절하지 않은 것은? (다툼이 있는 경우 판례에 의함)

2019년 2차 순경시험 형법 문7

① 불능미수는 행위자가 실제로 존재하지 않는 사실을 존재한다고 오인하였다는 측면에서 존재하는 사실을 인식하지 못한 사실의 착오와 다르다.

② 장애미수 또는 중지미수는 범죄의 실행에 착수할 당시 실행행위를 놓고 판단하였을 때 행위자가 의도한 범죄의 기수가 성립할 가능성이 있었으므로 처음부터 기수가 될 가능성이 객관적으로 배제되는 불능미수와 구별된다.

③ '결과 발생의 불가능'은 실행의 수단 또는 대상의 원시적 불가능성으로 인하여 범죄가 기수에 이를 수 없는 것을 의미한다.

④ 준강간죄가 성립하기 위해서는 피해자의 '심신상실 또는 항거불능의 상태를 현실적으로 이용'할 필요는 없고, 피해자가 사실상 심신상실 또는 항거불능 상태에 있기만 하면 족하며 피고인이 이를 알고 있을 필요도 없다.

해설 ✎

2018도16002전합의 준강간불능사건 문제화 ④ ✕(2018도16002전합: 준강간의 고의는 피해자가 심신상실 또는 항거불능의 상태에 있다는 것과 그러한 상태를 이용하여 간음한다는 구성요건적 결과 발생의 가능성을 인식하고 그러한 위험을 용인하는 내심의 의사), ① ○(2018도16002전합), ② ○(2018도16002전합), ③ ○(2018도16002전합)   **정답** ④

09 불능미수에 관한 다음 설명 중 옳지 않은 것은? (다툼이 있는 경우에는 판례에 의함)

2010년 사법시험 형법 문21(배점 2)

① 사망한지 얼마 되지 않은 사람을 살아있는 사람으로 오인하고 살해할 의사로 총을 발사한 경우 구객관설에 따르면 불능범이다.

② 치사량에 해당한다고 생각하고 살해하려 하였으나 치사량 미달의 독약이었던 경우 구체적 위험설에 따르면 불능범이다.

③ 설탕으로도 사람을 죽일 수 있다고 생각하고 설탕을 먹인 경우 주관설에 따르면 불능미수이다.

④ 독약으로 오인하고 설탕을 먹여 살해하려고 한 경우 추상적 위험설에 따르면 불능미수이다.

⑤ 소송비용을 편취할 의사로 소송비용의 지급을 구하는 손해배상청구의 소를 제기한 경우 사기죄의 불능범에 해당한다.

해설 ✎

② ×(불능미수), ⑤ ○(2005도8105)

정답 ②

---

10 괄호 안의 범죄에 대한 불능미수가 성립하는 경우는?

2023년 국가직 9급 형법총론 문17

① 부동산을 편취할 의사로 이미 사망한 자에 대하여 소유권이전등기청구의 소를 제기하였다. (사기죄)

② 이미 배당금을 수령할 권리를 가진 임차인이 경매배당금을 편취할 의사로 임차인 명의를 처(妻)로 변경하고 경매법원에 배당요구를 하였다. (사기죄)

③ 소송비용을 편취할 의사로 소송비용의 지급을 구하는 손해배상금 청구의 소를 제기하였다. (사기죄)

④ 피해자를 항거불능상태라고 인식하고 추행하였으나 피해자는 이미 사망한 상태였다. (준강제추행죄)

해설 ✎

④ ○(2013도5355의 취지: 불능미수), ① ×(2000도1881: 불능범), ② ×(2001도6669: 불능범), ③ ×(2005도8105: 불능범)

정답 ④

---

11 다음 사례에서 불능미수의 학설에 관한 설명으로 가장 적절하지 않은 것은?

2020년 1차 순경시험 형법 문7

> 甲은 평소 맘에 들지 않던 乙이 동네 벤치에 누워있는 것을 발견하고 살해하기 위해 총을 발사하였다. 그러나 乙은 甲이 총을 발사하기 전에 이미 심장마비로 사망한 상태였다.

① 구객관설(절대적 불능·상대적 불능 구별설)에 의하면 결과발생이 어떠한 경우에도 개념적으로 불가능하여 위험성이 인정되지 않는다.

② 구체적 위험설에 의하면 일반인이 乙을 살아 있는 것으로 오인한 경우뿐만 아니라 乙을 사망한 것으로 인식한 경우에도 행위자 甲의 인식이 우선시되므로 위험성이 인정된다.

③ 추상적 위험설에 의하면 甲은 乙을 살아 있는 사람으로 인식하고 있었으므로 위험성이 인정된다.

④ 주관설에 의하면 위 사례의 경우 위험성이 인정된다.

② ✕(행위자가 인식한 사정과 일반인이 인식한 사정이 불일치하는 경우 어느 사정을 기초로 판단해야 하는지 불분명하다는 게 구체적 위험설의 한계)　　　　　　　　　**정답** ②

12 다음 학생 중 가별적 불능미수 또는 불가별적 불능범에 대하여 올바르게 설명하고 있는 학생을 모두 고른 것은?
(다툼이 있는 경우에는 판례에 의함)　　　　　　　　　　　2008년 사법시험 형법 문32(배점 2)

> 보미: 가별적 불능미수란 구성요건요소가 존재하지 아니함에도 불구하고 이를 존재한다고 착오한 경우라
> 　　　는 점에서 반전된 금지착오의 형태라고 볼 수 있다.
> 현정: 가별적 불능미수의 판단 기준에 관한 추상적 위험설에 의하면 위험성 판단은 행위자가 행위 당시에
> 　　　인식한 사정을 기초로 이것이 객관적으로 일반인의 판단으로 보아 결과 발생의 가능성이 있느냐를
> 　　　따져야 한다.
> 영준: 소송비용을 편취할 의사로 소송비용의 지급을 구하는 손해배상청구의 소를 제기한 경우에는 사기
> 　　　죄의 불가별적 불능범에 해당된다.
> 혜미: 결과발생이 처음부터 불가능한 것을 알면서 행위자가 이를 실행한 경우, 위험성이 있다고 인정되
> 　　　면 가별적 불능미수가 성립한다.
> 창수: 일정량 이상을 먹으면 사람이 죽을 수도 있는 약초인 '부자' 달인 물을 마시게 하여 피해자를 살해
> 　　　하려다 미수에 그친 행위는 불가별적 불능범이 아닌 살인미수죄에 해당한다.

① 영준, 창수　　　　　　② 보미, 현정, 영준　　　　　③ 현정, 영준, 창수
④ 현정, 혜미, 창수　　　　⑤ 보미, 현정, 영준, 창수　　⑥ 현정, 영준, 혜미, 창수

현정: ○, 영준: ○(2005도8105), 창수: ○(2007도3687), 보미: ✕(반전된 사실의 착오), 혜미: ✕(고의는 기수의 고의이어야 하는데, 미수의 고의이므로 불가별)　　　　　　　　　**정답** ③

탐구 과제

> • 함정수사란 무엇인가? 범의유발형 함정수사란? 그럼 기회제공형 함정수사란?
> • 불능미수의 중지미수란?
> • 주체의 착오란, 공무원이 아닌 사람이 자신을 공무원이라고 착각하고 뇌물을 받은 경우, 수뢰죄가 성립할까?

09 강

형총: 정당방위와 긴급피난의 구별과 피해자의 승낙 및 정당행위

형총: 정당방위와 긴급피난의 구별과 피해자의 승낙 및 정당행위

구성요건해당성이 인정되는 행위에 대해 위법성이 인정되는지 판단한다. 이는 위법성조각사유가 있는지 여부를 판단하는 소극적 판단이다. 대표적인 위법성조각사유인 정당방위와 긴급피난의 본질과 차이점을 이해하고, 피해자의 승낙과 정당행위의 의미를 본다.

⚖ 사례

甲이 경찰관의 불심검문을 받아 운전면허증을 교부한 후 경찰관이 그 운전면허증을 곧바로 돌려주지 않자 화가 나서 경찰관에게 큰소리로 욕설을 하였는데, 경찰관은 모욕죄의 현행범으로 체포하겠다고 고지한 후 甲의 오른쪽 어깨를 붙잡자 반항하면서 경찰관에게 상해를 가한 행위는 정당방위인가?

🔍 해결

1. 위법성과 형법총칙의 5가지 위법성조각사유

위법성은 구성요건해당행위가 법에 어긋난다는 판단이다. 어떤 행위가 구성요건에 해당하면 위법성이 추정된다. 그런데 그 행위가 위법성조각사유에 해당하면 추정된 위법성이 깨진다. 어떤 행위가 구성요건에 해당하면 형식적 위법성이 인정되지만 만일 위법성조각사유가 있다면 그 행위의 실질적 위법성이 부정된다(2017도2760).

> 제20조(정당행위) 법령에 의한 행위 또는 업무로 인한 행위 기타 사회상규에 위배되지 아니하는 행위는 벌하지 아니한다.
>
> 제21조(정당방위) ① 현재의 부당한 침해로부터 자기 또는 타인의 법익(法益)을 방위하기 위하여 한 행위는 상당한 이유가 있는 경우에는 벌하지 아니한다.
> ② 방위행위가 그 정도를 초과한 경우에는 정황(情況)에 따라 그 형을 감경하거나 면제할 수 있다.
> ③ 제2항의 경우에 야간이나 그 밖의 불안한 상태에서 공포를 느끼거나 경악(驚愕)하거나 흥분하거나 당황하였기 때문에 그 행위를 하였을 때에는 벌하지 아니한다.
>
> 제22조(긴급피난) ① 자기 또는 타인의 법익에 대한 현재의 위난을 피하기 위한 행위는 상당한 이유가 있는 때에는 벌하지 아니한다.
> ② 위난을 피하지 못할 책임이 있는 자에 대하여는 전항의 규정을 적용하지 아니한다.
> ③ 전조 제2항과 제3항의 규정은 본조에 준용한다.

제23조(자구행위) ① 법률에서 정한 절차에 따라서는 청구권을 보전(保全)할 수 없는 경우에 그 청구권의 실행이 불가능해지거나 현저히 곤란해지는 상황을 피하기 위하여 한 행위는 상당한 이유가 있는 때에는 벌하지 아니한다.
② 제1항의 행위가 그 정도를 초과한 경우에는 정황에 따라 그 형을 감경하거나 면제할 수 있다.

제24조(피해자의 승낙) 처분할 수 있는 자의 승낙에 의하여 그 법익을 훼손한 행위는 법률에 특별한 규정이 없는 한 벌하지 아니한다.

2. 정당방위

가. 현재의 부당한 침해로부터 자기·타인의 법익(法益)을 방위하기 위한 상당한 행위

정당방위의 대상은 '현재의 부당한 침해'이어야 한다. 방어행위에는 순수한 수비적 방어뿐 아니라 적극적 반격을 포함하는 반격방어의 형태도 포함된다(92도2540). 방위행위가 침해행위를 격퇴하기 위한 유일한 수단 내지 최후수단일 필요가 없다. 곧 보충성 원칙이 적용되지 않는다. 또 방위행위에 의해 보호되는 법익과 침해되는 법익 사이에 균형이 유지될 필요도 없다. 곧 이익균형의 원칙도 적용되지 않는다. 乙이 V의 강간을 피하기 위해 V의 혀를 절단한 경우, 乙의 상해행위는 상당성이 인정되어 정당방위이다(89도358).

경찰관이 甲을 체포한 행위는 적법한 공무집행이라고 볼 수 없으므로 甲의 행위는 불법체포에 대한 정당방위로서 공무집행방해죄와 상해죄가 성립하지 않는다(2011도3682). 경찰관의 불심검문에 응하여 이미 운전면허증을 교부한 상태이고, 경찰관뿐 아니라 인근 주민도 욕설을 직접 들었으므로 甲이 도망하거나 증거를 인멸할 염려가 있다고 보기는 어려워서 현행범 체포의 요건을 갖추지 못했고, 甲의 모욕 범행은 불심검문에 항의하는 과정에서 저지른 일시적, 우발적인 행위로서 사안 자체가 경미할 뿐 아니라, 피해자인 경찰관이 범행현장에서 즉시 범인을 체포할 급박한 사정이 있다고 보기도 어렵다.

나. 예방적 정당방위

침해의 현재성이 부정되는 경우에는 정당방위가 부정된다. 그런데 폭처법은 아래에서 보듯이 현재성 요건을 완화하여 예방을 위한 정당방위를 인정하고 있다.

폭처법 제8조(정당방위 등) ① 이 법에 규정된 죄를 범한 사람이 흉기나 그 밖의 위험한 물건 등으로 사람에게 위해(危害)를 가하거나 가하려 할 때 이를 예방하거나 방위하기 위하여 한 행위는 벌하지 아니한다.
② 제1항의 경우에 방위 행위가 그 정도를 초과한 때에는 그 형을 감경한다.
③ 제2항의 경우에 그 행위가 야간이나 그 밖의 불안한 상태에서 공포·경악·흥분 또는 당황으로 인한 행위인 때에는 벌하지 아니한다.

3. 긴급피난

근처 사격장에서 총알이 날아와서 아이를 맞히려는 순간(A) 그 아이의 엄마 甲은 옆에 있던 乙의 가방을 날아오는 총알에 던져서 아이를 구한 경우, 甲을 손괴죄로 처벌할 수 있을까? 만일 乙이 자신의 가방을 보호하기 위해 甲을 밀어서 상해를 입힌 경우 乙을 상해죄로 처벌할 수 있을까?

A 상황에서 엄마 甲은 옆에 있던 乙의 아이를 날아오는 총알에 던져서 아이를 구한 경우, 甲을 살인죄로 처벌할 수 있을까? 만일 乙이 자신의 아이를 구하기 위해 오히려 甲을 밀어서 상해를 입히고 甲의 아이가 사망한 경우 乙을 상해죄로 처벌할 수 있을까?

가. (정당화적) 긴급피난의 요건

자기·타인의 법익에 대한 현재의 위난을 피하기 위한 행위로서 아래의 상당성 요건을 갖추면 긴급피난으로서 위법성이 조각된다(2005도9396). ① 피난행위가 위난에 처한 법익을 보호하기 위한 유일한 수단이어야 하고(보충성원칙), ② 피해자에게 가장 경미한 손해를 주는 방법을 택하여야 하며(최소침해원칙), ③ 피난행위에 의해 보전되는 이익은 이로 인해 침해되는 이익보다 우월해야 하고(우월한 이익원칙), ④ 피난행위 그 자체가 사회윤리나 법질서 전체의 정신에 비추어 적합한 수단이어야 한다(적합성원칙). 甲이 잠을 자고 있는 V(女)를 간음하기 위해 몸에 손을 대는 순간 V가 놀라 소리치자, V의 입을 왼손으로 막고 오른손으로 하의를 벗겼는데, 그러던 중 V가 甲의 손가락을 깨물며 반항하자 손가락이 끊어질 것과 같은 통증을 느낀 甲이 깨물린 자기 손가락을 비틀어 빼는 과정에서 V의 치아 1개가 부러지게 된 경우, 강간치상죄가 성립한다(94도2781). 그 이유는 이 상해는 자신이 저지른 강간 중에 발생한 것이고, 손가락을 비틀어 뺀 행위는 자초위난으로서 긴급피난행위로 볼 수 없기 때문이다.

나. 면책적 긴급피난과 구별

2005. 1. 16. 히말라야 촐라체 북벽(6440m) 등정에 성공한 甲(70kg)과 乙(78kg)은 이른바 '자일파티(한 줄로 몸을 연결한 등반 동료)'로서 산을 내려오던 중 乙이 23m 아래 크레바스(빙하의 갈라진 틈새)에 빠져서, 두 사람은 자일 하나에 생명을 의지한 채 필사적으로 버티다가 9일 만에 구출되었다(조난사건). 만일 甲이 자일을 끊었다면 국가는 甲을 살인죄로 처벌할 수 있는가? 甲에게 기대가능성이 없다는 이유로 처벌할 수 없다면, 그런 기대가능성의 형법적 근거는 무엇인가?

이 조난사건처럼 피난행위로 보전되는 이익(생명)이 피난행위로 침해되는 이익(생명)보다 우월하다고 할 수 없는 경우에도 상당성이 부정되므로 위법성이 조각되지 않는다. 그런데 甲이 자일을 끊지 않고 버려서 乙을 살릴 것을 甲에게 기대할 수 없다는 이유로 甲을 처벌할 수 없다는 견해도 있다. 다시 말해 적법행위에 대한 기대가능성이 없으므로 책임을 물을 수 없다는 것이다.

이처럼 기대가능성을 책임조각사유로 보고, 조난사건에서 甲을 처벌하지 않을 경우 어떤 조문을 적용할 것인지 다툼이 있다. ① 책임을 조각시키는 면책적 긴급피난을 인정하고, 이것과 위법성을 조각시키는 정당화적 긴급피난과 구별하여, 제22조의 긴급피난을 정당화적 긴급피난과 면책적 긴급피난으로 2가지로 이해하는 입장(이분설, 이원설, 면책적 긴급피난설)은 제22조를 적용한다. 긴급피난의 3번째 요건인 '상당성'을 기대가능성의 의미도 가진 것으로 해석한 것이다. 이원설은 제22조가 기대불가능성에 따른 면책적 긴급피난도 규정한 것이라고 해석하므로, 초법규적('법규로 존재하지 않음'의 의미로서, '초현실적'과 같은 어감) 책임조각사유를 별도로 인정할 필요가 없다. 초법규적 책임조각사유를 인정하면 형법의 보장적 기능을 약화시킬 위험이 있으므로 부당하다는 것이 그 이유다. 초법규적으로 형법차원을 넘어서려면 상위의 법률인 헌법으로부터 규범적 타당성에 대한 근거가 도출되어야 하는데, 헌법에 명문규정이 있는 것도 아니고 헌법적으로 근거지우려는 시도도 보이지 않는다. 기대불가능성은 책임개념에 대한 명백한 내용과 기준을 제시하는 것이 아니므로 경우에 따라 법적용의 형평성을 잃게 되어 책임주의를 침해하게 된다. 과실범과 부작위범의 경우는 기대불가능성이 책임조각사유가 될 수 있어도 고의작위범의 경우는 특히 실정형법의 규정을 떠나서 책임을 조각시킬 수 없다. 고의작위범의 경우 기대불가능성은 책임귀속의 구성원칙이라기보다는 책임의 범위와 한계를 명백히 해 주는 '규제적 법원칙'으로 파악한다. 이분설에 따르면 예컨대 날아오는 총알을 피하기 위해 甲이 자신의 옆에 있던 V의 가방을 총알을 향해 던져서 총알의 방향을 바꾼 경우 甲이 V의 가방을 손괴한 행위는 정당화적 긴급피난인 반면, 날아오는 총알에 甲이 V를 대신 밀어서 V가 맞게 해서 V가 사망한 경우 甲이 V를 사망하게 한 행위는 면책적 긴급피난이다. 정당화적 긴급피난은 위법성이 조각되는 합법적 행위인 반면, 면책적 긴급피난은 불법적 행위이지만 책임이 조각되는 행위이다. 따라서 자신의 가방을 보호하기 위한 乙의 상해행위는 정당방위가 될 수 없으나 자신의 아이를 보호하기 위한 乙의 상해행위는 정당방위가 될 수 있다.

이와 달리 ② 제22조의 긴급피난은 정당화적 긴급피난만 의미한다고 보는 입장(일원설, 위법성조각설, 초법규적 책임조각사유설)은 기대불가능성을 원인으로 한 초법규적 책임조각사유를 인정하고, 甲은 이에 근거해서 책임이 조각된다고 본다. 이 입장은 독일의 면책적 긴급피난과 같은 규정을 우리는 두고 있지 않아서 책임조각규정이 불충분하므로 초법규적 책임조각사유를 인정하여 구체적 타당성을 얻을 필요가 있다고 본 것이다.

4. 피해자의 승낙

가. 피해자의 승낙과 법률의 특별한 규정

피해자의 승낙의 유무에 관계없이 처벌되는 행위가 있다. 13세 미만자와 성행위 및 13~15세와 19세 이상자의 성행위(제305조), 피구금부녀간음죄(제303조 제2항), 아동혹사죄(제274조)가 이에 해당한다.

피해자의 승낙이 단지 행위의 불법을 감소시키는 경우도 있다. 살인죄(사형, 무기, 5년 이상 징역)보다 법정형이 낮은 촉탁·승낙살인죄(1년 이상 10년 이하 징역)가 그렇다.

나. 피해자의 승낙에 관한 판례

(1) 개인적 법익에 관한 범죄

자궁외임신사건[1]에서 V의 승낙은 부정확 또는 불충분한 설명을 근거로 이루어진 것이라는 이유로 무효이고 업무상과실치상죄가 성립한다(92도2345).

甲이 V와 공모하여 보험사기를 목적으로 V에게 상해를 입힌 경우, 甲의 상해는 V의 승낙으로 위법성이 조각되지 않는다(2008도9606). 그 이유는 피해자의 승낙으로 위법성이 조각되려면, 그 승낙이 개인적 법익에 대한 것으로서 법률상 이를 처분할 수 있는 사람의 승낙이어야 할 뿐만 아니라 윤리적·도덕적으로 사회상규에 반하는 것이 아니어야 하는데, V의 승낙은 위법한 목적에 이용하기

---

1 산부인과 전문의 수련 중인 의사 甲이 피해자 V가 자궁외임신을 한 것인데도 자궁근종으로 오진하고 이에 근거하여 의학에 대한 전문지식이 없는 V에게 자궁적출술의 불가피성만을 설명하고 V로부터 수술승낙을 받아 수술하였다.

위한 것이기 때문이다.

甲이 V가 사용 중인 공중화장실의 용변 칸에 노크하였는데, V가 남편으로 오인하고 용변 칸 문을 열자 강간할 의도로 용변 칸에 들어간 경우, V의 명시적·묵시적 승낙을 인정할 수 없으므로 주거침입죄가 성립한다(2003도1256).

예금주인 현금카드 소유자를 협박하여 갈취한 카드로 현금자동지급기에서 현금을 인출한 경우, 공갈죄 외에 절도죄는 성립하지 않는다(2007도1375). 예금 인출 행위는 하자 있는 의사표시이기는 하지만 피해자의 승낙에 따른 것이고, 피해자가 그 승낙의 의사표시를 취소하기까지는 현금카드를 적법, 유효하게 사용할 수 있으므로, 은행으로서도 피해자의 지급정지 신청이 없는 한 그의 의사에 따라 그의 계산으로 적법하게 예금을 지급할 수밖에 없기 때문이다. 이와 달리 강취한 현금카드로 현금자동지급기에서 예금을 인출한 경우, 강도죄와 절도죄가 모두 성립한다(2007도1375). 현금카드의 사용에 관한 승낙의 의사표시가 없기 때문이다.

(2) 사회적 법익에 관한 범죄

그런데 공문서의 작성권자가 직접 서명하지 않고 甲에게 지시하여 자기의 서명을 흉내 내어 공문서의 결재란에 대신 서명하게 한 경우, 판례는 甲의 행위는 작성권자의 지시 또는 "승낙"에 의한 것으로서 공문서위조죄의 "구성요건해당성이 조각"된다고 본다(82도1426). 이는 공문서에 대한 공공의 신뢰와 같은 사회적 법익도 피해자의 승낙의 대상이 될 수 있고, 또 공문서위조죄의 경우 피해자의 승낙은 양해라고 본 것이다. 또한 판례는 사문서의 경우 명시적·묵시적·추정적 승낙이 인정되면 "위·변조죄에 해당하지 않는다"고 하고 있다(2002도235. 同旨: 97도183). 사문서의 경우 피해자의 승낙은 양해를 의미하지 않는다고 볼 여지도 있지만, 적어도 공문서의 경우와 동일한 법적 효과를 부여하는 것이 옳으므로, 사문서의 경우도 피해자의 승낙은 양해를 의미한다고 본다.

그러나 사문서위조나 공정증서원본불실기재가 성립한 후에 피해자의 동의 또는 추인이 있는 경우, 그 사정은 이미 성립한 범죄의 성립에 영향이 없다(2007도2714).

甲이 자신의 아버지 F로부터 F소유 부동산 매매에 관한 권한 일체를 위임받아 이를 매도하였는데, 그 후 F가 갑자기 사망하자 소유권 이전에 사용할 목적으로 F가 자신에게 인감증명서 발급을 위임한다는 취지의 인감증명 위임장을 작성하여 주민센터 담당직원에게 제출한 사건에서, 판례는 사망자 명의의 사문서위조죄는 사망한 명의자의 승낙이 추정된다고 해서 그 성립이 부정되지 않는다고 본다(2011도6223).[2]

---

2 그 이유는 F의 사망으로 포괄적인 명의사용의 근거가 되는 위임관계 내지 포괄적인 대리관계는 종료된 것으로 봐야 하므로 더 이상 F의 명의를 사용할 수 없고, 만일 위 문서를 진정문서로 보게 되면 사망자 명의의 문서를 생존자 명의의 문서로 인정하는 셈이 되어 문서에 대한 공공의 신용을 보호법익으로 하려는 문서범죄의 취지에 어긋나게 된다는 것이다.

5. 정당행위

위 5가지 위법성조각사유 중 '사회상규에 위배되지 않는 행위'는 한국 형법의 독특한 규정으로서 일반적·포괄적 위법성조각사유이다.

사회상규성이 인정되려면 행위와 관련하여 ① 목적의 정당성과 ② 수단의 상당성이 인정되어야 하고, 결과와 관련해서는 ③ 보호이익과 침해이익 사이의 법익균형성이 인정되어야 하며, ④ 긴급성과 ⑤ 보충성은 독립적 요건이 아니라 수단의 상당성을 판단할 때 고려하면 되는데, 이는 '일체의 법률적인 적법한 수단의 부존재'가 아니라 '다른 실효성 있는 적법한 수단의 부존재'를 의미한다(2017도2760).

K대교수사건[3]에서 甲의 정보통신망법의 사이버음란물유포행위는 정당행위에 해당한다고 판례는 본다(2012도13352). 음란물에 문학적, 예술적, 사상적, 과학적, 의학적, 교육적 표현 등이 결합된 경우, 이러한 표현행위는 사회상규에 위배되지 않는다는 것이다.

신문기자 甲이 취재에 응하지 않으면 자신이 조사한 대로 보도하겠다고 V에게 말하자, V가 甲을 협박죄로 고소한 사건에서, 판례는 甲의 행위는 일상적인 업무에 속한다는 이유로 사회상규성을 인정한다(2011도639).

기출문제 ✎

긴급피난의 본질	1. 정당화적 긴급피난에서 피난행위는 위법성이 조각되는 행위이므로 이에 대하여는 정당방위와 긴급피난이 허용되지 않는다. [2009년 사법시험 형법 문13]
	2. 긴급피난의 본질에 관하여 위법성조각설을 따를 경우 긴급피난에 대한 정당방위나 긴급피난이 모두 가능하다. [2014년 사법시험 형법 문26]
	3. 긴급피난의 본질을 책임조각사유로 이해하는 견해에 의하더라도, 긴급피난에 대해서는 긴급피난을 할 수 있다. [2016년 사법시험 형법 문5]

🔒 **정답 및 해설**

1. ×(정당화적 긴급피난은 합법적 행위이므로 이에 대한 정당방위는 안 되지만, 긴급피난은 가능), **2.** ×(위법성이 조각되는 긴급피난행위에 대해서는 긴급피난만 허용되고 정당방위는 허용되지 않는다. 정당방위는 현재의 부당한 침해에 대해서만 허용되기 때문), **3.** ○(긴급피난의 본질을 책임조각사유로 이해하면 그 긴급피난은 위법한 행위이나 책임이 조각되는 행위이므로 이에 대해서는 정당방위는 물론 긴급피난도 허용됨)

---

3 방송통신위원회(방통위) 심의위원 甲은 K대 교수로서 자신의 인터넷 블로그에 방통위에서 음란정보로 의결한 '발기 전·후의 남성 성기 상태가 비교된 사진을 비롯한 남성의 성기 사진 8장'을 게시하고, 이어서 정보통신에 관한 심의규정을 소개한 후 '성행위에 진입하지 않은 그리고 성행위에 관한 서사가 포함되지 않은 성기 이미지 자체를 음란물로 보는 것은 표현의 자유나 심의규정에 비추어 부당하다'는 취지로 자신의 의견을 덧붙였다.

01 위법성조각사유에 관한 설명 중 옳은 것을 모두 고른 것은? (다툼이 있는 경우에는 판례에 의함)

2013년 사법시험 형법 문28(배점 2)

ㄱ. 형법 제24조의 규정에 의하여 위법성이 조각되는 피해자의 승낙은 개인적 법익을 훼손하는 경우에 법률상 이를 처분할 수 있는 사람의 승낙을 말할 뿐만 아니라 그 승낙이 윤리적, 도덕적으로 사회상규에 반하는 것이 아니어야 한다.

ㄴ. 피해자가 불특정·다수인의 통행로로 이용되어 오던 기존 통로의 일부 소유자인 피고인으로부터 사용승낙을 받지 아니한 채 통로를 활용하여 공사차량을 통행하게 함으로써 피고인의 영업에 다소 피해를 발생시키자, 피고인이 공사차량을 통행하지 못하도록 자신 소유의 승용차를 통로에 주차시켜 놓은 행위는 사회상규에 위배되지 않는 정당행위에 해당한다.

ㄷ. 소유권의 귀속에 관한 분쟁이 있어 민사소송이 계속중인 건조물에 관하여 현실적으로 관리인이 있음에도 위 건조물의 자물쇠를 쇠톱으로 절단하고 침입한 행위는 법정절차에 의하여 그 권리를 보전하기가 곤란하고 그 권리의 실행불능이나 현저한 실행곤란을 피하기 위한 상당한 이유가 있는 행위라고 할 수 없다.

ㄹ. 경찰관의 현행범인 체포행위가 적법한 공무집행을 벗어나 불법하게 체포한 것으로 볼 수밖에 없다면, 현행범인이 그 체포를 면하려고 반항하는 과정에서 경찰관에게 상해를 가한 것은 정당방위에 해당한다.

ㅁ. 사용자의 직장폐쇄가 정당한 쟁의행위로 인정되지 않는 때에는 적법한 쟁의행위로서 사업장을 점거 중인 근로자들이 직장폐쇄를 단행한 사용자로부터 퇴거요구를 받고 이에 불응한 채 직장점거를 계속하더라도 퇴거불응죄가 성립하지 않는다.

① ㄱ, ㄴ   ② ㄱ, ㄷ, ㄹ   ③ ㄴ, ㄹ, ㅁ
④ ㄱ, ㄷ, ㄹ, ㅁ   ⑤ ㄱ, ㄴ, ㄷ, ㄹ, ㅁ

해설 ✎

ㄴ: ×(2005도4688: 피고인의 행위는 공사업무를 방해한 행위로서 그 수단과 방법이 상당하다거나 긴급 불가피한 수단이었다고 볼 수 없음), ㄱ: ○(2008도9606), ㄷ: ○(2005도8081), ㄹ: ○(2011도3682), ㅁ: ○(2007도5204)

정답 ④

02 위법성조각사유에 대한 설명으로 옳은 것은?

2023년 국가직 7급 형법 문23

① 「형법」 제310조(위법성의 조각)에서 '공공의 이익'이라 함은 널리 국가·사회 기타 일반 다수인의 이익에 관한 것만을 의미하며, 특정한 사회집단이나 그 구성원의 관심과 이익에 관한 것은 포함되지 않는다.

② 甲이 스스로 야기한 강간범행의 와중에서 피해자가 甲의 손가락을 깨물며 반항하자 물린 손가락을 비틀며 잡아 뽑다가 피해자에게 치아결손의 상해를 입힌 행위는 긴급피난에 해당한다.

③ 수급인 소속 근로자의 쟁의행위가 도급인의 사업장에서 일어나 도급인의 형법상 보호되는 법익을 침해한 경우, 사용자인 수급인에 대한 관계에서 쟁의행위의 정당성을 갖추었다 하더라도 그 사정만으로 사용자가 아닌 도급인에 대한 관계에서까지도 법령에 의한 정당한 행위로서 법익 침해의 위법성이 조각되는 것은 아니다.

④ 경찰관의 체포행위가 적법한 공무집행을 벗어나 불법하게 체포한 것으로 볼 수밖에 없다면, 피의자가 그 체포를 면하려고 반항하는 과정에서 경찰관을 폭행한 것은 불법체포로 인한 신체에 대한 현재의 부당한 침해에서 벗어나기 위한 행위이므로, 그 피의자의 공무집행방해는 정당방위로서 위법성이 조각된다.

해설 ✎

③ O(2015도1927: 쟁의행위가 정당행위로 위법성이 조각되는 것은 사용자에 대한 관계에서 인정되는 것이므로, 제3자의 법익을 침해한 경우에는 원칙적으로 정당성이 인정되지 않는다. 그런데 도급인은 원칙적으로 수급인 소속 근로자의 사용자가 아니므로, 수급인 소속 근로자의 쟁의행위가 도급인의 사업장에서 일어나 도급인의 형법상 보호되는 법익을 침해한 경우에는 사용자인 수급인에 대한 관계에서 쟁의행위의 정당성을 갖추었다는 사정만으로 사용자가 아닌 도급인에 대한 관계에서까지 법령에 의한 정당한 행위로서 법익 침해의 위법성이 조각된다고 볼 수는 없음), ① ✕(97도158: 국가·사회 기타 일반 다수인의 이익에 관한 것뿐만 아니라 특정한 사회집단이나 그 구성원 전체의 관심과 이익에 관한 것도 포함됨), ② ✕(94도2781), ④ ✕(2006도2732판결을 출제한 것으로서, 이 경우 공무집행방해의 위법성이 조각되는 것이 아니라 구성요건해당성 자체가 부정된다는 것을 묻고자 한 것으로 본다. 그런데 이 판결은 경찰관에게 상해를 입힌 사건으로서 체포행위는 적법한 공무집행이라고 볼 수 없으므로 상해가 공무집행방해죄의 구성요건을 충족하지 않고, 상해죄는 정당방위로서 위법성이 조각된다는 것이다. 이 문제는 공무집행방해죄의 구성요건을 충족하는지가 아니라 행위의 위법성조각 여부를 묻는 것이므로 제시된 보기는 부적절하다고 봄)　　　**정답** ③

03 위법성조각사유에 대한 설명으로 옳지 않은 것은? (다툼이 있는 경우 판례에 의함)　2022년 국가직 9급 형법 문7
　① 법률에서 정한 절차에 따라서는 청구권을 보전할 수 없는 경우에 그 청구권의 실행이 현저히 곤란해지는 상황을 피하기 위하여 한 행위는 상당한 이유가 있는 때에는 벌하지 아니한다.
　② 타인의 법익에 대한 현재의 위난을 피하기 위한 행위는 상당한 이유가 있는 때에는 벌하지 아니한다.
　③ 어떠한 물건에 대하여 자기에게 그 권리가 있다고 주장하면서 이를 가져간 데 대하여 피해자의 묵시적인 동의가 있었더라도 위 주장이 후에 허위임이 밝혀졌다면 피고인의 행위는 절도죄의 절취행위에 해당한다.
　④ 「폭력행위 등 처벌에 관한 법률」에 규정된 죄를 범한 사람이 흉기로 사람에게 위해를 가하려 할 때 이를 예방하기 위하여 한 행위는 벌하지 아니한다.

해설 ✎

③ ✕(90도1211: 묵시적인 동의가 있었다면 후에 허위임이 밝혀졌더라도 절취행위에 해당하지 않음)
　　　정답 ③

04 다음 사례에 대한 설명으로 옳지 않은 것은? (다툼이 있는 경우에는 판례에 의함)

2012년 사법시험 형법 문10(배점 2)

> I. 甲은 남편 A로부터 20여 년에 걸친 구타와 학대를 견디다 못해 이혼소송을 제기한 후 별거하던 중, 어느 날 A가 甲을 찾아와 폭행·협박하여 강제로 성관계를 가진 후 A가 잠이 들자 甲은 더 이상 참을 수 없다고 생각하고 A를 식칼로 살해하였다.
> II. 乙은 의붓아버지인 B로부터 12살 때부터 10여 년 동안 계속적으로 성관계를 강요받아 왔다. 더 이상 견디지 못한 乙은 남자친구와 공모하여 잠을 자고 있는 B를 살해하였다.

① 정당방위의 성립요건으로서 침해의 현재성 여부는 피침해자의 주관적 사정에 따라 결정되어야 하므로 甲이 A로부터 폭력이나 학대에 시달려 왔다면 자신의 법익에 대한 현재의 침해가 인정된다.

② B의 성관계 강요가 이후에도 반복될 염려가 있었다면 범행 당시 乙의 신체나 자유 등에 대한 현재의 부당한 침해상태가 있다고 볼 여지가 있다.

③ 침해의 현재성이 인정되지 않는다면 정당방위(제21조 제1항)는 물론 과잉방위(같은 조 제2항) 및 이를 전제로 한 야간 등 과잉방위(같은 조 제3항)도 인정되지 않는다.

④ 정당방위의 성립요건으로서의 방어행위에는 수비적 방어만이 아니라 적극적 반격도 포함되므로 乙의 범행이 적극적 반격의 형태로 행해졌다는 이유만으로 정당방위를 부정할 수 없다.

⑤ 甲과 乙이 평소 A와 B로부터 지속적인 폭행이나 학대를 당하면서 형성된 만성적인 외상 후 스트레스 장애나 우울증, 충동조절장애 등으로 사물을 변별하거나 의사를 결정할 능력이 미약한 상태에서 행위하였다고 인정되면 심신미약으로 형을 감경하여야 한다.

해설 ✎

① ✕(침해의 현재성 여부는 피침해자의 주관적 사정이 아니라 행위 당시 객관적 행위상황에 따라 결정되어야 함), ⑤ △(심신미약은 임의적 감경사유로 2018. 12. 18. 개정) **정답** ①

05 피해자의 승낙 및 동의에 대한 설명으로 옳지 않은 것은?

2023년 국가직 7급 형법 문1

① 무고죄는 국가의 형사사법권 또는 징계권의 적정한 행사와 개인의 부당하게 처벌 또는 징계받지 아니할 이익을 보호법익으로 하는 죄이므로, 무고에 있어서 피무고자의 승낙이 있었다면 무고죄는 성립하지 않는다.

② 피고인이 피해자 소유의 물건에 관한 권리가 자기에게 있다고 주장하면서 이를 가져간 데 대하여 피해자의 묵시적인 동의가 있었다면, 피고인의 주장이 후에 허위임이 밝혀졌더라도 절도죄의 절취행위에는 해당하지 않는다.

③ 타인의 승낙을 받아 촬영한 영상물도 반포 시에 그 촬영대상자의 의사에 반하여 반포하였다면, 「성폭력 범죄의 처벌 등에 관한 특례법」제14조 제2항(카메라등이용촬영·반포)이 적용된다.

④ 「형법」제305조 제2항에 의하면 13세 이상 16세 미만의 사람에 대하여 간음 또는 추행을 한 19세 이상의 자는 상대방의 동의유무를 불문하고 「형법」제297조(강간), 제297조의2(유사강간), 제298조(강제추행), 제301조(강간등상해·치상) 또는 제301조의2(강간등살인·치사)의 예에 의하여 처벌된다.

① ✕(자기무고나 자기무고의 공동정범[2013도12592]은 불처벌, 자기무고의 교사·방조는 처벌[2008도4852]), ② ○(90도1211), ③ ○(성폭법 제14조 제2항), ④ ○(형법 제305조 제2항)   **정답** ①

---

06 피해자의 승낙에 관한 설명 중 옳지 않은 것은? (다툼이 있는 경우에는 판례에 의함)

① 사문서를 작성·수정할 당시 명의자의 현실적인 승낙은 없었지만 행위 당시의 모든 객관적 사정을 종합하여 명의자가 행위 당시 그 사실을 알았다면 당연히 승낙했을 것이라고 추정되는 경우 사문서위·변조죄가 성립하지 않는다.

② 피고인이 피해자가 사용 중인 공중화장실의 용변칸에 노크하여 남편으로 오인한 피해자가 용변칸 문을 열자 강간할 의도로 용변칸에 들어간 경우 주거침입죄가 성립하고 피해자의 명시적 또는 묵시적 승낙을 인정할 수 없다.

③ 의사의 진단상의 과오가 없었으면 당연히 설명받았을 내용을 설명받지 못한 피해자로부터 의사가 수술 승낙을 받았다면 위 승낙은 부정확 또는 불충분한 설명을 근거로 이루어진 것으로서 수술의 위법성을 조각할 유효한 승낙이라고 볼 수 없다.

④ 사자 명의로 된 약속어음을 작성함에 있어 사망자의 처로부터 사망자의 인장을 교부받아 생존 당시 작성한 것처럼 약속어음의 발행일자를 그 명의자의 생존 중의 일자로 소급하여 작성한 때에는 발행명의인의 추정적 승낙이 있었다고 볼 수 없다.

⑤ 피고인이 피해자와 공모하여 교통사고를 가장하여 보험금을 편취할 목적으로 피해자에게 상해를 가하였다 하더라도 피해자의 명시적 승낙이 있었던 이상 피고인의 행위는 피해자의 승낙에 의하여 위법성이 조각된다.

⑤ ✕(2008도9606), ① ○(2002도235), ② ○(2003도1256), ③ ○(92도2345), ④ ○(2010도1025: 처는 사망자의 상속인에 불과하므로 처의 승낙·동의를 사망자의 승낙·동의로 볼 수 없음)   **정답** ⑤

---

07 피해자의 승낙에 관한 설명 중 옳은 것을 모두 고른 것은? (다툼이 있는 경우 판례에 의함)

> ㄱ. 피해자의 승낙이 객관적으로 존재하는데도 불구하고 행위자가 이를 알지 못하고 행위한 경우에는 위법성조각사유의 전제사실의 착오가 되어 위법성이 조각되지 않는다.
>
> ㄴ. 개인적 법익을 훼손하는 경우에 「형법」 제24조의 피해자의 승낙에 의해 위법성이 조각되려면 그 승낙이 법률상 이를 처분할 수 있는 사람의 승낙이어야 할 뿐 아니라 윤리적, 도덕적으로 사회상규에 반하지 않아야 할 것이라는 요건도 충족되어야 한다.

ㄷ. 의사의 진단상 과오로 인해 당연히 설명받았을 내용을 설명받지 못한 경우라도 피해자로부터 수술 승낙을 받은 이상 그 승낙은 수술의 위법성을 조각할 유효한 승낙이라고 볼 수 있다.

ㄹ. 묵시적 승낙이 있는 경우에도 피해자의 승낙에 의해 위법성이 조각될 수 있다.

① ㄱ, ㄴ   ② ㄱ, ㄷ   ③ ㄴ, ㄷ

④ ㄴ, ㄹ   ⑤ ㄴ, ㄷ, ㄹ

해설 ✎

ㄱ: ✕(주관적 정당화요소가 흠결된 경우. 행위반가치일원론에 따르면 위법성이 조각되지 않지만, 결과반가치일원론에 따르면 위법성이 조각됨), ㄷ: ✕(92도2345), ㄴ: ○(2010도2745), ㄹ: ○(2014도781)   **정답** ④

---

08 정당행위에 대한 설명으로 옳지 않은 것은?   2023년 국가직 7급 형법 문22

① 내국인의 출입을 허용하는 「폐광지역 개발 지원에 관한 특별법」 등에 따라 폐광지역 카지노에 출입하는 것은 법령에 의한 행위로 위법성이 조각되나, 도박죄를 처벌하지 않는 외국 카지노에서의 도박이라는 사정만으로 그 위법성이 조각된다고 할 수 없다.

② 피고인의 행위가 피해자의 부당한 행패를 저지하기 위해 사회통념상 취할 수 있는 본능적인 소극적 방어 행위라면, 사회상규에 위배되지 아니하는 정당행위에 해당한다.

③ 한의사 자격 없이 영리를 목적으로 부항침과 부항을 이용하여 체내의 혈액을 밖으로 배출되도록 하는 시술행위는 사회상규에 위배되는 행위로서 정당행위에 해당하지 않는다.

④ 감정평가업자가 아닌 공인회계사가 타인의 의뢰에 의하여 일정한 보수를 받고 감정평가법이 정한 토지에 대한 감정평가를 업으로 행하는 것은 특별한 사정이 없는 한 법령에 의한 행위로서 정당행위에 해당한다.

해설 ✎

④ ✕(2014도191), ① ○(2002도2518), ② ○(95도936), ③ ○(2004도3405: 부항 시술행위가 광범위하고 보편화된 민간요법이고, 그 시술로 인한 위험성이 적다는 사정만으로 그것이 바로 사회상규에 위배되지 아니하는 행위에 해당한다고 볼 수 없음)   **정답** ④

---

09 정당행위에 대한 설명으로 옳지 않은 것은?   2023년 국가직 9급 형법 문2

① 음란물이 문학적 · 예술적 · 사상적 · 과학적 · 의학적 · 교육적 표현 등과 결합되어 음란 표현의 해악이 상당한 방법으로 해소되거나 다양한 의견과 사상의 경쟁메커니즘에 의해 해소될 수 있는 정도에 이르렀다면, 이러한 결합표현물에 의한 표현행위는 「형법」 제20조에 정하여진 '사회상규에 위배되지 않는 행위'에 해당한다.

② 문언송신금지를 명한 「가정폭력범죄의 처벌 등에 관한 특례법」상 임시보호명령을 위반하여[4] 피고인이 피해자에게 문자메시지를 보낸 경우 문자메시지 송신을 피해자가 양해 내지 승낙하였다면 「형법」 제20조의 정당행위에 해당한다.

③ 신문기자인 피고인이 고소인에게 2회에 걸쳐 증여세 포탈에 대한 취재를 요구하면서, 이에 응하지 않으면 자신이 취재한 내용대로 보도하겠다고 협박한 것은 특별한 사정이 없는 한 사회상규에 반하지 않는 행위이다.

④ 의료인이 아닌 자가 찜질방 내에서 부항과 부항침을 놓고 일정한 금원을 받은 행위는 그 시술로 인한 위험성이 적다는 사정만으로 사회상규에 위배되지 않는 행위로 보기는 어렵다.

해설 🖋

② ✕(2021도14015: 피해자의 양해 여부와 관계없이 임시보호명령을 한 것이고, 피해자의 양해만으로 가폭법 위반죄의 구성요건해당성이 조각된다면 개인의 의사로써 법원의 임시보호명령을 사실상 무효화하는 결과가 되어 법적 안정성을 훼손할 우려도 있으며, 더욱이 피고인이 임시보호명령의 발령 사실을 알면서도 피해자에게 먼저 연락하였고 이에 피해자가 대응한 것으로 보이는 점, 피해자가 피고인과 문자메시지를 주고받던 중 수회에 걸쳐 '더 이상 연락하지 말라'는 문자메시지를 보내기도 함), ① ○(2012도13352), ③ ○(2011도639: 일상업무), ④ ○(2004도3405)　　　　　　**정답** ②

탐구 과제

• '위법성은 행위에 대한 비난가능성이지만, 책임은 행위자에 대한 비난가능성이다'라는 말의 의미는?
• 적법행위에 대한 기대가능성을 판례는 독자적인 책임조각사유로 보는가? 그 법적 근거는?

---

4 가정폭력행위자가 위 피해자보호명령 또는 임시보호명령을 이행하지 아니한 경우 2년 이하의 징역 또는 2천만원 이하의 벌금 또는 구류(拘留)에 처한다(가폭법 제63조 제1항 제2호).

10강

형총: 양심적 병역거부사건과 구성요건
해당성조각사유 및 피해자의 양해

형총: 양심적 병역거부사건과 구성요건 해당 성조각사유 및 피해자의 양해

양심적 병역거부사건을 대법원(2016도10912전합)은 공개변론했다. 대법원이 이 사건을 공개변론한 것은 대중의 많은 관심을 받은 사건으로서 종전 입장을 변경할지 여부가 문제가 되었기 때문이다. 대법원은 이 사건에서 종전 입장을 변경하면서 '구성요건해당성조각사유'라는 생소한 개념을 활용한다. 이 사건의 내용적 쟁점에 주목하기보다는 이 판결을 통해서 범죄성립요건과 구성요건해당성조각사유의 의미를 이해하고, 종전 입장과 어떻게 달라진 것인지 본다. 피해자의 양해의 의미를 본다.

🔨 사례

여호와의 증인 신도 甲은 2013. 7. 18.경 '2013. 9. 24.까지 육군 39사단에 현역병으로 입영하라'는 경남지방병무청장 명의의 현역병입영통지서를 받고도 종교적 양심을 이유로 입영일인 2013. 9. 24.부터 3일이 지나도록 입영하지 않는다. 1심은 병역법 제88조 제1항 유죄를 인정하여 징역 1년 6개월을 선고하고, 甲은 항소하나 원심은 항소를 기각한다(2014노466). 甲은 상고를 제기한다. 甲은 처벌될까?

🔍 해결

1. 형법 제12조의 강요된 행위

> 제12조(강요된 행위) 저항할 수 없는 폭력이나 자기 또는 친족의 생명 신체에 대한 위해를 방어할 방법이 없는 협박에 의하여 강요된 행위는 벌하지 아니한다.

형법총칙 제12조의 강요된 행위는 적법행위에 대한 기대가능성을 배경으로 한 개념이다. 기대가능성이란 '타행위가능성'으로서 행위자에게 불법행위가 아니라 적법행위를 할 것을 기대할 수 있다는 것을 의미한다. 행위자가 자신의 행위의 위법성을 인식했지만 위법행위가 아니라 적법행위를 할 것을 기대할 수 없는 상태에서 행위를 한 것이므로 책임을 물을 수 없다고 본다. 규범적 책임론의 입장이다. 적법행위에 대한 기대가능성이 비난가능성, 곧 책임의 전제가 된다고 본 것이다.

저항할 수 없는 폭력은 심리적 의미에서 육체적으로 행위를 절대적으로 하지 않을 수 없게 하는 경우와 윤리적 의미에서 강압된 경우를 포함한다(2007도3306). 이에 따라 V와의 간통을 오해받은 아내는 결국 남편의 구타와 폭력에 못 이겨 V가 자신을 강간했다고 무고한 경우,[1] 아내의 무고행위는 제12조에 해당한다고 본다

---

1 아내 甲은 중병에 걸려 거동이 불편한 남편을 열심히 돌봐왔는데도, 남편은 甲이 옆집 남자 V와 간통을 했다고 오해하고 V에 대한 질투심으로 V를 처벌받게 하고 싶었다. 그래서 남편은 甲이 V로부터 강간을 당했다고 신고하지 않으

(83도2276). 여기서 '윤리적'이란 간통의 의심 때문에 감당해야 할 윤리적 비난을 피하기 위해 남편의 강요에 따라 V를 무고했다는 것을 의미한다.

강요란 다른 사람이 피강요자의 자유로운 의사결정을 하지 못하게 하면서 특정한 행위를 하게 하는 것을 말한다(2007도3306; 83도2276). 성장교육과정을 통해 형성된 내재적인 관념이나 확신으로 인해 행위자 스스로의 의사결정이 사실상 강제된 이른바 KAL기 폭파사건의 경우는 강요된 행위에 해당하지 않는다(89도1670).

차기 지방선거에 입후보할 의사가 있는 甲이 지역신문사 대표 및 편집국장의 요구에 의하여 여론조사비용 명목의 돈을 교부한 경우, 이는 공직선거법이 금지하는 기부행위로서 제12조의 강요된 행위에 해당하지 않는다(2010도10451).

국가정보원과 같은 엄격한 상명하복관계에 있는 조직일지라도 상관의 위법한 명령에 따른 행위를 강요된 행위로서 적법행위에 대한 기대가능성이 있다(99도636. 同旨: 2007도1373). 하관은 상관의 불법한 직무명령에 따를 의무가 없기 때문이다.

2. 적법행위에 대한 기대가능성

가. 독자적인 책임조각사유인지 여부와 그 법적 근거 및 판단기준

적법행위에 대한 기대가능성을 별도의 독자적인 책임조각사유로 인정할지 논란이 되고, 이를 인정하면 형법 제12조의 강요된 행위의 요건에 해당하지 않는 경우에도 책임이 조각될 수 있다. 또한 이를 인정할 경우 앞서 보았듯이 그 법적 근거를 형법 제22조 긴급피난규정에서 찾을 수도 있고, 초법규적 책임조각사유로 볼 수도 있으며, 구성요건을 해석할 때 고려할 수도 있다.

기대가능성 여부의 판단기준과 관련 ① 행위자표준설은 행위 당시에 행위자가 처했던 구체적 사정에서 행위자의 능력을 표준으로 기대가능성 여부를 판단해야 한다고 본다. ② 평균인표준설은 행위 당시의 구체적 사정에서 행위자 대신에 사회의 평균인을 기준으로 해야 한다고 본다. 판례의 입장이다. ③ 국가표준설은 적법행위를 기대하는 쪽인 국가가 법질서를 지배하는 국가이념에 따라 기대가능성 여부를 판단해야 한다는 입장이다.

나. 양심적 병역거부사건에 대한 판례의 변경

> 병역법 제88조(입영의 기피 등) ① 현역입영 또는 소집 통지서(모집에 의한 입영 통지서를 포함한다)를 받은 사람이 정당한 사유 없이 입영일이나 소집일부터 다음 각 호의 기간이 지나도 입영하지 아니하거나 소집에 응하지 아니한 경우에는 3년 이하의 징역에 처한다.
> 1. 현역입영은 3일
> 2. 사회복무요원·대체복무요원 소집은 3일
> 3. 군사교육소집은 3일
> 4. 병력동원소집 및 전시근로소집은 2일

면 음식도 거부하고 죽어버리겠다고 하였다. 甲은 윤리적 비난을 피하기 위해 어쩔 수 없이 남편의 뜻에 따라 V를 무고할 수밖에 없었다.

(1) 종전 판례: 정당한 사유 – 적법행위에 대한 기대가능성

판례도 적법행위에 대한 기대가능성 개념을 인정하고, 범죄성립에 영향을 미친다고 보는데 명시적으로 (초법규적) 책임조각사유로 보기도 한다(2001도204; 2002도5679).

양심적 병역거부사건에 관한 종전 판례가 그렇다. 종전 판례는 甲의 양심상의 결정이 적법행위로 나아갈 동기의 형성을 강하게 압박할 것이라고 보이기는 하지만 그렇다고 하여 행위 당시의 구체적 상황 아래 행위자 대신에 사회적 평균인을 두고 평균인의 관점에서 판단할 때 甲이 적법행위를 하는 것이 실제로 전혀 불가능하다고 할 수는 없다고 하면서 양심적 병역거부는 병역법의 '정당한 사유'에 해당하지 않는다고 보았다(2004도2965전합.[2] 同旨: 2014도4915).

(2) 현행 판결: 정당한 사유 – 구성요건해당성조각사유

해당 범죄의 구성요건을 해석할 때 고려하기도 한다. 병역법위반죄의 구성요건 중 '정당한 이유'를 판단할 때 고려했다. 현행 판례는 종전 입장을 변경하여 진정한 양심에 따른 병역거부는 병역법의 '정당한 사유'에 해당하고, 여기서 '정당한 사유'는 구성요건해당성조각사유로서 위법성조각사유인 정당행위나 책임조각사유인 기대불가능성과 구별된다고 본다(2016도10912전합). 이와 같은 판례의 변경은 '양심적 병역부자에게 대체복무를 허용하지 않는 것은 위헌이므로 국회는 2019. 12. 31.까지 대체복무제를 도입하여야 한다'는 헌법재판소의 결정(2011헌바379)을 배경으로 한다.

현행 판례의 특징은 구성요건해당성조각사유를 별도의 독립된 범죄성립요건으로 명시적으로 인정했다는 것이다. 이에 따르면 범죄성립요건은 구성요건해당성, 구성요건해당성조각사유, 위법성조각사유, 책임조각사유로 4가지가 된다. 양심적 병역거부사건의 현행 판결(2016도10912전합)은 다음과 같이 말한다. 병역법위반죄의 "'정당한 사유의 부존재'는 범죄구성요건이고, 따라서 '정당한 사유'는 구성요건해당성조각사유이다. 구성요건해당성조각사유로서의 정당한 사유는 위법성조각사유나 책임조각사유와는 전혀 다른 체계적 의미를 가진다. 위법성조각사유나 책임조각사유는 구성요건에 해당하는 행위에 대하여 전체 법질서의 차원 또는 사회적 평균인의 관점에서 매우 예외적으로 인정된다. 그러나 구성요건해당성조각사유로서 정당한 사유를 판단할 때에는 형벌의 보충성과 죄형법정주의 원칙에 비추어 피고인의 특유한 사정을 고려할 수 있고, 정당한 사유가 없음이 명백하지 않은 경우에는 피고인에게 유리하게 해석할 필요가 있다." 구성요건해당성조각사유는 넓게 인정할 수 있

---

2 대법관 이강국의 반대의견: 甲에게 병역법상의 형벌법규의 기속력이 미치지 않는다고 할 수는 없겠지만, 그렇다고 하여 절대적이고도 진지한 종교적 양심의 결정에 따라 병역의무를 거부한 甲에게 국가의 가장 강력한 제재 수단인 형벌을 가하게 된다면 그것은, 甲의 인간으로서의 존엄성을 심각하게 침해하는 결과가 될 것이고 형벌 부과의 주요 근거인 행위자의 책임과의 균형적인 비례관계를 과도하게 일탈한 과잉조치가 될 것이며, 또한 甲에 대한 형벌은 그 정도에 상관없이 범죄에 대한 응징과 예방, 甲의 교육 등 그 어떠한 관점에서도 형벌의 본래적 목적을 충족할 수 없음이 명백해 보이고, 특히 보편적 가치관을 반영한 집총병역의무와 종교적 양심의 명령 사이의 갈등으로 인한 심각한 정신적 압박 상황에서 절박하고도 무조건적인 종교적 양심의 명령에 따른 甲에게는 실정 병역법에 합치하는 적법한 행위를 할 가능성을 기대하기가 매우 어렵다고 보인다. 따라서 甲과 같은 경우에는 국가의 형벌권이 한 발 양보함으로써 개인의 양심의 자유가 보다 더 존중되고 보장되도록 하는 것이 상당하다 할 것이어서 甲에게는 범죄의 성립요건인 책임성을 인정할 수 없다고 보아야 하고, 이러한 점에서 甲에게는 병역법 제88조 제1항의 적용을 배제할 '정당한 사유'가 존재한다.

는 반면, 위법성조각사유나 책임조각사유는 매우 엄격하게 인정할 수밖에 없다고 이해한 것이다.

다. 적법행위에 대한 기대가능성에 관한 판례

(1) 인정한 판례

자신의 강도상해 범행을 일관되게 부인하였지만 유죄판결이 확정된 甲이 공범의 형사사건에서도 자신의 범행을 부인하는 증언을 한 경우, 甲에게 증언거부권이 없다고 할지라도 甲은 일사부재리원칙에 따라 다시 처벌되지 않으므로 사실대로 말할 것을 기대할 수 있으므로 위증죄가 성립한다(2005도10101).[3]

식품위생법에 따른 식품접객업(일반음식점영업)의 신고요건을 갖추었지만 당해 건축물이 건축법의 허가를 받지 않은 무허가건물이라는 이유로 그 영업신고의 접수가 거부되었음에도 불구하고, 그 이후에도 (무신고)영업행위가 계속된 경우, 그 행위가 사회상규에 반하지 않거나 적법행위에 대한 기대가능성이 부정된다고 볼 수 없다(2008도6829). 식품위생법이 건축법에 대해 배타적 관계에 있는 것은 아니고, 영업장소가 건축법의 무허가건물이라면 일반음식점 영업에 대한 신고가 적법하다고 볼 수 없으며, 그 이전에도 같은 무신고영업행위로 형사처벌까지 받았기 때문이다.

(2) 부정한 판례

입학시험에 응시한 수험생이 자기 자신이 부정한 방법으로 탐지한 것이 아니고 우연한 기회에 미리 출제될 시험문제를 알게 되어 그에 대한 답을 암기하였는데, 그 암기한 답에 해당된 문제가 출제되어 암기한 답을 그 입학시험 답안지에 기재한 경우, 위계에 의한 업무방해죄가 성립하지 않는다(65도1164). 암기한 답을 답안지에 기재해서는 안 된다는 것을 그 수험생에게 기대한다는 것은 보통의 경우 도저히 불가능하다.

수학여행을 온 대학교 3학년생 34명이 지도교수의 인솔 아래 甲이 경영하는 나이트클럽에 찾아와 단체입장을 원하므로 그들 중 일부만의 학생증을 제시받아 확인하여 보니 그들이 모두 같은 대학교 같은 학과 소속의 3학년 학생들로서 성년자임이 틀림없어 나머지 학생들의 연령을 개별적, 기계적으로 일일이 증명서로 확인하지 않고 그들의 단체입장을 허용하였는데 그들 중에는 미성년자 1인이 있었던 경우, 甲이 단체입장하는 위 학생들이 모두 성년자일 것으로 믿은 데에는 정당한 이유가 있고, 이런 상황에서 甲이 위 학생들 중에 미성년자가 섞여 있을지도 모른다는 것을 예상하여 그들의 증명서를 일일이 확인할 것을 요구하는 것은 사회통념상 기대가능성이 없다(86도874).

사용자가 기업이 불황이라는 사유만을 이유로 하여 임금이나 퇴직금을 지급하지 않거나 체불하는 것은 근로기준법이 허용하지 않지만, 사용자가 모든 성의와 노력을 다했어도 임금의 체불이나 미불을 방지할 수 없었다는 것이 사회통념상 긍정할 정도가 되어 사용자에게 더 이상의 적법행위를 기대할 수 없다거나, 사용자가 퇴직금 지급을 위해 최선의 노력을 다하였으나 경영부진으로 인한 자금사정 등으로 도저히 지급기일 내에 퇴직금을 지급할 수 없었다는 등의 불가피한 사정이 인정되는 경우

---

3 그러나 원심은 공동피고인의 경우와 달리 형소법의 증언거부권이 없어서 위증죄로부터의 탈출구가 없으므로 甲에게 사실대로 진술할 것에 대한 기대가능성이 부정된다는 이유로 위증죄의 성립을 부정한다(2005노3276).

에는 그러한 사유는 근로기준법의 금품청산의무위반죄의 책임조각사유로 된다(2001도204; 2002도5679).

3. 피해자의 양해(諒解): 구성요건해당성배제사유

가. 개념

1950년대 독일 형법학자 Geerds는 피해자의 동의를 양해와 승낙으로 구별하여, 양해는 처음부터 구성요건해당성을 발생시킬 수 없는 구성요건해당성배제사유[4]인 반면, 승낙은 위법성조각사유라고 보았다. 그런데 이것이 폭행죄에 관한 동의가 양해도 있고, 승낙도 있다는 것을 의미하는 것이 아니라, 구성요건의 성질상 피해자의 동의를 승낙이 아니라 양해로 봐야 하는 경우도 있다는 것을 의미한다.

이를 수용하여 절도죄, 주거침입죄 등에 대한 피해자의 동의는 양해로, 폭행죄, 업무방해죄 등에 대한 피해자의 동의는 승낙으로 이해하기도 하지만,[5] 이와 달리 양해와 승낙을 구별하지 않고 모두 구성요건해당성배제사유로 보거나 모두 위법성조각사유로 보기도 한다. 피해자의 양해와 승낙을 구별하는 것은 착오와 관련해서 의미가 있다.

나. 피해자의 양해에 관한 착오

피해자의 양해와 승낙을 구별하는 견해(피해자의 양해 인정설)에 따르면 피해자의 양해에 관한 착오와 피해자의 승낙에 관한 착오는 그 효과를 달리한다.

피해자의 양해 인정설에 따르면 피해자의 양해는 구성요건해당성배제사유이므로 피해자의 양해가 없음에도 불구하고 있는 것으로 알고 한 행위는 구성요건고의를 조각하여 과실범으로 처벌될 수 있다. 피해자의 양해가 현실적으로 존재함에도 불구하고 없는 것으로 알고 한 행위는 불능미수로 봐야 한다. 예컨대 주거침입의 의사로 타인의 주거에 들어갔지만 그 타인의 양해가 있었던 경우 행위는 나쁘다고 봐야 하지만(행위불법은 존재한다고 봐야 하지만) 결과는 나쁘지 않기(결과불법은 부존재하기) 때문이다.

피해자의 양해 인정설에 따르면 피해자의 승낙은 위법성조각사유이므로 피해자의 승낙이 없음에도 불구하고 있는 것으로 알고 예컨대 폭행을 한 경우는 위법성조각사유의 전제사실에 관한 착오로서 그 효과에 관해 견해의 대립이 있다. 피해자의 승낙이 있는데 이를 알지 못하고 폭행을 한 경우는 주관적 정당화요소가 흠결된 경우로서 그 효과에 관해 견해의 대립이 있다.

---

4 이는 100원짜리 사탕을 훔친 경우 구성요건해당성이 인정되지만 사소침해원칙(Geringfügigkeitsprinzip)에 따라 구성요건해당성이 조각되는 것과 차이가 있다는 견해: 이상돈, 형법강의, 법문사, 2010, 17/64.
5 다만 강간죄의 경우는 폭행·협박이 수반된 성교, 곧 새디즘이므로 피해자의 승낙으로 보고, 만일 비동의간음죄가 입법화된다면 이 경우는 피해자의 양해라고 봐야 한다는 견해: 이상돈, 형법강의, 법문사, 2010, 17/75.

01 책임의 근거와 본질에 관한 학설의 설명으로 옳고 그름의 표시(O, X)가 바르게 된 것은?

2023년 경위공채시험 형사법 문7

> 가. 책임은 자유의사를 가진 자가 그 의사에 의하여 적법한 행위를 할 수 있었음에도 불구하고 위법한 행위를 선택하였으므로 이에 대해 윤리적 비난을 가하는 것이다. – 심리적 책임론
>
> 나. 인간의 행위는 자유의사가 아니라 환경과 소질에 의해 결정되는 것으로 책임의 근거가 행위자의 반사회적 성격에 있다. – 규범적 책임론
>
> 다. 책임은 행위 당시 행위자가 가지고 있었던 고의·과실이라는 심리적 관계로 이해하여 심리적인 사실인 고의·과실이 있으면 책임이 있고, 그것이 없으면 책임도 없다. – 도의적 책임론
>
> 라. 책임을 심리적 사실관계로 보지 않고 규범적 평가 관계로 이해하여 행위자가 적법행위를 할 수 있었음에도 위법행위를 한 것에 대한 규범적 비난이 책임이다. – 사회적 책임론

① 가(O), 나(O), 다(O), 라(O)   ② 가(O), 나(X), 다(O), 라(X)

③ 가(X), 나(O), 다(X), 라(O)   ④ 가(X), 나(X), 다(X), 라(X)

해설 ✎

가: X(도의적 책임론), 나: X(사회적 책임론), 다: X(심리적 책임론: 고전적 형법체계론의 책임론이다. 규범적 책임론은 책임을 규범적 평가라고 본 반면 심리적 책임론은 책임을 심리적 실체라고 본 것이다. 그런데 심리적 책임론에 따르면 ① 인식없는 과실(예컨대 마부[馬夫]가 조는 사이에 마차가 사람을 충격한 경우)에 대해서는 책임을 인정할 수 없고, 거꾸로 ② 예컨대 자신이 살기 위해 타인을 살해하는 경우는 책임을 인정해야 하는 문제가 있다. 규범적 책임론은 인식없는 과실에 대해 왜 책임을 지는지 설명하고, 또 고의행위이지만 적법행위에 대한 기대가능성이 없어서 책임이 조각되는 경우를 설명하기 위해 등장한 이론), 라: X(규범적 책임론. '책임을 비난'이라고 파악한 Beling에게서 싹을 보인 규범적 책임론은 Frank에 의해 시작되어 Goldschmidt와 Freudenthal을 거쳐 Eb. Schmidt가 완성시킨 이론) 예방적(기능적) 책임론은 도의적 책임론이 전제하고 있는 '의사자유' 그리고 규범적 책임론의 '타행위가능성'은 형이상학적 허구라고 비판하면서 등장한 이론이다. 책임의 본질을 예방에 둠)

정답 ④

02 강요된 행위에 대한 설명으로 옳지 않은 것은?

2023년 국가직 9급 형법 문3

① 강요된 자가 저항할 수 없는 폭력이나 자기 또는 친족의 생명·신체에 대한 위해를 방어할 수 있는 방법이 없는 위해의 상태를 자초하였거나 예기하였다면 강요된 행위라고 할 수 없다.

② 상사의 지시에 의한 것이라 하여도 저항할 수 없는 폭력이나 자기 또는 친족의 생명·신체에 대한 위해를 방어할 방법이 없는 협박에 상당한 것이라고 인정되지 않는 이상 강요된 행위라고 할 수 없다.

③ 강요된 행위에서 '저항할 수 없는 폭력'이란 심리적인 의미에 있어서 육체적으로 어떤 행위를 절대적으로 하지 아니할 수 없게 되는 경우와 윤리적 의미에 있어서 강압된 경우를 말한다.

④ 어떤 사람의 성장교육과정을 통하여 형성된 내재적인 관념 내지 확신으로 인하여 행위자 스스로의 의사결정이 사실상 강제되는 결과를 낳게 하는 경우는 강요된 행위라고 할 수 있다.

해설 ✎

④ ×(89도1670), ① ○(73도1684), ② ○(83도2543), ③ ○(83도2276) 　　　　**정답** ④

03 기대가능성에 대한 설명 중 옳지 않은 것은? (다툼이 있는 경우 판례에 의함) 2020년 경찰간부후보생시험 형법 문9
① 영업정지처분에 대한 집행정지 신청이 잠정적으로 받아들여졌다는 사정만으로는 구 음반·비디오물 및 게임물에 관한 법률위반으로 기소된 피고인에게 적법행위의 기대가능성이 없다고 볼 수는 없다.
② 사용자가 근로자에 대한 퇴직금의 지급을 위해 최선의 노력을 다하였으나 경영부진으로 인한 자금사정으로 도저히 지급기일 내에 퇴직금을 지급할 수 없었던 경우 적법행위에 대한 기대가능성이 없다.
③ 자신의 강도상해 범행을 일관되게 부인하였으나 유죄판결이 확정된 자가 별건으로 기소된 공범의 형사사건에서 유죄가 확정된 자신의 강도상해 범행사실을 부인하는 증언을 한 경우에는 사실대로 진술할 기대가능성이 있다.
④ 교수가 출제교수들로부터 대학원입학전형시험 문제를 제출받아 알게 된 것을 틈타서 수험생 등에게 그 시험문제를 알려주었고, 그렇게 알게 된 위 수험생이 답안쪽지를 작성한 다음 이를 답안지에 그대로 베껴 써서 그 정을 모르는 시험감독관에게 제출하였다면 기대가능성이 없는 경우에 해당한다.

해설 ✎

④ ×(91도2211), ① ○(2007도8645: 행정법상 집행정지제도는 처분에 대한 취소소송이 제기된 경우에 처분의 집행 또는 절차의 속행으로 인해 생길 회복하기 어려운 손해를 예방하기 위해 긴급한 필요가 있다고 인정될 때 예외적으로 인정되는 것으로서[행정소송법 제23조 제2항], 본안사건에 관한 신청의 당부 판단에 앞서 잠정적으로 권리구제를 도모하기 위한 것에 불과함), ② ○(2014도12753), ③ ○(2005도10101) 　　　**정답** ④

04 범죄의 성립요건 중 조각되는 사유가 다른 것은? (다툼이 있는 경우 판례에 의함)　　　2020년 순경시험 형법 문2
① 피고인이 동거 중인 피해자의 지갑에서 현금을 꺼내 가는 것을 피해자가 현장에서 목격하고도 만류하지 아니한 경우(「형법」상 절도죄)
② 중대장의 지시에 따라 관사를 지키고 있던 당번병인 피고인이 중대장의 처가 마중 나오라는 지시를 정당한 명령으로 오인하고 관사를 무단이탈하였는데 당번병으로서의 그 임무범위 내에 속하는 일로 오인하고, 그 오인에 정당한 이유가 있는 경우(「군형법」상 무단이탈죄)
③ 「병역법」 제88조 제1항은 국방의 의무를 실현하기 위하여 현역입영 또는 소집통지서를 받고도 정당한 사유 없이 이에 응하지 않은 사람을 처벌하는데, 피고인에게 정당한 사유가 있는 경우(「병역법」상 입영 등 기피죄)
④ 사용자의 직장폐쇄가 정당한 쟁의행위로 인정되지 아니하고 다른 특별한 사정이 없어 근로자가 평소 출입이 허용되는 사업장 안에 들어가는 경우(「형법」상 주거침입죄)

해설 ✎

② ×(86도1406판결은 위법성이 조각된다고 보지만 허용상황의 착오나 위법성의 착오로서 책임이 조각된다고 볼 수 있음), ① ○(85도1487: 피해자의 의사에 반하지 않으므로 절취에 해당하지 않음), ③ ○(2016도10912전합: 정당한 사유는 구성요건해당성조각사유), ④ ○(2002도2243)   **정답** ②

05 범죄성립을 조각하는 사유에 관한 설명 중 옳은 것은? (다툼이 있는 경우 판례에 의함) 2019년 순경시험 형법 문8

① 긴급피난의 본질을 위법성조각사유라고 볼 경우, 긴급피난행위에 대해서 정당방위는 인정되지 아니하나 긴급피난은 인정된다.

② '정당한 사유' 없이 입영에 불응하는 사람을 처벌하는 「병역법」 제88조의 범죄에서 '정당한 사유'는 위법성조각사유이다.

③ 자구행위가 야간이나 기타 불안스러운 상태하에서 공포, 경악, 흥분 또는 당황으로 인한 때에는 벌하지 아니한다.

④ 처분할 수 있는 자의 승낙에 의하여 그 법익을 훼손한 행위는 법률에 특별한 규정이 있는 경우에만 벌하지 아니한다.

해설 ✎

① ○(위법성이 조각되는 긴급피난행위는 부당한 행위가 아니므로 이에 대해서는 정당방위를 할 수 없음), ② ×(2016도10912전합: 정당한 사유는 구성요건해당성조각사유), ③ ×(과잉자구행위의 경우 정황에 따라 형을 감면할 수 있으나, 야간상황에서의 책임조각규정은 없다. 과잉정당방위나 과잉긴급피난의 경우와 차이가 있음), ④ ×(제24조: 처분할 수 있는 자의 승낙에 의하여 그 법익을 훼손한 행위는 법률에 특별한 규정이 없는 한 벌하지 않음)   **정답** ①

06 법익주체의 동의를 승낙과 양해로 구별하는 관점에서 나오는 결론 중 타당한 결론을 모두 모은 것은? (단, 피해자의 승낙에 관하여 법률에 특별한 규정이 있는 경우는 제외함) 2009년 사법시험 형법 문20(배점 3)

> 가. 승낙이 있는 것으로 오인한 자의 행위는 위법성조각사유의 전제사실의 착오에 해당하고, 승낙이 없는 것으로 오인한 자의 행위에 대해서는 불능미수설과 기수설의 대립이 있다.
> 나. 양해가 있는 것으로 오인한 자의 행위는 구성요건적 착오에 해당하여 고의가 조각되고, 양해가 없는 것으로 오인한 자의 행위에 대해서는 불능미수설과 기수설의 대립이 있다.
> 다. 기망이 있을 경우에는 유효한 승낙 및 유효한 양해가 되지 않는다.
> 라. 승낙의 경우는 물론이고 양해의 경우도 사회상규에 반하지 않는 것을 그 내용으로 하는 것이어야 한다.

① 가   ② 나   ③ 다
④ 라   ⑤ 가, 나   ⑥ 나, 다
⑦ 나, 라   ⑧ 다, 라

가: ○(피해자의 승낙이 있는데 없는 것으로 알고 행위한 경우는 주관적 정당화요소가 흠결된 경우), 나: ×(피해자의 양해가 있는데 없는 것으로 알고 행위한 경우는 해당범죄가 성립할 수 없으므로 위험성 여부에 따라 불능미수나 불능범이 성립), 다: ×(기망에 의한 양해가 유효한지 여부를 두고 구별설 내부에서 다툼이 있음), 라: ×(다수견해와 판례는 승낙은 사회상규에 반하지 않아야 한다고 보지만[85도1892; 2008도9606], 예컨대 도박을 하려는 것을 알면서도 집에 들어오라고 한 경우처럼 사회상규에 반하는 양해도 유효하다는 점에 대해서는 구별설 내부에서 다툼이 없음)

정답 ①

- 대체역의 편입 및 복무 등에 관한 법률(대체역법)이란?
- 양심적 병역거부자들의 근무지는? 근무기간은?

형총: 책임능력과 원인에서 자유로운 행위의 의미

11강 형총: 책임능력과 원인에서 자유로운 행위의 의미

책임능력이 없거나 미약한 경우 책임이 감면될 수 있다. 그런데 책임능력 상실이나 미약한 상태를 자의로 만든 경우 형법 제10조 제3항의 원인에서 자유로운 행위에 해당하여 책임감면을 인정할 수 없다. 책임능력에 관한 전반적인 체계를 보고, 원인에서 자유로운 행위의 본질과 의미를 본다.

⚖️ 사례

상습적으로 대마초를 흡연하는 자들인 甲과 乙은 V를 살해할 의사를 가지고 범행을 공모한 후 대마초를 흡연하고, 이로 인한 심신미약상태에서 V를 살해한 경우(대마초흡연후살인사건), 甲과 乙의 살인죄에 대해 책임을 감경할 수 있는가?

🔍 해결

1. 책임론과 책임조각사유

구성요건해당성과 위법성이 인정되는 행위일지라도 책임조각사유가 존재하면 범죄가 성립하지 않는다. 구성요건해당성이 위법성을 추정하는 것처럼 위법성은 책임을 추정하지만, 책임조각사유는 이렇게 추정된 책임을 배제시키는 것이다. 형법은 ㉮ 책임무능력, ㉯ 강요된 행위, ㉰ 위법성의 착오의 3가지를 책임조각사유로 규정하고 있다. 이들 경우에는 "왜 그런 행위를 했어, 넌 혼나야 해"라고 말하면서 행위자를 비난할 수 없다고 본 것이다. 차이가 있다면 책임무능력과 위법성의 착오는 위법성의 인식능력을 전제로 위법성의 인식이 결여된 경우인 반면, 강요된 행위는 위법성의 인식이 있는 경우라고 할 수 있다.

2. 책임능력과 책임무능력 및 한정책임능력

가. 책임능력 판단방법

책임능력이란 사물변별능력과 의사결정능력을 모두 가진 상태를 말한다. 책임능력이 있어야 불법을 저지른 것에 대해 비난을 할 수 있다.

책임능력을 판단하는 방법에는 3가지가 있다. 첫째, 생물학적 방법이다. 신체적·정신적 요소로 책임능력 여부를 판단한다. 청각 및 언어 장애인에 대한 필요적 감경규정은 이 방법을 따른 것이다. 둘째, 심리학적 또는 규범적 방법이다. 사물변별능력이나 의사결정능력 여부만으로 판단한다. 행위자가 생물학적 비정상인지 여부는 문제삼지 않는다. 셋째, 혼합적 방법이다. 행위자가 생물학적으로 비정상인지, 곧 심신장애 여부를 먼저 판단하고 이를 기초로 사물변별능력과 의사결정능력 여부를 판단한다. 형법 제10조는 이 방법을 따르고 있다.

나. 책임무능력과 한정책임능력

> 제9조(형사미성년자) 14세 되지 아니한 자의 행위는 벌하지 아니한다.
>
> 제10조(심신장애인) ① 심신장애로 인하여 사물을 변별할 능력이 없거나 의사를 결정할 능력이 없는 자의 행위는 벌하지 아니한다.
>
> ② 심신장애로 인하여 전항의 능력이 미약한 자의 행위는 형을 감경할 수 있다.
>
> ③ 위험의 발생을 예견하고 자의로 심신장애를 야기한 자의 행위에는 전2항의 규정을 적용하지 아니한다.
>
> 제11조(청각 및 언어 장애인) 듣거나 말하는 데 모두 장애가 있는 사람의 행위에 대해서는 형을 감경한다.

책임무능력자란 책임능력이 없는 사람을 말한다. 범죄행위를 할 당시 형사미성년자는 언제나 형벌을 받지 않는다. 제9조가 만14세 미만자는 책임능력이 없다고 간주하고 있기 때문이다. 민사미성년자는 만19세 미만자이다. 소년법의 소년은 만10세 이상 만19세 미만의 사람이다. 이들은 형벌이 아니라 보호처분을 받을 수 있다.

형법 제10조의 심신장애인은 심신장애로 인해 사물변별능력이나 의사결정능력이 없는 자와 미약한 사람이다. 심신상실자와 심신미약자로 구별된다. 심신상실자는 책임무능력자이고, 심신미약자는 한정책임능력자이다. 심신미약자의 행위에 대해서는 형을 감경할 수 있다. 종전에는 필요적 감경사유였으나, 2018. 12. 18. 임의적 감경사유로 개정되었다.

듣거나 말하는 데 모두 장애가 있는 사람(2020. 12. 8. 개정 이전에는 (농아[聾啞]자))의 행위에 대해서는 형을 감경한다. 필요적 감경사유이다(2018도5475전합).

형사미성년자와 심신상실자는 책임무능력자이고, 심신미약자와 청각 및 언어장애인은 한정책임능력자이다. 그런데 음주 또는 약물로 인한 심신장애 상태에서 아동·청소년대상 성폭력범죄를 범한 때에는 형법 제10조 제1항·제2항 및 제11조를 적용하지 않을 수 있다(아청법 제19조).

3. 심신장애의 판단기준

가. 판례의 입장과 오류

책임무능력 또는 한정책임능력은 정신병 또는 비정상적 정신상태와 같은 정신적 장애가 있는 외에 이와 같은 정신적 장애로 말미암아 사물에 대한 변별능력이나 그에 따른 행위통제능력이 결여 또는 감소되었음을 요한다. 따라서 "정신적 장애가 있는 자라고 하여도 범행 당시 정상적인 사물변별능력이나 행위통제능력이 있었다면 심신장애로 볼 수 없다"라는 판례(92도1425)의 표현은 옳지 않고 "정신적 장애가 있는 자라고 하여도 범행 당시 정상적인 사물변별능력과 행위통제능력이 있었다면 심신장애로 볼 수 없다"라는 판례(2012도12689)의 표현이 옳다. 사물변별능력과 행위통제능력 모두 있어야 책임능력이 인정되고, 둘 중 하나라도 없으면 책임능력이 부정되기 때문이다. 정신질환이 있다고 하더라도 그러한 사정만으로는 심신장애에 해당한다고 볼 수 없고, 다만 그 증상이 매우 심각하여 원래 의미의 정신병이 있는 사람과 동등하다고 평가할 수 있거나, 다른 심신장애사유와 경합된 경우 등에는 심신장애를 인정할 여지가 있다(94도3163).

심신장애의 유무와 정도의 판단은 법률적 판단으로서 반드시 전문감정인의 의견에 기속되어야 하는 것은 아니고, 정신분열증의 종류와 정도, 범행의 동기, 경위, 수단과 태양, 범행 전후의 피고인의 행동, 반성의 정도 등 여러 사정을 종합하여 법원이 독자적으로 판단할 수 있다(98도3812).

원칙적으로 충동조절장애와 같은 성격적 결함은 심신장애에 해당하지 않지만, 그것이 매우 심각하여 원래 의미의 정신병을 가진 사람과 동등하다고 평가할 수 있는 경우에는 그로 인한 범행은 심신장애로 인한 범행으로 보아야 한다(2002도1541; 2008도9867).

소아기호증과 같은 질환이 있다는 사정 그 자체만으로는 심신장애에 해당하지 않고, 심신장애 여부는 행위시를 기준으로 판단해야 하며, 특단의 사정이 없는 한 성격적 결함을 가진 자에 대해 자신의 충동을 억제하고 법을 준수하도록 요구하는 것이 기대할 수 없는 행위를 요구하는 것은 아니다(2006도7900). 무생물인 옷 등을 성적 각성과 희열의 자극제로 믿고 성적 흥분을 고취시키는 데 쓰는 '성주물성애증'이라는 정신질환이 있다는 사정만으로 절도 범행에 대한 심신장애에 해당한다고 볼 수 없다(2012도12689).

나. 판례의 올바른 이해

온라인으로 제공되는 99도693판결요지에 "피고인에게 우울증 기타 정신병이 있고 특히 생리도벽이 발동하여 절도 범행을 저지른 의심이 든다는 이유로 전문가에게 피고인의 정신상태를 감정시키는 등의 방법으로 심신장애 여부를 심리하여야 한다는 사례"라는 표현이 나온다. 그런데 이 99도693판결은 충동조절장애와 같은 성격적 결함이라 할지라도 그것이 매우 심각하여 원래의 의미의 정신병을 가진 사람과 동등하다고 평가할 수 있는 경우에는 그로 인한 절도 범행은 심신장애로 인한 범행으로 보아야 하고, 또 피고인도 심신장애 주장을 하고 있으므로 심신장애 여부를 판단해야 하는데, 이를 하지 않는 것은 심리미진이라는 판결이다. 곧 범행 당시 심신장애 상태였다는 의심이 들면 심리를 해야 한다는 판결이지, 심신장애 여부를 판단할 때 반드시 전문가의 감정을 거쳐야 한다는 판결이 아니다. 판결요지 정리를 잘못한 것 같다. 위 98도3812판결도 심신장애의 유무 및 정도의 판단은 법률적 판단으로서 반드시 전문 감정인의 의견에 기속되어야 하는 것은 아니고, 여러 사정을 종합하여 법원이 독자적으로 판단할 수 있다고 하고 있다.

결국 심신장애 여부에 관한 판례의 입장은 아래와 같이 정리할 수 있다. 충동조절장애나 소아기호증, '성주물성애증', 우울증, 정신분열증(90도1328) 등의 정신적 장애[1]가 있다고 바로 심신장애자로 인정되는 것이 아니라 법관이 그 행위자가 사물변별능력과 의사결정능력 둘 중 하나라도 없는 것으로 판단해야 심신장애자로 인정된다. 이때 정신과 의사 등 전문가의 감정을 반드시 받아야 하는 것은 아니며, 또 감정을 받았더라도 법관이 그 의견에 구속되지 않는다. 다만 심신장애 여부가 문제되는 사안임에도 불구하고 법관이 이에 대한 판단을 하지 않으면 심리미진으로서 위법이다.

---

1 심리학적 범죄원인론은 개인의 정신상태나 심리상태를 중심으로 범죄현상을 설명한다. 이는 크게 정신분석이론과 정신병리학이론으로 구별할 수 있다. 정신병리학은 정신병질과 정신병을 구별한다. 정신병은 정신기능의 이상으로서 정신신경증, 정신분열증, 편집증 등이 이에 해당한다. 정신병질은 성격장애로 인해 사회적으로 적응하기 힘든 상태를 말한다. 판례도 정신병과 정신병질을 구별하고 있다.

4. 위험의 발생을 예견하고도 자의로 심신장애상태로 만든 경우: 제10조 제3항 - 원인에서 자유로운 행위 (Actio libera in causa)

가. 제10조 제3항의 의미와 유형

(1) 의미

위험의 발생을 예견하고도 자의로 만든 심신장애상태에서 실행한 범행을 '원인에서 자유로운 행위(원인이 자유로운 행위, 원인행위책임범)'라고 한다. 이런 경우 책임조각이나 책임감경을 할 수 없도록 형법 제10조 제3항은 명확하게 규정하고 있다. 판례도 위 甲과 乙에게는 제10조 제3항이 적용되어 책임감경을 할 수 없다고 본다(96도857). 원인에서 자유로운 행위는 실행행위를 할 때는 의사의 자유가 없었지만, 그 전에 행위자가 스스로 의사의 자유가 없는 상태로 만들었고, 그때는 의사의 자유가 있었다는 의미이다. 원인설정행위에 대해서 책임을 지는 것이 아니라 실행행위에 대해서 책임을 지는 것이다.

그러나 甲이 평소 V에게 쌓인 불만을 잠시 동안이라도 잊고 싶어 만취했는데 그 상태에서 V를 살해한 경우는 제10조 제3항을 적용하기 어렵다. 만취상태와 살인행위 사이에 연관성을 찾기 어렵기 때문이다. 이에 대비해 독일 형법은 완전명정죄[2]를 두고 있다.

(2) 유형

제10조 제3항은 위험의 발생을 '예견'할 것을 요구하고 있으나 학설과 판례는 '예견 가능한 경우'도 포함한다. 이에 따라 원인에서 자유로운 행위는 고의에 의한 원인에서 자유로운 행위와 과실에 의한 원인에서 자유로운 행위로 구별된다. 대마초흡연후살인사건은 살해의 고의를 가지고 자의로 대마초를 흡연하고 난 후 실제로 살인행위를 한 경우가, 고의에 의한 원인에서 자유로운 행위이다. 이는 자의에 의한 원인설정행위와 고의에 의한 실행행위가 결합된 형태이다.

이와 달리 과실에 의한 원인에서 자유로운 행위는 자의에 의한 원인설정행위와 과실에 의한 실행행위가 결합된 경우이다. 판례는 음주운전할 의사로 자동차를 가지고 술집에 가서 술을 마셔서 만취한 甲은 자동차로 운전하여 귀가하다 행인 V를 친 후, 의식을 잃고 쓰러진 V를 길옆 수풀에 옮겨서 버리고 그 옆 차 안에서 잠이 들었고, V는 계속된 출혈로 사망한 경우를 과실에 의한 원인에서 자유로운 행위로 본다(92도999. 同旨: 2007도4484). 술을 마시면서 '교통사고를 일으킬 위험성'을 '예견할 수 있었고', 그 결과 교통과실범을 범했다는 것이다. 따라서 제10조 제3항을 적용하여 특가법의 대인사고후미조치도주치사죄에 대한 책임을 감경할 수 없다고 본다.

이 판례는 "위험발생"을 원인설정행위를 할 때 '원인설정행위에 전형적으로 수반되는 법익침해의 가능성'으로 본 것이다. 그런데 "위험발생"을 '특정한 범죄구성요건의 실현'으로 보는 견해에 따르면

---

2 독일 형법 제323a조(완전명정) ① 고의 또는 과실로 알코올 음료나 기타 명정제를 복용하여 명정상태에 빠진 자가 그 상태에서 위법행위를 범하고 명정상태로 인하여 책임능력이 없다는 이유 또는 책임무능력의 여지를 배제할 수 없다는 이유로 행위자를 처벌할 수 없는 경우에는 5년 이하의 자유형 또는 벌금형에 처한다. ② 그 형량은 명정상태에서 범하여진 행위에 대해 가해지는 형량의 범위를 넘을 수 없다.

甲은 V를 살해하기로 마음먹었으나 용기가 나지 않아 술에 취한 상태에서 살해하기로 마음먹고 술을 마셨는데, 만취상태가 된 甲은 양심의 가책을 느껴 V의 살해를 포기하고 집으로 가는 도중에 술에 취한 나머지 가게 앞에 누워 있는 노숙자를 마네킹으로 오인하고 발로 차 상해를 입혀서 과실치상죄를 범한 경우 이에 대해서는 제10조 제3항이 적용되지 않는다.

"자의로"는 고의와 과실을 모두 포함하는 개념이다. 입법자가 '자의로'라는 표현을 쓴 것은 원인설정행위에 대해서는, 실행행위에 대해서나 적합한 고의나 과실과 같은 개념을 사용할 수 없기 때문이다. 고의나 과실과 관계없는 외부적 강요에 의하지 않고 '자기 의사에 의해서'의 의미로 볼 수도 있다.

나. 원인에서 자유로운 행위 처벌의 이론적 근거

독일과 일본 형법에는 제10조 제3항과 같은 규정이 없다. 그래서 독일에서는 원인에서 자유로운 행위 처벌을 위한 이론적 근거를 찾기 위한 논의가 있다.

① 처벌의 근거가 심신장애상태에 빠지게 한 행위, 곧 원인설정행위에 있다는 견해(구성요건모델론)는 원인설정행위를 자기가 실현하고자 하는 범죄의 실행행위로 평가할 수 있다고 본다. 행위와 책임능력의 동시존재원칙에 충실한 이론(일치설)으로서 간접정범과 구조가 유사하다고 본다. 간접정범은 타인을 도구로 이용한 것인 반면, 원인에서 자유로운 행위는 심신장애상태에 있는 자기 자신을 이용한 것이다. 간접정범의 실행행위가 이용행위(원인설정행위)인 것처럼 원인에서 자유로운 행위의 경우도 심신장애상태로 만든 원인설정행위를 실행행위로 봐야 한다. 원인설정행위가 곧 실행행위이다. 이는 독일 형법에나 적합한 이론이라고 비판을 하는 견해도 있다. 독일 형법은 '행위와 책임능력의 동시존재원칙'을 명시적으로 규정하고 있고,[3] 원인설정행위를 구성요건화한 완전명정죄를 두고 있으므로, 독일의 다수견해는 원인설정행위에 의미를 둔다는 것이다.

② 현대 심층심리학은 의식상태나 무의식상태와 구별되는 '반무의식(penumbra)상태'도 있음을 밝혀냈으므로 심신장애상태일지라도 반무의식상태로 볼 수 있다면, 그런 상태에서 한 행위는 처벌할 수 있다는 견해도 있다. 이 견해는 반무의식상태의 행위이면 원칙적으로 심신장애상태에서의 행위일지라도 실행행위성을 인정할 수 있다고 본다.

③ 처벌의 근거가 원인설정행위와 심신장애상태에서 한 행위의 결합에 있다고 보는 견해(책임모델론)는 원인에서 자유로운 행위는 책임능력과 행위의 동시존재원칙의 예외로서(예외설), 원인에서 자유로운 행위에서 실행행위는 심신장애상태에서 한 행위라고 본다. 독일과 달리 한국 형법은 제10조 제1항과 제2항에서 원칙적으로 심신장애자의 행위는 책임을 감면하지만, 그 행위가 예외적으로 자의로 만든 심신장애상태에서 이루어진 경우는 예외적으로 제10조 제3항에 따라 처벌하는 조문구조로 볼 수 있으므로, 입법자가 이 견해를 채택했다는 것이다. 행위자에게 책임을 물을 수 있는 것은 원인설정행위시에 '자유로웠다'는 점에 있다고 한다. 실행행위는 비록 심신장애상태에서 한 것이지만 행위자는 원인설정행위시에 책임능력을 갖추고 자의로 자기 자신을 심신장애상태에 빠뜨렸고, 또 그런 원인설정행위는 심신장애

---

3 제20조(정신장애로 인한 책임무능력) 행위를 할 때 병적 정신장애, 심한 의식장애, 정신박약 또는 중한 정신변성으로 인하여 행위의 불법을 인식하거나 이러한 인식에 따라서 행위할 능력이 없는 자는 책임없이 행위한 것이다.

상태에서 한 행위와 불가분의 관계에 있기 때문에 책임이 있다고 본다. 심신장애상태에서 한 행위를 실행행위로 보나, 책임비난은 그 이전의 원인설정행위에서 찾는다. 책임비난의 대상이 앞당겨진 것이다.

01 책임능력에 대한 설명으로 옳은 것은?   2023년 국가직 9급 형법 문9

① 심신장애인의 행위인지 여부는 전문가의 감정, 그 행위의 전후 사정이나 기록에 나타난 제반자료를 종합하여 인정하되, 공판정에서의 피고인의 태도를 고려하여서는 안 된다.

② 심신장애는 생물학적 요소 외에 심리학적 요소로서 정신병 또는 비정상적 정신상태와 같은 정신적 장애로 말미암아 사물에 대한 변별능력과 그에 따른 행위통제능력이 결여되거나 감소되었음을 요한다.

③ 성적 측면에서의 성격적 결함에 따른 소아기호증은 그 증상이 심각하여 원래의 의미의 정신병이 있는 사람과 동등하다고 평가할 수 있더라도 심신장애를 인정할 여지는 없다.

④ 위험의 발생을 예견할 수 있었는데도 자의로 심신장애를 야기한 경우는 원인에 있어서 자유로운 행위에 관한 「형법」 제10조 제3항의 적용대상이 아니다.

해설 ✏

② ○(2021도8657), ① ×(공판정에서 피고인의 진술[85도1235], 범행 전후 피고인의 행동[94도3163] 등도 종합하여 판단), ③ ×(2006도7900: 인정할 수 있음), ④ ×(92도999: 과실에 의한 원인에서 자유로운 행위를 인정함)   정답 ②

02 책임에 대한 설명으로 옳지 않은 것은?

① 심신장애의 유무는 그 판단에 전문감정인의 정신감정결과가 중요한 참고자료가 되지만, 법원은 반드시 그 의견에 구속되는 것이 아니라 독자적으로 심신장애의 유무를 판단하여야 한다.

② 이미 유죄의 확정판결을 받은 피고인이 자신의 형사사건에서 시종일관 그 범행을 부인하였다면, 별건인 공범의 형사사건에서 관련 사실을 증언하면서 자신의 범행을 시인하는 진술을 기대할 가능성은 없다.

③ 원인에 있어서 자유로운 행위에 있어 행위와 책임의 동시존재원칙을 고수하는 구성요건모델설에 의하면 원인행위시를 기준으로 실행의 착수를 인정한다.

④ 「형법」 제12조 강요된 행위에 있어 저항할 수 없는 폭력은, 심리적인 의미에 있어서 육체적으로 어떤 행위를 절대적으로 하지 아니할 수 없게 하는 경우와 윤리적인 의미에 있어서 강압된 경우를 의미한다.

해설 ✎

② ×(2005도10101), ① ○(98도3812), ③ ○(구성요건모델론은 원인행위를 실행행위로 봄), ④ ○(2008도11784)

정답 ②

03 원인에서 자유로운 행위에 대한 설명으로 옳지 않은 것은? (다툼이 있는 경우 판례에 의함)

① 사람을 살해할 의사를 가지고 범행을 공모한 후 대마초를 흡연하고 범행하였다면 심신장애로 인한 감경을 할 수 없다.

② 음주운전을 할 의사를 가지고 음주 만취한 후 운전을 결행하여 교통사고를 일으켰다면 심신장애로 인한 감경을 할 수 없다.

③ 위험의 발생을 예견하고도 자의로 심신장애를 야기한 자의 행위에 대하여는 심신장애에 관한 「형법」 제10조 제1항 및 제2항의 적용이 배제된다.

④ 피고인이 자신의 차를 운전하여 술집에 가서 술을 마신 후 운전을 하다가 교통사고를 일으켰다는 사실만으로는 피고인이 음주할 때 교통사고를 일으킬 수 있다는 위험성을 예견하고도 자의로 심신장애를 야기한 경우에 해당하지 않는다.

해설 ✎

④ ×(95도826: 피고인이 음주할 때 교통사고를 일으킬 수 있다는 위험성을 예견하고도 자의로 심신장애를 야기한 경우에 해당), ② ○(92도999; 2007도4484)

정답 ④

04 원인에 있어서 자유로운 행위에 관한 설명으로 가장 적절하지 않은 것은? 2020년 1차 순경시험 형법 문6

① 원인행위를 실행행위로 보는 견해에 따르면 행위와 책임의 동시 존재의 원칙에 부합하고, 책임무능력상 태에서의 실행행위는 책임이 없거나 행위라고 할 수도 없기 때문에 원인행위 자체를 실행행위로 보지 않으면 원인에 있어서 자유로운 행위를 처벌할 수 없게 된다.

② 원인행위와 실행행위의 불가분적 연관에서 책임의 근거를 인정하는 견해에 따르면 원인설정행위는 실 행행위 또는 그 착수행위가 될 수 없지만 책임능력 없는 상태에서의 실행행위와 불가분의 연관을 갖는 것이므로 원인설정행위에 책임비난의 근거가 있다.

③ 원인행위를 실행행위로 보는 견해에 따르면 원인설정행위를 실행행위로 파악하기 때문에 구성요건적 행위정형성을 중시하여 죄형법정주의의 보장적 기능에 부합한다.

④ 책임능력 결함상태에서의 실행행위를 책임의 근거로 인정하는 견해에 따르면 반무의식상태에서 실행행 위가 이루어지는 한 그 주관적 요소를 인정할 수 있지만, 대부분의 경우에 책임능력이 인정되어 법적 안정성을 해하는 결과를 초래한다.

해설 ✎

③ ×(원인설정행위를 실행행위로 본다는 것은 책임무능력상태로 만들기 위해서 술을 마시는 등의 행위를 실행 행위로 본다는 것이므로 구성요건적 행위정형성을 무시되거나 약화됨) **정답** ③

05 다음 사례에 대하여 〈보기〉의 견해에 따른 결론으로 옳은 것은? 2012년 사법시험 형법 문21

甲은 A를 살해하기로 마음먹고 乙에게 A의 살해를 부탁하였다. 이를 승낙한 乙은 맨 정신으로는 A를 살해할 용기가 나지 않아 술에 취한 상태에서 A를 살해하기로 마음먹고 술을 마셨다. 만취상태가 된 乙은 양심의 가책을 느껴 A의 살해를 포기하고 집으로 가는 도중에 술에 취한 나머지 가게 앞에 누워 있는 노숙자 B를 마네킹으로 오인하고 발로 차 상해를 입혔다.

Ⅰ. 원인에 있어서 자유로운 행위에 대한 가벌성과 관련하여 원인설정행위가 실행행위 또는 그 착수행위 이며, 심신장애상태에서의 행위는 원인행위에 기인한 결과에 지나지 않는다고 보는 견해

Ⅱ. 원인에 있어서 자유로운 행위에 대한 가벌성과 관련하여 원인설정행위와 심신장애상태에서의 실행행 위의 불가분적 연관에서 책임의 근거를 인정하는 견해

Ⅲ. 과실에 의한 원인에 있어서 자유로운 행위는 위험발생을 예견할 수 있었음에도 자의로 심신장애를 야기하여 고의 혹은 과실의 결과실현행위를 한 경우가 아니라, 구성요건적 결과를 예견하였으나 자 의로 심신장애를 야기하고 결과실현행위가 과실범인 경우를 의미한다는 견해

Ⅳ. 형법 제10조 제3항에서 규정하고 있는 '자의로 심신장애를 야기한 자'는 예견한 구성요건적 결과를 실현하기 위해 고의로 심신장애를 야기한 자를 의미한다고 보는 견해

① Ⅰ에 의하면 乙에게는 A에 대한 살인예비죄가 성립한다.

② Ⅱ에 의하면 乙에게 실행의 착수가 인정되어 甲에게는 살인미수죄의 교사범이 성립한다.

③ 판례는 Ⅲ을 취하고 있고, 이에 따르면 B의 상해에 대해 乙에게 형법 제10조 제3항을 적용한 형사책임을 물을 수 있다.

④ Ⅳ에 의하면 B의 상해에 대하여 乙에게 형법 제10조 제3항을 적용한 상해죄의 책임을 물을 수 없다.

⑤ Ⅱ에 따를 때 판례에 의하면 乙에게는 A에 대한 살인예비죄의 중지미수범이 성립한다.

해설 🖊

④ ○('상해'라는 구성요건의 실현을 예견하지 않은 상태에서 고의가 아니라 과실로 상해를 입힌 것), ① ×(술을 마시기 시작할 때 실행의 착수가 인정되므로 살인죄의 미수가 성립함), ② ×(심신장애상태에서 실행행위를 할 때 실행의 착수가 인정되므로 이 경우에는 실행의 착수 부정), ③ ×(판례[92도999]는 '특정한 구성요건의 실현'에 대한 예견이 아니라 '법익침해'에 대한 예견이나 예견가능성으로 보는 입장), ⑤ ×(판례[99도424]는 예비죄의 중지미수 불인정)　**정답** ④

---

06 다음 〈사례〉에 관한 설명 중 옳은 것(○)과 옳지 않은 것(×)을 올바르게 조합한 것은? (다툼이 있는 경우 판례에 의함)
2016년 사법시험 형법 문4

> 甲과 乙은 함께 A를 상대로 강도하기로 공모한 후에 범행실행의 용기를 가지기 위해 대마초를 흡연하여 심신미약의 상태에서 곧이어 A를 찾아갔다.
>
> ㄱ. 甲과 乙이 이후 A에 대한 강도의 기수에 이르렀다면, 이들의 행위는 심신미약의 상태에서 이루어졌으므로 「형법」 제10조 제2항의 심신미약에 의한 감경규정이 적용된다.
>
> ㄴ. A의 집으로 찾아간 甲과 乙이 함께 강도행위를 하던 중 甲이 홀로 A에 대한 강간행위를 하였고, 乙은 甲의 강간의 실행의 착수 이후에 이 사실을 알게 되었으나 甲의 강간행위를 도와준 바 없이 집에서 나왔다면, 乙은 甲의 강간행위에 대한 공동정범의 죄책을 지지 않는다.
>
> ㄷ. A를 찾아간 甲과 乙이 A로부터 금품을 강취하려다가 甲이 강도의 기회에 A에게 상해를 가하여 사망에 이르게 한 경우, 乙은 살인의 공모를 하지 않았으므로 A의 사망에 대한 예견가능성 유무와 관계없이 강도치사죄의 죄책을 지지 않는다.
>
> ㄹ. 원인에 있어서 자유로운 행위를 '행위와 책임의 동시존재 원칙'의 예외로 파악하는 견해에 따르면, 위 〈사례〉에서 甲과 乙이 이후 A에 대한 강도의 기수에 이른 경우 강도죄의 실행의 착수시기를 대마초의 흡연 시로 본다.
>
> ㅁ. 원인에 있어서 자유로운 행위의 실행의 착수시기를 심신장애상태하에서의 실행행위를 기준으로 파악하는 견해에 따르면, 甲과 乙이 A를 찾아가다가 범행계획을 후회하여 다시 되돌아온 경우, 甲과 乙은 강도죄의 중지미수에 해당한다.

① ㄱ(○), ㄴ(×), ㄷ(○), ㄹ(○), ㅁ(○)
② ㄱ(×), ㄴ(○), ㄷ(×), ㄹ(○), ㅁ(×)
③ ㄱ(×), ㄴ(×), ㄷ(○), ㄹ(○), ㅁ(○)
④ ㄱ(×), ㄴ(○), ㄷ(×), ㄹ(×), ㅁ(×)
⑤ ㄱ(×), ㄴ(×), ㄷ(×), ㄹ(×), ㅁ(×)
⑥ ㄱ(×), ㄴ(○), ㄷ(×), ㄹ(×), ㅁ(○)

ㄱ: ×(원인에서 자유로운 행위이므로 심신미약규정이 적용되지 않음), ㄴ: ○(乙은 甲의 강간행위에 전혀 가담하지 않았으므로 책임을 지지 않음), ㄷ: ×(사망에 대한 예견가능성이 인정되면 乙은 강도치사죄의 책임을 짐), ㄹ: ×(A를 찾아가서 강도를 시작한 때가 강도죄의 실행의 착수시기), ㅁ: ×(찾아가서 강도죄를 실행하지 않고 찾아가다가 돌아온 경우는 강도죄의 예비)

정답 ④

탐구 과제

- 인간은 본질적으로 악한 존재인가(성악설), 선한 존재인가(성선설)?
- 인간은 자유로운 의사에 따라 합리적으로 결정해서 행동하는 이성적 존재인가?
- 인간은 자유의지를 가진 이성적 존재가 아니라 개인적 기질과 주변 환경의 통제를 받는 존재인가?

형총: 예비·음모죄의 중지미수와 방조범의 성부

12강 형총: 예비·음모죄의 중지미수와 방조범의 성부

예비·음모죄의 경우에도 중지미수와 방조범이 인정될 수 있는지 보고, 공범종속성원칙의 의미를 이해한다.

🔨 사례

乙은 강도할 목적으로 강도할 때 사용한 칼을 구입하였는데, 그 칼은 甲이 乙의 범행계획을 알고 제공한 금전으로 구입한 것이다. 그러나 乙은 칼을 날카롭게 갈던 중 자의로 그 예비행위를 중지하고 강도의 실행의 착수에 이르지 않았다. 乙의 행위는 강도예비죄의 중지미수인가? 甲은 예비죄의 방조범인가?

🔍 해결

1. 예비·음모죄

가. 예비·음모의 개념

범죄실행을 위한 준비행위(例 살해를 위해 칼을 구입하여 날카롭게 하거나 계획함)가 범죄 '실행의 착수(例 살해하려고 칼로 찌름)'로 이어지지 않는다면, 그런 준비행위는 원칙적으로 처벌하지 않고 예외적으로 처벌한다. 이를 예비·음모범이라고 한다. 예비가 유형적 준비행위라면, 음모는 언어 등을 통한 무형적 준비행위다.

예비·음모범은 미수범처럼 법익을 침해할 위험이 있는 행위를 처벌하는 범죄이다. 그러나 미수범은 그 위험이 구체적인 경우이고, 예비·음모범은 그 위험이 추상적인 경우이다. 예비·음모범은 형법의 법익보호원칙을 더더욱 충실하게 실현하기 위한 범죄형태라고 할 수 있다. 법익침해의 추상적 위험을 통제할 필요성은 매우 특별히 중한 범죄, 예컨대 살인죄, 강도죄, 방화죄 등에 대해서 인정되므로, 형법은 이런 범죄에 대해서 예비·음모죄를 두고 있었는데, 성범죄에 대해서도 예비·음모죄가 신설되었다.

나. 예비·음모죄의 성립요건

예비·음모죄의 객관적 성립요건은 예비·음모행위의 존재이고, 주관적 성립요건은 예비·음모행위에 대한 고의와 기본범죄를 저지를 목적의 존재이다. 예비·음모죄는 목적범이다. 살인죄의 예비죄가 성립하려면 살인죄를 범할 목적 외에도 살인의 준비에 관한 고의가 있어야 하며, 실행의 착수까지에는 이르지 않는 살인죄의 실현을 위한 준비행위가 있어야 한다(2009도7150).

예비·음모행위는 범죄실행의 착수 이전 단계의 행위로서 엄격하게 해석할 필요가 있으므로 예비·음모죄의 요건인 '…의 죄를 범할 목적'은 자신이 직접 '…의 죄를 실행할 목적'을 의미하는 이른바 '자기예비'에 한정해야 한다는 견해도 있다. 만일 타인이 실행하는 범죄의 예비, 곧 타인예비를 인정하면 타인이 실행에 착수하기 전에는 타인예비자가 예비죄의 정범이 되었다가 타인이 실행에 착수한 이후에는 실행한 범죄의 공범이 되는 것인데, 이는 부당하다는 것이다.

예비행위는 물적인 것에 한정되지 않고 특별한 정형이 있는 것도 아니지만, 단순히 범행의 의사나 계획만으로는 부족하고 객관적으로 목적한 범죄의 실현에 실질적으로 기여할 수 있는 외적 행위를 필요로 한다(2009도7150). 예컨대 甲이 A를 살해하기 위하여 乙과 丙 등을 고용하면서 그들에게 범행 대가의 지급을 약속한 경우가 이에 해당한다.

음모란 2인 이상의 자 사이에 성립한 범죄실행의 합의를 말한다. 음모죄가 성립하려면 단순히 범죄결심을 외부에 표시·전달하는 것만으로는 부족하고, 객관적으로 보아 특정한 범죄의 실행을 위한 준비행위라는 것이 명백히 인식되고, 그 합의에 실질적인 위험성이 인정되어야 한다(99도3801).

2. 예비·음모죄의 중지(미수)범의 성부

강도의 예비를 마친 후 실행에 착수하지 않은 乙의 행위에 대해서는 강도의 예비죄가 성립한다. 그런데 만일 乙이 강도의 예비행위를 하다가 자의로 예비행위를 중지한 경우 강도의 예비죄에 대해 중지(미수)범을 인정할 수 있을까?

가. 미수범과 중지(미수)범

먼저 중지(미수)범이란 미수범의 한 형태를 말한다. 형법의 미수범은 예외적인 처벌규정이다. 미수란 범죄의 실행에 착수하여 ① 행위를 종료하지 못하였거나, ② 구성요건적 결과가 발생하지 않았거나, ③ 구성요건적 결과가 발생하였더라도 행위와 그 결과 사이에 인과관계가 인정되지 않는 경우를 말한다. 법익을 침해할 구체적 위험이 있는 행위를 처벌함으로써, 형법의 법익보호원칙을 보다 충실하게 실현하기 위한 것이라고 할 수 있다. 과실범은 대부분 결과발생을 필요로 하므로 다수견해는 과실범의 미수범, 곧 과실미수는 인정할 수 없다고 본다.

나. 예비·음모죄에 대한 중지(미수)범 적용 여부

(1) 부정설(판례)

판례는 예비·음모죄는 실행의 착수 이전이므로 실행의 착수를 전제로 한 중지(미수)범 규정을 적용할 수 없다고 본다(99도424). 기본범죄의 실행행위로 볼 수 없다는 견해에 따르면 예비·음모죄에 대해서는 중지미수 규정을 적용할 수 없다.

(2) 학설: 직접 적용설과 유추적용설

미수범은 기본범죄(기수범)의 비독자적인 범죄이지만 예비·음모범은 독자적인 범죄라고 보기도 한다. 예비·음모범은 그 실행행위가 기본범죄(기수범)의 실행행위와는 차이가 있고, 법정형도 미수범과 달리 독자적으로 정하고 있다는 것이다. 이에 따르면 예비·음모행위는 당연히 예비·음모범의 실행행위이므로 이 행위를 중지한 경우 중지미수 규정이 적용된다.

예비·음모행위의 실행행위성을 인정할 수 없지만, 예비·음모범에 대해서도 중지미수 규정을 유추 적용하자는 입장[1]도 있다.

중지미수 규정이 아니라 필요적 감면되는 내란죄의 예비·음모범의 자수규정(제90조 제1항 단서)을 유추적용하자는 견해도 있다.

3. 예비·음모죄에 대한 방조범의 성부

乙의 강도 예비범행을 도운 甲을 방조범으로 처벌할 수 있을까? 예비죄도 독립된 범죄구성요건으로서 예비행위도 실행행위로 볼 수 있다는 견해는 이를 긍정한다.

그러나 판례는 이를 부정한다(79도2201). 그 이유는 ⓐ 방조범 또는 종범을 처벌하려면 정범이 범죄의 실행에 착수해야 하므로, 정범이 예비의 단계에 그쳤다면 이에 가담하는 행위가 예비의 공동정범이 되는 경우를 제외하고는 종범으로 볼 수 없고, ⓑ 범죄의 구성요건 개념상 예비죄의 실행행위는 무정형·무한정한 행위이고 종범의 행위도 무정형·무한정한 것이어서 예비죄의 종범을 인정하면 범죄구성요건의 부당한 유추 내지 확장해석을 가져올 수 있으며, 바로 이런 점 때문에 형법이 '특별한 규정이 없는 한 예비·음모는 처벌할 수 없다'고 규정한 것이고, ⓒ 따라서 형법각칙의 예비죄를 독립된 구성요건으로 보지 않는 것이 죄형법정주의에도 부합한다는 것이다(75도1549).

4. 정범과 공범의 구별과 공범의 종속성

가. 정범과 공범의 구별 기준

교사범과 방조범을 '다수인이 의도적으로 가담하는 범죄'라는 (넓은 의미의) 공범과 구별해서 좁은 의미의 공범이라고도 한다.

정범과 공범의 구별에 관해 다툼이 있다. ① 구성요건해당행위를 기준으로 하는 입장인 객관설 중 ㉮ 형식적 객관설은 그 행위를 직접 수행하는 사람만 정범으로 본다. 정범을 극히 제한적으로 인정하는 제한적 정범개념으로 연결된다. 반면에 ㉯ 실질적 객관설은 그 행위의 수행에 실질적인 가담자도 정범으로 본다.

② 주관설 또는 의사설은 자신을 위한다는 의사를 가지고 범죄에 가담하는 사람이 정범이라는 입장이다. 이에 따르면 청부살인자는 공범이다. 정범을 매우 넓게 인정하는 확장적 정범개념으로 연결된다.

③ 행위지배설 또는 범행지배설은 구성요건해당행위의 진행 여부를 좌우할 수 있는 지위에 있는 사람을 정범으로 본다. 범행지배의 의미를 두고 범행지배설 안에서 다시 다툼이 있다. 독일 학자 Roxin은 신분범(身分犯)·의무범(義務犯)·자수범(自手犯)이 아닌 지배범의 경우, 단독정범은 행위지배로, 공동정범은 기능적 행위지배로, 간접정범은 우월적 의사지배로 범행지배의 의미를 유형화하여 이해한다. 한국의 다수견해이다.

---

1 이는 다시 ① 예컨대 일반이적죄(무기 또는 3년 이상 징역)처럼 예비의 형(2년 이상 30년 이하 징역)이 중지미수(1년 개월 이상 30년 이하 징역 또는 면제)의 형보다 중한 경우에 한해서 형의 균형상 중지미수의 규정을 준용하되, 필요적 감면의 대상형을 기수범의 법정형으로 하자는 제한적 유추적용설과 ② 중지미수의 규정을 언제나 준용하며, 필요적 감면의 대상형도 기수범의 법정형이 아닌 예비죄의 법정형으로 하자는 전면적 유추적용설로 나뉜다. 이에 따르면 살인기수범의 법정형(사형, 무기 또는 5년 이상 징역) 가운데 5년 이상 징역을 선택하여 필요적 감면하면 2년 6개월 이상 징역 또는 형의 면제까지 가능하며, 살인예비죄의 법정형(10년 이하 징역)을 대상으로 필요적 감면하면 5년 이하 징역 또는 형의 면제까지 가능하다. ①은 형의 불균형을 중요하게 고려하는 반면, ②는 중지미수의 취지를 예비의 중지에도 논리일관하게 적용하려는 것이다.

나. 제한적 정범개념과 확장적 정범개념

현행 형법처럼 구성요건을 중심으로 정범과 공범을 분리하여 정범을 제한적으로 인정하는 제한적 정범 개념에 따르면, 간접정범의 정범성을 인정하기 어렵다. 제한적 정범개념에 따르면 현행 형법의 공범규 정은 정범으로 처벌되지 않는 것을 특별히 처벌규정을 두어서 처벌하는 것이라고 볼 수 있으므로 형벌확 장사유로 볼 수 있다.

이와 달리 범죄의 구성요건적 결과의 발생에 조건을 설정한 자 모두를 정범으로 파악하는 확장적 정범개 념은 인과관계와 관련하여 결과에 대한 모든 조건의 동가치성을 인정하는 조건설이 이론적 기초가 된 것이다. 단일정범형식으로 연결된다. 오스트리아 형법 제12조[2]가 이를 채택하고 있다. 이런 확장적 정 범개념에 따르면 방조범도 정범이다. 그런데 현행 형법은 정범이 아니라 공범인 방조범으로서 가볍게 처벌한다. 따라서 확장적 정범개념에 따르면 본래 정범으로 처벌되어야 할 것을 공범으로 처벌하는 것 이므로 공범규정, 특히 방조범은 형벌제한사유로 이해할 수 있다.

다. 공범의 종속성의 여부: 공범종속성설과 공범독립성설

위 판례(79도2201)는 공범종속성설에 따른 것이다. 공범종속성설은 공범의 성립은 정범에 종속한다고 본다. 범죄의 실질은 구성요건해당행위의 수행이라는 객관주의 범죄론에 근거한다. 이와 달리 공범독립 성설은 공범의 성립은 정범에 종속되지 않는다고 본다. 범죄의 실질은 행위자의 반사회성이라는 주관주 의 범죄론에 근거한다.

공범종속성설이 한국 형법의 기본적인 입장이라고 볼 수 있다. 공범에는 교사범과 방조범이 있다. 교사 범은 타인을 부추겨 범죄를 결의하게 하고 그 범죄를 실행하도록 하는 범죄인데, 교사자의 교사행위와 교사를 받은 자(피교사자), 곧 정범의 실행행위가 있어야 성립한다. 교사범은 법정형은 정범의 법정형과 같다. 방조범 또는 종범은 정범이 범죄를 실현하는 것을 돕는 범죄이다. 방조범이 성립하려면 정범의 실행행위와 이에 대한 방조행위가 있어야 한다. 정범의 실행을 방조한다는 방조의 고의와 정범의 행위 가 구성요건에 해당하는 행위라는 점에 대한 정범의 고의가 있어야 한다(2012도2628). 방조범의 처단 형은 정범의 법정형보다 필요적으로 감경한 형이다.

피교사자가 실행을 승낙하였으나 실행에 착수하지 않은 경우를 효과없는 교사라고 하는데, 형법은 교사 자와 피교사자 모두 교사한 범죄의 예비·음모로 처벌한다(제31조 제2항). 피교사자가 실행을 승낙하지 않은 경우를 실패한 교사라고 하는데, 형법은 피교사자는 처벌하지 않고, 교사자는 교사한 범죄의 예 비·음모로 처벌한다(제31조 제3항). 형법이 피교사자가 실행에 착수하지 않았음에도 불구하고 교사자 를 처벌하는 것은 공범독립성설의 입장으로 볼 수 있다. 형법이 자살을 처벌하지 않음에도 불구하고 자 살교사·방조를 처벌하는 것(제252조 제2항)도 공범독립성설의 입장으로 볼 수 있다.

라. 공범종속성설에 따를 경우 공범의 종속성의 정도

공범종속성설에 따를 경우, 종속성의 정도를 두고 다시 다툼이 있다. 정범의 행위가 어떤 요건을 갖추어

---

2 오스트리아 형법 제12조(관여자의 행위자로서의 취급) 직접의 행위뿐만 아니라, 타인에게 가벌적 실행행위를 결의시 키거나 그 실행에 기여한 자도, 가벌적 행위를 범하는 것이다.

야 공범이 성립하는지의 문제이다.

① 최소한 종속형식은 구성요건에 해당하면 충분하다고 본다. ② 다수견해는 제한적 종속형식으로 구성요건에 해당하고 위법해야 한다고 본다. 이에 따르면 공범의 불법은 정범과 연대하지만, 책임은 개별적으로 판단한다. ③ 극단적 종속형식은 구성요건해당성, 위법성, 책임 모두 인정되어야 한다고 본다. ④ 초극단적(확장적) 종속형식은 구성요건해당성, 위법성, 책임은 물론 처벌조건도 갖추어야 한다고 본다.

기출문제 ✎

예비의 중지	1. 중지범은 범죄의 실행에 착수한 후 자의로 그 행위를 중지한 때를 말하는 것이므로 실행의 착수가 있기 전인 예비의 중지범은 인정할 수 없다. [2015년 변호사시험 형사법 문2] [2020년 경찰간부후보생시험 형법 문13] [2021년 변호사시험 형사법 문4]
예비의 방조	2. 乙이 행사할 목적으로 통용하는 대한민국의 화폐를 위조하기 위한 예비행위를 하면서, 甲이 부주의로 놓아둔 도구를 乙이 이용하였더라도 甲을 통화위조예비죄의 방조범으로 처벌할 수 없다. [2012년 사법시험 형법 문28]
	3. 乙은 강도를 준비하고 있는 甲이 범행도구를 마련하는 것을 도와주었다. 그러나 甲이 실행의 착수 전에 마음을 바꾸어 범행을 포기하였다면 甲은 강도예비, 乙은 강도예비의 방조범으로 처벌된다. [2006년 사법시험 문39] [2009년 사법시험 형법 문35] [2010년 사법시험 형법 문23] [2014년 변호사시험 형사법 문14] [2015년 변호사시험 형사법 문4] [2021년 변호사시험 형사법 문4]
	4. 甲이 친구 乙의 부탁을 받고 乙이 건네주는 금전을 밀수자금인 줄 알면서 자신의 선박 기관실에 은닉한 행위는 관세법상 무면허수입예비죄의 방조범에 해당한다. [2011년 사법시험 형법 문33]
정범의 방조	5. 정범의 실행의 착수 이전에 장래의 실행행위를 예상하고 이를 용이하게 하기 위하여 방조한 경우에도 그 후 정범이 실행행위에 나아갔다면 종범이 성립할 수 있다. [2023년 국가직 9급 형법 문14] [2009년 사법시험 형법 문35(배점 2)] [2015년 변호사시험 형사법 문4]
	6. 정범의 실행의 착수 이전에 장래의 실행행위를 예상하고 이를 용이하게 하기 위하여 방조한 경우에는 그 후 정범이 실행행위에 나아갔더라도 방조범이 성립할 수 없다. [2023년 국가직 7급 형법 문16] [2012년 변호사시험 형사법 문9] [2010년 사법시험 형법 문23(배점 3)]

🔒 정답 및 해설

1. ○(99도424),   2. ○(방조는 과실로 할 수는 없을 뿐만 아니라 방조범은 정범의 실행착수를 전제로 하므로 예비죄의 방조는 성립할 수 없음),   3. ×(79도2201의 취지. 공범의 종속성은 정범의 실행의 착수를 전제로 하므로 예비죄의 방조범은 성립할 수 없음),   4. ×(79도2201),   5. ○(2005도872; 2002도995; 95도2551),   6. ×(방조범이 성립)

01 예비죄에 대한 설명으로 옳지 않은 것은? (다툼이 있는 경우에 판례에 의함)   2008년 국가직 9급 형법 문15

① 예비행위는 원칙적으로 그 수단과 방법에 제한이 없는 무한정·무정형한 행위이다.

② 예비죄는 기본범죄를 범할 목적이 있어야 하는 목적범이다.

③ 예비행위를 처벌하는 경우에도 중지범의 관념을 인정할 수 없다.

④ 정범이 예비죄로 처벌되는 경우 이에 가공하는 행위는 방조범으로 처벌된다.

해설 🖉

④ ×(79도2201: 예비죄의 방조범은 성립 불가)   **정답** ④

---

02 예비죄에 관한 설명 중 옳은 것을 모두 고른 것은? (다툼이 있는 경우에는 판례에 의함)

2013년 사법시험 형법 문39

> ㄱ. 과실에 의한 예비나 과실범의 예비는 불가벌이다.
> ㄴ. 예비단계에서 방조에 그친 경우, 정범이 실행에 착수하였더라도 불가벌이다.
> ㄷ. 예비죄의 공동정범은 불가벌이다.
> ㄹ. 예비죄의 방조범은 불가벌이다.

① ㄱ   ② ㄱ, ㄹ   ③ ㄴ, ㄷ
④ ㄷ, ㄹ   ⑤ ㄱ, ㄴ, ㄹ

해설 🖉

ㄱ: ○(예비죄는 목적범이므로 실수로 예비하거나 과실범을 예비할 수는 없음), ㄴ: ×(강도를 준비하는 甲에게 乙이 칼을 구해서 준 경우 甲이 그 칼로 강도죄의 실행의 착수를 하지 않은 때에는 乙에게 강도예비죄의 방조범은 성립할 수 없으나 그 칼로 甲이 강도를 했다면 乙에게 강도죄의 방조범이 성립), ㄷ: ×(강도죄를 범하기 위해 甲과 乙이 열심히 모의를 하고 칼을 준비한 경우 甲과 乙을 강도예비죄의 공동정범이 성립), ㄹ: ○(75도1549: 종범이 처벌되기 위하여는 정범의 실행의 착수가 있는 경우에만 가능하고 형법 전체의 정신에 비추어 정범이 실행의 착수에 이르지 아니한 예비의 단계에 그친 경우에는 이에 가공하는 행위가 예비의 공동정범이 되는 경우를 제외하고는 종범의 성립을 부정하고 있다고 보는 것이 타당)   **정답** ②

---

03 예비와 미수에 관한 설명 중 옳지 않은 것은? (다툼이 있는 경우 판례에 의함) 2015년 사법시험 형법 문4(배점 2)

① 피해자에게 위조한 예금통장 사본 등을 보여주면서 외국회사에서 투자금을 받았다고 거짓말하며 자금 대여를 요청하였으나, 피해자가 입금 여부 확인을 요구하여 함께 은행에 가던 중 은행 입구에서 차용을 포기하고 돌아간 경우, 사기죄의 장애미수에 해당한다.

② 공동정범자 중 한 사람이 자의로 다른 공동정범자 전원의 실행을 중지시키거나 결과의 발생을 방지한 경우 중지미수의 효과는 다른 공동정범자에게는 미치지 않는다.

③ 토지공유자 甲이 다른 공유자 乙이 사망하였음에도 불구하고 乙을 상대로 마치 乙로부터 매입한 것처럼 허위 내용의 소를 제기하여 승소확정판결을 받은 후 자신의 명의로 등기한 경우, 甲은 사기죄의 불능미수에도 해당하지 않아 처벌할 수 없다.

④ 예비단계에서 자의로 범행을 중지한 경우 중지미수의 규정을 유추적용할 수 없다.

⑤ 예비죄의 공동정범은 처벌할 수 있지만, 예비죄의 방조범은 처벌할 수 없다.

⑥ 甲이 자신을 죽여 달라는 A의 부탁을 받고 필요한 독약을 준비하였으나 심경이 변하여 살해를 포기하고 준비하였던 독약을 버린 경우 예비죄로 처벌할 수 있다.

⑥ ✕(촉탁승낙살인죄의 예비음모범 처벌규정은 없음), ① ○(2011도10539), ② ○(2004도8259의 취지), ③ ○(200도1881), ④ ○(91도436), ⑤ ○(75도1549)　　　　　　정답 ⑥

04 〈보기〉는 공범의 종속형식에 관한 서로 다른 A, B, C, D의 입장에 대한 설명이다. A, B, C, D의 입장에 따른 결론으로 옳은 것은?　　　　　　　　　　　　　　　　　　　　2011년 사법시험 형법 문26

> A는 공범의 성립 범위를 가장 좁게 인정하고, 반대로 B는 가장 넓게 인정한다. C는 공범이 성립하기 위한 조건으로 정범의 실행행위의 구성요건해당성과 위법성만 있으면 되는 것으로 보고, D는 책임개별화원칙을 반영하지 못한다는 비판을 받고 있다.

① 타인의 주거에 침입할 것을 교사하였으나 피교사자가 주거자의 승낙을 얻어 주거에 들어간 경우, A의 입장에 의하면 주거침입교사죄가 성립할 수 없지만 C의 입장에 의하면 주거침입교사죄가 성립할 수 있다.

② 강도를 교사하였으나 피교사자가 예비의 단계에서 체포된 경우, A의 입장에 의하면 강도예비교사죄가 성립할 수 없고 C의 입장에 의하면 강도예비교사죄가 성립할 수 있다.

③ 형사미성년자를 교사하여 절도를 행하게 한 경우, C의 입장에 의하면 절도교사죄가 성립할 수 없지만 D의 입장에 의하면 절도교사죄가 성립할 수 있다.

④ 피교사자의 아버지가 소유하는 물건을 절취하도록 교사한 경우에 B와 D의 입장에서는 절도교사죄가 성립할 수 있다.

⑤ 행사의 목적 없는 타인을 교사하여 사문서를 위조하게 한 경우 D의 입장에 의하면 사문서위조교사죄가 성립할 수 있지만 A의 입장에서는 사문서위조교사죄가 성립할 수 없다.

해설 ✎

A: 초극단종속형식, B: 최소종속형식, C: 제한종속형식, D: 극단종속형식. ④ ○(구성요건해당성과 위법성은 물론 책임도 인정되지만 처벌조건을 충족하지 못한 행위), ① ✕(A와 C 어떤 입장에 따른다하더라도 주거침입죄의 교사범이 성립할 수 없고, 이런 경우 교사자와 피교사자 모두 교사한 범죄의 예비·음모범이 성립할 수 있지만, 주거침입죄는 예비·음모범을 불처벌), ② ✕(공범의 종속성은 정범이 실행행위에 착수한 이후를 전제로 하므로 A와 C 어떤 입장에 따른다 하더라도 강도죄의 교사범이 성립할 수 없다. 강도예비·음모죄의 교사범의 성립은 예비·음모범을 독자적 범죄로 보고, 예비·음모행위의 실행행위성을 인정하는 입장에 따를 경우에만 가능), ③ ✕(구성요건해당성과 위법성은 인정되지만 책임은 부정되는 행위이므로 오히려 C에 따르면 절도죄의 교사범이 성립할 수 있지만 D에 따르면 절도죄의 교사범이 성립할 수 없음), ⑤ ✕(구성요건해당성을 인정할 수 없는 행위이므로 어떤 입장에 따른다 하더라도 사문서위조죄의 교사범은 성립할 수 없고, 간접정범의 성부가 문제됨)　　　　　　정답 ④

> ㄱ. 범죄는 행위자의 반사회성의 징표이다.
> ㄴ. 실패한 교사범(「형법」 제31조 제3항)을 처벌하고 있다.
> ㄷ. 「형법」 제33조(공범과 신분)의 본문이 원칙규정이다.
> ㄹ. 자살방조죄(「형법」 제252조 제2항)를 처벌하고 있다.
> ㅁ. 공범의 본질은 타인의 구성요건실현에 가담하는 데 있다.

① ㄴ, ㄹ　　　　　　　② ㄷ, ㅁ　　　　　　　③ ㄱ, ㄴ, ㄹ
④ ㄱ, ㄷ, ㅁ　　　　　⑤ ㄷ, ㄹ, ㅁ

해설 🖉

ㄱ·ㄴ·ㄹ: 공범독립성설의 주장 또는 논거이다.　　　　　　　　　　　　　**정답** ②

06 정범과 공범의 구별기준에 관한 甲, 乙, 丙, 丁의 견해와 a, b, c의 내용이 서로 부합되는 것은?

2008년 사법시험 문14(배점 4)

> 甲: 자기의 범죄를 행할 의사를 가지고 행위한 자는 정범이고, 타인의 범죄를 행할 의사로 행위한 자는 공범이다.
> a. 청부받아 살인을 행한 자는 정범에 해당된다.
> b. 인과조건의 동가치성을 전제로 하는 조건설을 기초로 한다.
> c. 간접정범과 공동정범의 정범성을 설명할 수 없는 문제점이 있다.
>
> 乙: 범행을 지배하였다고 평가되는 자는 정범이고, 자신의 범행지배 없이 단지 범행을 야기하거나 촉진시킨 자는 공범이다.
> a. 제한적 정범 개념에 기초하되, 정범 개념을 확대한다.
> b. 촉탁살인은 상대방의 진지한 부탁으로 인한 행위이므로 공범에 해당한다.
> c. 수단의 계획적·의식적 조종의사인 주관적 표지로만 정범과 공범을 구별한다.
>
> 丙: 구성요건에 해당하는 행위의 전부나 일부를 직접 행한 자가 정범이고, 실행행위 이외의 방법으로 단지 조건을 제공한 자는 공범이다.
> a. 제3자를 위한 사기죄를 범한 자는 공범이 된다.
> b. 형법상 공범 규정은 가벌성을 확장한 형벌확장사유이다.
> c. 간접정범의 정범성은 인정되지만 공동정범의 정범성이 부정되는 문제점이 있다.
>
> 丁: 행위수행의 시간적 연관을 기준으로 하여 실행행위시에 가담하는 자는 정범이고, 그 전이나 후에 가담하는 자는 공범이다.
> a. 구성요건적 행위시에 방조한 자를 공범으로 본다.
> b. 간접정범의 정범성을 설명할 수 없다는 문제점이 있다.
> c. 타인으로 하여금 범행을 결의하게 한 교사범을 정범으로 본다.

① 甲-a, 乙-a, 丙-b, 丁-b　　　② 甲-a, 乙-b, 丙-b, 丁-b

③ 甲-a, 乙-b, 丙-b, 丁-a　　　④ 甲-b, 乙-a, 丙-b, 丁-b

⑤ 甲-b, 乙-a, 丙-c, 丁-b　　　⑥ 甲-b, 乙-b, 丙-c, 丁-a

⑦ 甲-c, 乙-c, 丙-a, 丁-a　　　⑧ 甲-c, 乙-c, 丙-a, 丁-c

해설 🖊

甲: 주관설 또는 의사설은 조건설로는 정범과 공범을 구별할 수 없다는 것을 인정하고 주관적 기준으로 구별하려는 입장으로서, 이에 따르면 간접정범과 공동정범은 모두 자신의 범죄를 행할 의사로 볼 수 있으므로 이들 범죄의 정범성을 인정하는 데 어려움이 없다. 乙: 범행지배설은 제한적 정범개념에 기초하며, 촉탁살인은 당연히 정범이다. 丙: 형식적 객관설도 제한적 정범개념에 기초하며, 실행행위를 분담하지 않는 간접정범의 정범성을 인정하기 어렵다. 공동정범도 실행행위를 분담하지 않으면 정범성을 인정하기 어렵다. 丁: 실질적 객관설 중 동시설의 입장으로 구성요건행위시에 방조한 자는 정범이고, 교사범은 구성요건행위시에 가담한 것이 아니므로 공범이다.

정답 ④

탐구 과제

• 예비·음모죄의 교사범은 성립할 수 있는가?

• 목적범이란? 왜 목적범의 형태로 범죄로 만드는가?

13강

형총 + 형각: 공범과 신분 및 간접정범과
문서범죄의 체계

형총 + 형각: 공범과 신분 및 간접정범과 문서 범죄의 체계

형법 제33조의 공범과 신분에 관한 규정의 의미에 관한 학설과 판례의 입장을 보고, 비신분자가 신분자를 이용한 경우에도 간접정범이 성립하는지 본다. 신분 있는 자를 이용한 간접정범의 성부가 흔히 문제되는 문서범죄의 체계와 유형을 본다.

사례

희망근로사업장으로 출근하던 V는 "일 나갈 때 가져가라"던 남편 甲의 말이 떠올라 막걸리 두 병을 챙겨 길을 나섰다. 출근하자마자 목이 칼칼했던 V는 동료들과 함께 막걸리를 나눠마셨다. 순간 V와 동료 두 명은 사망했다. 사인(死因)이 '청산염 중독에 의한 심폐정지'로 밝혀졌는데, 甲이 사다 준 청산가리 11.85g(치사량 0.38g)를 딸 乙이 막걸리에 탄 것이었다. 그리고 甲은 乙이 초등학교를 다닐 무렵부터 성추행을 한 뒤 지속적으로 乙과 성관계를 가진 것으로 밝혀졌다. 甲과 乙이 공모하여 V를 살해한 것이다. 남편 甲을 존속살인죄로 처벌해야 하는가, 아니면 (보통)살인죄로 처벌해야 하는가?

해결

1. 신분범과 신분 개념

신분이 범죄의 성립 여부나 법정형의 경중을 좌우하는 경우, 그런 범죄를 신분범이라고 한다. 신분은 예컨대 공무원이라는 자격처럼 특정한 사람에게만 존재하고, 불법의 구성요소가 되며, 계속성을 갖는 사회적 지위나 상태를 의미한다. 따라서 고의·목적·동기는 당연히 사회적 지위나 상태로 볼 수 없으므로 신분이 아니다. 그러나 판례는 남녀의 성별, 내·외국인의 구별, 친족관계, 공무원인 자격과 같은 객관적 관계뿐만 아니라 널리 일정한 범죄행위에 관련된 범인의 인적 관계인 특수한 지위 또는 상태로 파악하고(93도1002), 목적도 신분으로 본다(84도195).

위 사건처럼 직계비속이라는 신분이 없는 남편 甲을 존속살인죄로 처벌해야 할지, (보통)살인죄로 처벌해야 할지 논란이 있고, 이는 바로 공범과 신분이라는 제목의 제33조를 어떻게 해석할지에 따라 달라진다.

2. 2020. 12. 8. 개정 이전 형법 제33조의 신분의 의미와 소극적 신분

> 제33조(공범과 신분) **신분이 있어야 성립되는 범죄**에 신분 없는 사람이 가담한 경우에는 그 신분 없는 사람에게도 제30조부터 제32조까지의 규정을 적용한다. 다만, 신분 때문에 형의 경중이 달라지는 경우에 신분이 없는 사람은 무거운 형으로 벌하지 않는다.

2020. 12. 8. 개정 이전 제33조(공범과 신분) **신분관계로 인하여 성립될 범죄**에 가공한 행위는 신분관계가 없는 자에게도 전3조의 규정을 적용한다. 단, 신분관계로 인하여 형의 경중이 있는 경우에는 중한 형으로 벌하지 아니한다.

가. 형법 제33조의 신분의 의미에 관한 견해의 대립

(1) 다수견해와 판례

다수견해와 판례는 신분의 유무가 범죄의 성립을 좌우하는 경우 그 신분은 구성적 신분으로, 그 범죄는 진정신분범으로 각각 부른다. 형법의 단순횡령·배임죄가 이에 해당한다. 이와 달리 신분의 유무가 범죄의 법정형의 경중을 좌우하는 경우 그 신분은 가감적 신분으로, 그 범죄는 부진정신분범으로 각각 부른다. 존속살인죄가 이에 해당한다.

판례(본문·단서설)는 제33조 본문은 진정신분범의 성립과 처벌 및 부진정신분범의 성립에 관한 규정이고, 제33조 단서는 부진정신분범의 처벌에 관한 규정이라고 본다(97도2609와 99도883의 취지). 이에 따르면 공무원이 아닌 사람이 권한있는 공무원과 공동하여 허위공문서작성죄를 범한 경우, 허위공문서작성죄의 공동정범이 성립한다(2006도1663). 또한 남편 甲이 딸 乙과 함께 자신의 부인을 살해한 경우, 甲에게는 존속살인죄의 공동정범이 성립하지만 처벌은 살인죄의 법정형으로 해야 한다.[1]

그러나 다수견해(진정신분범·부진정신분범설)는 위 사건에서 甲은 살인죄의 공동정범이고 처벌도 살인죄의 법정형으로 해야 한다고 본다. 제33조 본문은 진정신분범의 성립과 처벌에 관한 규정이고, 제33조 단서는 부진정신분범의 성립과 처벌에 관한 규정이며, 존속살해죄는 부진정신분범이므로, 제33조 단서가 적용된다는 것이다. 판례가 '甲이 존속살해죄를 저질렀다'고 보는 것이라면, 다수견해는 '甲이 살인죄를 저질렀다'고 보는 것이다. 이런 다툼의 실익은 공소시효의 차이에 있다.

(2) 소수견해

이와 달리 소수견해는 제33조 본문의 신분은 위법신분으로서 제33조 본문은 공범의 종속성과 불법의 연대성을, 제33조 단서의 신분은 책임신분으로서 제33조 단서는 공범의 독립성과 책임의 개별성을 각각 규정한 것이라고 보는 견해도 있다.

이 견해도 구성적 신분은 대부분은 위법신분이고, 가감적 신분은 대부분 책임신분으로 보지만, 예컨대 간수자도주원조죄에서 '간주자 또는 호송자'처럼 가감적 신분에는 위법신분도 있고, 구성적 신분에는 책임신분도 있다고 본다. 이에 따르면 가감적 위법신분의 경우는 처벌이 확대되고, 구성적 책임신분의 경우는 처벌이 축소된다. 이 견해는 개별 범죄마다 신분이 위법신분인지, 아니면 책임신분인지 판단해야 하는 번거로움이 있고, 직계존속비속은 위법신분인지, 책임신분인지 판단하기 어렵다는 비판을 받는다.

---

[1] 건설업자 甲이 아파트하자보수추진위원회 총무 乙과 공모하여 부당하게 높은 가격으로 아파트 하자보수계약을 체결한 후 정당한 가격과의 차액을 나누어 가진 경우 甲과 乙에게는 업무상배임죄가 성립하지만 甲은 단순배임죄로 처벌된다고 판례는 본다(99도883).

(3) 소극적 신분

무면허의료죄는 의사에게는 성립하지 않고 의사가 아닌 사람에게만 성립한다. 이런 경우 의사라는 신분을 소극적 신분이라고 한다. 범죄의 성립을 저지시키는 신분이라는 의미이다. 이와 달리 수뢰죄처럼 공무원이라는 신분이 있는 사람에게만 성립하는 경우, 공무원이라는 신분을 적극적 신분이라고 한다.

제33조의 신분에는 적극적 신분은 물론 소극적 신분도 포함된다는 견해도 있다. 제33조 본문은 '(적극적) 신분관계(의 존재)로 인하여 성립될 범죄에 가공한 행위는 (적극적) 신분관계가 없는 자에게도 전3조의 규정을 적용한다'고 해석할 수 있음은 물론 '(소극적) 신분관계(의 부존재)로 인하여 성립될 범죄에 가공한 행위는 (소극적) 신분관계가 있는 자에게도 전3조의 규정을 적용한다'는 것으로도 해석할 수 있다고 본 것이다. 제33조에는 처벌되지 않는 사람일지라도 처벌되는 사람의 범죄에 가담하면 처벌할 수 있다는 취지가 있다는 것이다. 이 견해에 따르면 의료인일지라도 의료인 아닌 자의 의료행위에 공모하여 가공하면 의료법에서 규정하는 무면허의료행위의 공동정범이 성립한다.[2]

판례도 위 견해와 같은 입장이다. 예컨대 병원장이자 의사인 甲은 의사면허 없는 乙이 자신이 수술한 환자들에 대해 재수술을 맡아 하고 있다는 사실을 알면서도 월 1,000만원의 급여를 안정적으로 받으며 원장으로 계속 근무하여 乙의 무면허의료행위를 가능하게 한 경우(2007도1977), 피부과 의사 甲이 의료인이 아닌 피부관리사 乙과의 공모 아래 乙이 환자 V에 대해 크리스탈 필링이란 피부박피술을 시술하도록 한 경우(2003도2903) 모두 제33조가 적용되어 乙은 물론 甲에게도 무면허의료행위죄가 성립한다. 무면허의료행위죄를 소극적 불법신분범으로 본 것이다.

그러나 제33조의 신분을 적극적 신분만 의미한다고 보면서 무면허의료행위죄를 신분범으로 보면 乙에게는 무면허의료행위죄가 성립하지만 甲은 무죄이다. 반면에 무면허의료행위죄를 신분범으로 보지 않으면 공범종속성에 따라 甲과 乙 모두에 대해 무면허의료행위죄가 성립한다.

그런데 2020. 12. 8. 형법 개정 때 형법 제33조가 변경되었다. 특히 '신분관계로 인하여 성립될 범죄'라는 문구가 '신분이 있어야 성립되는 범죄'라는 문구로 바뀌었다. '신분이 있어야 성립되는 범죄에 신분 없는 사람이 가담한 경우'라는 문구가 '적극적 신분이 있어야 성립되는 범죄에 적극적 신분 없는 사람이 가담한 경우'는 물론 '소극적 신분이 없어야 성립되는 범죄에 소극적 신분 있는 사람이 가담한 경우'도 포함한다는 해석이 가능할까? 그렇지 않다고 본다. '있어야'를 '없어야'로, '없는'을 '있는'으로 각각 해석하는 것은 문언의 의미에 명백히 반한다. 문언의 가능한 해석의 범위를 넘어선다. 2020년 개정 형법은 그 취지가 법률용어 순화에 있었으나 취지와 달리 제33조의 신분의 의미에 관한 논의에서 소극적 신분 포함설의 입지를 약화시켰고 판례의 입장이 위태로워졌다.

---

2 그런데 의료법 제27조 제5항(누구든지 의료인이 아닌 자에게 의료행위를 하게 하거나 의료인에게 면허 사항 외의 의료행위를 하게 하여서는 아니 된다)이 2019. 4. 23. 신설된 후 2020. 12. 29. 개정되어 현재는 의사가 의료인이 아닌 자에게 의료행위를 하게 한 경우 의료법 제27조 제5항으로 처벌된다.

3. 신분자가 비신분자의 범죄에 가담하는 경우와 모해위증죄

가. 신분자가 비신분자의 범죄에 가담하는 경우

제33조는 본래 비신분자가 신분자의 범죄에 가담하는 경우를 처벌하는 규정이다. 그런데 신분자가 비신분자의 범죄에 가담하는 경우에도 제33조가 적용되는지 논란이 있다. 예컨대 직계비속 甲이 자신의 친구 乙을 교사하여 甲의 부친을 살해한 경우에도 다수견해는 제33조 단서를 적용하고, 이 규정이 책임개별화원칙을 의미한다고 해석하여 甲은 존속살인죄의 교사범으로 처벌하고, 乙은 보통살인죄로 처벌해야 한다고 본다. 모해위증죄에 관한 아래 판례에서 보듯이 판례도 이 입장이라고 볼 수 있다.

그러나 이 경우에는 제33조가 적용되지 않고 공범종속성원칙에 따라 제31조 제1항을 적용하여 甲은 보통살인죄의 교사범으로 처벌하고 乙은 보통살인죄로 처벌해야 한다고 보는 것이 옳다. 2020. 12. 8. 개정 이전 제33조가 "신분관계로 인하여 성립될 범죄에 가공한 행위"라고 하고 있고, 이는 '신분없는 자가 신분있는 자의 범죄에 가담한 경우'를 의미한다고 볼 수 있기 때문이다.

나. 모해위증죄에 관한 판례

모해의 목적을 가진 甲이 그런 목적이 없는 乙을 교사하여 乙이 위증한 경우, 판례는 모해목적을 신분으로 보고, 신분자가 비신분자의 범죄에 가담한 이와 같은 경우에도 제33조 단서를 제31조 제1항에 우선하여 적용할 수 있다고 하면서, 제33조 단서를 적용하여 비신분자인 乙은 위증죄로, 甲은 모해위증죄의 교사범으로 각각 처벌할 수 있다고 본다(93도1002). 도박의 습벽이 있는 甲이 도박의 습벽이 없는 乙의 도박을 방조한 경우, 甲에게 상습도박죄의 방조범이 성립한다고 본 판례(84도195)도 이와 같은 취지이다.

그러나 아래 이유로 甲은 위증죄의 교사범, 乙은 위증죄로 봐야 한다. ① 모해위증죄는 신분범이 아니라 목적범이다. ② 신분으로 본다고 하더라도 이 경우에는 제33조가 적용되지 않고 제31조 제1항의 공범종속성원칙에 따라야 하며, 이를 신분요소로 본다 하더라도 공범과 신분에 관한 제33조를 적용하기 어렵다. 제33조는 비신분자가 신분자의 범죄에 가담한 경우에 적용된다고 봐야 하는데, 이 경우는 신분자가 비신분자의 범죄에 가담한 것으로 봐야 한다. ③ 제33조 단서를 적용한다고 하더라도 제33조 단서는 책임개별화원칙을 선언한 것이 아니라 공범을 정범보다 무겁게 처벌할 수 없다는 점(곧 형사처벌의 완화)에 그 취지가 있다고 봐야 한다. 공범종속성원칙에 따르면 공범의 불법은 정범의 불법을 넘어설 수 없고, 책임원칙에 따르면 책임이 불법보다 더 클 수는 없다. 위 판례는 문언해석의 한계를 넘어선 유추로서 죄형법정주의와 책임원칙에 어긋난다.

4. 형법 제34조의 간접정범은 정범인가, 공범인가

> 제34조(간접정범, 특수한 교사, 방조에 대한 형의 가중) ① 어느 행위로 인하여 처벌되지 아니하는 자 또는 과실범으로 처벌되는 자를 교사 또는 방조하여 범죄행위의 결과를 발생하게 한 자는 교사 또는 방조의 예에 의하여 처벌한다.
> ② 자기의 지휘, 감독을 받는 자를 교사 또는 방조하여 전항의 결과를 발생하게 한 자는 교사인 때에는 정범에 정한 형의 장기 또는 다액에 그 2분의 1까지 가중하고 방조인 때에는 정범의 형으로 처벌한다.

가. 정범설

간접정범을 다수견해는 다른 사람을 마치 물리적인 도구처럼 이용하여 실현하는 범죄로서, 우월적 의사지배를 본질로 하는 정범이라고 이해한다. 간접정범의 성부를 먼저 검토한 후에 교사범의 성부를 판단해야 한다고 본다. 이를 정범개념의 우위성이라고 한다.

목적 없는 고의 있는 도구를 이용한 경우 의사지배를 인정할 수 없다는 이유로 간접정범은 성립할 수 없고, 교사범만 성립할 수 있다고 보는 견해도 있지만, 사회적 행위지배 또는 규범적·심리적 행위지배를 긍정하여 간접정범이 성립할 수 있다는 견해도 있다.

나. 공범설

정범설은 독일 형법의 해석론에서 온 것으로서,[3] 한국 형법 제34조는 달리 해석해야 한다는 견해도 있다. ① 공범설은 제34조는 극단적 종속형식을 따를 경우 교사·방조범으로 처벌할 수 없는 사건[4]을 처벌하기 위해 마련한 규정으로서, 조문의 표제는 간접정범이라고 하고 있지만 이는 규범력을 갖지 못하고, 조문의 내용에서 간접정범을 '교사 또는 방조의 예에 의하여 처벌한다'고 하고 있으므로, 공범이라는 견해이다. 간접정범을 공범으로 이해하는 이런 방식을 가리켜 확장적 공범개념이라고 한다. 확장적 공범개념에 따르면 책임능력 없는 자에게 교사하여 절도죄를 범하게 한 경우, 형법 제31조 제1항의 절도죄의 교사범이 아니라 형법 제34조의 간접정범이 성립한다.

② 도구형·공범형이분설 또는 공범형 간접정범설은 ㉮ 제34조는 공범설처럼 해석하는 것이 옳고, 따라서 공범형 간접정범을 규정한 것으로 봐야 하지만, ㉯ 예컨대 의사 甲이 독주사를 영양주사라고 속이고 간호사 乙이 그 주사를 놓도록 하여 살해한 경우처럼 타인을 생명있는 도구로 이용하는 범죄형태와 같은 도구형 간접정범도 형법의 명문규정은 없으나 해석으로 인정할 수 있다는 견해이다. 그 이유는 형법이 흉기와 같은 도구를 사용한 범죄를 가중처벌하고 있으므로 사람을 도구로 이용한 범죄도 처벌할 수 있다고 해석하더라도 죄형법정주의에 어긋나지 않는다는 것이다. 그런데 이 견해는 도구형 간접정범도 공범형 간접정범도 모두 다수견해처럼 정범이라고 본다.

다. 판례는 정범설

판례는 정범설의 입장이다. 간접정범을 아래와 같은 자를 마치 도구나 손발과 같이 이용하여 간접으로 죄의 구성요소를 실행하는 범죄로 이해한다(83도515전합). '시비를 판별할 능력이 없거나 강제에 의하여 의사의 자유를 억압당하고 있는 자, 구성요건적 범의가 없는 자와 목적범이거나 신분범일 때 그 목적이나 신분이 없는 자, 형법상 정당방위, 정당행위, 긴급피난 또는 자구행위로 인정되어 위법성이 없는 자 등을 말하는 것으로 이와 같은 책임무능력자, 범죄사실의 인식이 없는 자, 의사의 자유를 억압당하고 있는 자, 목적범, 신분범인 경우 그 목적 또는 신분이 없는 자, 위법성이 조각되는 자.'

이처럼 판례는 범죄는 '어느 행위로 인하여 처벌되지 아니하는 자'를 이용해서도 실행할 수 있다는 이유

---

3 독일 형법 제25조(정범) ① 범죄를 스스로 실행하거나 또는 타인을 통하여 실행한 자는 정범으로 처벌한다.

4 甲이 5살짜리 딸에게 은행에 들어가 돈을 가지고 나오라고 시키자, 그 딸은 시키는 대로 VIP상담실로 들어가서 철제금고를 열고 100만원권 자기앞수표 100장과 50만원권 자기앞수표 83장을 들고 나왔다.

로 목적없는 고의있는 도구를 이용한 간접정범을 인정한다. 예컨대 비상계엄 전국 확대가 국무회의의 의결을 거쳐 대통령이 선포함으로써 외형상 적법하였다고 하더라도, 이는 내란죄의 폭동에 해당하고, 국헌문란의 목적을 달성하기 위해 그러한 목적이 없는 대통령을 이용하여 이루어진 경우 간접정범의 방법으로 내란죄를 실행한 것으로 보아야 한다는 것이다(96도3376전합).

경찰 甲이 V를 구속하기 위해 진술조서 등을 허위로 작성한 후 이를 기록에 첨부하여 구속영장을 신청하고, 이런 사정을 모르는 검사와 영장전담판사를 거쳐서 발부된 영장에 따라 V가 구금된 경우, 甲에게 직권남용불법감금죄의 간접정범이 성립한다(2003도3945).

강제추행죄는 정범 자신이 직접 범죄를 실행해야 성립하는 자수범이라고 볼 수 없으므로, 간접정범의 형태로도 범할 수 있는데, 피해자를 도구로 삼아 피해자의 신체를 이용하여 추행행위를 하는 형태의 간접정범도 가능하다(2016도17733).

甲은 V에게 몸싸움으로 인한 치료비 2,000만원을 지급하면서 회계정리용으로 필요하다는 이유로 V명의로 차용증을 받아 두었는데, 여기에 당초에 없던 월 2푼의 약정이자에 관한 내용 등을 부가하여 4,500만원짜리 V명의의 차용증으로 위조한 후, 이를 자신의 처의 채권자인 X에게 채권양도를 하면서 교부하였고, 이런 사정을 모르는 X가 V를 상대로 양수금 청구소송을 제기하도록 하였지만 판결이 확정되지 않은 경우, 소송사기죄의 기수시기는 당해 소송의 판결이 확정된 때이므로(95도1874), 소송사기(이른바 삼각[三角]사기의 대표적 사례)죄의 미수의 간접정범이다(2006도3591).

甲이 강간상황극인 것처럼 乙을 속여서 乙이 A의 집에 들어가 A를 강간하도록 한 사건[5]에서 판례는 乙에게는 강간죄를, 甲에게는 주거침입강간죄의 간접정범의 미수를 인정한다(2020도17776). 甲은 乙을 이용해서 A에 대해 주거침입강간죄를 범할 것을 계획한 것인데, 乙에게는 주거침입의 고의는 부정되고, 乙이 강간의 고의 없이 A를 간음할 것으로 생각하였으나 강간의 미필적 고의로 간음을 한 것이므로 인과관계가 부정된다고 본 것이다. 그러나 甲의 인식과 객관적 상황이 일치하지 않게 된 것으로서 간접정범의 착오로 볼 수 있다.[6]

5. 문서범죄의 체계와 유형

가. 보호법익이 공중의 신용인 범죄 개관

문서범죄는 공중의 신용을 보호법익으로 하는 범죄 중 하나이다. 통화에 관한 죄, 유가증권·우표와 인지에 관한 죄, 문서에 관한 죄, 인장에 관한 죄 등이 공중의 신용을 보호법익으로 하는 범죄들이다. 이들은 우리 생활에서 필요불가결한 기능을 하는 수단, 예컨대 통화, 유가증권, 우표와 인지, 문서의 진정성을

---

5 채팅 어플리케이션에서 여성 A인 척 하며 강간상황극을 하자는 甲의 제안을 받아들인 乙은 甲이 알려준 집의 현관문을 두드렸으나 아무 소리가 나지 않아서 돌아가려다, '남자가 왜 이렇게 배짱이 없냐. 화장실에 있었다. … 검은 모자를 쓴 남자냐. 올라가서 시작하세요.'라는 취지로 甲이 보내온 문자를 보고, 다시 문을 두드렸는데 A는 자신을 찾아온 지인인 줄 알고 우연히 문을 열어주자, 乙이 열린 문틈으로 손을 뻗어 A의 목을 잡고 방으로 밀고 들어가 강제로 간음한 사건. 1심은 고의가 부정된다는 이로 乙에게는 무죄, 甲에게는 주거침입강간죄의 간접정범을 인정한다(2020고합50).
6 김성돈, "간접정범에 관한 대법원 법리와 형법이론학의 과제", 형사법연구 제35권 제3호, 2023, 40면 이하.

형법으로 보호함으로써 사회구성원들이 신뢰에 기반해서 활동할 수 있도록 하기 위한 데 목적이 있다. 공공의 신용을 해할 위험이 있는 행위를 일상생활에서는 흔히 위조라고 부른다. 이는 변조란 개념도 포함하는 매우 포괄적인 의미를 갖는다. 그러나 형법은 위조, 변조, 자격모용작성(자격모용), 허위작성, 변개, 위작, 변작, 행사, 행사목적수·출입(수출·입), 행사, 부정행사 등으로 구별해서 사용한다. 이는 크게 유형위조, 무형위조, 이용의 세 가지 유형으로 구별할 수 있다.

그런데 아래 표에서 보듯이 각 죄들은 차이를 두고 위 행위를 구성요건화하고 있다. ① 통화·우표·인지·유가증권의 경우는 모두 위·변조된 객체의 수출·입이 있지만, 문서의 경우는 이것이 없다. ② 통화·우표·인지의 경우는 비슷한데, 모두 수출·입, 취득, 유사물의 제조·수출·입(유사제조)이 있다. 유사제조는 진정한 것으로 인식할 수 있을 정도에 이르지 않는 유사물을 판매목적으로 제조·수출·입하는 죄이다. 여기에 통화의 경우는 취득후지정행사죄(지정행사)가, 우표와 인지의 경우는 소인(消印)말소가 추가된다. ③ 유가증권의 경우는 자격모용과 허위작성이 있다. ④ 인장의 경우는 변조가 없고, 부정행사란 말 대신 부정사용이란 말을 사용하며, 위조와 부정사용 및 행사만 있다. ⑤ 문서와 인장의 경우 미수는 있지만, 예비·음모는 없다.

	유형위조					무형위조		이용						
	명의모용		자격모용	예비음모	유사제조	허위작성	허위기재	수출수입	취득	행사	지정행사	소인말소	부정사용	부정행사
	위조	변조												
통화	○	○		○	○			○	○	○	○			
우표인지	○	○		○	○			○	○	○		○		
유가증권	○	○	○	○		○	○	○		○				
문서	○	○	○			○	변개			○				○
인장	○									○			○	

어떤 행위를 했더라도 객관적으로 진정한 것으로 오인할 정도로 이르지 않아서 공중의 신용을 해할 위험이 없다면 위조나 변조가 아니다. 예컨대 1만원권 지폐의 앞뒷면을 전자복사하여 크기와 모양은 진화와 유사하지만 복사상태가 조잡하고 흑백으로만 복사되어 객관적으로 이를 진화로 오인할 염려가 없는 경우는 통화위조가 아니다(86도255).

일본의 자동판매기 등에 투입하여 일본의 500¥짜리 주화처럼 사용하기 위해 한국은행발행 500원짜리 주화의 표면 일부를 깎아내어 손상시켰지만 그 크기와 모양 및 대부분의 문양이 그대로 남아 있어, 기존의 500원짜리 주화의 명목가치나 실질가치가 변경되었다거나, 객관적으로 보아 일반인이 일본의 500¥짜리 주화로 믿게 할 정도의 새로운 화폐를 만들어 낸 것이라고 볼 수 없는 경우는 통화변조가 아니다(2000도3950).

자신의 주민등록증 비닐커버 위에 검은색 볼펜을 사용하여 주민등록번호 전부를 덧기재하고 투명 테이프를 붙이는 방법으로 주민등록번호 중 출생연도를 나타내는 '71'을 '70'으로 고친 경우, 공문서변조죄가 성립하지 않는다(97도30). 공문서 자체에 변경을 가한 것이 아니고 그 변조방법이 조잡하여 공문서에 대한 공공의 위험을 초래할 정도에 이르지 못했기 때문이다.

나. 문서 또는 도화의 개념

'문서 또는 도화'는 문자나 이에 준하는 가독(可讀)적(시각을 통해 읽을 수 있는) 부호 또는 상형적 부호로써 어느 정도 계속적으로 물체 위에 고착된 사람의 의사나 관념이 표시된 원본 또는 이와 사회적 기능, 신용성 등을 같게 볼 수 있는 기계적 방법에 의한 복사본으로서 그 내용이 법률상 또는 사회생활상 의미 있는 사항에 관한 증거가 될 수 있는 것을 말한다(2004도788; 2011도10468). 이는 다음 3가지 요소로 구별할 수 있다.

(1) 표시적 요소

의사나 관념이 문자나 가독적 부호로 표시되어야 하고 그 표시가 지속되어야 한다. 서명이나 낙관이 문자인지, 인장(印章)인지 다툼이 있다. 인장이란 사람의 동일성을 증명하기 위한 상형과 그 상형을 만들어내는 물건을 말한다. 세금 영수필통지서에 날인한 구청 세무계장 명의의 소인(消印)은 생략문서이다(95도1269). 사람의 동일성을 나타내는 데 그치지 않고 은행 등 수납기관으로부터 그 수납기관에 세금이 정상적으로 입금되었다는 취지의 영수필 통지서가 송부되어 와서 이에 따라 수납부정리까지 마쳤으므로 이제 그 영수필 통지서는 보관하면 된다는 점을 확인하는 의미를 갖기 때문이다. 신용장에 날인된 은행의 접수일부인도 생략문서이다(77도1789). 확정일자인도 마찬가지로 생략문서이다. 음반이나 CD는 문서가 아니다. 청각적 부호이기 때문이다.

그림이나 설계도는 도화이다. 작성자의 사상이나 관념을 문자나 기호 외에 상형적 부호로 표시한 것이기 때문이다. 담뱃갑은 도화에 해당한다(2010도2705). 담뱃갑의 표면에 그 담배의 제조회사와 담배의 종류를 구별·확인할 수 있는 특유의 도안이 표시되어 있는 경우에는 일반적으로 그 담뱃갑의 도안을 기초로 특정 제조회사가 제조한 특정한 종류의 담배인지 여부를 판단하므로 그 담뱃갑은 적어도 그 담뱃갑 안에 들어 있는 담배가 특정 제조회사가 제조한 특정한 종류의 담배라는 사실을 증명하는 기능을 한다.

乙이 위조한 위임장을 甲은 전자복사기로 복사하여 사본을 만들어서(A) 그 사본을 행사(B)한 경우, 甲의 형사책임을 두고 종전에는 다툼이 있었지만, 복사문서도 문서라는 제237조의2를 신설하여 입법적으로 해결하였다. 이는 판결(87도506전합)의 다수의견을 반영한 것인데, ㉮ 다수의견은 복사문서도 문서라고 보고, A는 사문서위조죄이고 B는 위조사문서행사죄라고 본다. ㉯ 별개의견은 A는 위조가 아니지만, B는 위조문서의 행사라고 본다. ㉰ 반대의견은 복사본을 만들어 낸 행위를 '타인 명의로 문서를 작성하였다'고 할 수 없고, 그 경우 문서위조의 성립을 인정하는 것은 죄형법정주의가 금지하는 유추해석이며, 문서의 개념에 전자복사본은 포함되고 필사본은 포함되지 않는다고 해석하는 것은 다의적 해석으로 형법의 명확성원칙에 반하다고 보고, A와 B 모두에 대해 문서에 관한 죄의 성립을 부정한다. 이 반대의견은 종전 판결(88도1680)의 입장[7]에 따른 것이다. 판례는 신설된 제

---

7 문서란 작성명의인의 의사가 표시된 문서 그 자체를 의미하므로 원본을 기계적인 방법에 의해 복사한 경우에는 그

237조의2에 따라 타인의 주민등록증사본의 사진란에 자신의 사진을 붙인 후 이를 복사한 경우 공문서위조죄라고 본다(2000도2855).

서울변호사회가 제정한 수임사건경유업무운영규정에 따라 경유증표(經由證票)원본을 부착한 후 사건내역을 서울변호사회에 신고해야 함에도 불구하고, 경유증표를 컬러복사기로 그대로 복사하여 이를 부착한 후 사건내역을 서울변호사회에 신고한 경우, 사문서위조 및 동행사죄가 성립한다(2016도2081).

사상이나 관념의 표시의 계속성이 필요하다. 자신의 이름과 나이를 속일 목적으로 주민등록증의 이름·주민등록번호란에 글자를 오려 붙인 후 이를 컴퓨터 스캔 장치를 이용해 이미지파일로 만들어 컴퓨터 모니터로 출력하여 타인에게 이메일로 전송한 경우, 그 이미지파일은 문서가 아니다(2007도7480). 계속성이 없기 때문이다. 컴퓨터 스캔 작업으로 만들어낸 공인중개사 자격증의 이미지파일도 마찬가지이다(2008도1013). 전세계약서 원본을 스캐너로 복사하여 컴퓨터 화면에 띄운 후 포토샵을 이용하여 보증금액을 지워 보증금액을 공란으로 만든 다음 이를 프린터로 출력하고, 그 공란에 볼펜으로 보증금액을 사실과 달리 기재하여 그 정을 모르는 자에게 팩스로 송부한 경우, 출력한 문서에 대해서는 사문서변조 및 동행사죄가 성립한다(2011도10468).

(2) 보장적 요소

사상이나 관념의 표시의 주체가 문서에 나타나야 한다. 실제로 문서를 작성한 사람이 아니라 누구의 사상이나 관념이 표시된 것인지를 말한다. 이를 작성명의인이라고 한다. 'D주식회사 대표이사 甲'으로 된 문서의 명의인은 'D주식회사'이다(74도1684. 同旨: 2007도5838). 작성명의인이 누구인지 알 수 있다면, 서명이나 날인은 필요하지 않다.

판례는 문서의 작성명의인이 실재해야 하는 것은 아니라고 본다. 이에 따라 작성명의인이 실재하지 않는 허무인이거나 문서의 작성일자 전에 이미 사망한 경우[8] 사문서위조죄가 성립한다고 본다(2002도18전합). 그런데 판례는 문서위조죄가 명의자의 명시적·묵시적·추정적 승낙으로 그 성립이 부정될 수 있다고 보면서도(82도1426; 97도183; 2002도235), 사망자 명의의 사문서위조죄의 경우에는 사망한 명의자의 승낙이 추정된다고 하더라도 그 성립이 부정되지 않는다고 본다(2011도6223).

(3) 증명적 요소

계속성을 가진 이러한 표시는 권리·의무나 법적으로 중요한 사실을 증명하는 것이어야 한다. 발신자 허위기재사건[9]의 甲에게 사문서위조 및 동행사죄가 성립한다(2017도14992). 발신자의 성명과

사본 또는 등본은 사본 또는 등본의 인증이 없는 한 문서에 관한 죄의 객체인 문서에 해당하지 않는다.

8 중국 중의사 및 침구사 시험에 응시할 사람을 모집한 후 그들을 중국에 데려가 응시원서의 제출을 대행하면서 응시생의 임상경력증명서가 필요하게 되자, 임상경력증명서 양식에 응시생의 이름과 생년월일 및 학습기간 등을 기재한 다음 원장과 한의원 이름을 생각나는 대로 임의로 기재하고 당해 한의원 명의의 직인을 임의로 새겨 날인한 경우.

9 평소 숙부와 사이가 좋지 않던 甲은, 정부 사업지원금을 받으며 회사를 운영하는 숙부가 협박한 것처럼 피해를 주려고 가짜 폭발물을 만들어 택배 발신인에 숙모 이름을, 발신주소에 숙부 회사주소를 기재한 종이를 부착하여 정부 서울청사로 보냈는데, 택배가 수취인 불명으로 발신주소인 숙부의 회사로 반송되었고, 숙부가 진짜 폭발물로 알고 경찰

주소가 기재된 그 종이는 보낸 이가 누구인지 확인하는 기능을 하는 사문서에 해당하기 때문이다. 인감증명서의 사용용도란에 기재된 토지사용승인용(70m²)의 '70'을 지운 후 '135'로 기재한 경우, 새로운 증명력을 갖는 문서를 만들어 낸 것이라고 볼 수 없으므로 공문서변조죄 및 동행사죄로 볼 수 없다(2004도2767).[10]

다. 유형위조와 무형위조

(1) 문서범죄의 입법형식

문서에 관한 죄의 입법형식에는 형식주의와 실질주의가 있다. 형식주의란 문서의 성립의 진정을 보호하는 방식으로 유형위조만 처벌한다. 유형위조란 문서의 작성권한 없는 사람이 타인의 명의나 자격을 모용하여 문서를 작성하는 것을 말한다. 곧 문서의 형식의 위조라고 할 수 있다. 형법의 공(사)문서위조죄에서 말하는 위조는 이를 말한다.

> 제225조(공문서등의 위조·변조) 행사할 목적으로 공무원 또는 공무소의 문서 또는 도화를 위조 또는 변조한 자는 10년 이하의 징역에 처한다.
>
> 제231조(사문서등의 위조·변조) 행사할 목적으로 권리·의무 또는 사실증명에 관한 타인의 문서 또는 도화를 위조 또는 변조한 자는 5년 이하의 징역 또는 1천만원 이하의 벌금에 처한다.
>
> 제226조(자격모용에 의한 공문서 등의 작성) 행사할 목적으로 공무원 또는 공무소의 자격을 모용하여 문서 또는 도화를 작성한 자는 10년 이하의 징역에 처한다.
>
> 제232조(자격모용에 의한 사문서의 작성) 행사할 목적으로 타인의 자격을 모용하여 권리·의무 또는 사실증명에 관한 문서 또는 도화를 작성한 자는 5년 이하의 징역 또는 1천만원 이하의 벌금에 처한다.

실질주의란 문서의 내용의 진정을 보호하는 방식으로 무형위조만 처벌한다. 무형위조란 문서의 작성권한 있는 사람이 허위내용의 문서를 작성하는 것을 말한다. 형법은 이를 '허위(공문서)작성'이라고 표현하지만, 이것도 위조라고 부르기도 하며, 무형위조는 곧 문서의 내용의 위조라고 할 수 있다.

> 제227조(허위공문서작성등) 공무원이 행사할 목적으로 그 직무에 관하여 문서 또는 도화를 허위로 작성하거나 변개한 때에는 7년 이하의 징역 또는 2천만원 이하의 벌금에 처한다.
>
> 제233조(허위진단서등의 작성) 의사, 한의사, 치과의사 또는 조산사가 진단서, 검안서 또는 생사에 관한 증명서를 허위로 작성한 때에는 3년 이하의 징역이나 금고, 7년 이하의 자격정지 또는 3천만원 이하의 벌금에 처한다.

형법은 공문서의 경우는 형식주의와 실질주의를 모두 채택하고 있지만, 사문서의 경우는 원칙적으로 형식주의, 예외적으로 실질주의(例 허위진단서등작성죄)를 채택하고 있다.

에 신고하였다.

10 인감증명에 관한 법령에 따르면, 인감증명을 신청할 때 그 용도가 부동산매도용일 경우에는 부동산 매수자란에 매수자의 성명, 주소 및 주민등록번호를 기재하여 신청해야 하지만, 그 외의 경우는 신청당시 사용용도란을 기재해야 하는 것은 아니고 필요한 경우에 신청인이 직접 기재하여 사용하도록 되어 있으며, 사용용도에 따른 인감증명서의 유효기간에 관한 종전의 규정도 삭제되어 유효기간의 차이도 없으므로 인감증명서의 사용용도란의 기재는 증명청인 동장이 작성한 증명문구로 증명되는 부분과는 아무런 관계가 없다는 것이다.

(2) 유형위조

위조, 변조, 자격모용작성이 이에 해당한다. 위조는 작성권한 없는 사람이 작성명의를 모용하여 문서를 작성하는 것을 말한다. 명의모용이라고 할 수 있다. 변조는 작성권한 없는 사람이 진정문서의 내용을 그 문서의 동일성을 해하지 않을 정도로 고치는 것을 말한다. 진정문서란 작성권한 있는 사람이 작성한 진실한 문서를 말한다. 부진정문서는 작성권한 없는 사람이 작성하거나 내용이 거짓인 문서를 말한다. 일상생활적 의미를 갖는 '위조'로 작성된 문서를 말한다고 할 수 있다. 자격모용작성은 작성권한 없는 사람이 작성권한 있는 사람의 자격을 모용하여 자기명의로 문서를 작성하는 것을 말한다.

甲은 월급여액이 알려지는 것이 창피하여 신한은행장이 발행한 甲명의의 예금통장기장내용 중 "2006. 4. 26. A주식회사 2,694,180원" 가운데 입금자인 A주식회사를 알아볼 수 없도록 화이트 테이프로 지우고 복사한 문서를 변호사를 통해 법원에 증거로 제출한 경우, 사문서변조 및 동행사죄가 성립한다(2010도14587).[11]

(3) 무형위조

허위작성과 변개가 이에 해당한다. 허위작성은 작성권한 있는 사람이 거짓 내용으로 문서를 작성하는 것을 말한다. 변개는 작성권한 있는 사람이 기존 진정문서의 내용을 거짓으로 고치는 것을 말한다. 공무원이 실제로 원본과 대조함이 없이 "원본대조필"이라고 기재한 경우, 문서작성자에게 전화로 원본과 상이없다는 사실을 확인하였다거나 객관적으로 그 사본이 원본과 다른 점이 없다고 하더라도, 허위공문서작성죄가 성립한다(80도3180). 인감증명서 발급을 신청한 본인이 직접 출두한 바 없음에도 불구하고 본인이 직접 신청하여 발급받은 것처럼 공무원이 인감증명서에 기재한 경우 허위공문서작성죄가 성립한다(97도1082).

비신분자가 신분자를 이용한 경우 무형위조의 간접정범이 성립하는지 논란이 있다. 허위공문서작성죄의 주체는 작성권한 있는 공무원이므로, 공무원이건, 아니면 작성권한 있는 공무원을 보조·지시하는 작성권한 없는 공무원이건 모두 허위공문서작성죄의 간접정범의 성립을 부정하는 견해도 있다. 그 이유는 진정신분범의 불법은 신분자가 그 범행을 할 때만 인정된다고 봐야 하므로, 비신분자가 신분자를 이용한 간접정범의 형태로 진정신분범죄를 범할 수 없다는 것이다. 다만 공무원에게 허위신고를 하여 공정증서원본, 이와 동일한 전자기록등 특수매체기록, 면허증, 허가증, 등록증, 여권에 권리의무관계에 중요한 의미를 갖는 사항이 객관적 진실에 반하여 기재 또는 기록되도록 하는 경우에는 공정증서원본등불실기재죄(제228조)가 성립한다. 공정증서원본등불실기재죄는 간접적 무형위조라고 할 수 있다.

---

11 예금통장은 예금계약을 체결하고 잔액에 대한 청구권이 있음을 나타내는 권리의무에 관한 문서이지만, 이 사건에서는 입금자가 A주식회사인지 여부가 문제되고 있으므로 사실증명에 관한 문서로서의 성격이 더 중요하고, 신한은행장과 甲의 공동명의가 아니라 신한은행장 단독명의로 봐야 하며, 관련 민사소송에서 甲이 언제부터 A주식회사에 근무하였는지가 쟁점인 상황에서 입금자와 입금일을 보고 甲이 언제부터 근무하였는지를 알 수 있으므로 공공의 신용을 해할 정도로 새로운 증명력을 만들어낸 것으로 봐야 한다.

그러나 판례는 공무원이 아닌 甲이 작성권한이 있는 공무원을 기망하여 허위내용의 증명서를 작성케 한 경우는 허위공문서작성죄의 간접정범이 성립할 수 없지만(76도151), 아래에서 보듯이 작성권한이 없는 공무원이 작성권한 있는 공무원을 이용해서 허위공문서작성죄를 범할 수 있다고 본다. 예컨 대 면장을 보조하는 기안담당자인 면의 호적계장이 사정을 모르는 작성권한자인 면장의 결재를 받아 허위내용의 호적부를 작성한 경우, 판례는 허위공문서작성죄의 간접정범이라고 본다(90도1912. 同 旨: 2009도9963).[12]

예비군훈련을 받았다는 내용의 확인서를 발급하여 달라는 甲의 교사를 받은 예비군동대 방위병 乙이 이런 사정을 모르는 예비군동대장의 예비군훈련확인서를 받아 甲에게 교부한 경우에도, 판례는 乙 은 허위공문서작성죄의 간접정범이고, 甲은 허위공문서작성죄의 간접정범의 교사범이라고 본다(91 도2837).

(4) 유형위작과 무형위작

형법은 문서가 아니라 전자기록도 보호의 객체로 하는데, 이 경우는 '위조'가 아니라 '위작'이라는 말 을 사용한다. 변작은 변조에 해당하는 용어이다. 위작과 변작[13]은 그 객체가 전자기록일 때 사용하는 말인 것이다.

유형위작, 곧 공(사)전자기록위작죄는 두고 있으나, 무형위작, 곧 '허위(공전자기록)생성죄'는 명시 적으로 두고 있지 않아서, 이를 처벌하지 여부를 두고 다툼이 있다. 그런데 판례는 위작을 작성권한 없는 사람이 작성명의를 모용하여 전자기록을 작출하거나 전자기록의 생성에 필요한 단위 정보를 입력하는 것은 물론 각자의 직무 범위에서 개개의 단위정보의 입력 권한을 부여받은 사람이 그 권한 을 남용하여 거짓 정보를 입력하여 허위전자기록을 생성하는 경우도 포함하는 것으로 해석한다 (2007도3798). 이에 따라 경찰관이 고소사건을 처리하지 아니하였음에도 경찰범죄정보시스템에 그 사건을 검찰에 송치한 것으로 허위사실을 입력한 경우, 공전자기록위작죄가 성립한다(2004도 6132). 위 해석은 사전자기록위작죄에 대해서도 적용된다(2019도11294전합).

---

12 같은 맥락에서 경찰서 보안과장 甲은 A의 음주운전을 눈감아주기 위해 그에 대한 음주운전자 적발보고서를 찢어버 리고, 부하로 하여금 일련번호가 동일한 가짜 음주운전 적발보고서에 B에 대한 음주운전 사실을 기재케 하여 그 정 을 모르는 담당 경찰관이 주취운전자 음주측정처리부에 B에 대한 음주운전 사실을 기재하도록 한 경우도 허위공문 서작성죄의 간접정범이라고 본다(95도1706).

13 그런데 변작이란 말은 허위공문서작성죄에서 사용되어 오다가 1992년 형법개정안에서 '변개(變改)'가 '변작'을 대신 한 것이다(변작의 역사성). 그 이유는 기존문서를 동일성을 해하지 않는 범위 내에서 고치는 정도의 행위를 '만들어 낸다'는 의미의 '作'을 써서 '변작'이라고 하는 것은 적절하지 않다는 것이다. 곧 1992년 형법개정안 이전에는 '변작' 이 권한있는 사람이 기존문서를 거짓으로 변경하는 의미로 사용되다가, 1995년 형법개정 이후에는 변개가 변작의 의미를 가지면서, 변작은 그 객체가 기록인 경우를 가리키는 용어로 사용된 것이다. 이런 과정은 문언은 그 문언 자체에서 의미가 나오는 것이 아니라 사용하는 사람이 그렇게 의미를 부여한 것이라고 볼 수 있다. 이런 점에서 굳 이 위·변조와 위·변작을 구별할 필요가 있을지 의문이 들고, '변개'라는 말은 고친으로 바꾸는 것이 그 의미의 이 해에 도움이 되리라고 본다.

라. 이용: 행사와 부정행사

> 제229조(위조등 공문서의 행사) 제225조 내지 제228조의 죄에 의하여 만들어진 문서, 도화, 전자기록등 특수매체기록, 공정증서원본, 면허증, 허가증, 등록증 또는 여권을 행사한 자는 그 각 죄에 정한 형에 처한다.
>
> 제234조(위조사문서등의 행사) 제231조 내지 제233조의 죄에 의하여 만들어진 문서, 도화 또는 전자기록등 특수매체기록을 행사한 자는 그 각 죄에 정한 형에 처한다.
>
> 제230조(공문서 등의 부정행사) 공무원 또는 공무소의 문서 또는 도화를 부정행사한 자는 2년 이하의 징역이나 금고 또는 500만원 이하의 벌금에 처한다.
>
> 제235조(미수범) 제225조 내지 제234조의 미수범은 처벌한다.
>
> 제236조(사문서의 부정행사) 권리·의무 또는 사실증명에 관한 타인의 문서 또는 도화를 부정행사한 자는 1년 이하의 징역이나 금고 또는 300만원 이하의 벌금에 처한다.

(1) 행사와 부정행사의 구별

형법은 '문서·전자기록의 이용'을 하는데 이용의 의미를 행사와 부정행사로 구별한다. 먼저 행사는 부진정문서·전자기록, 곧 위조(작)된 문서·전자기록을 진정문서·전자기록인 것처럼 사용하는 것을 말한다. 이와 달리 부정행사는 판례에 따르면 사용권한자와 용도가 특정된 진정문서를 권한없는 사람이 본래 용도에 따라서 사용하거나 권한있는 사람이 본래 용도가 아닌 용도로 사용하는 것이다(98도1701; 99도206).

(2) 행사의 의미와 객체

이미지파일 자체는 문서에 관한 죄의 '문서'에 해당하지 않지만, 휴대전화가입신청서를 위조한 후 이를 스캐닝한 파일을 전자메일로 보내 휴대전화를 산 경우는 위조사문서행사죄에 해당한다(2008도5200). 행사란 위조된 문서를 진정한 문서인 것처럼 그 문서의 효용방법에 따라 사용하는 것을 말하는데, 위조된 문서를 제시 또는 교부하거나 비치하여 열람할 수 있게 두거나 우편물로 발송하여 도달하게 하는 등 위조된 문서를 진정한 문서인 것처럼 사용하는 한 그 행사의 방법에 제한이 없으므로, 위조문서 그 자체를 직접 상대방에게 제시하거나 이를 기계적인 방법으로 복사하여 그 복사본을 제시하는 경우는 물론, 모사전송의 방법으로 제시하거나 위와 같은 경우처럼 위조문서를 컴퓨터에 연결된 스캐너로 읽어 들여 이미지화한 다음 이를 전송하여 컴퓨터 화면으로 보게 하는 경우도 행사에 해당한다.

甲이 위조한 공문서의 이미지 파일을 이런 사정을 모르는 X에게 이메일로 송부하여 X로 하여금 프린터로 출력하게 한 경우, 甲은 위조공문서행사죄의 간접정범이다(2011도14441). 위조문서행사의 상대방이 간접정범의 도구로 사용된 것이다.

(3) 부정행사의 객체와 의미
(가) 부정행사의 객체: 사용권한자와 용도가 특정된 진정문서

진정문서 가운데 사용권한자와 용도가 특정된 것만을 부정행사의 객체로 한정하는 판례의 입장에 따르면 타인의 주민등록등본(99도206)이나 인감증명서 또는 등기필증(81도1130) 등은 사용권한자가 특정된 것도 아니고 용도가 정해진 것도 아니므로 공문서부정행사죄의 객체가 될 수 없다.

실질적인 채권채무관계 없이 작성명의인과 합의로 작성한 '차용증 및 이행각서'를 작성명의인의 의사에 의하지 않고 '차용증 및 이행각서'의 채권이 실제로 존재하는 것처럼 그 지급을 구하는 민사소송을 제기하면서 법원에 제출한 경우 사문서부정행사죄가 성립하지 않는다(2007도629). '차용증 및 이행각서'는 그 작성명의인이 자유의사로 작성한 문서로 그 사용권한자가 특정되어 있다고 할 수 없고 또 그 용도도 다양하기 때문이다.

부정행사의 객체는 진정문서이어야 한다. 그런데 甲이 A인 것처럼 허위신고하여 甲의 사진과 지문이 찍혀있지만 A명의로 부정하게 발급받은 주민등록증을 소지하고 있다가 검문경찰관에게 이를 제시한 경우, 판례는 공문서부정행사죄라고 본다(82도1297). 그 이유는 타인명의의 주민등록증을 자신의 것인 것처럼 사용한 것이라는 것이다. 이러한 주민등록증은 진정문서라고 볼 수는 없지만 정당한 문서라고 볼 수는 있다는 논리이다. 이와 달리 위조공문서행사죄라는 견해[14]도 있다.

(나) 부정행사의 의미: 무권한자의 본래 용도에 따른 사용과 권한자의 용도외 사용

판례는 부정행사를 ① 무권한자가 권한자인 것처럼 가장하여 본래의 용도로 사용하는 것과 ② 권한자가 본래 용도가 아닌 용도로 사용하는 것(주민등록증을 담보로 돈을 빌림)으로 본다. 자동차를 임차하면서 타인의 운전면허증을 자신의 것인 양 자동차 대여업체 직원에게 제시하는 경우 운전면허증의 본래용도에 따른 사용이므로 공문서부정행사죄가 성립한다(98도1701). 그러나 경찰의 운전면허증 제시 요구를 받은 자동차 운전자가 타인의 운전면허증을 촬영한 이미지파일을 제시한 경우에는 공문서부정행사죄가 성립하지 않는다(2018도2560). 운전면허증 그자체를 제시한 것이 아니기 때문이다.

제3자로부터 신분확인을 위하여 신분증명서의 제시를 요구받고 다른 사람의 운전면허증을 제시한 경우, 판례는 공문서부정행사죄가 성립한다고 본다(2000도1985전합). 그 이유는 운전면허증은 종전 판례에서 본 것처럼 그 용도가 운전자격증명에 한정되는 것이 아니라 운전자격증명 외에 신분확인증명의 기능도 가진다는 것이다.[15]

그러나 甲은 2020. 5. 20. 23:15경 아파트 지하주차장의 승용차를 주차하면서 이 승용차는 장애인사용자동차가 아닌데도 공문서인 부산광역시 ○○구청장 명의의 '장애인사용자동차표지

14 윤영철, "형법 제230조(공문서부정행사죄)에 있어서 "부정행사"의 개념", 비교형사법연구 제5권 제1호, 2003, 654면.
15 이 판결(2000도1985전합)은 타인 명의의 운전면허증을 습득하여 소지하고 있다가 경찰관으로부터 제시요구를 받고 신분확인을 위해 이를 제시한 경우 운전면허증의 본래용도는 운전자격이 있는지 여부를 증명하는 것인데, 이런 본래의 용도로 사용한 것이 아니라는 이유로 공문서부정행사죄를 부정한 판결(96도1733)과 이동전화기를 구입하면서 신분증 제시를 요구받자 타인의 운전면허증을 자신의 것인 것처럼 제시한 경우 무권한자의 본래 용도외 사용이라는 이유로 공문서부정행사죄를 부정한 판결(99도1237)을 변경한 것이다. 다만 무권한자의 본래 용도사용 또는 권한자의 용도외 사용을 부정행사로 보는 판례의 입장이 바뀐 것이 아니라 <u>자동차운전면허증의 용도를</u> 종전 판례와 달리 확대한 것이다.

(보호자용)'를 이 승용차의 전면에 비치하였으나, 주차한 곳이 장애인전용주차구역이 아닌 사건에서 판례는 甲에게 공문서부정행사죄를 부정한다(2021도4514).[16]

자신의 명의로는 휴대폰 가입신청을 할 수 없자 우연히 습득한 V의 주민등록증을 제시하면서 V의 허락·부탁을 받았다고 속여서 V의 명의로 가입신청을 한 경우 무권한자가 주민등록증의 본래 용도인 신분확인용으로 사용한 것이 아니라 허락·부탁을 받았음을 증명하는 용도로 사용한 것이므로 공문서부정행사죄가 성립하지 않는다(2002도4935).

어떤 선박이 사고를 낸 것처럼 허위로 사고신고를 하면서 그 선박의 '선박국적증서와 선박검사증서'를 함께 제출한 경우, '선박국적증서와 선박검사증서'는 위 선박의 국적과 항행할 수 있는 자격을 증명하기 위한 용도로 사용된 것일 뿐 그 본래의 용도를 벗어나 행사된 것으로 보기는 어려우므로 공문서부정행사죄가 성립하지 않는다(2008도10851).

기출문제 ✎

01 공범과 신분에 관한 설명으로 가장 적절하지 않은 것은? (다툼이 있는 경우 판례에 의함)

2020년 1차 순경시험 형법 문8

① 甲이 증인 乙을 사주하여 법정에서 위증하게 한 경우 甲은 위증죄의 교사범이 성립한다.
② 공무원 甲이 뇌물공여자로 하여금 뇌물수수죄의 공동정범 관계에 있는 생계를 같이 하는 아내 乙에게 뇌물을 공여하게 한 경우 甲은 뇌물수수죄의 공동정범이 성립한다.
③ 비신분자인 아내 甲과 신분자인 아들 乙이 공동하여 남편을 살해한 경우 아내 甲과 아들 乙에게는 존속살해죄의 공동정범이 성립하고, 아내 甲은 보통살인죄의 형으로 처벌된다.
④ 도박의 습벽이 있는 甲이 도박을 하고 또 상습성 없는 乙의 도박을 방조한 경우 甲은 도박죄로 처벌된다.

해설 ✎

④ ×(84도195: 상습도박죄와 상습도박방조죄가 성립하고 상습도박죄의 포괄일죄로 처벌), ① ○(93도1002), ② ○(공무원이 생계를 같이하는 아내에게 뇌물을 공여하게 하거나[2001도7056] 뇌물수수죄의 공동정범관계에 있는 제3자에게 뇌물을 공여하게 하면[2018도2738전합] 뇌물수수죄가 성립), ③ ○(97도2609의 취지)

정답 ④

---

16 장애인사용자동차표지는 장애인이 사용하는 자동차를 지원하는 데에 편리하도록 장애인이 사용하는 자동차임을 알아볼 수 있게 하는 표지이고, 장애인전용주차구역 주차는 장애인사용자동차표지의 용도 중 하나인데, 甲은 장애인전용주차구역에 주차한 것이 아니므로 장애인사용자동차에 대한 지원을 받을 용도로 사용한 것이 아니라는 것이다.

02 乙에게 인정되는 범죄와 동일한 범죄의 공동정범, 교사범 또는 방조범의 성립을 甲에게도 인정할 수 있는 경우를 모두 고른 것은? (다툼이 있는 경우에는 판례에 의함)

2012년 변호사시험 형사법 문17

> 가. 부인 甲이 그의 아들 乙과 더불어 남편을 살해한 경우
> 나. A회사 경리과장 乙의 배임행위를 A회사 직원이 아닌 친구 甲이 함께한 경우
> 다. 甲이 乙을 사주하여 법정에서 위증하게 한 경우
> 라. 공무원이 아닌 甲이 공무원인 남편 乙과 함께 뇌물을 수수한 경우

① 가   ② 가, 나   ③ 가, 나, 다
④ 가, 나, 다, 라   ⑤ 나, 다, 라

해설 🖊

가: ○(존속살인죄가 성립하지만 보통살인죄로 처벌), 나: ○(업무상배임죄가 성립하지만 단순배임죄로 처벌), 다: ○(위증죄의 교사범), 라: ○(수뢰죄의 공동정범)   **정답** ④

03 공범과 신분에 관한 설명 중 옳은 것을 모두 고른 것은? (다툼이 있는 경우에는 판례에 의함)

2013년 사법시험 형법 문34

> ㄱ. 甲이 A를 모해할 목적으로 乙에게 위증을 교사한 경우, 정범인 乙에게 모해의 목적이 없었다고 하더라도, 형법 제33조 단서에 의하여 甲에게는 모해위증죄의 교사범이 성립한다.
> ㄴ. 업무상 타인의 사무를 처리하는 지위에 있지 아니한 자가 그러한 신분관계가 있는 자와 공모하여 업무상배임죄를 범한 경우 그러한 신분관계가 없는 자에 대하여는 형법 제33조 단서에 의하여 배임죄에 정한 형으로 처벌하여야 한다.
> ㄷ. 의료인일지라도 의료인 아닌 자의 의료행위에 공모하여 가공하면 의료법이 규정하는 무면허의료행위의 공동정범으로서 책임을 져야 한다.
> ㄹ. 도박의 습벽이 있는 甲이 도박의 습벽이 없는 乙의 도박을 방조하면 甲에게는 상습도박죄의 방조범이 성립한다.

① ㄱ, ㄴ, ㄷ   ② ㄱ, ㄴ, ㄹ   ③ ㄱ, ㄷ, ㄹ
④ ㄴ, ㄷ, ㄹ   ⑤ ㄱ, ㄴ, ㄷ, ㄹ

해설 🖊

ㄱ: ○(93도1002), ㄴ: ○(86도1517), ㄷ: ○(2007도1977; 2003도2903), ㄹ: ○(84도195)   **정답** ⑤

04 ㉠에서 ㉂까지의 (   )안에 아래 A에서 F까지의 문장을 적절히 넣으면 간접정범의 본질에 관한 기술이 완성된다. ㉠에서 ㉂까지의 (   )안에 들어가야 할 문장을 옳게 배열한 것은? 2007년 사법시험 형법 문26

> 형법 제34조에 규정된 간접정범이 정범인가 아니면 공범인가에 관하여 견해의 대립이 있다. 우선, 형법이 규정하고 있는 간접정범은 공범으로 파악하는 견해가 있다. 이 견해는 (㉠)(라)는 점을 전제로 하여 (㉡)(라)고 한다. 그 근거로 (㉢)(라)는 점을 들고 있다.
> 이에 대하여 간접정범을 정범으로 파악하는 입장이 있다. 이 견해는 (㉣)(라)고 한다. 그리고 (㉤)(라)고 하면서 그 근거로는 (㉥)(라)는 점을 들고 있다.

> A: 현행 형법은 극단적 종속형식에 입각하고 있다.
> B: 간접정범의 본질을 우월적 의사지배에서 찾아야 한다.
> C: 간접정범을 교사와 방조의 예에 의하여 처벌하고 있다.
> D: 형법 제34조의 표제어가 '간접정범'으로 되어 있다.
> E: 형법이 교사 또는 방조로 규정한 것은 이용행위의 형태를 분류한 것에 불과하다.
> F: 공범 처벌의 불비를 보완하기 위한 제도이다.

① A, B, C, D, E, F
② A, F, C, B, E, D
③ E, F, C, D, A, B
④ F, C, B, E, D, A
⑤ D, A, F, C, E, B

[정답] ②

05 간접정범에 대한 설명으로 옳지 않은 것은? (다툼이 있는 경우 판례에 의함) 2019년 국가직 9급 형법 문16
① 처벌되지 아니하는 타인의 행위를 적극적으로 유발하고 이를 이용하여 자신의 범죄를 실현한 자는 간접정범의 죄책을 지고, 그 과정에서 타인의 의사를 부당하게 억압하여야 하는 것은 아니다.
② 강제추행죄는 처벌되지 아니하는 타인을 도구로 삼아 피해자를 강제로 추행하는 간접정범의 형태로도 범할 수 있으나, 이때 피해자는 그 타인에 포함되지 않는다.
③ 공문서의 작성권한이 있는 공무원(A)의 직무를 보좌하는 공무원이 행사할 목적으로 그 직위를 이용하여 허위의 내용이 기재된 문서 초안을 그 정을 모르는 A에게 제출하여 결재하도록 한 경우에는 허위공문서작성죄의 간접정범이 성립한다.
④ 자기에게 유리한 판결을 얻기 위해 증거가 조작되어 있다는 점을 알지 못하는 제3자를 이용하여 그를 소송의 당사자가 되게 하고 법원을 기망하여 소송 상대방의 재물을 취득하였다면 간접정범 형태의 소송사기죄가 성립한다.

해설 ✎

② ×(2016도17733), ① ○(2007도7204), ③ ○(90도1912; 2009도9963), ④ ○(2006도3591) [정답] ②

06 간접정범에 관한 다음 설명 중 옳지 않은 것은? (다툼이 있는 경우에는 판례에 의함) 2008년 사법시험 형법 문19

① 甲이 자기에게 유리한 판결을 얻기 위하여 증거가 조작되어 있다는 정을 인식하지 못하는 乙을 이용하여 그로 하여금 민사소송의 당사자가 되게 하고 법원을 기망하여 소송 상대방의 재물을 취득하였더라도 甲은 소송 당사자가 아니므로 사기죄의 간접정범의 죄책을 지지 않는다.

② 확장적 정범개념에 의하면 직접·간접으로 구성요건실현에 조건을 제공한 모든 자는 정범이 되므로 간접정범도 당연히 정범이 된다.

③ 사법경찰관 甲이 乙을 구속하기 위하여 진술조서 등을 허위로 작성한 후 이를 기록에 첨부하여 구속영장을 신청하고, 진술조서 등이 허위로 작성된 정을 모르는 검사와 영장전담판사를 기망하여 구속영장을 발부받은 후 그 영장에 의하여 乙을 구금하였다면 甲에게는 직권남용감금죄의 간접정범이 성립한다.

④ 진정목적범에서 목적 있는 자가 목적 없는 자를 강요하여 자신의 도구나 손발과 같이 목적 없는 자로 하여금 범행을 실행하게 한 경우 목적 있는 자는 진정목적범의 간접정범이 된다.

⑤ 공무원 아닌 甲이 공문서의 작성권한이 있는 공무원 乙의 직무를 보좌하는 자인 丙을 교사하여 丙으로 하여금 그 직위를 이용하여 행사할 목적으로 허위의 내용이 기재된 문서 초안을 그 정을 모르는 乙에게 제출하여 결재하도록 함으로써 乙로 하여금 허위의 공문서를 작성하게 한 경우 甲은 허위공문서작성죄의 간접정범의 교사범으로서의 죄책을 진다.

해설 ✎

① ✕(2006도3591), ③ ○(2003도3945), ⑤ ○(91도2837)　　**정답** ①

07 간접정범에 대한 설명으로 옳지 않은 것은?　　2023년 국가직 7급 형법 문3

① 타인을 비방할 목적으로 허위의 기사 재료를 그 정을 모르는 기자에게 제공하여 신문 등에 보도되게 한 경우, 출판물에 의한 명예훼손죄의 간접정범이 성립할 수 있다.

② 피고인이 피해자를 도구로 삼아 피해자의 신체를 이용하여 추행행위를 한 경우, 강제추행죄의 간접정범에 해당할 수 있다.

③ 처벌되지 아니하는 타인의 행위를 적극적으로 유발하고 이를 이용하여 자신의 범죄를 실현한 자는 「형법」 제34조 제1항이 정하는 간접정범의 죄책을 지게 되고, 그 과정에서 타인의 의사를 부당하게 억압하여야만 간접정범에 해당하는 것은 아니다.

④ 공문서작성권자의 문서작성을 보조하는 직무에 종사하는 공무원이 허위공문서를 기안하여 작성권자의 결재를 거치지 않고 임의로 작성권자의 직인 등을 부정 사용함으로써 공문서를 완성한 경우, 허위공문서작성죄의 간접정범이 성립한다.

해설 ✎

④ ✕(96도424: 공문서위조죄), ① ○(2000도3045), ② ○(2016도17733), ③ ○(2007도7204)　**정답** ④

> A. 무형위조를 작성이라 하고, 유형위조를 위조라고 한다.
> B. 형법은 형식주의를 원칙으로 하고 실질주의를 예외적으로 채택하고 있다.
> C. 형식주의에 입각하면 무형위조는 '위조'가 안 된다.
> D. 실질주의에 입각하면 내용이 진실인 유형위조는 '위조'가 안 된다.
> E. 문서부정행사죄의 문서란 진정하게 작성된 문서에 한하지 않는다.
> F. 작성권한 있는 공무원이 기존문서의 내용을 허위로 고치는 행위는 변조에 해당한다.

① A, B, C, D　　　　　② A, B, C, F　　　　　③ A, B, E, F
④ C, D, E, F　　　　　⑤ B, C, D, E

해설 ✎

A: ○(무형위조는 문서의 작성권한 있는 사람이 허위내용의 문서를 작성하는 것을 말한다. 형법은 이를 예컨대 '허위공문서작성'이라고 표현하지만, 이것도 위조라고 부르기도 하며, 무형위조는 문서의 내용의 위조라고 할 수 있다. 유형위조는 문서의 작성권한 없는 사람이 타인의 명의나 자격을 모용하여 문서를 작성하는 것을 말한다. 곧 문서의 형식의 위조라고 할 수 있다. 형법의 공[사]문서위조죄에서 말하는 위조는 이를 말함), B: ○(형식주의는 문서의 성립의 진정을 보호하는 방식으로 유형위조만 처벌. 실질주의는 문서의 내용을 보호하는 방식으로 무형위조만 처벌), C: ○(형식주의에 따르면 무형위조는 불처벌), D: ○(실질주의에 따르면 유형위조는 불처벌), E: ×(82도1297: 진정문서이어야 함), F: ×(변개)　　　　　**정답** ①

09 甲은 야산에서 한 달 전 사망한 A의 지갑을 주웠는데, 그 지갑 속에는 B은행이 발행한 10만원권 자기앞수표 10장과 A의 운전면허증이 들어 있었다. 甲은 위 자기앞수표 10장을 유흥비로 사용하였다. 甲은 A의 운전면허증을 재발급받아 자신이 사용하기로 마음먹고, 운전면허시험장에 가서 운전면허증 재발급신청서에 자신의 사진을 붙이되 A의 이름과 인적사항을 기재하여 운전면허증 재발급 신청을 하였고, 이에 속은 담당공무원으로부터 甲의 사진이 부착된 A의 이름으로 된 운전면허증을 발급받았다. 그 후 甲은 운전 중 검문경찰관으로부터 신분증제시 요구를 받고 A의 이름으로 된 운전면허증을 제시하였다. 甲의 죄책에 관한 설명 중 옳지 않은 것을 모두 고른 것은? (다툼이 있는 경우 판례에 의함)　　　　　2021년 변호사시험 형사법 문12

> ㄱ. 甲이 자기앞수표를 사용한 행위는 불가벌적 사후행위에 해당한다.
> ㄴ. 甲이 권한 없이 A 명의의 운전면허증 재발급신청서를 작성하였으므로 사문서위조죄가 성립한다.
> ㄷ. 甲이 그 정을 모르는 담당공무원을 이용하여 운전면허증을 재발급받았으므로 공문서위조죄의 간접정범이 성립한다.
> ㄹ. 甲이 검문경찰관에게 제시한 A 명의의 운전면허증은 진정하게 성립된 문서가 아니기 때문에 공문서부정행사죄는 성립하지 않는다.
> ㅁ. 甲이 공무원에 대하여 허위신고를 하여 자동차운전면허대장에 부실의 사실을 기재하게 하였다면, 공정증서원본불실기재죄(「형법」 제228조 제1항)가 성립한다.

① ㄱ, ㄴ   ② ㄱ, ㅁ   ③ ㄷ, ㄹ

④ ㄴ, ㄷ, ㅁ   ⑤ ㄷ, ㄹ, ㅁ

해설 🖉

ㄱ: ○(82도822의 취지: 금융기관 발행의 자기앞수표는 즉시 지급받을 수 있어 현금에 대신하는 기능을 하고 있는 점에서 현금적인 성격이 강하므로 절취한 자기앞수표의 환금행위는 절취행위에 수반한 당연의 경과로서 절도행위에 대한 가벌적 평가에 당연히 포함되고, 별도로 사기죄 불성립), ㄴ: ○, ㄷ: ×(2005고합564의 취지: 운전면허증불실기재죄 성립), ㄹ: ×(82도1297의 취지: 자신의 사진이 부착되어 있지만 타인 명의로 발급받은 주민등록증을 행사한 경우 공문서부정행사죄 성립), ㅁ: ×(2010도1125: 공정증서원본불실기재죄의 공정증서는 권리의무에 관한 공정증서만을 가리킨다[87도2696]. 그런데 자동차운전면허대장은 운전면허 행정사무집행의 편의를 위하여 범칙자, 교통사고유발자의 인적사항·면허번호 등을 기재하거나 운전면허증의 교부 및 재교부 등에 관한 사항을 기재하는 것에 불과하며, 그에 대한 기재를 통해 당해 운전면허 취득자에게 어떠한 권리의무를 부여하거나 변동 또는 상실시키는 효력을 발생하게 하는 것으로 볼 수 없다. 자동차운전면허대장은 사실증명에 관한 것에 불과하므로 공정증서원본이라고 볼 수 없음) **정답** ⑤

10 문서에 관한 죄에 대한 설명으로 옳지 않은 것은?   2023년 국가직 7급 형법 문19

① 작성명의인이 허무인이라고 하더라도 일반인으로 하여금 공무원 또는 공무소의 권한 내에서 작성된 문서라고 믿을 수 있는 형식과 외관을 구비한 문서라면 공문서위조죄의 공문서가 된다.

② 자동차운전자가 운전 중에 경찰관으로부터 「도로교통법」 제92조 제2항에 따라 운전면허증의 제시를 요구받아 다른 사람의 운전면허증을 촬영한 이미지 파일을 휴대전화 화면을 통하여 보여 주는 경우, 자동차운전자에게 공문서부정행사죄가 성립하지 않는다.

③ 인터넷을 통하여 열람·출력한 등기사항전부증명서 하단의 열람 일시 부분을 수정 테이프로 지우고 복사한 행위는 등기사항전부증명서가 나타내는 권리·사실관계와 다른 새로운 증명력을 가진 문서를 만든 것에 해당하므로 공문서위조죄가 성립한다.

④ 위조된 공문서를 스캐너 등을 통해 이미지화한 다음 이를 전송하여 컴퓨터 화면상에서 보게 하는 경우에는 위조공문서행사죄가 성립한다.

해설 🖉

③ ×(2018도19043: 공문서위조죄가 아니라 공문서변조죄가 성립함[17]), ① ○(2002도18전합), ② ○(2018도2560), ④ ○(2008도5200) **정답** ③

---

17 그 이유는 등기사항전부증명서의 열람 일시는 등기부상 권리관계의 기준 일시를 나타내는 역할을 하는 것으로서 권리관계나 사실관계의 증명에서 중요한 부분에 해당하고, 열람 일시의 기재가 있어 그 일시를 기준으로 한 부동산의 권리관계를 증명하는 등기사항전부증명서와 열람 일시의 기재가 없어 부동산의 권리관계를 증명하는 기준 시점이 표시되지 않은 등기사항전부증명서 사이에는 증명하는 사실이나 증명력에 분명한 차이가 있는 점, 법률가나 관련 분야의 전문가가 아닌 평균인 수준의 사리분별력을 갖는 일반인의 관점에서 볼 때 그 등기사항전부증명서가 조금만 주의를 기울여 살펴보기만 해도 그 열람 일시가 삭제된 것임을 쉽게 알아볼 수 있을 정도로 공문서로서의 형식과 외관을 갖추지 못했다고 보기 어려우므로 등기사항전부증명서가 나타내는 권리·사실관계와 다른 새로운 증명력을 가진 문서를 만든 것에 해당하고 그로 인하여 공공적 신용을 해할 위험성도 발생했다.

11 문서부정행사죄에 대한 설명으로 옳지 않은 것은? 2023년 국가직 9급 형법 문18

① 타인의 주민등록표등본을 그와 아무런 관련 없는 사람이 마치 자신의 것인 것처럼 행사하는 행위는 공문서부정행사죄를 구성하지 아니한다.

② 자동차 등의 운전자가 경찰공무원에게 다른 사람의 운전면허증 자체가 아니라 이를 촬영한 이미지파일을 휴대전화 화면 등을 통하여 보여주는 행위는 공문서부정행사죄를 구성하지 아니한다.

③ 경찰공무원으로부터 신분증의 제시를 요구받고 자신의 인적사항을 속이기 위하여 다른 사람의 운전면허증을 제시한 경우, 운전면허증의 사용목적에 따른 행사로서 공문서부정행사죄가 성립한다.

④ 습득한 타인의 주민등록증을 자기 가족의 것이라고 제시하면서 그 주민등록증상의 명의로 이동전화 가입신청을 한 경우, 타인의 주민등록증을 본래의 사용용도인 신분확인용으로 사용한 것으로서 공문서부정행사죄가 성립한다.

해설 ✎

④ ✕(2002도4935: 주민등록증의 본래 용도가 아닌 용도로 사용한 것임), ① ○(99도206: 사용권한자와 용도가 특정된 진정문서가 아님), ② ○(2018도2560), ③ ○(2000도1985전합)　　　**정답** ④

탐구 과제

• 영아살해죄와 영아살해죄의 폐지로 인해 감경적 부진정신분범이 형법에 부존재한다고 볼 수 있는가?
• 목적범에서 목적은 초과주관적 요소인가, 아니면 신분인가?

형총 + 형각: 오상방위(誤想防衛)와 우연방위(偶然防衛) 및 명예범죄

14강 형총 + 형각: 오상방위(誤想防衛)와 우연방위 (偶然防衛) 및 명예범죄

오상방위와 우연방위는 착오의 한 형태이다. 오상방위는 자신의 행위의 불법성을 인식하지 못했지만 그 결과가 불법한 경우이다. 반면에 우연방위는 자신의 행위의 불법성을 인식하였지만 그 결과가 불법하지 않은 경우이다. 두 착오의 법적 효과에 관한 학설과 판례의 입장을 본다. 이런 논의의 배후에 있는 형법체계론[1]을 이해한다. 아울러 진실성을 착오한 공익을 위한 명예훼손행위의 형사책임을 본다.

⚖ 사례

복싱클럽 회원등록을 취소하는 과정에서 복싱클럽 관장 乙로부터 "어른에게 눈 그렇게 뜨고 쳐다보지 말라"라는 질책을 들은 V(17세)가 1시간 후 다시 복싱클럽으로 와서 "내가 눈을 어떻게 떴냐"라며 항의하자 乙은 V의 멱살을 잡아당기면서 다리를 걸어 넘어뜨리려고 하고, 복싱클럽 출입문 밖 복도로 밀고 나간 후 몸통을 양팔로 꽉 껴안아 들어 올리는 등 격한 몸싸움이 벌어졌다. 이를 지켜보던 복싱클럽의 코치 甲은 V가 왼손을 주머니에 넣어 호신용 작은 칼을 꺼내 쥔 것으로 알고 이를 확인하기 위해 V의 왼손을 잡아 쥐고 있는 주먹을 강제로 펴게 하는 과정에서 V의 손가락이 골절되었는데, 실제는 휴대용 녹음기를 꺼내어 움켜쥔 것으로 밝혀졌다(복싱클럽사건). 甲에게 상해죄가 성립하는가?

🔍 해결

1. 사실의 착오와 법률의 착오

가. 개념

착오(錯誤)란 행위자의 인식과 객관적 현실의 불일치를 말한다. 형법은 착오를 사실의 착오와 법률의 착오로 구별하여, 그 효과에 차이를 두고 있다. 사실의 착오(구성요건 착오)의 경우에는 고의가 부정되어 고의범으로 처벌할 수 없고, 다만 과실이 인정되고 과실범 처벌규정이 있으면 과실범으로 처벌할 수 있다(제13조, 제15조 제1항).

법률의 착오의 경우는 구성요건해당성과 위법성이 인정되고 책임에 영향을 미쳐서, 그 착오에 정당한 이유가 있으면 책임이 조각되어 처벌되지 않는다(제16조). 예컨대 살아있는 사람인지 모르고 살해한 경

---

1 이는 흔히 말하는 범죄체계론 또는 범죄론체계와 그 의미가 같다. 그럼에도 불구하고 형법체계라는 말을 쓰는 것은 범죄체계론이라는 말은 '범죄를 체계적으로 저지르는 방법에 관한 이론'으로 오해할 수 있고, '범죄론체계'라는 말은 '범죄이론 전부의 체계'라는 단순한 도면과 같은 의미로 이해될 수도 있다는 생각 때문이다.

우가 사실의 착오라면, 살아있는 사람인지는 알았지만 살인이 나쁜 짓인지 모르고 살해한 경우는 법률의 착오(위법성의 착오)라고 할 수 있다.

나. 사실의 착오

(1) 제15조 제1항이 문제되는 경우

甲은 캄캄한 밤중에 여러 사람이 모여 혼잡한 상황에서 범행 주도자의 급한 독촉을 받고 상대방이 아내의 조모와 장모인 것을 인식하지 못하고 살해한 경우, 제15조 제1항에 따라 보통살인죄(제250조 제1항)의 고의기수이다(4293형상494).

또 죽은 사람인 줄 알고 허위사실을 적시하여 명예를 훼손했지만, 생존한 사람인 경우도 같은 취지에서 제15조 제1항에 따라 사자(死者) 명예훼손죄(제308조)가 성립한다.

(2) 고의의 특정성이 문제되는 경우: 견해의 대립

(가) 객체의 착오와 방법의 착오, 구체적 사실의 착오와 추상적 사실의 착오

① 예컨대 사람 A로 알고 총을 쏘았는데 사람 B인 경우는, 객체의 착오이면서 구체적 사실의 착오라고 한다. 여기서 객체의 착오란 구성요건 착오의 대상이 구성요건요소 가운데 객체인 경우를 말한다. 또 구체적 사실의 착오란 구성요건 착오의 정도가 구체적인 경우로, 흔히 인식한 구성요건과 실현한 구성요건이 동일 또는 동종인 경우를 말한다. 이에 견줘 추상적 사실의 착오란 구성요건 착오의 정도가 추상적인 경우로, 인식한 구성요건과 실현한 구성요건이 서로 다른 경우를 말한다.

② 예컨대 사람 A를 향해 총을 겨누었는데 총알이 빗나가서 사람 B를 맞혀 죽인 경우는, 방법의 착오이면서 구체적 사실의 착오라고 한다. 방법의 착오란 구성요건 착오의 대상이 구성요건적 행위의 방법인 경우로, 타격의 착오 또는 타격의 실패라고도 한다.

③ 예컨대 동물인 줄 알고 총을 쏘았는데 사람이 맞고 사망한 경우는, 객체의 착오이면서 추상적 사실의 착오라고 한다.

④ 예컨대 동물을 향해 총을 겨누었는데 총알이 빗나가서 사람이 맞고 사망한 경우는, 방법의 착오이면서 추상적 사실의 착오라고 한다.

(나) 구체적 부합설과 법정적 부합설 및 추상적 부합설

구체적 부합설은 인식한 구성요건해당성과 실현한 구성요건해당성이 구체적으로 부합하는 경우에만 고의의 전용을 인정한다.

법정적 부합설은 인식한 구성요건해당성과 실현한 구성요건해당성이 법정적으로 부합하는 경우에만 고의의 전용을 인정한다. 판례의 입장이다.[2] 이는 다시 '법정적 부합' 여부를 판단하는 기준에 따라 구성요건을 기준으로 하는 구성요건부합설과 죄질을 기준으로 하는 죄질부합설로

---

2 예컨대 甲이 乙을 비롯한 3명과 싸우다가 힘이 달리자 식칼을 가지고 이들 3명을 상대로 휘두르다가 이를 말리면서 식칼을 뺏으려던 피해자 V에게 상해를 입힌 경우, '甲에게 상해의 범의가 인정되며 상해를 입은 사람이 목적한 사람이 아닌 다른 사람이라 하여 과실상해죄에 해당한다고 할 수 없고' 상해죄가 성립한다(87도1745. 同旨: 93도3612; 68도884; 83도2813; 87도1745; 75도727).

구별된다. 예컨대 타인의 재물인 줄 알고 훔쳤는데 점유이탈물인 경우 구성요건부합설은 절도 불능미수로 보지만, 죄질부합설은 점유이탈물횡령죄로 본다.

추상적 부합설은 인식한 구성요건해당성과 실현한 구성요건해당성이 추상적으로 부합하는 경우에도 고의의 전용을 인정한다. 주관주의 범죄론의 입장이다. 아래 표는 이런 학설에 따라 위 착오가 어떻게 해결되는지 정리한 것이다.

구분		구체적 (사실의) 착오	추상적 (사실의) 착오
구체적 부합설	객체의 착오	발생한 죄의 고의기수	인식한 죄의 미수와 발생한 죄의 과실의 상경
	방법의 착오	인식한 죄의 미수와 발생한 죄의 과실의 상상적 경합	
법정적 부합설	객체의 착오	발생한 죄의 고의기수	인식한 죄의 미수와 발생한 죄의 과실의 상경
	방법의 착오		
추상적 부합설	객체의 착오	경죄의 인식과 중죄의 실현: 경죄의 기수와 과실의 중죄의 상상적 경합	
	방법의 착오	중죄의 인식과 경죄의 실현: 중죄의 미수와 경죄의 기수의 상상적 경합	

(2) 개괄적 고의사례

개괄적 고의사례[3]에서 판례는 살인죄의 기수를 인정한다(88도650[4]). 그러나 이런 고의기수설도 있지만, 미수범설 또는 미수범과 과실범의 경합범설과 절충설도 있다. 개괄적 고의설과 인과관계의 착오설은 고의기수설에 해당한다. 미수범설 또는 미수범과 과실범의 경합범설은 고의는 행위시에 있어야 하므로 발생한 결과의 미수가 성립하고, 경우에 따라 과실과의 실체적 경합이라는 입장이다. ① 개괄적 고의설은 행위자의 1행위와 2행위를 개괄하는 단일한 고의를 인정함으로써 고의 성립을 인정하는 견해로 일명 베버의 개괄적 고의라고도 한다. 고의는 원칙적으로 특정된 고의이지 개괄적 고의는 인정할 수 없고, 결과발생 당시에는 행위자에게는 고의가 존재하지 않는다는 난점이 있다. ② 인과관계의 착오설은 개괄적 고의사례를 인과관계의 착오의 한 형태로 보아 행위자가 인식한 인과과정과 결과가 실현된 인과과정 사이에 본질적인 차이가 없으면 고의기수범으로 처벌하고, 차이가 있으면 인식한 죄의 미수와 발생한 죄의 과실의 경합범으로 처리하는 견해이다.

다. 법률의 착오

판례는 단순한 법률의 부지는 제16조에 해당하지 않고, 제16조는 '일반적으로 범죄가 되는 경우이지만 자기의 특수한 경우에는 법령에 의하여 허용된 행위로서 죄가 되지 않는다고 잘못 인식한 경우'로서 이런 그릇 인식에 정당한 이유가 있는 경우에는 벌하지 않는다는 취지라고 보면서(2009도13868; 2003

---

3 甲이 정신지체자인 자신의 처에게 V가 젖을 달라고 하면서 희롱하자 V를 구타하면서 순간적으로 살인의 고의로 몽둥이로 후려쳤고, 그가 정신을 잃고 축 늘어지자 사망한 것으로 알고 사체를 파묻어 증거를 인멸할 목적으로 그곳에서 150m 떨어진 개울가로 끌고 가 삽으로 웅덩이를 파고 묻었는데, 실제로는 맞아 죽은 것이 아니라 웅덩이에서 질식해서 죽었다.
4 신동운, 신 판례백선 형법총론, 경세원, 2009, 240면 이하.

도6282; 2001도4077; 2000도3051; 2000도2943; 85도25), '정당한 이유'를 극히 제한적으로 인정한다.

판례는 정당한 이유가 있는지 여부는 행위자에게 자기 행위 위법의 가능성에 대해 심사숙고하거나 조회할 수 있는 계기를 갖고, 자신의 지적능력을 다하여 이를 회피하기 위한 진지한 노력을 다하였더라면 위법성의 인식 가능성이 있었는데도 이를 다하지 못해서 위법성을 인식하지 못한 것인지 여부에 따라 판단해야 하는데, 이런 위법성의 인식에 필요한 노력의 정도는 구체적인 행위정황과 행위자 개인의 인식능력 그리고 행위자가 속한 사회집단에 따라 달리 평가되어야 한다고 본다(2005도3717; 2008도8607). 이에 따라 병원에 설치된 장례의식에 필요한 각종 부대시설을 임차한 후 실제 법률상 용도가 제한되어있는 장례식장으로 그 용도를 변경하여 사용한 사건(2005도4592), 의정활동보고라는 명목 아래 선거에 영향을 미치게 하기 위한 내용으로 국회의정활동보고서를 발간한 사건(2005도3717) 모두 정당한 이유가 있는 법률의 착오로 인정하지 않았다.

2. 오상방위(誤想防衛)

가. 개념과 본질

위 甲은 오상방위를 한 것이다. 오상방위란 객관적 정당화 상황이 존재하지 않는데도 불구하고 주관적으로 존재하는 것으로 착각하고 정당방위를 한 경우를 말한다. 흔히 위법성조각사유의 전제사실에 관한 착오로 불리는 허용상황의 착오의 한 형태이다.

허용상황의 착오에는 위 두 착오의 성질을 모두 있다. 무전취식을 하고 도망하던 학생으로 사실의 착오에 빠졌기 때문에 자신의 폭행이 위법하지 않다고 착오하게 된 것이다. 따라서 허용상황의 착오를 사실의 착오에 준해서 고의에 영향을 미친다고 볼지, 아니면 위법성의 착오에 준해서 책임에 영향을 미친다고 볼지 논란이 될 수 있다.

허용상황의 착오의 효과를 명시적으로 규정한 국가[5]도 있지만, 한국 형법은 그렇지 않기 때문에 아래에서 보듯이 이에 관해 견해의 대립이 있는데, 이는 크게 ① 고의를 부정하는 입장과 ② 책임에 영향을 미친다는 입장(엄격책임설)으로 구별할 수 있다. 전자는 다시 제한책임설과 고의설로 구별된다. 판례는 엄격책임설로 평가함이 옳지만, 고의설로 오해할 만한 판례도 있다.

나. 고의를 부정하는 입장

(1) 고의설

고의설은 모든 법률의 착오를 고의의 문제로 보는 입장이다. 고의설은 고의를 책임요소로 보면서, 위법성의 인식을 고의의 요소로 보는 인과적 행위론에 따른 형법체계론(고전적 형법체계론과 신고전적 형법체계론)에서 주장된 견해로, 여기서의 고의는 책임에 위치하므로 책임고의이다.

고의설은 엄격고의설과 제한고의설로 구별된다. 엄격고의설은 위법성의 현실적 인식이 없으면 책임고의를 조각하지만, 불인식에 과실이 있고 과실범 처벌규정이 있으면 과실범이 성립한다고 본다. 이

---

5 오스트리아 형법 제8조(정당화 사정에 관한 착오) 착오로 행위의 위법성을 조각하는 사유가 있다고 믿은 자는 고의범으로 처벌하지 않는다. 그 착오에 과실이 있고 과실범 처벌규정이 있는 때에는 과실범으로 처벌한다.

에 따르면 법률의 착오와 사실의 착오는 차이가 없으므로, 착오의 형법적 효과가 행위자의 주관적 인식에 지나치게 좌우된다는 문제가 있고, 또한 위법성의 현실적 인식이 없다고 봐야 하는 확신범이나 상습범의 경우에 고의가 부정된다.

제한고의설은 엄격고의설의 문제점을 완화시키기 위해 등장한 학설로, 예컨대 위법성의 인식가능성설은 위법성의 불인식에 과실이 있다고 하더라도 위법성의 인식가능성만 인정되면 고의를 인정한다. 이에 따르면 위법성의 인식가능성도 없어야 고의는 조각되고 과실범이 문제된다. 고의설에 따르면 甲에게 폭행죄가 부정되고, 乙에게는 폭행죄의 간접정범이 성립한다.

(2) 제한책임설

책임설은 고의설의 한계를 근본적으로 해결하려는 학설로, 고의에서 위법성의 인식을 분리하여 위법성의 인식을 독자적인 책임요소로 보는 견해이다. 이 학설의 영향을 받아서 형법의 착오를 구성요건 착오와 위법성의 착오로 구별하게 된다. 책임설은 허용상황의 착오를 어떻게 처리할지를 두고 엄격책임설과 제한책임설로 구별된다. 제한책임설은 허용상황의 착오는 다른 법률의 착오와 구별된다고 보고, 고의가 부정된다고 보는 입장으로서 아래와 같은 학설이 이에 해당한다.

(가) 소극적 구성요건표지이론

소극적 구성요건표지이론은 위법성조각사유를 소극적 구성요건표지로 본다. 따라서 이와 관련된 착오는 모두 구성요건 착오이므로, 허용상황의 착오의 경우에도 제13조의 고의가 부정된다. 이 입장은 제한적 책임설이 전제로 하는 구성요건고의의 이중적 기능은 허구라고 본다. 3단계 형법체계론의 구성요건 개념은 금지의 형식을 의미하는 형식적 개념이므로 구성요건고의로는 법적대적 의사나 심정반가치를 매개할 수 없고, 불법고의만이 이 기능을 수행할 수 있다는 것이다. 결국 이에 따르면 고의는 불법고의와 책임고의의 이중적 의미를 갖는다.

불법고의를 흔히 구성요건표지와 객관적 정당화사정의 부존재에 대한 인식을 포함하는 개념으로 보지만, 구성요건고의와 불법의식을 포함하는 개념으로 보기도 한다. 쉽게 말하면 자신의 행위가 구성요건에 해당하고 또 위법하다는 인식이 있는 것을 말한다. 따라서 자신의 행동이 옳다고 생각하면 이 불법고의를 인정할 수 없다.

(나) 제13조 직접적용설 또는 불법고의설

제13조의 고의를 불법고의로 이해하는 입장에 따르면 위법성조각사유의 전제가 되는 사실은 제13조가 말하는 "죄의 성립요소인 사실"에 속하므로, 허용상황의 착오의 경우 제13조가 직접 적용되어 (불법)고의가 부정된다.

(다) 구성요건착오유추적용설과 법효과제한책임설

구성요건착오유추적용설에 따르면 구성요건고의가 부정된다는 견해도 있으나 이는 옳지 않다. 구성요건착오유추적용설과 법효과제한책임설(법효과전환책임설) 모두 구성요건고의는 인정한다. 다만 아래에서 보듯이 구성요건착오유추적용설은 불법고의나 고의불법을, 법효과제한책임설은 책임고의나 고의책임을 각각 부정하여 고의범의 성립을 부정하며, 그 착오에 회피가능성이 있는 경우 과실범 처벌규정이 있다면 과실범으로 처벌할 수 있다고 본다. 두 학설 모두 구성요건고의를 인정하면서도 과실범으로 처벌할 수 있다고 본다. 바로 이 점 때문에 엄격책임설은 논리일관된 책임설로, 제한책임설은 논리일관성이 없는 책임설로 부르기도 한다.

구성요건착오유추적용설은 구성요건 착오를 유추적용하여 고의범의 성립을 부정한다. 그 이유는 구성요건 착오와 달리 구성요건의 경고기능은 존재하므로 구성요건고의는 인정되지만 불법고의 또는 고의불법이 조각된다는 것이다. 물론 불법고의가 조각되면 허용상황의 착오에 빠진 자의 행위에 가담한 자에 대해서는 공범이 성립할 여지는 없지만, 그런 범행가담자는 형법 제34조의 간접정범으로 처벌될 수 있다. 구성요건고의는 인정하면서 불법고의를 조각시킨다는 논리는 3단계 형법체계론과 소극적 구성요건표지이론의 2단계 형법체계론 사이에서 자리를 잡지 못한 것이라는 점에서 문제이다. 이 학설에 따르면 甲에게는 폭행죄가 성립하지 않지만, 乙에게는 폭행죄의 간접정범이 성립한다.

법효과제한책임설은 구성요건고의는 인정하지만, 책임고의는 부정한다. 그 이유는 허용상황의 착오는 구성요건 착오와 동일하게 볼 수 없다는 것이다. 허용상황의 착오의 경우에는 행위자가 구성요건을 인식하고 있었으므로 구성요건의 '경고기능'이 행위자에게 작용하고 있었던 반면, 구성요건 착오의 경우에는 그런 여지가 없다는 것이다. 구성요건의 경고기능에 비추어 허용상황의 착오를 일으킨 자는 단순히 구성요건 착오를 한 자보다 더 강하게 자신의 행위가 정당화되는지 주의해서 검토하도록 요구받는다는 것이다. 그렇다고 회피가능한 허용상황의 착오를 일으킨 자에게 고의책임을 물을 수는 없다고 본다. 행위자가 위법성을 인식했지만 자신의 행위가 허용된다고 인식한 것이므로, 법적대적인 심정(심정반가치)을 품은 것은 아니기 때문이라는 것이다(책임고의의 탈락). 쉽게 말해 자신의 행동이 구성요건에 해당한다는 인식이 있지만 정당하다고 생각했기 때문에 양심의 가책을 받지 않고 그러니 비난할 수 없다는 것이다. 다만, 그 착오가 회피가능한 것이었다면, 행위자는 자기 행위가 정당화되는지 주의해서 검토했어야 했는데 그렇지 못한 것이므로 그에게는 과실책임만을 물을 수 있을 뿐이라고 본다. 따라서 회피가능한 허용상황의 착오인 경우 과실범 처벌규정이 없으면 무죄이다. 이 학설은 그 가치를 구성요건착오유추적용설과 달리 허용상황의 착오에 빠진 행위자를 교사·방조한 자도 공범의 제한종속형식에 따르면 교사범·방조범으로 처벌할 수 있다는 점에서 찾는다. 구성요건착오유추적용설과 달리 허용상황의 착오에 빠진 자는 고의행위자이지만 그 효과만을 제한하여 고의범으로 처벌하지 않는 것이기 때문이다.

다. 책임의 조각 또는 감경을 인정하는 입장

(1) 엄격책임설

엄격책임설은 허용상황의 착오도 다른 법률의 착오와 같게 봐서 고의가 부정되지 않고 책임에 영향을 미친다는 입장이다. 따라서 엄격책임설은 허용상황의 착오도 다른 법률의 착오와 동일하게 처리한다. 허용상황의 착오의 경우에도 그 착오의 회피가능성 또는 위법성의 인식가능성이 없으면 책임을 조각하고, 그런 가능성이 있으면 고의범으로 처벌하되 책임을 감경할 뿐이다. 고의를 철저하게 구성요건고의로만 이해하는 목적적 행위론의 입장에서 나온 견해이다.

엄격책임설의 구체적 논거는 아래와 같다. 첫째, 고의불법과 과실불법은 전혀 다른 불법이므로 구성요건단계에서 구별되어야 한다. 둘째, 책임을 탈락시키는 요소로 이뤄진 책임영역에서 책임을 적극적으로 근거지우는 요소인 책임고의(행위자의 법적대적 의사 또는 심정반가치)의 존재를 인정하기 어렵다. 셋째, 과잉방위는 고의범으로 처벌하면서 오상방위는 과실범으로 처벌하는 것은 평등원칙에 어긋난다.

(2) 판례

판례는 허용상황의 착오도 위법성의 착오 규정인 형법 제16조에 따라 해결한다. 엄격책임설의 입장으로 볼 수 있다. 복싱클럽사건에서 판례는 '위법성조각사유의 전제사실에 관한 착오'라는 표현을 쓰면서 정당한 이유를 인정하여 상해죄를 부정한다(2023도10768).

경비병사건[6]에서 甲의 행위는 정당방위에 해당한다고 봐야 하지만, 그렇지 않다 하더라도 오상방위에 해당하며 정당한 이유가 있다고 봐서 살인죄로 처벌할 수 없다고 본다(68도370). 당번병사건[7]도 중대장의 아내를 데리고 온 일은 당번병의 임무이고 정당행위라고 오인하여 수행한 경우로서 허용상황의 착오사례로 볼 수 있다. 그런데 판례는 당번병사건에서 당번병의 관사이탈 행위는 중대장의 직접적인 허가를 받지 않은 것이라고 하더라도 당번병으로서의 그 임무범위 안에 속하는 일로 오인하고 한 행위로서 그 오인에 정당한 이유가 있어 위법성이 없다고 볼 수 있다는 이유로 당번병은 군형법의 무단이탈죄가 아니라고 본다(86도1406). 판례가 형법 제16조를 적용하면서도 책임이 조각되지 않고 위법성이 조각된다고 보는 것은 형법체계론상 옳지 않고, 위법성의 인식을 고의의 요소로 보는 고의설의 입장을 따른 것으로 볼 수도 있으며, 앞서 본 소극적 구성요건표지이론이나 구성요건착오유추적용설에 따른 결론과 차이가 없다.

3. 형법체계론(범죄체계론 또는 범죄론체계)

가. 3단계 형법체계론과 2단계 형법체계론

(1) 3단계 형법체계론의 인식근거설

형법의 범죄는 '구성요건해당성이 인정되고, 위법성조각사유가 부존재하며 책임조각사유도 부존재하는 행위'를 말한다. 이는 형식적으로 범죄를 정의한 것이므로, 형식적 범죄 개념이라고 한다. 이에

---

6 경비병인 甲은 초소근무 중 다음번 초소로 근무를 해야 할 V와 교대시간이 늦었다는 이유로 언쟁을 하다가 甲이 V를 구타하여 코피가 나자, V는 코피를 닦으며 흥분하여 "월남에서는 사람 하나 죽인 것은 파리를 죽인 것이나 같았다. 너 하나 못 죽일 줄 아느냐"라고 하면서 V는 소지하고 있던 소총을 甲의 등 뒤에 겨누며 실탄을 장전하는 등 발사할 듯이 위협을 하자 甲은 당황하여 먼저 V를 죽이지 않으면 위험하다고 느끼고 뒤로 돌아서면서 소지하고 있던 소총을 V의 복부를 향해 발사하여 V를 사망하게 하였다.

7 소속 중대장의 당번병이 근무시간 중은 물론 근무시간 후에도 밤늦게까지 수시로 영외에 있는 중대장의 관사에 머물면서 집안일을 도와주고 그 자녀들을 보살피며 중대장 또는 그 처의 심부름을 관사를 떠나서까지 하면서 시키는 일을 해왔는데, 사건 당일 중대장의 지시에 따라 관사를 지키고 있던 중 중대장과 함께 외출 나갔던 그 처로부터 24:00경 비가 오고 밤이 늦어 혼자 귀가할 수 없으니 관사로부터 1.5km가량 떨어진 여우고개까지 우산을 들고 마중을 나오라는 연락을 받고 당번병으로서 당연히 해야 할 일로 생각하고 중대장의 직접적인 허가 없이 그 지점까지 나가 중대장의 처를 마중하여 그 다음날 01:00경 귀가하였다.

견줘 실질적 범죄 개념은 범죄를 내용적으로 파악한 것으로서, 흔히 '사회에 유해한 행위', '법익침해 행위', '중대한 일탈행위' 등으로 정의할 수 있다. 이는 어떤 행위를 범죄화할 것인지 여부를 결정할 때 의미를 가질 수 있다.

이런 형식적 범죄 개념은 3단계 형법체계론에 따른 것으로서, 이는 곧 범죄의 성립요건을 구성요건 해당성, 위법성, 책임의 3가지로 이해한 것이다. 3단계 형법체계론은 대체로 대륙법계 형사실무가 따르고 있다. 1992년 형법개정안은 이 순서로 규정하고 있지만, 현행 형법은 '책임-구성요건-위법성'의 순서로 규정하고 있다. 각 요건의 판단방식에 차이가 있다. 구성요건이 적극적이라면, 위법성과 책임은 소극적이다. 그래서 어떤 행위가 범죄로 성립되려면, 그 행위가 첫째, 구성요건에 해당하고, 둘째, 위법성조각사유가 부존재하며, 셋째, 책임조각사유가 부존재해야 한다.

3단계 형법체계론은 구성요건해당성을 위법성의 인식근거로 본다. 구성요건해당행위는 원칙적으로 위법하고 예외적으로 합법이라고 보는 것이다. 예컨대 산 너머에 연기가 피어오르는 것을 보고, 먼저 '불이야'라고 외치고(곧 위법성을 추정), 실제 연기가 나는 곳에 가서 연기의 원인을 파악하여 밥을 하느라 연기가 난 것이면 '불이 아니다'라고 판단(위법성조각)하는 방식으로 이해하는 입장이다. 이에 따르면 구성요건은 불법징표구성요건을 의미한다. 인식근거설에 따르면 위법성조각사유에 해당하는 행위는 구성요건에 해당하지만 허용되는 행위이다.

(2) 2단계 형법체계론의 존재근거설

2단계 형법체계론은 소극적 구성요건표지이론이 세운 형법체계로, 위법성조각사유를 소극적 구성요건 요소로 파악한 후 이것과 구성요건해당성을 하나로 묶어서 불법으로 파악한다. 이를 총체적 불법구성 요건이라고 부른다. 3단계 형법체계론의 불법구성요건과 구별한다. 이어 책임조각사유의 부존재를 검토하여 범죄의 성립 여부를 판단한다. 그래서 불법·책임이원론으로도 불린다. 이 이론에 따르면 위법성조각사유에 관한 착오는 곧 총체적 불법구성요건의 착오이고, 따라서 구성요건 착오이다.

2단계 형법체계론은 구성요건해당성을 위법성의 존재근거로 본다. 구성요건해당행위는 언제나 위법하다고 보는 것이다. 예컨대 산 너머에 연기가 피어오르면, 바로 '불이야'라고 외치지 않고, 실제 그곳에 가서 연기의 원인을 파악하여 불이 난 것을 확인한 후에야 비로소 '불이야'라고 외치는(위법하다) 방식으로 이해한다. 구성요건과 위법성은 완전히 일치하며, 평가의 객체는 언제나 객체의 평가와 함께한다. 이에 따르면 구성요건은 가치개념이 된다. 존재근거설에 따르면 위법성조각사유에 해당하는 행위는 처음부터 구성요건해당성이 부정되는 행위이다.

나. 행위론과 형법체계론

행위론은 독일 형법의 역사에서 '고전적 형법체계론-신고전적 형법체계론-목적적 형법체계론-합일태적 형법체계론'으로 이어지는 형법체계론의 기초가 된다. 행위론은 작위와 부작위, 고의행위와 과실행위 등 다양한 형태의 행위를 포괄할 수 있는 행위 개념을 만들고, 범죄의 성립요건의 첫 번째인 구성요건해당성 판단의 대상이 되는 행위와 그렇지 않은 행위를 구별하는 데 목적을 둔 논의이다. 그러나 행위론은 이에 대해 만족할 만한 성과를 거두지는 못했다.

행위론에는 행위를 ① 인간의 정신작용에서 비롯된 신체동작이라고 보는 인과적 행위론, ② 인간의 목적적 조종활동이라고 보는 목적적 행위론, ③ 사회적으로 의미있는 인간의 행동이라고 보는 사회적 행위론, ④ 소극적 행위론,[8] ⑤ 인격적 행위론,[9] ⑥ 기능적 행위론[10] 등 다양한 견해가 있고, 심지어 이런 논의가 무의미하다는 행위개념부인론 또는 행위론무용론도 있다. 인과적 행위론에 따르면 예컨대 사람이 모기를 죽이는 것도 구성요건해당성 판단의 대상이 되는 행위이지만, 사회적 행위론에 따르면 그렇지 않다. 또 예컨대 깊이 잠이 든 상태에서 옆에서 자던 사람을 발로 차는 것은 목적적 행위론에 따르면 구성요건해당성 판단의 대상이 되는 행위가 아니지만, 사회적 행위론에 따르면 그렇지 않을 수 있다. 인과적 행위론은 고전적 형법체계론과 신고전적 형법체계론의 기초가 된다. 독일의 형법학자 Welzel이 주장한 목적적 행위론은 목적적 형법체계론의 기초가 된다. 주관적 요소인 고의를 구성요건해당성의 문제로 파악했다는 점에서 그 이전의 인과적 행위론과 큰 차이가 있다. 곧 고의를 책임의 형식이 아니라 행위의 형식으로 파악한 것이다. 사회적 행위론은 종합적 형법체계론의 기초가 된다.

다. 형법체계론의 역사

예컨대 고의나 과실 또는 위법성의 인식 등이 범죄성립의 3가지 요건 중 어디에 위치하는지는 형법체계론에 따라 차이가 있는데, 아래와 같이 역사적인 변천이 있었다.

(1) 고전적 형법체계론과 신고전적 형법체계론

고전적 형법체계론은 외부적·객관적인 것은 모두 불법으로, 내부적·주관적인 것은 모두 책임으로 각각 분류하였던 초창기 범죄론이다. 따라서 고전적 형법체계론에 따르면 고의가 책임에 위치한다. 신고전적 형법체계론에 따르면 고전적 형법체계론처럼 고의가 책임에 위치하고, 그 고의는 위법성의 인식도 포함하나, 고전적 형법체계론과 달리 기대가능성 개념을 채택하여 책임에 위치시킨다. Graf zu Dohna는 신고전적 형법체계론의 이런 규범적 책임개념은 함께 있을 수 없는 두 사물, 곧 평가의 대상(고의)과 대상에 대한 평가(기대가능성)를 혼합한 개념이라고 비판하면서 순수한 규범적 책임론을 주장한다. 고의는 가치판단의 객체는 될 수 있어도 가치판단 그 자체는 될 수 없다는 것이다. 고의와 같은 심리적 요소는 책임요소가 될 수 없고, 기대가능성만을 책임요소로 봐야 한다는 것이다. 이는 Graf zu Dohna가 범죄체계를 크게 평가의 객체와 객체의 평가로 구별한 후, 전자는 다시 객관적인 것(작위, 부작위)과 주관적인 것(고의)으로, 후자는 다시 객관적 평가(위법성)와 주관적 평가(책임)로 각각 구별하여 이해했기 때문이다. 결국 Graf zu Dohna에 의해 고의가 책임 개념에서 배제된 것이다.

(2) 목적적 형법체계론

Welzel은 목적적 행위론을 주장하면서 Graf zu Dohna에 의해 책임 개념에서 밀려난 고의를 주관

---

8 독일의 Kahrs가 처음 주장한 이론으로, 행위는 회피할 수 있었음에도 불구하고 회피하지 않은 것이라고 파악하는 이론이다. 작위는 부작위의 부작위라는 점에서 부작위와 공통된 속성을 갖는다는 것이다.

9 행위를 인간의 인격이 발현된 행동으로 보는 이론이다.

10 행위론의 절대성을 부정하고 형법의 법리규명에 유용한 도구라고 보는 이론으로, 행위개념은 분류기능, 정의기능, 종합기능, 한계설정기능의 4가지를 충족해야 한다는 이론이다.

적 구성요건요소로 파악하고, 고의에서 분리된 위법성의 인식은 책임 개념에 그대로 두지만, 위법성의 인식은 행위자를 비난하는 대상, 곧 평가의 객체가 아니라 행위자를 비난하는 이유로 이해한다. 어쨌든 위법성의 인식이 고의와 분리되어 독자적인 책임요소로 자리를 잡게 된 것이다.

순수한 규범적 책임론에 따르면 ① 책임능력을 책임조건으로 하여, ② 심리적 요소 중 위법성의 인식, ③ 기대가능성이 책임요소를 이루고, 책임능력과 위법성의 인식이 인정되면 기대가능성 여부가 판단된다. 따라서 이 이론에 따르더라도 위법성의 인식이라는 심리적 요소는 여전히 책임 개념에 남는다. 이 점을 두고 순수한 규범적 책임론이 아니라고 비판이 있다. 그래서 고의나 위법성의 인식과 같은 심리적 요소는 모두 책임 개념에서 배제시켜 책임 개념을 순수한 가치판단개념으로 만들어서 그 평가를 책임을 조각시키는 소극적 성질을 갖도록 하는 것이 옳다는 견해도 있다. 그 이유는 책임고의와 같은 적극적 요소를 인정하면 사건마다 일일이 이를 확인하는 것도 불가능하고, 이는 형법이 책임평가를 소극적인 것으로 규정하고 있는 것과도 맞지 않다는 것이다. 이에 따르면 책임고의란 개념을 인정할 필요가 없고, 위법성의 불인식은 책임비난을 탈락시키는 의미를 갖는데 불과해진다.

(3) 신고전적·목적적(종합적, 합일태적) 형법체계론

순수한 규범적 책임개념에 대해서 규범적 평가의 대상이 책임 개념 자체에 있는 것이 아니라 '불법'에만 존재하고 있어서 책임 개념이 공허해진다고 보기도 한다. Maihofer는 이를 두고 평가의 대상이 '타인의 머릿속'에 있는 것이라고 빗대어 말했다.

신고전적·목적적(종합적, 합일태적) 형법체계론은 고의의 이중적 기능을 인정한다. 고의가 범죄행위의 방향을 설정하면서 행위반가치의 성질(구성요건고의)을 가짐과 동시에 이런 행위에 나타난 법적대적 심리상태, 곧 심정반가치의 성질(책임고의)도 갖는다는 것이다. 이에 따르면 책임의 본질은 규범적 판단이고, 책임고의는 이런 규범적 판단의 대상이 된다. 이에 따르면 ① 책임능력을 책임조건으로 하여, ② 심리적 요소(책임고의와 위법성의 인식), ③ 이에 대한 가치판단(기대가능성)이 책임요소를 이룬다. 결국 책임요소에 평가의 객체와 객체에 대한 평가가 함께 있게 된다.

라. 고의의 형법체계상 지위와 고의의 인식 대상

이처럼 고의가 범죄성립요건 가운데 어디에 위치하는지를 두고 역사적으로 다툼이 있어 왔다. 고의가 구성요건요소인지, 책임요소인지, 아니면 구성요건요소이자 책임요소인지 견해대립이 있었다. 고의 형법체계상 지위를 어떻게 파악하는지에 따라 고의의 인식 대상도 달라진다. 이에 따라 허용상황의 착오의 처리 방식도 달라진다.

(1) 고의의 형법체계상 지위

인과적 행위론의 입장인 고전적 형법체계론과 신고전적 형법체계론은 범죄의 객관적 요소들은 불법을 구성하고, 주관적 요소들은 책임을 구성한다고 파악하여 고의를 책임요소로 보았다. 책임고의라고 할 수 있다. 그런데 이 견해는 위법성의 인식을 고의의 요소로 본다. 이 견해에 따르면 위법성의 착오의 경우 책임고의가 부정된다.

목적적 형법체계론은 범죄를 목적적 조종활동의 결과라고 파악하여 고의를 구성요건요소로 보았는데, 이런 고의를 가리켜 구성요건고의라고 한다.

종합적 형법체계론은 앞의 형법체계론의 입장을 모두 수용하여 고의는 구성요건요소이자 책임요소로 보는데, 구성요건고의는 행위불법(반가치)적 성질이고, 책임고의는 심정반가치적 성질이며, 구성요건고의는 책임고의를 추정한다고 본다. 이를 가리켜 고의의 이중적 지위라고 한다. 고의가 이중적 지위를 갖는다는 의미는 먼저 예컨대 甲의 행위로 V가 사망한 경우, 甲이 그 행위를 고의로 한 것인지, 과실로 한 것인지에 따라 살인죄의 구성요건에 해당하는지, 아니면 과실치사죄의 구성요건에 해당하는지가 달라지며, 곧 구성요건단계에서 문제되고, 이에 따라 불법에 차이가 있다. 다음으로 고의행위인지, 아니면 과실행위인지에 따라 행위자에 대한 비난의 정도도 달라지므로 고의 여부는 책임단계에서도 의미를 갖는다는 것이다. 쉽게 말하면 甲이 V의 발을 밟은 경우, 먼저 "일부러 그런 것인지, 아니면 실수로 그런 것인지" 따진 후에 "왜 그랬어"라고 하면서 그렇게 하게 된 사정을 따져 그에 상응하여 행위자를 비난한다는 것이다. 결국 고전적 형법체계론과 신고전적 형법체계론은 고의를 후자의 의미, 곧 비난가능성의 문제로만 파악한 것이고, 목적적 형법체계론은 전자의 의미, 곧 고의범의 구성요건을 충족하는지의 문제로만 파악한 것이다.

(2) 고의의 (인식)대상

고의의 대상인 제13조의 "죄의 성립요소인 사실"의 의미를 두고 다툼이 있다. 먼저 다수견해는 객관적 구성요건요소, 곧 행위의 주체, 객체, 방법, 결과, 인과관계 등으로 본다. 이를 흔히 구성요건고의라고 부른다.

소극적 구성요건표지이론은 객관적 구성요건요소뿐만 아니라 위법성조각사유가 부존재한다는 사실도 포함한다고 보며, 이런 고의를 흔히 불법고의라고 부른다.

역사적으로 불법도 고의의 인식대상으로 본 입장도 있었다. 고전적 형법체계론과 신고전적 형법체계론이 이에 해당한다. 고의를 위법성의 인식도 포함하는 개념으로 이해한 것이다. 예컨대 총으로 사람을 살해하려고 하는 경우 객체가 사람이고, 총을 쏘면 그 사람이 죽을 수 있고, 이런 살해행위가 사회윤리적으로 나쁘다는 인식이 있어야 고의를 인정할 수 있다고 파악한 것이다. 이 고의는 책임의 요소이므로 책임고의로 볼 수 있지만, 내용적으로는 위법성의 인식을 포함하고 있으므로 불법고의라고 부를 수도 있다.

4. 우연방위(偶然防衛)

V가 권총으로 甲을 살해하려고 겨누고 있었는데, 마침 甲이 이런 사실을 모른 채 평소 불만이 많았던 V를 석궁으로 살해하였다. 甲의 살인죄는 위법성이 조각되는가?

가. 우연방위 개념과 주관적 정당화요소

허용상황의 착오는 객관적 정당화사정이 부존재함에도 불구하고 존재한다고 생각하고 행위를 하는 것이다. 이와 달리 객관적 정당화사정이 존재함에도 불구하고 이를 인식하지 못하고 방위행위를 한 경우가 우연방위이다. 쉽게 말하면 우연한 정당방위이다. 반전된 허용상황의 착오라고 할 수 있다.

우연방위를 어떻게 처리할지는 이른바 주관적 정당화요소의 필요성 여부에 따라 달라지는데, 아래에서 보듯이 이에 관해 다툼이 있다. 여기서 주관적 정당화요소란 흔히 객관적 정당화사정의 존재를 인식하고 이를 실현하려는 의사를 말한다.

나. 주관적 정당화요소 필요설

예컨대 정당방위가 성립하려면 객관적 정당화사정의 존재만으로는 부족하고 이른바 주관적 정당화요소가 필요하다고 보는 입장이다(96도3376전합).

주관적 주관적 정당화요소 필요설 안에서도 견해의 대립이 있다. 먼저 행위반가치일원론은 행위반가치가 탈락되지 않으므로 위법성이 조각되지 않는다고 본다. 이에 따르면 기수범으로 처벌되므로 기수범설이라고도 한다. 만일 다수견해처럼 불능(미수)범으로 처벌한다면 미수범처벌규정이 없는 경우에는 부당한 결과가 초래된다고 본다. 여기서 행위반가치(Handlungsunwert)란 행위자의 행위에 대해 형법의 관점에서 내리는 부정적인 가치판단을 말한다. 목적적 행위론의 인적 불법론은 행위반가치가 불법의 핵심이고, 결과반가치는 부수적이라고 보는 입장이다. 범죄의 본질에 관한 주관주의, 형법규범의 본질을 (의사)결정규범으로 보는 입장에 뿌리를 두고 있다.

다음으로 다수견해인 불능(미수)범설은 주관적 정당화요소가 흠결되어 행위불법은 인정되지만 객관적 정당화사정은 존재하여 결과불법은 없다고 볼 수 있고, 이는 구조가 마치 불능(미수)범과 유사하다고 보는 입장으로, 위 경우 불능(미수)범으로 처벌된다.

다. 주관적 정당화요소 불요설

결과반가치일원론에 이론적 근거를 둔 주관적 정당화요소 불요설은, 이처럼 객관적 정당화사정이 존재하기만 하면 결과반가치가 탈락하여 위법성이 조각된다고 본다. 이에 따르면 위 경우 무죄이므로 무죄설이라고도 한다. 결과반가치(Erfolgsunwert)란 행위가 초래한 결과(법익의 침해 또는 침해의 위험)에 대한 부정적 가치판단을 말한다. 범죄의 본질에 관한 객관주의, 형법규범의 본질을 평가규범으로 보는 입장에 뿌리를 두고 있다.

반가치를 불법이라고도 번역한다. 인적 불법론 또는 행위반가치일원론은 미수범을 기수범처럼 처벌하고, 결과반가치일원론은 미수범을 처벌하지 않는다. 미수범을 처벌하되 기수범보다 가볍게 처벌할 수 있도록 한 것은 행위불법과 결과불법을 모두 고려한 것이다. 미수범의 행위불법은 기수범과 같지만 결과불법은 기수범보다 낮다고 볼 수 있다.

5. 명예범죄와 진실사실적시 명예훼손죄의 특별한 위법성조각사유

가. 명예범죄

(1) 개관

> 제307조(명예훼손) ① 공연히 사실을 적시하여 사람의 명예를 훼손한 자는 2년 이하의 징역이나 금고 또는 500만원 이하의 벌금에 처한다.

② 공연히 허위의 사실을 적시하여 사람의 명예를 훼손한 자는 5년 이하의 징역, 10년 이하의 자격
    정지 또는 1천만원 이하의 벌금에 처한다.

제308조(사자의 명예훼손) 공연히 허위의 사실을 적시하여 사자(死者)의 명예를 훼손한 자는 2년 이
    하의 징역이나 금고 또는 500만원 이하의 벌금에 처한다.

제309조(출판물등에 의한 명예훼손) ① 사람을 비방할 목적으로 신문, 잡지 또는 라디오 기타 출판물
    에 의하여 제307조 제1항의 죄를 범한 자는 3년 이하의 징역이나 금고 또는 700만원 이하의 벌금
    에 처한다.

② 제1항의 방법으로 제307조 제2항의 죄를 범한 자는 7년 이하의 징역, 10년 이하의 자격정지
    또는 1천500만원 이하의 벌금에 처한다.

제310조(위법성의 조각) 제307조 제1항의 행위가 진실한 사실로서 오로지 공공의 이익에 관한 때에
    는 처벌하지 아니한다.

제311조(모욕) 공연히 사람을 모욕한 자는 1년 이하의 징역이나 금고 또는 200만원 이하의 벌금에
    처한다.

제312조(고소와 피해자의 의사) ① 제308조와 제311조의 죄는 고소가 있어야 공소를 제기할 수
    있다.

② 제307조와 제309조의 죄는 피해자의 명시한 의사에 반하여 공소를 제기할 수 없다.

위 죄들은 모두 명예를 보호법익으로 하는 명예범죄이다. 이는 크게 명예훼손죄와 모욕죄로 구별할
수 있다. 전자는 사실을 적시하여 명예를 훼손하는 것이고, 후자는 사실을 적시하지 않고 명예를 훼
손하는 것이다. 이들 범죄들은 친고죄이거나 반의사불벌죄로서, 기소 여부가 피해자의 의사에 따라
달라질 수 있다.

명예훼손죄의 객체가 사망자인 경우, 사자(死者)명예훼손죄가 성립하는데, 이는 생존자에 대한 명예훼
손죄와 달리 적시된 사실이 허위일 것을 구성요건으로 하며, 그 법정형이 생존자에 대한 명예훼손죄보
다 낮다. 생존자에 대한 명예훼손의 방법이 출판물인 경우는 출판물에 의한 명예훼손죄가 성립하는데,
'비방할 목적'을 구성요건으로 하며, 그 법정형이 생존자에 대한 명예훼손죄의 경우보다 높다.

생존자에 대한 명예훼손죄는 사람의 명예를, 공연히 사실을 적시하여, 훼손하는 경우에 성립하는데,
그 사실이 허위인 경우 그 법정형을 높여 놓았다. 따라서 생존자에 대한 명예훼손죄는 진실사실적시
명예훼손죄와 허위사실적시명예훼손죄로 구별되는데, 전자의 경우에는 특별한 위법성조각사유가
있다.

(2) 판례

명예범죄에서 공연성이란 불특정 또는 다수인이 인식할 수 있는 상태를 말한다. 그런데 판례는 불특
정 또는 다수인에게 전파될 가능성이 있는 상태도 포함한다고 보고, 개인 블로그의 비공개 대화방에
서 상대방으로부터 비밀을 지키겠다는 말을 듣고 일대일로 대화한 경우도 공연성을 인정하는데
(2007도8155), 이른바 전파가능성이론이라고 한다(2020도5813전합). 甲이 휴대전화로 카카오톡
그룹채팅방에 접속하여 A, B, C, D와 함께 채팅하면서 피해자를 성적으로 희화하여 욕설하고 비방
하는 내용의 글을 게시한 경우, 그 내용을 퍼트리지 않기로 약속했더라도 모욕죄가 성립한다고 본다

(2016도4699). 이 경우 전파될 가능성이 있고, 따라서 공연성이 인정된다는 것이 그 이유이다.

판례는 '사실의 적시'에서 '적시'를, 사실을 직접적으로 표현한 경우에 한정될 것은 아니고, 간접적이고 우회적인 표현에 의하더라도 그 표현의 전 취지에 비추어 그와 같은 사실의 존재를 암시하고, 또 이로써 특정인의 사회적 가치 내지 평가가 침해될 가능성이 있을 정도의 구체성이 있으면 충분하다고 본다. 이에 따라 교수인 甲이 학생들 앞에서 V의 이성관계를 암시하는 발언을 한 경우(91도420), 특정 국회의원을 암시하는 '민생법안이 널려 있어도/국회에 앉아 있으면 하품만 하는 년이지/아니지 국회 출석률 꼴찌이지'라는 시를 인터넷에 올린 경우(2007도1307), 모두 판례는 명예훼손죄라고 본다.

출판물등에 의한 명예훼손죄는 비방의 목적이 있어야 하는데, 판례는 이를 가해의 의사 내지 목적을 말한다고 본다(2009도8949). 또한 판례는 '비방의 목적'은 공공의 이익을 위한 것과는 행위자의 주관적 의도의 방향에 있어 서로 상반되는 관계에 있으므로, 적시한 사실이 공공의 이익에 관한 것인 경우에는 특별한 사정이 없는 한 비방할 목적은 부정되고, 공공의 이익에 관한 것에는 널리 국가·사회 기타 일반 다수인의 이익에 관한 것뿐만 아니라 특정한 사회집단이나 그 구성원 전체의 관심과 이익에 관한 것도 포함되며, 행위자의 주요한 동기 내지 목적이 공공의 이익을 위한 것이면 부수적으로 다른 사익적 목적이나 동기가 내포되어 있더라도 비방할 목적은 부정된다(2008도8812).

나. 진실사실적시 명예훼손죄의 특별한 위법성조각사유

(1) 진실사실적시 명예훼손죄의 위법성조각사유와 그 성격

공연히 사실을 적시하여 사람의 명예를 훼손하였더라도(제307조 제1항), 그 사실이 진실이고 공공의 이익에 관한 것이면 그 행위의 제310조에 따라 위법성이 조각된다. 여기서 공공의 이익이란 널리 국가·사회 기타 일반 다수인의 이익뿐만 아니라 특정한 사회집단이나 그 구성원 전체의 이익과 관심도 포함되는데, 공공의 이익에 관한 것인지 여부는 당해 명예훼손적 표현으로 인한 피해자가 공무원 내지 공적 인물과 같은 공인인지 아니면 사인에 불과한지, 그 표현이 객관적으로 국민이 알아야 할 공공성·사회성을 갖춘 공적 관심사안에 관한 것으로 사회의 여론형성 내지 공개토론에 기여하는 것인지 아니면 순수한 사적인 영역에 속하는 것인지, 피해자가 그와 같은 명예훼손적 표현의 위험을 자초한 것인지, 그 표현에 의해 훼손되는 명예의 성격과 침해의 정도, 그 표현의 방법과 동기 등의 여러 사정에 비추어 판단해야 한다(2006도7915; 2004도4826). 사실을 적시한 행위자의 주요한 목적이 공공의 이익을 위한 것이면 부수적으로 다른 목적이 있었다고 하더라도 무방하다(2008도6342).

제310조의 성격을 두고 특별한 위법성조각사유에 관한 규정이라고 보는 견해와 위법성조각사유이면서 거증책임의 전환규정이라고 보는 견해가 대립한다. 위법성조각사유설은 다음을 논거로 한다. ① 언론의 자유를 보장할 목적으로 마련한 특별한 위법성조각사유규정이다. ② 일본 형법 제230조의2 제1항('공익에 관련되고 진실이라는 증명이 있을 때 벌하지 않는다')이나 독일 형법 제186조('진실한 사실이라고 증명되지 않을 때는 처벌한다')와 달리 사실의 증명에 관해 아무런 언급이 없다. 거증책임전환규정설은 이 규정이 in dubio contra reum('의심스러운 경우에는 피고인의 부담으

로')원칙을 규정한 것이라고 보고, 다음을 그 논거로 제시한다. ① 일부 판례가 이 입장이고, 다만 자유로운 증명으로 충분하다고 본다(95도1473). ② 명예훼손죄는 피해자의 명예보호를 위해 진실한 사실이 적시되는 경우에도 성립하는 범죄이다. ③ 명예훼손죄에서 적시된 사실의 진위를 증명하는 것이 형사재판에서 실제로 용이하지 않으므로 입증곤란을 구제할 필요가 있다.

(2) 진실성을 착오한 공익을 위한 명예훼손행위의 위법성 조각 여부

그런데 대자보사건[11]처럼 진실이라고 믿고 공익을 위해서 명예훼손행위를 하였는데 그 사실의 진위가 밝혀지지 않았거나 거짓임이 밝혀진 경우에도 위법성이 조각되는가, 아니면 명예훼손죄가 성립하는가? 이에 관해 견해의 대립이 있다.

(가) 성실한 검토의무설

독일의 의무합치적 심사이론을 수용하여 기자등 보도자의 경우는 성실한 검토의무를 다하였음에도 착오에 빠진 경우에는 행위반가치가 탈락하여 위법성이 조각된다는 견해이다. 이 견해는 기자등 보도자가 성실한 검토의무를 다하지 않고 경솔하게 진실이라 믿은 것이면 명예훼손죄의 구성요건해당성과 위법성이 인정된다고 본다.

이러한 성실한 검토의무는 허용된 위험의 법리에 근거한 것으로서, 위험이 따르는 행위에는 그 위험을 최소화하기 위한 검토의무가 요구되고, 이를 성실히 이행하면 행위반가치가 탈락하여 과실범의 경우에는 객관적 귀속이 배제되어 구성요건해당성이 부정되지만, 고의범의 경우에는 위법성이 조각된다. 이 입장은 위법성은 객관적 판단이므로 검토의무를 성실히 이행했는지 여부에 관계없이 허위사실이면 행위반가치를 인정해야 한다는 비판을 받는다.

(나) 형벌면제설

형벌면제설은 형법 제310조의 진실은 객관적·주관적으로 모두 진실일 것을 요구하며, 제307조 제1항의 죄는 적시사실이 진실인 경우에도 성립하고, 제307조 제2항은 적시사실이 거짓인 경우 적용되는 가중적 구성요건이므로 이 경우 형법 제15조 제1항에 따라 제307조 제1항의 명예훼손죄가 성립된다고 봐야 하지만, 그 착오에 정당한 이유가 있고 공익성이 있다면 불법이 낮아져서 형벌이 면제된다고 보는 견해이다. 독일의 면책사유이론에 이론적 근거를 두고 있다.

(다) 허용상황의 착오설

다수견해는 허용상황의 착오로 본다. 따라서 허용상황의 착오에 관한 학설이 그대로 적용된다. 제한책임설에 따르면 고의가 부정되고 과실의 인정 여부가 문제되는데, 과실이 인정되더라도 명예훼손죄는 과실범을 처벌하지 않으므로 명예훼손죄의 구성요건해당성이 부정된다.

엄격책임설에 따르면 명예훼손죄의 구성요건해당성과 위법성이 인정되지만, 착오에 정당한 이유가 있으면 책임이 조각되고, 정당한 이유가 없으면 책임이 감경된다.

---

11 노동조합의 조합장 甲은 전임 조합장 V의 예산관련 업무처리 내용 중 부정한 집행의 의심이 드는 사실을 발견하였는데, 공개된 회계감사 결과를 근거로 진실이라 믿고 그 사실을 조합원들에게 알리기 위해 배차실에 대자보를 부착하였지만 거짓이었다.

(라) 판례: 상당한 이유가 있으면 위법성 조각

판례는 "적시된 사실이 공공의 이익에 관한 것이면 그 사실이 진실한 것이라는 증명이 없더라도 행위자가 진실한 것으로 믿었고 또 그렇게 믿을 만한 객관적인 '상당한 이유'[12]가 있는 경우에는 위법성이 없다"고 본다(92도3160; 94도3191). 이처럼 진실성의 착오의 경우에 상당한 이유가 있으면 책임이 조각되지 않고 위법성이 조각된다고 판례가 보는 것은 제한적 책임설의 결론과 차이가 없다

그런데 판례는 "진실한 사실로서 오로지 공공의 이익에 관한 때에 해당된다는 점을 행위자가 증명해야 하지만, 그 증명은 유죄의 인정에 있어 요구되는 것과 같이 법관으로 하여금 의심할 여지가 없을 정도의 확신을 가지게 하는 증명력을 가진 엄격한 증거에 의하여야 하는 것은 아니"라고 본다(95도1473). 위법성조각사유는 범죄성립요건임에도 불구하고 거증책임 또는 입증책임이 검사가 아니라 피고인에게 있다고 보면서도 증명의 책임을 완화하여 자유로운 증명으로 충분하다고 본 것이다.

기출문제 ✎

01 **구성요건요소에 대한 착오사례가 아닌 것은?**   2023년 국가직 9급 형법 문6

① 甲이 성명불상자 3명과 싸우다가 힘이 달리자 옆 차에서 식칼을 가지고 나와 이들 3명을 상대로 휘두르다가 이를 말리던 A에게 상해를 입힌 경우

② 甲이 6층 호텔방에서 상해의 의사로 A를 구타하여 A가 정신을 잃고 쓰러지자 사망한 것으로 착각하고, A가 자살한 것으로 위장하기 위해 6층 아래로 떨어뜨려 사망케 한 경우

③ 甲이 저작권 침해물 링크사이트를 운영하던 중 그러한 링크행위가 범죄에 해당하지 않는다는 대법원 판결이 선고되자 자신의 행위는 죄가 되지 않는다고 생각하고 계속 운영한 경우

④ 甲이 살해의도로 피해자 A를 몽둥이로 내리쳤으나 A의 등에 업힌 피해자 B가 맞아 현장에서 두개골절 및 뇌좌상으로 사망한 경우

해설 ✎

③ ✕(법률 위반 행위 중간에 일시적으로 판례에 따라 그 행위가 처벌대상이 되지 않는 것으로 해석되었던 적이 있었다고 하더라도 그것만으로 자신의 행위가 처벌되지 않는 것으로 믿은 데에 정당한 이유가 있다고 할 수 없다[2002도4260; 2021도10903]. 甲이 종전 판결[2012도13748]을 근거로 이렇게 법률의 착오를 주장했으나 수용하지 않고 변경된 판결[2017도19025전합]을 근거로 저작권침해범죄의 방조범을 인정[2021도10903]), ① ○(87도1745), ② ○(94도2361: 낙산비치호텔사건), ④ ○(68도884)   **정답** ③

---

12 이 판결은 형법 제310조에 따라 벌하지 않고 있지만, 제310조는 '상당한 이유'를 요건으로 하지 않는다.

02 사례에 대한 학설 및 판례의 설명으로 옳은 것만을 모두 고르면? (시체은닉의 점은 논하지 않음)

2023년 국가직 7급 형법 문8

> 甲은 A를 살해하기로 마음먹고 돌로 A의 머리를 내리쳤다. 甲은 A가 정신을 잃고 축 늘어지자 그가 죽은 것으로 오인하고 증거를 없앨 생각으로 A를 개울가로 끌고 가 웅덩이에 매장하였다. 그런데 A의 사망원 인은 매장으로 인한 질식사로 밝혀졌다.

> ㄱ. 개괄적 고의 이론에 따르면, 甲이 A를 돌로 내려친 행위에 대한 살인의 고의가 매장행위에도 미치기 때문에 甲에게는 하나의 고의기수범이 성립한다.
> ㄴ. 인과과정의 착오 이론에 따르면, 사례의 경우 인과과정의 불일치를 본질적으로 보는 한 甲에게는 발 생결과에 대한 고의기수범이 성립한다.
> ㄷ. 미수범과 과실범의 경합설에 따르면, 甲의 범행계획이 미실현된 것으로 평가되면 살인미수죄와 과실 치사죄의 경합범이 성립하지만, 사례의 경우 甲의 범행계획이 실현되었으므로 甲에게는 살인의 고의 기수범이 성립한다.
> ㄹ. 판례에 따르면, A의 살해라는 처음에 예견된 사실이 결국은 실현된 것으로서 甲에게는 살인의 고의 기수범이 성립한다.

① ㄱ, ㄹ   ② ㄴ, ㄷ   ③ ㄱ, ㄴ, ㄹ   ④ ㄱ, ㄷ, ㄹ

해설 ✎

ㄱ: O(개괄적 고의설), ㄴ: ×(인과과정의 불일치가 본질적이면 미수범 인정), ㄷ: ×(미수범과 과실범의 경합설에 따르면 살인미수와 과실치사의 경합범. 계획실현설은 독일의 학자 록신이 주장한 이론으로서, 제1행위가 의도적 고의인지, 미필적 고의인지에 따라 전자의 경우에는 범행계획의 실현으로 평가하여 고의기수를 인정하지만, 후자 의 경우에는 범행계획의 실패로 평가하여 살인미수와 과실치사의 경합범 인정), ㄹ: O(88도650) **정답** ①

03 다음 사례에 대한 설명으로 옳은 것은?

2023년 국가직 7급 형법 문21

> (가) 甲이 주차된 자동차를 A의 소유인 줄 알고 손괴하였는데, 알고 보니 B의 소유인 경우
> (나) 유흥접객업소의 업주 乙이 청소년의 출입을 금지하는 관련 규정의 존재를 몰라 청소년을 자신의 유 흥접객업소에 출입시킨 경우
> (다) 丙이 C의 자동차를 맞히려고 돌을 던졌으나 빗나가 C가 돌에 맞아 다친 경우

① (가)는 주관적 정당화요소를 결한 사례이며, 판례에 따르면 甲은 재물손괴죄의 불능미수에 해당한다.
② (가)는 구체적 사실의 착오 중 객체의 착오 사례이며, 판례에 따르면 甲에게는 A의 자동차에 대한 손괴 미수죄와 B의 자동차에 대한 과실손괴죄의 상상적 경합이 성립하지만, 과실손괴죄의 처벌규정이 없어 손괴미수죄만 인정된다.
③ (나)는 법률의 착오 사례이며, 판례에 의하면 乙은 그 오인에 정당한 이유가 있어 책임이 조각된다.
④ (다)는 추상적 사실의 착오 중 방법의 착오로서 추상적 부합설에 의하면 丙에게는 손괴기수죄와 과실치 상죄의 상상적 경합이 성립한다.

④ ○(경죄를 인식하고 중죄를 실현한 경우), ① ✕(구체적 사실의 착오이자 객체의 착오), ② ✕(판례는 법정적 부합설. 손괴죄의 기수 인정), ③ ✕(법률의 부지로서 판례는 법률의 착오로 인정하지 않음)　　**정답** ④

04　새벽에 귀가 중인 甲에게 노숙자 A가 구걸을 하려고 접근하였다. 그러나 甲은 이전에 소위 '퍽치기' 강도를 당한 경험 때문에, A를 '퍽치기' 강도로 오인하였다. 이때 현장에 온 택시기사 乙이 A가 노숙자이고 구걸을 하려는 것을 알면서도, 甲에게 "A가 당신을 공격하려 한다."라고 말하였다. 이에 甲은 그 말을 믿고 A를 폭행하였다. 甲과 乙의 형사책임에 관한 설명 중 옳지 않은 것은?　　2021년 변호사시험 형사법 문13

① 소극적 구성요건요소이론에 의하면 甲의 착오는 사실의 착오(구성요건적 착오)에 해당하며 폭행죄의 고의가 부정된다.

② 엄격책임설에 의하면 甲의 착오는 법률의 착오에 해당하여 오인함에 정당한 이유가 없는 경우 폭행죄가 성립한다.

③ 구성요건적 착오규정을 유추적용하는 견해에 의하면 甲의 고의가 부정되어 폭행죄가 성립하지 않는다.

④ 법효과제한적 책임설에 의하면 甲에게 고의불법은 인정되지만 고의책임이 배제되어 폭행죄가 성립하지 않는다.

⑤ 소극적 구성요건요소이론과 법효과제한적 책임설에 따르면 제한적 종속형식에 의할 때 乙은 甲의 행위에 대하여 폭행죄의 교사범이 된다.

⑤ ✕(소극적 구성요건요소이론에 따르면 甲의 행위는 적법하므로 이에 대해 교사범이 성립할 수 없고, 법효과제한적 책임설에 따르면 甲의 행위가 불법하므로 이에 대해 교사범이 성립함), ① ○(폭행죄의 불법고의 부정), ② ○(폭행죄가 성립하고 형을 감경), ③ ○(불법고의가 부정되어 폭행죄 불성립), ④ ○(폭행죄의 불법은 인정하지만 고의책임을 부정하고, 과실책임을 짐)　　**정답** ⑤

05　(가)~(라)는 甲이 밤에 연락 없이 자신의 집을 방문한 이웃을 강도로 오인하여 상해를 입힌 사례와 관련한 견해이다. 이에 대한 설명으로 옳지 않은 것은?　　2023년 국가직 7급 형법 문18

> (가) "위법성의 인식은 고의와 구별되는 책임의 독자적인 요소인데, 이 사례는 행위자가 구성요건 사실은 인식하였지만 자기 행위의 위법성을 인식하지 못한 경우에 해당한다."
>
> (나) "이 사례와 관련하여 甲이 위법성조각사유의 전제사실의 부존재를 인식하는 것 역시 구성요건에 해당한다."
>
> (다) "이 사례는 구성요건 착오는 아니지만 구성요건 착오와 유사한 경우이니, 구성요건 착오 규정을 적용하여 행위자에게 고의책임을 인정하지 않아야 한다."
>
> (라) "이 사례의 경우 구성요건 고의는 인정되지만, 책임 고의가 부정된다."

① (가)견해에 의하면, 甲의 오인에 정당한 이유가 없다면 甲은 상해의 고의범으로 처벌된다.

② (나)견해에 의하면, 甲은 구성요건 착오에 해당하여 상해의 고의가 조각된다.

③ (다)견해에 의하면, 甲에 대해 상해의 과실범의 성립을 검토할 수 있다.

④ (라)견해에 의하면, 甲은 상해의 고의범으로 처벌되지만 그 책임이 감경된다.

해설 ✎

④ ×(법효과제한적 책임설. 고의범이 성립하지만 과실범으로 처벌), ① ○(책임설), ② ○(소극적 구성요건표지이론), ③ ○(구성요건착오유추적용설) **정답** ④

06 위법성조각사유의 전제사실의 착오에 관한 다음 사례에서 甲에게 폭행죄의 성부가 문제 된다고 볼 경우, 이에 관한 설명 중 옳지 않은 것은? 2015년 사법시험 형법 문18

> 김밥집 주인이 앞서 뛰어가는 학생 2명을 쫓아가며 "계산을 하고 가야지"라고 말하는 것을 들은 甲은, 15미터가량 뒤쫓아 가 부근에 있던 A를 무전취식을 하고 도망가던 학생으로 잘못 알고 A의 멱살을 잡고 약 10−15미터 끌고 왔다. 그런데 그 A는 무전취식을 하고 도망가던 학생이 아니었고, 甲은 약간의 주의를 했더라면 이를 알 수 있었다.[13]

① 엄격책임설에 따르면 폭행죄가 성립하지 않는다.

② 엄격고의설에 따르면 폭행죄가 성립하지 않는다.

③ 구성요건착오유추적용설에 따르면 폭행에 대한 불법고의가 부정되므로 폭행죄가 성립하지 않는다.

④ 법효과제한책임설에 따르면 폭행에 대한 구성요건고의는 인정되지만 책임고의는 부정되므로 폭행죄가 성립하지 않는다.

⑤ 소극적 구성요건표지이론에 따르면 폭행에 대한 불법고의가 부정되므로 폭행죄가 성립하지 않는다.

해설 ✎

① ×(엄격책임설은 위법성의 착오로 보고, 그 착오에 정당한 이유가 부정되어 책임이 조각되지 않으므로 폭행죄가 성립) **정답** ①

---

13 2008헌마629 결정을 문제화 하였다. 검사는 甲의 행위에 대해 2008. 7. 11. 기소유예처분을 하자, 甲은 2008. 10. 17. 이 처분이 중대한 수사미진으로 내려진 것으로서 평등권 및 행복추구권을 침해한다는 이유로 헌법소원심판을 청구했다. 헌법재판소는 2010. 10. 28. 오상방위의 경우 고의 또는 책임이 조각되어 처벌받지 않을 여지가 있으므로 검사는 오상방위자 甲에게 정당한 사유가 있는지, 甲의 행위가 사회통념상 상당성이 있는지 수사하고 그 법적 효과를 판단했어야 한다는 이유로 인용결정을 한다.

07 위법성조각사유의 주관적 정당화요소에 대한 설명으로 옳은 것만을 모두 고르면? 2023년 국가직 9급 형법 문8

> ㄱ. 위법성조각을 위해 주관적 정당화요소가 필요하다고 보는 견해에 의하면, 「형법」 제21조 제1항에서 '방위하기 위하여 한'은 정당방위의 주관적 정당화요소를 규정한 것으로 해석된다.
> ㄴ. 판례는 위법성조각을 위해 방위의사나 피난의사와 같은 주관적 정당화요소가 요구된다고 본다.
> ㄷ. 위법성조각을 위해 주관적 정당화요소가 필요 없다고 보는 견해에 의하면, 행위자가 행위 당시 존재하는 객관적 정당화사정을 인식하지 못한 채 범죄의 고의만으로 행위를 한 경우 고의기수범이 성립한다.
> ㄹ. 위법성 판단에 행위반가치와 결과반가치가 모두 요구된다고 보는 이원적·인적 불법론의 입장에서는 주관적 정당화요소가 결여된 경우 행위반가치가 부정되므로 불능미수가 된다고 본다.

① ㄱ, ㄴ   ② ㄱ, ㄷ   ③ ㄴ, ㄹ   ④ ㄷ, ㄹ

해설 🖊

ㄱ: ○ ㄴ: ○(96도3376전합), ㄷ: ✕(무죄), ㄹ: ✕(결과반가치 부정)   **정답** ①

---

08 甲은 평소 미워하던 乙과 우연히 마주치자 상해의 의사로 乙의 얼굴을 주먹으로 강타하여 코피가 나게 하였는데, 마침 그때 乙은 甲을 살해하려고 칼로 甲을 공격하려던 순간이었음이 밝혀졌다. 이에 대한 설명으로 옳은 것만을 모두 고르면? 2019년 국가직 9급 형법 문7

> ㄱ. 위법성조각사유에 있어서는 주관적 정당화요소가 요구되지 않는다는 견해에 따르면, 甲의 행위는 정당방위로서 위법성이 조각될 수 있다.
> ㄴ. 판례에 따르면 정당방위가 성립하기 위하여는 행위자에게 방위의사가 있어야 하고 그 방위행위가 상당성이 있어야 하므로, 甲의 행위는 정당방위가 될 수 없다.
> ㄷ. 위법성조각사유에 있어서는 주관적 정당화요소가 요구되지만 위 사례에서는 결과반가치가 부정된다는 견해에 따르면, 甲은 상해죄의 불능미수로 처벌될 수 있다.

① ㄱ, ㄴ   ② ㄱ, ㄷ   ③ ㄴ, ㄷ   ④ ㄱ, ㄴ, ㄷ

정답 ④

---

09 명예훼손죄에 대한 설명으로 옳지 않은 것은? 2023년 국가직 7급 형법 문13

① 객관적으로 피해자의 사회적 평가를 저하시키는 사실에 관한 발언이 보도, 소문이나 제3자의 말을 인용하는 방법으로 단정적인 표현이 아닌 전문 또는 추측의 형태로 표현되었다면, 표현 전체의 취지로 보아 사실이 존재할 수 있다는 것을 암시하는 방식으로 이루어진 경우라도 사실의 적시에 해당하지 않는다.

② 불미스러운 소문의 진위를 확인하고자 질문을 하는 과정에서 타인의 명예를 훼손하는 발언을 한 경우, 그 동기에 비추어 명예훼손의 고의를 인정하기 어렵다.

250 한눈에 잡히는 형사법

③ 정부 정책 결정 또는 업무수행과 관련된 사항을 주된 내용으로 하는 공개발언이 공직자 개인에 대한 악의적이거나 심히 경솔한 공격으로서 현저히 상당성을 잃은 것으로 평가되면, 공직자 개인에 대한 명예훼손이 된다.

④ 발언 상대방이 직무상 비밀유지의무가 있는 경우에는 그러한 관계나 신분으로 인하여 비밀의 보장이 상당히 높은 정도로 기대되는 경우로서 공연성이 부정되고, 공연성을 인정하기 위해서는 그러한 관계나 신분에도 불구하고 불특정 또는 다수인에게 전파될 수 있다고 볼 만한 특별한 사정이 존재하여야 한다.

해설 ✎

① ×(2007도5312: 표현 전체의 취지로 보아 그 사실이 존재할 수 있다는 것을 암시하는 방식으로 이루어진 경우에는 사실의 적시임), ② ○(2010도2877), ③ ○(2010도17237), ④ ○(2015도15619)　　**정답** ①

10 ⟨보기⟩ 중 (a) ~ (c)의 [해결]은 ㉠ ~ ㉢의 [견해]에 따라 [사례]에 대한 甲의 형사책임을 제시한 것이다. 올바르게 연결한 것을 모두 고른 것은?　　2013년 사법시험 형법 문26(배점 4)

> 신문기자 甲은 평소 잘 알고 지내던 乙로부터, K건설회사의 비리가 담겨 있는 서류를 넘겨받아, 추가조사를 하였다면 허위의 사실임을 알 수 있었음에도 불구하고 별도로 추가조사를 진행하지 않은 채 평소 乙의 태도를 신뢰하여 그 서류에 기재된 내용이 진실한 것으로 믿고, 이전부터 사회적 물의를 일으켜 온 K회사의 비리를 밝혀 공익을 실현할 수 있는 좋은 기회라고 생각하고는 그 서류의 내용을 기사로 작성하여 신문에 게재하였다. 이후 甲의 행위가 공익에 관한 것임은 인정되었으나 위 서류의 내용은 허위임이 밝혀졌다. (다만, 甲에게 '비방의 목적'이 있었는지 여부는 판례의 태도에 의함)
> [견해]
> ㉠ 금지착오의 일종으로 보아 해결을 시도하는 견해
> ㉡ 구성요건착오를 유추적용하여 해결을 시도하는 견해
> ㉢ 행위자의 성실한 검토의무를 주관적 정당화요소로 인정하여 해결을 시도하는 견해
> ㉣ 행위자가 허위의 사실을 진실한 것으로 믿은 데 상당한 이유가 있는지 여부에 따라 해결을 시도하는 견해
> [해결]
> (a) 무죄
> (b) 명예훼손죄(형법 제307조 제1항)
> (c) 출판물에의한명예훼손죄(형법 제309조 제1항)

① ㉠-(c), ㉡-(a), ㉢-(c), ㉣-(a)　　② ㉠-(a), ㉡-(a), ㉢-(b), ㉣-(b)
③ ㉠-(c), ㉡-(a), ㉢-(c), ㉣-(c)　　④ ㉠-(b), ㉡-(b), ㉢-(b), ㉣-(b)
⑤ ㉠-(b), ㉡-(a), ㉢-(b), ㉣-(b)

"추가조사를 하였다면 허위의 사실임을 알 수 있었다"는 문언은 행위자가 착오에 빠진 데 정당한 이유나 상당한 이유 또는 성실한 검토를 부정하는 근거이다. 금지착오로 보는 ⊙견해에 따르면 명예훼손죄가 성립하지만 형의 감경이 가능하다(b). 구성요건착오를 유추적용하는 ⓒ견해에 따르면 과실명예훼손죄가 인정되는데, 이를 처벌하는 규정은 없으므로 무죄이다(a). ⓒ에 따르면 성실한 검토의무를 다하지 않은 것이므로 명예훼손죄가 인정된다(b). 판례인 ⓔ견해에 따르면 상당한 이유가 부정되어 명예훼손죄가 인정된다(b).   정답 ⑤

탐구 과제

- 甲이 잠결에 옆에서 자던 사람의 목을 쳐서 그 사람이 사망한 경우 甲을 처벌할 수 있는가?
- 구성요건고의와 불법고의 및 책임고의는 어떤 차이가 있는가?

15강

형각: 재산범죄의 체계와 동산양도담보물
임의처분의 형사책임

형각: 재산범죄의 체계와 동산양도담보물 임의처분의 형사책임

당사자 쌍방이 서로 대가적 의미를 가지는 채무를 부담하게 되는 민사계약(쌍무계약)에서 일방의 채무불이행에 대해 판례는 배신적 재산범죄라고 할 수 있는 횡령죄나 배임죄를 인정해왔다. 그런데 최근 이 입장을 변경하여 민사사건의 형사적 해결을 지양한다는 원칙 아래 예외적으로 부동산이중매매의 매수인에게 배임죄를 인정하는 입장만 유지하고 있다. 배임죄의 구성요건 중 '타인의 사무'를 해석하면서 부동산이 한국사회에서 갖는 의미를 고려하여 정책적 판단을 한 것이다. 동산양도담보물 임의처분사건을 소재로 판례가 민사계약에서 채무불이행과 형법의 배신적 재산범죄의 관계를 어떻게 보고 있는지 분석하고, 그 경향을 파악하며, 민법이론이 형법의 해석과 어떻게 만나는지 본다. 이에 앞서 재산범죄의 체계를 본다.

🔨 사례

피해자 A는 드라이버를 구매하기 위해 매장에 방문하였다가 지갑을 떨어뜨렸는데, 10분쯤 후 甲이 같은 매장에서 우산을 구매하고 계산을 마친 뒤, 지갑을 발견하여 습득한 매장 주인으로부터 "이 지갑이 선생님 지갑이 맞느냐?" 라는 질문을 받자 "내 것이 맞다"라고 대답한 후 이를 받아 가지고 간 경우, 甲에게 절도죄가 성립할까, 아니면 사기죄가 성립할까?

🔍 해결

1. 재산범죄의 체계

가. 재산범죄의 유형

형법의 재산범죄는 재산을 보호법익으로 하는 범죄로서, 이는 크게 ① 자기소유 재산에 대한 타인의 점유나 권리의 행사를 방해하는 범죄, ② 타인의 재산을 불법적으로 취득하는 범죄, ③ 이렇게 취득한 재물, 곧 장물(贓物)의 처리에 가담하는 행위를 범죄화한 장물죄, ④ 타인소유 재물의 효용을 침해하는 범죄 4가지 유형으로 분류할 수 있다.

나. 타인 재산의 불법적 취득범죄

(1) 타인 재산의 불법적 취득범죄의 체계와 성질

영득죄와 관련하여 횡령죄는 재물에 대한 점유의 이전이 필요하지 않다. 행위자가 이미 그 재물을 점유하고 있기 때문이다. 그러나 절도죄·강도죄·사기죄·공갈죄는 재물에 대한 점유의 이전이 필요하다. 그런데 점유의 이전이 절도죄와 강도죄는 상대방의 의사에 반한다는 점에서 공통되지만, 강도죄는 폭행·협박으로 상대방의 의사를 제압한 것이다. 이와 달리 사기죄·공갈죄는 재물에 대한 점유의 이전이 상대방의 의사에 따른 것으로서 그 의사에 하자가 있다는 점에서 공통되지만, 그 하자가 사기죄는 기망으로 인한 착오이고, 공갈죄는 공갈로 인한 공포심이다. 절도죄는 취거적 재물취득범죄, 강도죄는 강제적 재산취득범죄, 사기죄는 기망적 재산취득범죄, 공갈죄는 공갈적 재산취득범죄, 횡령죄와 배임죄는 배신적 재산취득범죄라고 각각 말할 수 있다. 위 사건에서 주인의 행위는 사기죄의 처분행위에 해당하여 甲에게 사기죄가 성립한다(2022도12494).

이런 타인 재산의 불법적 취득범죄는 그 타인의 재산적 손해의 발생을 전제로 한다고 봐야 한다. 타인에게 발생시킨 재산적 손해가 또 다른 타인의 재산취득으로 이어지는 것을 처벌하는 범죄로 봐야 하기 때문이다. 물론 이를 타인 재산의 불법적 취득의 결과가 그 타인에게 재산적 손해를 초래하는 것으로 볼 수 있고, 한국 형법은 이런 방식으로 규정하고 있다. 어쨌든 타인 재산의 불법적 취득범죄는 타인의 재산적 손해의 발생이 필요한 침해범으로 봐야 한다.

법정형이 횡령죄와 배임죄는 5년 이하 징역 또는 1,500만원 이하 벌금, 절도죄는 6년 이하 징역 또는 1천만원 이하 벌금, 강도죄는 3년 이상 징역, 사기죄와 공갈죄는 10년 이하 징역 또는 2천만원 이하 벌금이다. 법정형이 불법을 반영한다고 보면, 절도죄의 불법이 횡령죄·배임죄의 불법보다 크다고 본 것이다. 재산적 손해를 입힌다는 결과는 동일하므로 결과불법은 동일하지만, 행위불법에 차이가 있다고 본 것으로 봐야 하는데, 타인의 점유를 침해한다는 절도죄의 행위불법이, 신뢰관계를 깨뜨리고 임무위배행위를 한다는 횡령죄·배임죄의 행위불법보다 크다고 본 것으로 본다. 이는 횡령죄·배임죄의 경우는 재산적 신뢰를 받는 자가 그 신뢰를 주는 자에게 재산적 손해를 발생시킬 위험성이 있다는 것을 그 신뢰를 주는 자가 예상할 수 있다는 점을 고려한 것은 아닐까 생각한다. 일본 형법의 사기죄는 10년 이하 징역, 절도죄는 법정형이 10년 이하 징역 또는 50만엔 이하 벌금, 횡령죄는 5년 이하 징역, 배임죄는 5년 이하 징역 또는 50만엔 이하 벌금이다. 그런데 독일 형법은 횡령죄를 절도죄와 함께 19장에서(제248a조는 경미한 가치의 재물에 대한 절도와 횡령을 조건부 친고죄로 규정함), 두 개의 항으로 구별해서 제1항에는 단순횡령죄, 제2항에는 보관물횡령죄를 각각 규정하고 있고,[1] 강도죄는 공갈죄와 함께 20장에서 규정하고 있으며, 배임죄는 사기죄와 함께 23장에서 규정하고 있다. 또한 독일 형법의 절도죄,[2] 보관물횡령죄, 공갈죄, 사기죄, 배임죄의 법정형은 모두 같다. 5년 이하 자유형 또는 벌금형이다.

---

1 독일 형법 제246조(횡령) ① 타인의 동산을 자기 또는 제3자에게 위법하게 속하게 한 자는 그 행위를 다른 규정에서 무겁게 처벌하고 있지 않는 한 3년 이하의 자유형 또는 벌금형으로 처벌한다. ② 제1항의 재물이 행위자에게 맡겨진 것이면 5년 이하의 자유형 또는 벌금형으로 처벌한다.

2 독일 형법 제242조(절도) ① 타인의 동산을 자기 또는 제3자에게 위법하게 속하게 할 의사로 타인으로부터 절취한 자는 5년 이하의 장유형 또는 벌금형에 처한다. ② 미수범은 처벌한다.

구별	주체	행위	행위의 객체	취득의 객체
절도	제한없음	절취(몰래)	타인의 재물	재물
강도	제한없음	폭행·협박(강제로)	사람	재물·재산상 이익
사기	제한없음	기망(속여서)	사람	재물·재산상 이익
공갈	제한없음	공갈(겁줘서)	사람	재물·재산상 이익
횡령	타인 재물의 보관자	횡령·반환거부	타인의 재물	재물
배임	타인 사무의 처리자	배임(임무위배)	타인의 사무	재산상 이익

(2) 타인 재산의 불법적 취득범죄와 신용카드사용범죄의 죄수 및 경합

절취·강취나 횡령 또는 기망·공갈하여 취득한 신용카드를 사용한 경우 또는 타인 명의로 모용해서 받은 신용카드를 사용한 경우 타인 재산의 불법적 취득범죄와 신용카드사용범죄의 죄수 및 경합이 문제된다.

강취한 신용카드로 자신이 그 신용카드의 정당한 소지인인 것처럼 가맹점 점주를 속여 물품 등을 제공받은 경우, 신용카드에 대한 강도죄 외에 사기죄와 여전법의 신용카드부정사용죄가 성립하고 두 죄는 실체적 경합이라고 판례는 본다(96도2715). 그러나 실행행위의 (부분적) 동일성을 인정할 수 있으므로 상상적 경합을 인정함이 옳다.

타인의 신용카드를 임의로 가지고 가서 현금자동지급기에서 현금서비스를 받아 현금을 인출한 후 곧바로 반환한 경우 신용카드에 대한 절도죄는 성립하지 않지만, 신용카드부정사용죄는 성립한다 (99도857).

강취한 직불카드로 현금자동인출기에서 현금을 인출하여 가진 경우, 직불카드에 대한 강도죄 외에 현금에 대한 절도죄도 성립한다(2007도1377). 현금자동인출기 관리자의 의사에 반하는 점유의 이전이라는 것이다. 강취한 현금카드로 현금자동지급기에서 예금을 인출한 경우도, 현금카드에 대한 강도죄와 인출한 현금에 대한 절도죄가 모두 성립한다(2007도1375). 현금카드의 사용에 관한 승낙의 의사표시가 없다. 그러나 갈취한 현금카드로 현금자동지급기에서 예금을 인출한 경우는, 현금카드에 대한 공갈죄만 성립하고 인출한 현금에 대한 절도죄는 성립하지 않는다(2007도1375). 현금카드의 사용에 관한 승낙의 의사표시가 있다.

甲이 타인의 명의를 모용하여 발급받은 신용카드로 현금자동지급기에서 현금을 인출한 경우, 사기죄 외에 현금에 대한 절도죄도 성립한다(2002도2134의 취지). 카드회사는 이런 행위를 甲이 아니라 피모용자에게 허용한 것이므로 이런 점유의 이전은 현금자동지급기 관리자의 의사에 반한다고 봐야 한다.

타인의 명의를 모용하여 발급받은 신용카드를 이용하여 현금자동지급기에서 현금서비스(현금인출)를 받고, ARS 전화서비스 등으로 신용대출을 받은 경우, 신용카드회사에 대한 사기죄의 포괄일죄가 아니라 타인명의를 모용하여 신용카드를 발급받은 행위에 대한 사기죄 외에 절도죄(현금인출 부분)와 컴퓨터등사용사기죄(신용대출 부분)가 별도로 성립하고 모두 실체적 경합이다(2006도3126의 취지).

다. 재산상 이익과 재물의 관계

재산은 재산상 이익과 재물을 포함한 개념이다. 두 개념의 관계를 두고, ① 재물은 재산상 이익의 특별한 형태라는 입장과 ② 재산상 이익은 재산에서 재물을 제외한 개념으로서 두 개념은 별개라는 입장이 대립한다. 형법은 재물과 재산상 이익을 구별하여 규정하고 있으므로, 후자가 옳다고 본다.

그런데 판례는 재물과 재산상 이익을 타인 재산의 불법적 취득범죄의 객체로 보고, 그 객체가 재물인지, 아니면 재산상 이익인지는 피해자가 소유 또는 점유하는 재산의 형태에 따라 구별해야 한다고 본다(2010도6256). 이에 따라 보이스피싱사건[3]에서 판례는 甲의 사기범행은 V로부터 사기죄의 방조범인 乙의 예금계좌로 돈이 송금되었을 때 종료하고, 甲이 사기범행으로 취득한 것은 재산상 이익(乙이 갖는 예금채권)이 아니라 재물(V가 가지고 있던 현금 1,000만원)이지만, 예금계약의 당사자는 금융실명거래 및 비밀보장에 관한 법률(금융실명법)에 따라 甲이 아니라 乙이다(2008다45828전합). 또 乙이 그 재물인 장물의 점유를 甲으로부터 이전받은 것이 아니라 예금계약의 당사자의 자격으로 인출한 것이므로, 乙에게는 장물취득죄가 성립하지 않는다고 본다. 이때 乙의 현금인출행위에 대해서는 횡령죄가 성부가 문제되는데, 乙이 사기죄의 공범이면 자신이 가담한 범행의 결과 피해금을 보관하게 된 것이므로 별도로 횡령죄가 성립하지 않지만, 乙이 사기죄의 공범이 아니면 이른바 착오송금의 경우처럼 계좌명의인 乙과 피해자 V 사이에 위탁관계가 성립하므로 횡령죄가 성립한다고 판례는 본다(2017도17494전합). 그러나 타인 재산의 불법적 취득범죄에서 재산취득을 위한 구성요건해당행위(흔히 행위양태 또는 행위태양이라고 부름)의 객체와 이로써 취득한 객체는 구별해야 한다.[4] 타인 재산의 불법적 취득범죄는 결과범으로서 결과범에서 행위와 결과는 전혀 다른 구성요건요소이기 때문이다. 구성요건해당행위가 절도죄는 절취이고, 횡령죄는 횡령·반환거부이며, 그 객체는 재물이고, 이로써 재물을 취득하는 범죄이다. 따라서 절도죄·횡령죄의 경우는 구성요건해당행위의 객체와 이로써 취득한 객체가 동일하다. 그러나 위 판례에서처럼 사기죄의 경우는 구별된다. 구성요건해당행위가 사기죄는 기망, 공갈죄는 공갈, 강도죄는 폭행·협박이고, 그 객체는 모두 사람이지만, 이로써 취득한 객체는 모두 재물 또는 재산상 이익이다. 배임죄의 구성요건해당행위는 임무위배행위이고, 그 객체는 재물일 수도 있고, 재산상 이익일 수도 있지만, 이로써 취득한 객체는 재산상 이익이다. 따라서 영득죄는 행위객체가 아니라 취득객체가 재물인 범죄를 말하고, 이득죄는 취득객체가 재산상 이익인 범죄를 말한다고 본다. 절도죄·횡령죄는 영득죄이고, 강도죄·사기죄·공갈죄 등은 영득죄이면서 이득죄이다. 위 보이스피싱사건에서 甲이 취득한 것은 재물이 아니라 재산상 이익이며, 이렇게 판단한 원심(2010노370)이 옳다.

---

3 甲의 보이스피싱사기에 속은 V가 자신의 현금 1,000만원을 甲이 양도받아 가지고 있던 乙명의의 통장으로 송금하였고 乙이 현금 140만원을 인출하였는데, 이 통장은 乙이 누군가의 보이스피싱사기에 사용될 것임을 알면서 자기 명의의 통장과 현금카드 및 비밀번호를 돈을 받고 판 것이었고 통장 발급 금융기관에서 SMS 문자서비스로 계좌에 1,000만원이 입금되었음을 알려주자 乙이 직불카드를 이용하여 甲보다 먼저 인출한 사건.

4 윤동호, "컴퓨터등사용사기죄의 취득객체와 보호법익", 비교형사법연구 제9권 제2호, 2007, 397면.

라. 불법으로 취득한 재산이 불법재산인 경우

취득한 재산이 불법재산인 경우에도 재산범죄가 성립하는지, 달리 말해 불법재산도 형법의 보호대상이 되는지 다툼이 있다. 이에 따라 성매매대금사건[5]에서 甲에 대한 사기죄의 성부가 달라진다.

(1) 학설

법률적으로 유효한 권리만을 재산으로 보는 법률적 재산설에 따르면, ① 불법적 이익 또는 ② 권리가 아닌 사실적 이익(例 노동력이나 기업정보)은 경제적 가치가 있더라도 재산범죄의 보호법익이 되는 재산이 아니므로 甲에 대해 사기죄가 성립하지 않는다.

경제적 재산설은 '범죄에 대한 범죄도 범죄이다'라는 사고에 기초하여 민법에 대한 형법의 독자성을 강조하면서 법률적 유효성이나 권리·의무성 여부에 관계없이 경제적 가치가 있는 모든 것을 재산으로 본다. 이에 따르면 甲에 대해 사기죄가 성립한다.

법률적·경제적 재산설은 법질서의 보호를 받으면서 경제적 가치를 지닌 모든 재화와 지위를 재산으로 본다. 이에 따르면 법률적 재산설이 재산에서 제외한 ②도 재산에 포함된다. 그런데 사법이나 행정법이 보호하지 않는 불법원인급여물이나 무허가영업이익도 법률적·경제적 재산설에 따른 재산으로 볼 수 있는지 문제된다. 위 성매매대금사건에서 V가 甲에 대해 갖는 청구권은 법규범이 승인할 만한 것이 아니라는 이유로 사기죄의 성립을 부정하는 견해가 있다.

(2) 판례

판례는 사기죄에 관해서는 경제적 재산설을, 횡령죄에 관해서는 법률적 재산설을 채택하고 있다고 볼 수 있다. 이에 따라 판례는 위 성매매대금편취사건에서 사기죄를 인정한다(2001도2991). 합법 재산이건 불법재산이건 사기죄의 취득객체가 될 수 있다고 본 것이다. 그 이유는 일반적으로 부녀와의 성행위 자체는 경제적으로 평가할 수 없고, 부녀가 상대방으로부터 금품이나 재산상 이익을 받을 것을 약속하고 성행위를 하는 약속 자체는 선량한 풍속 기타 사회질서에 반하는 법률행위로서 민법 제103조[6]에 따라 무효이나, 사기죄의 객체인 재산상 이익은 반드시 사법상 보호되는 경제적 이익만을 의미하지 않는다는 것이다. 또한 판례는 甲이 V를 기망하여 도박자금으로 사용하기 위한 금원을 차용한 경우, 대여한 도박자금은 불법원인급여물이어서 민법 제746조[7] 본문에 따라 V에게 반환청구권이 없다 하더라도 사기죄를 인정한다(2006도6795).

그러나 甲이 내연녀와의 불륜관계를 지속하는 대가로서 부동산에 관한 소유권이전등기를 경료해 주기로 약정한 후 등기의무를 이행하지 않더라도 배임죄가 아니라고 본다(86도1382). 그 이유는 이런 부동산 증여계약은 선량한 풍속과 사회질서에 반하는 것으로서 무효이므로 위 증여로 인한 소유권이

---

5 甲이 대가를 지급하기로 하고 술집 여종업원과 성관계를 가진 뒤 절취한 신용카드로 그 대금을 결제하는 방법으로 그 대가의 지급을 면한다.

6 민법 제103조(반사회질서의 법률행위) 선량한 풍속 기타 사회질서에 위반한 사항을 내용으로 하는 법률행위는 무효로 한다.

7 민법 제746조(불법원인급여) 불법의 원인으로 인하여 재산을 급여하거나 노무를 제공한 때에는 그 이익의 반환을 청구하지 못한다. 그러나 그 불법원인이 수익자에게만 있는 때에는 그러하지 아니하다.

전등기의무가 인정되지 않는다는 것이다. 또한 甲이 V로부터 제3자에 대한 뇌물공여의 목적으로 전달하여 달라고 교부받은 금전을 임의로 소비한 경우, 판례는 불법원인급여물로서 그 소유권은 V가 아니라 甲에게 있다는 이유로 횡령죄를 부정한다(99도275). 또 장물보관을 의뢰받고 그 정을 알면서 보관한 후 임의로 처분한 경우, 판례는 장물보관죄로 소유자의 소유물추구권을 이미 침해하였으므로 임의로 보관물을 처분한 행위는 횡령죄가 아니라 불가벌적 사후행위라고 본다(2003도8219). 그러나 불법원인급여물이라는 이유로 횡령죄를 부정할 수도 있다. 이와 같은 취지에서 甲이 A로부터 액면금 합계 19억 2,370만원인 수표를 현금으로 교환해 주면 대가를 주겠다는 제안을 받고 위 수표가 B등이 사기범행을 통해 취득한 범죄수익 등이라는 사실을 잘 알면서도 교부받아 그 일부를 현금으로 교환한 후 乙, 丙과 공모하여 아직 교환되지 못한 수표 및 교환된 현금을 임의로 사용한 경우, 위 수표는 범죄수익 등의 은닉범행 등을 위해 교부받은 것으로서 불법의 원인으로 급여한 물건에 해당하여 소유권이 甲에게 귀속되므로 횡령죄가 성립하지 않는다고 본다(2016도18035). 법률적 재산설에 따른 것으로 볼 수 있다.

그런데 V가 상장회사의 주가조작과 인수합병 등을 통해 조성한 범죄수익 90억원을 은닉하기 위해 매형의 지인인 甲에게 관리를 맡겼는데, 甲은 이 돈으로 자신의 채무를 변제하는 등 14억원을 임의로 사용하고 30억원을 주식투자에 사용한 경우, 판례는 V가 그 자금을 이용해 주가조작과 같은 또 다른 범죄행위의 자금으로 사용할 것을 지시하는 등의 특별한 사정이 없는 한 V가 甲에게 자금을 맡긴 행위는 반사회질서행위로 볼 수 없다고 보고, 횡령죄를 인정한다(2011도5822). 1심은 "V가 甲에게 위탁한 자금은 불법원인급여에 해당하므로 V가 반환을 청구할 수 없다"며 무죄를 선고했다. 성매매업소 업주 甲이 성매매여성 V 사이에 V가 받은 성매매대금을 甲이 보관하였다가 절반씩 분배하기로 약정하고 보관 중인 성매매대금을 임의로 소비한 경우, 판례는 횡령죄를 인정한다(98도2036). 그 이유는 민법 제746조에 따르면, 불법원인급여의 경우 그 불법원인이 급여자에게 있다면 수익자에게 불법원인이 있는지 여부, 수익자의 불법원인의 정도, 그 불법성이 급여자의 그것보다 큰지 여부를 막론하고 급여자는 불법원인급여의 반환을 구할 수 없는 것이 원칙이나, 수익자(甲)의 불법성이 급여자의 그것보다 현저히 큰 데 반해 급여자의 불법성은 미약한 경우에도 급여자의 반환청구가 허용되지 않는다면 공평에 반하고 신의성실원칙에도 어긋나므로, 이런 경우는 민법 제746조 단서에 따라 급여자의 반환청구는 허용되고, 성매매대금의 소유권은 여전히 V에게 있다는 것이다.

2. 재산범죄와 친족간특례

가. 친족간특례의 취지와 적용범위

권리행사방해죄의 경우 행위자와 피해자가 '근친'이면 형이 면제되고 '원친'이면 친고죄가 된다(제328조). 이런 친족간특례는 가정 안에서 발생하는 재산범죄에 대해서는 국가형벌권이 개입하지 않거나 가정 안에서 1차적으로 문제를 해결하도록 하려는 데 그 취지가 있다. 절도죄의 경우 친족간특례를 흔히 친족상도례라고 한다. 권리행사방해죄에 관한 제328조는 절도(제344조), 사기와 공갈의 죄(제354조), 횡령과 배임의 죄(제361조), 장물죄(제365조)에도 준용되는데(제361조), 장물죄의 경우에는 본범과 장물범이 '근친'이면 장물범의 형을 감경 또는 면제한다는 추가적인 규정이 있다(제365조).

그러나 강도죄와 손괴죄의 경우에는 이런 준용규정을 두고 있지 않으므로, 이에 대해서는 친족간특례가 적용되지 않는다. 그런데 판례는 특경법에 친족간특례규정의 적용을 배제한다는 명시적인 규정이 없으므로, 특경법의 횡령죄(2013도7754)와 사기죄(89도582; 94도617; 2009도12627)에도 친족간특례규정이 적용되고, 폭처법의 공갈죄(2010도5795)에도 친족간특례규정이 적용된다고 본다.

나. 친족간특례의 내용

위에서 '근친'이란 직계혈족, 배우자, 동거친족, 동거가족 또는 그 배우자(A) 사이를 말하며, 이 경우는 형을 면제한다. 판례는 '그 배우자'는 동거가족의 배우자만을 의미하는 것이 아니라, 직계혈족, 동거친족, 동거가족 모두의 배우자를 의미한다고 본다(2011도1765). 또 '원친'이란 A 외의 친족을 말하고, 이 경우는 친고죄이다.

판례는 여기서 친족은 민법에 따른다고 보므로, 이는 민법 제777조에 따른 8촌 이내 혈족, 4촌 이내 인척, 배우자를 말한다. 판례는 딸과 같이 사는 어머니 甲이 딸의 배우자의 어머니인 V에게 사기죄를 저지른 경우, 친족간특례규정이 적용되지 않는다고 본다(2011도2170). 甲과 V는 이른바 사돈지간(혈족의 배우자의 혈족)으로서 민법 제769조가 정한 인척(혈족의 배우자, 배우자의 혈족, 배우자의 혈족의 배우자)에 해당하지 않는다는 것이다. 동거가족은 부부를 중심으로 현실적으로 같이 사는 가정의 구성원을 말한다.

이런 신분관계가 없는 공범에 대해서는 친족간특례가 적용되지 않는다(제328조 제3항, 제365조 제2항 단서).

다. 친족간특례와 개별범죄

(1) 절도죄

소유자와 점유자가 다른 경우, 예컨대 甲이 자신과 따로 사는 사촌조카 X가 경영하는 금은 세공공장에서 V로부터 가공의뢰를 받아 보관 중이던 V소유의 다이아몬드를 절취한 경우, 甲에게 친족상도례 규정을 적용할 수 있는지 여부를 두고 다툼이 있다.

절도죄의 보호법익을 소유권이라고 보거나, 소유권과 점유 모두라고 보면 부정되고, 판례도 부정하지만(80도131), 점유라고 보면 긍정된다. 절도죄의 보호법익을 민법의 소유권 그 자체가 아니라 소유권의 행사 또는 재물을 사용·수익·처분할 수 있는 사실상의 소유상태라는 견해[8]는 부정한다. 그 이유는 소유권설에 따르면 A가 소유권을 갖지만 B가 임차해 사용하는 재물을 절취하면 A만 피해자가 되고, 점유설에 따르면 타인이 점유하는 자기의 물건의 취거도 권리행사방해죄가 아니라 절도죄가 되며, A가 소유권을 갖지만 B가 절취해 장기간 사용하는 재물을 절취하면 피해자는 B라고 보는 것이 합리적이라는 것이다.

V의 혼인 외 출생자 甲이 V의 지갑에서 돈을 훔쳤는데 V가 甲을 인지한 경우, 판례는 인지에 소급효가 있다는 이유로 친족상도례를 적용할 수 있다고 본다(96도1731).

---

8 오영근, "절도죄의 불법영득의사와 사용절도", 형사판례연구[2], 박영사, 1994, 157면 이하.

(2) 사기죄와 컴퓨터등사용사기죄

사기죄의 범인이 금원을 편취하기 위한 수단으로 피해자와 혼인신고를 한 것이어서 그 혼인이 무효인 경우에는 친족상도례를 적용할 수 없다(2014도11533).

甲이 V소유의 재물을 보관하고 있는 X를 기망하여 그 재물을 취득한 경우, 甲이 V와는 물론이고 X와도 친족관계에 있어야 하는지, 곧 삼각(三角)사기의 경우에 피기망자 X도 피해자로 볼 수 있는지 다툼이 있다. 사기죄의 보호법익에 의사결정의 자유도 포함된다고 보는 견해는 이를 긍정한다. 판례는 소송사기에서 피기망자인 법원은 피해자가 될 수 없고 제3자인 소유자가 피해자이므로 제3자(소유자)와 사기범죄자 사이가 직계혈족이면 형을 면제할 수 있다고 본다(75도781).

손자가 할아버지 소유 예금통장을 절취하여 이를 현금자동지급기에 넣고 조작하여 예금 잔고를 자신의 거래 은행 계좌로 이체한 경우, 판례는 이 경우 성립하는 컴퓨터등사용사기죄에 대해서는 친족간 특례규정을 적용할 수 없다고 본다(2006도2704). 이 범죄의 피해자는 할아버지가 아니라 할아버지 계좌의 금융기관이라고 봐야 하기 때문인데, 그 이유는 금융기관이 예금계좌 명의인인 할아버지에 대한 예금반환 채무를 여전히 부담하면서도 환거래관계상 다른 금융기관에 대해 자금이체로 인한 이체자금 상당액 결제채무를 추가 부담하게 되므로 이체된 예금 상당액의 채무를 이중으로 지급해야 할 위험에 처하게 되며, 거래 약관의 면책 조항이나 채권의 준점유자에 대한 법리적용 등에 의해 범죄로 인한 피해가 최종적으로는 예금 명의인인 할아버지에게 전가될 수 있다고 하여 금융기관을 이 범행의 피해자가 아니라고 볼 수는 없다는 것이다.

(3) 횡령죄

횡령범인이 위탁자가 소유자를 위해 보관하고 있는 물건을 위탁자로부터 보관받아 이를 횡령한 경우, 판례는 횡령죄가 성립하고 친족간특례규정이 적용되지 않는다고 본다(2008도3438). 그 이유는 범인이 피해물건의 소유자는 물론 위탁자와도 친족관계가 있는 경우에만 친족간특례규정이 적용된다는 것이다.

(4) 장물죄

장물범과 피해자가 친족간인 경우, 근친이면 형을 면제하고, 원친이면 장물죄가 친고죄이다. 그런데 본범과 장물범이 근친이면 장물죄는 필요적 감면사유이다.

(5) 손괴죄: 피해자의 의사와 친족간특례 미반영

1992년 형법개정안 당시 민사적 해결에 맡기자는 이유로 친고죄로 하자는 의견도 있었지만, 다수의견은 주거침입죄와 손괴죄를 모두 반의사불벌죄로 하고 있다. 또한 이 당시 폭력범죄라는 이유로 친족간특례의 신설을 반대하는 견해도 있었으나 다수의견은 절도죄에 견줘 현저히 경미한 범죄라는 이유로 친족간특례의 신설에 찬성하고 있다.

3. 동산양도담보계약의 채무자는 배임죄의 주체인 '타인의 사무를 처리하는 자'인가

가. 배신적 재산취득범죄: 횡령죄와 배임죄

제355조(횡령, 배임) ① 타인의 재물을 보관하는 자가 그 재물을 횡령하거나 그 반환을 거부한 때에는 5년 이하의 징역 또는 1천500만원 이하의 벌금에 처한다.
② 타인의 사무를 처리하는 자가 그 임무에 위배하는 행위로써 재산상의 이익을 취득하거나 제삼자로 하여금 이를 취득하게 하여 본인에게 손해를 가한 때에도 전항의 형과 같다.

제356조(업무상의 횡령과 배임) 업무상의 임무에 위배하여 제355조의 죄를 범한 자는 10년 이하의 징역 또는 3천만원 이하의 벌금에 처한다.

크러셔사건[9]의 甲을 특경법의 배임죄[10]로 처벌할 수 있으려면 甲의 행위에 대해 형법각칙 제355조 제2항의 배임죄의 구성요건해당성이 인정되어야 하는데, 그 구성요건은 타인의 사무를 처리하는 자가, 그 임무에 위배하는 행위를 하여, 자기 또는 제3자가 재산상 이익을 취득하게 하고, 그 타인, 곧 본인에게 손해를 입히는 것이다. 따라서 우선 甲이 배임죄의 주체인 '타인의 사무를 처리하는 자'에 해당해야 한다. 동산양도담보계약의 채무자가 '타인의 사무를 처리하는 자'에 해당하는가?

형법각칙 제40장 횡령과 배임의 죄에서 규정하고 있는 배임죄는 횡령죄와 함께 신뢰관계를 깨뜨리는 행위, 곧 배신행위를 하여 재산을 취득하고, 이로써 재산적 신뢰를 준 자에게 재산적 손해를 입히는 범죄이다. 배신적 재산취득행위를 처벌하는 범죄라고 할 수 있다. 다만 두 죄 모두 신분범인데 횡령죄의 주체는 '타인의 재물을 보관하는 자'이고, 배임죄의 주체는 '타인의 사무를 처리하는 자'이다. 또한 배신행위로 취득한 재산이 횡령죄의 경우는 재물인 반면, 배임죄의 경우는 재산상 이익이다.

양도담보는 소유권 등 권리 이전 형태의 비전형담보이다. 채권담보의 목적으로 물건의 소유권 또는 그 밖의 재산권을 채권자에게 이전하고, 채무자가 채무를 이행하지 않으면 채권자가 그 목적물에서 우선변제를 받고 채무자가 채무를 이행하면 목적물을 다시 반환하는 계약의 담보방법이다. 변제하지 못한 경우 청산의무가 부과되는지 여부에 따라 양도담보를 2가지로 구별하기도 한다. 하나는 변제하지 못하면 별도의 절차 없이(즉 청산의무 없이) 소유권이 채권자에게 귀속되는 강한 의미의 양도담보이고, 다른 하나는 변제하지 못한 경우 청산의무가 부과되는 약한 의미의 양도담보이다. 일반적으로 동산양도담보약정에는 채무자가 채권담보의 목적으로 채권자에게 자기 소유의 동산을 양도하되 채권자는 점유개

---

9 주식회사를 운영하는 甲이 회사 명의로 A은행으로부터 대출을 받으면서 7억원의 대출금을 완납할 때까지 회사 소유의 동산인 골재생산기기(크러셔)를 점유개정 방식으로 양도담보로 제공하기로 하는 계약을 체결하였으나, 甲은 그 동산을 제3자에게 매각함으로써 양도담보계약의 내용을 이행하지 않는다.

10 제3조(특정재산범죄의 가중처벌) ① 「형법」 제347조(사기), 제347조의2(컴퓨터등 사용사기), 제350조(공갈), 제350조의2(특수공갈), 제351조(제347조, 제347조의2, 제350조 및 제350조의2의 상습범만 해당한다), 제355조(횡령·배임) 또는 제356조(업무상의 횡령과 배임)의 죄를 범한 사람은 그 범죄행위로 인하여 취득하거나 제3자로 하여금 취득하게 한 재물 또는 재산상 이익의 가액(이하 이 조에서 "이득액"이라 한다)이 5억원 이상일 때에는 다음 각 호의 구분에 따라 가중처벌한다.
1. 이득액이 50억원 이상일 때: 무기 또는 5년 이상의 징역
2. 이득액이 5억원 이상 50억원 미만일 때: 3년 이상의 유기징역
② 제1항의 경우 이득액 이하에 상당하는 벌금을 병과(倂科)할 수 있다.

정[11]의 방법으로 동산을 인도받고 그 동산에 대한 현실적 점유는 채무자가 계속하기로 하는 내용이 포함된다.

나. 1심과 2심의 판단

1심과 2심은 종전 판례의 입장에 따라 甲을 '타인의 사무를 처리하는 자'에 해당한다고 보고 배임죄를 인정한다. 종전 판례는 자동차에 대한 점유개정방식의 양도담보계약에서 채무자가 그 자동차를 임의로 처분한 경우, 채무자에게 배임죄를 인정했다(89도350. 同旨: 82도1829). 그 이유는 동산인 자동차의 소유권은 신탁적으로 채권자에게 이전됨에 불과하고, 채권자와 채무자 사이의 대내적 관계에서 채무자는 당연히 소유권을 보유하므로 양도담보권자가 담보의 목적을 달성할 수 있도록 채무자는 양도담보물을 보관할 의무를 지며, 따라서 채권담보의 약정에 따라 채무자는 채권자인 담보권자의 사무를 처리하는 자의 지위에 있게 되는데, 그런 채무자가 양도담보된 자동차를 처분하여 부당히 담보가치를 감소시켰다는 것이다.

아래 두 판례도 위 종전 판례와 그 취지가 같다. 채무자가 채권자로부터 돈을 차용하면서 담보로 채무자 소유의 주식에 대해 주권교부의 방법으로 양도담보를 설정하기로 약정하고 아직 채권자에게 주식의 현실 교부가 이루어지지 않은 상태에서 다시 제3자와 그 주식의 일부 또는 전부에 대하여 양도담보를 설정하기로 약정하고 차용금의 일부 또는 전부를 수령한 경우에도, 판례는 배임죄를 인정한다(2009도13187). 그 이유는 채권자가 주식에 대한 완전한 양도담보권을 취득할 수 있도록 그 주식교부절차에 협력할 임무가 채무자에게 있다는 것이다. 또한 회원가입을 할 때 일정 금액을 예탁해두었다가 탈퇴 등의 경우 그 예탁금을 반환받는 이른바 예탁금 회원제로 운영되는 골프장회원권을 다른 채무에 대한 담보 목적으로 양도한 후 그 회원권을 다시 제3자에게 매도한 경우, 판례는 그 양도인에게 배임죄를 인정한다(2011도16385). 그 이유는 양도인은 양수인이 채무자에 대해 대항요건을 갖출 수 있도록 해줄 의무를 부담하므로, 양도인은 양수인을 위해 골프장회원권 보전에 관한 사무를 처리하는 자라는 것이다.

다. 대법원의 판단

(1) 다수의견

2019도9756전합사건 다수의견은 종전 판결(82도1829; 98도2526; 2006도3912; 2009도13187; 2010도11293; 2010도7923)의 입장을 변경하여, 양도담보를 설정한 채무자가 제3자에게 양도담보물을 처분하여 양도담보권자인 채권자에게 재산상 손해나 그 위험을 발생시키더라도 甲에게 배임죄가 성립하지 않는다고 본다. 배임죄의 타인의 사무는 계약의 전형적·본질적인 급부의 내용이 상대방의 재산상 사무를 일정한 권한을 가지고 대신 맡아 처리하는 것인데, 양도담보를 설정한 채무자는 이에 해당하지 않는다는 것이다. 점유개정방식의 동산양도담보계약의 채무자는 타인(채권자인 양도담보권자)의 사무를 처리하는 자가 아니라 자신의 사무를 처리하는 자라는 것이다.

다수의견은 다음과 같이 말한다. "담보설정자는 채권자의 담보권 실행에 따라 담보목적물을 현실로

---

11 민법 제189조(점유개정) 동산에 관한 물권을 양도하는 경우에 당사자의 계약으로 양도인이 그 동산의 점유를 계속하는 때에는 양수인이 인도받은 것으로 본다.

인도할 때까지 담보물을 선량한 관리자의 주의로 보존할 의무를 부담하지만,[12] 이때 '선량한 관리자의 주의'는 거래상 일반적으로 평균인에게 요구되는 주의의무 정도를 의미할 뿐이고, 담보설정자가 담보목적물을 '보존할 의무'는 담보권 실행시 채권자나 채권자가 지정하는 자에게 '인도할 의무'에 부수하는 의무이면서, 동시에 채무불이행시 담보권 실행 및 이를 통한 채권의 만족이라는 궁극적인 목적을 위해 당연히 수반되는 의무에 불과하다. 타인의 재산보전에 협력할 의무는 타인의 사무가 아니다."

자동차 양도담보설정계약을 체결한 채무자가 채권자에게 소유권이전등록의무를 이행하지 않은 채 제3자에게 임의로 처분한 경우, 배임죄가 성립하지 않는다고 본 판례(2020도8682)도 이와 같은 취지의 판결이다.

(2) 반대의견

이와 달리 2019도9756전합사건 반대의견은 채무자가 동산에 관해 점유개정방식으로 양도담보권을 설정함으로써 채권자가 양도담보권을 취득한 이후 채무자의 담보물 보관의무 및 담보가치 유지의무는 '타인의 사무'에 해당한다고 본다.

담보설정에서 실행까지 단계별 법률효과를 달리 봐야 하는데, 채무자가 담보를 설정할 의무는 자기의 사무이지만, 담보를 설정한 후에 담보물을 유지·보전할 의무 및 그 이후 담보권 실행에 협조할 의무는 타인의 사무라는 것이다.

(3) 별개의견

동산양도담보물의 소유권이 누구에게 있다고 봐야 할지 논란이 있다. 2019도9756전합의 별개의견은 '신탁적 양도설'의 입장에서 양도담보물의 소유권은 간접점유자인 채권자에게 있다고 보고, 양도담보물의 직접점유자 甲은 '타인의 재물을 보관하는 자'에 해당하므로, 甲에게는 배임죄가 아니라 횡령죄가 성립한다고 본다.[13] 횡령죄는 타인의 재물을 보관하는 자가 그 재물의 횡령 또는 반환거부를 하여 그 재물을 취득하는 범죄이다.

민법을 제정할 때 물권변동에 관한 의사주의를 형식주의로 전환한다. 물권을 양도하기로 하는 의사표시만으로는 물권변동의 효력이 생기지 않고 그 공시방법인 등기 또는 인도를 해야만 물권변동의 효력이 생기도록 한 것이다. 이에 따라 부동산물권의 변동은 '등기'해야 효력이 생기고,[14] 동산물권의 양도는 '인도'해야 효력이 생기는데,[15] 점유개정도 동산소유권 이전에 필요한 '인도'의 한 종류이다. 따라서 양도담보물의 소유권은 채권자에게 있다는 것이다. 이와 달리 다수의견은 양도담보물의 소유권이 채무자에게 있으므로 채무자는 양도담보물에 관한 횡령죄의 주체가 될 수 없다고 본다.

---

12 민법 제374조(특정물인도채무자의 선관의무) 특정물의 인도가 채권의 목적인 때에는 채무자는 그 물건을 인도하기까지 선량한 관리자의 주의로 보존하여야 한다.

13 판례는 소유권이 채무자에 있다는 이유로 횡령죄가 성립할 수 없다(2008도10971; 80도2097; 80도1545)고 보고 배임죄의 성부를 검토한 것이고 위 다수의견은 배임죄도 성립할 수 없다고 본 것이다.

14 제186조(부동산물권변동의 효력) 부동산에 관한 법률행위로 인한 물권의 득실변경은 등기하여야 그 효력이 생긴다.

15 제188조(동산물권양도의 효력, 간이인도) ① 동산에 관한 물권의 양도는 그 동산을 인도하여야 효력이 생긴다.

동산양도담보물의 소유관계를 이중적으로 파악하여 소유권이 대내적으로는 채무자에게 있으나 대외적으로는 채권자에게 있다고 보는 이른바 '소유권의 관계적 귀속'을 인정하는 것(이중적 소유권설)은 다음과 같은 문제가 있다고 별개의견은 말한다. '이중적 소유권설은 법률이 정하지 않은 새로운 소유권을 창설하는 것으로서 민법 제185조가 규정한 물권법정주의[16]에 반하고, 하나의 물건에 대해 두 사람의 소유권을 인정하는 것이기 때문에, 하나의 물건에는 하나의 물권만이 성립할 수 있다는 일물일권주의(一物一權主義)에도 배치된다.' 이중적 소유권설에 따르면 채무자에게 있는 대내적 소유권이 일반적인 소유권과 같은 것인지도 논란이 된다.[17]

라. 동산양도담보계약에서 채권자의 임의처분

약한 의미의 동산양도담보계약에서 채권자가 그 동산을 다른 사유에 의해 보관하게 되었는데, 그 동산을 제3자에게 처분한 경우 판례는 횡령죄가 성립한다고 본다(88도906). 그 이유는 채권자는 타인 소유의 물건을 보관하는 자라는 것이다.

그러나 판례는 채권자가 양도담보목적물을 제3자에게 매각하고 제3자로 하여금 그 목적물을 취거하게 한 홍게통발어구사건[18]에서는 담보목적물을 매각한 채권자나 제3자에게 절도죄가 부정된다고 본다(2006도4263). 그 이유는 이 경우 채권자에게 소유권이 있어서 제3자는 자기의 소유물을 취거한 것에 불과하고, 또한 제3자가 채무자의 점유를 배제한 것으로 볼 수도 없다는 것이다.

4. 담보계약에서 채무자의 담보권설정의무나 담보물유지·보관의무 불이행

가. 부동산양도담보계약에서 채무자의 부동산임의처분과 배임죄 불성립

가등기담보 등에 관한 법률(가담법)이 적용되는 부동산양도담보계약의 경우 양도담보부동산의 소유권은 채권자가 청산기간이 지난 후에 청산금을 채무자에게 지급한 때에 채권자에게 귀속되므로 그러한 청산절차를 마치기 전까지는 채권자에게 소유권이전등기가 되어있을지라도 채무자에게 소유권이 있다. 따라서 부동산양도담보계약의 채무자가 그 부동산을 임의처분한 경우 횡령죄는 성립할 수 없다.

양도담보설정된 부동산을 임의처분한 경우 배임죄를 인정했던 판례[19]의 입장도 2019도9756전합사건

---

16 민법 제185조(물권의 종류) 물권은 법률 또는 관습법에 의하는 외에는 임의로 창설하지 못한다.

17 김태업, "동산의 양도담보권자가 채무자의 점유 아래 있는 담보목적물을 매각하고 목적물반환청구권을 양도한 다음 매수인으로 하여금 목적물을 취거하게 한 경우, 절도죄의 성립 여부", 대법원 판례해설 제78호, 2008, 570면 이하.

18 X는 세응수산 甲으로부터 홍게통발어구 20틀을 매수하면서 이에 대해 전도금(前渡金)채무 4억원 중 1억원을 피담보채무로 하는 양도담보설정계약을 체결하고 '양도담보부채무변제계약공정증서'를 작성하였다. 이후 V가 X로부터 X소유 A선박과 어구를 매수하면서 甲에 대한 X의 채무도 인수하였는데, 甲은 이를 승낙하면서 V와 '붉은대게납품계약'을 체결하고, A선박에 대한 2순위 근저당권을 설정하였으며 전도금채무 중 5,000만원에 대한 담보로 위 어구에 대한 양도담보부채무변제계약을 체결하였지만 공정증서는 작성하지 않았다. V는 A선박과 어구를 이용하여 조업하면서 위 어구 중 13틀만 찾았지만 이 사실을 甲에게 알리지는 않았다. V의 A선박에 대한 경매절차가 진행되자 甲은 '붉은대게납품계약'을 해지하고 전도금채무의 상환을 요구하면서 乙(V소유 B선박의 선장)에게 V의 A선박에 대한 입찰에 참여하도록 하여 乙이 낙찰자가 되었고 입찰대금도 융통해주었다. 이후 甲은 乙과 '붉은대게납품계약'을 체결하고 위 어구를 乙에게 매각하여 목적물반환청구권을 양도하였다. 민법 제190조의 목적물반환청구권의 양도가 유효하려면 甲이 V에게 양도통지를 하거나 V의 승낙이 있어야 하는데 매각사실을 V에게 통지했는지 여부가 밝혀지지 않았고, 또 乙이 위 어구의 위치를 변경하여 위 어구를 V로부터 배제시켰다고 볼 만한 자료는 없다.

다수의견처럼 변경되어야 한다. 따라서 부동산양도담보설정계약을 체결하고 이에 따라 채권자에게 소유권이전등기를 해줄 의무를 이행하지 않고 제3자에게 그 부동산을 처분한 경우 배임죄가 성립하지 않게 되었다(2019도14340전합).

나. 대물변제예약된 부동산의 채무자 임의처분과 배임죄 불성립

채권 담보 목적으로 부동산에 관한 대물변제예약을 체결한 채무자가 대물로 변제하기로 한 부동산을 제3자에게 처분한 경우,[20] 판례는 약정에 따라 이행해야 할 의무는 타인의 사무가 아니라 자기의 사무이거나 타인을 위한 사무라고 보고 배임죄의 성립을 부정한다(2014도3363전합). 그 구체적 이유는 아래와 같다. ① 채무자가 대물변제예약에 따라 부동산에 관한 소유권을 이전해 줄 의무는 예약 당시에 확정적으로 발생하는 것이 아니라 채무자가 차용금을 제때에 반환하지 못하여 채권자가 예약완결권을 행사한 후에야 비로소 문제가 되고, ② 채무자는 예약완결권 행사 이후라도 얼마든지 금전채무를 변제하여 당해 부동산에 관한 소유권이전등기절차를 이행할 의무를 소멸시키고 의무에서 벗어날 수 있으며, ③ 채권자는 당해 부동산을 특정물 자체보다는 담보물로서 가치를 평가하고 이로써 기존의 금전채권을 변제받는 데 주된 관심이 있으므로, 채무자의 채무불이행으로 인해 대물변제예약에 따른 소유권등기를 이전받는 것이 불가능하게 되는 상황이 초래되어도 채권자는 채무자로부터 금전적 손해배상을 받음으로써 대물변제예약을 통해 달성하고자 한 목적을 사실상 이룰 수 있고, ④ 대물변제예약의 궁극적 목적은 차용금반환채무의 이행 확보에 있으며, 채무자가 대물변제예약에 따라 부동산에 관한 소유권이전등기절차를 이행할 의무는 궁극적 목적을 달성하기 위한 부수적 의무이다.

다. (근)저당권설정된 부동산의 채무자 임의처분과 배임죄 불성립

채무자가 금전채무를 담보하기 위해 자신의 부동산에 관한 근저당권설정계약[21]을 체결한 후에 근저당권설정의무를 이행하지 않고 제3자에게 먼저 그 부동산에 관해 근저당권을 설정하거나 그 부동산을 처분하여 담보가치를 감소 또는 상실시킴으로써 채권자의 채권실현에 위험을 초래하더라도 배임죄가 성립하지 않는다고 판례는 본다(2019도14340전합 다수의견). 그 이유는 채무자가 저당권설정계약에 따라

---

19 부동산양도담보계약에서 채권자들과 부동산 양도담보 설정의 취지로 분양계약을 체결한 채무자가 그 소유권이전등기를 경료하기 전에 임의로 그 부동산을 처분한 경우 양도담보권자의 채권에 대한 담보능력 감소의 위험이 발생했다는 이유로 배임죄를 인정한 판례(2010도5975). 채무자 甲이 채권자 V에게 부동산양도담보를 설정해 준 후에 임의로 기존의 근저당권자인 X에게 지상권설정등기를 경료해 준 경우, 배임죄에서 손해란 현실적인 손해가 발생한 경우뿐만 아니라 재산상 위험이 발생한 경우도 포함되는데, 위 지상권 설정은 새로운 채무부담행위가 아니라 기존의 저당권자가 가지는 채권을 저당권과 함께 담보하는 의미밖에 없지만 이로써 양도담보권자 V의 채권에 대한 담보능력 감소의 위험이 발생했다는 이유로 V에 대한 배임죄를 인정한 판례(96도1218).

20 예컨대 채무자 甲이 채권자에게 차용금을 변제하지 못하면 자신의 어머니 소유 부동산에 대한 유증상속분을 대물변제하기로 약정한 후 유증을 원인으로 위 부동산에 관한 소유권이전등기를 마쳤음에도 이를 제3자에게 매도한 경우.

21 민법 제356조(저당권의 내용) 저당권자는 채무자 또는 제삼자가 점유를 이전하지 아니하고 채무의 담보로 제공한 부동산에 대하여 다른 채권자보다 자기채권의 우선변제를 받을 권리가 있다.
제357조(근저당) ① 저당권은 그 담보할 채무의 최고액만을 정하고 채무의 확정을 장래에 보류하여 이를 설정할 수 있다. 이 경우에는 그 확정될 때까지의 채무의 소멸 또는 이전은 저당권에 영향을 미치지 아니한다.

채권자에 대해 부담하는 저당권을 설정할 의무는 계약에 따라 부담하게 된 채무자 자신의 사무라는 것이다.

이 판례는 2019도9756전합사건 다수의견과 같은 취지인데, 저당권설정계약에 따른 채무자의 저당권설정의무는 채권자의 재산보전에 협력할 의무로서 타인의 사무라고 본 종전 판례(2007도9328; 2011도11224; 2018도15584; 2019도13730; 2019도14340전합 반대의견)의 입장을 변경한 것이다.[22]

라. 권리질권이 설정된 채권의 변제를 받은 경우 배임죄 불성립

전세계약을 체결한 임차인이 은행에 전세자금 대출을 받으면서 임대인에 대한 보증금반환청구권 전부에 대해 권리질권을 설정하여 질권설정자(임차인)가 제3채무자(임대인)에게 질권설정의 사실을 통지하거나 제3채무자(임대인)가 이를 승낙한 상태에서, 질권설정자가 질권자(은행)의 동의 없이 제3채무자(임대인)에게서 질권의 목적인 채권(보증금반환청구권)의 변제를 받은 경우, 질권자에 대한 관계에서 배임죄가 불성립한다고 판례는 본다(2015도5665). 그 이유는 타인에 대한 채무의 담보로 제3채무자에 대한 채권에 대해 권리질권을 설정한 경우 질권설정자는 질권자의 동의 없이 질권의 목적된 권리를 소멸하게 하거나 질권자의 이익을 해하는 변경을 할 수 없고, 질권설정자가 제3채무자에게 질권설정의 사실을 통지하거나 제3채무자가 이를 승낙한 때에는 제3채무자가 질권자의 동의 없이 질권의 목적인 채무를 변제하더라도 이로써 질권자에게 대항할 수 없고, 질권자는 여전히 제3채무자에 대하여 직접 채무의 변제를 청구하거나 변제할 금액의 공탁을 청구할 수 있으므로, 질권설정자의 질권자의 재산보전에 협력할 의무가 있다고 볼 수 없고, 질권설정자가 질권의 목적인 채권의 변제를 받더라도 질권자에게 손해나 그럴 위험이 발생하지 않는다는 것이다.

5. 매매계약에서 매도인의 채무불이행

가. 매매목적물인 동산에 대한 매도인의 임의처분(동산이중매매)과 배임죄 불성립

매매목적물이 동산인 경우에 매도인이 매수인으로부터 중도금을 수령한 이후 3자에게 양도하더라도 판례는 배임죄의 성립을 부정한다(2008도10479전합). 그 이유는 매매계약에서 매도인의 동산이전채무는 자기의 사무이고, 이 외에 별도로 매수인의 재산의 보호 내지 관리행위에 협력할 의무가 매도인에게는

---

22 2019도14340전합 반대의견은 종전 입장에 따라 부동산저당권설정계약에 따른 저당권설정의무는 자기의 사무인 동시에 상대방의 재산보전에 협력할 의무에 해당하여 타인의 사무라고 본다. 그 이유는 아래와 같다. ① 오늘날 저당권을 비롯한 담보물권이 금전채권을 변제받기 위한 종된 수단에 그치는 것이 아니라 저당권에 의해 뒷받침되는 피담보채권 위에 질권을 설정하여 외부로부터 자금을 조달하거나 피담보채권과 함께 해당 저당권을 다른 사람에게 양도함으로써 자신이 투입한 자금을 회수할 수 있으며 최근에는 피담보채권과 함께 근저당권을 양도하여 유동화증권을 발행하는 자산유동화가 새로운 금융조달수단으로 각광을 받고 있다는 점에서 담보물권계약을 피담보채권에 관한 금전소비대차계약의 부수적인 내용에 불과한 것으로 보기 어려운데, 특히 근저당권은 소멸에 관한 부종성이 배제되어 있다. ② 동산이중양도담보에 관한 2019도9756전합 사건은 동산양도담보권이 설정된 이후 담보권설정자의 담보물유지·보관의무가 타인의 사무인지 쟁점인 반면 이 사건은 저당권을 설정해 줄 의무, 곧 채권자의 권리취득에 협력할 채무자의 의무가 타인의 사무인지 쟁점이다. ③ 부동산에 관한 매매와 담보설정행위는 모두 등기절차의 협력이라는 신임관계에 기초한 임무를 위반했다는 점에서 공통점이 있는데, 2017도4027전합 다수의견은 부동산이중매매의 경우 매도인에게 재산보전협력의무를 인정하여 배임죄를 인정하고 있다.

없다는 것이다.

나. 매매목적물인 부동산에 대한 매도인의 임의처분(부동산이중매매)과 배임죄 성립

부동산이중매매에서 중도금을 받은 매도인이 그 부동산을 제3자에게 처분하고 제3자 앞으로 등기를 마쳐준 경우, 판례는 배임죄가 성립한다고 봄으로써(2017도4027전합 다수의견) 종전 입장을 유지한다. 민사계약에서 일방의 채무불이행에 대해 배임죄를 부정한 위 판례들과 달리 이 판례는 예외적으로 매도인은 매수인의 재산보전에 협력할 의무가 있다고 본 것으로서 부동산등기는 원칙적으로 공동신청주의이므로[23] 매수인의 등기신청사무에 매도인이 협력할 의무가 있다고 본 것인데, 그 이유는 다음과 같다. '부동산이 국민의 경제생활에서 차지하는 비중이 크고, 부동산 매매대금은 통상 계약금, 중도금, 잔금으로 나뉘어 지급되는데, 매수인이 매도인에게 매매대금 중 상당한 부분을 차지하는 계약금과 중도금까지 지급하고도 매도인의 이중매매를 방지할 충분한 수단이 마련되어 있지 않은 거래 현실의 특수성을 고려할 필요가 있다.'[24] 배임죄의 '타인의 사무'를 해석하면서 부동산이 한국사회에서 갖는 의미를 고려하여 정책적 판단을 한 것이다.

그런데 매도인이 후매수인에게 소유권이전등기를 경료한 부동산 이중매매에서 매도인이 선매수인의 사무를 처리하는 자로서 배임죄의 주체가 되려면, 매도인이 잔금까지 받아야 한다는 견해도 있지만, 판례는 매도인이 계약금을 받은 것만으로는 부족하고 적어도 중도금을 받는 등 매도인이 더 이상 임의로 계약을 해제할 수 없는 상태에 이르러야 한다고 본다(2007도379. 同旨: 2009도14427; 2008도3766; 2008도11722; 86도1112; 88도750; 77도1116). 그 이유는 다른 특별한 사정이 없는 한 매매계약 당시 합의한 계약금이 매매대금 총액에 비해 다소 과다하다는 사정만으로는 매도인이 그 배액을 상환하여 매매계약을 해제할 권한을 유보하지 않은 것으로 볼 수는 없고, 매도인이 합의한 계약금 전부를 지급받지 못하고 있다면, 아직 타인의 사무를 처리하는 자의 지위에 있다고 할 수 없다는 것이다. 따라서 판례는 소유자 甲이 부동산을 제1매수인에게 매도하고 계약금과 중도금을 수령한 후 다시 제3자와 그 부동산에 대한 매매계약을 체결하고 계약금과 중도금을 수령한 경우, 배임죄의 실행의 착수를 인정하지만(84도691), 매도인이 제1매수인으로부터 계약금과 중도금 명목의 금원을 교부받고 나서 제2매수인에게 위 부동산을 매도하기로 하고 계약금만 지급받고 그 뒤 더 이상의 계약 이행이 이루어지지 않은 경우, 실행

---

23 부동산등기법 제23조(등기신청인) ① 등기는 법률에 다른 규정이 없는 경우에는 등기권리자(登記權利者)와 등기의무자(登記義務者)가 공동으로 신청한다.

24 2017도4027전합 반대의견은 부동산이중매매의 경우 매도인에게 배임죄의 성립을 부정해야 한다고 본다. 그 이유는 다음과 같다. '부동산 매매계약이 체결된 경우, 계약 체결과 동시에 그 계약의 효력으로 매도인에게는 부동산 소유권이전의무가 발생하고, 매수인에게는 매매대금 지급의무가 발생한다. 매도인이나 매수인의 이러한 의무는 매매계약에 따른 각자의 '자기의 사무'일 뿐 '타인의 사무'에 해당한다고 볼 수 없다. 매도인의 재산권이전의무나 매수인의 대금지급의무는 매매계약에 의하여 발생한 것으로 본래부터 상대방이 처리하여야 할 사무도 아니고, 신임관계에 기초하여 상대방에게 위탁된 것이라고 볼 수도 없으며, 계약상대방의 재산적 이익을 보호·관리하는 것이 매매계약의 전형적·본질적 내용이라고도 볼 수 없기 때문이다. 매매계약에서 당사자들은 각자의 계약상 권리의 만족을 위해 상대방에게 그 반대급부를 이행해야 하는 대향적 거래관계에 있을 뿐이다. 설사 매도인에게 등기협력의무가 있다거나 매수인의 재산취득사무에 협력할 의무가 있다고 주장해도 그 '협력의무'의 본질은 소유권이전의무를 달리 표현한 것에 지나지 않으니 그 부당함은 마찬가지이다.'

의 착수를 부정한다(2002도7134).

다만 매수인 V로부터 잔금까지 수령한 매도인이 부동산을 제3자에게 이중매매하고 계약금만 받았을지라도 이에 추가하여 소유권이전청구권 보전을 위한 가등기를 마쳐준 경우, 판례는 배임죄라고 본다(2008도3766). 그 이유는 V에게 재산상 손해 발생의 위험을 초래했다는 것이다. 부동산증여의 의사표시를 서면으로 표시한 상황에서 그 부동산을 제3자에게 매도한 경우에도 배임죄가 성립한다(2016도19308).

그러나 부동산 이중매매에서 매도인이 선매수인에게 소유권이전의무를 이행한 경우, 후매수인에 대한 배임죄가 성립하는 것은 아니라고 판례는 본다(77도1116; 86도1112; 92도1223; 2008도11722; 2009도14427). 그 이유는 이는 이행불능으로 인한 단순한 채무불이행에 불과하다는 것이다. 그런데 매도인이 제2매수인에 대해 소유권이전등기를 마쳐 줄 의사 없이 제2매수인으로부터 계약금과 중도금을 받은 후 제1매수인에게 소유권이전등기를 해주었다면 제2매수인에 대해 사기죄가 성립한다고 판례는 본다(2017도4027전합). 다만 부동산 이중매매에서 매도인이 제1매수인으로부터 중도금까지 받아서 제1매매계약을 일방적으로 해제할 수 없음에도 불구하고 이런 사정을 제2매수인에게 고지하지 않고 제2매수인으로부터 계약금 또는 중도금을 받은 것만으로는 제2매수인에 대한 부작위에 의한 기망으로 볼 수 없다고 판례는 본다(91도2698. 同旨: 2008도1652). 그 이유는 매도인이 제1매매계약을 일방적으로 해제할 수 없는 처지에 있다는 사정만으로는, 바로 제2매매계약의 효력이나 그 매매계약에 따르는 채무의 이행에 장애를 가져오는 것이라고 볼 수 없음은 물론, 제2매수인의 매매목적물에 대한 권리의 실현에 장애가 된다고 볼 수도 없다는 것이다.

6. 주식이나 채권의 양도계약 후 양도인의 채무불이행

가. 주권발행 전 주식의 양도계약 후 주식의 임의처분과 배임죄의 불성립

주권발행 전 주식에 대한 양도계약에서 양도인이 양수인으로 하여금 회사 이외의 제3자에게 대항할 수 있도록 확정일자 있는 증서에 의한 양도통지 또는 승낙을 갖추어 주지 않고[25] 위 주식을 다른 사람에게 처분한 경우, 판례는 배임죄의 성립을 부정한다(2015도6057). 주권발행 전 주식의 양도는 양도인과 양수인의 의사표시만으로 효력이 발생하고, 그 주식 양수인은 특별한 사정이 없는 한 양도인의 협력을 받을 필요 없이 단독으로 자신이 주식을 양수한 사실을 증명함으로써 회사에 대하여 명의개서를 청구할 수 있으므로, 양도인이 양수인으로 하여금 회사 이외의 제3자에게 대항할 수 있도록 확정일자 있는 증서에 의한 양도통지 또는 승낙을 갖추어 주어야 할 채무를 부담한다 하더라도 이는 양수인과의 신임관계에 기초하여 양수인의 사무를 맡아 처리하는 타인의 사무가 아니라 자기의 사무라는 것이다.

---

25 민법 제449조(채권의 양도성) ① 채권은 양도할 수 있다. 그러나 채권의 성질이 양도를 허용하지 아니하는 때에는 그러하지 아니하다. ② 채권은 당사자가 반대의 의사를 표시한 경우에는 양도하지 못한다. 그러나 그 의사표시로써 선의의 제삼자에게 대항하지 못한다.
제450조(지명채권양도의 대항요건) ① 지명채권의 양도는 양도인이 채무자에게 통지하거나 채무자가 승낙하지 아니하면 채무자 기타 제삼자에게 대항하지 못한다. ② 전항의 통지나 승낙은 확정일자있는 증서에 의하지 아니하면 채무자 이외의 제삼자에게 대항하지 못한다.

나. 채권양도에서 양도인이 금전을 수령한 경우 횡령죄를 인정한 판례도 변경

채무의 변제를 위해서 임차보증금반환채권을 양도한 사람(임차인)이 그 채권의 채무자(임대인)에게 양도 통지를 하기 전에 그 임대인으로부터 임차보증금반환채권을 추심하여 임차보증금을 수령한 후 그 채권의 양수인에게 변제하지 않고 소비한 경우, 판례(97도666전합 다수의견)는 횡령죄의 성립을 긍정했다.[26] 그러나 이 판결의 반대의견은 횡령죄의 성립을 부정했고,[27] 2015도6057판결의 취지에 따르면 양수채권의 보전에 관한 사무는 타인의 사무가 아니라 자기의 사무이므로 이를 근거로 양도인이 금전의 보관자의 지위에 있다고 보는 것은 옳지 않다.

그런데 97도666전합 반대의견으로 판례가 변경되었다. 건물의 임차인 甲이 임대인에 대한 임대차보증금반환채권을 A에게 양도하였는데도 임대인에게 채권양도 통지를 하지 않고 임대차보증금을 반환받아 보관하던 중 개인적인 용도로 사용한 경우 횡령죄의 성립을 부정한다(2017도3829전합).

7. 사견: 담보물 이중처분의 경우 권리행사방해죄 성부가 문제됨

타인 재산의 불법적 취득범죄에는 절도죄, 강도죄, 사기죄, 공갈죄, 횡령죄, 배임죄 6개가 있다. 그런데 배임죄는 타인소유범죄로서, 소유권이 타인에게 있는 경우에만 인정해야 한다고 본다. 형법은 자기소유범죄와 타인소유범죄를 구별하여 전자를 먼저 규정하고 있고, 권리행사방해죄는 사실상의 지배상태인 점유는 물론 권리도 보호법익으로 하고 있으며, 배임죄의 구성요건이 매우 포괄적이어서 그 성립을 제한할 필요성이 있기 때문이다. 배임죄의 법정형이 횡령죄의 법정형과 같고, 권리행사방해죄의 법정형(5년 이하 징역 또는 700만원 이하 벌금)보다 무겁게 한 이유라고 본다. 따라서 채무자가 자기소유 양도담보물을 임의처분하거나 임의로 다시 담보권을 설정하면서 담보물을 교부한 경우 권리행사방해죄의 성부가 문제된다고 본다.

> 제323조(권리행사방해) 타인의 점유 또는 권리의 목적이 된 자기의 물건 또는 전자기록등 특수매체기록을 취거, 은닉 또는 손괴하여 타인의 권리행사를 방해한 자는 5년 이하의 징역 또는 700만원 이하의 벌금에 처한다.

---

26 채권양도는 채권을 하나의 재화로 다루어 이를 처분하는 계약으로서, 채권 자체가 그 동일성을 잃지 아니한 채 양도인으로부터 양수인에게로 바로 이전한다. 양도인은 채무자에게 채권양도 통지를 하거나 채무자로부터 채권양도 승낙을 받음으로써 양수인으로 하여금 채무자에 대한 대항요건을 갖출 수 있도록 해 줄 의무를 부담한다. 양도인이 채권양도 통지를 하기 전에 타에 채권을 이중으로 양도하여 채무자에게 그 양도통지를 하는 등 대항요건을 갖추어 줌으로써 양수인이 채무자에게 대항할 수 없게 되면 양수인은 그 목적을 달성할 수 없게 되므로, 양도인이 이와 같은 행위를 하지 않음으로써 양수인으로 하여금 원만하게 채권을 추심할 수 있도록 하여야 할 의무도 당연히 포함된다. 이런 이유에서 채권양도에서 양도인은 양수인을 위해 <u>양수채권의 보전에 관한 사무를 처리하는</u> 자라고 할 수 있다. 따라서 양도인이 수령한 금전은 양도인과 양수인 사이에서 양수인의 소유에 속하고, 양도인은 이를 양수인을 위해 보관하는 관계에 있다고 봐야 하며, 채권양도인은 금전의 수수를 수반하는 사무처리를 위임받은 자로서 형법상 소유권 개념에 따르면 채권양수인에게 위 금전의 소유권이 있고, 양도인은 신의칙 내지 조리상 양수인을 위해 금전을 보관하는 지위에 있다.

27 양도인이 임의로 처분할 의사로 수령한 이상 그 금전의 소유권은 양도인에게 귀속한다. 민법이론에 따르면 특히 금전은 봉함된 경우와 같이 특정성을 가진 경우를 제외하고 그 점유가 있는 곳에 소유권도 있기 때문이다. 재물을 보관하는 관계가 신의칙이나 조리에 따라 성립될 수 있다고 하더라도 재물의 소유권의 귀속은 민사법에 따라야 하는 것이지 형사법에서 그 이론을 달리 파악할 수는 없다. 채권양수인에게 소유권이 귀속한다는 특약이 없는 한, 채권양도인에게 소유권이 있고, 따라서 채권양도인이 채권양수인을 위해 위 금전을 보관하는 지위에 있다고 볼 수 없다.

문제는 권리행사방해죄의 행위유형이 절도죄·강도죄에 대응한 취거와 손괴죄에 대응한 은닉·손괴로 한정되어있다는 것이다. 따라서 양도담보물의 매도나 교부도 권리행사방해죄의 행위유형인 '취거'에 해당한다고 볼 수 있을지 논란이 될 수 있다.

그런데 판례는 권리행사방해죄의 권리를 제한물권이나 물건에 대하여 점유를 수반하는 채권에 한정하지 않고 정지조건있는 대물변제 예약권도 해당한다고 본다(68도616).

판례는 취거를 점유자로부터 자기 또는 제3자의 점유로 옮기는 것으로 해석하고(87도1952), 행위자가 자신이 점유하고 있다가 제3자에게 점유를 이전하는 경우에도 권리행사방해죄의 성립을 인정한다. 예컨대 공장 근저당권이 설정된 선반기계 등을 이중담보로 제공하기 위하여 다른 장소로 옮긴 경우(94도1439)나 피해자가 벌채한 원목을 소유자가 점유하던 중 임의로 매도하여 그 원목에 대한 피해자의 인도청구권을 침해한 경우(90도1958)가 그렇다.

판례는 권리행사방해죄의 '은닉'을 물건의 소재를 발견하기 불가능하게 하거나 현저히 곤란한 상태에 두는 것으로 보고, 매수인이 승용차를 구입하면서 피해자로부터 차량 매수대금 2,000만원을 차용하고 그 담보로 위 차량에 피해자 명의의 저당권을 설정해 주었음에도, 대부업자로부터 400만원을 차용하면서 위 차량을 다시 대부업자에게 담보로 제공하여 이른바 '대포차'로 유통되게 한 경우, 권리행사방해죄가 성립한다고 본다(2016도13734). 이중담보, 곧 담보물유지의무 위반을 배임죄가 아니라 권리행사방해죄로 처벌한 것이다. 甲이 사실혼 배우자의 명의를 빌려 자동차를 매수하면서 피해자 회사로부터 대출을 받고 자동차에 저당권을 설정하였음에도 저당권자의 동의 없이 제3자에게 담보로 제공하는 등 자동차의 소재를 찾을 수 없도록 한 경우, 자동차의 소유권이 甲에게 없으므로 권리행사방해죄가 성립하지 않고 배임죄가 성립한다는 취지의 판례(2017도4578)도 같은 맥락에 있다. 다만 이 판례도 2019도14340전합 판결에 의해 변경되어 배임죄가 불성립한다.

기출문제 ___ ✎

배임죄와 횡령죄	1. 금전채권을 담보하기 위하여 채무자 소유의 동산에 관하여 이른바 강한 의미의 양도담보계약을 설정한 경우, 채무자가 이를 점유하던 중 임의로 양도담보된 동산을 처분하면 배임죄가 성립한다. [2019년 2차 순경시험 문18] [2007년 사법시험 형법 문33]
	2. 채무자가 채권자에게 동산을 양도담보로 제공하고 점유개정의 방법으로 점유하고 있는 상태에서 그 동산을 제3자에게 처분한 경우, 횡령죄가 성립하지 않는다. [2015년 사법시험 형법 문2]
	3. 매도인 甲이 매수인 乙에게 임야를 매도하고 일부 잔금까지 지급받았음에도 다시 위 임야를 제3자에게 매도한 후 계약금을 지급받고는 그 앞으로 소유권이전청구권 보전을 위한 가등기를 마쳐준 경우 배임죄가 성립한다. [2010년 사법시험 형법 문9] [2014년 변호사시험 형사법 문3]
	4. 甲은 '인쇄기'를 乙에게 매도하기로 하고 乙로부터 그 매매대금의 일부인 계약금 및 중도금을 수령한 직후 乙 모르게 위 인쇄기를 자신의 채권자인 丙에게 기존 채무 변제에 갈음하여 양도한 경우 배임죄가 성립한다. [2012년 사법시험 형법 문18] [2012년 변호사시험 형사법 문8] [2013년 사법시험 형법 문10] [2015년 변호사시험 형사법 문9] [2020년 경찰간부후보생시험 형사법 문28]

배임죄와 횡령죄	5. 채무자가 채권자에게 동산인 한우 100마리를 양도담보로 제공하고 점유개정의 방법으로 점유하고 있는 상태에서 다시 이를 제3자에게 점유개정의 방법으로 양도하는 경우 배임죄가 성립하지 않는다. [2015년 변호사시험 형법 문9] [2020년 경찰간부후보생시험 형법 문29]
	6. 채권담보의 목적으로 부동산에 관한 대물변제예약을 체결한 채무자가 대물로 변제하기로 한 부동산을 제3자에게 임의로 처분한 경우 배임죄가 성립하지 않는다. [2015년 변호사시험 형사법 문9] [2020년 경찰간부후보생시험 형법 문28]
	7. 지명채권의 양도인이 채무자에 대한 양도의 통지 전에 채무자로부터 채권을 추심하여 금전을 수령한 경우 그 금전은 양도인의 소유에 속하므로 이를 양도인이 임의로 소비하더라도 횡령죄가 성립하지 않는다. [2014년 변호사시험 형사법 문16]
권리행사 방해죄	8. 甲이 자동차등록원부상 A명의로 등록되어 있는 차량을 B에게 담보로 제공하였음에도 불구하고, B의 승낙 없이 미리 소지하고 있던 위 차량의 보조키를 이용하여 이를 운전하여 간 경우 권리행사방해죄가 성립하지 않는다. [2013년 사법시험 형법 문5]
장물 취득죄	9. 甲이 사기범행에 이용되리라는 사정을 알고서도 자신의 명의로 새마을금고 예금계좌를 개설하여 乙에게 이를 인계한 후 乙이 제3자인 A를 속여 A로 하여금 1,000만원을 위 계좌로 송금하게 한 것을 甲이 인출한 경우, 甲은 장물취득죄가 성립한다. [2016년 사법시험 형법 문12]
불법 재산의 불법적 취득	10. 甲이 내연의 관계에 있는 A에게 불륜관계를 지속하는 대가로서 부동산에 관한 소유권이전등기를 경료해 주기로 약정한 후 그 등기의무를 이행하지 않은 경우, 甲에 대해서는 배임죄가 성립한다. [2011년 사법시험 형법 문25]
	11. 금품 등을 받을 것을 전제로 성행위에 응한 부녀를 기망하여 성행위 대가의 지급을 면한 경우 사기죄가 성립한다. [2010년 사법시험 형법 문20]
	12. 조합장이 조합으로부터 공무원에게 뇌물로 전달하여 달라고 금원을 교부받고도, 이를 뇌물로 전달하지 않고 개인적으로 소비한 경우에 횡령죄가 성립한다. [2014년 변호사시험 형사법 문16] [2010년 모의변호사시험 형사법 문15]

🔒 정답 및 해설

1. 출제 당시에는 ○(89도350: 동산의 소유권자인 채무자가 그 동산의 담보가치를 감소시킨 것이다. 양도담보를 별도의 절차 없이 즉 청산의무 없이 변제하지 못하면 소유권이 채권자에게 귀속되는 강한 의미의 양도담보와 청산의무가 부과되는 약한 의미의 양도담보로 구별하기도 함). 그러나 이후 ×(2019도9756전합으로 판례 변경. 양도담보를 설정한 채무자가 제3자에게 양도담보물을 처분하여 양도담보권자인 채권자에게 재산상 손해나 그 위험을 발생시키더라도 배임죄가 성립하지 않는다. 배임죄의 타인의 사무는 계약의 전형적·본질적인 급부의 내용이 상대방의 재산상 사무를 일정한 권한을 가지고 대신 맡아 처리하는 것인데, 양도담보를 설정한 채무자는 이에 해당하지 않는다. 점유개정방식의 동산양도담보계약의 채무자는 채권자인 양도담보권자의 사무를 처리하는 자가 아니라 자신의 사무를 처리하는 자이다. 담보설정자가 담보목적물을 '보존할 의무'는 담보권 실행 시 채권자나 채권자가 지정하는 자에게 '인도할 의무'에 부수하는 의무이자, 채무불이행 시 담보권 실행 및 이를 통한 채권의 만족이라는 궁극적인 목적을 위해 당연히 수반되는 의무에 불과), **2.** ○(동산의 소유권이 채무자에게 있기 때문이다. 다만 이 경우 종전에는 배임죄가 성립한다고 보았으나 판례변경[2019도9756전합]으로 배임죄도 불성립), **3.** ○(2008도3766), **4.** ×(2008도10479전합: 매매계약에서 매도인의 동산이전채무는 자기의 사무이고, 이 외에 별도로 매수인의 재산의 보호 내지 관리행위에 협력할 의무가 매도인에게는 없음), **5.** ○(2006도6686: 제3자가 그 동산을 선의취득할 수가 없으므로, 최초의 양도담보권자에게 어떠한 재산상 손해의 위험이 발생한다고 할 수 없고, 따라서 배임죄가 성립하지 않는다. 그런데 이 경우 양도담보설정자를 타인의 사무의 처리하는 자로 볼 수 없다는 판례[2019도9756전합]가 나왔고, 따라서 이에 따르면 배임죄 불성립), **6.** ○(2014도3363전합: 채무자의 채무불이행으로 인해 대물변제예약에 따른 소유권등기를 이전받는 것이 불가능하게 되는 상황이 초래되어도 채권자는 채무자로부터 금전적 손해배상을 받음으로써 대물변제예약을 통해 달성하

고자 한 목적을 사실상 이룰 수 있고, 대물변제예약의 궁극적 목적은 차용금반환채무의 이행 확보에 있으며, 채무자가 대물변제예약에 따라 부동산에 관한 소유권이전등기절차를 이행할 의무는 궁극적 목적을 달성하기 위한 부수적 의무이므로, 이를 가지고 배임죄의 '타인의 사무'에 해당한다고 볼 수 없음),   **7.** ○(97도666전합판결[횡령죄 성립]이 2017도3829전합판결로 변경되어 횡령죄 불성립),   **8.** ○(2005도6604: 차량의 소유권이 명의자인 A에게 있음),   **9.** ✕(2010도656: 乙이 취득한 것은 1,000만원의 재물이나 甲이 자신 명의로 된 계좌에서 인출한 것이므로 장물취득죄 불성립),   **10.** ✕(86도1382: 이런 부동산 증여계약은 선량한 풍속과 사회질서에 반하는 것으로 무효이어서 위 증여로 인한 소유권이전등기의무가 인정되지 않음),   **11.** ○(2001도2991),   **12.** ✕(86도628: 불법원인급여물의 소유권은 급여를 받은 상대방에게 귀속되므로 횡령죄 불성립)

01 재산범죄에 대한 설명으로 옳지 않은 것은?   2023년 국가직 9급 형법 문19

① 본범 이외의 자인 피고인이 본범이 절취한 차량이라는 정을 알면서도 본범의 강도행위를 위하여 그 차량을 운전해 준 경우, 강도예비죄의 고의는 별론으로 장물운반의 고의는 인정되지 않는다고 봄이 상당하다.

② 채권 담보를 위하여 장래에 부동산의 소유권을 이전하기로 하는 내용의 대물변제예약에서, 채무자가 약정의 내용에 좇은 이행을 하여야 할 채무는 특별한 사정이 없는 한 자기의 사무에 해당하는 것이 원칙이다.

③ 피고인이 중간생략등기형 명의신탁의 방식으로 자신의 처에게 등기명의를 신탁하여 놓은 점포에 자물쇠를 채워 점포의 임차인을 출입하지 못하게 한 경우, 그 점포는 권리행사방해죄의 객체인 자기의 물건에 해당하지 아니한다.

④ 경리직원이 회사의 기존 장부를 새로운 장부로 이기하는 과정에서 누계 등을 잘못 기재하자 그 부분을 찢어버리고 계속하여 종전장부의 기재내용을 모두 이기한 경우, 특별한 사정이 없는 한 그 찢어버린 부분은 손괴죄의 객체인 재물로 볼 수 없다.

해설 ✎

① ✕(98도3030), ② ○(2014도3363전합), ③ ○(2005도626: 소유권이 처에게 있으므로 권리행사방해죄의 객체가 될 수 없음), ④ ○(88도1296: 새로운 경리장부는 아직 작성중에 있어서 손괴죄의 객체가 되는 문서로서의 경리장부가 아님)   **정답** ①

02 신용카드범죄에 대한 설명으로 옳지 않은 것은? (특별법의 적용은 논하지 않음)   2023년 국가직 7급 형법 문9

① 甲이 권한 없이 인터넷뱅킹으로 타인의 예금계좌에서 자신의 예금계좌로 돈을 이체한 후 그중 일부를 인출하여 그 정을 아는 乙에게 교부한 경우, 甲이 컴퓨터등사용사기죄에 의하여 취득한 예금채권은 재물이 아니라 재산상 이익이므로, 그가 자신의 예금계좌에서 돈을 인출하였더라도 장물을 금융기관에 예치하였다가 인출한 것으로 볼 수 없으므로 乙은 장물취득죄가 성립하지 않는다.

② 강취한 현금카드를 사용하여 현금자동지급기에서 예금을 인출한 행위에 대해서는 강도죄와 별도로 현금에 대한 절도죄가 성립하지 않지만, 갈취한 현금카드를 사용하여 현금자동지급기에서 예금을 인출한 행위는 공갈죄와 별도로 절도죄를 구성한다.

③ 피고인이 카드사용으로 인한 대금결제의 의사와 능력이 없으면서도 있는 것 같이 가장하여 카드회사를 기망하고, 이에 기망당한 카드회사가 발급해 준 자기 명의의 카드를 사용하면서 현금자동지급기를 통한 현금대출도 받고, 가맹점을 통한 물품구입대금 대출도 받아 카드발급회사로 하여금 같은 액수 상당의 피해를 입게 한 경우, 그 피고인에게 사기의 포괄일죄가 성립한다.

④ 절취한 타인의 신용카드를 부정사용하여 현금자동지급기에서 현금을 인출하고 그 현금을 취득한 행위는 현금자동지급기 관리자의 의사에 반하여 그의 지배를 배제하고 그 현금을 자기의 지배하에 옮겨 놓는 것이므로, 그 행위자에게 컴퓨터등사용사기죄가 아닌 절도죄가 성립한다.

해설 ✎

② ✕(2007도1375: 절도죄 불성립), ① ○(2004도353), ③ ○(95도2466), ④ ○(95도997)　　　**정답** ②

---

03 다음 사례에 대한 설명으로 옳은 것만을 모두 고르면?　　　2023년 국가직 9급 형법 문20

> 甲은 ㉠ 권한 없이 A회사의 아이디와 패스워드를 입력하여 인터넷뱅킹에 접속한 다음 A회사의 예금계좌로부터 자신의 예금계좌로 합계 180,500,000원을 이체하는 내용의 정보를 입력하여 자신의 예금액을 증액시켰고, ㉡ 이후 자신의 해당 계좌에 연결된 자신의 현금카드를 사용하여 현금자동지급기에서 현금을 인출하였다.

> ㄱ. 甲의 ㉠행위는 컴퓨터등사용사기죄를 구성한다.
>
> ㄴ. 甲의 ㉡행위는 현금카드 사용권한 있는 자의 정당한 사용에 의한 것으로서 현금자동지급기 관리자의 의사에 반하거나 기망행위 및 그에 따른 처분행위가 없었으므로 별도로 절도죄나 사기죄의 구성요건에 해당하지 않는다.
>
> ㄷ. 甲이 ㉡행위로 인출한 현금은 ㉠행위로 취득한 예금채권에 기초한 것으로서 당초의 현금과 물리적인 동일성은 상실되었지만 액수에 의하여 표시되는 금전적 가치에는 아무런 변동이 없으므로 장물로서의 성질이 그대로 유지된다.
>
> ㄹ. 甲이 ㉡행위로 돈을 인출하였다면 장물을 금융기관에 예치하였다가 인출한 것으로 볼 수 있어 장물취득죄가 성립한다.

① ㄱ, ㄴ　　　② ㄱ, ㄹ　　　③ ㄱ, ㄴ, ㄷ　　　④ ㄴ, ㄷ, ㄹ

해설 ✎

ㄱ·ㄴ: ○, ㄴ·ㄷ: ✕(2004도353: 컴퓨터등사용사기죄의 취득객체는 재산상 이익이므로 이는 장물이 될 수 없고, 따라서 장물취득죄도 불성립)　　　**정답** ①

04 횡령죄에 대한 설명으로 옳지 않은 것은?

① 익명조합의 경우에는 익명조합원이 영업을 위하여 출자한 금전 기타의 재산은 상대편인 영업자의 재산이 되므로, 그 영업자는 타인의 재물을 보관하는 자의 지위에 있지 않아 영업이익금 등을 임의로 소비하였더라도 횡령죄가 성립하지 않는다.

② 사기범행에 이용되리라는 사정을 알고서 자신 명의 계좌의 접근매체를 양도함으로써 사기범행을 방조한 종범이 사기이용계좌로 송금된 피해자의 자금을 임의로 인출한 경우, 그 종범에게 횡령죄가 성립한다.

③ 乙이 범죄수익 등의 은닉을 위해 甲에게 교부한 무기명 양도성예금증서가 불법원인급여물에 해당한다면, 甲이 이를 현금으로 교환하여 임의로 소비한 행위에 대해서는 횡령죄가 성립하지 않는다.

④ 부동산을 공동으로 상속한 자들 중 1인이 부동산을 혼자 점유하다가 다른 공동상속인의 상속지분을 임의로 처분하여도 그에게는 그 처분권능이 없어 횡령죄가 성립하지 않는다.

해설 ✎

② ×(2017도17494전합: 사기죄의 종범으로서 범죄수익을 취득한 것임), ① (71도2032; 72도2704), ③ ○ (2017도9254), ④ ○(2000도565)

정답 ②

05 배임죄에 관한 설명으로 가장 적절하지 않은 것은? (다툼이 있는 경우 판례에 의함)

① 피고인이 인쇄기를 甲에게 양도하기로 하고 계약금 및 중도금을 수령하였음에도 이를 자신의 채권자 乙에게 기존 채무변제에 갈음하여 양도한 경우 배임죄가 성립하지 않는다.

② 피고인이 그 소유의 에어컨을 피해자에게 양도담보로 제공하고 점유개정의 방법으로 점유하고 있다가 다시 이를 제3자에게 양도담보로 제공하고 역시 점유개정의 방법으로 점유를 계속한 경우 배임죄를 구성하지 않는다.

③ 동산에 대하여 점유개정의 방법으로 이중 양도담보를 설정한 경우 처음의 양도담보권자에게 이중으로 양도담보 제공을 하지 않기로 특약하였다면 배임죄를 구성한다.

④ 채무자가 그 소유의 동산에 대하여 점유개정의 방식으로 채권자들에게 이중의 양도담보 설정계약을 체결한 후 양도담보 설정자가 목적물을 임의로 제3자에게 처분하였다면 뒤의 채권자에 대한 관계에서 배임죄가 성립하지 않는다.

해설 ✎

③ ×(88도1586: 뒤의 양도담보권자는 처음의 양도담보권자[A]에 대하여 배타적으로 자기의 담보권을 주장할 수 없으므로 이중으로 양도담보제공이 된 것만으로는 담보권설정자가 처음의 양도담보권자에게 이중으로 양도담보제공을 하지 않기로 특약하였더라도 A에게 담보권의 상실이나 담보가치의 감소 등 손해가 발생한다고 볼 수 없으므로 배임죄 불성립), ② ○(2006도6686: 제3자는 점유개정의 방식으로 양도받았기 때문에 동산을 선의취득할 수 없어서 양도담보권자에게 재산상 손해의 위험이 발생하지 않음), ④ ○(2004도1751: 뒤의 채권자는 선의취득을 할 수 없어서 양도담보권을 취득할 수 없으므로 뒤의 채권자에 대해서는 배임죄 불성립). 이들

판례들은 모두 양도담보를 설정한 채무자는 타인, 곧 채권자인 양도담보권자의 사무를 처리하는 자라는 것을 전제로 제3자에게 양도담보물을 처분하여 그 타인에게 재산상 손해나 그 위험을 발생시키면 (업무상)배임죄가 성립하지만(예컨대 2010도11293; 89도350; 82도1829), 제3자가 예컨대 선의취득을 할 수 없어서 양도담보물을 취득할 수 없으면 그 타인에게 재산상 손해를 줄 수 없으므로 업무상배임죄가 성립하지 않는다는 법리이다. 그런데 양도담보를 설정한 채무자는 타인, 곧 채권자인 양도담보권자의 사무를 처리하는 자가 아니라 자신의 사무를 처리하는 자라는 판례(2019도9756전합)가 나와서 이 법리가 변경되었다. 이에 따라 양도담보를 설정한 채무자가 제3자에게 양도담보물을 처분하여 양도담보권자인 채권자에게 재산상 손해나 그 위험을 발생시키더라도 (업무상)배임죄 불성립), ① ○(2008도10479전합: 동산이중매매의 경우 매도인의 동산이전채무는 자기의 사무이므로 매수인의 재산의 보호 내지 관리행위에 협력할 의무가 없음)　　　[정답] ③

06 다음 설명 중 옳지 않은 것은? (다툼이 있는 경우 판례에 의함)　　　2019년 국가직 9급 형법 문3

① 부동산 매도인이 매수인으로부터 중도금을 지급받은 후 그 부동산을 제3자에게 이중으로 양도하였다면 배임죄가 성립한다.

② 채권담보를 위한 대물변제예약의 채무자가 대물로 변제하기로 한 부동산을 제3자에게 처분하였더라도 배임죄가 성립하는 것은 아니다.

③ 동산매매계약에서 매도인이 목적물을 매수인에게 인도하지 아니하고 이를 제3자에게 처분하였더라도 배임죄가 성립하는 것은 아니다.

④ 채무자가 채권자 A와 B에게 순차적으로 그 소유의 동산에 대하여 점유개정의 방식으로 이중의 양도담보 설정계약을 체결한 후 그 목적물을 임의로 제3자에게 처분하였다면 A는 물론 B에 대한 관계에서도 배임죄가 성립한다.

해설 ✎

④ ×(2004도1751: 대외적인 관계에서 채무자는 동산의 소유권을 이미 채권자 A에게 양도한 무권리자가 되는 것이고 현실의 인도가 아닌 점유개정으로는 선의취득이 인정되지 않으므로 채권자 B는 양도담보권을 취득할 수 없다. 따라서 채권자 B에 대해서는 배임죄 불성립. 더욱이 이 경우 양도담보설정자를 타인의 사무의 처리하는 자로 볼 수 없다는 판례[2019도9756전합]까지 나옴), ① ○(2017도4027전합), ② ○(2014도3363전합), ③ ○(2008도10479전합)　　　[정답] ④

07 전기통신금융사기에 대한 설명 중 옳은 것만을 모두 고른 것은? (다툼이 있는 경우 판례에 의함)

2020년 경찰간부후보생시험 형법 문26

> ㉠ 이른바 '착오송금'의 법리는 계좌명의인이 개설한 예금계좌가 전기통신금융사기범행에 이용되어 그 계좌에 피해자가 사기피해금을 송금·이체한 경우에도 마찬가지로 적용된다. 계좌명의인은 아무런 법률관계 없이 송금·이체된 사기피해금을 보관하는 지위에 있고, 만약 그 돈을 영득할 의사로 인출하면 피해자에 대한 횡령죄가 성립한다. ㉡ 이때 계좌명의인이 사기의 공범이라면 자신이 가담한 범행의.결과 피해금을 보관하게 된 것일 뿐이어서 피해자와 사이에 위탁관계가 없고, 그가 송금·이체된 돈을 인출하더라도 이는 자신이 저지른 사기범행의 실행행위에 지나지 아니하여 새로운 법익을 침해한다고 볼 수 없으므로 사기죄 외에 별도로 횡령죄를 구성하지는 않는다. ㉢ 다만, 판례는 전기통신금융사기범행으로 피해자의 돈이 사기이용계좌로 송금·이체되었다면 이로써 편취행위는 기수에 이른다고 보고 있는데, 이는 사기범이 접근매체를 이용하여 그 돈을 인출할 수 있는 상태에 이르게 되면 계좌명의인의 예금반환청구권을 자신이 행사할 수 있게 된 것으로서 예금 자체를 취득한 것으로 보아야 한다는 의미이다. ㉣ 한편 계좌명의인의 인출행위는 전기통신금융사기의 범인에 대한 관계에서는 횡령죄가 되지 않는다. 계좌명의인과 전기통신금융사기의 범인 사이의 관계는 횡령죄로 보호할 만한 가치가 있는 위탁관계가 아닐뿐더러, 계좌명의인과 사기범 사이의 관계를 횡령죄로 보호하는 것은 그 범행으로 송금·이체된 돈을 사기범에게 귀속시키는 결과가 되어 옳지 않기 때문이다.

① ㉠, ㉡   ② ㉠, ㉡, ㉣   ③ ㉠, ㉢, ㉣   ④ ㉡, ㉢, ㉣

해설 ✏️

㉠·㉡·㉣: ○(2017도17494전합), ㉢: ×(접근매체를 교부받은 사람은 예금 자체를 취득한 것이 아니라 계좌명의인의 예금반환청구권을 자신이 사실상 행사할 수 있게 된 것임)

정답 ②

08 甲은 사기범행에 이용되리라는 정을 알면서 속칭 '보이스피싱' 조직원인 乙에게 자기 명의의 예금통장과 체크카드 등을 양도하였다. 乙은 A에게 은행직원을 사칭하여 전화로 "당신의 은행계좌가 범죄에 이용되었다. 추가피해를 막으려면 돈을 인출하여 은행이 지정하는 계좌에 입금하여야 한다."라고 거짓말하였다. 이에 속은 A는 甲의 계좌로 1,500만원을 송금하였다. 이에 관한 설명 중 옳지 않은 것은? (다툼이 있는 경우 판례에 의함)

2021년 변호사시험 형사법 문9

① 乙이 A를 기망하여 1,500만원이 甲의 계좌로 송금·이체되었다면 乙이 이를 인출하지 못한 상태에서 체포되었다 하더라도 乙의 편취행위는 기수에 이르렀다고 보아야 한다.

② 甲이 예금통장 등을 乙에게 양도한 행위가 사기방조죄가 된다면 이후 甲이 송금된 1,500만원을 인출하였더라도 사기방조죄와 별개로 A에 대한 횡령죄는 성립하지 않는다.

③ 甲의 계좌로 입금된 1,500만원은 乙의 기망행위로 인하여 취득한 재물이므로, 甲이 이를 인출한 행위는 장물취득죄에 해당한다.

④ 乙은 사기죄로 구속되자 법원에 구속적부심사를 청구하였고 법원은 乙에 대해 보증금납입을 조건으로 석방결정을 한 경우, 검사는 이에 대하여 항고할 수 있다.

⑤ 乙이 사기죄로 기소되어 1심에서 징역 1년 6월을 선고받고 사실오인을 이유로 항소한 경우에 항소심은 직권으로 양형부당을 이유로 1심판결을 파기할 수 있다.

해설 ✎

③ ✕(2010도6256: 사기죄로 취득한 것은 A가 송금한 현금 1,500만원이나 예금계약의 당사자는 甲으로서 자신의 계좌에서 인출한 것이므로 장물취득죄 불성립), ① ○(2010도6256: 甲의 계좌로 송금되었을 때 사기죄는 종료), ② ○(2017도17494전합: 계좌명의인이 사기죄의 공범이라면 송금된 돈을 인출한 것은 자신이 저지른 사기범행의 실행행위에 지나지 않으므로 새로운 법익을 침해한 것으로 볼 수 없음), ④ ○(97모21), ⑤ ○(90도1021: 항소법원은 판결에 영향을 미친 사유에 관해서는 항소이유서에 포함되지 아니한 경우에도 직권으로 심판할 수 있음[형소법 제364조 제2항]) **정답** ③

09 재산범죄와 불법원인급여의 관계에 관한 사례 설명 중 옳은 내용을 모두 고른 것은? (다툼이 있는 경우에는 판례에 의함)
2009년 사법시험 형법 문28

> ㄱ. 甲이 乙에게 乙과 원한관계에 있는 丙을 납치하여 살해할 준비를 하는 비용을 달라고 거짓말을 하여 금품을 교부받았을 경우 乙이 甲에게 제공한 금품은 불법원인급여에 해당하여 乙에게 반환청구권이 인정되지 않으므로 甲은 사기죄의 죄책을 지지 않는다.
> ㄴ. 甲이 乙로부터 丙에 대한 배임증재의 목적으로 전달하여 달라고 교부받은 금전은 불법원인급여에 해당하여 甲이 위 금전을 丙에게 전달하지 않고 임의로 소비하였다고 하더라도 甲은 횡령죄의 죄책을 지지 않는다.
> ㄷ. 甲이 기자행세를 하면서 주점 객실에서 나체쇼를 한 주점 접대부 乙을 고발할 것처럼 데리고 나와 여관으로 유인한 다음 겁에 질려있는 乙의 상태를 이용하여 동침하면서 1회 성교한 것은 乙의 정조 대가에 상당하는 재산상 이익을 취득한 것이어서 甲은 공갈죄의 죄책을 진다.
> ㄹ. 포주인 甲이 다방종업원으로 일하던 乙에게 윤락을 권유하여 고용한 후 乙이 받은 화대를 甲이 일단 보관하다가 나중에 둘이 절반씩 분배하기로 약정하고서, 甲이 보관 중인 乙의 화대를 임의로 소비한 경우에 그 화대는 불법원인급여에 해당하지만 甲은 횡령죄의 죄책을 진다.

① ㄱ, ㄴ   ② ㄴ, ㄷ   ③ ㄷ, ㄹ   ④ ㄱ, ㄷ
⑤ ㄴ, ㄹ   ⑥ ㄱ, ㄴ, ㄷ   ⑦ ㄴ, ㄷ, ㄹ   ⑧ ㄱ, ㄷ, ㄹ

해설 ✎

ㄱ: ✕(불법원인급여물이지만 이런 경우 사기죄가 성립한다는 게 2001도2991과 2006도6795의 취지), ㄴ: ○(99도275: 민법 제746조 본문에 따라 불법원인급여물), ㄷ: ✕(82도2714: 공갈죄는 재산범으로서 그 객체인 재산상 이익은 경제적 이익이 있는 것을 말하는데, 일반적으로 부녀와의 정교 그 자체는 경제적으로 평가할 수 없는 것이므로 부녀를 공갈하여 정교를 맺었다고 하여도 특단의 사정이 없는 한 이로써 재산상 이익을 갈취한 것이라고 볼 수는 없고, 부녀가 주점접대부라 할지라도 피고인과 매음을 전제로 정교를 맺은 것이 아닌 이상 피고인이 매음대가의 지급을 면하였다고 볼 여지가 없으므로 공갈죄 불성립), ㄹ: ○(98도2036: 급여자의 불법보다 수익자의 불법이 더 크므로 민법 제746조 단서에 따라 불법원인급여물이 아님) **정답** ⑤

10 친족상도례에 관한 설명으로 가장 적절한 것은? (다툼이 있는 경우 판례에 의함) 2019년 2차 순경시험 형법 문16

① 가출 후 오랫동안 연락 없이 지내던 甲이 자신의 딸과 결혼한 사위 乙을 기망하여 백화점 입점비 명목으로 돈을 편취한 경우, 친족상도례가 적용되지 않는다.

② 장물죄에 있어서 장물범과 피해자 간에 동거친족의 신분 관계가 있는 때에는 형이 면제되지만, 장물범과 본범 간에 동거친족의 신분관계가 있는 때에는 형을 감경 또는 면제한다.

③ 타인소유의 물건을 자기 아버지의 소유물로 오인하여 절취한 경우, 친족관계에 대한 착오가 인정되고 형법상 절도죄의 과실범 처벌규정이 없으므로 불가벌이 된다.

④ 절도피해자인 아버지가 체포된 절도범인이 자신의 혼외자임을 알고 비로소 인지(認知)를 하더라도 친족관계는 원칙적으로 범행 당시에 존재하여야 하기 때문에 친족상도례는 적용되지 않는다.

해설 ✎

② ○(형법 제365조), ① ×(2011도1765: 친족간특례규정이 적용되는 근친은 '직계혈족, 배우자, 동거친족, 동거가족, 그 배우자를 의미함. 여기서 배우자는 직계혈족, 동거친족, 동거가족 모두의 배우자를 의미), ③ ×(친족간특례규정은 범죄성립요건이 아니라 흔히 인적처벌조각사유라고 보므로 이에 대한 착오는 범죄의 성부에 영향을 미치지 않음), ④ ×(96도1731: 인지의 소급효가 있어서 친족간특례규정이 적용)　**정답** ②

11 친족상도례에 대한 설명으로 옳지 않은 것은? 2023년 국가직 9급 형법 문12

① 장물범과 피해자 간에 동거친족의 신분관계가 있는 때에는 형을 면제하지만, 장물범과 본범 간에 동거친족의 신분관계가 있는 때에는 형을 감경 또는 면제한다.

② 손자가 할아버지 소유 예금통장을 절취하여 이를 현금자동지급기에 넣고 조작하는 방법으로 예금 잔고를 자신의 거래 은행 계좌로 이체한 경우, 계좌이체 행위에 대해서는 친족상도례를 적용할 수 없다.

③ 친족상도례의 친족관계는 원칙적으로 범행 당시에 존재하여야 하는 것이지만, 범행 이후 피해자인 부(父)가 피고인인 혼인 외의 출생자를 인지한 경우 인지의 소급효에 따라 친족상도례가 적용된다.

④ 피고인이 백화점 내 점포에 입점시켜 주겠다고 속여 피해자로부터 입점비 명목으로 돈을 편취하여 사기죄로 기소된 경우, 피고인의 딸과 피해자의 아들이 혼인하여 피고인과 피해자가 사돈지간이라면 친족상도례가 적용된다.

해설 ✎

④ ×(2011도2170), ① ○(형법 제365조), ② ○(2006도2704), ③ ○(96도1731)　**정답** ④

탐구 과제

- 사용절도란? 불법영득의사란?
- 명의신탁된 자동차를 신탁자가 절취한 경우 또는 수탁자가 절취한 경우 절도죄가 성립하는가?
- 제3자배임죄, 제3자사기죄, 제3자공갈죄, 제3자강도죄 등은 필요적 공범인가?

형각: 방해범죄의 체계와 범인이 타인을 교사·방조하여 범한 사법방해범죄

16강 형각: 방해범죄의 체계와 범인이 타인을 교사·방조하여 범한 사법방해범죄

범죄를 지은 사람이 자신의 범죄로 처벌되는 것을 스스로 방해한 경우(예컨대 범인이 직접 자신의 범죄의 증거를 인멸한 경우)는 원칙적으로 처벌되지 않으나, 타인을 교사·방조하여 방해하도록 한 경우(예컨대 타인이 자신의 범죄의 증거를 인멸하도록 한 경우)는 범인은닉·도피죄, 위증죄, 증거인멸죄, 무고죄 등의 교사·방조범이 성립할 수 있다. 이에 관한 이론과 판례의 입장을 이해한다. 이에 앞서 방해범죄의 체계를 본다.

사례

무면허 운전으로 사고를 낸 甲이 수사기관의 검거를 피해 전국 각지를 돌아다니며 도피하던 중 더 이상 도망다니기 어렵다고 판단하고, 운전면허가 있는 동생을 경찰서에 대신 출두시켜 피의자로 조사받도록 했다(진범대신출두사건). 전국 각지를 돌아다니며 도피한 행위로 甲을 처벌할 수 있을까? 수사기관이 동생을 피의자로 인식하게 해서 자신의 도피를 용이하게 한 행위로 甲을 처벌할 수 있을까?

해결

1. 방해범죄의 체계

가. 방해범죄 개관

방해범죄란 타인의 사무나 권리를 방해하는 범죄를 말한다. 사적 영역과 공적 영역으로 구별해서 볼 수 있다. 사적 영역의 방해범죄에는 업무방해죄(제314조), 경매·입찰방해죄(제315조), 권리행사방해죄(제323조) 등이 있다.

공적 영역의 방해범죄에는 공무방해죄, 교통방해죄(제185조), 장례식방해죄(제158조), 변사체감시방해죄(제163조), 진화·방수·수리방해죄(제169조, 제180조, 제184조), 물사용방해죄(제192조, 제193조), 가스·전기등공급방해죄(제173조) 등이 있다. 공무방해죄에는 공무집행방해죄(제136조), 직권남용권리행사방해죄(제123조), 인권옹호직무방해죄(제139조), 선거방해죄(제128조), 전시공수계약이행방해죄(제117조 제2항) 등이 있다. 범인은닉·도피죄, 위증죄, 증거인멸죄, 무고죄 등 사법방해죄도 이에 해당한다.

나. 업무방해죄(제314조)

허위의 사실 유포·위계·위력으로써 또는 컴퓨터등 정보처리장치 또는 전자기록등 특수매체기록을 손괴하거나 정보처리장치에 허위의 정보 또는 부정한 명령을 입력하거나 기타 방법으로 정보처리에 장애를 발생하게 하여 사람의 업무를 방해한 경우 성립한다.

판례는 종전 입장(95도1959)을 변경하여 공무는 업무에 포함되지 않는다고 본다(2009도4166전합).

甲이 서류배달업 회사 V가 고객으로부터 배달을 의뢰받은 서류의 포장 안에 특정종교를 비방하는 내용의 전단을 집어넣어 함께 배달되게 한 경우, 판례는 甲은 V에 대한 업무방해죄라고 본다(98도3767). 그 이유는 업무방해란 업무의 집행 자체를 방해하는 것은 물론이고 널리 업무의 경영을 저해하는 것도 포함한다는 것이다.

폭력조직의 조직원 甲은 V가 운영하는 성매매업소 입구에 조직원들을 한 줄로 세우고 소리를 지르며 영업을 방해한 경우, 업무방해죄가 성립하지 않는다(2011도7081). 사회생활상 도저히 용인될 수 없는 정도로 반사회성을 띠는 업무는 업무방해죄의 보호대상이 아니다.[1] 그런데 판례는 법원의 직무집행정지 가처분결정에 따라 집행이 정지된 업무도 업무방해죄의 업무에 해당하지 않는다고 본다(2001도5592). 이 업무는 반사회성을 띠지는 않지만 국법질서와 재판의 존엄성을 무시하는 것으로서 사실상 평온하게 이루어지는 사회적 활동의 기반이 되는 것이라 할 수 없고, 법의 보호를 받을 가치를 상실했다.

판례는 위력을 사람의 자유의사를 제압·혼란케 할 만한 일체의 세력으로 유형적이든 무형적이든 묻지 않고, 폭행·협박은 물론 사회적·경제적·정치적 지위와 권세에 의한 압박 등도 포함하는 것으로 본다(2007도6754). 교수인 甲이 출제교수들로부터 대학원신입생전형시험문제를 제출받아 학생 乙에게 그 시험문제를 알려주자 乙이 답안쪽지를 작성한 다음 이를 답안지에 그대로 베껴 써서 그 정을 모르는 시험감독관에게 제출한 경우, 甲과 乙에게 위계에 의한 업무방해죄가 성립한다고 판례는 본다(91도2211). 택시 운행업무를 방해하기 위하여 이루어진 폭행행위가 폭처법의 공동폭행에 해당하는 경우, 업무방해죄와 폭처법의 공동폭행죄의 상상적 경합이라고 판례는 본다(2012도1895). 甲이 A의 기념전시회에 참석한 손님들에게 A가 공사대금을 주지 않는다는 취지로 소리를 치며 소란을 피운 경우, 업무방해죄와 명예훼손죄의 상상적 경합이라고 판례는 본다(2005도10233).

다. 공무방해죄

폭행·협박이나 위계로써 공무원의 직무집행을 방해한 경우에 공무집행방해죄가 성립한다. 위계란 행위자가 행위목적을 이루기 위해 상대방에게 오인, 착각, 부지를 일으켜서 이를 이용하는 것을 말한다(94도2990). 따라서 위력(경찰청 민원실에서 경찰관들에게 욕설을 퍼붓고 큰소리로 행패를 부림)으로써 공무를 방해한 경우에는 공무집행방해죄는 물론 업무방해죄도 성립하지 않는다(2009도4166전합).

범죄를 저지른 甲 대신에 그 쌍둥이 동생 乙이 수사기관에 가서 자신이 범인이라고 진술하고 수사기관이 더 이상의 조사 없이 증거조사와 수사를 마친 경우는 乙에게 위계공무집행방해죄가 성립하지 않는다고 판례는 본다(76도3685).[2] 이와 달리 음주운전을 하다가 교통사고를 낸 후 처벌을 면하기 위해 타인의

---

1 이는 성매매영업이 불법이지만 조직범죄와 같은 더 큰 불법으로부터 보호해야 할 필요가 있다는 이유로 업무방해죄의 성립을 인정한 원심(2011노163. 同旨: 2008노3324)을 파기한 것이다.
2 수사기관의 불충실한 수사로서 피의자나 피의자로 자처하는 자 또는 참고인의 진술에도 불구하고, 수사기관은 피의자를 확정하고 그 피의사실을 인정할 만한 객관적인 제반증거를 수집·조사해야 할 권리와 의무가 있기 때문이다. 이렇게 보지 않으면 형사피의자나 그 밖의 모든 사람은 항상 수사기관에 대해 진실만을 진술해야 할 법률상의 의무가 있는 결과가 되는데, 이는 형사피의자와 수사기관이 대립적 위치에서 서로 공격과 방어를 할 수 있도록 한 형소법의 규정 취지와 법률에 의한 선서를 한 증인이 허위로 진술을 한 경우에 한해 위증죄가 성립된다는 형법의 규정취지에 어긋난다는 것이다. 다만 乙의 행위는 범인은닉죄의 성부가 문제되지만, 친족간특례규정의 적용을 받아 처벌되지 않는다.

혈액을 자신의 혈액인 것처럼 경찰관에게 제출하여 감정하도록 한 경우처럼 단순히 피의자가 수사기관에 대하여 허위사실을 진술하거나 자신에게 불리한 증거를 은닉하는 데 그친 것이 아니라 적극적으로 피의사실에 관한 증거를 조작하여 제출하고 충실히 수사를 하더라도 제출된 증거가 허위임을 발견하지 못할 정도에 이르렀다면 수사기관의 착오를 이용한 것으로서 위계공무집행방해죄가 성립한다(2003도 1609. 同旨: 2018도18646).

피해신고를 받고 출동한 두 명의 경찰관에게 욕설을 하면서 순차로 폭행을 하여 신고처리 및 수사업무에 관한 정당한 직무집행을 방해한 경우, 판례는 두 개의 공무집행방해죄의 상상적 경합이라고 본다(2009 도3505). 절도범인이 체포면탈의 목적으로 경찰관에게 폭행·협박하면 준강도죄와 공무집행방해죄의 상상적 경합이나, 강도가 체포면탈의 목적으로 경찰관에게 폭행·협박하면 강도죄와 공무집행방해죄의 실체적 경합이라고 판례는 본다(92도917). 절도범이 체포면탈의 목적으로 경찰관 A의 얼굴을 때려 폭행하고 발로 경찰관 B의 정강이를 차 상해를 입혔는데, 공무집행방해죄로는 기소하지 않은 경우 판례는 강도상해죄만 성립한다고 본다(2001도3447).

라. 교통방해죄

일반교통방해죄에서 교통방해 행위는 계속범의 성질을 가지는 것이어서 교통방해의 상태가 계속되는 한 위법상태는 계속 존재하므로, 교통방해를 유발한 집회에 피고인이 참가한 경우 참가 당시 이미 다른 참가자들에 의해 교통의 흐름이 차단된 상태였다고 하더라도 교통방해를 유발한 다른 참가자들과 암묵적·순차적으로 공모하여 교통방해의 위법상태를 지속시켰다고 평가할 수 있다면 피고인에게 일반교통방해죄가 성립한다고 판례는 본다(2017도9146).

마. 직권남용죄

제123조(직권남용) 공무원이 직권을 남용하여 사람으로 하여금 의무없는 일을 하게 하거나 사람의 권리 행사를 방해한 때에는 5년 이하의 징역, 10년 이하의 자격정지 또는 1천만원 이하의 벌금에 처한다.

직권남용죄는 보호법익은 국가기능의 공정한 행사와 의사결정의 자유이다. 주체는 공무원이다. 행위양태는 직권을 남용하여 의무없는 일을 강요하거나 권리행사를 방해하는 것이다. 이는 직권남용강요죄와 직권남용권리행사방해죄로 구별할 수 있다.

'직권남용'이란 공무원이 일반적 직무권한에 속하는 사항에 관하여 그 권한을 위법·부당하게 행사하는 것으로서(2018도2236전합), 형식적·외형적으로는 직무집행으로 보이나 실질은 정당한 권한 외의 행위를 하는 경우를 말한다(2011도1739). 직무가 공무원의 일반적 직무권한에 속하는 사항이라고 하기 위해서는 그에 관한 법령상 근거가 필요하나, 법령상 근거는 반드시 명문의 규정만을 요구하는 것이 아니라 명문의 규정이 없더라도 법령과 제도를 종합적·실질적으로 살펴보아 그것이 해당 공무원의 직무권한에 속한다고 해석되고, 남용된 경우 상대방으로 하여금 사실상 의무 없는 일을 하게 하거나 권리를 방해하기에 충분한 것이라고 인정되는 경우는 일반적 직무권한에 포함된다(2019도5186).

'권리행사의 방해'란 법령상 행사할 수 있는 구체화된 권리의 정당한 행사가 현실적으로 방해되는 것을 말하므로, 공무원의 직권남용행위가 있었다 할지라도 현실적으로 권리행사의 방해라는 결과가 발생하지 않았다면 직권남용권리행사방해죄의 기수를 인정할 수 없고(2007도9287), 미수범처벌규정이 없으므로 이런 경우 직권남용권리행사방해죄가 성립하지 않는다. 검찰총장관여사건[3]에서 판례는 공무상비밀누설죄와 직권남용권리행사방해죄가 성립한다고 본다(2004도5561).

2. 범인이 타인을 교사·방조하여 범한 사법방해범죄

가. 범인이 타인을 교사하여 자신을 은닉·도피하게 한 경우 은닉·도피죄의 교사범의 성부

> 제151조(범인은닉과 친족간의 특례) ① 벌금 이상의 형에 해당하는 죄를 범한 자를 은닉 또는 도피하게 한 자는 3년 이하의 징역 또는 500만원 이하의 벌금에 처한다.
> ② 친족 또는 동거의 가족이 본인을 위하여 전항의 죄를 범한 때에는 처벌하지 아니한다.

(1) 범인은닉·도피원조죄의 구성요건

범인은닉·도피원조죄는 벌금 이상의 형에 해당하는 범죄를 범한 자(곧 본범)를 타인이 은닉하거나 그 본범이 도피하게 하는 범죄이다. 본범을 돕는 방조형태의 범죄이다. 범죄의 주체가 본범이 아닌 타인이므로, 본범이 스스로 은닉하거나 도피하는 경우에는 범인은닉·도피원조죄가 성립하지 않는다. 따라서 전국 각지를 돌아다니며 도피한 甲은 무면허운전을 하다가 사고를 낸 본범이므로 범인도피원조죄로 처벌할 수 없다. 그런데 공동정범 중의 1인 甲이 다른 공동정범을 도피하게 한 경우는, 범인도피원조죄라고 판례는 본다(4290형상393). 그 이유는 타인의 범죄를 돕는 것이라는 것이다. 본범은 벌금 이상의 형에 해당하는 죄를 범한 사람을 말한다. 본범은 진범일 필요가 없고, 범죄의 혐의를 받는 자로서 수사대상일 필요도 없다(2003도4533). 불기소처분을 받은 자도 이에 해당된다(81도1931). 본범은 반드시 공소제기된 자나 나중에 유죄판결을 받은 자에 한정되지 않고 범죄의 혐의를 받아 수사 중인 자(83도1486)는 물론 아직 수사대상이 되어 있지 않은 자도 포함된다(2003도4533).

구성요건해당행위는 본범을 은닉하거나 본범이 도피하게 하는 것이다. 은닉은 장소를 제공하여 본범을 감추어주는 행위이다. 도피원조는 도피자금이나 도피수단의 제공으로 수사기관의 체포나 발견을 곤란 또는 불가능하게 하는 행위로서(2005도7528), 은닉의 방법은 제외된다(2007도11137). 따라서 본범이 아닌 자가 수사기관에서 본범임을 자처하고 허위사실을 진술하여 진범의 체포와 발견에 지장을 초래하게 한 경우 범인은닉죄가 성립한다(96도1016)고 보기도 하지만, 범인도피원조죄가 성립한다(2000도4078)고 봄이 옳다.

범인도피원조죄는 위험범으로서 현실적으로 형사사법의 작용을 방해하는 결과가 초래될 것이 요구되지는 않는다. 형사사법의 작용을 방해하는 모든 행위 내지 범인을 돕는 모든 행위가 범인도피원조죄의 구성요건에 해당한다고 본다면 일반 국민의 행동의 자유를 지나치게 제한하게 되므로, 범인도피원조행위는 적어도 함께 규정되어 있는 은닉행위에 비견될 정도로 수사기관으로 하여금 범인의

---

3 검찰총장 甲이 특정 사건에 대한 수사가 계속 진행 중인 상태에서 해당 사안에 관한 수사책임자의 잠정적인 판단 등 수사팀의 내부 상황을 확인한 뒤 그 내용을 수사 대상자 측에 전달하고, 내사 담당 검사로 하여금 내사를 중도에서 그만두고 종결처리토록 한다.

발견·체포를 곤란하게 하는 행위, 즉 범인을 도주하게 하는 행위 또는 도주하는 것을 직접적으로 용이하게 하는 행위에 한정된다고 봄이 옳다(2012도13999). 따라서 도피를 직접적 목적으로 보기 어려운 행위는 그로 인해 간접적으로 범인이 안심하여 도피할 수 있도록 도움을 주었더라도 도피행위로 볼 수 없고, 어떤 행위가 범인도피원조죄에 해당하는 것으로 보이더라도 그것이 사회적 상당성이 있는 행위는 처벌할 수 없다(93도3080).

참고인 甲이 수사기관에서 범인 아닌 다른 자를 진범이라고 내세우는 경우와 같이 적극적으로 허위의 사실을 진술하여 수사관을 기망, 착오에 빠지게 함으로써 범인의 발견, 체포에 지장을 초래케 하는 경우는 범인도피원조죄가 성립하지만, 참고인 甲이 수사기관에서 진술을 할 때 범인으로 체포된 乙과 자신이 목격한 범인이 동일함에도 불구하고 동일한 사람이 아니라고 소극적인 허위진술을 하여 증거가 불충분하게 되어 乙이 석방된 경우는 범인도피원조죄가 성립하지 않는다(85도897). 이와 같은 취지에서 게임장의 종업원이 단순히 실제 업주라고 허위로 진술하는 것만으로는 부족하고 게임장 등의 운영 경위, 자금 출처, 게임기 등의 구입 경위, 점포의 임대차계약 체결 경위 등에 관해서까지 적극적으로 허위로 진술하거나 허위 자료를 제시하여 그 결과 수사기관이 실제 업주를 발견 또는 체포하는 것이 곤란 내지 불가능하게 될 정도에까지 이른 것으로 평가될 수 있어야 범인도피원조죄가 성립한다(2009도10709; 2012도13999).

A의 사기범행을 甲이 자신이 한 것이라고 수사기관에 가서 허위로 자백한 이후에 甲의 변호인으로 선임된 乙이 甲의 허위자백을 유지하게 하면서 乙이 범인도피원조행위를 계속한 경우 乙은 甲과 함께 공동정범이 성립한다(2012도6027). 범인도피원조죄는 범인을 도피하게 함으로써 기수에 이르지만, 범인도피원조행위가 계속되는 동안에는 범죄행위도 계속되고 행위가 끝날 때 비로소 범죄행위가 종료되기 때문이다.

(2) 본범이 자신의 은닉·도피원조에 타인을 가담시킨 경우 본범의 형사책임

본범 甲이 乙을 교사하여 乙이 甲을 은닉한 경우 또는 본범 甲이 乙을 교사하여 乙이 甲의 도피를 원조한 경우(이른바 자기은닉·도피원조의 교사), 乙에게는 범인은닉·도피원조죄가 성립한다. 그렇다면 甲에게는 범인은닉·도피원조죄의 교사범이 성립하는가? 이에 관해 다툼이 있다.

판례는 범인은닉·도피원조죄가 일방불벌인 대향범인지는 언급하지 않고, 범인이 갖는 방어권을 남용한 경우에는 이를 인정한다. 판례는 본범 甲이 도피 중 평소 가깝게 지내던 후배 乙에게 요청하여 대포폰을 개설하여 받고, 乙에게 전화를 걸어 자신이 있는 곳으로 오도록 한 다음 乙이 운전하는 자동차를 타고 청주시 일대를 이동하여 다닌 경우에는 甲을 범인도피원조죄의 교사범으로 처벌할 수 없다고 보는 반면(2013도12079), 본범 甲이 자신을 위해 乙이 허위의 자백을 하게 하여 범인도피원조죄를 범하게 한 경우에는, 甲에게 범인도피원조죄의 교사범이 성립한다고 본다(2000도20. 同旨: 2008도7647). 그 이유는 방어권의 남용이라고 볼 수 있는지 여부는, 범인도피원조행위의 태양과 내용, 범인과 행위자의 관계, 행위 당시의 구체적인 상황, 형사사법의 작용에 영향을 미칠 수 있는 위험성의 정도 등을 종합하여 판단해야 하는데, 전자의 경우는 형사사법에 중대한 장애를 초래한다고 보기 어려운 통상적 도피의 한 유형으로 봐야 하지만, 후자의 경우에는 범인이 갖는 방어권의 한계를 넘었다는 것이다. 이런 판례의 입장과 달리 후자의 경우도 범인의 방어권의 행사이고 본죄의 정범이 될 수 없는 사람을 교사범으로 보는 것은 모순이라는 이유로 범인도피원조죄의 교사범을 부정하는 견해도 있다.

그런데 필요적 공범 개념에 관해 다툼이 있지만, 판례처럼 '대향된 행위의 존재를 필요로 하는 관계'로 이해하면 '본범을 은닉 또는 도피하게 한 자'를 처벌하는 형법의 범인은닉·도피원조죄도 필요적 공범으로 볼 수 있다. 범인은닉죄는 범인이 은닉을 당하는 행위의 존재를 필요로 하고, 또 범인도피는 정확히 말하면 '도피하게 하는' 것이므로 범인의 도피행위와 이를 하게 하는, 다시 말해 돕는 행위가 필요하기 때문이다. 이렇게 보면 판례처럼 범인도피죄로 부르는 것(2000도4078)은 옳지 않고 범인도피원조죄라고 불러야 하고, 이처럼 범인은닉죄와 범인도피원조죄를 일방불벌인 대향범으로 보면, 위 사건에서 판례가 甲에게 범인도피죄의 교사범을 인정한 것은 필요적 공범 내부자에 대해서는 형법총칙의 공범규정을 적용할 수 없다는 다수의 판례와 모순된다고 볼 수 있다.

(3) 범인은닉·도피원조죄에 관한 친족간특례규정

범인은닉·도피원조죄(제151조)가 친족 또는 동거가족을 위해서 범한 것이면 처벌하지 않는다. 친족이나 동거가족 사이의 본능적인 상호보호욕구를 무시할 수 없다고 본 것이다. 사실혼관계에 있는 자는 민법 소정의 친족이라 할 수 없어 이 규정의 친족에 해당하지 않는다고 판례는 본다(2003도4533). 그러나 이런 본능적인 상호보호욕구는 사실혼관계에 있는 가족 사이에도 인정할 수 있으므로, 이 규정은 사실혼관계에 따른 가족에 대해서도 적용된다고 본다.

앞의 진범대신출두사건에서 甲에게 범인도피원조죄의 교사범이 성립한다(2005도3707). 이는 방어권의 한계를 넘은 것으로서, 피교사자가 처벌을 받지 않는 친족 또는 동거가족에 해당한다고 하여 달리 볼 수는 없기 때문이다. 그런데 '처벌하지 아니한다'의 의미를 책임조각으로 보면서 공범의 종속성에 관한 극단종속형식에 따르면 판례처럼 제31조의 교사범을 인정할 수 없고, 책임조각에 따라 '처벌되지 않는 자'를 교사한 것이므로 제34조의 간접정범이 인정된다.

나. 타인을 교사하여 자신의 형사사건에 관한 증거를 인멸하게 한 경우

> **제155조(증거인멸등과 친족간의 특례)** ① 타인의 형사사건 또는 징계사건에 관한 증거를 인멸, 은닉, 위조 또는 변조하거나 위조 또는 변조한 증거를 사용한 자는 5년 이하의 징역 또는 700만원 이하의 벌금에 처한다.
> ② 타인의 형사사건 또는 징계사건에 관한 증인을 은닉 또는 도피하게 한 자도 제1항의 형과 같다.
> ③ 피고인, 피의자 또는 징계혐의자를 모해할 목적으로 전2항의 죄를 범한 자는 10년 이하의 징역에 처한다.
> ④ 친족 또는 동거의 가족이 본인을 위하여 본조의 죄를 범한 때에는 처벌하지 아니한다.

(1) 증거인멸등죄와 증인은닉·도피원조죄

증거인멸등죄는 타인의 형사사건 또는 징계사건(이하 '타인 사건')에 관한 증거를 인멸 등의 행위를 하는 범죄이다. 여기서 징계사건에는 사인(私人) 간 징계사건은 포함되지 않는다(2007도4191). 그 이유는 국가의 형사사법작용 내지 징계작용을 그 보호법익으로 하므로, '징계사건'에는 국가의 징계사건에 한정해야 한다는 것이다.

증인은닉·도피원조죄는 타인 사건에 관한 증인을 은닉 또는 도피하게 하는 범죄이다.

(2) 증거인멸등죄의 객체: 타인 사건의 증거

증거인멸등죄의 객체는 '타인 사건'의 증거이므로 자기 사건의 증거를 인멸한 경우는 증거인멸죄가 성립하지 않는다. 그러나 타인을 교사하여 자신의 형사사건에 관한 증거를 인멸하게 한 경우는, 증거인멸죄의 교사범이 성립한다(65도826전합; 99도5275). 타인을 개입시켜서 증거를 인멸한 경우이기 때문이다. 따라서 공범 甲이 다른 공범 乙의 형사사건에 관한 증거를 인멸한 경우에도 공범 乙만을 위한 것이면 증거인멸죄가 성립하지만 甲 자신에게도 이익이 되면 증거인멸죄가 불성립한다(94도2608; 75도1446).

같은 맥락에서 甲이 乙을 교사하여 甲과 乙의 공범관계에 있는 문서손괴죄의 증거를 변조 및 사용하게 한 경우,[4] 甲에게 증거변조 및 동행사죄의 교사범도 간접정범도 성립할 수 없다(2009도13151). 甲 자신의 사건이므로 증거변조 및 동행사죄의 정범이 될 수 없고, 乙도 자신의 사건의 증거를 변조 및 사용한 것이므로 乙에게도 증거변조 및 동행사죄를 인정할 수 없는데, 그렇다면 甲은 자기 방어권 행사를 위해 제3자로 하여금 새로운 범죄를 저지르게 함으로써 자기 방어권의 한계를 일탈하여 새로이 국가의 형사사법기능을 침해한 경우라고 볼 수도 없어서 증거변조죄와 변조증거행사죄의 교사범도 인정할 수 없기 때문이다.

(3) 증거인멸등죄의 행위: 인멸, 은닉, 위조, 변조, 위·변조 증거 사용

참고인이 수사기관에서 가서 타인의 사건에 관해 허위진술을 하거나 허위의 사실확인서 제출한 경우,[5] 진술 내용만이 증거자료가 되는 것이고 또 증거 자체를 위조한 것이 아니므로 증거위조죄가 성립하지 않는다(94도3412).

그러나 참고인이 타인 사건에 관해 제3자와 대화를 하면서 허위로 진술하고 이를 녹음한 파일이나 그 녹취록의 경우에는 진술 내용만이 아니라 녹음 당시의 현장음향 및 제3자의 진술 모두가 증거자료가 되므로 허위진술녹취사건[6]에서 乙에게는 증거위조죄가, 甲에게는 증거위조죄의 교사범이 각각 성립한다(2013도8085).

사실의 증명을 위해 작성된 문서가 그 사실에 관한 내용이나 작성명의 등에 아무런 허위가 없다면 증거위조에 해당한다고 볼 수 없고, 그 문서가 타인 사건에서 허위의 주장에 관한 증거로 제출되어 그 주장을 뒷받침하게 되더라도 마찬가지이다(2020도2642).

---

4 노동조합 지부장 甲은 업무상횡령 혐의로 조합원들로부터 고발을 당하자 乙과 공동하여 조합 회계서류를 무단 폐기하여 문서손괴죄를 범한 후 그 폐기에 정당한 근거가 있는 것처럼 乙로 하여금 조합 회의록을 조작하여 수사기관에 제출하도록 하였다.

5 이 경우 위계에 의한 공무집행방해죄도 성립하지 않는다(76도3685). 수사기관은 범죄사건을 수사하면서 피의자나 피의자로 자처하는 자 또는 참고인의 진술에도 불구하고 피의자를 확정하고 그 피의사실을 인정할 만한 객관적인 제반증거를 수집·조사하여야 할 권리와 의무가 있기 때문이다.

6 甲이 친딸 A에 대한 강간죄로 재판을 받던 중 누나인 乙로 하여금 A가 乙의 딸 B와 대화를 하면서 '아빠가 때려서 그것 때문에 화나서 아빠가 몸에다 손댔다고 거짓말하였다'는 취지로 허위진술하는 것을 乙의 휴대폰에 녹음하게 한 후 그 녹취록을 만들어 담당재판부에 증거로 제출하게 한다.

다. 타인을 교사하여 자신의 형사사건에 관해 위증을 하게 한 경우

> 제152조(위증, 모해위증) ① 법률에 의하여 선서한 증인이 허위의 진술을 한 때에는 5년 이하의 징역 또
> 는 1천만원 이하의 벌금에 처한다.
> ② 형사사건 또는 징계사건에 관하여 피고인, 피의자 또는 징계혐의자를 모해할 목적으로 전항의 죄를
> 범한 때에는 10년 이하의 징역에 처한다.
> 제153조(자백, 자수) 전조의 죄를 범한 자가 그 공술한 사건의 재판 또는 징계처분이 확정되기 전에 자백
> 또는 자수한 때에는 그 형을 감경 또는 면제한다.

(1) 위증죄의 주체: 법률에 의하여 선서한 증인

위증의 벌을 경고받지 않고 선서한 후 증언하였지만 선서서 낭독 과정에서 이를 충분히 알 수 있었
던 경우는 '법률에 의하여 선서한 증인'에 해당한다(2008도942전합).

제3자가 심문절차로 진행되는 가처분 신청사건에서 증인으로 출석하여 선서를 하고 허위의 진술을
한 경우, 위증죄가 아니라고 판례는 본다(2003도180). 그 이유는 가처분사건이 변론절차로 진행될
때에는 제3자를 증인으로 선서하게 하고 증언하게 할 수 있으나 심문절차에 의할 경우에는 법률상
명문의 규정도 없고, 민소법의 증인신문에 관한 규정이 준용되지도 않으므로 선서를 하게 하고 증언
을 시킬 수 없어서, 그 선서는 무효라는 것이다.

(2) 위증죄의 행위: 허위의 진술

위증죄는 법률에 의하여 선서한 증인이 타인의 형사사건에 관해 허위의 진술을 하는 범죄이다. 여기
서 허위란 객관적 진실인지 여부에 관계없이 기억에 반한다는 것을 의미한다. 이러한 입장을 주관설
이라고 한다. 판례도 이 입장이다(88도580).

甲이 자기의 형사사건에 관하여 타인을 교사하여 위증죄를 범하게 한 경우 방어권의 남용으로서,
위증죄의 교사범이 성립한다고 판례는 본다(2003도5114). 이는 부정함이 옳다고 본다. 이는 자기
비호이고, 피고인의 증인적격은 부정되며, 자기의 형사사건에 관한 증거인멸은 처벌하지 않기 때문
이다.

자신의 강도상해 범행을 일관되게 부인하였지만 유죄판결이 확정된 甲이 공범의 형사사건에서도 자
신의 범행을 부인하는 증언을 한 경우, 甲에게 증언거부권[7]이 없다고 할지라도 甲은 일사부재리원칙
에 따라 다시 처벌되지 않으므로 사실대로 말할 것을 기대할 수 있다는 이유로 판례는 위증죄를 인
정한다(2005도10101).[8]

(3) 증언거부권과 허위의 진술

소송절차가 분리된 공범인 공동피고인이 증언거부권을 고지받은 상태에서 자기의 범죄사실에 대하
여 증언거부권을 행사하지 않은 채 허위로 진술한 경우, 위증죄가 성립한다고 판례는 본다(2012도

---

7 증인은 자신이나 근친의 형사책임 또는 타인의 비밀과 관련된 증언은 거부할 수 있다(제148조 제1항, 제149조).
8 원심은 공동피고인의 경우와 달리 형소법의 증언거부권이 없어서 위증죄로부터의 탈출구가 없으므로 甲에게 사실대
로 진술할 것에 대한 기대가능성이 부정된다는 이유로 위증죄를 부정한다(2005노3276).

6848). 그러나 증인의 지위보다 피고인의 지위를 우선해야 하므로 자기의 범죄와 관련해서는 자기부죄금지특권이 인정되고 방어권의 행사로 볼 수 있으므로 위증죄가 성립하지 않는다는 하급심판례가 나왔다(2021노2431).

그런데 판례는 증언거부권을 고지받지 않았더라도 그 진술이 자신의 진정한 의사에 의한 것이어서 증언거부권의 행사에 사실상 장애가 초래되었다고 볼 수 없다면 위증죄가 성립한다고 본다(2008도842전합). 이에 따라 전처위증사건[9]에서 甲의 위증죄를 인정한다(2007도6273). 甲은 증언거부권을 알았다면 증언을 거부했을 것이냐는 재판장의 신문에 알았더라도 증언했을 것이라는 취지의 답변을 한 것으로 보아 증언거부권의 불고지로 甲의 증언거부권이 사실상 침해당한 것으로 볼 수 없다는 것이다. 같은 취지에서 범행을 하지 않은 자가 범인으로 공소제기되어 피고인의 지위에서 범행사실을 허위자백한 후 공범에 대한 증인으로 신문을 받으면서 증언거부권의 고지받지 않은 상태에서 증언거부권을 행사하지 않은 채 그 공범과 함께 범행하였다고 허위의 진술을 한 경우에도 위증죄가 성립한다고 판례는 본다(2010도10028).

이와 달리 甲이 2006년 8월 부산 해운대 근처에서 乙과 시비가 붙어 팔을 잡아끌고 눈을 찌를 듯한 위협을 하여 乙과 함께 쌍방 상해 혐의로 기소되어 甲은 자신은 폭행한 사실이 없다고 주장했고, 이후 변론이 분리되어 甲이 乙의 상해사건의 피해자로서 증인으로 출석해 신문을 받게 되었는데, 이때 다시 자신의 폭행사실 여부에 관해 신문을 받자 증언거부권을 고지받지 않은 채 종전 주장을 되풀이하여, 상해 혐의로 2008년 1월 벌금 50만원의 확정판결을 받은 후 위증혐의로 다시 기소된 사건에서 판례는 위증죄를 부정한다(2008도942전합). 이 경우에는 증언거부권을 고지하지 않았더라면 甲이 침묵하였을 것이라고 봐야 하고, 따라서 사실상 증인보호에 장애가 발생했다는 것이다.

라. 타인을 교사하여 자신을 무고하게 한 경우

> 제156조(무고) 타인으로 하여금 형사처분 또는 징계처분을 받게 할 목적으로 공무소 또는 공무원에 대하여 허위의 사실을 신고한 자는 10년 이하의 징역 또는 1천500만원 이하의 벌금에 처한다.
>
> 제157조(자백·자수) 제153조는 전조에 준용한다.

(1) 무고죄의 보호법익

무고죄의 보호법익은 국가의 사법기능 또는 징계기능과 피무고자의 개인적 법익이다. 국가의 형사사법권의 적정한 행사가 저해될 위험(2006도3631), 피무고자가 형사처분 또는 징계처분을 받게 될 위험(96도771)을 예방하기 위한 위험범이다. 따라서 甲이 V를 허위로 고소한 후 V와 합의가 이루어지자 수사기관의 고소인 소환에 불응해 사실상 고소 취소가 된 경우에도 무고죄가 성립한다(2006도3631). 고소 당시에 이미 국가의 형사사법권의 적정한 행사가 저해될 위험이 발생했기 때문이다.

---

9 乙은 2005년 11월 새벽 술에 취한 상태에서 슈퍼마켓 앞쪽 쓰레기더미를 들이받은 후 자신의 음주사실을 감추기 위해 조수석에 앉아있던 전처 甲을 운전석으로 옮겨 앉게 했음에도 불구하고, 乙은 자신이 운전한 것이 아니라 甲이 운전하던 차에 탔을 뿐이라고 공소사실을 적극 부인하고, 甲도 증인으로 출석해 자신이 운전하다가 사고를 낸 것이라고 하였지만 증인신문 전에 증언거부권을 고지받지 못한다.

사립학교 교원에 대한 학교법인이나 사립학교경영자(학교법인등)의 징계처분은 무고죄의 징계처분에 해당하지 않는다고 판례는 본다(2014도6377). 징계처분이란 공법상의 감독관계에서 질서유지를 위해 부과하는 신분적 제재를 의미하는데, 학교법인등에 대해서 국가 등의 지도·감독과 지원 및 규제가 행해지고, 사립학교 교원의 자격, 복무 및 신분을 공무원인 국·공립학교 교원에 준하여 보장하고 있지만, 학교법인등과 사립학교 교원의 법률관계는 사법상 법률관계에 해당한다는 것이다. 변호사의 징계도 무고죄의 징계에 해당한다(2010도10202).

(2) 무고죄에서 '허위의 사실'의 의미

무고죄는 타인으로 하여금 형사처분 또는 징계처분을 받게 할 목적으로 공무소 또는 공무원에게 허위의 사실을 신고하는 범죄이다. 여기서 허위란 객관적 진실에 반하는 것을 말한다. 따라서 신고자가 그 신고내용을 허위라고 믿었다 하더라도 그것이 객관적으로 진실한 사실에 부합할 때에는 허위사실의 신고에 해당하지 않아 무고죄는 성립하지 않는다(91도1950).

甲 자신이 상대방의 범행에 공범으로 가담하였음에도 자신의 가담사실을 숨기고 상대방만을 고소한 경우, 甲의 고소내용이 상대방의 범행 부분에 관한 한 진실에 부합하므로 이를 허위의 사실로 볼 수 없고, 상대방의 범행에 甲이 공범으로 가담한 사실을 숨겼다고 하여도 그것이 상대방에 대한 관계에서 독립하여 형사처분 등의 대상이 되지 아니할뿐더러 전체적으로 보아 상대방의 범죄사실의 성립 여부에 직접 영향을 줄 정도에 이르지 아니하는 내용에 관계되는 것이므로 무고죄가 성립하지 않는다(2008도3754).

"피고소인이 송이의 채취권을 이중으로 양도하여 손해를 입었으니 엄벌하여 달라"는 내용의 고소사실이 횡령죄나 배임죄 기타 형사범죄를 구성하지 않는 내용의 신고에 불과한 경우에는 그 신고 내용이 허위일지라도 무고죄가 성립할 수 없다고 판례는 본다(2006도558). 곧 허위의 사실일지라도 그 사실이 형법의 범죄에 해당하지 않으면 무고죄가 아니라는 것이다(2007도9057). 다만 무고할 당시에는 신고 내용이 형사처분의 대상이 될 수 있었지만, 이후 판례가 변경되어 형사범죄가 아니게 된 경우에는 무고죄가 성립한다고 판례는 본다(2015도15398). 허위로 신고한 사실이 무고행위 당시 형사처분의 대상이 될 수 있었다면 국가의 형사사법권의 적정한 행사를 그르치게 할 위험과 부당하게 처벌받지 않을 개인의 법적 안정성이 침해될 위험이 이미 발생하였으므로 무고죄는 기수에 이르고, 판례변경이 이미 성립한 무고죄에 영향을 미치지 않는다는 것이다.

도박자금으로 빌려주었다가 돌려받지 못하게 되자 사기죄로 고소하면서 도박자금이 아니라 대여금으로 빌려주었는데 변제하지 않고 있으니 처벌하여 달라고 한 경우처럼 신고사실의 일부가 허위이지만 그 허위사실이 변제의사나 능력의 유무와 관련성이 크지 않아서 사기죄의 성부에 영향을 줄 정도가 아니거나(2011도3489: 내비게이션 구입에 필요한 자금이라고 허위 기재하고, 대여의 일시·장소도 허위 기재) 단지 신고사실을 과장한 것에 불과한 경우에는 무고죄가 성립하지 않지만, 허위사실로 인해 국가의 심판작용을 그르치거나 부당하게 처벌을 받지 않을 개인의 법적 안정성을 침해할 우려가 있을 정도로 고소사실 전체의 성질을 변경시키는 경우(2003도7178: 대여의 일시·장소를 허위 기재함은 물론 사고가 나서 급해서 그러니 금전을 빌려주면 다음 날 아침에 카드로 현금서비스를 받아 갚아 주겠다고 허위 기재)에는 무고죄가 성립한다고 판례는 본다.

허위사실의 신고일지라도 신고내용 자체로도 공소시효가 완성되었음이 분명한 경우에는 무고죄가 부정된다고 판례는 본다(93도3445). 그러나 공소시효가 지났음에도 불구하고 지나지 않은 것처럼 고소한 경우에는 무고죄라고 판례는 본다(95도1908). 폭행 일시를 특정하지 않은 고소장을 경찰서 민원실에 제출한 후, 보충진술 때 그 폭행 일시를 특정하여 폭행죄의 공소시효기간인 3년이 지나지 않은 것으로 하였지만, 그 이후 수사기관과 법원에서 폭행 일시를 사실대로 정정한 경우에도, 무고 죄라고 판례는 본다(2007도11153). 그러나 공소시효의 완성 여부는 수사기관이 확인해야 하는 법 률적 사항이므로 무고죄의 성립을 부정함이 옳다.

(3) 자기무고의 방조

무고죄의 주체에는 제한이 없다. 그러나 스스로 본인을 무고하는 이른바 '자기무고'는, 무고죄가 아 니라고 판례는 본다(2008도4852). 그 이유는 무고죄는 국가의 형사사법권 또는 징계권의 적정한 행사를 주된 보호법익으로 하는 죄이지만, 피무고자 개인의 부당한 형사처분 또는 징계처분으로부 터 보호에도 그 목적이 있으므로, 이 경우는 무고죄의 구성요건에 해당하지 않는다는 것이다.

자기무고방조사건[10]에서 乙은 무고죄, 甲은 무고죄의 방조범이라고 판례는 본다(2008도4852). 그 러나 A가 자기 자신을 무고하기로 제3자와 공모하고 이에 따라 A가 무고행위에 가담한 경우(A와 제3자의 공모 아래 제3자는 A를 허위로 고소하고 A는 수사기관의 예상질문에 대한 답변을 준비한 사건), 자기무고는 무고죄의 구성요건해당성이 부정되므로 A를 무고죄의 공동정범으로 처벌할 수 없다고 본다(2013도12592).

기출문제 ___ ✎

범인도피 원조죄	1. 범인이 타인으로 하여금 허위의 자백을 하게 하는 등으로 범인도피죄를 범하게 하는 경우와 같이 그것이 방어권의 남용으로 볼 수 있을 때에는 범인도피교사죄에 해당할 수 있다. [2020년 1차 순경시험 형법 문20] [2020년 경찰간부후보생시험 형법 문37] [2008년 사법시험 형법 문16]
	2. 범인도피죄는 범인을 도피하게 함으로써 기수에 이르지만 범인도피행위가 계속되는 동안에는 범죄행위 도 계속되고 행위가 끝날 때 비로소 범죄행위가 종료되며, 공범자의 범인도피행위 도중에 그 범행을 인식 하면서 그와 공동의 범의를 가지고 기왕의 범인도피상태를 이용하여 스스로 범인도피행위를 계속한 자에 대하여는 범인도피죄의 공동정범이 성립한다. [2020년 1차 순경시험 형법 문20]
	3. 범인 스스로가 도피한 때에는 범인도피죄가 성립하지 않으나, 공동정범 중의 한 사람이 다른 공범을 도피 하게 한 때에는 범인도피죄가 성립한다. [2008년 사법시험 형법 문16]

---

10 피무고자의 교사·방조 아래 무고자가 피무고자에 대한 허위의 사실을 신고한 경우, 예컨대 甲은 A로부터 회사운영 자금을 차용하면서 2004. 1. 18.경 채무의 담보명목으로 약속어음을 발행하고, 乙은 위 약속어음 표면에 보증의 의사로 자신의 주소를 기재한 후 서명날인했는데, A가 위 차용금 채무의 불이행을 이유로 위 약속어음 공정증서(강 제집행을 승낙하는 취지)를 집행권원으로 乙소유의 부동산에 강제경매를 신청하자, 甲과 乙은 이를 면하기 위해 乙 이 甲과 A를 유가증권위조라는 허위사실로 고소할 때 甲이 乙에게 그 유가증권이 위조된 것임을 확인하는 서면을 작성하여 甲이 자신을 무고하는 乙의 행위를 방조.

위증죄	4. 자기의 형사사건에 관하여 타인을 교사하여 위증을 하게 하는 것은 피고인의 형사사건의 방어권 행사와 동일한 의미이므로 위증교사의 책임을 지지 않는다. [2013년 변호사시험 형사법 문4]
	5. 위증죄에서 허위의 진술이란 그 객관적 사실이 허위라는 것이 아니라 스스로 체험한 사실을 기억에 반하여 진술하는 것을 뜻한다. [2013년 변호사시험 형법 문4]
	6. 자신의 강도상해 범행을 일관되게 부인하였으나 유죄판결이 확정된 甲이 별건으로 공소제기된 강도상해 공범 乙의 형사사건에서 범행 사실을 부인하는 증언을 한 경우, 甲에게는 사실대로 진술할 기대가능성이 있으므로 위증죄가 성립한다. [2013년 사법시험 형법 문37] 6-1. 자신의 강도상해 범행을 일관되게 부인하였으나 유죄판결이 확정된 자가, 별건으로 기소된 공범의 형사사건에서 자신의 범행사실을 부인하는 증언을 한 경우에는 사실대로 진술할 기대가능성이 있다고 할 수 없다. [2018년 변호사시험 형사법 문14] [2019년 국가직 형법 9급 문6]
	7. 증언거부권자가 증언거부권을 고지받지 못하고 허위진술한 경우라도 증언거부권을 고지받았어도 그와 같이 증언했을 것이라는 취지의 증언거부권자의 진술 내용이 있다면 위증죄가 성립하지 않는다. [2013년 사법시험 문37]
증거 인멸죄	8. 자기의 형사사건에 관한 증거를 인멸하기 위하여 타인을 교사하여 증거인멸죄를 범하게 한 자에 대하여는 증거인멸교사죄가 성립한다. [2015년 변호사시험 문19] [2005년 사법시험 문4]

🔒 **정답 및 해설**

1. ○(2000도20),   2. ○(2012도6027: 乙의 사기범행을 甲이 했다고 수사기관에 허위자백한 이후에 甲의 변호인으로 선임된 丙이 甲의 허위자백을 유지하게 하면서 스스로 범인도피행위를 계속한 경우 丙은 甲과 함께 공동정범이 될 수 있다고 본 사건),   3. ○(4290형상393),   4. ×(2003도5114: 방어권의 남용으로서 위증죄의 교사범 성립),   5. ○(90도448: 기억에 반하는 허위의 진술을 하면 위증죄 성립. 이런 점에서 객관적 진실에 반하는 것을 신고하는 무고죄와 구별),   6. ○,   6-1. ×(2005도10101),   7. ×(2008도942전합),   8. ○(65도826전합; 99도5275: 방어권의 한계를 넘은 것)

01 다음 기술 중 옳지 않은 것은? (다툼이 있는 경우에는 판례에 의함)   2010년 사법시험 형법 문40(배점 2)

① 범죄피해신고를 받고 출동한 두 명의 경찰관에게 욕설을 하면서 순차로 폭행을 하여 신고처리 및 수사 업무에 관한 정당한 직무집행을 방해한 경우, 두 경찰관에 대한 공무집행방해죄는 실체적 경합관계에 있다.

② 불법주차 단속권한이 없는 야간 당직 근무 중인 구청 소속 청원경찰에게 불법주차 단속을 요구하였으나 그 청원경찰이 현장을 확인만 하고 주간 근무자에게 전달하여 단속하겠다고 했다는 이유로 민원인이 청원경찰을 폭행한 경우, 그 민원인에게는 공무집행방해죄가 성립한다.

③ 폭행·협박에 이르지 않는 정도의 위력으로 공무원이 직무상 수행하는 공무를 방해한 경우 공무집행방해죄는 물론 업무방해죄로도 처벌하지 못한다.

④ 변호사가 접견을 핑계로 수용자를 위하여 휴대전화와 증권거래용 단말기를 구치소 내에 사실상 적발하기 어려운 방법으로 반입하여 이용하게 한 행위는 위계에 의한 공무집행방해죄에 해당한다.

⑤ 민사소송을 제기함에 있어 피고의 주소를 허위로 기재하여 법원공무원으로 하여금 변론기일소환장 등을 허위주소로 송달케 하였다는 사실만으로는 위계에 의한 공무집행방해죄가 성립하지 않는다.

① ×(2009도3505: 상상적 경합), ② ○(2008도9919), ③ ○(2009도4166전합), ④ ○(2005도1731), ⑤ ○(96도312)

정답 ①

02 교통방해의 죄에 대한 설명으로 옳지 않은 것은?
2023년 국가직 9급 형법 문13

① 일반교통방해죄는 추상적 위험범으로서 교통이 불가능하거나 또는 현저히 곤란한 상태가 발생하면 바로 기수가 되고 교통방해의 결과가 현실적으로 발생하여야 하는 것은 아니다.

② 집회 또는 시위가 신고된 내용과 다소 다르게 행해졌으나 신고된 범위를 현저히 일탈하지 않는 경우, 그로 인하여 도로의 교통이 방해를 받았다고 하더라도 특별한 사정이 없는 한 일반교통방해죄가 성립하지 않는다.

③ 일반교통방해죄는 즉시범이므로 일단 동 죄의 기수에 이르렀다면 기수 이후 그러한 교통방해의 위법상태가 제거되기 전에 교통방해행위에 가담한 자는 일반교통방해죄의 공동정범이 될 수 없다.

④ 업무상과실로 인하여 교량을 손괴하여 자동차의 교통을 방해하고 그 결과 자동차를 추락시킨 경우, 업무상과실일반교통방해죄와 업무상과실자동차추락죄가 각각 성립하고 양 죄는 상상적 경합관계에 있다.

③ ×(2017도9146: 일반교통방해죄는 계속범)

정답 ③

03 「형법」 제123조 직권남용죄에 대한 설명으로 옳지 않은 것은?
2023년 국가직 7급 형법 문17

① 직권남용죄가 성립하기 위해서는 현실적으로 다른 사람이 의무 없는 일을 하였거나 다른 사람의 구체적인 권리행사가 방해되는 결과가 발생하여야 하며, 또한 그 결과의 발생은 직권남용 행위로 인한 것이어야 한다.

② 직권남용은 공무원이 그의 일반적 권한에 속하는 사항에 관하여 그것을 불법하게 행사하는 것, 즉 형식적·외형적으로는 직무집행으로 보이나 실질적으로는 정당한 권한 외의 행위를 하는 경우를 의미한다.

③ 직권남용죄에 있어 의무 없는 일에 해당하는지는 직권을 남용하였는지와 별도로 상대방이 그러한 일을 할 법령상 의무가 있는지를 살펴 개별적으로 판단하여야 한다.

④ 직무집행의 기준과 절차가 법령에 구체적으로 명시되어 있고 실무 담당자에게도 직무집행의 기준을 적용하고 절차에 관여할 고유한 권한과 역할이 부여되어 있다면 공무원이 실무 담당자로 하여금 그러한 기준과 절차를 위반하여 직무집행을 보조하게 한 경우에는 '의무 없는 일을 하게 한 때'에 해당한다고 할 수 없으나, 공무원이 자신의 직무권한에 속하는 사항에 관하여 실무 담당자로 하여금 그 직무집행을 보조하는 사실행위를 하도록 하였다면 원칙적으로 '의무 없는 일을 하게 한 때'에 해당한다.

④ ×(2021도2030: 공무원이 자신의 직무권한에 속하는 사항에 관하여 실무담당자로 하여금 그 직무집행을 보조하는 사실행위를 하도록 하더라도 이는 공무원 자신의 직무집행으로 귀결될 뿐이므로 원칙적으로 의무 없는 일을 하게 한 때에 해당하지 않음), ① ○(2007도9287), ② ○(2011도1739), ③ ○(2019도5186)

정답 ④

04 범인도피죄에 대한 설명으로 옳은 것은?　　　　　　　　　　　　　　　　2023년 국가직 7급 형법 문20

① '도피하게 하는 행위'란 은닉을 포함하여 범인에 대한 수사, 재판, 형의 집행 등 형사사법의 작용을 곤란하게 하거나 불가능하게 하는 일체의 행위를 말한다.

② 범인이 자신을 위하여 타인으로 하여금 허위의 자백을 하게 하여 범인도피죄를 범하게 하는 행위는 방어권의 남용으로 범인도피교사죄에 해당하지만, 그 타인이 「형법」 제151조 제2항에 의하여 처벌을 받지 아니하는 친족 또는 동거 가족에 해당한다면 범인도피교사죄에 해당하지 않는다.

③ 甲이 참고인조사절차에서 자기의 범행을 구성하는 사실관계에 관하여 허위로 진술함으로써 공범 乙을 도피하게 하는 결과가 된다고 하더라도 범인도피죄로 처벌할 수 없으며, 이때 乙이 甲에게 이러한 행위를 교사하였더라도 乙에게는 범인도피교사죄가 성립하지 않는다.

④ 참고인이 수사기관에서 범인에 관하여 조사를 받으면서 그가 알고 있는 사실을 묵비하거나 허위로 진술한 경우, 그것이 적극적으로 수사기관을 기만하여 착오에 빠지게 함으로써 범인의 발견 또는 체포를 곤란 내지 불가능하게 할 정도의 것이라 하더라도 그 참고인에게는 범인도피죄가 성립하지 않는다.

③ ○(2015도20396), ① ×(2007도11137: 도피는 은닉 이외의 방법을 의미), ② ×(2005도3707: 범인도피교사죄 성립), ④ ×(2009도10709; 2012도13999: 범인도피죄 성립)

정답 ③

05 국가적 법익에 대한 죄에 관한 설명 중 옳지 않은 것은? (다툼이 있는 경우 판례에 의함)

2023년 변호사시험 형사법 문20

① 수의계약을 체결하는 공무원이 공사업자와 계약금액을 부풀려서 계약하고 부풀린 금액을 자신이 되돌려 받기로 사전에 약정한 다음 그에 따라 수수한 돈은 성격상 뇌물이 아니고 횡령금에 해당한다.

② 참고인이 타인의 형사사건 등에 관하여 제3자와 대화를 하면서 허위로 진술하고 위와 같은 허위 진술이 담긴 대화 내용을 녹음한 녹음파일 또는 이를 녹취한 녹취록을 만들어 수사기관에 제출한 것은 증거위조죄를 구성하지 않는다.

③ 공무상비밀누설죄에서의 '법령에 의한 직무상 비밀'이란 반드시 법령에 의하여 비밀로 규정되었거나 비밀로 분류 명시된 사항에 한정되지는 않는다.

④ 무고죄에서의 '징계처분'은 공법상의 감독관계에서 질서유지를 위하여 과하는 신분적 제재를 의미하므로, 사립대학교 교수로 하여금 소속 학교법인에 의한 인사권의 행사로서 징계처분을 받게 할 목적으로 허위의 민원을 제기하더라도 무고죄는 성립하지 않는다.

⑤ 甲의 고소 내용이 허위임이 확인되어 피고소인에 대해 불기소결정이 내려져 재판절차가 개시되지 않고 이후 甲이 무고로 기소된 사안에서, 甲이 위 허위고소로 인한 무고 재판 중 자신의 무고 범행을 자백하였다면, 甲의 위 무고죄에 대하여는 형을 감경 또는 면제하여야 한다.

해설 ✎

② ✕(2013도8085), ① ○(2005도7112), ③ ○(80도2822: 정치·군사·외교·경제·사회적 필요에 따라 비밀로 된 사항은 물론 정부나 공무소 또는 국민이 객관적, 일반적인 입장에서 외부에 알려지지 않는 것에 상당한 이익이 있는 사항도 포함), ④ ○(2014도6377), ⑤ ○(2018도7293)　　　　**정답** ②

06 X회사 대표이사 A는 X회사의 자금 3억원을 횡령한 혐의로 구속·기소되었다. A의 변호인 甲은 구치소에서 의뢰인 A를 접견하면서 선처를 받기 위해서는 횡령금을 모두 X회사에 반환한 것으로 해야 하는데, 반환할 돈이 없으니 A의 지인 乙의 도움을 받아서 X회사 명의의 은행계좌로 돈을 입금한 후 이를 돌려받는 이른바 '돌려막기 방법'을 사용하자고 했다. 며칠 후 甲은 乙을 만나 이러한 방법을 설명하고 乙을 안심시키기 위해 민·형사상 아무런 문제가 되지 않는다는 내용의 법률의견서를 작성해 주었다. 이러한 甲과 乙의 모의에 따라 乙은 5차례에 걸쳐 X회사에 돈을 입금한 후 은행으로부터 받은 입금확인증 5장(반환금 합계 3억원)을 甲에게 전달했다. 甲은 A의 1심 재판부에 이를 제출하면서 횡령금 전액을 X회사에 반환하였으니 선처를 해달라는 취지의 변론요지서를 제출하였고, 보석허가신청도 하였다. 이에 대해 1심 재판부는 A에 대해 보석허가결정을 하였다. 이에 관한 설명 중 옳지 않은 것은? (다툼이 있는 경우 판례에 의함)　　　2023년 변호사시험 형사법 문21
① 증거위조죄에서 말하는 '증거'에는 범죄 또는 징계사유의 성립 여부에 관한 것뿐만 아니라 형 또는 징계의 경중에 관계있는 정상을 인정하는 데 도움이 될 자료까지 포함되므로, 위 사례의 입금확인증은 증거위조죄의 객체인 '증거'에 해당한다.
② 증거위조죄 성립 여부와 관련하여 증거위조죄가 규정한 '증거의 위조'란 '증거방법의 위조'를 의미하는 것이 아니므로, 위조에 해당하는지 여부는 증거방법 자체를 기준으로 하여야 하는 것이 아니라 그것을 통해 증명하려는 사실이 허위인지 진실인지 여부에 따라 결정되어야 한다.
③ 甲과 乙에게 증거위조죄 및 위조증거사용죄가 성립하지 않는다.
④ 甲이 乙에게 작성해 준 법률의견서는 「형사소송법」 제313조 제1항에 규정된 '피고인 아닌 자가 작성한 진술서나 그 진술을 기재한 서류'에 해당한다.
⑤ 만일 1심 재판부가 위와 같은 '돌려막기 방법' 등의 사정이 밝혀져 A에게 보석취소결정을 내리자 甲이 보통항고를 제기한 경우에 이러한 보통항고에는 재판의 집행을 정지하는 효력이 없다.

해설 ✎

② ✕(2020도2642: "'증거의 위조'란 '증거방법의 위조'를 의미하므로, 위조에 해당하는지 여부는 증거방법 자체를 기준으로 하여야 하고 그것을 통해 증명하려는 사실이 허위인지 진실인지 여부에 따라 위조 여부가 결정되어서는 안 된다. 제출된 증거방법의 증거가치를 평가하고 이를 기초로 사실관계를 확정할 권한과 의무는 법원에 있기 때문이다." 여기서 증거방법이란 사실인정에 사용하는 유체물 그 자체, 예컨대 증거물이나 증인을 말함), ① ○(2020도2642), ③ ○(2020도2642), ④ ○(2009도6788전합), ⑤ ○(형소법 제403조)　　　　**정답** ②

07 교사범에 관한 설명 중 옳지 않은 것은? (다툼이 있는 경우에는 판례에 의함) 2013년 사법시험 형법 문18(배점 2)

① 범인 자신이 타인으로 하여금 허위의 자백을 하게 하여 자신을 도피시킨 경우 범인도피죄의 교사범이 성립한다.

② 무면허운전으로 사고를 낸 자가 동생을 경찰서에 대신 출두시켜 허위의 자백을 하게 하여 범인도피죄를 범하게 한 경우 동생이 친족간의 특례 규정(형법 제151조 제2항)에 의하여 처벌을 받지 않는 친족 또는 동거 가족에 해당한다고 하여도 범인도피죄의 교사범이 성립한다.

③ 무고자를 교사하여 자신을 무고하도록 한 피무고자에 대해서는 무고죄의 교사범이 성립하지 않는다.

④ 자기의 형사사건에 관하여 타인을 교사하여 위증죄를 범하게 한 경우 위증죄의 교사범이 성립한다.

⑤ 피고인이 자기에 대한 형사사건의 증거가 될 석유난로를 은닉하게 할 의사로 다른 사람을 교사하여 숲 속에 버리게 한 경우 증거인멸죄의 교사범이 성립한다.

해설 ✏️

③ ✕(2008도4852), ① ○(2000도20. 同旨: 2008도7647), ② ○(2005도3707), ④ ○(2003도5114), ⑤ ○(65도826전합; 99도5275)

정답 ③

---

08 다음 설명 중 옳지 않은 것은? (다툼이 있는 경우 판례에 의함) 2019년 국가직 9급 형법 문14

① 자기의 형사사건에 관한 증거를 인멸하도록 타인에게 부탁하여 죄를 범하게 한 경우에는 증거인멸교사죄가 성립한다.

② 자기를 위하여 타인으로 하여금 허위의 자백을 하게 하여 범인도피죄를 범하게 한 경우에는 범인도피교사죄가 성립한다.

③ 증인될 자를 자기를 위하여 도피하게 한 것이 다른 공범자의 증인을 도피하게 하는 결과가 된 경우에는 증인도피죄가 성립한다.

④ 자기의 형사사건에 관하여 타인에게 부탁하여 위증하게 한 경우에는 위증교사죄가 성립한다.

해설 ✏️

③ ✕(94도2608의 취지. 공범은 물론 자기에게도 이익이 되므로 증인도피죄 불성립), ① ○(65도826전합; 99도5275), ② ○(2000도20), ④ ○(2003도5114)

정답 ③

탐구 **과제**

• 참고인 강제구인제도란?

형소: 친고죄의 고소불가분원칙과
반의사불벌죄 및 재정신청제도

17강 형소: 친고죄의 고소불가분원칙과 반의사불벌죄 및 재정신청제도

협박죄는 반의사불벌죄이다. 형사절차에서 고소·고발은 수사의 단서에 불과하나, 친고죄와 반의사불벌죄의 경우에는 소추조건이다. 여기서는 협박죄가 어떤 범죄인지, 고소·고발과 친고죄와 반의사불벌죄가 형사절차에서 어떤 의미를 갖는지, 친고죄의 고소불가분원칙이 반의사불벌죄에도 적용되는지 본다. 피해자 보호를 위한 제도인 재정신청제도를 본다.

🔨 사례

A회사 감사팀으로부터 횡령 의혹을 받고 있는 직원인 甲과 乙은 공모하여 '회사의 내부비리를 금융감독원 등 관계기관에 고발하겠다'는 취지의 서면을 A회사 대표이사의 처남이자 상무이사인 B에게 팩스로 송부하였다. 그 후 甲은 B에게 전화를 하여 "당신도 그 비리에 연루되어 있으니 우리의 횡령행위를 문제삼지 말라"라고 요구하면서 위 서면의 내용과 같은 말을 하였다. 이에 B는 甲과 乙을 협박죄로 고소하여 검사는 甲과 乙을 협박죄의 공동정범으로 기소하였는데, 재판 도중 B는 乙과 합의하고 乙에 대한 고소를 취소하였다. 甲과 乙을 협박죄로 처벌할 수 있을까?

🔍 해결

1. 검찰과 경찰의 상호협력관계와 수사권의 변화

가. 개관

수사기관이란 수사의 권한이 인정된 기관을 말한다. 형소법은 수사기관으로서 검사와 경찰을 규정하고 있으나, 고위공직자범죄수사처 설치 및 운영에 관한 법률(공수처법)에 따른 공수처와 사법경찰관리의 직무를 수행할 자와 그 직무범위에 관한 법률(사법경찰직무법)에 따른 특별사법경찰관(특사경)도 수사권이 있다.

공소기관이란 수사종결 후 법원에 공소제기를 할 수 있는 기관을 말하는데, 검사가 이에 해당한다. 2020. 2. 4. 형소법을 개정하여 검사의 경찰에 대한 수사지휘권을 폐지하고 검사와 국가경찰을 수사와 공소제기 및 공소유지에 관한 협력관계로 규정한다. 그러나 특사경과 검찰청 수사관에 대한 검사의 수사지휘권은 유지된다.

개정 형소법은 경찰 수사에 대한 검사의 수사지휘권은 폐지하지만, 이를 대신하여 경찰 수사의 단계에 따라 검사의 다양한 통제장치를 둔다.

경찰 수사	검사의 견제장치
개시 단계	검사와 경찰의 수사가 경합할 경우 검사의 송치요구권(제197조의4)
진행 단계	경찰이 신청한 영장의 청구 여부 결정을 위해 필요한 경우 검사의 보완수사·직무배제·징계요구권(제197조의2)
	법령위반, 인권침해 또는 현저한 수사권 남용 수사의 경우 검사의 본송부·시정조치·송치·징계요구권(제197조의3)
종결 단계	▲ 송치사건: 공소의 제기 및 유지를 위해 필요한 경우 검사의 보완수사·직무배제·징계요구권(제197조의2)
	▲ 불송치사건: 검사의 기록검토권(제245조의5 제2호)과 당부판단권(제245조의7) 및 재수사요청권(제245조의8)

나. 검사의 수사권과 기소권 제한

범죄혐의가 인정되면 검사는 수사한다고 형소법 제196조는 규정하고 있다. 이에 따르면 검사는 모든 범죄에 대해 수사권을 갖는다. 그러나 검찰청법은 아래 범죄에 대해서만 검사가 직접 수사할 수 있도록 수사 개시 범위를 제한한다(제4조 제1항 제1호). ① 부패범죄, ② 경제범죄, ③ 경찰공무원(특사경과 공수처 공무원 포함)범죄, 이들 범죄·경찰이 송치한 범죄(A)와 ④ 관련하여 인지한 A와 직접 관련성이 있는 범죄(관련범죄).

경찰에서 법정송치된 사건에 대해서는 수사권이 더욱 제한된다. 법정송치사건과 동일성을 해치지 아니하는 범위 내에서 수사할 수 있다(제196조 제2항). 별건수사를 막으려는 취지이다. 법정송치사건이란 경찰의 ① 불송치결정에 대해 고소인이 이의신청하여 검찰로 송치된 사건(제245조의7 제2항), ② 법령위반 등으로 검사가 경찰에 시정조치 요구를 하였으나 정당한 이유없이 시정되지 않아서 송치 요구에 따라 검찰로 송치된 사건(제197조의3 제6항), ③ 불법 체포·구속으로 의심되어 송치 명령에 따라 검찰로 송치된 사건(제198조의2 제2항)을 말한다.

검찰청법은 검사의 기소권도 제한한다(제4조 제2항). 경찰이 송치한 범죄를 제외하고 검사는 자신이 수사개시한 범죄에 대하여는 공소를 제기할 수 없다.

다. 경찰의 1차적 수사권과 영장불청구에 대한 심의신청권

검사의 직접 수사 대상범죄가 아닌 범죄에 대해서는 경찰이 1차적 수사권을 갖는다.

또한 검사는 경찰과 동일한 범죄사실을 수사하게 된 때에는 경찰에게 사건을 송치할 것을 요구할 수 있고, 요구를 받은 경찰은 지체없이 검사에게 사건을 송치하여야 하지만, 검사가 영장을 청구하기 전에 동일한 범죄사실에 관하여 경찰이 영장을 신청한 경우에는 해당 영장에 기재된 범죄사실을 계속 수사할 수 있다(제197조의4).

검사가 경찰이 신청한 영장을 정당한 이유 없이 판사에게 청구하지 않은 경우 경찰은 그 검사 소속의 지방검찰청 소재지를 관할하는 고등검찰청에 영장 청구 여부에 대한 심의를 신청할 수 있고, 이를 위해 각 고등검찰청에 영장심의위원회(약칭하여 영심위)를 두는데, 경찰은 영심위에 출석하여 의견을 개진할 수 있고, 영심위는 위원장 1명을 포함한 10명 이내의 외부 위원으로 구성하고, 위원은 각 고등검찰청 검사장이 위촉하며, 영심위의 구성 및 운영 등 그 밖에 필요한 사항은 법무부령으로 정한다(제221조의5).

라. 검사의 보완수사요구권과 시정조치요구권

검사는 송치사건의 공소제기 여부 결정 또는 공소의 유지에 관하여 필요한 경우 또는 경찰이 신청한 영장의 청구 여부 결정에 관해 필요한 경우 경찰에게 보완수사를 요구할 수 있고, 이 요구를 받은 경찰은 정당한 이유가 없는 한 지체없이 이를 이행하고, 그 결과를 검사에게 통보해야 하며, 검찰총장 또는 각급 검찰청 검사장은 경찰이 정당한 이유 없이 요구에 따르지 않는 때에는 권한 있는 사람에게 해당 경찰의 직무배제 또는 징계를 요구할 수 있다(제197조의2).

검사는 경찰의 수사과정에서 법령위반, 인권침해 또는 현저한 수사권 남용이 의심되는 사실의 신고가 있거나 그러한 사실을 인식하게 된 경우에는 경찰에게 사건기록 등본의 송부를 요구할 수 있고, 요구를 받은 경찰은 지체없이 검사에게 사건기록 등본을 송부해야 하며, 송부를 받은 검사는 필요하다고 인정되는 경우에는 경찰에게 시정조치를 요구할 수 있고, 요구가 있는 때는 경찰은 정당한 이유가 없으면 지체없이 이를 이행하고, 그 결과를 검사에게 통보하여야 하며, 통보를 받은 검사는 시정조치 요구가 정당한 이유 없이 이행되지 않았다고 인정되는 경우에는 경찰에게 사건을 송치할 것을 요구할 수 있고, 송치 요구를 받은 경찰은 검사에게 사건을 송치해야 하는데, 검찰총장 또는 각급 검찰청 검사장은 경찰의 수사과정에서 법령위반, 인권침해 또는 현저한 수사권 남용이 있었던 때에는 권한 있는 사람에게 해당 경찰의 징계를 요구할 수 있고, 경찰은 피의자를 신문하기 전에 수사과정에서 법령위반, 인권침해 또는 현저한 수사권 남용이 있는 경우 검사에게 구제를 신청할 수 있음을 피의자에게 알려주어야 한다(제197조의3).

마. 경찰의 1차적 수사종결권과 불송치결정권 및 검사의 재수사요청권

경찰은 고소·고발 사건을 포함하여 범죄를 수사하였는데, 범죄혐의가 있다고 인정하면 지체없이 검사에게 사건을 송치하고, 관계 서류와 증거물을 검사에게 송부해야 한다. 그러나 범죄혐의가 없다고 인정하면 그 이유를 명시한 서면과 함께 관계 서류와 증거물을 지체없이 검사에게 송부해야 하고, 검사는 송부받은 날로부터 90일 이내에 경찰에게 반환하여야 한다(제245조의5).

경찰이 범죄혐의가 없다고 인정하여 검사에게 불송치한 경우에는 그 송부한 날로부터 7일 이내에 서면으로 고소인·고발인·피해자 또는 그 법정대리인(피해자가 사망한 경우에는 그 배우자·직계친족·형제자매를 포함)에게 사건을 검사에게 불송치하는 취지와 그 이유를 통지하여야 한다(제245조의6). 불송치 통지를 받은 사람은 해당 경찰의 소속 관서의 장에게 이의를 신청할 수 있는데(고발인은 제외), 이의신청이 있으면 경찰은 지체없이 검사에게 사건을 송치하고 관계 서류와 증거물을 송부해야 하며, 처리결과와 그 이유를 신청인에게 통지해야 한다(제245조의7).

검사는 경찰이 사건을 불송치한 것이 위법 또는 부당한 때에는 그 이유를 문서로 명시하여 경찰에게 재수사를 요청할 수 있고, 이 요청을 받은 경찰은 사건을 재수사하여야 한다(제245조의8).

2. 반의사불벌죄이자 위험범인 협박죄

> 제283조(협박, 존속협박) ① 사람을 협박한 자는 3년 이하의 징역, 500만원 이하의 벌금, 구류 또는 과료에 처한다.
> ② 자기 또는 배우자의 직계존속에 대하여 제1항의 죄를 범한 때에는 5년 이하의 징역 또는 700만원 이하의 벌금에 처한다.
> ③ 제1항 및 제2항의 죄는 피해자의 명시한 의사에 반하여 공소를 제기할 수 없다.

가. 협박

협박죄는 의사결정의 자유를 보호법익으로 한다. 특수협박죄와 존속협박죄 및 상습협박죄는 협박죄의 처벌을 가중한 범죄이다. 협박죄와 존속협박죄 모두 반의사불벌죄이다.

협박이란 사람이 공포심을 가질만한 정도의 해악을 고지하는 것을 말한다(2006도546). 판례는 협박의 고의는 해악을 실제로 실현할 의도나 욕구가 있어야만 인정되는 것은 아니고, 협박의 고의가 미필적이어도 상관없다고 판례는 본다(2006도546).[1]

해악의 대상(A회사)과 고지의 대상(B)이 불일치하더라도 협박죄가 성립할 수 있다. 피해자 본인이나 친족이 아니라 그 밖의 '제3자'에 대한 법익 침해를 내용으로 하는 해악의 고지일지라도 피해자 본인과 제3자가 밀접한 관계에 있어서 그 해악의 내용이 피해자 본인에게 공포심을 일으킬 만한 정도의 것일 수 있기 때문이다. 같은 맥락에서 협박죄의 객체는 자연인만 될 수 있고 법인은 될 수 없으나 자연인과 법인이 밀접한 관계가 있으면 법인도 협박의 객체가 될 수 있다(2010도1017).

행위자가 직접 해악을 입히겠다고 고지하는 것은 물론 제3자가 해악을 입히도록 하겠다는 방식으로도 해악의 고지는 가능하다. 다만 고지자가 제3자의 행위를 사실상 지배하거나 제3자에게 영향을 미칠 수 있는 지위에 있는 것으로 믿게 하는 명시적·묵시적 언동을 하였거나 제3자의 행위가 고지자의 의사에 의해 좌우될 수 있는 것으로 상대방이 인식한 경우에는 고지자가 직접 해악을 입히겠다고 고지한 것과 마찬가지의 행위로 평가할 수 있어야 한다(2006도1125).[2]

나. 협박죄는 위험범

정보보안과 소속 경찰관이 자신의 지위를 내세우면서 타인의 민사분쟁에 개입하여 빨리 채무를 변제하지 않으면 상부에 보고하여 문제를 삼겠다고 하였지만 상대방이 현실적으로 공포심을 일으키지 않은 경우, 판례는 협박죄의 기수범으로 본다(2007도606전합). 그 이유는 협박죄는 위험범으로서, 해악의 고지가 일반적으로 상대방에게 공포심을 일으키게 하기에 충분하고 상대방이 그 취지를 인식하면 협박죄의 기수이고, 상대방이 현실적으로 공포심을 가질 필요는 없다는 것이다. 이에 따르면 협박죄의 미수범

---

1 예컨대 甲이 자신의 동거남과 성관계를 맺은 V에게 "사람을 사서 쥐도 새도 모르게 파묻어버리겠다. 너까지 것 쉽게 죽일 수 있다"라고 하였지만, 이는 단순한 감정적인 욕설 내지 일시적 분노의 표시에 불과하여 주위사정에 비추어 가해의 의사가 없음이 객관적으로 명백한 경우에는 "협박행위 내지 협박의사"를 인정할 수 없다고 본 사건.

2 예컨대 기업인인 V의 장모에게 서류를 보이면서 "요구를 들어주지 않으면 서류를 세무서로 보내 세무조사를 받게 하여 V를 망하게 하겠다"라고 말하여 V의 장모가 V에게 이러한 사실을 전하게 하고, 그 다음날 V의 처에게 전화를 하여 "며칠 있으면 국세청에서 조사가 나올 것이니 그렇게 아시오"라고 말한 경우 협박죄가 성립한다.

은 ① 해악의 고지가 현실적으로 상대방에게 도달하지 않은 경우, ② 도달은 했으나 상대방이 이를 지각하지 못했거나 고지된 해악의 의미를 인식하지 못한 경우 등에 성립한다.[3]

3. 형사절차에서 고소와 친고죄·반의사불벌죄의 의미

가. 형사절차에서 고소의 의의: 수사의 단서

고소는 범죄의 피해자 기타 고소권자가 수사기관에 대하여 범죄사실을 신고하여 범인의 처벌을 구하는 의사표시를 말하는 것으로서, 단순한 피해사실의 신고는 소추·처벌을 구하는 의사표시가 아니므로 고소가 아니다(2007도4977). 고소는 범죄사실을 신고하여 범인의 처벌을 구하는 의사표시이므로 고소에는 범죄사실이 특정되면 충분하고, 범인이 누구이고, 범인 중 누가 처벌받기를 원하는지를 적시할 필요는 없다(94도2423). 양벌규정을 가진 친고죄의 경우에도, 행위자에 대한 고소가 있으면 양벌규정에 의해 처벌받는 자(예컨대 법인이나 사용자)에 대한 별도의 고소는 필요하지 않다(94도2423).

고소에는 범죄사실이 특정되어야 하므로, ① 고소사건으로 제출된 서류가 고소인의 진술이나 고소장의 내용이 불분명하거나 구체적 사실이 적시되어있지 않은 경우나, ② 피고소인에 대한 처벌을 희망하는 의사표시가 없거나 처벌을 희망하는 의사표시가 취소된 경우에는 진정사건으로 수리할 수 있다(경찰수사규칙 제21조 제2항).

나. 친고죄·반의사불벌죄의 경우 고소는 소송조건

(1) 친고죄·반의사불벌죄의 의의

형벌권의 행사를 국가가 독점하는 한 원칙적으로 피해자의 의사가 형사절차를 좌우하도록 하는 것은 옳지 않다. 범죄피해자의 감정적 대응으로 국가형벌권의 실현이 왜곡될 수 있기 때문이다. 그럼에도 불구하고 입법자가 형사절차의 진행 여부를 피해자의 의사에 의해 좌우되도록 한 경우가 있다. 친고죄와 반의사불벌죄가 그렇다. 친고죄는 고소가 있어야 공소를 제기할 수 있는 범죄인 반면, 반의사불벌죄는 피해자의 명시한 의사에 반하여 공소를 제기할 수 없는 범죄를 말한다.

두 죄 모두 형법의 보충성원칙에 이론적 근거를 두고, 국가형벌권의 행사라는 공익을 피해자의 보호라는 사익에 종속시킴으로써 분쟁의 사적 해결의 가능성을 제공한 것으로서 이념적으로는 화해사상을 지향하고 있다.[4] 친고죄에서 고소가 없거나 고소가 무효 또는 취소된 때와 반의사불벌죄에서 처벌불원의사표시가 있거나 처벌희망의사표시가 철회된 때의 법적 효과도 동일하다. 두 경우 모두 수사절차에서는 공소권없음의 불송치결정(경찰)이나 불기소처분(검사)의 사유이고, 공판절차에서는 공소기각판결(제327조 제5호, 제6호)의 사유이다. 법원은 친고죄에서 소송조건이 되는 고소가 유효하게 존재하는지를 직권으로 조사·심리하여야 한다(2013도7987).

(2) 친고죄와 반의사불벌죄의 구별기준과 실익

판례는 친고죄의 유형은 크게 피해자보호형과 경미범죄형 2가지로 볼 수 있는데, 친고죄는 대부분

---

3 이와 달리 반대의견은 협박죄는 침해범으로서, 상대방에게 도달하여 상대방이 그 의미를 인식하고 나아가 현실적으로 공포심을 일으켜야 비로소 기수가 성립하므로, 위 경우는 미수범이라고 본다.

4 윤동호, "피해자의 의사와 형사절차", 피해자학연구 제14권 제1호, 2006, 126면.

전자이다. 반의사불벌죄는 경미범죄의 경우에 보복의 두려움 때문에 흔히 피해자가 고소를 주저하므로 자체 분쟁해결을 촉진할 필요가 있어서 1953. 9. 18. 형법 제정 때 신설한 것이라고 파악한다(93도1689).

이론적으로는 친고죄는 피해자의 고소가 없이는 수사나 공소제기를 할 수 없는 반면, 반의사불벌죄는 피해자의 고소가 없어도 수사나 공소제기할 수 있다고 봐야 한다. 달리 말해 친고죄는 형사절차의 진행에서 적극적 기능을 하는 것과 달리 반의사불벌죄는 소극적 기능을 한다고 볼 수 있다. 이러한 차이 때문에 아청법은 청소년을 대상으로 한 성범죄를 친고죄에서 반의사불벌죄로 개정한 것이었는데(제16조), 이 규정도 2013. 6. 19. 삭제되었다. 현재는 모든 성범죄가 친고죄도 반의사불벌죄도 아니다.

그러나 수사실무에서 수사의 개시 여부를 결정하는 기준은 친고죄인지 여부가 아니라 범죄의 특성이다. 극히 이례적인 경우[5]도 있지만 실무에서는 반의사불벌죄도 피해자의 고소가 없이는 공소제기를 하지 않는다. 이런 점에서 두 죄의 구별이 형사절차에서 갖는 의미는 크지 않다.

다. 고발과 구별

고소는 피해자등 고소권자의 의사표시라는 점에서 '고소권자나 범인'이 아닌 제3자가 하는 고발과 구별된다. 고발이란 고소권자나 범인 이외의 제3자가 수사기관에 범죄사실을 신고하여 범인의 처벌을 희망하는 의사표시를 말한다.

고발도 원칙적으로 수사의 단서에 불과하지만, 예외적으로 고발이 소송조건인 경우도 있다. 관세법이나 조세범처벌법 또는 독점규제 및 공정거래에 관한 법률(공정거래법) 등의 위반사범이 그렇다. 이를 전속고발범죄 또는 즉고발범죄라고 부른다. 금융위원회가 자본시장과 금융투자업에 관한 법률(자본시장법) 위반 혐의사건을 검찰에 넘길 때 혐의확인과 중요도에 따라 고발, 수사기관 통보, 수사참고 통보 중 하나를 선택한다.

고발은 범죄가 있다고 사료하는 때에는 누구든지 할 수 있지만, 공무원은 그 직무를 행함에 있어 범죄가 있다고 사료하는 때에는 반드시 고발해야 한다(제234조). 따라서 공무원이 직무집행과 관계없이 또는 우연히 알게 된 범죄에 대해서는 고발의무가 없다. 고소와 달리 고발의 대리는 허용되지 않고, 고발기간에도 제한이 없으며, 고발취소 후 다시 고발할 수 있다. 나머지는 고소와 같다.

라. 소송조건의 흠결과 수사의 필요성: 고소나 고발이 없더라도 수사할 수 있는가

친고죄나 전속고발범죄의 경우에 고소나 고발이 없거나 반의사불벌죄의 경우에 처벌불원의사표시가 제출되거나 처벌희망의사표시가 철회된 경우에도 수사의 필요성을 인정할 수 있는지 다툼이 있다. 특히 피해자의 명예보호를 위한 친고죄의 경우 피해자의 고소가 없음에도 불구하고 수사를 하면 피해자의 명예가 침해될 수 있기 때문이다.

---

5 세월호사건 당일 박근혜 전 대통령의 7시간 동안의 행적에 관해 의문을 제기하는 인터넷기사를 정보통신망에 올린 일본의 산케이신문사 기자의 명예훼손사건과 관련하여 재판부는 피해자들의 처벌의사를 확인하지 않았어도 공소제기가 유효하다고 하였고, 무죄를 선고하였다(2014고합1172).

① 전면적 허용설은 고소나 고발 또는 처벌희망의사표시 등의 유무에 관계없이 언제나 수사를 할 수 있다는 입장이다. 수사는 수사기관의 활동이므로 피해자나 제3의 기관의 의사에 관계없이 수사를 해야 하고, 고소나 고발 또는 처벌희망의사표시 등은 공소단계에서 비로서 의미가 있다는 것이 그 이유이다. ② 전면적 불허설은 피해자의 명예보호나 피해배상 또는 제3의 기관의 판단 등과 같은 이익을 국가형벌 권의 행사라는 공적 이익보다 중시하는 친고죄나 전속고발범죄 또는 반의사불벌죄의 입법취지를 고려하 면 이런 소송조건을 흠결한 경우에는 처음부터 수사를 할 수 없다는 입장이다. ③ 판례는 원칙적 허용설이다.[6] 친고죄나 전속고발범죄에서 고소나 고발은 소송조건에 불과하고 당해 범죄의 성립 요건이나 수사의 조건은 아니므로, 장차 고소나 고발의 가능성이 전혀 없다는 등의 특별한 사정이 없는 한, 이런 범죄의 경우에 고소나 고발이 없이 이루어진 수사일지라도 적법하다고 본다(94도 252). 또한 출입국사범에 대한 출입국관리사무소장 등의 고발[7]이 있기 전에 수사가 이루어진 사건에서 고발 전에 이루어진 수사라고 해서 그 사유만으로 소급하여 위법하게 되는 것은 아니고(2008도7724), 전속고발범죄인 조세범처벌법위반사건에서도 고발없이 수사할 수 있고, 검사의 고발 요청에 따라 고발 을 받아 기소된 경우 그 기소의 효력이 있다(94도3373).

4. 고소권자와 고소의 제한 및 법정대리인의 고소권

현재는 성범죄가 친고죄도 반의사불벌죄도 아니지만, 과거 반의사불벌죄인 성범죄의 경우 피해자인 청소년 이 의사능력이 있다면 단독으로 처벌의사를 철회할 수 있는가? 아니면 법정대리인의 동의가 필요한가?

가. 고소권자와 고소의 제한

'범죄로 인한 피해자는 고소할 수 있다(제223조)'라는 문언에서 피해자는 범죄로 인한 직접적 피해자만 을 의미한다고 판례는 본다(94도2196). 따라서 개인적 법익의 침해범죄의 경우에만 고소권이 발생할 수 있다. 다만 사회적 법익이나 국가적 법익의 범죄의 경우에 범죄의 수단이나 행위의 객체가 된 사람은 예외적으로 고소권이 있다(92헌바262).

고소를 할 때는 소송행위능력, 즉 고소능력이 있어야 하나, 고소능력은 피해를 입은 사실을 이해하고 고소에 따른 사회생활상의 이해관계를 알아차릴 수 있는 사실상의 의사능력으로 충분하므로, 민법상 행 위능력이 없는 사람이라도 사실상의 의사능력을 갖추었다면 고소능력이 인정된다(2011도4451).

피해자의 법정대리인은 독립하여 고소할 수 있고(제225조), 예외적으로 피해자의 배우자나 친족도 고소 권이 있다. ① 피해자가 사망한 때에는 그 배우자, 직계친족 또는 형제자매가 고소할 수 있지만, 피해자 의 명시한 의사에 반해서 할 수는 없다(제225조 제2항). ② 피해자의 법정대리인이 피의자이거나 법정 대리인의 친족이 피의자인 때에는 피해자의 친족도 독립하여 고소할 수 있다(제226조). ③ 사자(死者)

---

6 이에 따라 경찰청 범죄수사규칙(훈령) 제54조에 친고죄의 긴급수사착수 규정을 두고 있다. 경찰은 친고죄에 해당하 는 범죄가 있음을 인지한 경우 즉시 수사를 하지 않으면 향후 증거수집 등이 현저히 곤란하게 될 우려가 있다고 인 정될 때에는 고소권자의 고소가 제출되기 전에도 수사할 수 있다. 다만, 고소권자의 명시한 의사에 반하여 수사할 수 없다.
7 출입국관리법 제101조(고발) ① 출입국사범에 관한 사건은 지방출입국·외국인관서의 장의 고발이 없으면 공소를 제 기할 수 없다.

의 명예를 훼손한 범죄에 대해서는 그 친족이나 자손이 고소권을 행사할 수 있다(제227조).

친고죄에서 고소할 자가 없는 경우에 이해관계인의 신청이 있으면 검사는 10일 이내에 고소할 수 있는 자를 지정해야 한다(제228조).

형소법은 자기 또는 배우자의 직계존속은 고소하지 못하도록 하고 있으나(제224조), 자기 또는 배우자의 직계존속이 가폭법과 성폭법의 범죄를 범한 경우에는 그 직계존속을 고소할 수 있다.

나. 피해자의 법정대리인의 고소권과 친고죄 및 반의사불벌죄

(1) 피해자의 법정대리인의 고소권과 친고죄

'피해자의 법정대리인은 독립하여 고소할 수 있다(제225조)'라는 문언에서 '독립하여'의 의미를 두고 다툼이 있다. 독립대리권설은 피해자의 고소권은 일신전속권이고, 친고죄의 경우에 법률관계의 불안정을 막아야 한다는 이유로 독립대리권이라고 본다. 이에 따르면 법정대리인의 고소권은 피해자의 의사에 구속되고, 피해자의 고소권이 소멸하면 법정대리인의 고소권도 소멸하며, 피해자는 법정대리인의 고소를 취소할 수 있다.

이와 달리 고유권설은 무능력자를 두텁게 보호해야 한다는 이유로 법정대리인의 고소권은 피해자의 의사에 구속되지 않는다고 본다. 이에 따라 피해자의 의사에 반해서도 고소할 수 있고, 법정대리인의 고소권은 피해자의 고소권의 소멸로 소멸되지 않으며, 법정대리인의 고소를 피해자가 독자적으로 취소할 수 없다.

판례는 미성년자의 보호라는 관점을 중시하여 법정대리인의 고소와 고소 취소의 효력을 부여해왔다. 예컨대 강간죄가 친고죄였을 때 미성년피해자의 고소 취소가 있을지라도 법정대리인인 아버지가 고소하면 이후에 제기된 공소제기는 유효하다고 본다(99도3784). 이와 같은 취지에서 강간죄가 친고죄였을 때 미성년피해자인 고유의 고소권자가 한 고소를 대리권에 근거한 고소권자가 취소할 수 없다(87도1707)고 판례는 본다.

(2) 반의사불벌죄의 미성년피해자의 처벌불원의사표시에 대한 법정대리인의 동의 여부

그러나 옛 청소년보호법(현재는 아청법) 제16조(현재는 폐지)의 반의사불벌죄와 관련하여, 판례는 친고죄와 달리 반의사불벌죄의 경우에는 피해자인 청소년에게 의사능력이 있는 한 단독으로 처벌불원의사표시 또는 처벌희망의사표시의 철회를 할 수 있고, 이에 법정대리인의 동의가 있어야 하는 것은 아니라고 본다(2009도6058전합 다수의견: 소수의견은 아동·청소년을 두텁게 보호하기 위해서는 법정대리인의 동의가 필요하다고 봄). 그 이유는 ① 처벌불원의사표시에 법정대리인의 동의가 필요하다고 보면, 이는 범죄자에 대한 처벌희망 여부를 결정 권한을 명문의 근거 없이 새롭게 창설하여 법정대리인에게 부여하는 셈이 되어 부당하고, ② 처벌불원 의사표시나 처벌희망 의사표시의 철회는 이른바 소극적 소송조건에 해당하고, 소송조건에도 유추해석금지원칙이 적용되는데, 만일 명문의 근거 없이 그 의사표시에 법정대리인의 동의가 필요하다고 보면 유추해석금지원칙에도 반한다. 유추해석으로 소극적 소송조건의 요건을 제한함으로써 범죄자에 대한 처벌가능성의 범위가 확대되기 때문이다.

반의사불벌죄의 처벌불원 의사표시는 의사능력 있는 피해자가 단독으로 할 수 있지만, 피해자 사망

후 상속인이 그 의사표시를 대신할 수는 없다(2010도2680). 범죄 피해 후 식물인간이 된 남편을 대신해 배우자가 제출한 반의사불벌죄의 처벌불원서는 무효라고 판례는 본다(2021도11126전합). 반의사불벌죄에서 성년후견인은 명문의 규정이 없는 한 의사무능력자인 피해자를 대리하여 피고인 또는 피의자에 대하여 처벌을 희망하지 않는다는 의사를 결정하거나 처벌을 희망하는 의사표시를 철회하는 행위를 할 수 없고, 성년후견인의 법정대리권 범위에 통상적인 소송행위가 포함되어 있거나 성년후견개시심판에서 정하는 바에 따라 성년후견인이 소송행위를 할 때 가정법원의 허가를 얻었더라도 마찬가지라는 것이다.

5. 고소의 기간과 방식 및 고소사건의 처리

가. 고소의 기간

고소의 기간에 제한이 없다. 다만 친고죄의 경우는 '범인을 알게 된 날'로부터 6월을 경과하면 고소하지 못한다(84도2249). '범인을 알게 된다'는 것은 통상인의 입장에서 보아 고소권자가 고소를 할 수 있을 정도로 범죄사실과 범인을 아는 것을 의미하고, 고소권자가 친고죄에 해당하는 범죄의 피해가 있었다는 사실에 관해 확정적인 인식이 있음을 말한다(2010도4680; 2001도3106). '범인을 알게 된 날'이란 범죄행위가 종료된 후에 범인을 알게 된 날을 말하므로 영업범 등 포괄일죄의 경우에는 범죄행위 도중에 범인을 알았더라도 최후의 범죄행위가 종료한 때부터 고소기간이 진행된다(2004도5014).

고소권자로부터 고소권한을 위임받은 대리인이 친고죄에 대하여 고소를 한 경우, 고소기간은 대리인이 아니라 고소권자가 범인을 알게 된 날부터 기산한다(2001도3081). 그러나 법정대리인의 고소권은 무능력자의 보호를 위하여 법정대리인에게 주어진 고유권이어서 피해자의 고소권 소멸 여부에 관계없이 고소할 수 있는 것이며, 그 고소기간은 법정대리인 자신이 범인을 알게 된 날로부터 진행한다(99도3784). 친고죄의 경우에 고소할 수 없는 불가항력의 사유가 있는 때에는 그 사유가 없어진 날로부터 기산한다(제230조 제1항). 따라서 과거 친고죄였던 강제추행죄의 피해자가 범행 당시 11세 소년이어서 고소능력이 없다가 후에 고소능력이 생긴 경우 고소기간은 고소능력이 생긴 때부터 기산해야 한다(87도1707; 95도696).

고소할 수 있는 자가 여러 명인 경우에 1인이 기간을 놓쳤다 하더라도 타인의 고소에 영향을 미치지 않는다(제231조).

나. 고소의 방식

고소는 서면 또는 구술로써 해당 범죄를 관할하는 수사기관(공수처, 검찰, 경찰)에게 해야 하며, 수사기관이 구술에 의한 고소를 받은 때에는 조서를 작성해야 한다(제237조). 따라서 전화 또는 전보에 의한 고소는 조서로 작성되지 않으면 무효다. 수사기관 작성의 피해자진술조서에 범인의 처벌을 요구하는 의사표시가 기재된 경우 이는 유효한 고소이다. 고소는 조서로 작성되어야 하지만, 독립된 조서일 필요는 없기 때문이다(85도190).

고소나 고소 취소 모두 대리인에 의해 가능하다(제236조). 대리권이 정당한 고소권자에 의하여 수여되었음이 실질적으로 증명되면 충분하고, 그 방식에 특별한 제한은 없으므로, 고소를 할 때 반드시 위임장을 제출한다거나 '대리'라는 표시를 해야 하는 것은 아니다(2001도3081). 피해자가 피고인에게 합의서를 작성하여 준 경우처럼 반의사불벌죄의 피해자는 피의자나 피고인 및 그들의 변호인에게 자신을 대리하여 수사기관이나 법원에 자신의 처벌불원의사를 표시할 수 있는 권한을 수여할 수 있다(2017도8989).

다. 고소사건의 처리

(1) 고소사건 수리의무 여부 및 처리기간

형소법은 경찰이 고소·고발을 받은 때에는 신속히 조사하여 관계서류와 증거물을 검사에게 송부하여야 한다고 규정하고 있다(제238조). 이를 경찰의 전건입건의무를 규정한 것이라고 보기도 하지만, 옳지 않다. 형소법이 '범죄로 인한 피해자'에게 고소권을 인정하고 있으므로(제223조), 범죄피해자가 아니라 범죄피해의심자 또는 범죄피해주장자의 고소는 입건할 의무가 없다고 볼 수 있기 때문이다. 이런 점에서 현행법에 따르더라도 선별입건이 허용된다고 본다.

경찰이 고소에 의해 범죄를 수사할 때에는 고소를 수리한 날로부터 3월 이내에 수사를 완료해야 하고, 이 기간 안에 수사를 완료하지 못하였을 때는 그 이유를 소속수사부서장에게 보고하고 수사기간 연장을 승인받아야 한다(경찰수사규칙 제24조).

형소법은 검사는 고소·고발에 의해 범죄를 수사할 때에는 고소를 수리한 날로부터 3월 이내에 수사를 완료하여 공소제기 여부를 결정해야 한다고 규정하고 있다(제257조).

3개월로 수사기한을 제한한 규정은 훈시규정이다. 수사기한을 넘겼다고 해서 그 수사를 위법이라고 볼 수는 없기 때문이다.

(2) 고소인등에 대한 검사의 불기소처분 취지 통지와 그 이유 설명의 분리

검사는 고소나 고발 사건인 경우 ① 공소를 제기하거나, ② 제기하지 않는 처분, ③ 공소의 취소 또는 ④ 타관송치(제256조)를 한 때에는 그 처분한 날로부터 7일 이내에 서면으로 고소인이나 고발인에게 그 취지를 통지해야 하고, 불기소 또는 타관송치(제256조)를 한 때는 피의자에게 즉시 그 취지를 통지해야 한다(제258조).

검사는 고소나 고발 사건에 대해 공소를 제기하지 않는 처분을 한 경우에 고소인 또는 고발인의 청구가 있는 때에는 7일 이내에 고소인 또는 고발인에게 그 이유를 서면으로 설명해야 한다(제259조).

(3) 고소인등에 대한 경찰의 불송치결정의 취지와 그 이유 통합 통지

경찰은 고소·고발 사건을 포함하여 범죄를 수사하였는데, 범죄혐의가 없다고 인정하면 그 이유를 명시한 서면과 함께 관계 서류와 증거물을 지체없이 검사에게 송부해야 하고, 검사는 송부받은 날로부터 90일 이내에 경찰에게 반환하여야 한다(제245조의5). 검사는 경찰이 사건을 불송치한 것이 위법 또는 부당한 때에는 그 이유를 문서로 명시하여 사법경찰관에게 재수사를 요청할 수 있고, 이 요청을 받은 경찰은 사건을 재수사하여야 한다(제245조의8).

경찰이 범죄혐의가 없다고 인정하여 검사에게 불송치한 경우에는 그 송부한 날로부터 7일 이내에 서면으로 고소인·고발인·피해자 또는 그 법정대리인(피해자가 사망한 경우에는 그 배우자·직계친족·형제자매를 포함)에게 사건을 검사에게 불송치하는 취지와 그 이유를 통지하여야 한다(제245조의6). 불송치 통지를 받은 사람(고발인은 제외)은 해당 경찰의 소속 관서의 장에게 이의를 신청할 수 있는데, 이의신청이 있으면 경찰은 지체없이 검사에게 사건을 송치하고 관계 서류와 증거물을 송부해야 하며, 처리결과와 그 이유를 신청인에게 통지해야 한다(제245조의7).

6. 고소의 추완과 취소 및 고소권의 포기

가. 고소의 추완

친고죄의 경우 고소의 추완이 인정되는지(예컨대 비친고죄이어서 고소없이 공소제기된 후 친고죄로 밝혀진 이후에 한 고소도 유효한지) 여부에 관해 견해가 대립한다. ① 긍정설(적극설)의 논거는 고소가 없다고 공소기각판결을 하고 다시 친고죄의 공소제기를 기다려 공판절차를 진행하는 것은 소송경제에 반하고, 친고죄 여부는 공판절차 진행 중 바뀔 수 있다는 것이다.

② 부정설(소극설)의 논거는 고소는 소송조건이고, 소송조건은 형사절차의 전과정에서 구비되어야 하며, 친고죄의 고소는 공소제기의 유효조건이라는 것이다. 판례도 부정설이다. 1심 공판절차 진행 중 비친고죄인 강간치사죄를 친고죄인 강간죄(앞서 말했듯이 현재는 비친고죄)로 공소장변경을 한 이후에 한 고소의 효력을 부정하여, 이런 경우는 공소기각판결의 대상이라고 본다(82도1504).

나. 고소의 취소와 고소권의 포기

(1) 고소 취소의 의의와 가능시점

고소한 자에게 고소 취소권이 있다. 피해자가 고소장을 제출하여 처벌을 희망하는 의사를 분명히 표시한 후 고소를 취소한 바 없다면 비록 고소 전에 피해자가 처벌을 원치 않았다 하더라도 그 후에 한 피해자의 고소는 유효하다(2007도4977).

고소 취소는 1심 판결선고 전까지만 가능하다(제232조 제1항). 국가형벌권의 행사가 피해자의 의사에 의해 장기간 방치되도록 하는 것은 형사정책적으로 바람직하지 않기 때문이다(96도1922전합). 1심 판결선고 전까지 고소를 취소할 수 있지만, 고소를 취소하면 다시 고소하지 못한다(제232조 제1항과 제2항). 형소법은 반의사불벌죄의 경우 처벌희망의사표시의 철회에 대해 고소 취소의 규정을 준용하고 있다(제232조 제3항). 이에 따라 1심 판결선고 전까지 처벌희망의사표시를 철회할 수 있지만, 철회를 하면 다시 처벌희망의사표시를 할 수 없다. 재심절차의 경우에도 피해자는 재심의 1심 판결선고 전까지 처벌을 희망하는 의사표시를 철회할 수 있다(2016도9470).

판례는 항소심에서 비로소 친고죄나 반의사불벌죄로 판명되거나 친고죄나 반의사불벌죄로 공소장이 변경된 경우, 공소제기 전에 한 고소 취소나 처벌불원의사의 효력이 인정되지 않는다고 본다(96도1922전합). 그 이유는 국가형벌권의 행사가 피해자의 의사에 의해 좌우되는 현상을 장기간 방치하지 않으려는 목적에서 고소 취소의 시한을 획일적으로 1심판결선고 전까지로 한정한 것이라는 것이다.[8]

---

[8] 이와 달리 이 판결의 반대의견은 형소법 제232조 제1항의 고소는 친고죄의 고소를 의미하고, 친고죄에 있어서 고소나 고소 취소와 같은 소송조건의 구비 여부는 현실적 심판대상이 된 공소사실을 기준으로 판단하여야 하므로, 위 조항은 현실적 심판대상이 된 친고죄에 대한 1심판결의 선고 전까지 취소할 수 있다는 의미로 해석해야 하고, 따라서 비친고죄로 공소가 제기되어 1심에서 유죄판결을 선고받은 경우, 1심에서 친고죄의 범죄사실은 현실적 심판대상이 되

판례는 공범 모두에게 고소가 이루어지고 그중 일부의 자에 대해 1심 판결이 선고되어 고소를 취소할 수 없게 되었다면, 아직 1심 판결이 선고되지 않은 다른 공범에 대해서도 고소를 취소할 수 없다고 본다(85도1940).

(2) 고소 취소의 방식과 처리

고소 취소의 방식은 고소의 경우와 같다(제239조). '당사자 간에 원만히 합의되어 민·형사상 문제를 일체 거론하지 않기로 화해되었다'는 취지의 합의서나 탄원서의 형태도 허용된다(81도1171).

경찰이 고소 취소를 받은 때에는 신속히 조사하여 관계서류와 증거물을 검사에게 송부해야 한다(제239조, 제238조).

(3) 고소 취소의 효과

고소를 취소한 자는 다시 고소하지 못한다(제232조 제2항). 고소 취소를 철회하는 의사표시는 효력이 없다(2007도425).

친고죄나 반의사불벌죄의 경우 고소 취소 또는 처벌희망의사표시의 철회나 처벌불원의사표시는 불송치결정이나 불기소처분 또는 공소기각판결의 사유이지만(제327조), 친고죄나 반의사불벌죄가 아닌 경우에도 고소 취소는 수사종결처분 및 양형판단에서 중요한 참고자료로 활용된다(제247조 제1항, 형법 제51조 제4호).

(4) 고소권의 포기

고소권의 포기란 친고죄의 고소기간 안에 장차 고소권을 행사하지 않는다는 의사표시를 하거나 반의사불벌죄의 경우에 처벌불원의사표시를 미리 해두는 것을 말한다. 형소법이 이에 관한 명문규정을 두고 있지는 않지만, 고소권의 포기를 인정할 것인지 다툼이 있다. ① 긍정설은 고소 취소를 인정한 이상 고소권의 포기도 인정해야 하고, 고소권의 포기로 사건을 신속하게 종결할 수 있으며, 이를 인정해도 전혀 문제가 없다는 것을 논거로 한다. ② 판례(67도471)는 부정설로 고소권은 형소법이 인정한 공권(公權)으로서 사인의 처분에 맡길 수 없고, 국가형벌권의 행사 여부를 사인의 의사에 의해 지나치게 좌우되도록 하는 것은 바람직하지 않으며, 이에 관한 명문규정도 없다는 것을 논거로 한다. ③ 다수견해는 절충설로, 고소권의 포기를 인정하지만 고소 취소와 같이 수사기관 또는 법원에 행사해야 한다고 본다.

7. 고소나 고소 취소의 효력 범위

가. 의의

원칙적으로 소송행위의 효력은 형소법상 하나의 사건에만 미쳐야 한다. 하나의 사건 또는 사건의 단일성 내지 공소사실의 동일성은 1인(주관적 요건)이 저지른 하나의 공소사실(객관적 요건)을 말한다. 따라서 고소의 효력도 공소사실의 동일성이 인정되는 이런 '하나의 사건'에 대해서만 미쳐야 한다.

지 않았으므로 그 판결을 친고죄에 대한 1심판결로 볼 수는 없고, 따라서 친고죄에 대한 1심판결은 없었다고 할 것이므로 그 사건의 항소심에서도 고소를 취소할 수 있는 것으로 봐야 한다고 본다.

나. 주관적 효력범위와 그 한계

그러나 형소법은 '친고죄의 공범 중 그 1인 또는 수인에 대한 고소 또는 그 취소는 다른 공범에 대해서도 효력이 있다(제233조)'는 고소불가분원칙을 규정해서 사건의 주관적 효력범위를 명문으로 확대하고 있다. 친고죄의 고소는 소송조건으로서 공소제기 여부가 피해자의 의사에 따라 좌우되지만, 일단 고소하면 그 공소사실은 형사절차의 대상이 되는데, 만일 친고죄 경우에 범인의 일부만 고소의 대상으로 하는 것을 인정하면, 사건의 처리가 부분적으로만 이루어지게 되어 처벌의 불공평이 초래되기 때문에 사건의 획일적 처리를 위해서 제233조를 마련한 것이다. 따라서 친고죄의 공범 중 1인만 처벌을 원하고 나머지 공범을 처벌하지 말라는 고소는 적법한 고소가 아니고, 이에 따라 공소가 제기된 경우에는 공소기각판결을 해야 한다고 본다(2008도7462).

주관적 불가분원칙은 절대적 친고죄의 경우에만 적용되고 상대적 친고죄(예컨대 친족상도례처럼 피해자와 범죄자 사이의 인적 관계 여부에 따라 친고죄인지 여부가 달라지는 범죄)의 경우에는 적용되지 않는다. 주관적 불가분원칙은 고소권자와 범인 사이에서만 적용된다는 내재적 한계를 갖기 때문이다. 따라서 친족상도례의 경우에 인적 관계가 없는 자에 대한 고소의 효력은 인적 관계가 있는 자에게는 미치지 않는다.

다. 객관적 효력범위의 문제

하나의 범죄사실의 일부만 고소해도 그 효력은 전부에 미친다. 이를 객관적 불가분원칙이라고 한다. 어떤 범죄혐의사실이 '하나의 범죄사실(사건)'인지 여부에 관해 다툼이 있지만, 판례는 죄수 및 경합론상 일죄나 상상적 경합인 수죄(2010도13801)는 하나의 범죄사실로 본다. 따라서 이른바 포괄일죄를 포함하여 일죄가 하나의 범죄사실이 되는 경우에는 고소의 효력도 그 일죄의 전부에 미친다.

그러나 상상적 경합인 수죄에 친고죄가 있는 경우, 판례는 먼저 ① 수죄가 모두 친고죄이지만 피해자가 다른 경우(현재는 폐지된 간통죄와 관련하여 이중간통[9]의 경우)에는 고소권자가 다르기 때문에 객관적 불가분원칙이 적용되지 않는다고 본다(89도1317). 다음으로 ② 상상적 경합인 수죄 중 하나는 친고죄이고 나머지는 비친고죄인 경우, 친고죄에 대한 고소가 취소되더라도 비친고죄로 처벌할 수 있다고 본다(83도323. 同旨: 84도1550). 피해자가 자동차에서 내릴 수 없는 상태에 있음을 이용하여 강간하려고 결의하고, 주행 중인 자동차에서 탈출불가능하게 하여 무섭게 하고 50킬로미터를 운행하여 여관 앞까지 강제로 데리고 가서 강간하려다 미수에 그친 경우이다. 감금죄와 강간미수죄(당시는 친고죄)가 성립하고 두 죄는 상상적 경합에 해당하며, 이때 강간미수죄에 대한 공소제기의 효력은 감금죄에도 미치지만, 그 후 강간미수죄에 대한 고소가 취소되더라도 감금죄로 처벌할 수 있다.

---

9 배우자 A女를 둔 甲男과 배우자 B男을 둔 乙女가 간통한 경우 甲은 간통죄(피해자 A)와 乙의 간통죄에 대한 상간죄(피해자 B)를 범한 것이고 두 죄는 상상적 경합관계에 있고, 乙의 행위는 간통죄(피해자 B)와 상간죄(피해자 A)의 상상적 경합에 해당한다.

라. 고소불가분원칙과 반의사불벌죄 및 전속고발범죄

(1) 반의사불벌죄

고소불가분원칙이 반의사불벌죄의 경우에도 준용되는지에 관해 다툼이 있다. 판례는 준용부정설이다. 그 이유는 반의사불벌죄와 친고죄는 그 본질이 다르므로 반의사불벌죄의 경우는 범죄인과 피해자가 화해할 수 있도록 범죄인을 특정해서 처벌의사를 표시하도록 할 필요가 있고, 형소법이 고소취소의 시한과 재고소금지에 관한 제232조 제1항과 제2항을 준용하도록 하면서 고소불가분원칙에 관한 제233조를 준용하는 규정이 없는 것은 입법의 불비가 아니라 처벌불원의사표시나 처벌희망의 사표시의 철회에 대해서는 친고죄와는 달리 주관적 불가분원칙을 적용하지 않으려는 입법자의 의사라는 것이다(93도1689). 그러나 친고죄와 반의사불벌죄는 그 본질이 다르지 않으므로 준용인정설이 옳다. 형소법이 반의사불벌죄와 친고죄의 법적 효과를 대부분 동일하게 규정하고 있고, 반의사불벌죄의 경우에 특별히 국가형벌권의 행사 여부를 피해자의 의사에 따라 좌우되도록 할 이유가 없다. 국가형벌권을 좌우하는 피해자의 의사의 효과를 획일적이고 통일적으로 부여할 필요가 있다.

(2) 전속고발범죄

공정거래위원회가 부당공동행위를 한 기업들을 고발하면서 일부기업에 대해서는 자진신고를 이유로 고발하지 않은 사건에서, 판례는 전속고발범죄에 대해서도 주관적 고소불가분원칙이 적용되지 않는다고 본다(2008도4762). 가담 정도가 중한 자일지라도 자진신고자 또는 신고협조자로서 고발이 면제되는 혜택을 보는 형평성 문제가 생길 수 있지만, 이 경우에 주관적 고소불가분원칙을 적용하는 것은 처벌의 확장을 의미하고, 이는 피고인에게 불리한 유추해석으로서 죄형법정주의에 어긋난다는 것이다.

8. 재정신청제도

가. 의의

재정신청제도란 검사의 불기소처분(협의의 불기소처분과 기소유예처분)이 불법·부당한지 여부를 판단해 줄 것을 법원에 신청할 수 있도록 한 제도를 말한다. 판례는 검사의 입건전조사(내사)종결처분은 불기소처분이 아니라는 이유로 재정신청의 대상이 될 수 없다고 본다(91모68). 현행 형소법은 대상범죄에 제한을 두지 않고 있다(제260조). 모든 고소인이 재정신청을 할 수 있다. 고발인의 재정신청은 특정범죄[10]의 경우에만 허용된다.

나. 절차: 검찰항고전치주의와 재정신청의 대리

고소 또는 고발한 자는 불기소처분을 한 검사가 소속한 지방검찰청 소재지를 관할하는 고등법원에 재정신청을 할 수 있는데, 먼저 검찰항고를 거친 후에 그 항고에 대한 기각 결정을 받은 날로부터 10일 이내

---

10 ① 형법의 직권남용죄(제123조), 불법체포·감금죄(제124조), 폭행·가혹행위죄(제125조), 피의사실공표죄(제126조)외에 ② 5·18특별법, 헌정질서파괴범죄의공소시효등에관한특례법의 헌정질서위반범죄와 집단살해범죄, ③ 의문사진상규명에관한특별법에 따라 의문사진상규명위원회가 고발한 범죄, ④ 부패방지법의 일정한 공직자의 뇌물, 업무상횡령·배임 등 부패범죄, ⑤ 공직선거법의 중요 선거범죄.

에 서면으로 해야 한다(제260조 제1항, 제3항 단서).

재정신청은 대리인에 의해 할 수 있고 공동신청권자 중 1인의 신청은 그 전원을 위해 효력을 발생하고, 재정결정이 있을 때까지 취소할 수 있지만, 취소한 자는 다시 재정신청을 할 수 없다(제264조 제1항, 제2항). 그러나 재정신청의 취소는 다른 공동신청권자에게 효력을 미치지 않는다(제264조 제3항).

재정신청이 있으면 재정결정이 확정될 때까지 공소시효의 진행이 정지된다(제262조의4 제1항).

다. 심리

법원은 재정신청서를 송부받은 때에는 그때부터 10일 이내에 피의자에게 그 사실을 통지해야 한다(제262조 제1항). 법원은 3개월 안에 항고의 절차에 준해 심리하여 결정하는데, 필요한 때는 증거조사를 할 수 있다(제262조 제2항).

특별한 사정이 없는 한 심리는 비공개로 한다(제262조 제3항). 재정신청사건의 심리 중에는 서류 및 증거물을 열람·등사할 수 없으나, 예외적으로 법원이 증거조사를 하면서 작성한 서류의 전부나 일부에 대한 열람·등사를 직권으로 허가할 수 있다(제262조의2).

라. 결정

공소제기결정에 따른 재정결정서를 송부받은 관할지방검찰청 검사장 또는 지청장은 지체없이 담당 검사를 지정하고, 지정받은 검사는 공소를 제기해야 한다(제262조 제6항, 기소강제). 이때 검사는 통상적인 공판관여검사와 같은 권한과 임무를 수행하지만, 공소취소는 할 수 없다(제264조의2).

재정신청 기각결정에 대하여는 제415조에 따른 즉시항고를 할 수 있고, 재정신청 인용결정에 대하여는 불복할 수 없다(제262조 제4항). 재정신청 기각결정에 대한 재항고와 관련하여 재소자 피고인에게 적용되는 도달주의 원칙의 예외가 재정신청인이 재소자인 경우에도 준용되는지 다툼이 있는데, 판례는 부정한다(2013모2347전합).

재정신청 기각결정이 확정된 사건에 대해서는 다른 중요한 증거를 발견한 경우를 제외하고는 소추할 수 없다(제262조 제4항).

마. 비용부담

법원은 재정신청의 기각결정이나 취소가 있는 경우 결정으로 재정신청인에게 신청절차에 의해 생긴 비용의 전부 또는 일부를 부담하게 할 수 있다(제262조의3 제1항).

법원은 직권 또는 피의자의 신청에 따라 재정신청인에게 피의자가 재정신청절차에서 부담하였거나 부담할 변호인선임료 등 비용의 전부 또는 일부의 지급을 명할 수 있다(제262조의3 제2항).

고소 취소 의 기한과 방식	1. 1심 법원이 반의사불벌죄로 기소된 피고인에 대하여 소송촉진 등에 관한 특례법(이하 '소송촉진법'이라 고 한다) 제23조에 따라 피고인의 진술 없이 유죄를 선고하여 판결이 확정된 경우, 만일 피고인이 책임 을 질 수 없는 사유로 공판절차에 출석할 수 없었음을 이유로 소송촉진법 제23조의2에 따라 1심 법원에 재심을 청구하여 재심개시결정이 내려졌다면 피해자는 재심의 1심 판결선고 전까지 처벌을 희망하는 의 사표시를 철회할 수 있다. [2021년 법원직 9급 형소법 문3]
	2. 반의사불벌죄의 피해자는 피의자나 피고인 및 그들의 변호인에게 자신을 대리하여 수사기관이나 법원에 자신의 처벌불원의사를 표시할 수 있는 권한을 수여할 수 없다. [2021년 국가직 9급 형소법 문4]
수사의 조건	3. 친고죄나 세무공무원 등의 고발이 있어야 논할 수 있는 죄에 있어서 고소 또는 고발은 이른바 소추조건 에 불과하고 당해 범죄의 성립 요건이나 수사의 조건은 아니므로 위와 같은 범죄에 관하여 고소나 고발 이 있기 전에 수사를 하였다고 하더라도 그 수사가 장차 고소나 고발이 있을 가능성이 없는 상태하에서 행해졌다는 등의 특단의 사정이 없는 한 고소나 고발이 있기 전에 수사를 하였다는 이유만으로 그 수사 가 위법하다고 볼 수는 없다. [2020년 1차 순경시험 형소법 문33]

🔒 **정답 및 해설**

1. ○(2016도9470),　**2.** ×(2017도8989. 피해자가 피고인에게 합의서를 작성하여 준 사건),　**3.** ○(94도252)

---

01 협박에 대한 설명으로 옳은 것은?　　　　　　　　　　　　　　　　　2023년 국가직 7급 형법 문4

① 공중전화를 이용하여 경찰서에 여러 차례 전화를 걸어 전화를 받은 각 경찰관에게 경찰서 관할구역 내
　에 있는 A정당의 당사를 폭파하겠다는 말을 한 경우, 일반적으로 A정당에 대한 해악의 고지가 각 경찰
　관 개인에게 공포심을 일으킬 만큼 서로 밀접한 관계에 있으므로 협박죄의 협박에 해당한다.

② 피해자 본인이나 그 친족뿐만 아니라 그 밖의 '제3자'에 대한 법익 침해를 내용으로 하는 해악을 고지하
　는 것이라고 하더라도 피해자 본인과 제3자가 밀접한 관계에 있어 그 해악의 내용이 피해자 본인에게
　공포심을 일으킬 만한 정도의 것이라면 협박죄가 성립할 수 있고, 이때 '제3자'에는 자연인뿐만 아니라
　법인도 포함된다.

③ 「형법」 제12조 강요된 행위에 있어서 협박은 자기 또는 친족의 생명·신체·재산의 위해를 방어할 방법
　이 없는 협박을 의미한다.

④ 공갈죄의 수단으로서의 협박은 사람의 의사결정의 자유를 제한하거나 의사실행의 자유를 방해할 정도
　로 겁을 먹게 할 만한 해악을 고지하는 것을 말하고, 여기에서 고지된 해악의 실현은 반드시 그 자체가
　위법한 것임을 요한다.

해설 ✎

② ○(2010도1017), ① ×(2011도10451: A정당과 경찰관은 밀접한 관계에 있지 않음), ③ ×(재산에 대한 위해
는 아님), ④ ×(90도114: 위법한 것임을 요하지 않음)　　　　　　　　　　　　　　　**정답** ②

02 자유에 대한 죄에 관한 설명으로 가장 적절하지 않은 것은? (다툼이 있는 경우 판례에 의함)

2019년 2차 순경시험 형법 문12

① 협박죄를 위험범으로 이해하는 입장에 따르면 해악을 고지하고 상대방이 이를 인식했음에도 불구하고 상대방이 전혀 공포심을 느끼지 않은 경우에 협박죄의 미수가 성립한다.

② 골프시설의 운영자가 골프회원에게 불리하게 변경된 내용의 회칙에 대하여 동의한다는 내용의 등록신청서를 제출하지 아니하면 회원으로 대우하지 아니하겠다고 통지한 경우 강요죄가 성립한다.

③ 감금행위가 강도상해 범행의 수단이 되는 데 그치지 아니하고 강도상해의 범행이 끝난 뒤에도 계속된 경우에는 1개의 행위가 감금죄와 강도상해죄에 해당하는 경우라 고 볼 수 없고, 이 경우 감금죄와 강도상해죄는 「형법」 제37조의 경합범 관계에 있다.

④ 미성년자가 혼자 머무는 주거에 침입하여 그를 감금한 뒤 폭행 또는 협박에 의하여 부모의 출입을 봉쇄하거나, 미성년자와 부모가 거주하는 주거에 침입하여 부모만을 강제로 퇴거시키고 독자적인 생활관계를 형성하기에 이르렀다면 비록 장소적 이전이 없었다 할지라도 「형법」 제287조의 미성년자약취죄가 성립한다.

해설 ✎

① ×(2007도606전합: 해악을 고지함으로써 상대방이 그 의미를 인식하면 상대방이 현실적으로 공포심을 일으켰는지 여부와 관계없이 협박죄의 기수), ② ○(2003도763), ③ ○(2002도4380), ④ ○(2007도8485)

정답 ①

---

03 소송조건에 관한 설명 중 옳지 않은 것은? (다툼이 있는 경우 판례에 의함) 2020년 경찰간부후보생시험 형소법 문5

① 친고죄에 있어서 고소는 소송조건이 되지만, 고소가 있기 전 수사가 이루어졌다고 하더라도 그 수사가 장차 고소가 있을 가능성이 없는 상태에서 행하여졌다는 등의 특단의 사정이 없는 한 위법하다고 볼 수는 없다.

② 고소권자가 비친고죄로 고소한 사건이더라도 검사가 사건을 친고죄로 구성하여 공소를 제기하였다면 법원으로서는 친고죄에서 소송조건이 되는 고소가 유효하게 존재하는지를 직권으로 조사·심리하여야 한다.

③ 친고죄로 고소를 제기하였다가 공소제기 전 고소를 취소한 후 고소기간 내에 다시 동일한 친고죄로 고소하여 공소제기된 경우, 수소법원은 「형사소송법」 제327조 제2호의 '공소제기의 절차가 법률의 규정에 위반하여 무효인 때'에 해당함을 이유로 공소기각의 판결을 하여야 한다.

④ 「교통사고처리특례법」 위반으로 공소가 제기된 사건에 대해, 사건심리가 이미 완료되어 검사가 제출한 모든 증거에 의하더라도 피고인이 신호를 위반한 과실로 이 사건사고가 발생하였음을 인정하기에 부족하고, 피고인 차량이 공제조합에 가입하여 원래 공소를 제기할 수는 없는 경우라면 공소기각 판결을 해야 하고 무죄의 실체판결을 하는 것은 위법하다.

④ △(공소기각판결사유와 무죄판결사유가 경합된 경우 무죄판결을 해야 한다는 판례[2013도10958[11]]도 있고, 공소기각판결을 해야 한다는 판례[2004도4693[12]]도 있음), ① ○(94도252), ② ○(2013도7987: 법원은 검사가 공소를 제기한 범죄사실을 심판하는 것이지 고소권자가 고소한 내용을 심판하는 것이 아니므로 법원은 친고죄의 소송조건인 고소가 유효하게 존재하는지를 직권으로 조사·심리하여야 함), ③ ○(제232조 제1항, 제2항: 고소는 1심 판결선고 전까지 취소할 수 있지만, 고소를 취소한 자는 다시 고소하지 못함)

정답 공지된 답은 ④

04 고소에 관한 설명 중 옳은 것은? (다툼이 있는 경우 판례에 의함) 2021년 변호사시험 형사법 문27

① 민사사건에서 '이 사건과 관련하여 서로 상대방에 대해 제기한 형사사건의 고소를 모두 취하한다'는 내용이 포함된 조정이 성립된 것만으로도 위 형사사건의 고소가 취소된 것으로 볼 수 있다.

② 법정대리인의 고소권은 무능력자의 보호를 위하여 법정대리인에게 주어진 독립대리권이므로, 피해자의 명시한 의사에 반하여 행사할 수 없다.

③ 항소심에서 공소장변경 또는 법원의 직권에 의하여 비친고죄를 친고죄로 인정한 경우, 항소심에 이르러 비로소 고소인이 고소를 취소하였다면 이는 친고죄에 대한 고소 취소로서 효력이 있다.

④ 영업범 등 포괄일죄의 경우 고소권자가 범죄행위가 계속되는 도중에 범인을 알았다 하더라도 최후의 범죄행위가 종료한 때에 고소기간이 진행된다.

⑤ 변호사 甲이 친고죄의 피해자인 의뢰인 乙로부터 가해자인 A에 대한 고소대리권을 수여받아 고소를 제기한 경우, 고소기간은 고소대리인인 甲이 범죄사실을 알게 된 날부터 기산한다.

④ ○(2004도5014: 실용신안법사건), ① ×(2003도8136: 조정이 성립된 이후에도 고소인이 수사기관 및 1심 법정에서 여전히 피고인의 처벌을 원한다는 취지로 진술한 사건), ② ×(99도3784: 법정대리인의 고소권은 고유권), ③ ×(96도1922전합), ⑤ ×(2001도08: 고소권자가 기준)

정답 ④

---

11 교특법의 공소불가사유에 해당하면 공소기각판결을 함이 원칙이나, 사건의 실체에 관한 심리가 이미 완료되어 교특법의 업무상과실치상죄를 범하였다고 인정되지 않는다면 공소불가사유가 있더라도 사실심법원이 피고인의 이익을 위해 교특법의 업무상과실치상죄에 대해 무죄판결을 선고하는 것은 적법하다.

12 차량이 종합보험에 가입되어 있는 경우 교통사고에 대하여 피고인에게 아무런 업무상 주의의무위반이 없다는 점이 증명되었다 하더라도 바로 무죄를 선고할 것이 아니라 소송조건의 흠결을 이유로 공소기각의 판결을 선고하여야 한다.

05 고소 등에 대한 다음의 설명(㉠~㉤) 중 옳고 그름의 표시(○, ×)가 바르게 된 것은? (다툼이 있는 경우 판례에 의함)

2020년 1차 순경시험 형소법 문4

㉠ 고소능력은 피해를 입은 사실을 이해하고 고소에 따른 사회생활상의 이해관계를 알아차릴 수 있는 사실상의 의사능력으로 충분하므로, 「민법」상 행위능력이 없는 사람이라도 위와 같은 능력을 갖추었다면 고소능력이 인정된다.

㉡ 고소권자가 비친고죄로 고소한 사건이더라도 검사가 사건을 친고죄로 구성하여 공소를 제기하였다면, 공소장 변경절차를 거쳐 공소사실이 비친고죄로 변경되지 아니하는 한, 법원으로서는 친고죄에서 소송조건이 되는 고소가 유효하게 존재하는지를 직권으로 조사·심리하여야 한다.

㉢ 법정대리인의 고소권은 무능력자의 보호를 위하여 법정대리인에게 주어진 고유권이어서 피해자의 고소권 소멸 여부에 관계없이 고소할 수 있는 것이며, 그 고소기간은 법정대리인 자신이 범인을 알게 된 날로부터 진행한다.

㉣ 「형사소송법」제236조의 대리인에 의한 고소의 경우, 대리권이 정당한 고소권자에 의하여 수여되었음을 증명하기 위해 반드시 위임장을 제출한다거나 '대리'라는 표시를 하여야 한다.

㉤ 친고죄에 관한 고소의 주관적 불가분 원칙을 규정한 「형사소송법」제233조는 「공정거래법」상 공정거래위원회의 고발에 준용된다.

① ㉠(○), ㉡(×), ㉢(○), ㉣(○), ㉤(×)　　② ㉠(○), ㉡(○), ㉢(×), ㉣(×), ㉤(×)

③ ㉠(×), ㉡(×), ㉢(×), ㉣(○), ㉤(○)　　④ ㉠(○), ㉡(○), ㉢(○), ㉣(×), ㉤(×)

해설 ✎

㉠ ○(2011도4451), ㉡ ○(2013도7987), ㉢ ○(99도3784), ㉣ ×(2001도308: 대리권이 정당한 고소권자에 의하여 수여되었음이 실질적으로 증명되면 충분하고, 그 방식에 특별한 제한은 없으므로, 고소를 할 때 반드시 위임장을 제출한다거나 '대리'라는 표시를 하여야 하는 것은 아님), ㉤ ×(2008도4762: 가담 정도가 중한 자일지라도 자진신고자 또는 신고협조자로서 고발이 면제되는 혜택을 보는 형평성 문제가 생길 수 있지만, 주관적 고소불가분원칙을 적용하면 처벌이 확장되고, 이는 피고인에게 불리한 유추해석으로서 죄형법정주의에 어긋남)

정답 ④

06 고소와 고발에 대한 다음 설명 중 적절하지 않은 것만을 고른 것은 모두 몇 개인가? (다툼이 있는 경우 판례에 의함)
2020년 2차 순경시험 형소법 문8

- ㉠ 「성폭력범죄의 처벌 등에 관한 특례법」 제27조에 따라 성폭력범죄 피해자의 변호사는 피해자를 대리하여 피고인에 대한 처벌을 희망하는 의사표시를 철회하거나 처벌을 희망하지 않는 의사표시를 할 수 있다.
- ㉡ 반의사불벌죄에 있어서 미성년인 피해자에게 의사능력이 있는 이상, 법정대리인의 동의 없이 단독으로 고소 취소 또는 처벌불원의 의사를 표시할 수 있다.
- ㉢ 1심 법원이 반의사불벌죄로 기소된 피고인에 대하여 「소송촉진 등에 관한 특례법」 제23조에 따라 피고인의 진술 없이 유죄를 선고하여 판결이 확정된 후 피고인이 1심 법원에 동법 제23조의2에 따른 재심을 청구하는 대신 항소권 회복 청구를 하여 항소심 재판을 받게 된 경우, 항소심 절차일지라도 처벌을 희망하는 의사표시를 철회할 수 있다.
- ㉣ 세무공무원 등의 고발에 따른 「조세범 처벌법」 위반죄 혐의에 대하여 검사가 불기소처분을 하였다가 나중에 공소를 제기하는 경우에는 세무공무원 등의 새로운 고발이 있어야 한다.
- ㉤ 수개의 범칙사실 중 일부만을 범칙사건으로 하는 고발이 있는 경우에 고발장에 기재된 범칙사실과 동일성이 인정되지 않는 다른 범칙사실에 대해서는 고발의 효력이 미치지 않는다.

① 1개   ② 2개   ③ 3개   ④ 4개

해설 ✎

㉠○(2019도10678), ㉡○(2009도6058전합), ㉢×(항소심 절차에서는 허용 안 됨), ㉣×(2009도6614), ㉤○(2013도5650)

정답 ②

07 고소 등에 대한 설명으로 옳은 것은? (다툼이 있는 경우 판례에 의함)
2020년 국가직 7급 형소법 문3

① 반의사불벌죄에 있어서 성인인 피해자가 교통사고로 인해 의식을 회복하지 못하여 처벌희망 여부에 관한 의사표시를 할 수 있는 소송능력이 있다고 할 수 없는 경우, 피해자의 부모가 피해자를 대리하여 처벌을 희망하지 아니한다는 의사를 표시하면 처벌할 수 없다.

② 반의사불벌죄에 있어서 미성년자인 피해자는 의사능력이 있더라도 단독으로는 처벌을 희망하는 의사표시를 할 수 없고 법정대리인의 동의가 있어야 한다.

③ 「형사소송법」 제230조 제1항(고소기간)의 '범인을 알게 된'은 통상인의 입장에서 보아 고소권자가 고소를 할 수 있을 정도로 범죄사실과 범인을 아는 것을 의미하고, 여기서 범죄사실을 안다는 것은 고소권자가 친고죄에 해당하는 범죄의 피해가 있었다는 사실관계에 관하여 확정적인 인식이 있음을 말한다.

④ 고소인이 사건 당일 범죄사실을 신고하면서 현장에 출동한 경찰관에게 고소장을 교부하였다면, 그 후 경찰서에 도착하여 최종적으로 고소장을 접수시키지 아니하기로 결심하고 고소장을 반환받았더라도 고소의 효력이 발생된다.

③ ○(2010도4680; 2001도3106), ① ×(2012도568: 피해자는 의식을 회복하지 못하고 있으므로 소송능력이 없고, 피해자의 아버지가 피해자를 대리하는 것 역시 허용되지 않으며 피해자가 성년이므로 피해자의 아버지가 당연히 법정대리인이 된다고 볼 수도 없음), ② ×(2009도6058전합), ④ ×(2007도4977: 고소의 효력이 발생하지 않음)　　　　　　　　　　　　　　　　　　　　　　　　　　　　　　　　　 정답 ③

08 고소의 효력에 관한 설명 중 옳지 않은 것은? (다툼이 있는 경우 판례에 의함)

2020년 경찰간부후보생시험 형소법 문7

① 甲이 수개의 「저작권법」 위반행위를 저질러 포괄일죄의 관계에 있는 경우에 일부의 행위에 대해서만 고소가 있었더라도 그 고소는 포괄일죄의 관계에 있는 행위 전부에 미친다.

② 의사 甲이 직무상 알게 된 비밀을 누설하는 방법으로 A의 명예를 훼손한 경우, 비친고죄인 명예훼손죄에 대한 A의 고소는 친고죄인 업무상 비밀누설행위에 대하여는 효력을 미치지 않는다.

③ 甲과 乙은 서로 짜고 주변 사람들에게 A를 모욕하는 말을 떠들고 다녔다. 이에 A는 甲과 乙을 친고죄인 모욕죄의 범죄사실로 고소하였다. 甲과 乙이 모욕죄의 공범으로 기소되어 1심 공판심리 중 A가 甲에 대한 고소를 취소하면 수소법원은 甲과 乙 모두에 대하여 공소기각판결을 선고해야 한다.

④ 친구 사이인 甲과 乙은 공모하여 甲의 부친 A의 자동차를 절취하였다. A의 고소에 따라 1심 법원의 공판절차가 진행되던 중에 A가 甲에 대한 고소를 취소한 경우, 수소법원은 甲과 乙 모두에 대해 공소기각판결을 선고해야 한다.

해설 ✎

④ ×(고소나 취소의 효력이 없으므로 甲에게는 규정이 적용되어 형면제판결을, 乙에게는 유죄판결을 각각 선고해야 함), ① ○(2002도5411: 일죄의 관계에 있는 범죄사실의 일부에 대한 공소제기 및 고발의 효력은 그 일죄의 전부에 대하여 미침. 2013도5650: 고발은 범죄사실에 대한 소추를 요구하는 의사표시로서 그 효력은 고발장에 기재된 범죄사실과 동일성이 인정되는 사실 모두에 미치므로, 조세범 처벌절차법에 따라 범칙사건에 대한 고발이 있는 경우 고발의 효력은 범칙사건에 관련된 범칙사실의 전부에 미치고 한 개의 범칙사실의 일부에 대한 고발은 전부에 대하여 효력이 생김), ② ○, ③ ○(제233조)　　　　　　　　　　　　　 정답 ④

09 친고죄의 고소에 대한 설명으로 옳은 것만을 모두 고르면? (다툼이 있는 경우 판례에 의함)

2020년 국가직 9급 형소법 문17

> ㄱ. 친고죄가 아닌 범죄로 기소되었으나 항소심에서 공소장의 변경에 의하여 친고죄로 인정된 경우, 고소인이 공소제기 전에 행한 고소를 항소심에서 취소하면 법원은 공소기각의 판결을 선고하여야 한다.
> ㄴ. 수사기관이 고소권이 있는 자를 증인 또는 피해자로서 신문한 경우에는 그 진술에 범인의 처벌을 요구하는 의사표시가 포함되어 있고 그 의사표시가 조서에 기재되어 있더라도 이는 고소로서 유효하지 않다.
> ㄷ. 수사가 장차 고소나 고발의 가능성이 없는 상태하에서 행해졌다는 등의 특단의 사정이 없는 한, 고소나 고발이 있기 전에 수사를 하였다는 이유만으로 그 수사가 위법하게 되는 것은 아니다.
> ㄹ. 친고죄에 있어서 피해자의 고소권은 공법상의 권리로서 법이 특히 명문으로 인정하는 경우를 제외하고는 고소 전에 고소권을 포기할 수 없다.

① ㄱ, ㄴ   ② ㄴ, ㄷ   ③ ㄷ, ㄹ   ④ ㄱ, ㄷ, ㄹ

해설 🖉

ㄱ: ×(96도1922전합), ㄴ: ×(2011도4451), ㄷ: ○(94도252), ㄹ: ○(67도471)   **정답** ③

---

10 친고죄에서의 고소 취소 및 고소권 포기에 대한 설명으로 가장 적절하지 않은 것은? (다툼이 있는 경우 판례에 의함)

2021년 1차 순경시험 형소법 문3

① 고소를 한 피해자가 가해자에게 합의서를 작성하여 준 것만으로는 적법한 고소 취소로 보기 어렵지만, '가해자와 원만히 합의하였으므로 피해자는 가해자를 상대로 이 사건과 관련한 어떠한 민·형사상의 책임도 묻지 아니한다.'는 취지의 합의서를 공소제기 이전 수사기관에 제출하였다면 고소 취소의 효력이 있다.

② 고소는 1심판결선고 전까지 취소할 수 있지만, 항소심에서 공소장변경절차를 거치지 아니하고 법원이 직권으로 친고죄가 아닌 범죄를 친고죄로 인정한 경우, 항소심에서 고소인이 고소를 취소하였다면 친고죄에 대한 고소 취소로서 효력을 갖는다.

③ 일단 고소를 취소한 자는 고소기간이 남았더라도 다시 고소하지 못한다.

④ 고소권은 고소 전에 포기될 수 없으므로, 비록 고소 전에 피해자가 처벌을 원치 않았다 하더라도 피해자가 고소장을 제출하여 처벌을 희망하는 의사를 분명히 표시한 후 그 고소를 취소한 바 없다면 피해자의 고소는 유효하다.

해설 🖉

② ×(96도1922전합), ① ○(81도1171), ③ ○(제232조 제2항), ④ ○(67도471)   **정답** ②

11 전속고발에 대한 설명으로 가장 적절하지 않은 것은? (다툼이 있는 경우 판례에 의함)

① 공정거래위원회의 고발이 있어야 공소를 제기할 수 있는 「독점규제 및 공정거래에 관한 법률」 위반죄를 적용하여 위반행위자들 중 일부에 대하여 공정거래위원회가 고발을 하였다면 나머지 위반행위자에 대하여도 위 고발의 효력이 미친다.

② 전속고발사건에 있어서 수사기관이 고발에 앞서 수사를 하고 甲에 대한 구속영장을 발부받은 후 검찰의 요청에 따라 관계공무원이 고발조치를 하였다고 하더라도 공소제기 전에 고발이 있은 이상 甲에 대한 공소제기의 절차가 법률의 규정에 위반하여 무효라고 할 수는 없다.

③ 세무공무원 등의 고발이 있어야 공소를 제기할 수 있는 「조세범 처벌법」 위반죄에 관하여 일단 불기소처분이 있었더라도 세무공무원 등이 종전에 한 고발은 여전히 유효하고, 따라서 나중에 공소를 제기함에 있어 세무공무원 등의 새로운 고발이 있어야 하는 것은 아니다.

④ 공정거래위원회가 사업자에게 「독점규제 및 공정거래에 관한 법률」의 규정을 위반한 혐의가 있다고 인정하여 동법 제71조에 따라 사업자를 고발하였다면, 법원이 본안에 대하여 심판한 결과 위반되는 혐의사실이 인정되지 아니하더라도 이러한 사정만으로는 그 고발을 기초로 이루어진 공소제기 등 형사절차의 효력에 영향을 미치지 아니한다.

해설 ✐

① ×(2008도762), ② ○(94도3373), ③ ○(2009도6614), ④ ○(2015도3926. 또한 공정거래위원회의 처분이 위법하여 행정소송에서 취소되더라도 공소제기는 유효)   **정답 ①**

---

12 친고죄와 반의사불벌죄에 관한 설명 중 옳지 않은 것은? (다툼이 있는 경우 판례에 의함)

① 친고죄에서 고소권자의 고소가 유효함에도 고소의 효력이 없다는 이유로 공소를 기각한 1심 판결에 대하여 항소심 절차가 진행되던 중 고소인이 고소를 취소하였는데 항소심이 1심의 공소기각 부분이 위법하다는 이유로 사건을 파기환송한 경우, 환송 후의 1심 법원은 고소 취소를 이유로 공소기각판결을 선고할 수 없다.

② 피해자가 반의사불벌죄의 공범 중 그 1인에 대하여 처벌을 희망하는 의사를 철회한 경우, 다른 공범자에 대하여도 처벌희망의사가 철회된 것으로 볼 수 없다.

③ 친고죄로 고소를 제기하였다가 공소제기 전 고소를 취소한 후 고소기간 내에 다시 동일한 친고죄로 고소하여 공소제기된 경우, 수소법원은 「형사소송법」 제327조 제2호의 '공소제기의 절차가 법률의 규정에 위반하여 무효인 때'에 해당함을 이유로 판결로써 공소기각의 선고를 하여야 한다.

④ 고소권자로부터 고소권한을 위임받은 대리인이 친고죄에 대하여 고소를 한 경우, 고소기간은 대리인이 아니라 고소권자가 범인을 알게 된 날부터 기산한다.

⑤ 친고죄의 공범 중 일부에 대하여 1심 판결이 선고된 후에는 1심 판결선고 전의 다른 공범자에 대하여 고소를 취소할 수 없고, 고소 취소가 있다 하더라도 그 효력이 발생하지 않는다.

① ×(2009도9112: 고소 취소가 적법하므로 환송 후의 1심 및 원심은 공소를 기각해야 함), ② ○(93도1689), ③ ○(제232조 제1항, 제2항: 고소 취소하면 다시 고소하지 못하므로 이에 대해 공소제기된 경우 공소기각판결을 해야 함), ④ ○(2001도3081. 그러나 법정대리인의 고소권은 무능력자의 보호를 위하여 법정대리인에게 주어진 고유권이어서 피해자의 고소권 소멸 여부에 관계없이 고소할 수 있는 것이며, 그 고소기간은 법정대리인 자신이 범인을 알게 된 날로부터 진행한다(99도3784)), ⑤ ○(85도1940)　　　**정답** ①

13 재정신청에 대한 설명으로 옳지 않은 것은?　　　

① 법원이 재정신청 대상사건이 아님에도 이를 간과한 채 「형사소송법」 제262조 제2항 제2호에 따라 공소제기결정을 하였더라도 그에 따른 공소가 제기되어 본안사건의 절차가 개시된 후에는 다른 특별한 사정이 없는 한 본안사건에서 위와 같은 잘못을 다툴 수 없다.

② 재정신청 기각결정에 대한 재항고나 그 재항고 기각결정에 대한 즉시항고로서의 재항고에 대한 법정기간의 준수 여부는 도달주의 원칙에 따라 재항고장이나 즉시항고장이 법원에 도달한 시점을 기준으로 판단하여야 하고, 거기에 재소자에 대한 특칙(「형사소송법」 제344조 제1항)은 준용되지 아니한다.

③ 공소를 제기하지 아니하는 검사의 처분의 당부에 관한 재정신청이 있는 경우, 법원은 검사의 무혐의 불기소처분이 위법하면 기소유예의 불기소처분을 할 만한 사건으로 인정되더라도 재정신청을 기각할 수 없다.

④ 「형사소송법」 제262조 제4항 후문의 '다른 중요한 증거를 발견한 경우'란 재정신청 기각결정 당시에 제출된 증거에 새로 발견된 증거를 추가하면 충분히 유죄의 확신을 가지게 될 정도의 증거가 있는 경우를 말하고, 단순히 재정신청 기각결정의 정당성에 의문이 제기되거나 범죄피해자의 권리를 보호하기 위하여 형사재판절차를 진행할 필요가 있는 정도의 증거가 있는 경우는 여기에 해당하지 않는다.

③ ×(85모37: 기각 가능), ① ○(2009도224), ② ○(2013모2347전합), ④ ×(2014도17182)　　　**정답** ③

14 재정신청에 대한 설명으로 옳은 것은?　　　

① 법원은 재정신청서를 송부받은 때에는 송부받은 날부터 7일 이내에 피의자에게 그 사실을 통지하여야 하고, 재정신청서를 송부받은 날부터 3개월 이내에 항고의 절차에 준하여 결정한다.

② 검사의 불기소처분은 물론 진정사건에 대한 입건 전 조사(내사) 종결처분도 재정신청의 대상이 된다.

③ 재정신청인이 자기 또는 대리인이 책임질 수 없는 사유로 인하여 재정신청 기각결정에 대한 재항고 제기기간을 준수하지 못한 경우, 「형사소송법」 제345조(상소권회복청구권자)에 따라 재항고권 회복을 청구할 수 있다.

④ 재소자인 재정신청인이 재정신청 기각결정에 불복하여 재항고를 제기하는 경우, 그 제기기간 내에 교도소장이나 구치소장 또는 그 직무를 대리하는 사람에게 재항고장을 제출한 때에 재항고를 한 것으로 간주한다.

③ ○(2013모2347전합), ② ×(제262조 제1항: 10일 이내에 통지해야 함), ① ×(91모68: 내사종결처분은 재정신청의 대상이 아님), ④ ×(2013모2347전합: 재소자 특칙규정 적용 안 됨)   **정답** ③

탐구 과제

- 고소·고발 남용에 대한 대책은?
- 공정위의 전속고발권이 기업에 미치는 영향은?

18강

**형소: 체포·구속과 석방제도 및 공판기일
전 판사의 강제처분**

18강 형소: 체포·구속과 석방제도 및 공판기일 전 판사의 강제처분

수사의 의의와 원칙을 보고, 강제수사의 대표적인 형태인 체포·구속의 형태와 요건을 본다. 판결이 확정되기 전에 체포·구속에서 석방될 수 있는 방법을 이해한다. 공판기일 전에 판사에 의해서 이루어지는 강제처분을 본다.

⚖ 사례

사법경찰관 X는 법무고등학교 앞에서 학생들이 동네 불량배로부터 금품을 갈취당하고 있다는 첩보를 입수하여 피해자 A(16세), B(16세)를 만나 피해상황에 대해 확인해본 결과 동네 불량배의 일원인 甲과 乙에게 수차례 금품을 빼앗긴 사실을 확인하였다. 사법경찰관 X는 특히 甲이 동종 전과가 수회 있고, 동종의 죄로 복역 후 출소한 지 얼마 되지 않는다는 것을 알고 甲과 乙에게 수차례 출석요구를 하였으나 甲과 乙은 이에 응하지 않았다. 그러던 중 사법경찰관 X는 우연히 노상에서 甲과 乙을 발견하였는데, 乙이 도망하는 바람에 甲만을 적법하게 긴급체포한 후 구속영장을 발부받아 구속한 다음 계속 수사를 진행하였다. 사법경찰관 X가 甲을 긴급체포한 후 구속과 관련하여서는 다음의 절차가 이루어졌다.

-2010. 6. 1. 23:00 긴급체포
-2010. 6. 2. 14:00 검사에게 구속영장 신청
-2010. 6. 2. 16:00 법원에 구속영장 청구서 및 수사기록 접수시킴
-2010. 6. 3. 10:00 판사의 구속 전 피의자 심문, 12:00 구속영장 발부, 13:00 검찰청에 구속영장 및 수사기록 반환
-2010. 6. 3. 18:00 구속영장 집행

위와 같이 甲을 구속하였고 계속 구속함이 적절한 경우, 사법경찰관 X는 언제까지 甲을 검사에게 인치(검찰청에 송치)하여야 하는지 구체적 일자를 밝히고, 그 법적 근거를 설명하시오. [2010년 사법시험 1문의1]

🔍 해결

1. 수사의 의의와 원칙
가. 수사의 의의

> 형소법 제196조(검사의 수사) 검사는 범죄의 혐의가 있다고 사료하는 때에는 범인, 범죄사실과 증거를 수사한다.

> 제197조(사법경찰관리) ① 경무관, 총경, 경정, 경감, 경위는 사법경찰관으로서 범죄의 혐의가 있다고 사료하는 때에는 범인, 범죄사실과 증거를 수사한다.
> ② 경사, 경장, 순경은 사법경찰리로서 수사의 보조를 하여야 한다.

수사기관이 범죄의 혐의가 있다고 판단하면 수사를 해야 한다. 수사란 범죄혐의의 유무를 명백히 하여 공소를 제기·유지할 것인가의 여부를 결정하기 위하여 범인을 발견·확보하고 증거를 수집·보전하는 수사기관의 활동을 말한다(98도3329).

수사 목적을 달성함에 필요한 경우에 한하여 사회통념상 상당하다고 인정되는 방법에 의해 수사를 해야 한다(98도3329). 수사의 필요성과 상당성이 인정되어야 한다. 이런 점에서 소송조건 흠결의 경우에도 수사를 할 수 있는지, 함정수사가 적법한지 다툼이 있다.

나. 수사의 원칙

> 형소법 제198조(준수사항) ① 피의자에 대한 수사는 불구속 상태에서 함을 원칙으로 한다.
> ② 검사·사법경찰관리와 그 밖에 직무상 수사에 관계있는 자는 피의자 또는 다른 사람의 인권을 존중하고 수사과정에서 취득한 비밀을 엄수하며 수사에 방해되는 일이 없도록 하여야 한다.
> ③ 검사·사법경찰관리와 그 밖에 직무상 수사에 관계있는 자는 수사과정에서 수사와 관련하여 작성하거나 취득한 서류 또는 물건에 대한 목록을 빠짐 없이 작성하여야 한다.
> 제199조(수사와 필요한 조사) ① 수사에 관하여는 그 목적을 달성하기 위하여 필요한 조사를 할 수 있다. 다만, 강제처분은 이 법률에 특별한 규정이 있는 경우에 한하며, 필요한 최소한도의 범위 안에서만 하여야 한다.

수사는 비례성원칙을 지켜야 한다. 제199조는 이를 규정한 것이다. ① 수사방법이 수사목적(진실규명, 증거수집)에 적합해야 한다(적합성). 수사목적 달성에 불가능한 수사방법이거나 가능한 수사방법일지라도 긍정적 효과보다 부정적 효과가 더 크면 그 수사방법은 적합하지 않다. 예컨대 피의자의 일거수일투족을 감시카메라로 촬영하는 경우이다. ② 적합한 수사방법(a)일지라도 그 수사방법보다 기본권을 최소한 침해하거나 전혀 침해하지 않는 다른 수사방법(b)이 있으면 그 수사방법(b)을 사용해야 한다(최소침해성, 보충성). 곧 a라는 수사방법은 적합한 것이기는 하지만 불필요한 것이다(필요성). 예컨대 피의자가 수사기관의 신문에 응하겠다고 했는데도 불구하고 피의자를 영장체포하거나 합리적인 이유가 없음에도 불구하고 심야조사[1]를 하는 경우이다. ③ 적합하고 필요한 수사방법일지라도 그 수사방법으로 침해되는 이익과 그 수사방법에 따른 수사목적의 달성으로 얻는 이익이 균형을 이루어야 한다(균형성). 예컨대 길에 떨어진 100원짜리 동전을 주어서 가진 사람을 점유이탈물횡령죄로 입건하거나 체포하는 경우이다.

검사·경찰과 그 밖에 직무상 수사에 관계있는 자는 피의자 또는 다른 사람의 인권을 존중하고, 수사과정에서 취득한 비밀을 엄수하며 수사에 방해되는 일이 없도록 해야 한다(제198조 제1항). 피의자에 대

---

1 권보호수사준칙(법무부 훈령 제556호) 제40조(심야조사 금지) ① 검사는 자정 이전에 피의자 등 사건관계인에 대한 조사를 마치도록 한다. ② 제1항의 규정에도 불구하고 조사받는 사람이나 그 변호인의 동의가 있거나, 공소시효의 완성이 임박하거나, 체포기간 내에 구속 여부를 판단하기 위해 신속한 조사의 필요성이 있는 등 합리적인 이유가 있는 경우에는 인권보호관의 허가를 받아 자정 이후에도 조사할 수 있다.

한 수사는 불구속 상태에서 함을 원칙으로 한다(제198조 제1항). 검사·경찰과 그 밖에 직무상 수사에 관계있는 자는 수사과정에서 수사와 관련하여 작성하거나 취득한 서류 또는 물건에 대한 목록을 빠짐없이 작성해야 한다(제198조 제3항).

다. 강제수사와 영장주의

(1) 일반론

강제수사란 강제처분에 의한 수사를 말한다. 강제처분은 ① 체포·구속, ② 수색·압수, ③ 감청·검증·감정유치(처분), ④ 공판기일 전 판사의 강제처분의 4가지로 구별할 수 있다. 공판기일 전 판사의 강제처분은 수소법원의 공판준비과정이 장기화될 가능성에 대비하여 검사나 피의자·피고인의 요구에 따라 판사에 의해 이루어지는 강제적 증거확보수단이다. 강제처분은 수사기관의 강제처분과 법원의 강제처분으로 구별할 수 있는데, 형소법은 법원의 강제처분을 제68조 이하에서 먼저 규정하고, 이를 수사기관의 강제처분에 준용하고 있다(제200조의6, 제209조).

형사절차에서 강제처분의 목적은 ① 증거의 수집과 확보, ② 공판절차의 원활한 진행, ③ 형벌집행의 확보에 있다. 그런데 강제처분은 기본권을 침해한다. 따라서 헌법은 '체포·구속·수색·압수를 할 때에는 적법한 절차에 따라 검사의 신청에 의해 법관이 발부한 영장을 제시해야 한다(제12조 제3항)'고 하고 있고, '주거에 대한 수색·압수를 할 때도 검사의 신청에 의해 법관이 발부한 영장을 제시해야 한다(제16조)'고 하고 있다. 이를 영장주의라고 한다. 강제수사는 법률이 규정한 경우에 한해 가능하고(제199조 제1항, 강제수사법정주의, 강제처분법정주의), 법관의 영장을 필요로 한다.

이에 따라 구속영장의 집행을 완료한 후에는 신속히 구속영장을 제시하고 그 사본을 교부해야 하고(제85조, 제209조), 압수·수색영장은 처분을 받는 자에게 반드시 제시하여야 하고, 처분을 받는 자가 피의자·피고인인 경우에는 그 사본을 교부해야 한다(제118조, 제219조). 실질적인 방어권 보장을 위해서 영장의 사본도 교부하도록 한 것이다.

(2) 사진촬영

피촬영자의 의사에 반하는 사진촬영은 피촬영자의 사생활과 비밀의 자유, 특히 인격권에 해당하는 초상권(肖像權, 누구든지 자기의 얼굴 기타 모습을 함부로 촬영당하지 않을 자유)을 침해한다는 이유로 그 장소가 어디인지 불문하고 강제수사로서 영장이 필요하다고 보기도 한다. 이와 달리 사적 공간에서는 영장이 필요하지만 공개된 장소에서는 누구나 자신의 용모가 다른 사람에게 공개될 것을 예상하고 있으므로, 이 경우 사진촬영은 임의수사로서 피촬영자의 의사에 관계없이 영장이 필요하지 않다고 보기도 한다.

판례는 초상권은 국가의 안전보장·질서유지·공공복리를 위하여 필요한 경우에는 상당한 제한이 따르는데, 수사기관이 범죄를 수사할 때 ① 현재 범행이 행하여지고 있거나 행해진 직후이고, ② 증거보전의 필요성과 긴급성이 있으며, ③ 일반적으로 허용되는 상당한 방법에 의해 촬영을 한 경우라면 영장없는 촬영일지라도 위법은 아니라고 보고, 이렇게 촬영한 사진의 증거능력을 인정한다(99도2317; 2018도8161[2]).

---

2 나이트클럽의 운영자 甲, 연예부장 乙, 남성무용수 丙이 공모하여 클럽 내에서 성행위를 묘사하는 공연을 하는 등 음

2. 체포·구속과 통제장치 및 석방제도

가. 개관

체포·구속이란 신체의 자유를 제한하는 대인적 강제처분을 말한다. 흔히 인신구속(人身拘束)이란 말을 사용하기도 하지만, 변호인의 접견교통권에 관한 제34조에 있는 신체구속이란 말을 사용하기도 한다. 피의자 구속에는 영장주의가 적용되고 피의자에 대한 영장체포가 허용된다. 그러나 피의자 긴급체포와 현행범체포의 경우에는 영장주의가 적용되지 않는다. 체포·구속은 수사절차에서 이루어지는 피의자의 체포·구속과 공판절차에서 이루어지는 피고인의 구속으로 구별할 수 있다. 차이점은 아래 표와 같다.

구별	수사기관의 피의자 체포·구속				수소(受訴)법원의 피고인 구속	
	체포			구속	구속	
	영장	긴급	현행범		구인	구금
통제	체포·구속시 권리고지제도					
	구속하려면 48시간 이내 청구, 구속영장실질심사제도					
최장기간	경찰수사(10일)·검찰기소(20일): 30일(체포 일수 포함)				18개월(구인은 24시간)	
석방	• 체포적부심사(기각, 석방) • 구속적부심사(기각, 석방, 보증금납입조건부석방)				보석	
	체포·구속의 취소와 집행정지				구속의 취소와 집행정지	

나. 검사의 독점적 영장신청권 내지 영장청구권과 피의자 구속기간

헌법 제12조 제3항은 체포·구속·압수 또는 수색에 관한 영장 신청의 주체를 검사로 한정하여 규정하고 있다. 이에 따라 형소법은 '검사는 관할지방법원판사에게 청구하여 영장을 받아 구속하거나 압수할 수 있고 사법경찰관은 검사에게 신청하여 검사의 청구로 관할지방법원판사의 영장을 받아 구속하거나 압수할 수 있다(제201조, 제215조)'고 규정하고 있다. 영장청구권을 검사가 독점하고 있고, 이를 헌법에 규정하고 있다. 따라서 경찰도 법원에 영장청구권을 행사할 수 있도록 하려면 원칙적으로 헌법을 개정해야 한다.

그런데 경찰이 검사에게 신청하여 검사의 청구로 영장담당판사의 구속영장을 발부받아 피의자를 구속수사할 수 있는 최대 기간은 10일이고, 이 사건을 송치받아 검사가 피의자를 구속수사할 수 있는 기간은 최대 20일이다. 경찰과 검사를 거쳐 구속수사를 받은 피의자가 기소되기 전까지 구속될 수 있는 최대 기간은 30일인 것이다.[3]

란행위 영업을 하여 풍속영업의 규제에 관한 법률 위반으로 기소되었는데, 당시 경찰관들이 클럽에 출입하여 丙의 공연을 촬영한 영상물 및 이를 캡처한 영상사진을 증거로 인정한 사건.

3 국가보안법 제19조에 따라 이 법의 일부 범죄에 대해서는 경찰과 검찰이 각각 한 번 더 구속기간 연장이 가능하여 피의자 구속기간이 최대 50일로 연장되고, 또 국가보안법 제18조에 따라 판사의 영장을 받아서 참고인에 대한 강제 구인·유치도 허용된다.

헌법과 형소법이 말하는 검사는 그동안 검찰청 소속 검사만 의미했으나, 공수처의 출범으로 검사는 검찰청 검사와 공수처 검사 두 가지 의미를 갖게 되었다. 따라서 공수처 검사에게도 영장청구권이 있다고 봐야 한다. 고위공직부정부패범죄에 대한 수사권은 공수처 검사에게 있고, 고위공직부정부패범죄를 범한 사람이 판·검사나 고위경찰공무원이면 공수처 검사에게 기소권까지 있다.

검찰청 검사가 피의자를 수사하고 기소하는 사건의 최대 구속기간은 20일이다. 그렇다면 공수처 검사가 피의자를 수사하고 기소하는 사건의 최대 구속기간도 20일이다. 그럼 공수처 검사가 수사하고 검찰청 검사가 기소하는 사건의 최대 구속기간은 며칠로 봐야 할까? 공수처 검사의 수사를 경찰의 수사처럼 보면 10일이고, 이후 이를 송치받은 검찰청 검사가 기소 여부 판단을 위해서 최대 20일 구속할 수 있다고 볼 수 있다. 그러나 공수처 검사의 수사를 검찰청 검사의 수사처럼 봐야 하고, 피의자를 구속할 수 있는 최대 기간은 20일로 봐야 하지만 기소 여부를 결정해야 하는 검찰청 검사와 나누어 써야 한다. 그래야 공수처 검사나 검찰청 검사가 수사하고 기소하는 사건의 최대 구속기간이 20일인 것과 형평에 부합한다. 결국 공수처 검사가 수사하고 검찰청 검사가 기소하는 사건의 최대 구속기간도 20일로 봐야 한다. 이렇게 보면 경찰이 수사하고 검찰청 검사가 기소하는 사건의 최대 구속기간만 30일이다. 이 또한 피의자를 구속할 수 있는 최대 기간을 20일로 줄일 필요가 있다. 공수처나 검찰청의 수사를 받는 피의자처럼 20일로 하는 것이 형평에 맞다. 그 방안으로 경찰이 검찰청 검사에게 영장을 신청하면 검찰청 검사가 영장의 청구 여부를 신속히 판단하고, 검찰청 검사가 기소 여부 판단을 위한 시간을 10일만 갖는 것을 생각해 볼 수 있다. 또 다른 방안은 경찰청 내부의 독립수사조직인 국가수사본부(국수본)에도 검사를 두어서 직접 영장담당판사에게 구속영장을 청구하도록 하는 것이다. 그러면 경찰의 신청과 검찰청 검사의 청구 두 단계를 하나로 통합하여 절차의 불필요한 시간 낭비를 줄일 수 있기 때문이다. 공수처 검사가 수사하고 검찰청 검사가 기소하는 사건처럼 20일의 최대 구속기간 중 국수본 검사가 수사를 위해 10일을 사용하고, 나머지 10일은 검찰청 검사가 기소 여부 판단을 위해 사용하는 것이다.

다. 경찰이 체포한 피의자에 대한 검사의 구속영장 청구 전 대면조사의 허용 여부

검사의 경찰에 대한 수사지휘권이 인정되던 시기에 경찰이 검사에게 긴급체포한 피의자에 대한 긴급체포 승인 건의와 함께 구속영장을 신청한 경우, 검사가 구속영장을 청구하기 전에 대면조사를 할 수 있는지 여부에 관한 판례의 입장은 아래와 같다(2008도11999). 검사는 긴급체포의 승인 및 구속영장의 청구가 피의자의 인권에 대한 부당한 침해를 초래하지 않도록 긴급체포의 적법성 여부를 심사하면서 수사서류뿐만 아니라 피의자를 검찰청으로 출석시켜 직접 대면조사할 수 있는 권한을 가지므로 검사가 구속영장 청구 전에 피의자를 대면조사하기 위하여 경찰에게 피의자를 검찰청으로 인치할 것을 명하는 것은 적법하고 타당한 수사지휘 활동에 해당하고, 경찰은 이를 준수할 의무를 부담한다. 그러나 체포된 피의자의 구금 장소가 임의적으로 변경되는 점, 법원에 의한 영장실질심사 제도를 도입하고 있는 현행 형소법하에서 체포된 피의자의 신속한 법관 대면권 보장이 지연될 우려가 있는 점 등을 고려하면, 검사의 구속영장 청구 전 피의자 대면조사는 긴급체포의 적법성을 의심할 만한 사유가 기록 기타 객관적 자료에 나타나고 피의자의 대면조사를 통해 그 여부의 판단이 가능할 것으로 보이는 예외적인 경우에 한하여 허용될 뿐, 긴급체포의 합당성이나 구속영장 청구에 필요한 사유를 보강하기 위한 목적으로 실시되어서는 안 되고, 검사의 구속영장 청구 전 피의자 대면조사는 강제수사가 아니므로 피의자는 검사의 출석 요구에 응할 의무가 없고, 피의자가 검사의 출석 요구에 동의한 때에 한하여 경찰은 피의자를 검찰청으로 호송해야 한다.

그러나 검사의 수사지휘권이 폐지되고 검·경관계가 상호협력관계로 변경되면서 경찰이 체포한 피의자에 대한 검사의 구속영장 청구 전 대면조사 허용 여부, 허용된다면 검사가 경찰에게 인치명령을 할 수 있는지 여부가 논란이 될 수 있다. 경찰이 체포한 피의자에 대한 검사의 구속영장 청구 전 대면조사는 검사의 독점적 영장청구권의 관점에서 허용된다고 할지라도 경찰과 검사는 상호협력관계에 있으므로 인치명령을 할 수 없을 뿐만 아니라 체포된 피의자의 출석의무가 없다. 경찰의 송치 전 검사의 수사는 원칙적으로 허용되지 않으므로 검사가 직접 체포된 피의자가 있는 장소에 가서 긴급체포의 적법성과 구속영장의 필요성을 판단할 수도 없다. 이런 경우 개정형소법 제197조의2에 근거해서 검사는 경찰에게 보완수사를 요구할 수 있다고 본다. 경찰의 영장신청사건의 청구 여부 결정을 위해 필요한 경우에 해당한다고 볼 수 있기 때문이다.

3. 피의자 체포

가. 영장체포

(1) 청구주체와 사유

피의자가 ① 죄를 범하였다고 의심할 만한 상당한 이유(범죄혐의)가 있고, ② 정당한 이유없이 제200조에 따른 출석요구에 불응하거나 불응할 우려(출석불응 또는 출석불응우려)가 있는 때는 검사는 관할지방법원판사에게 청구하여 체포영장을 발부받아 피의자를 체포할 수 있고, 경찰은 검사에게 신청하여 검사의 청구로 관할지방법원판사의 체포영장을 발부받아 피의자를 체포할 수 있다. 다만, 다액 50만원 이하 벌금, 구류 또는 과료에 해당하는 사건은 ① 피의자가 일정한 주거가 없거나(주거부정), ② 정당한 이유없이 제200조의 규정에 의한 출석요구에 불응한 경우(출석불응)에 한해 체포할 수 있다.

검사가 체포영장청구를 할 경우 동일한 범죄사실로 그 피의자를 이전에 체포영장을 청구하였거나 발부받은 사실이 있는 때는 다시 체포영장을 청구하는 취지 및 이유를 기재해야 한다(제200조의2). 검찰은 통상 피의자가 출석요구에 불응하면 최대 3차례까지 출석을 통보하고 이에 불응하면 체포영장을 법원에 청구한다.

이처럼 영장체포는 ① 범죄혐의와 ② 출석불응 또는 그 우려 2가지를 요건으로 한다. 따라서 위법성조각사유나 책임조각사유가 명백한 때는 범죄혐의를 인정할 수 없으므로 체포영장을 발부할 수 없다. 다만 심신장애로 인한 치료감호법의 치료감호대상자인 경우에는 치료감호영장을 발부받을 수 있다(제6조).

(2) 심사

청구를 받은 지방법원판사는 상당하다고 인정할 때는 체포영장을 발부하지만, 명백히 체포의 필요가 인정되지 않는 때는 발부하지 않고(제200조의2 제2항), 체포영장을 발부하지 않는 때는 청구서에 그 취지와 이유를 기재하고 서명날인하여 청구한 검사에게 교부한다(제200조의2 제3항).

(3) 석방

영장체포한 피의자를 구속하고자 할 때에는 체포한 때부터 48시간 안에 제201조에 따라 구속영장을 청구해야 하고, 그 기간 안에 구속영장을 청구하지 않는 때는 피의자를 즉시 석방해야 한다(제200조의2 제5항).

체포영장을 발부받은 후 피의자를 체포하지 않거나 체포한 피의자를 석방한 때는 지체없이 검사는 영장발부법원에 그 사유를 서면으로 통지해야 한다(제204조).

나. 긴급체포와 법원 통지제도

(1) 사유

수사기관은 피의자가 ① 사형·무기 또는 장기 3년 이상 징역이나 금고에 해당하는 죄를 범하였다고 의심할 만한 상당한 이유가 있고(중대범죄혐의), ② 피의자가 증거를 인멸할 염려가 있는 때 또는 피의자가 도망하거나 도망할 우려가 있는 때(증거인멸염려 또는 도망이나 도망우려)에 ③ 긴급을 요하여 지방법원판사의 체포영장을 받을 수 없으면(긴급성) 그 사유를 알리고 영장없이 피의자를 체포할 수 있다(제200조의3 제1항). '긴급을 요한다' 함은 피의자를 우연히 발견한 경우 등과 같이 체포영장을 받을 시간적 여유가 없는 때를 말한다. 자진출석한 자에 대한 긴급체포의 적법성은 부정된다(2006도148).

경찰이 피의자를 긴급체포한 경우에는 즉시 검사의 승인을 얻어야 하고, 검사나 경찰이 피의자를 긴급체포한 때는 즉시 긴급체포서를 작성해야 하며, 이런 긴급체포서에는 범죄사실요지, 긴급체포사유 등을 기재해야 한다(제200조의3 제2항-제4항).

판례는 긴급체포의 요건을 갖추지 못한 상태에서 수사기관이 작성한 피의자신문조서의 증거능력을 부정한다(2004도8071; 2004도42; 2000도5701).

(2) 지체없이 48시간 안에 구속영장 청구

검사나 경찰이 긴급체포한 피의자를 구속하고자 할 때는, 지체없이 검사는 관할지방법원판사에게 구속영장을 청구해야 하고, 경찰은 검사에게 신청하여 검사의 청구로 관할지방법원판사에게 구속영장을 청구해야 한다. 이 경우 구속영장은 피의자를 체포한 때부터 48시간 이내에 청구해야 하며, 긴급체포서를 첨부해야 한다(제200조의4 제1항). "체포한 때부터 48시간 안에" 구속영장을 '청구해야 한다'고 한 종전과 달리 "지체없이 48시간 안에 해야 한다"고 한 것은 48시간 안에 한 것일지라도 지체없이 한 것인지 여부를 판단하려는 데 취지가 있다.[4]

(3) 석방

경찰은 긴급체포한 피의자에 대하여 구속영장을 신청하지 아니하고 석방한 경우에는 즉시 검사에게 보고하여야 한다(제200조의4 제6항).

구속영장을 청구하지 않거나 발부받지 못한 때에는 긴급체포한 피의자를 즉시 석방해야 하고, 석방된 자는 영장없이는 동일한 범죄사실로 다시 긴급체포하지 못한다(제200조의4 제2항, 제3항). 이

---

4 법원행정처, 형사소송법 개정법률 해설, 2007, 29면 이하.

는 체포영장을 청구하는 취지와 이유를 기재하면 그 전에 체포영장을 청구하였거나 발부받은 사실이 있더라도 다시 체포영장을 청구할 수 있는 것(제200조의2)과 차이가 있다.

검사는 구속영장을 청구하지 않고 피의자를 석방한 경우는 석방한 날부터 30일 이내에 서면으로 아래 사항을 법원에 통지해야 하고, 이 경우 긴급체포서의 사본을 첨부해야 한다(제200조의4 제4항). ① 긴급체포 후 석방된 자의 인적사항, ② 긴급체포의 일시·장소와 긴급체포하게 된 구체적 이유, ③ 석방의 일시·장소 및 사유, ④ 긴급체포 및 석방한 검사 또는 경찰의 성명. 경찰은 긴급체포한 피의자에 대해 구속영장을 신청하지 않고 석방한 경우에는 즉시 검사에게 보고해야 한다. 긴급체포의 남용을 방지하기 위한 것이다. 헌법의 영장주의에 부합하도록 하려면 통지제도로는 부족하고 사후영장주의를 도입해야 한다. 헌법 제12조 제3항 단서는 현행범인의 경우와 장기 3년 이상 형에 해당하는 죄를 범하고 도피 또는 증거인멸의 염려가 있는 때에는 사후에 영장을 청구할 수 있다.

긴급체포 후 석방된 자 또는 그 변호인·변호인선임권자는 통지서 및 관련 서류를 열람하거나 등사할 수 있다(제200조의4 제5항). 긴급체포로 인한 불법행위의 시정이나 배상을 요구하는 데 사용할 수 있도록 하기 위한 것이다.[5]

다. 현행범체포와 무영장주의

(1) 현행범의 개념

현행범인은 범죄를 실행하고 있거나 실행하고 난 직후의 사람을 말한다. '범죄를 실행하고 난 직후의 사람'이란 범죄의 실행행위를 종료한 직후의 범인이라는 것이 체포하는 자의 입장에서 볼 때 명백한 경우를 말한다(2001도300).

그런데 아래 경우도 현행범인으로 간주된다(제211조). ① 범인으로 불리며 추적되고 있을 때, ② 장물이나 범죄에 사용되었다고 인정하기에 충분한 흉기나 그 밖의 물건을 소지하고 있을 때, ③ 신체나 의복류에 증거가 될 만한 뚜렷한 흔적이 있을 때, ④ '누구냐'고 묻자 도망하려고 할 때.

(2) 영장없는 현행범체포

현행범인은 누구든지 영장없이 체포할 수 있지만(제212조), 다액 50만원 이하 벌금, 구류, 과료에 해당하는 죄의 현행범인의 경우에는 범인의 주거가 분명하지 않은 때에 한해 체포할 수 있다(제214조). 그런데 판례는 현행범인의 체포요건으로 행위의 가벌성, 범죄의 현행성·시간적 접착성, 범인·범죄의 명백성 외에 체포의 필요성, 즉 도망 또는 증거인멸의 염려(구속사유) 등도 제시하고 있다(98도3029).

검사나 경찰이 아닌 자가 현행범인을 체포한 때에는 '즉시' 검사나 경찰에게 인도해야 하는데(제213조), 여기서 '즉시'란 반드시 체포시점과 시간적으로 밀착된 시점이어야 하는 것은 아니고, '정당한 이유 없이 인도를 지연하거나 체포를 계속하는 등으로 불필요한 지체를 함이 없이'라는 의미이다(2012도12927). 경찰이 현행범인의 인도를 받은 때에는 체포자의 성명, 주거, 체포의 사유를 물어야 하고 필요한 때에는 체포자에 대해 경찰관서에 동행할 것을 요구할 수 있다(제213조).

---

5 법원행정처, 형사소송법 개정법률 해설, 2007, 30면.

(3) 48시간 안에 구속영장미청구시 즉시 석방

현행범으로 체포한 피의자를 구속하고자 할 때는 체포한 때부터 48시간 이내에 제201조에 따라 구속영장을 청구해야 하고, 그 기간 안에 구속영장을 청구하지 않은 때는 피의자를 즉시 석방해야 한다(제200조의2 제5항, 제213조의2). 수사기관이 아닌 자가 현행범을 체포하여 수사기관에 인도한 경우에는 수사기관이 인도받은 때부터 48시간 이내에 구속영장을 청구해야 한다(2011도12927). 그런데 현행범체포의 경우에는 긴급체포의 경우 검사가 구속영장을 청구하지 않고 피의자를 석방한 경우는 석방한 날부터 30일 이내에 서면으로 법원에 통지해야 한다는 규정조차 없다.

4. 피의자 구속과 영장실질심사제도

가. 의의

구속은 체포 후 구속과 체포없는 구속 2가지로 구별된다. 곧 체포된 피의자뿐만 아니라 체포되지 않은 피의자도 구속될 수 있다. 다만, 체포없는 구속의 경우에는 구속영장이 청구된 피의자를 판사에게 구인(拘引)해야 심문을 할 수 있으므로, 이 경우에는 구인을 위한 구속영장(실무는 이를 구인장이라고 부름)이 먼저 발부된다(제201조의2 제2항). 그래서 체포 후 구속을 체포구속, 체포없는 구속을 구인구속이라고 할 수 있다.

이런 구별은 구속영장실질심사의 방법과 절차에서 의미가 있다. 구인구속의 경우 판사가 구인장을 발부하였지만 피의자가 도망가면 구인장을 집행할 수 없고, 따라서 심문을 할 수 없다. 이런 경우에는 피의자의 출석없이 심문절차를 진행하여 검사가 제출한 청구서와 수사기록으로 구속 여부를 판단할 수 있다(형소규칙 제96조의13).

나. 구속의 요건과 사유

피의자가 ① 죄를 범하였다고 의심할 만한 상당한 이유(범죄혐의)가 있고, ② 제70조 제1항의 구속사유가 있을 때에는 검사는 관할지방법원판사에게 청구하여 구속영장을 받아 피의자를 구속할 수 있고 경찰은 검사에게 신청하여 검사의 청구로 관할지방법원판사의 구속영장을 받아 피의자를 구속할 수 있다. 다만, 다액 50만원 이하 벌금, 구류 또는 과료에 해당하는 범죄인 경우는 피의자가 일정한 주거가 없는 경우에 한하고, 구속영장의 청구에는 구속의 필요를 인정할 수 있는 자료를 제출해야 한다(제201조 제1항, 제2항).

제70조 제1항의 구속사유는 아래 3가지다. ① 피의자가 일정한 주거가 없는 때(주거부정), ② 피의자가 증거를 인멸할 염려가 있는 때(증거인멸염려), ③ 피의자가 도망하거나 도망할 염려가 있는 때(도망이나 도망염려). 형소법은 범죄의 경중, 곧 사안의 중대성이나 재범의 위험성을 독자적인 구속사유로 인정하지 않지만, "법원은 구속사유를 심사함에 있어서 범죄의 중대성, 재범의 위험성, 피해자 및 중요 참고인 등에 대한 위해우려 등을 고려하여야 한다"는 규정을 두고 있다(제70조 제2항, 제209조).

다. 필수적 구속영장실질심사: 구속전 피의자심문
　(1) 의의

구속영장실질심사란 법관이 피의자를 직접 심문하여 구속영장발부 여부를 결정하도록 한 제도를 말한다. 1995년 개정형소법이 도입했다. 피의자의 법관대면권을 인정한 것이다. 2007년 개정형소법은 국제적 기준[6]에 맞추어 법관대면권을 구속영장이 청구된 모든 피의자에게 필요적으로 인정하고 있다. 필수적 구속영장실질심사이다. 또한 검사가 보낸 서류나 자료만으로 구속 여부를 결정하는 형식심사와 차이가 있다.

　(2) 심문의 방법과 절차
　　(가) 체포구속과 구인구속

체포구속의 경우 구속영장을 청구받은 판사는 지체없이 피의자를 심문해야 한다. 이 경우 특별한 사정이 없는 한 구속영장이 청구된 날의 다음 날까지 심문해야 한다(제201조의2 제1항). 종전에 "피의자 또는 그 변호인, 법정대리인, 배우자, 직계친족, 형제자매, 호주, 가족이나 동거인 또는 고용주의 신청이 있을 때에는 피의자를 심문할 수 있다. 이 경우 피의자 이외의 자는 피의자의 명시한 의사에 반하여서도 그 심문을 신청할 수 있다"라고 한 것과 큰 차이가 있다. 신청에 의한 심문을 필수적 심문으로 변경한 것이다.

구인구속의 경우는 구속영장을 청구받은 판사는 피의자가 죄를 범하였다고 의심할 만한 이유가 있는 경우 구인장을 발부하여 피의자를 구인한 후 심문해야 하지만, 피의자가 도망하는 등의 사유로 심문할 수 없는 경우에는 그렇지 않다(제201조의2 제2항). 구인구속의 경우에 발부하는 구인장은 일종의 구인용 구속영장으로서 통상 시효가 7일인데, 검찰이 이 기간 안에 피의자를 구인하지 못하면 다시 구인장을 3차례까지 발부해주고, 이때까지도 구인을 못하면 곧장 구속영장을 발부하고 검찰은 집행한다.

판사는 체포구속의 경우는 즉시, 구인구속의 경우는 피의자를 구인한 후 즉시 검사, 피의자 및 변호인에게 심문기일과 장소를 통지해야 하고, 체포구속의 경우에는 검사는 심문기일에 피의자를 출석시켜야 하며, 심문을 할 때 공범의 분리심문이나 그 밖에 수사상의 비밀보호를 위해 필요한 조치를 해야 한다(제201조의2 제3항).

판사는 구인받은 피의자를 유치할 필요가 있는 때에는 교도소·구치소 또는 경찰서 유치장에 유치할 수 있는데, 이 경우 유치기간은 인치한 때부터 24시간을 초과할 수 없다(제201조의2 제10항, 제71조의2). 구인구속의 경우 영장발부 여부를 결정하기까지 시간이 필요한 경우 법원에는 피의자를 유치할 만한 시설과 감시인원이 없었으므로 법원 외의 장소에 유치할 필요가 있기 때문이다. 종전 실무는 법적 근거없이 호송경찰관에게 피의자를 유치할 장소를 물어 호송경찰관이 원하는 경찰서 유치장에 유치하도록 했다.[7]

---

6 예컨대 시민적 및 정치적 권리에 관한 국제규약(1990. 6. 13. 조약 제1007호, 이른바 국제인권규약 B규약) 제9조 제1항 제3문: 형사상의 죄의 혐의로 체포되거나 구금된 사람은 법관 또는 법률에 의해 사법권을 행사할 권한을 부여받은 기타 기관에 신속히 인치되어야 한다.
7 법원행정처, 형사소송법 개정법률 해설, 2007, 4면.

(나) 필요적 변호사건

심문할 피의자에게 변호인이 없는 때[8]에는 지방법원판사는 직권으로 변호인을 선정해야 하는데, 이 경우 변호인의 선정은 피의자에 대한 구속영장 청구가 기각되어 효력이 소멸한 경우를 제외하고는 1심까지 효력이 있고, 법원은 변호인의 사정이나 그 밖의 사유로 변호인 선정결정이 취소되어 변호인이 없게 된 때에는 직권으로 변호인을 다시 선정할 수 있다(제201조의2 제8항, 제9항).

(다) 심문의 방식

종전 형소규칙은 '검사와 변호인은 판사의 심문이 끝난 후에 판사의 허가를 얻어 피의자를 심문할 수 있다'고 하고 있어서, 실무의 영장재판이 본안재판처럼 운영되어 문제라는 지적이 있었는데,[9] 제201조의2 제6항에 따라 영장재판과정이 조서로 남을 수 있게 되었고, 이것이 본안재판에 나올 수 있게 되면서 이런 문제가 더 심각해졌다. 이에 따라 '검사와 변호인은 판사의 심문이 끝난 후에 의견을 진술할 수 있다'로 하는 형소규칙안이 나왔다가, 검찰과 변협의 반발로 ① 검사와 변호인은 판사의 심문이 끝난 후에 의견을 진술할 수 있지만, 필요한 경우에는 심문 도중에도 판사의 허가를 얻어 의견을 진술할 수 있고, ② 피의자는 판사의 심문 도중에도 언제든지 변호인에게 조력을 구할 수 있도록 함으로써(형소규칙 제96조의16 제3항, 제4항) 피의자의 방어권과 변호인의 변론권이 침해되지 않도록 하였다.

형소규칙은 판사가 구속 여부의 판단을 위해 필요하다고 인정하는 때에는 심문장소에 출석한 피해자 그 밖의 제3자를 심문할 수 있도록 하고 있고, 구속영장이 청구된 피의자의 법정대리인, 배우자, 직계친족, 형제자매나 가족, 동거인 또는 고용주는 판사의 허가를 얻어 사건에 관한 의견을 진술할 수 있도록 하고 있다(제96조의16 제5항, 제6항).

(라) 조서의 작성

피의자가 심문을 받을 때 법원사무관등은 심문의 요지 등을 조서로 작성해야 한다. 이는 그동안 피의자가 검찰 수사단계에서 변명과 거짓말로 일관하다 구속영장이 청구되면 구속을 면하기 위해 영장실질심사단계에서는 자백해 일단 풀려난 난 후 검찰 수사 때 다시 부인하고 거짓진술을 하는 실무현실 때문에 2007년 개정형소법이 신설한 것이다.

영장심문조서는 공판조서에 준해서 작성해야 한다. 이에 따라 조서의 작성방법(제48조), 공판조서의 기재요건(제51조), 공판조서의 서명(제53조), 공판정에서 속기·녹음 및 영상녹화(제56조의2), 장애인등 특별요보호자에 대한 특칙(제276조의2)을 준용한다(제201조의2 제10항). 그러나 영장심문조서가 제311조의 '법원 또는 법관의 조서'는 아니다. 제311조는 절대적 증거능력이 있는 조서로 '공판준비 또는 공판기일에 피고인이나 피고인 아닌 자의 진술을 기재한 조서

---

8 구속영장실질심사 때는 흔히 판사 출신 변호사가 선임되는데, 형사사건 성공보수약정은 민법 제103조 위반으로서 무효이고(2015다200111전합), 이에 관한 민법 제103조는 합헌이다(2020헌바552).
9 법원행정처, 형사소송법 개정법률 해설, 2007, 36면.

와 법원 또는 법관의 검증의 결과를 기재한 조서'라고 하고 있기 때문이다. 영장심문조서는 제 315조 제3호의 '기타 특히 신용할 만한 정황에 의하여 작성된 문서'에 해당하여 증거능력이 인정될 수 있지만, 자유를 얻기 위해 허위자백할 가능성이 있으므로 증명력을 평가할 때 각별히 유의해야 한다(2003도5693).

라. 발부와 기각

(1) 발부

구속영장청구를 받은 지방법원판사는 신속히 구속영장의 발부 여부를 결정해야 하는데, 상당하다고 인정할 때에는 구속영장을 발부하고, 발부하지 않을 때에는 청구서에 그 취지 및 이유를 기재하고 서명날인하여 청구한 검사에게 교부한다.

판사는 피의자가 심문기일에 출석을 거부하거나 질병 그 밖의 사유로 출석이 현저하게 곤란하고, 피의자를 심문할 법정에 인치할 수 없다고 인정한 때는 피의자의 출석 없이 심문절차를 진행할 수 있는데, 출석한 검사와 변호인의 의견을 듣고, 수사기록 그 밖에 적당하다고 인정하는 방법으로 구속사유의 유무를 조사할 수 있다(형소규칙 제96조의13).

긴급체포 후 구속영장청구의 경우에만 구속영장을 발부받지 못한 때에는 즉시 석방해야 한다는 규정이 있는데, 이는 다른 구속영장청구의 경우에도 적용된다고 본다. 구인구속의 경우에 구인한 피의자를 판사에게 인치한 경우에 구금할 필요가 없다고 인정한 때에는 그 인치한 때로부터 24시간 안에 석방해야 한다(제201조의2 제10항, 제71조).

(2) 기각

구속영장청구가 기각된 경우 재청구할 수 있다. 다만, 재청구의 취지와 다른 중요한 증거가 발견되었다는 사유를 기재해야 한다. 제201조 제5항이 '검사가 동일한 범죄사실에 관하여 그 피의자에 대하여 전에 구속영장을 청구하거나 발부받은 사실이 있을 때에는 다시 구속영장을 청구하는 취지 및 이유를 기재해야 한다'고, 제208조 제1항이 '검사 또는 경찰에 의하여 구속되었다가 석방된 자는 다른 중요한 증거를 발견한 경우를 제외하고는 동일한 범죄사실에 관하여 재차 구속하지 못한다'고 하고 있기 때문이다.

판례는 기각된 구속영장청구에 대해서는 항고나 준항고를 할 수 없다고 본다. 판례는 지방법원판사가 한 압수영장(발부)재판도 마찬가지로 항고나 준항고를 할 수 없다고 본다(97모66). 검사의 영장청구에 대한 지방법원판사의 재판은 제402조의 항고의 대상이 되는 '(수소)법원'의 결정에 해당되지 않고, 제416조 제1항의 규정의 준항고의 대상이 되는 (수소법원의 구성원인) '재판장 또는 수명법관'의 구금 등에 관한 재판에도 해당되지 않는다고 본 것이다. 형소법은 제37조에서 재판의 종류를 '판결', '결정', '명령'으로 구별해서 규정하는 한편, 재판의 종류와 성질에 따라 이를 담당할 주체를 '법원', '법원합의부', '단독판사', '재판장', '수명법관', '수탁판사', '판사 또는 지방법원판사', '법관' 등으로 엄격히 구분하여 규정하고 있고(2006모646), 따라서 구속영장청구에 대한 '지방법원판사'의 기각결정은 그 성질이 결정이 아니라 명령(2004모517)이라는 것이 그 이유다. 대법원이 영장재판의 기준을 분명히 제시해야 할 필요성은 크지만, 업무부담이 크며, 영장사건이 본안사건으로 변질될 우려가 있다는 이유로 판례의 입장을 지지하는 견해도 있다. 이와 달리 영장담당판사도 제402조의 법원에 해당한다는 이유로 항고할 수 있다는 견해, 영장담당판사도 제405조의 재판장에 해당하므로 준항고를 할 수 있다는 견해, 2007년 개정형소법 제184조 제4항이 수임판사의 재판에 대한 항고를 일반적으로 인정한 것이라고 해석하면서 항고할 수 있다는 견해 등도 있다.

마. 구속기간과 기간연장 및 공제

경찰이 피의자를 구속한 때에는 10일 안에 피의자를 검사에게 인치하지 않으면 석방해야 한다(제202조). 검사가 피의자를 구속한 때 또는 경찰로부터 피의자의 인치를 받은 때에는 10일 안에 공소를 제기하지 아니하면 석방해야 한다(제203조). 다만 지방법원판사는 검사의 신청에 의해 수사를 계속함에 상당한 이유가 있다고 인정한 때에는 10일을 초과하지 않는 한도에서 구속기간의 연장을 1차에 한하여 허가할 수 있는데, 신청을 할 때는 구속기간 연장의 필요성을 인정할 수 있는 자료를 제출해야 한다(제205조).

구속기간의 기산점은 체포 또는 구인한 날이다(제203조의2). 구속기간의 초일은 시간을 계산함이 없이 1일로 산정하고(제66조 제1항 단서), 말일이 공휴일이라도 구속기간에 산입한다(제66조 제3항 단서). 판례는 지방법원판사가 내린 구속기간연장신청기각결정도 준항고나 항고의 대상이 아니라고 본다(97모1). 영장담당판사가 구속영장청구서·수사관계서류 및 증거물을 접수한 날부터 구속영장을 발부하여 검찰청에 반환한 날까지의 기간은 수사기관이 피의자를 구속할 수 있는 최장기간에 산입하지 않는다(제201조의2 제7항). 이는 구속영장실질심사로 인해 수사기관의 실질적 수사기간이 단축된다는 점을 고려한 것이다. 이로써 구속기간이 실질적으로 연장된다. 같은 취지에서 체포·구속적부심사를 위해서 법원이 수사관계서류와 증거물을 접수한 때부터 결정 후 검찰청에 반환된 때까지 기간은 영장체포나 긴급체포의 경우 구속영장을 청구해야 하는 기간인 '체포 후 48시간 안'이라는 제한기간에 산입하지 않고, 또 수사기관의 최장구속기간인 30일에 산입하지 않는다(제214조의2 제13항).

바. 재구속의 제한

검사 또는 경찰에 의하여 구속되었다가 석방된 자는 다른 중요한 증거를 발견한 경우를 제외하고는 동일한 범죄사실로 다시 구속하지 못하는데, 이 경우에 1개의 목적을 위해 동시 또는 수단과 결과의 관계에서 행하여진 행위는 동일한 범죄사실로 간주한다(제208조). 재구속을 허용하면 구속기간 제한규정은 무의미해지기 때문이다.

그러나 재구속의 제한은 수소법원이 피고인을 구속하는 경우에는 적용되지 않는다고 판례는 본다(85모12). 1심의 구속기간 만료로 피고인에 대한 구속의 효력이 상실된 후 항소심이 피고인에 대한 판결을 선고하면서 피고인을 구속하는 것도 허용되는데, 이런 구속을 법정구속[10]이라고 한다.

---

10 법정구속은 인신구속사무의 처리에 관한 대법원 예규 제57조에 근거한 것인데, 종전에는 '특별한 사정이 없는 한' 실형을 선고할 때에는 법정구속하도록 하였으나 2021. 1. 1. 이 예규를 24년 만에 개정하여 '구속 사유와 필요성이 있다고 인정하는 경우'에만 법정구속하도록 했다. 구속에 관한 헌법과 형소법의 원칙을 반영한 것이다.

5. 피고인 구속

가. 의의와 요건

피고인의 구속에는 구인과 구금이 있다(제68조). 데려감, 곧 구인(拘引)이란 피고인을 강제로 일정한 장소에 데려가는 것을 말한다. 구금이란 피고인을 강제로 일정한 장소에 머물게 하는 것을 말하는데, 구인을 전제로 함은 당연하다. 구속, 곧 구인 또는 구금에는 구속영장이 필요하다(제73조). 미결구금일수는 형기에 산입된다.

피고인 구속의 요건은 피의자 구속의 요건과 동일하다. 크게 죄를 범하였다고 의심할 만한 상당한 이유(범죄혐의)와 구속사유 2가지로 구별할 수 있고, 다시 구속사유에는 ① 일정한 주거가 없는 때(주거부정), ② 증거를 인멸할 염려가 있는 때(증거인멸의 염려), ③ 도망하거나 도망할 염려가 있는 때(도주 또는 도주염려)로 3가지가 있다. 또 다액 50만원 이하 벌금, 구류 또는 과료에 해당하는 사건은 주거부정의 경우에만 구속할 수 있고(제70조 제3항), 법원은 구속의 요건을 심사할 때 범죄의 중대성, 재범의 위험성, 피해자 및 중요 참고인 등에 대한 위해 우려 등을 고려해야 한다(제70조 제2항).

나. 절차

(1) 구속 여부의 판단(구속재판): 사전 청문절차

법원이 구속영장을 발부하기 전에 피고인에게 범죄사실의 요지, 구속의 이유와 변호인을 선임할 수 있음을 말하고 또 변명할 기회도 주어야 하며, 그렇지 않으면 구속할 수 없다(제72조 본문). 수소법원이 하는 구속 여부의 판단, 곧 구속재판이다. 구속영장 발부 전 피고인에 대한 고지절차로 볼 수도 있으므로 이를 사전 청문절차라고도 한다(2000모134). 다만 피고인이 도망한 경우에는 이런 절차를 거치지 않아도 되는데(제72조 단서), 이런 경우에는 구인이 곤란하고 피고인이 신문을 포기한 것이라고 볼 수 있기 때문이다. 피고인이 법정에 출석하고 있지 않은 경우에는 구인영장을 발부하여 먼저 피고인을 법원에 구인해야 한다.

수소법원이 위 사전 청문절차를 거치지 않고 발부한 구속영장은 효력이 없으나(2000모134), 예컨대 이미 변호인을 선정하여 공판절차에서 변명과 증거의 제출을 다하고 그의 변호 아래 판결을 선고받은 경우의 구속(이른바 법정구속)의 경우에는 그 위법이 치유되어 효력이 있다. 따라서 공판기일에 검사가 공소장에 의해 공소사실, 죄명, 적용법조를 낭독하고 이에 대해 변호인의 변호 아래 피고인이 공소사실의 일부 부인하는 진술한 후에 증거제출이나 증거조사 등 추가심리가 진행되지 않은 상태에서 사전 청문절차를 이행하지 않고 구속영장을 발부한 경우는 그 위법이 치유되지 않는다(2015모1032).

(2) 피고인 구속의 경우에는 재구속이나 이중구속 가능

법원의 피고인에 대한 구속영장은 구속기간이 만료된 피고인을 ① 동일한 범죄사실로 다시 구속하는 이른바 재구속이나(85모12: 1심의 구속기간 만료로 피고인에 대한 구속의 효력이 상실된 후 2심이 법정구속), ② 다른 범죄사실로 구속하는 이중구속(96모46)의 제한을 받지 않는다. 이중구속이란 예컨대 A범죄사실로 구속영장에 의해 구속된 상태에서 재판을 받던 피고인을 B범죄사실로 병합심리 중 A범죄사실의 구속영장에 의한 구속기간이 만료되자 (검사의 청구를 받은) 수소법원이 B범죄사실로 구속영장을 발부하여 구속하는 것을 말한다.

다. 신체구속에 대한 주체

검사의 공소제기로 피의자는 그 법적 신분이 피고인으로 바뀌면서 피고인의 구속에 대한 주체가 원칙적으로 수소법원으로 바뀌지만(제70조 제1항), 아래 예외가 인정된다.

① 재판장 또는 수명법관: 급속을 요하는 경우에는 재판장이 구속, 구속을 위한 신문, 구속영장발부, 구속촉탁 등을 비롯하여 소환, 출석이나 동행명령 등의 처분을 할 수 있고, 이런 처분을 합의부원이 하도록 할 수 있는데(제80조), 그 합의부원을 수명법관이라고 한다.

② 수탁판사: 법원은 피고인의 현재지의 지방법원판사에게 피고인의 구속을 촉탁할 수 있고, 수탁판사는 피고인이 관할구역 내에 현재하지 않은 때에는 그 현재지의 지방법원판사에게 전촉할 수 있는데, 수탁판사는 제75조에 따라 구속영장을 발부해야 한다(제77조). 촉탁에 따라 구속영장을 발부한 판사는 피고인을 인치한 때로부터 24시간 이내에 그 피고인이 틀림없는가를 조사해야 하고, 틀림없으면 신속히 지정된 장소에 송치해야 한다(제78조).

③ 원심법원: 상소법원에 소송계속이 발생하면, 원심법원은 피고인 구속의 주체가 될 수 없다. 그러나 제105조는 '상소기간 중 또는 상소 중의 사건에 관하여 구속기간의 갱신, 구속의 취소, 보석, 구속의 집행정지와 그 정지의 취소에 대한 결정은 소송기록이 원심법원에 있는 때에는 원심법원이 해야 한다'고 규정하고 있다. 그런데 상소기간 중 사건에 대한 구속 여부결정을 원심법원이 하는 것은 당연하다. 원심법원이 여전히 수소법원이기 때문이다. 그러나 상소 중의 사건에 대한 구속 여부 결정은 원심법원이 아니라 수소법원인 상소법원이 하는 것이 옳다. 따라서 이는 상소법원이 해야 할 결정을 원심법원이 대행하는 것이라고 볼 수 있고, 이 부분과 관련한 제105조는 이에 대한 근거규정이라고 볼 수 있다.

라. 구속기간

(1) 구인의 경우 인치기간

법원은 구인한 피고인을 법원에 인치한 경우에 구금할 필요가 없다고 인정한 때에는 그 인치한 때로부터 24시간 내에 석방해야 한다(제71조). 또 법원은 구인된 피고인을 법원이 아닌 장소에 유치할 필요가 있는 때에는 교도소·구치소 또는 경찰서 유치장에 유치할 수 있는데, 이때 유치기간은 인치한 때부터 24시간을 초과할 수 없다(제71조의2). 구속영장실질심사의 경우에 제71조의2를 준용하고 있다(제201조의2 제10항). 제71조의2를 둔 것은 피고인이 심야에 법원에 구인되거나(제71조의2), 피의자에 대한 영장실질심사에 시간이 많이 걸리는 경우에(제201조의2 제10항), 피의자·피고인을 구금시설에 유치할 수 있는 근거를 마련하기 위한 것이다.

(2) 구속기간과 갱신

2007년 개정형소법은 충분한 심리를 위해 2가지 방법으로 종전보다 구속기간을 늘였다. 하나는 상소심의 구속기간 갱신 횟수를 3회로 한 것이고, 다른 하나는 공소제기 전 신체구속기간을 피고인의 구속기간에서 공제한 것이다. 구속기간은 2개월이지만, 특히 구속을 계속할 필요가 있는 경우에는 심급마다 2개월 단위로 2차에 한하여 결정으로 갱신할 수 있는데, 다만, 상소심은 피고인 또는 변호인이 신청한 증거의 조사, 상소이유를 보충하는 서면의 제출 등으로 추가심리가 필요한 부득이한 경우에는 3차에 한하여 갱신할 수 있다. 따라서 1심부터 3심까지 피고인이 구속될 수 있는 최장기간은 18개월(1심: 6개월, 2심: 6개월, 3심: 6개월)이다. 또한 ① 기피신청·공소장변경·의사무능력 등으로 인해 공판절차가 정지된 기간과 ② 공소제기전 체포·구인·구금 기간은 피고인 구속기간에 산입하지 않는다(제92조). 대법원의 파기환송 판결에 의해 사건을 환송받은 법원도 구속기간을 갱신할 수 있다(2001도5225).

구속기간의 갱신은 법원이 결정으로 하는, 판결전의 소송절차에 관한 결정이지만, 구금에 관한 결정이므로 항고의 대상이 된다(제403조).

6. 체포·구속에 대한 통제장치

가. 체포·구속시 고지받을 권리

헌법 제12조 제5항 제1문에 따르면 "누구든지 체포 또는 구속의 이유와 변호인의 조력을 받을 권리가 있음을 고지받지 아니하고는 체포 또는 구속을 당하지 아니한다."

(1) 피의자

피의자를 체포·구속할 때 ① 범죄사실의 요지와 ② 체포·구속의 이유 및 ③ 변호인을 선임할 수 있음을 말하고, ④ 변명할 기회를 주어야 한다. 이는 2007년 개정형소법 때 신설된 제200조5에 근거한 것이다(제209조, 제213조의2). 체포·구속된 피의자와 체포·구속적부심청구권자(체포·구속된 피의자의 변호인, 법정대리인, 배우자, 직계친족, 형제자매, 가족, 동거인 또는 고용주) 중에서 피의자가 지정하는 자는 체포·구속한 수사기관으로부터 체포·구속적부심청구를 할 수 있음을 고지받을 권리가 있다(제214조의2 제2항). 고지는 체포를 위한 실력행사 전에 해야 하지만, 피의자를 쫓아가 붙들거나 폭력으로 대항하는 피의자를 실력을 제압하는 경우에는 붙들거나 제압하면서 하거나 그것도 여의치 않으면 일단 붙들거나 제압한 후에 지체없이 해도 된다(2011도7193; 2008도11226).

고지의 주체는 원칙적으로 검사나 경찰이지만, 구속영장실질심사에서 구인영장이 발부된 경우에는 지방법원판사 또는 법원사무관등이 될 수 있다(제201조의2 제10항).

(2) 피고인

피고인을 구속할 때는 두 번의 고지를 한다. 그 근거는 제72조와 제88조이다. 제72조의 고지는 사전청문절차(구속재판)로서 그 내용은 제200조의5에 근거하여 피의자에게 고지할 내용과 동일하다. 제88조의 고지 내용은 ① 공소사실의 요지와 ② 변호인선임권이다. 판례는 피고인 본인이 맞는지 확인한 후에 고지를 해야 한다고 본다(2007도7961).

위 두 번의 고지는 모두 수소법원이 주체가 되며, 제72조의 고지는 마치 피의자 구속의 경우에 영장실질심사처럼 구속영장 발부 전 이행해야 하는 사전 청문절차이고, 제88조는 구속영장발부 후 이행해야 하는 사후 청문절차인데,[11] 앞서 말했듯이 제72조의 절차를 거치지 않으면 그 흠결의 위법이

---

11 형소규칙 제52조도 '법원이 제72조와 제88조의 절차를 이행할 때는 법원사무관등을 참여시켜 조서를 작성하게 하거나 피고인으로 하여금 확인서 기타 서면을 작성하게 해야 한다'고 하여, 그 주체를 수소법원으로 규정하고 있다.

치유되지 않는 한 구속영장발부 결정은 위법하지만, 제88조의 고지는 이행하지 않더라도 발부된 구속영장의 효력에 영향을 미치지 않는다고 본다(2000모134).

(3) 변호인이나 변호인선임권자 중 피의자·피고인이 지정한 자

변호인이나 변호인선임권자(피의자·피고인의 법정대리인, 배우자, 직계친족, 형제자매) 중 피의자·피고인이 지정한 자에게는 피의·피고사건명, 체포·구속일시·장소, 범죄사실의 요지, 체포·구속의 이유와 변호인을 선임할 수 있는 취지를 지체없이 서면으로 알려야 하는데(제201조의2 제10항,[12] 제209조, 제213조의2, 제87조), 급속을 요하는 경우에는 이를 전화 또는 모사전송기 기타 상당한 방법에 의해 통지할 수 있지만, 이때는 다시 서면으로 해야 한다(형소규칙 제51조 제3항). 헌법적 근거는 "체포 또는 구속을 당한 자의 가족 등 법률이 정하는 자에게는 그 이유와 일시·장소가 지체없이 통지되어야 한다"는 제12조 제5항 제2문이다.

나. 체포·구속된 피의자·피고인이 도움을 받을 권리

(1) 변호인의 조력을 받을 권리

피의자·피고인, 피의자·피고인의 법정대리인, 배우자, 직계친족, 형제자매는 변호인을 선임할 수 있는데(제30조), 신체구속된 피의자·피고인은 법원, 교도소장 또는 구치소장 또는 그 대리자에게 변호사를 지정하여 변호인의 선임을 의뢰할 수 있다(제90조, 제200조의6, 제201조의2 제10항, 제209조, 제213조의2).

변호인 또는 변호인이 되려는 자는 신체구속된 피의자·피고인과 접견하고 서류 또는 물건을 수수(授受)할 수 있으며 의사로 하여금 진료하게 할 수 있다(제34조).

이런 변호인의 조력권은 "누구든지 체포 또는 구속을 당한 때에는 즉시 변호인의 조력을 받을 권리를 가진다"는 헌법 제12조 제4항에 근거한 것이다.

(2) 비변호인과 접견교통권

신체구속된 피의자·피고인은 법률의 범위 내에서 타인과 접견하고 서류 또는 물건을 수수(授受)하며 의사의 진료를 받을 수 있다(제89조, 제200조의6, 제201조의2 제10항, 제209조, 제213조의2). 비변호인과의 접견교통권은 제한될 수 있다. 법원은 도망하거나 범죄의 증거를 인멸할 염려가 있다고 인정할 만한 상당한 이유가 있는 때에는 직권 또는 검사의 청구에 의하여 결정으로 구속된 피고인과 '변호인 또는 변호인이 되려는 자'가 아닌 타인과의 접견을 금지할 수 있고, 서류나 그 밖의 물건을 수수하지 못하게 하거나 검열 또는 압수할 수 있다. 다만, 의류·양식·의료품은 수수를 금지하거나 압수할 수 없다. 비변호인과의 접견교통권을 제한하는 피고인에 대한 이 규정(제91조)은 현행범체포된 피의자를 제외하고 체포·구속된 피의자에게 준용한다(제200조의6, 제209조, 제201조의2, 제213조의2).

---

12 제87조 제1항만 준용하고 있으므로 구속영장실질심사를 위해 구인을 위한 구속영장이 발부된 경우에는 '지체없이 서면으로'라는 고지방법의 제한을 받지 않는다고 해석할 여지도 있다.

다. 체포·구속에 대한 사후적 통제장치

(1) 검사의 구속장소감찰제도

지방검찰청 검사장·지청장은 불법체포·구속의 유무를 조사하기 위해 매월 1회 이상 관하 수사관서의 피의자의 체포·구속장소를 검사가 감찰하도록 해야 하는데, 감찰하는 검사는 체포·구속된 자를 심문하고 관련서류를 조사해야 하고, 검사는 적법한 절차에 의하지 않고 체포·구속된 것이라고 의심할 만한 상당한 이유가 있는 경우에는 즉시 체포·구속된 자를 석방하거나 사건을 검찰에 송치할 것을 명해야 한다(제198조의2).

그러나 검사의 구속장소감찰권은 체포·구속된 피의자에 대한 권리구제장치라기보다는 사법경찰관리에 대한 지휘·감독권의 하나로서 내부적 통제장치라는 한계를 가진다.

(2) 본래의 준항고·재항고제도

수소법원 그 자신이 아니라 수소법원의 구성원인 법관의 재판을 명령이라고 하는데, 형소법은 이에 대해서는 원칙적으로 항고를 허용하지 않고, 예외적으로만 이의신청(제304조)이나 준항고(제406조)를 허용한다. 재판장이나 수명법관의 구금이나 보석 또는 감정유치에 관한 재판에 대해서는 그 법관 소속의 법원이나 관할법원에 그 재판의 취소 또는 변경을 청구할 수 있다(제416조). 이를 준항고라고 한다.

준항고에 대한 수소법원이나 관할법원의 결정도 재항고의 대상이 되는데(제415조, 제419조), 재항고란 항소법원·항고법원·고등법원의 결정에 영향을 미친 헌법·법률·명령 또는 규칙의 위반을 이유로 대법원에 제기하는 즉시항고를 말한다(제415조).

(3) 수사상 준항고·재항고

본래 준항고란 공소제기 이후 형사절차, 곧 공판상 제도이지만, 수사기관의 구금에 관한 처분에 대해서도 불복이 있으면 그 직무집행지의 관할법원 또는 검사의 소속검찰청에 대응한 법원에 그 처분의 취소 또는 변경을 청구할 수 있는데(제417조), 이를 수사상 준항고라고 한다. 구속피의자·피고인에 대한 변호인의 접견교통권의 제한(96모18), 피의자신문시 변호인참여불허(2003모402) 등도 수사상 준항고의 대상이 된다. 2007년 개정형소법은 피의자신문시 변호인참여규정(제243조의2)을 신설하면서 제243조의2에 따른 변호인의 참여 등에 관한 처분도 준항고사유로 명시적으로 규정한다. 수사상 준항고에 대해서는 재항고가 허용된다(제415조, 제419조).

수사상 준항고는 행정기관의 처분에 대한 불복을 법원에 대해 다툰다는 점에서 행정소송과 유사하지만, 행정소송과 달리 전심절차를 거치지 않는다. 수사기관의 처분에 대한 법원의 통제라는 점에서 체포·구속적부심사제도와 유사하지만, 체포·구속적부심사에 따른 결정에 대해서는 항고가 허용되지 않는다.

수사상 준항고의 청구는 서면으로 관할법원에 제출하여야 한다(제418조).

준항고법원이 수사기관의 처분을 취소하는 결정을 내렸음에도 불구하고 수사기관이 이를 이행하지 않고 불법한 구금처분을 계속하는 경우에는 곧바로 헌법소원을 제기할 수 있다(89헌마181).

(4) 구금장소의 임의적 변경

구금장소는 피고인의 방어권 행사에 중대한 영향을 미친다. 구금장소가 변호인이나 그 가족으로부터 지나치게 떨어져 있으면 그들의 접견교통권에 장애가 되기 때문이다. 그래서 제75조는 수소법원이 구속영장을 발부할 때 구속영장에 '인치구금할 장소'를 기재하도록 한 것이다. 따라서 판례는 예컨대 경찰이 피의자에게 발부된 구속영장에 기재된 장소가 아닌 장소로 구금장소를 임의적으로 변경하는 것은 피의자의 방어권이나 변호인의 접견교통권의 행사에 중대한 장애를 초래하는 것이므로 위법하다고 보고, 구금장소변경처분의 취소를 인정한 원심이 옳다고 본다(95모94).

그런데 판례(92두30)는 형의 집행 및 수용자의 처우에 관한 법률 제20조[13]가 수용자에 대한 이송권한을 교정당국에게 부여하고 있다는 이유로, 미결구금된 피고인에 대한 구금장소의 변경은 교정당국의 권한이고, 구금장소의 변경에 대한 불복방법도 행정소송이라고 본다. 다만 구속영장에 피의자·피고인에 대한 구금장소가 기재되어있다고 해서 법원 이외의 다른 기관의 일방적 처분에 의한 구금장소의 변경이 법률의 규정이 있거나 법원의 사전허가를 받아야만 허용된다는 것은 아니지만, 작업이나 교화 등의 필요를 이유로 구속피고인을 다른 수용시설로 이송할 수는 없고, 제361조의2 제3항[14]에 따른 이송규칙을 어겨서도 안 된다고 본다. 그러나 형이 확정된 수형자와 형이 미확정된 미결구금자를 동일하게 보는 것은 무죄추정원칙에 어긋나며, 구금장소변경처분에 대한 당부를 행정법원이 맡는 것은 수소법원의 신속한 심리를 저해하므로, 구금장소의 변경권한은 수소법원에 있다고 본다.

7. 체포·구속된 사람의 판결확정 전 석방제도

판결확정 전 석방제도는 피의자와 피고인 사이에 차이가 있다. 구속의 취소와 구속의 집행정지는 피의자와 피고인 모두에게 인정되고, 체포·구속적부심사청구권은 체포·구속된 피의자에게만 인정되는 반면 보석(청구권)은 구속된 피고인에게만 인정된다.

	체포적부심	구속재판	구속적부심	구속의 취소	구속집행정지	보석
피의자	○	○ (구속영장 실질심사)	○	○	○	△
피고인	×	○ (사전 청문절차)	△ (전격기소)	○ (제97조)	○ (제101조)	○

---

13 제20조(수용자의 이송) ① 소장은 수용자의 수용·작업·교화·의료, 그 밖의 처우를 위하여 필요하거나 시설의 안전과 질서유지를 위하여 필요하다고 인정하면 법무부장관의 승인을 받아 수용자를 다른 교정시설로 이송할 수 있다. ② 법무부장관은 제1항의 이송승인에 관한 권한을 대통령령으로 정하는 바에 따라 지방교정청장에게 위임할 수 있다.

14 피고인이 교도소 또는 구치소에 있는 경우에는 원심법원에 대응한 검찰청검사는 항소이유의 통지를 받은 날부터 14일 이내에 피고인을 항소법원 소재지의 교도소 또는 구치소에 이송해야 한다.

가. 체포·구속의 취소와 체포·구속의 집행정지

(1) 피고인 구속의 취소

구속의 사유가 없거나 소멸된 때는 법원은 직권 또는 검사, 피고인, 변호인, 변호인선임권자의 청구에 따라 결정으로 구속을 취소해야 하는데(제93조), 법원은 구속취소의 청구를 받은 날부터 7일 안에 결정을 해야 한다(형소규칙 제55조). 검사의 청구에 의한 경우 또는 급속을 요하는 경우 외에는 검사에게 의견을 물어야 하고, 검사는 이에 대해 지체없이 의견을 표명해야 하며, 검사는 구속취소 결정에 대해 즉시항고를 할 수 있다(제97조 제2항-제4항). 이처럼 구속이 취소되면 구속영장이 실효된다.

한편 아래 경우에도 구속영장이 실효된다. 먼저 무죄, 면소, 형의 면제, 형의 선고유예, 형의 집행유예, 공소기각 또는 벌금이나 과료의 판결이 선고된 경우이다(제331조). 다음은 형의 집행이 시작된 경우이다. 재판은 형소법에 특별한 규정이 없으면 확정한 후에 집행하는데(제459조), 형기는 판결이 확정된 날로부터 기산하기 때문이다(형법 제84조).

(2) 피고인 구속의 집행정지와 집행정지의 취소

법원은 상당한 이유가 있는 때에 결정으로 구속된 피고인을 친족·보호단체 기타 적당한 자에게 부탁하거나 피고인의 주거를 제한하여 구속의 집행을 정지할 수 있는데, 이런 결정을 할 때는 급속을 요하는 경우를 제외하고 검사의 의견을 물어야 한다(제101조 제1항, 제2항).[15]

구속된 국회의원에 대해 헌법 제44조 제2항에 따른 석방요구가 있으면 당연히 구속영장의 집행이 정지되는데, 이런 석방요구의 통고를 받은 검찰총장은 즉시 석방을 지휘하고 그 사유를 수소법원에 통지해야 한다(제101조 제4항, 제5항). 구속의 집행정지는 구속영장의 효력을 유지시키면서 단순히 그 집행만을 정지시키는 경우인데, 보석의 경우에도 이런 효과가 있다.

피고인이 다음 중 하나에 해당하는 경우에는 법원은 직권 또는 검사의 청구에 따라 결정으로 구속의 집행정지를 취소할 수 있는데, 다만, 국회의원의 석방요구에 따른 구속영장의 집행정지는 그 회기 중 취소하지 못한다(제102조 제2항). ① 도망한 때, ② 도망하거나 증거를 인멸할 염려가 있다고 믿을 만한 충분한 이유가 있는 때, ③ 소환을 받고 정당한 사유 없이 출석하지 아니한 때, ④ 피해자, 당해 사건의 재판에 필요한 사실을 알고 있다고 인정되는 자 또는 그 친족의 생명·신체·재산에 해를 가하거나 가할 염려가 있다고 믿을 만한 충분한 이유가 있는 때, ⑤ 법원이 정한 조건을 위반한 때.

(3) 피의자 체포·구속의 취소

체포·구속의 사유가 없거나 소멸된 때에는 지방법원판사나 검사는 직권으로 또는 피의자, 변호인, 변호인선임권자의 청구나 사법경찰관의 신청을 받아 체포·구속을 취소해야 한다(제93조, 제200조

---

15 제101조 제3항은 '이런 결정에 대해서 검사는 즉시항고를 할 수 있다'고 규정하고 있었는데, 피고인의 모친상을 이유로 법원이 내린 구속집행정지결정사건에서 2012. 6. 27. 헌재의 위헌결정을 받았다(2011헌가36). 그 이유는 즉시항고는 집행정지효력이 있기 때문에 제101조 제3항에 따른 검사의 즉시항고에 의해 법원의 구속집행정지결정이 무력화되므로 제101조 제3항은 영장주의와 적법절차 및 과잉금지원칙에 어긋난다는 것이다. 이런 헌재결정에 따라 제101조 제3항은 2015. 7. 31. 형소법 개정 때 삭제된다.

의6, 제209조, 검찰규칙 제28조, 제50조).

(4) 피의자 체포·구속의 집행정지

지방법원판사 또는 검사는 상당한 이유가 있는 때에는 구속된 피의자를 친족·보호단체 기타 적당한 자에게 부탁하거나 피의자의 주거를 제한하여 구속의 집행을 정지할 수 있다(제209조, 제101조 제1항).

피의자 구속의 집행정지를 준용하는 규정이 피의자 체포영장의 경우에는 없다. 다만 체포영장이 발부된 피의자가 국회의원인 경우 석방요구가 있으면 체포영장의 집행이 정지된다(제200조의6, 제101조 제4항). 제101조 제4항이 피의자 영장체포의 경우에 준용되기 때문이다. 그런데 제101조 제4항을 피의자 영장구속의 경우에 준용하는 규정은 없다. 따라서 피고인 구속영장의 집행정지규정(제101조)의 취지를 피의자 체포·구속영장의 집행정지의 경우에도 살리자면, 피의자의 체포영장의 경우에도 집행정지가 허용되고, 피의자 구속영장의 경우에도 그 피의자가 국회의원인 경우 석방요구가 있으면 구속의 집행이 정지된다고 봐야 한다.

(5) 감정유치장의 집행시 구속의 집행 정지

구속 중인 자에 대해 감정유치장이 집행되었을 때는 유치되어 있는 기간의 구속은 그 집행이 정지된 것으로 간주하며, 유치처분이 취소되거나 유치기간이 만료된 때에는 구속의 집행정지가 취소된 것으로 간주한다(제221조의3 제2항, 제172조의2). 그러나 감정유치기간은 미결구금일수 산입에 있어서는 구속으로 간주한다(제72조 제8항).

구속에 관한 규정을 형소법에 특별한 규정이 없는 한 감정유치에 준용하므로, 판사의 유치결정에 대해서는 적부심사청구를 할 수 있다.

나. 피의자에 대한 체포·구속적부(適否)심사제도

(1) 의의

'누구든지 체포 또는 구속을 당한 때에는 적부의 심사를 법원에 청구할 권리를 가진다(헌법 제12조 제6항)'는 규정에 따라 형소법은 '체포·구속된 피의자 또는 그 변호인, 변호인선임권자(체포·구속된 피의자의 법정대리인, 배우자, 직계친족, 형제자매), 가족, 동거인 또는 고용주는 관할법원에 체포 또는 구속의 적부심사(適否審査)를 청구할 수 있다'고 규정하고 있다(제214조의2 제1항). 이는 종전에는 체포·구속적부심청구의 주체로 '체포·구속영장에 의하여 체포·구속된 피의자'로 하고 있었지만, 긴급체포나 현행범체포된 피의자에게도 적용해 온 판례(97도21)의 입장을 입법에 반영한 것이다. 피고인에게는 체포·구속적부심사청구권이 없다.

수사상 체포·구속된 피의자, 그 변호인 및 일정한 범위의 자가 체포·구속적부심사를 법원에 청구하고 불법·부당하게 체포·구속된 피의자를 법원이 석방시키는 제도이다. 체포의 경우에는 체포의 불법·부당 여부를 심사하는 의미를 갖고, 구속의 경우에는 구속영장실질심사제도에 따른 영장발부 이후 사정변경과 구속의 계속 필요성을 고려한다는 점에서 구속영장발부의 적법성에 대한 사후심사 이상의 의미를 갖는다. 또한 체포·구속된 피의자를 석방시키는 제도라는 점에서, 공소제기후 수소법원이 체포·구속된 피고인을 석방시키는 제도인 피고인보석(제94조 이하)과 차이가 있다.

(2) 국선변호인 선정과 체포 · 구속영장을 발부한 법관의 원칙적 불관여

체포 · 구속된 피의자에게 변호인이 없는 때에는 법원은 직권으로 또는 피의자의 청구로 국선변호인을 선정해야 한다(제214조의2 제10항, 제33조). 적부심사절차에서 변호인의 수사기록 열람 · 등사권은 헌법 제12조 제4항의 체포 · 구속된 자의 변호인의 도움을 받을 권리에서 유래하는 헌법의 기본권으로 보호된다는 것이 헌재의 입장이다(94헌마60).

체포 · 구속영장을 발부한 법관은 제214조의2 제4항부터 제6항까지의 심문 · 조사 · 결정에 관여하지 못하지만, 체포 · 구속영장을 발부한 법관 외에는 심문 · 조사 · 결정을 할 판사가 없는 경우에는 그렇지 않다(제214조의2 제12항). 이때 영장재판조서처럼 법원사무관등은 심문의 요지 등을 조서로 작성해야 하며(제214조의2 제14항, 제201조의2 제6항), 판례는 이 조서는 제311조가 아니라 제315조 제3호의 '기타 특히 신용할 만한 정황에 의하여 작성된 문서'에 해당하여 증거능력이 인정된다고 본다(2003도5693).

(3) 기각과 석방

(가) (간이)기각결정＝민사소송의 각하결정

체포 · 구속적부심사청구를 받은 법원은 그 청구가 다음 중 하나에 해당하는 때에는 심문 없이 결정으로 청구를 기각할 수 있다(제214조의2 제3항). 형식적 요건의 심사에 따른 (간이)기각결정, 곧 민사소송의 각하결정에 해당한다. ① 청구권자 아닌 사람이 청구하거나 동일한 체포영장 또는 구속영장의 발부에 대하여 재청구한 때, ② 공범이나 공동피의자의 순차청구(順次請求)가 수사 방해를 목적으로 하고 있음이 명백한 때.

(나) 심문 후 기각결정과 석방결정

법원은 그 청구가 형식적 요건을 구비한 것이면, 심문 후 결정을 한다. 체포 · 구속적부심사청구를 받은 법원은 청구서가 접수된 때부터 48시간 이내(종전에는 지체없이[16])에 체포 · 구속된 피의자를 심문하고 수사관계서류와 증거물을 조사해야 한다(제214조의2 제4항). 검사 · 변호인 · 청구인은 심문기일에 출석하여 의견을 진술할 수 있고, 법원은 심문을 하는 경우 공범의 분리심문이나 그 밖에 수사상의 비밀보호를 위한 적절한 조치를 해야 한다(제214조의2 제9항, 제11항).

법원은 심문 후에 그 청구가 이유없다고 인정한 때에는 기각결정을 하고, 이유있다고 인정한 때는 석방결정(심문후석방결정)을 명해야 한다(제214조의2 제4항).

법원의 간이기각결정과 심문후결정에 대해서 항고하지 못한다(제214조의2 제8항).

(다) 보증금납입조건부석방

법원은 아래 두 경우를 제외하고 구속된 피의자에 대해 피의자의 출석을 보증할 만한 보증금의 납입을 조건으로 석방(보증금납입조건부석방)을 명할 수 있다(제214조의2 제5항). ① 범죄의 증거를 인멸할 염려가 있다고 믿을 만한 충분한 이유가 있는 때, ② 피해자, 당해 사건의 재판에

---

16 이 형소법 규정에 따라 '지체없이 심문기일을 지정하되, 체포적부심사의 경우에는 24시간 이내로, 구속적부심사의 경우에는 3일 이내로 정해야 한다'고 한 종전 형소규칙 제103조는 삭제되었다.

필요한 사실을 알고 있다고 인정되는 사람 또는 그 친족의 생명·신체나 재산에 해를 가하거나 가할 염려가 있다고 믿을 만한 충분한 이유가 있는 때.

그런데 체포된 피의자에게는 보증금납입조건부석방이 허용되지 않고, 구속된 피의자에 대한 보증금납입조건부석방결정에 대해서는 제402조에 따라 검사의 (보통)항고가 허용된다는 것이 판례의 입장이다(97모21). 그 이유는 아래와 같다. ① 체포의 경우에는 48시간 안에 구속영장을 청구해야 하므로 피의자의 신체의 자유의 보장이 미흡하지 않고, 형소법이 체포와 구속을 구별하면서 보증금납입조건부석방을 구속된 피의자로 제한하고 있다. ② 위 간이기각결정과 심문후 결정에 대해서는 제214조의2 제8항에서 항고를 금지하는 규정을 둔 것과 달리 보증금납입조건부석방결정에 대해서는 이런 규정을 두고 있지 않다. ③ 심문후석방결정과 보증금납입조건부석방결정은 그 실질적인 취지와 내용이 다르다. 심문후석방결정은 체포·구속이 부적법한 경우에 내리는 것이지만 보증금납입조건부석방결정은 구속의 적법을 전제로 한다.[17] ④ 보증금납입조건부석방결정과 효과가 동일한 피고인의 보석의 경우에는 제403조 제2항에서 항고를 허용하고 있다.

체포·구속적부심사제도와 보석제도는 그 법적 성질이 다르다. 보석은 체포·구속영장의 효력을 유지하면서 보증금의 납입에 의한 출석의 담보를 조건으로 체포·구속의 집행을 정지하는 제도이다. 체포·구속적부심사제도는 체포·구속의 적부를 심사하여 그 영장의 효력을 상실시키는 제도이다. 보증금납입조건부석방은 두 제도를 결합한 것이지만, 보석에 가깝다. 그래서 이를 피의자 보석이라고 부르기도 한다. 그러나 형소법은 피의자 보석을 인정하고 있지 않다고 보는 것이 옳다. 보증금납입조건부석방은 법원의 직권에 의해서만 허용된다. 피고인에 대한 보석과 달리 보증금납입조건부석방은 법원의 재량이고, 이를 청구할 권리가 피의자에게 없다. 보증금납입조건부석방결정을 하는 경우에는 주거의 제한, 법원 또는 검사가 지정하는 일시·장소에 출석할 의무, 그 밖의 적당한 조건을 부가할 수 있다(제214조의2 제6항). 이때 피고인 보석의 경우 적용하는, 보석조건의 결정시 고려사항(제99조)과 보석집행의 절차(제100조)에 관한 규정을 준용한다(제214조의2 제7항). 이에 따라 법원은 석방의 조건을 부가할 때 ① 범죄의 성질 및 죄상(罪狀), ② 증거의 증명력, ③ 피의자의 전과(前科)·성격·환경 및 자산, ④ 피해자에 대한 배상 등 범행 후의 정황에 관련된 사항 등을 고려해야 하는데, 법원은 피의자의 자금능력 또는 자산 정도로는 이행할 수 없는 조건을 정할 수 없다(제99조). 법원은 필요하다고 인정하는 때에는 조건의 이행 이후 보석허가결정을 집행하도록 정할 수 있고, 피의자 이외의 자에게 보증금의 납입을 허가하거나 유가증권 또는 피의자 외의 자가 제출한 보증서로써 보증금에 갈음함을 허가할 수 있는데, 보증서에는 보증금액을 언제든지 납입할 것을 기재해야 하며, 법원은 보석허가결정에 따라 석방된 피의자가 보석조건을 준수하는 데 필요한 범위 안에서 관공서나 그 밖의 공사단체에 대해 적절한 조치를 할 것을 요구할 수 있다(제100조).

---

17 따라서 구속된 피의자에 대해 심문후석방결정을 한 경우에는 영장의 효력이 상실되지만, 보증금납입조건부석방을 한 경우에는 영장의 효력이 상실되지 않는다고 볼 수 있다.

(라) 심사청구 후 공소제기(전격기소)된 자

체포·구속적부심사청구를 한 피의자에는 심사청구 후 피의자에 대해 공소제기된 자를 포함한다(제214조의2 제4항, 제5항). 이는 이른바 전격기소된 피고인을 가리키는데, 체포·구속된 피의자 쪽이 적부심사청구를 하여 법원이 이를 심사해야 하는 상황에서 검사가 갑자기 공소를 제기하는 경우를 말한다.

체포·구속된 피의자가 피고인으로 신분이 바뀌면, 체포·구속의 계속 여부도 공소장을 접수한 수소(受訴)법원의 판단사항으로 전환되며, 적부심사청구를 받은 법원(적부심관할법원)이 적부심사를 해야 할지 논란이 있을 수 있다. 그런데 만일 적부심사를 청구한 피의자가 피고인 신분으로 전환되어 적부심관할법원으로부터 적부심사를 받을 수 없다고 해석하면, 이는 "누구든지 체포 또는 구속을 당한 때에는 적부의 심사를 법원에 청구할 권리를 가진다"는 헌법 제12조 제6항과 모순된다. 그래서 이 점을 두고 헌재는 헌법불합치결정을 내렸고(2002헌바104), 이에 따라 전격기소된 피의자도 적부심관할법원이 적부심사를 한다는 규정을 명문화한 것이다.

(4) 재체포 및 재구속의 제한과 재구속등의 경우 보증금의 몰수

심문후석방된 피의자는 도망하거나 증거를 인멸하는 경우를 제외하고 동일한 범죄사실로 다시 체포·구속하지 못하고, 보증금납입조건부석방된 피의자는 아래 경우를 제외하고 동일한 범죄사실로 다시 구속하지 못한다(제214조의3). ① 도망한 때, ② 도망하거나 증거를 인멸할 염려가 있다고 믿을만한 충분한 이유가 있는 때, ③ 출석요구를 받고 정당한 이유없이 출석하지 않은 때, ④ 주거의 제한 기타 법원이 정한 조건을 위반한 때.

보증금납입조건부석방의 경우에 위 ①−④의 사유로 다시 구속하거나 공소가 제기된 후 동일한 범죄사실로 법원이 다시 구속할 때 법원은 직권 또는 검사의 청구에 의해 결정으로 납입된 보증금의 전부 또는 일부를 몰수할 수 있고, 법원은 석방된 자가 동일한 범죄사실로 형의 선고를 받고 그 판결이 확정된 후, 집행하기 위한 소환을 받고 정당한 이유없이 출석하지 않거나 도망한 때에는 직권 또는 검사의 청구에 의해 결정으로 보증금의 전부 또는 일부를 몰수해야 한다(제214조의4).

다. 피고인 보석

(1) 의의와 종류

보석도 구속의 집행정지처럼 구속영장의 집행을 정지시키는 제도이지만, 구속의 집행정지와 달리 피고인의 출석의 담보를 위해 보증금의 납부를 조건으로 한다. 보석은 피고인 쪽의 청구에 의한 청구보석과 법원의 직권에 의한 직권보석으로 구별할 수 있다. 보석은 또 법원이 허가의무를 지는 필요적 보석과 그렇지 않은 임의적 보석으로 구별할 수 있는데, 형소법은 필요적 보석을 원칙으로 하고 있다.

피고인, 피고인의 변호인·법정대리인·배우자·직계친족·형제자매·가족·동거인 또는 고용주는 법원에 구속된 피고인의 보석을 청구할 수 있고(제94조), 법원은 아래 불허사유에 해당하지 않는 한 보석을 허가해야 한다(제96조). 형소법은 필요적 보석의 불허사유로 6가지를 규정하고 있는데, 이는 그 목적에 따라 크게 3가지로 구별할 수 있다. ① 공판절차의 원활한 진행을 위한 경우로, ⅰ) 피고인

이 사형, 무기 또는 장기 10년이 넘는 징역이나 금고에 해당하는 죄를 범한 때(제1호), ii) 피고인이 죄증을 인멸하거나 인멸할 염려가 있다고 믿을 만한 충분한 이유가 있는 때(제3호), iii) 피고인이 도망하거나 도망할 염려가 있다고 믿을 만한 충분한 이유가 있는 때(제4호), iv)피고인의 주거가 분명하지 아니한 때(제5호) 등이다. 특히 제1호와 제4호는 피고인의 출석의 담보에 그 목적이 있다. ② 재범방지를 위한 경우로, 피고인이 누범에 해당하거나 상습범인 때다(제2호). ③ 피해자 등의 보호를 위한 경우로, 피고인이 피해자, 당해 사건의 재판에 필요한 사실을 알고 있다고 인정되는 자 또는 그 친족의 생명·신체나 재산에 해를 주거나 그럴 염려가 있다고 믿을 만한 충분한 이유가 있는 때다(제6호).

법원은 피고인이 보석의 불허사유에 해당할지라도 상당한 이유가 있는 때에는 직권 또는 보석의 청구권자의 청구를 받아 결정으로 보석을 허가할 수 있다(제96조).

(2) 보석청구의 심리와 결정

(가) 심리

보석의 청구를 받은 법원은 심문불가사유[18]에 해당하지 않는 한 지체없이 심문기일을 정하여 구속된 피고인을 심문해야 하는데, 피고인·변호인·보석청구인은 피고인에게 유리한 자료를 낼 수 있고, 검사·변호인·보석청구인은 심문기일에 출석하여 의견을 진술할 수 있으며, 법원은 피고인·변호인·보석청구인에게 보석조건을 결정할 때 필요한 자료의 제출을 요구할 수 있고, 피고인의 심문을 합의부원에게 명할 수 있다(형소규칙 제54조의2). 법원은 특별한 사정이 없는 한 보석의 청구를 받은 날부터 7일 이내에 그에 관한 결정을 해야 한다(형소규칙 제55조). 청구보석이든 직권보석이든 재판장은 보석에 관한 결정을 하기 전에 검사의 의견을 물어야 하고, 검사는 의견요청에 대해 지체없이 의견을 표명해야 한다(제97조 제1항, 제3항). 종전에는 '검사가 3일 이내에 의견을 표명하지 아니한 때에는 보석허가에 대해 동의한 것으로 간주한다'고 규정되어 있었고, 이를 근거로 법원이 3일 동안 보석결정을 보류했는데, 2007년 개정형소법이 이 문제를 해결한 것이다.[19]

(나) 보석불허결정

법원은 보석불허결정을 할 때 결정이유에 어떤 보석 불허사유에 해당하는지 명시해야 한다(형소규칙 제55조의2). 상소를 불허하는 결정이나 명령이 아닌 한 재판은 그 이유를 명시해야 하는데(제39조), 보석에 관한 결정은 항고의 대상이기 때문이다(제403조 제2항).

(다) 보석허가결정

법원은 보석허가결정을 하는 경우에 필요하고 상당한 범위 안에서 아래 보석조건 가운데 하나 이상의 조건을 정해야 하는데(제98조), 이때 다음 사항을 고려해야 하지만, 피고인의 자금능력

---

18 ① 청구권자 이외의 사람이 보석을 청구한 때, ② 동일한 피고인에 대해 중복하여 보석을 청구하거나 재청구한 때, ③ 공판준비 또는 공판기일에 피고인에게 그 이익되는 사실을 진술할 기회를 준 때, ④ 이미 제출한 자료만으로 보석을 허가하거나 불허가할 것이 명백한 때.

19 법원행정처, 형사소송법 개정법률 해설, 2007, 12면.

또는 자산 정도로는 이행할 수 없는 조건을 정할 수 없다(제99조). ① 범죄의 성질 및 죄상(罪狀), ② 증거의 증명력, ③ 피고인의 전과(前科)·성격·환경 및 자산, ④ 피해자에 대한 배상 등 범행 후의 정황에 관련된 사항.

보석허가결정에 대한 즉시항고를 허용한 종전 형소법 규정[20]이 권력분립원칙 등을 침해한다는 이유로 위헌결정을 받았다(93헌가2). 다만, 검사는 제403조 제2항에 따라 보석허가결정에 대해 (보통)항고는 할 수 있다(97모26).

(3) 보석허가결정과 보석조건

형소법은 다양한 비금전적 보석조건을 인정하여 무자력자에게도 보석의 기회를 주고 있다. 보석조건은 9가지인데, 크게 3가지 유형으로 구별할 수 있다. 첫째, 금전적 보석조건유형이다. ① 법원이 정하는 보증금에 해당하는 금액을 납입할 것을 약속하는 약정서를 제출할 것(제2호), ② 법원이 지정하는 방법으로 피해자의 권리 회복에 필요한 금전을 공탁하거나 그에 상당하는 담보를 제공할 것(제7호), ③ 피고인이나 법원이 지정하는 자가 보증금을 납입하거나 담보를 제공할 것(제8호)이다. 둘째, 비금전적 보석조건유형이다. ① 법원이 지정하는 일시·장소에 출석하고 증거를 인멸하지 않겠다는 서약서를 제출할 것(제1호), ② 법원이 지정하는 장소로 주거를 제한하고 주거를 변경할 필요가 있는 경우에는 법원의 허가를 받는 등 도주를 방지하기 위해 행하는 조치를 받아들일 것(제3호), ③ 피해자, 당해 사건의 재판에 필요한 사실을 알고 있다고 인정되는 사람 또는 그 친족의 생명·신체·재산에 해를 끼치는 행위를 하지 않고 주거·직장 등 그 주변에 접근하지 않을 것(제4호), ④ 피고인 아닌 자가 작성한 출석보증서를 제출할 것(제5호), ⑤ 법원의 허가 없이 외국으로 출국하지 않을 것을 서약할 것(제6호) 등이다. 셋째, 포괄적 보석조건유형으로서, 그 밖에 피고인의 출석을 보증하기 위해 법원이 정하는 적당한 조건을 이행할 것(제9호)이다. 법원은 출석보증서의 제출을 조건으로 한 보석허가결정에 따라 석방된 피고인이 정당한 사유 없이 기일에 불출석하는 경우에는 결정으로 그 출석보증인에게 500만원 이하 과태료를 부과할 수 있는데, 이 결정에 대해서는 즉시항고를 할 수 있다(제100조의2).

법원은 직권 또는 보석청구권자의 신청에 따라 결정으로 피고인의 보석조건을 변경하거나 일정기간 동안 당해 조건의 이행을 유예할 수 있다(제102조 제1항).

(4) 보석허가결정의 집행·취소·실효

(가) 집행

보석조건 중 출석등서약서제출(제1호), 보증금납입약정서제출(제2호), 출석보증서제출(제5호), 피해배상금공탁·담보제공(제7호), 보증금납입·담보제공(제8호) 등의 조건은 이를 이행한 후가 아니면 보석허가결정을 집행하지 못하지만, 법원은 필요하다고 인정하면 다른 조건의 경우도 그 이행 이후 보석허가결정을 집행하도록 할 수 있다(제100조 제1항).

---

20 1995. 1. 1. 시행된 제4796호 형소법 제97조(보석·구속의 취소와 검사의 의견) ③ 보석을 허가하는 결정 및 구속을 취소하는 결정에 대하여는 검사는 즉시항고를 할 수 있다.

법원은 보석청구자 이외의 자에게 보증금의 납입을 허가할 수 있는데, 법원은 유가증권 또는 피고인 외의 자가 제출한 보증서로써 보증금에 갈음함을 허가할 수 있고, 이런 보증서에는 보증금액을 언제든지 납입할 것을 기재해야 한다(제100조 제2항－제4항).

법원은 보석허가결정에 따라 석방된 피고인이 보석조건을 준수하는 데 필요한 범위 안에서 관공서나 그 밖의 공사단체에게 적절한 조치를 할 것을 요구할 수 있다(제100조). 예컨대 주거제한 등의 수인(受忍, 제3호)의 보석조건에 따라 피고인의 주거를 병원으로 제한하고 경찰공무원의 관찰을 수인할 것을 보석조건으로 정한 경우에 경찰공무원이 피고인을 감시하고 그 활동을 보고받거나 도망을 방지할 수 있는 조치를 지방경찰청장이나 경찰서장에게 요구할 수 있다.

(나) 취소와 제재

구속의 집행정지 취소처럼 보석의 취소가 인정되고, 사유와 절차는 구속의 집행정지의 취소의 경우와 같다(제102조 제2항). 보석취소결정도 보석허가결정과 마찬가지로 항고의 대상이다(제403조 제2항). 보석취소로 피고인이 재구속되는 경우 새로운 구속영장은 필요없다. 보석취소는 보석이 정지시킨 구속영장의 집행을 재개시키는 것이기 때문이다.

그런데 보석의 경우에는 법원은 피고인이 정당한 사유 없이 보석조건을 위반한 경우에는 결정으로 피고인에게 1천만원 이하의 과태료를 부과하거나 20일 이내의 감치에 처할 수 있고, 이런 결정에 대해서는 즉시항고를 할 수 있다(제102조 제3항).

(다) 실효

구속영장의 효력이 소멸한 때에는 보석조건은 즉시 그 효력을 상실한다(제104조의2 제1항). 보석이 취소된 경우도 보석조건의 효력이 상실되지만, 보증금납입·담보제공(제8호)이 보석조건인 경우에는 보증금이나 담보를 몰취(몰수)하므로 이 경우는 실효되지 않는다(제104조의2 제2항).

(5) 보석보증금·담보의 몰수와 환부

(가) 보석보증금·담보의 몰수

법원은 보석을 취소하는 때에는 직권 또는 검사의 청구에 따라 결정으로 보증금 또는 담보의 전부 또는 일부를 몰수할 수 있다(제103조 제1항). 몰수하지 않은 보증금·담보는 환부해야 하므로, 조속한 환부를 위해서는 몰수결정을 보석취소와 동시에 하는 것이 옳다. 그러나 판례는 몰수결정과 보석취소는 별개라고 본다(2001모53; 2000모22전합).

법원은 보증금의 납입 또는 담보제공을 조건으로 석방된 피고인이 동일한 범죄사실로 형의 선고를 받고 그 판결이 확정된 후 형의 집행을 위한 소환을 받고 정당한 사유 없이 출석하지 않거나 도망한 때에는 직권 또는 검사의 청구에 따라 결정으로 보증금 또는 담보의 전부 또는 일부를 몰수해야 한다(제103조 제2항).

(나) 보석보증금·담보의 환부

구속 또는 보석을 취소하거나 구속영장의 효력이 소멸된 때에는 몰수하지 않은 보증금 또는 담보를 청구한 날로부터 7일 안에 환부해야 한다(제104조).

8. 공판기일 전 판사의 강제처분

법원은 공소제기 후에 증거조사의무를 지므로, 법원은 수사·공소절차에서는 증거수집·보전에 개입하지 않는 것이 원칙이다. 그러나 형소법은 공소제기 이전일지라도 증거보전에 법관이 적극적으로 도움을 주도록 하고 있다. 증거보전청구제도(제184조)와 증인신문청구제도(제221조의2)가 그것이다. 공소제기 이후에도 1회 공판기일 전까지는 수소법원이 아니라 법관이 이런 증거보전절차나 증인신문절차를 담당한다는 점이 특이하다. 수색·압수·검증·증인신문·감정 등이 법관에 의해 이루어진다는 점에서 수소법원의 강제처분과 구별되는 공판기일 전 (수임)판사의 강제처분이라고 할 수 있다. 수소법원의 공판준비과정이 장기화될 경우 유용할 수 있지만, 형소법이 공판준비절차를 도입하여 그 의미가 약해졌다.

가. 증거보전청구제도

> 형소법 제184조(증거보전의 청구와 그 절차) ① 검사, 피고인, 피의자 또는 변호인은 미리 증거를 보전하지 아니하면 그 증거를 사용하기 곤란한 사정이 있는 때에는 제1회 공판기일 전이라도 판사에게 압수, 수색, 검증, 증인신문 또는 감정을 청구할 수 있다.
> ② 전항의 청구를 받은 판사는 그 처분에 관하여 법원 또는 재판장과 동일한 권한이 있다.
> ③ 제1항의 청구를 함에는 서면으로 그 사유를 소명하여야 한다.
> ④ 제1항의 청구를 기각하는 결정에 대하여는 3일 이내에 항고할 수 있다.

(1) 주체

검사, 피고인, 피의자 또는 변호인이다. 본래 강제수사권을 갖고 있는 수사기관에 견줘 열악한 지위에 놓인 피의자·피고인의 증거수집능력을 강화하기 위해 마련된 제도임에도 불구하고, 검사도 증거보전청구의 주체로 규정하고 있다. 이는 당사자가 대등하게 권한을 가져야 한다는 당사자주의의 관점에서 나온 논리의 결과다. 이처럼 당사자주의는 피의자·피고인의 형사절차상 지위강화를 위한 것이어야 함에도 불구하고 피의자·피고인보다 우월적 지위를 갖는 수사기관의 권한을 강화하는 논리로 악용될 수 있다.

판례는 피의자를 형사입건된 피의자로 보므로(79도792), 피내사자는 증거보전청구주체가 될 수 없다. 그러나 피의자에게 적용되는 형소법의 규정들은 피내사자에게도 적용해서 피의자와 피내사자를 동등하게 보호하는 것이 옳다.

피해자 또는 그 법정대리인은 피해자가 공판기일에 출석하여 증언하는 것이 현저히 곤란한 사정이 있는 때에는 그 사유를 소명하여 당해 성폭력범죄를 수사하는 검사에 대해 형소법 제184조의 증거보전청구를 할 것을 요청할 수 있고, 검사는 그 요청이 상당한 이유가 있다고 인정하는 때는 그 청구를 할 수 있는데, 피해자가 16세 미만이거나 신체장애나 정신장애로 사물을 변별하거나 의사를 결정할 능력이 미약한 때에는 공판기일에 출석하여 증언하는 것이 현저히 곤란한 사정이 있는 것으로 본다(성폭법 제31조).

(2) 요건

청구는 미리 증거를 보전하지 않으면 그 증거를 사용하기 곤란한 사정이 있는 때에 한해 1회 공판기일 전에만 가능하다. 1회 공판기일 전의 의미에 관해 다툼이 있을 수 있지만, 1회 공판기일에 검사의 모두진술이 종료되기 전까지는 수소법원이 아니라 (수임)판사에게 증거보전청구를 할 수 있다고 본다. 2007년 개정형소법에서는 검사의 모두진술 후에 피고인의 모두진술이 이어지는데, 이때 피고인은 증거조사의 필요성을 수소법원에 진술할 수 있고, 또 피고인은 공판기일 전에도 수소법원에 증거조사를 신청할 수도 있기 때문이다(제266조의9, 제273조).

피고인신문은 할 수 없다. 그러나 공동피고인 또는 공범에 대한 증인신문은 할 수 있다(86도1646).

(3) 절차

청구는 판사에게 서면으로 그 사유를 소명하여야 하며, 그 내용은 수색·압수·검증·증인신문·감정이다. 피의자·피고인에 대한 신문을 청구할 수는 없다. 청구를 받은 판사는 그 처분에 관하여 법원 또는 재판장과 동일한 권한이 있다. 따라서 공소제기후 수소법원이 하는 수색·압수·검증·증인신문·감정에 관한 규정들이 증거보전절차에도 적용된다.

검사, 피고인, 피의자 또는 변호인은 판사의 허가를 얻어 증거보전절차에서 생긴 서류와 증거물을 열람 또는 등사할 수 있다(제185조). 증거보전절차에서 작성된 조서는 법관의 조서로서 절대적 증거능력이 있다(제311조). 다만 증거보전절차에서 생긴 증거들을 이용하려면 증거신청을 해야 한다(제294조). 특정범죄신고자등보호법 제10조는 범죄신고자등을 증거보전청구제도에 의해 증인신문을 하는 경우 판사가 직권 또는 검사의 신청에 의해 그 과정을 비디오테이프등 영상물로 촬영할 것을 명할 수 있도록 하고 있다.

(4) 3일 이내 항고

2007년 개정형소법은 종전과 달리 증거보전청구기각결정에 대해 "3일 이내" 항고할 수 있도록 하는 규정(제184조 제4항)을 신설한다. 이 항고의 성질에 대해서는 다툼이 있을 수 있지만, 기간의 제한 있는 (보통)항고라고 본다.

이를 근거로 이제 영장청구에 대한 기각결정에 대해 검사가 제402조에 따라 보통항고를 할 수 있다는 견해[21]도 있다. 그 이유는 제184조 제4항은 수사절차의 재판을 담당하는 판사도 제402조의 법원에 포함됨을 인정한 것으로서, 형소법의 항고제도체계상 이른바 이 '3일 이내 항고'는 기간의 제한이 있는 보통항고의 일종이며, 영장청구기각결정이나 기소전 증인신문청구기각결정이 기간제한 없는 보통항고의 대상이라면 증거보전청구기각결정은 '3일 이내 항고'의 대상이라는 것이다. 그러나 제184조 제4항을 법관의 재판에 대한 항고를 인정하는 일반적 규정으로 보기에는 무리가 있다. 우선 형소법이 법관을 (수소)법원과 그 구성원인 재판장이나 수명법관 또는 수탁판사 그리고 공소제기 이전 단계에서 업무를 담당하는 수임판사로 구별하고, 이에 따라 그 재판의 효력을 달리 인정하고 있는 체계에 반한다. 또한 영장담당수임판사와 달리 증거보전청구를 받은 판사는 그 처분에 관해 (수소)법원이나 그 구성원인 재판장과 동일한 권한이 있다는 규정(제184조 제2항)을 두고 3일 이내에 항고가 가능하도록 한 것은 증거수집능력이 열악한 피의자와 피고인을 보호하기 위한 특별한 규정이다.[22] 따라서 제184조 제2항과 같은 법적 근거가 없이도 제402조의 "법원"이라는 문언에 수임판사

---

21 이완규, "개정 형사소송법상 영장항고", 형사법의 신동향 제9호, 2007, 60면 이하.

도 포함한다고 해석할 수 없다.

나. 증인신문청구제도

> 형소법 제221조의2(증인신문의 청구) ① 범죄의 수사에 없어서는 아니될 사실을 안다고 명백히 인정되는 자가 전조의 규정에 의한 출석 또는 진술을 거부한 경우에는 검사는 제1회 공판기일 전에 한하여 판사에게 그에 대한 증인신문을 청구할 수 있다.
> ② 삭제
> ③ 제1항의 청구를 함에는 서면으로 그 사유를 소명하여야 한다.
> ④ 제1항의 청구를 받은 판사는 증인신문에 관하여 법원 또는 재판장과 동일한 권한이 있다.
> ⑤ 판사는 제1항의 청구에 따라 증인신문기일을 정한 때에는 피고인·피의자 또는 변호인에게 이를 통지하여 증인신문에 참여할 수 있도록 하여야 한다.
> ⑥ 판사는 제1항의 청구에 의한 증인신문을 한 때에는 지체없이 이에 관한 서류를 검사에게 송부하여야 한다.

(1) 의의

범죄의 수사에 없어서는 안 될 사실을 안다고 명백히 인정되는 자가 수사기관의 출석 또는 진술을 거부한 경우에는 검사는 1회 공판기일 전에 한해 판사에게 그에 대한 증인신문을 청구할 수 있는데, 서면으로 그 사유를 소명하여야 하고, 그 청구를 받은 판사는 증인신문에 관해 법원 또는 재판장과 동일한 권한이 있으며, 판사는 증인신문기일을 정한 때에는 피고인·피의자나 그 변호인에게 이를 통지하여 증인신문에 참여할 수 있도록 해야 하고, 판사는 증인신문을 한 때에는 지체없이 이에 관한 서류를 검사에게 송부해야 한다(제221조의2). 증거보전청구제도가 있음에도 불구하고, 검사에게만 증인신문청구제도를 인정한 것은 내부자의 증언이 유죄인정의 결정적 자료가 되는 조직범죄나 뇌물범죄의 효율적 처리와 증인보호를 위해서다.

(2) 요건

청구주체는 검사다. 청구요건은 다음 3가지다. ① 증인신문을 받게 될 참고인이 범죄의 수사에 없어서는 안 될 사실을 안다고 명백히 인정되는 자이어야 한다. ② 이런 참고인이 수사기관의 출석이나 진술을 거부해야 한다. 곧 증거보전의 필요성이 있어야 한다. 종전에는 참고인이 수사기관에서 임의진술을 했더라도 공판기일에 다른 진술을 할 염려가 있는 경우도 증거보전의 필요성이 있는 것으로 규정했으나, 적법절차원칙과 공정한 재판의 원칙에 따른 피의자·피고인의 공격·방어권을 침해한다는 이유로 위헌으로 결정한다(94헌바1). ③ 1회 공판기일 전까지만 허용된다.

(3) 절차

청구는 서면으로 사유를 소명해서 해야 하는데, 판사는 그 청구에 따라 증인신문기일을 정한 때에는 반드시 피고인·피의자 또는 변호인에게 이를 통지하여 증인신문에 참여할 수 있도록 해야 한다(제221조의2 제3항-제5항). 종전에는 특별히 수사에 지장이 있다고 판단하는 경우에는 피고인 등의

---

22 이인석, "영장항고제도에 관한 연구", 법조, 2008, 387면.

증인신문참여권을 제한할 수 있었다.

증인신문을 한 때에는 법원사무관등이 조서를 작성해야 하고, 이런 조서는 법관의 조서로서 절대적 증거능력이 있다(제311조). 이러한 이유로 청구를 받은 판사는 증인신문에 관해 법원 또는 재판장과 동일한 권한이 있다고 규정하고 있는 것이다. 다만, 증거보전절차에서 생긴 증거들을 이용하려면 증거신청을 해야 한다(제294조). 특정범죄신고자등보호법 제10조는 범죄신고자등에 대해 증인신문청구제도에 의해 증인신문을 하는 경우 판사가 직권 또는 검사의 신청에 의하여 그 과정을 비디오테이프등 영상물로 촬영할 것을 명할 수 있도록 했다. 이 점은 증거보전청구제도와 같다.

그러나 증인신문청구제도에는 피고인, 피의자, 변호인은 증인신문과정에서 작성된 서류의 열람·등사를 할 수 있도록 한 규정과 3일 이내 항고규정은 없다. 다만 판사는 지체없이 이에 관한 서류를 검사에게 송부해야 한다는 규정(제221조의2 제6항)이 있다.

	구분	증거보전청구제도	증인신문청구제도
공통점	청구가능시기	1회 공판기일 전까지	1회 공판기일 전까지
	조서	법관조서(제311조)	법관조서(제311조)
	증거신청	해야 함	해야 함
	영상물촬영	허용	허용
차이점	청구주체	검사, 피고인, 피의자, 변호인	검사
	열람등사권	○	×
	3일 이내 항고	○	×
	검사에게 서류송부	×	○

구속	구속되었다가 석방된 자는 다른 중요한 증거가 발견된 경우가 아니면 동일한 범죄사실에 관하여 재차 구속하지 못한다. [2020년 변호사시험 형사법 문31]

🔒 **정답 및 해설**
△(구속되었다가 석방된 자가 피의자이면 옳지만[제208조], 피고인이면 옳지 않다[85모12])

01 「검사와 사법경찰관의 상호협력과 일반적 수사준칙에 관한 규정」에 대한 설명으로 가장 적절하지 않은 것은?

2021년 1차 순경시험 형소법 문5

① 검사 또는 사법경찰관은 특별한 사정이 없으면 총조사시간 중 식사시간, 휴식시간 및 조서의 열람시간 등을 제외한 실제 조사시간이 12시간을 초과하지 않도록 해야 한다.

② 검사 또는 사법경찰관은 조사에 상당한 시간이 소요되는 경우에는 특별한 사정이 없으면 피의자 또는 사건관계인에게 조사 도중에 최소한 2시간마다 10분 이상의 휴식시간을 주어야 한다.

③ 검사 또는 사법경찰관은 피의자에게 출석요구를 하려는 경우 피의자와 조사의 일시·장소에 관하여 협의해야 하고, 이 경우 변호인이 있는 경우에는 변호인과도 협의해야 한다.

④ 검사 또는 사법경찰관은 임의동행을 요구하는 경우 상대방에게 동행을 거부할 수 있다는 것과 동행하는 경우에도 언제든지 자유롭게 동행 과정에서 이탈하거나 동행 장소에서 퇴거할 수 있다는 것을 알려야 한다.

해설 🖋

① ×(제22조. 대기시간, 휴식시간, 식사시간은 포함되나 조서열람시간은 제외), ② ○(제23조), ③ ○(제19조 제2항), ④ ○(제20조, 2020도398) **정답** ①

02 체포제도에 대한 설명 중 가장 적절하지 않은 것은? (다툼이 있는 경우 판례에 의함)

2020년 1차 순경시험 형소법 문7

① 사법경찰관이 긴급체포된 피의자에 대해 검사에게 긴급체포의 승인건의와 구속영장 신청을 함께 한 경우 검사는 긴급체포의 합당성이나 구속영장 청구에 필요한 사유를 보강하기 위해 피의자 대면조사를 실시할 수 있다.

② 현행범 체포의 요건으로서 행위의 가벌성, 범죄의 현행성·시간적 접착성, 범인·범죄의 명백성 이외에 체포의 필요성, 즉 도망 또는 증거인멸의 우려가 있어야 한다.

③ 체포영장이 발부된 피의자를 체포하기 위하여 타인의 주거 등을 수색하는 경우에는 피의자가 그 장소에 소재할 개연성 이외에도 별도로 사전에 수색영장을 발부받기 어려운 긴급한 사정이 있는 경우에만 제한적으로 이루어져야 한다.

④ A가 경찰관 B의 불심검문을 받아 운전면허증을 교부한 후 B에게 큰소리로 욕설을 하는 것을 인근에 있던 C, D 등도 들은 상황에서 B가 A를 현행범으로 체포하는 것은 적법한 공무집행이라 볼 수 없다.

해설 🖋

① ×(2008도11999), ② ○(98도3029), ③ ○(제216조 제1항 제1호), ④ ○(2011도3682: 경찰관의 불심검문에 응하여 이미 운전면허증을 교부한 상태이고, 경찰관뿐 아니라 인근 주민도 욕설을 직접 들었으므로, A가 도망하거나 증거를 인멸할 염려가 있다고 보기는 어렵고, A의 모욕 범행은 불심검문에 항의하는 과정에서 저지른 일시적, 우발적인 행위로서 사안 자체가 경미할 뿐 아니라, 피해자인 경찰관이 범행현장에서 즉시 범인을 체포할 급박한 사정이 있다고 보기도 어려움) **정답** ①

03 체포에 관한 설명 중 옳지 않은 것은? (다툼이 있는 경우 판례에 의함) 2020년 경찰간부후보생시험 형소법 문9

① 경찰관이 피의자의 집 문을 강제로 열고 들어가 피의자를 긴급체포한 경우, 피의자가 마약투약을 하였다고 의심할 만한 상당한 이유가 있었더라도, 경찰관이 이미 피의자의 주거지 및 전화번호 등을 모두 파악하고 있었고, 당시 증거가 급속하게 소멸될 상황도 아니었다면 미리 체포영장을 받을 시간적 여유가 없었던 경우에 해당하지 않는다.

② 경찰관이 시위에 참가한 6명의 조합원을 「집회 및 시위에 관한 법률」 위반 혐의로 현행범 체포 후 경찰서로 연행하였는데, 그 과정에서 체포의 이유를 설명하지 않다가 조합원들의 항의를 받고 1시간이 지난 후 그 이유를 설명한 것은 위법하다.

③ 피의자의 소란행위가 업무방해죄의 구성요건에 해당하지 않아 사후적으로 무죄로 판단된다고 하더라도, 피의자가 경찰관 앞에서 소란을 피운 당시 상황에서는 객관적으로 보아 피의자가 업무방해죄의 현행범이라고 인정할 만한 충분한 이유가 있었다면 경찰관이 피의자를 체포하려고 한 행위는 적법하다.

④ 순찰 중이던 경찰관이 교통사고를 낸 차량이 도주하였다는 무전연락을 받고 주변을 수색하다가 범퍼 등의 파손상태로 보아 사고차량으로 인정되는 차량에서 내리는 사람을 발견하고 준현행범인으로 체포한 행위는 위법하다.

해설 ✐

④ ×(99도4341: 형소법 제211조 제2항 제2호 소정의 '장물이나 범죄에 사용되었다고 인정함에 충분한 흉기 기타의 물건을 소지하고 있는 때'에 해당하므로 준현행범으로서 영장 없이 체포할 수 있음), ① ○(2016도5814), ② ○(2013도2168), ③ ○(2011도4763: 현행범 체포의 적법성은 체포 당시의 구체적 상황을 기초로 객관적으로 판단하여야 하고, 사후에 범인으로 인정되었는지 여부에 의할 것은 아님)   **정답** ④

04 메트암페타민 투약 등 혐의가 있어서 체포영장이 발부된 甲에 대한 사법경찰관 A의 체포행위와 검사 B가 법원에 청구한 구속영장에 관한 설명 중 옳은 것은? (다툼이 있는 경우 판례에 의함)   2021년 변호사시험 형사법 문30

① 영장을 집행함에 있어서는 원본을 제시하여야 하므로, A가 체포영장을 소지하지 아니하여 영장 원본을 제시할 수 없는 경우 급속을 요하는 경우라도 영장을 집행할 수 없다.

② A가 체포영장의 제시 및 미란다원칙을 고지하려고 할 때, 만약 甲이 흉기를 꺼내 폭력으로 대항하여 甲을 실력으로 제압할 수밖에 없는 경우에는 A가 甲을 제압하고 지체없이 체포영장을 제시하면서 미란다원칙을 고지할 수 있다.

③ 구속 전 피의자심문을 받을 甲에게 변호인이 없는 때에는 판사는 직권으로 변호인을 선정하여야 하고, 이 경우 甲에 대한 구속영장 청구가 기각되더라도 변호인의 선정은 1심까지 효력이 있다.

④ A는 체포영장에 의하여 체포된 甲에게 구속의 필요성이 인정되어 체포된 다음 날 구속영장을 신청하였고, B의 구속영장 청구와 지방법원판사가 발부한 구속영장에 의해 甲이 구속된 경우, A는 구속영장에 의해 甲이 구속된 때로부터 10일 이내에 검사에게 甲을 인치하지 아니하면 석방하여야 한다.

⑤ 지방법원판사가 구속영장청구를 기각한 경우에는 B는 구속영장을 재청구하거나 「형사소송법」 제416조의 준항고를 통해 불복할 수 있다.

해설 ✐

② ○(2017도10866: 실력행사에 나아가기 전에 체포영장을 제시하고 미란다원칙을 고지할 여유가 있었음에도 미란다원칙을 체포 후에 고지할 생각으로 먼저 체포행위에 나선 행위는 적법한 공무집행이라고 보기 어렵다고 본 사건), ① ×(제85조 제3항·제4항: 급속을 요하는 때는 피의자·피고인에 대해 피의·공소사실의 요지와 영

장이 발부되었음을 알리고 집행할 수 있지만, 집행을 완료한 후에는 신속히 영장을 제시해야 함), ③ ×(제201조의2 제8항: 구속영장 청구가 기각되어 효력이 소멸한 경우에는 변호인선임의 효력이 없음), ④ ×(제201조의2 제7항 체포한 때부터 10일), ⑤ ×(2006모646: 영장재판에 대해서는 준항고나 항고할 수 없음)   **정답** ②

---

05 피의자 구속에 관한 설명 중 옳지 않은 것은? (다툼이 있는 경우 판례에 의함)

2020년 경찰간부후부생시험 형소법 문10

① 구속영장을 청구받은 지방법원 판사는 체포된 피의자에 대하여 지체없이 심문하여야 하나, 체포되지 않은 피의자에 대하여는 직권으로 심문 여부를 결정한다.

② 구속기간의 초일은 시간을 계산함이 없이 1일로 산정하고, 구속기간의 말일이 공휴일 또는 토요일에 해당하는 경우에도 구속기간에 산입한다.

③ 지방법원판사가 검사의 구속영장청구를 기각한 경우에 이에 대한 불복방법으로서 준항고는 허용되지 않는다.

④ 구속되었다가 석방된 피의자는 다른 중요한 증거가 발견된 경우가 아니면 동일한 범죄사실에 관하여 재차 구속하지 못한다.

해설 🖊

① ×(제201조의2 제1항: 체포된 피의자에 대하여 구속영장을 청구받은 판사는 지체없이 피의자를 심문하여야 하는데, 이 경우 특별한 사정이 없는 한 구속영장이 청구된 날의 다음날까지 심문하여야 함), ② ○(제66조 제1항, 제3항 단서), ③ ○(2006모646), ④ ○(제208조 제1항)   **정답** ①

---

06 체포와 구속에 대한 설명 중 옳은 것(○)과 옳지 않은 것(×)을 바르게 연결한 것은? (다툼이 있는 경우 판례에 의함)

2020년 국가직 7급 형소법 문8

> ㄱ. 체포된 피의자에 대하여 구속영장을 청구받은 판사는 지체없이 피의자를 심문하여야 한다. 이 경우 특별한 사정이 없는 한 구속영장이 청구된 날의 다음날까지 심문하여야 한다.
>
> ㄴ. 사법경찰관리가 현행범인의 인도를 받은 때에는 체포자의 성명, 주거, 체포의 사유를 물어야 하고 필요한 때에는 체포자에 대하여 경찰관서에 동행함을 요구할 수 있다.
>
> ㄷ. 구속의 사유가 없거나 소멸된 때에는 피고인, 피고인의 변호인·법정대리인·배우자·직계친족·형제자매·가족·동거인 또는 고용주는 법원에 구속된 피고인의 구속취소를 청구할 수 있다.
>
> ㄹ. 구속기간이 만료될 무렵에 종전 구속영장에 기재된 범죄사실과 다른 범죄사실로 피고인을 구속하였다는 사정만으로는 피고인에 대한 구속이 위법하다고 할 수 없다.

	ㄱ	ㄴ	ㄷ	ㄹ
①	○	○	○	○
②	×	○	○	○
③	○	×	○	×
④	○	○	×	○

해설 ✎

ㄱ: ○(제201조의2 제1항), ㄴ: ○(제213조), ㄷ: ×(제93조: 구속취소청구권자는 피고인과 피고인의 변호인 및 변호인선임권자[법정대리인·배우자·직계친족·형제자매]임. 변호인선임권자와 가족·동거인·고용주는 체포·구속적부심청구권자이자 보석청구권자임), ㄹ: ○(85모21; 2000모134)　　**정답** ④

---

07 재체포·재구속에 대한 설명으로 옳은 것은?　　2023년 국가직 9급 형소법 문16

① 보증금 납입을 조건으로 석방된 피의자가 주거의 제한이나 그 밖에 법원이 정한 조건을 위반한 때에는 동일한 범죄사실로 재차 체포하거나 구속할 수 있다.

② 체포 또는 구속 적부심사결정에 의하여 석방된 피의자가 도망하거나 범죄의 증거를 인멸할 염려가 있다고 믿을 만한 충분한 이유가 있는 때에는 동일한 범죄사실로 재차 체포하거나 구속할 수 있다.

③ 보증금 납입을 조건으로 석방된 피의자가 피해자, 당해 사건의 재판에 필요한 사실을 알고 있다고 인정되는 자 또는 그 친족의 생명·신체·재산에 해를 가하거나 가할 염려가 있다고 믿을 만한 충분한 이유가 있는 때에는 동일한 범죄사실로 재차 체포하거나 구속할 수 있다.

④ 검사 또는 사법경찰관에 의하여 영장에 의해 체포되었다가 석방된 자는 다른 중요한 증거를 발견한 경우를 제외하고는 동일한 범죄사실로 재차 체포하지 못한다.

해설 ✎

① ○(제214조의3), ② △(제214조의3: 보증금납입조건부석방된 피의자에게는 옳다. 체포·구속적부심재판 후 석방된 피의자가 도망하거나 증거를 인멸한 경우에 다시 체포·구속할 수 있음), ③ ×(제214조의2 제5항: 피해자 등에 대한 위해 등 우려가 있는 경우에는 보증금납입조건부석방을 허용하지 않음), ④ ×(제200조의2: 영장체포되었다가 석방된 자는 영장체포가 허용됨)　　**정답** ①

---

08 체포·구속적부심사제도에 관한 설명 중 옳지 않은 것은? (다툼이 있는 경우 판례에 의함)
　　2020년 경찰간부후보생시험 형소법 문11

① 공범 또는 공동피의자가 한 체포·구속적부심사의 순차청구가 수사방해의 목적임이 명백한 때에는 심문 없이 결정으로 청구를 기각할 수 있다.

② 구속적부심사를 청구한 피의자에 대해 법원이 석방결정을 한 후, 그 결정서 등본이 검찰청에 송달되기 전에 검사가 공소를 제기(전격기소)할 경우 그 석방결정은 무효가 된다.

③ 구속적부심사절차와는 달리 체포적부심사절차에서는 보증금납입조건부 피의자석방결정을 할 수 없다.

④ 체포·구속적부심문조서는 「형사소송법」 제315조 제3호의 당연히 증거능력 있는 서류에 해당한다.

해설 ✎

② ×(제214조의2 제5항), ① ○(제214조의2 제3항), ③ ○(97모21), ④ ○(2003도5693)　　**정답** ②

체포·구속적부심사에 대한 설명으로 옳은 것만을 모두 고르면?

ㄱ. 체포영장이나 구속영장을 발부한 법관은 체포·구속적부심사의 심문·조사·결정에 관여할 수 없지만, 체포영장이나 구속영장을 발부한 법관 외에는 심문·조사·결정을 할 판사가 없는 경우에는 그러하지 아니하다.

ㄴ. 체포·구속적부심사결정에 의하여 석방(보증금납입조건부 피의자석방의 경우는 제외한다)된 피의자가 도망할 우려가 있거나 범죄의 증거를 인멸할 염려가 있는 경우에는 동일한 범죄사실로 재차 체포하거나 구속할 수 있다.

ㄷ. 보증금납입을 조건으로 석방된 피의자가 동일한 범죄사실에 관하여 형의 선고를 받고 그 판결이 확정된 후, 집행하기 위한 소환을 받고 정당한 이유없이 출석하지 아니하거나 도망한 때에는 검사의 결정으로 보증금의 전부 또는 일부를 몰수하여야 한다.

ㄹ. 구속적부심문조서는 특히 신용할 만한 정황에 의하여 작성된 문서라고 할 것이므로, 특별한 사정이 없는 한 피고인이 증거로 함에 부동의하더라도 「형사소송법」 제315조 제3호에 의하여 당연히 그 증거능력이 인정된다.

① ㄱ, ㄴ   ② ㄱ, ㄹ   ③ ㄴ, ㄷ   ④ ㄷ, ㄹ

해설 ✎

ㄱ: ○(제214조의2 제1항), ㄴ: ×(제214조의3: 체포·구속적부심재판 후 석방된 피의자가 도망하거나 증거를 인멸한 경우에 다시 체포·구속할 수 있음), ㄷ: ×(제214조의4: 법원의 결정으로 보증금의 전부 또는 일부를 몰수하여야 함), ㄹ: ○(2003도5693)   **정답** ②

---

10 다음 중 '피의자 또는 피고인'의 가족·동거인·고용주에게 인정되는 권리로만 묶인 것은? (다툼이 있는 경우 판례에 의함)

가. 변호인선임권
나. 체포·구속적부심청구권
다. 보석청구권
라. 구속취소청구권

① 가, 나   ② 가, 라   ③ 나, 다   ④ 다, 라

해설 ✎

변호인선임권자는 피고인 또는 피의자, 그의 법정대리인, 배우자, 직계친족과 형제자매이다(형소법 제30조). 구속취소청구권(형소법 제93조, 제209조)은 변호인선임권자에게만 있음. 변호인선임권자와 가족·동거인·고용주에게 보석청구권(제94조)과 체포·구속적부심청구권(제214조의2 제1항)이 있음.   **정답** ③

11 다음 사례에서 사법경찰관이 피의자를 구속할 수 있는 기간은? 2013년 국가직 7급 형소법 문10

- 2013. 2. 23.(토) 23:50 사법경찰관 피의자 긴급체포
- 2013. 2. 24.(일) 12:30 검사에게 구속영장청구 신청
  13:00 법원 구속영장청구서 등 접수
- 2013. 2. 25.(월) 10:00 판사 구속 전 피의자 심문
  12:00 판사 구속영장 발부
  18:00 검찰청에 구속영장·수사기록 반환
- 2013. 2. 26.(화) 02:00 검사지휘 아래 사법경찰관 구속영장 집행
  ※ 2013년 2월은 28일까지임

① 2013. 3. 4.까지
② 2013. 3. 5.까지
③ 2013. 3. 6.까지
④ 2013. 3. 7.까지

해설 ✎

경찰의 구속 가능 기간 10일은 긴급체포일 2. 23.부터 산정한다. 다만 구속영장실질심사로 인해 수사기관의 실질적 수사기간이 단축된다는 점을 고려해, 법원이 구속영장청구서·수사관계서류·증거물을 접수한 날부터 구속영장을 발부하여 검찰청에 반환한 날까지 기간은 수사기관이 피의자를 구속할 수 있는 최장기간에 산입하지 않는다(제201조의2 제7항). 2. 24.과 25. 이틀은 불산입된다. 3. 6.이다. 이로써 체포·구속의 기간이 실질적으로 연장된다. 같은 취지에서 체포·구속적부심사를 위해 법원이 수사관계서류와 증거물을 접수한 때부터 결정 후 검찰청에 반환된 때까지 기간은 영장체포나 긴급체포의 경우 구속영장을 청구해야 하는 기간인 '체포 후 48시간 안'이라는 제한기간에 산입하지 않고, 수사기관의 최장구속기간 30일에 산입하지 않는다(제214조의2 제13항). **정답** ③

12 다음은 「형사소송법」의 조문으로서 수소법원이 영장에 의해 피고인을 구속할 때 고지해야 하는 내용을 규정한 것이다. 이에 관한 설명 중 옳은 것은? (다툼이 있는 경우 판례에 의함) 2020년 경찰간부후보생시험 형소법 문25

> 가. 제72조(구속과 이유의 고지) 피고인에 대하여 범죄사실의 요지, 구속의 이유와 변호인을 선임할 수 있음을 말하고 변명할 기회를 준 후가 아니면 구속할 수 없다. 다만, 피고인이 도망한 경우에는 그러하지 아니하다.
> 나. 제88조(구속과 공소사실 등의 고지) 피고인을 구속한 때에는 즉시 공소사실의 요지와 변호인을 선임할 수 있음을 알려야 한다.

① 제72조의 고지는 피고인 구속에 관한 사후 청문절차이다.
② 제88조의 고지는 피고인 구속에 관한 사전 청문절차이다.
③ 제88조의 고지는 이를 이행하지 않으면 구속영장은 효력이 없다.
④ 제72조의 고지는 이를 이행하지 않았더라도 제72조에 따른 절차적 권리가 실질적으로 보장되었다면 구속영장은 효력이 있다.

제72조는 사전 청문절차이고, 제88조는 구속영장발부 후 사후 청문절차이다. 제88조의 고지는 이행하지 않더라도 발부된 구속영장의 효력에 영향을 미치지 않지만, 제72조의 고지를 이행하지 않은 경우에는 제72조에 따른 절차적 권리를 실질적으로 보장함으로써 그 위법을 치유하지 않는 한 구속영장은 효력이 없다(2000모134).

정답 ④

13 구속의 집행정지와 취소에 대한 설명으로 가장 적절하지 않은 것은? (다툼이 있는 경우 판례에 의함)

2020년 2차 순경시험 형소법 문11

① 구속의 사유가 없거나 소멸된 때에는 법원은 직권 또는 검사, 피고인, 변호인과 「형사소송법」 제30조 제2항에 규정된 자의 청구에 의하여 결정으로 구속을 취소하여야 한다.

② 피고인 甲은 「형사소송법」 제72조에 정한 사전 청문절차 없이 발부된 구속영장에 기하여 구속되었다. 1심 법원이 그 위법을 시정하기 위하여 구속취소결정 후 적법한 청문절차를 밟아 甲에 대한 구속영장을 발부하였고, 甲이 이 청문절차부터 제1·2심의 소송절차에 이르기까지 변호인의 조력을 받았다면, 법원은 甲에 대한 구속영장 발부와 집행에 관한 소송절차의 법령위반 등을 다투는 상고이유 주장은 받아들이지 않는다.

③ 법원은 「형사소송법」 제101조 제4항에 따라 구속영장의 집행이 정지된 국회의원이 소환을 받고도 정당한 사유 없이 출석하지 아니한 때에는 그 회기 중이라도 구속영장의 집행정지를 취소할 수 있다.

④ 법원은 상당한 이유가 있는 때에는 결정으로 구속된 피고인을 친족·보호단체 기타 적당한 자에게 부탁하거나 피고인의 주거를 제한하여 구속의 집행을 정지할 수 있고, 이때 급속을 요하는 경우를 제외하고는 검사의 의견을 물어야 한다.

③ ×(제102조 제2항: 법원은 직권 또는 검사의 청구에 따라 결정으로 구속의 집행정지를 취소할 수 있으나, 국회의원의 석방 요구에 따른 구속영장의 집행정지는 그 회기 중 취소하지 못함. 국회의원의 형사처벌보다 국회의원의 의정활동에 더 가치를 둔 것임), ① ○(제93조), ② ○(2000모134; 2015모1032), ④ ○(제101조 제1항, 제2항)

정답 ③

14 법원의 구속기간과 갱신에 관한 다음 설명 중 가장 옳지 않은 것은?

2021년 법원직 9급 형소법 문4

① 구속기간은 2개월로 하며, 구속을 계속할 필요가 있는 경우에는 심급마다 2개월 단위로 2차에 한하여 결정으로 갱신할 수 있다. 다만, 상소심은 검사, 피고인 또는 변호인이 신청한 증거의 조사, 상소이유를 보충하는 서면의 제출 등으로 추가 심리가 필요한 부득이한 경우에는 3차에 한하여 갱신할 수 있다.

② 대법원의 파기환송 판결에 의하여 사건을 환송받은 법원은 형사소송법 제92조 제1항에 따라 2월의 구속기간이 만료되면 특히 계속할 필요가 있는 경우에는 2차(대법원이 형사소송규칙 제57조 제2항에 의하여 구속기간을 갱신한 경우에는 1차)에 한하여 결정으로 구속기간을 갱신할 수 있는 것이고, 무죄추정을 받는 피고인이라고 하더라도 이러한 조치가 무죄추정의 원칙에 위배되는 것이라고 할 수는 없다.

③ 기피신청으로 소송진행이 정지된 기간, 공소장의 변경이 피고인의 불이익을 증가할 염려가 있다고 인정되어 피고인으로 하여금 필요한 방어의 준비를 하게 하기 위하여 결정으로 공판절차를 정지한 기간, 공소제기 전의 체포·구인·구금 기간은 법원의 구속기간에 산입하지 아니한다.

④ 구속 중인 피고인에 대하여 감정유치장이 집행되어 피고인이 유치되어 있는 기간은 법원의 구속기간에 산입하지 않지만 미결구금일수 산입에 있어서는 구속으로 간주한다.

해설 ✎

① ✕(형소법 제92조 제1항과 제2항: 검사가 신청한 증거조사 등으로 추가심리를 위해서는 구속기간을 갱신할 수 없음. 피고인의 의사에 반해서 구속기간이 부당하게 늘어나는 것이기 때문), ② ○(2001도5225), ③ ○(제92조 제3항), ④ ○(구속 중인 자에 대해 감정유치장이 집행되었을 때는 유치되어 있는 기간의 구속은 그 집행이 정지된 것으로 간주하며, 유치처분이 취소되거나 유치기간이 만료된 때에는 구속의 집행정지가 취소된 것으로 간주한다[제221조의3 제2항, 제172조의2]. 그러나 감정유치기간은 미결구금일수 산입에 있어서는 구속으로 간주함[제72조 제8항]) **정답** ①

---

15 「형사소송법」 제184조에 의한 증거보전(A)과 제221조의2에 의한 증인신문의 청구(B)에 관한 설명 중 옳지 않은 것은? (다툼이 있는 경우 판례에 의함) 2024년 변호사시험 형사법 문29

① A는 피의자 또는 피고인이 형사입건이 되기 전에는 청구할 수 없다.

② 피의자신문에 해당하는 사항을 A의 방법으로 청구할 수는 없고, 설령 A의 방법으로 피의자를 신문하였고 그 신문내용 가운데 다른 공범에 관한 부분의 진술이 있다 하더라도 그 공범이 그 신문 당시 형사입건이 되어 있지 않았다면 그 공범에 관한 증거보전의 효력도 인정할 수 없다.

③ 판사가 A절차에 의한 증인신문을 하는 경우에는 검사, 피의자 또는 변호인에게 증인신문의 시일과 장소를 미리 통지하여 증인신문에 참여할 수 있는 기회를 주어야 하나, 참여의 기회를 주지 아니한 경우라도 피고인과 변호인이 증인신문조서를 증거로 할 수 있음에 동의하여 별다른 이의 없이 적법하게 증거조사를 거친 경우에는 위 증인신문조서는 증거능력이 인정된다.

④ 검사 또는 사법경찰관에게 임의의 진술을 한 참고인이 공판기일에 전의 진술과 다른 진술을 할 염려가 있고 그의 진술이 범죄의 증명에 없어서는 아니 될 것으로 인정될 경우에도 검사는 제1회 공판기일 전에 한하여 B의 절차에 따라 판사에게 그에 대한 증인신문을 청구할 수 있다.

⑤ A와 B의 절차에 의한 증인신문조서는 「형사소송법」 제311조에 의하여 증거능력이 인정된다.

해설 ✎

④ ✕(94헌바1), ① ○(79도792), ② ○(79도792: 증거보전절차로 甲을 피의자로 신문할 수 없으므로 甲의 진술을 증거로 사용할 수 없고, 예컨대 "甲이 乙과 함께 범행했다"는 진술을 한 경우 증거보전절차로 확보한 甲의 진술에 대해 증거능력을 인정하려면 乙이 피의자로서 甲을 증인으로 신문할 것을 요구한 상황에서 나온 것이어야 하는데, 乙이 피의자가 아니면 甲의 진술에 대해 증거능력을 인정할 수 없다는 취지의 판결), ③ ○(86도1646) **정답** ④

- 피의자에 대한 보증금납입조건부석방의 경우에 영장의 효력은 상실되는가?
- 피의자에 대한 구속영장실질심사단계에서 조건부 석방제도란?
- 변호인과 의뢰인 사이의 형사사건 성공보수약정은 왜 무효인가?

형소: 수색 · 압수 · 감청 · 검증 · 감정유치 (처분)의 원칙과 예외

19강 형소: 수색 · 압수 · 감청 · 검증 · 감정유치(처분)의 원칙과 예외

강제수사인 수색·압수·감청·검증·검증(처분)에는 원칙적으로 사전영장이 필요하다. 그러나 수색·압수·감청·검증·감정유치(처분)의 효율성을 위해서 사전영장이 필요없는 경우도 있다. 어떤 경우인지, 또 그 요건은 무엇인지 본다.

🔨 사례

甲은 자기 집에서 2014년에 피해자 A의 의사에 반해 성기를 촬영한 범행을 저질렀다. A는 피해사실을 경찰에 신고하면서 甲의 집에서 가지고 나온 甲 소유의 휴대전화 2대(아이폰과 삼성폰)에 甲이 촬영한 동영상과 사진이 저장되어 있다는 취지로 말하고 이를 범행의 증거물로 임의제출하였다. 경찰은 휴대전화 2대를 영장 없이 압수하면서 A에게 휴대전화에 저장된 전자정보 전부를 제출하는 취지인지 등 제출 범위에 관한 의사를 따로 확인하지 않았다. 甲은 아이폰에 대한 비밀번호를 제공하고 그 파일 이미징 과정에 참여한 반면, 삼성폰에 대해서는 사실상 비밀번호 제공을 거부하고, 저장된 동영상 파일의 복원·추출 과정에 참여하지 않았다. 경찰은 아이폰에서 A에 대한 범행을 확인한 다음 삼성폰에서 추가 영상을 찾던 중 피해자 B의 의사에 반해 성기를 촬영한 범행이 담긴 동영상을 발견하고, 그 내용을 확인한 후 이를 CD에 복제하였다. 그 후 경찰은 압수·수색영장을 발부받아 이 CD를 증거물로 압수하였다(임의제출물사건). 이 CD가 B에 대한 甲의 범죄에 대해 증거능력이 있는가?

🔍 해결

1. 수색 · 압수 · 감청 · 검증 · 감정유치(처분)와 영장주의

가. 영장주의

수색·압수·감청·검증·감정유치(처분) 등의 강제수사에 대해서는 영장주의가 적용된다. 수사기관이 수색·압수·감청·검증·감정유치(처분)를 하려면 원칙적으로 법관이 발부한 사전영장이 필요하다. 금융거래정보조사(계좌추적)도 수색의 일종인데, 이는 금융실명거래 및 비밀보장에 관한 법률(금융실명제법)에 근거한다. 금융실명제법 제4조 제1항은 금융기관은 명의자의 요구나 동의없이 금융거래정보를 누설하거나 제공하는 것을 원칙적으로 금지하면서 일정한 경우 사용목적에 필요한 최소한의 범위 안에서 예외적으로 허용하고 있다. 다만 검사는 법원에 직접 영장을 청구할 수 있으나 경찰은 그럴 수 없고 검사에게 신청하고 검사가 영장의 정당성과 필요성을 인정해야 한다.

영장은 수통을 작성하여 다수의 경찰에게 교부할 수 있는데, 이 경우 그 사유를 영장에 기재해야 한다(제200조의6, 제209조, 제82조). 영장의 유효기간은 7일이지만, 법원 또는 법관이 상당하다고 인정한 때에는 7일을 넘는 기간을 정할 수 있다(형소규칙 제178조). 영장의 유효기간은 집행에 착수할 수 있는 종기(終期)를 의미하는 것일 뿐이지, 이 기간 안에는 언제든지 다시 집행할 수 있다는 의미는 아니다(99 모161). 따라서 수사기관이 압수·수색영장을 제시하고 집행에 착수하여 압수·수색을 실시하고 그 집행을 종료하였다면 이미 그 영장은 목적을 달성하여 효력이 상실되는 것이고, 동일한 장소 또는 목적물에 대하여 다시 압수·수색할 필요가 있다면 그 필요성을 소명하여 법원의 새로운 압수·수색영장을 발부받아야 하는 것이지, 앞서 발부받은 압수·수색영장의 유효기간이 남아있다고 하여 이를 제시하고 다시 압수·수색을 할 수는 없다.

수색·압수영장에는 피의자·피고인의 성명, 죄명, 압수할 물건, 수색할 장소·신체·물건, 발부연월일, 유효기간과 그 기간을 경과하면 집행에 착수하지 못하며 영장을 반환해야 한다는 취지 기타 대법원규칙으로 정한 사항을 기재하고 법관이 서명날인을 해야 하고, 피의자·피고인의 성명이 분명하지 않은 때에는 인상, 체격, 기타 대상자를 특정할 수 있는 사항을 표시할 수 있으며, 압수·수색할 물건이 전기통신에 관한 것인 경우에는 작성기간을 기재해야 한다(제219조, 제114조). 압수·수색영장에서 압수할 물건을 '압수장소에 보관 중인 물건'이라고 기재하고 있는 것을 '압수장소에 현존하는 물건'으로 해석할 수는 없다(2008도763).

수색·압수영장을 집행할 때는 처분을 받는 자에게 반드시 영장을 제시해야 하고, 처분을 받는 자가 피의자·피고인인 경우에는 그 사본을 교부하여야 한다(형소법 제118조, 제219조). 영장주의의 절차적 보장과 더불어 압수·수색영장에 기재된 물건, 장소, 신체에 대해서만 압수·수색을 하도록 하여 개인의 사생활과 재산권의 침해를 최소화하는 한편, 준항고 등 피압수자의 불복신청의 기회를 실질적으로 보장하기 위한 것이다(2019모3526). 다만 영장제시의무는 수색·압수영장제시가 현실적으로 가능한 상황을 전제로 한다고 봐야 하므로, 피처분자가 현장에 없거나 현장에서 그를 발견할 수 없는 경우 등 영장제시가 현실적으로 불가능한 경우에는 영장을 제시하지 않은 채 압수·수색을 하더라도 위법이 아니다(2014도10978전합). 이에 따라 2022. 2. 3. 형소법이 개정되어 처분을 받는 자가 현장에 없는 등 영장의 제시나 그 사본의 교부가 현실적으로 불가능한 경우 또는 처분을 받는 자가 영장의 제시나 사본의 교부를 거부한 때에는 예외적으로 영장의 제시·사본의 교부를 하지 않아도 된다.

나. 수색·압수

(1) 대상: 범죄혐의사건과 관계가 있는 신체, 물건, 주거, 기타 장소

수색이란 압수할 물건이나 사람을 발견할 목적으로 사람의 신체나 물건 또는 일정한 장소에 대해 하는 강제처분을 말한다. 압수란 물건의 점유를 취득하기 위한 강제처분을 말한다. 수색·압수는 신체의 자유와 주거의 자유 및 재산권을 침해한다.

수색의 대상은 신체, 물건 또는 주거 기타 장소이다. "필요한 때"는 피의·피고사건과 관계가 있다고 인정할 수 있는 것에 한정하여 ① 피의자·피고인의 신체, 물건, 주거 기타 장소를 수색할 수 있지만, ② 피의자·피고인 아닌 자의 신체, 물건, 주거 기타 장소는 압수할 물건이 있음을 인정할 수 있는 경우에 한해 수색할 수 있다(제219조, 제109조). 압수의 대상은 증거물 또는 몰수할 것으로 사료하는 물건이다. "필요한 때"는 피의·피고사건과 관계가 있다고 인정할 수 있는 것에 한정하여 증거물 또는 몰수할 것으로 사료하는 물건을 압수할 수 있지만, 법률에 다른 규정이 있는 때에는 예외로 한다(제219조, 제106조). 여기서 "필요한 때"는 범죄혐의의 인정과 필요성 2가지를 의미한다.

영장 발부의 사유로 된 범죄 혐의사실과 무관한 별개의 증거를 압수하였을 경우 이는 원칙적으로 유죄 인정의 증거로 사용할 수 없고, 압수·수색의 목적이 된 범죄나 이와 관련된 범죄의 경우에만 유죄의 증거로 사용할 수 있다. 여기서 압수·수색영장의 범죄 혐의사실과 관계있는 범죄라는 것은 압수·수색영장에 기재한 혐의사실과 객관적 관련성이 있고 압수·수색영장 대상자와 피의자·피고인 사이에 인적 관련성이 있는 범죄를 의미한다. 여기서 ① 혐의사실과의 객관적 관련성은 압수·수색영장에 기재된 혐의사실 자체 또는 그와 기본적 사실관계가 동일한 범행과 직접 관련되어 있는 경우는 물론 범행 동기와 경위, 범행 수단과 방법, 범행 시간과 장소 등을 증명하기 위한 간접증거나 정황증거 등으로 사용될 수 있는 경우에도 인정될 수 있는데, 그 관련성은 압수·수색영장에 기재된 혐의사실의 내용과 수사의 대상, 경위 등을 종합하여 구체적·개별적 연관관계가 있는 경우에만 인정된다.[1] 그러나 혐의사실과 단순히 동종 또는 유사 범행이라는 사유만으로 관련성이 있다고 할 수는 없다(2016도348전합).[2]

② 피의자·피고인과 인적 관련성은 피의자·피고인이 압수·수색영장에 기재된 대상자와 공동정범이나 교사범 등 공범이나 간접정범은 물론 필요적 공범인 경우 인정될 수 있다(2017도13458). 따라서 경찰이 피의자 甲의 공직선거법 위반사실로 발부받은 수색·압수영장에 근거해 압수한 甲의 휴대전화에서 乙, 丙의 공직선거법 위반사실이 담긴 乙, 丙의 대화녹음파일이 발견된 경우, 乙, 丙의 혐의사실은 영장에 기재된 '피의자' 甲의 사건과 무관하다면 이 파일은 甲사건과 관련성이 없으므로 별도의 영장을 발부받지 않았다면 이 파일은 위법수집증거배제법칙에 따라 증거능력이 부정된다(2013도7101). 또한 甲의 범죄에 관한 압수·수색영장으로 확보한 정보저장매체를 분석하여 甲과 무관한 乙을 수사한 경우, 이후 새로운 압수·수색영장으로 乙의 범죄정보를 증거로 확보했다 해도 이를 유죄증거로 사용할 수 없다. 甲의 사건에 대한 압수·수색영장 집행 이후 수사기관은 혐의사실과 무관한 乙의 정보는 삭제·폐기해야 하기 때문이다.

---

1 예컨대 피해자 A에 대해 2018. 12. 26. 범한 불법촬영죄로 A의 고소를 받아 피의자로 신문을 받던 甲이 경찰에게 자신의 휴대전화의 사진첩을 열어서 보여주었는데, 경찰이 피의자와 함께 사진첩을 보던 중 피해자 B에 대한 동영상을 발견하고 휴대전화의 임의제출을 요구하자 甲은 이를 거부하고 휴대전화에 저장된 동영상 파일을 제출하겠다고 하여 경찰은 동영상을 전송받아 복제하였으나, 어떤 동영상을 제출하는지 명확히 확인하지 않았다. 피의자신문조서에 '피의자가 제출한 동영상 파일을 본건 기록에 수사보고 형식으로 첨부한다.'고 기재하였으며, 별도로 압수조서를 작성하지 않았다. 이후 경찰은 피의자신문을 하며 甲에게 휴대전화의 동영상을 재생하여 보여주면서 피해여성들은 누구인지, 피해여성들을 몰래 촬영한 것인지, 촬영 동기 등을 질문하였고, 甲은 A에 대한 범행은 물론 2018. 9. 21.~2019. 1. 13. 사이 총 7회에 걸쳐 범한 B에 대한 범행도 자백하였으며, 압수된 전자정보가 특정된 목록이 甲에게 교부되지 않았다. 이 경우 B에 대한 범행은 임의제출의 동기가 된 A에 대한 범행과 사이에 관련성이 인정되어, 피해자 B에 대한 동영상은 증거능력이 인정된다(2020도2550).
2 2014. 7. 28. 공중밀집장소인 지하철 내에서 여성을 촬영한 혐의로 임의제출한 휴대전화에서 해당 혐의에 관한 영상은 발견하지 못하고 2014년 초경 다세대주택에서 몰래 당시 교제 중이던 여성의 나체와 음부를 촬영한 영상을 발견한 경우, 두 혐의 사이에는 구체적·개별적 연관성이 없다(2016도82).

(2) 수색·압수의 대상이 디지털정보저장매체인 경우

압수의 목적물이 컴퓨터용디스크, 그 밖에 이와 비슷한 정보저장매체(디지털정보저장매체)인 경우에는 ① 기억된 정보의 범위를 정하여 출력하거나 복제하여 제출받아야 하고, ② 범위를 정하여 출력 또는 복제하는 방법이 불가능하거나 압수의 목적을 달성하기에 현저히 곤란하다고 인정되는 때에는 디지털정보저장매체를 압수할 수 있으며, ③ 이에 따라 정보를 제공받은 경우 개인정보보호법 제2조 제3호에 따른 정보주체에게 해당 사실을 지체없이 알려야 한다(제219조, 제106조).

이는 아래 판례(2009모1190)의 입장을 반영하여, 2011. 7. 18. 개정형소법 때 신설된 것이다. 전자정보에 대한 수색·압수의 법리는 임의제출물에도 그대로 적용된다(2016도348전합). 디지털정보저장매체에 대한 수색·압수영장을 집행할 때는 원칙적으로 영장 발부의 사유가 된 혐의사실과 관련된 부분만을 문서 출력물로 수집하거나 휴대한 저장매체에 해당 파일을 복사하는 방식(A)으로 해야 하고, 예외적으로 집행현장의 사정상 이런 방식으로는 집행이 불가능하거나 현저히 곤란한 부득이한 사정이 존재할지라도 그 저장매체 자체를 직접 혹은 하드카피나 이미징 등 형태로 수사기관 사무실 등 외부로 반출하여 해당 파일을 압수·수색하는 것(B)은 그렇게 하도록 영장에 기재되어 있고 실제 그와 같은 사정이 발생한 때에 한하여 허용될 수 있을 뿐이며, 이처럼 저장매체 자체를 수사기관 사무실 등으로 옮긴 후 영장에 기재된 범죄혐의 관련 전자정보를 탐색하여 해당 전자정보를 문서로 출력하거나 파일을 복사하는 과정 역시 전체적으로 수색·압수영장 집행의 일환에 포함된다.

따라서 저장매체 자체를 수사기관 사무실로 옮겨서 증거를 분류·추출하는 경우(B) 이 과정도 역시 수색·압수이므로 수색·압수 당사자나 그 변호인의 참여권이 보장되어야 하고, 이 과정에서 영장에 기재된 범죄사실과 다른 범죄사실을 발견한 경우 즉시 탐색을 중단하고 새로 발견된 범죄사실에 대한 별도의 추가적 수색·압수영장을 받아야만 그 범죄사실에 대한 수색·압수를 계속할 수 있으며, 물론 이 과정에도 최초 수색·압수 당사자나 그 변호인의 참여권이 당연히 보장되어야 한다(2011모1839전합).

그러나 수사기관이 정보저장매체에 기억된 정보 중에서 키워드 또는 확장자 검색 등을 통해 범죄혐의사실과 관련 있는 정보를 선별한 다음 정보저장매체와 동일하게 비트열 방식으로 복제하여 생성한 파일(이미지 파일)을 제출받아 압수한 경우(C)는 이로써 압수의 목적물에 대한 압수·수색 절차는 종료된 것이므로, 수사기관이 수사기관 사무실에서 위와 같이 압수된 이미지 파일을 탐색·복제·출력하는 과정에서도 피의자 등에게 참여의 기회를 보장해야 하는 것은 아니다(2017도13263).

수사기관이 국가보안법위반혐의를 받고 있는 인터넷서비스이용자 甲의 이메일 등 전자정보를 압수·수색할 경우, 그 대상은 해당 정보를 보관·저장하고 있는 서버나 그 ISP가 아니라 해당 정보의 소유자 내지 소지자이므로, 甲의 이메일 계정에 대한 접근권한에 갈음하여 발부받은 압수·수색영장에 따라 원격지의 저장매체에 적법하게 접속하여 내려받거나 현출된 전자정보를 대상으로 하여 범죄혐의사실과 관련된 부분을 압수·수색하는 것은, 압수·수색영장의 집행에 필요한 처분으로서 허용되며, 이 법리는 원격지의 저장매체가 국외에 있다는 사정만으로 달라지지는 않는다(2017도9747).

다만 원격지 서버에 저장된 전자정보를 압수·수색하기 위해서는 압수·수색영장에 적힌 '압수할 물건'에 별도로 원격지 서버 저장 전자정보가 특정되어 있어야 한다(2022도1452).

다. 감청

(1) 타인간의 대화 감청 금지와 감청영장

흔히 도청(盜聽)으로 불리는 감청(監聽)을 종전에는 대화나 정보와 같은 무체물에 대한 수사상 압수로 이해했지만, 현재는 통비법이 이를 통신제한조치라는 이름으로 규제하고 있다. 우편물검열도 통비법의 규제대상이다. 통비법은 통신제한조치를 강제수사로 파악하여 법원이 통제하도록 하고 있다. 다만, 형소법이 법원의 통제형태를 영장이라고 한 것과 달리 통비법은 허가서라는 말을 쓰고 있다. 용어를 통일할 필요가 있다.

통비법은 감청을 "전기통신에 대하여 당사자의 동의없이 전자장치·기계장치 등을 사용하여 통신의 음향·문언·부호·영상을 청취·공독하여 그 내용을 지득 또는 채록하거나 전기통신의 송·수신을 방해하는 것을 말한다"고 정의하고 있다(제2조 제7호). 통비법의 감청은 전자장치나 기계장치 등 과학적 장비를 이용하는 것이므로 단순히 다른 사람의 대화를 직접 엿듣는 것은 감청이 아니다.

통비법 제3조 제1항이 "타인간의 대화" 감청을 금지하고 있으므로 전화통화 당사자의 일방이 상대방 몰래 통화내용을 녹음하거나 대화당사자 일방이 상대방 모르게 그 대화내용을 녹음한 경우 또는 3인 간의 대화에서 그중 한 사람이 그 대화를 녹음한 경우는 감청이 아니지만(2006도4981), 제3자가 전화통화자 중 일방만의 동의를 얻어 통화내용을 녹음한 경우는 감청에 해당한다(2002도123; 2013도16404).

수사기관이 甲으로부터 乙의 마약류관리에 관한 법률 위반(향정) 범행에 대한 진술을 듣고 추가적인 증거를 확보할 목적으로, 구속수감되어 있던 甲에게 그의 압수된 휴대전화를 제공하여 乙과 통화하고 위 범행에 관한 통화 내용을 녹음하게 하여 작성된 녹취록 첨부 수사보고는 乙의 증거동의에 상관없이 증거능력이 없다(2010도9016). 수사기관 스스로가 주체가 되어 甲의 동의만을 받고 그 상대방 乙의 동의가 없는 상태에서 그들의 통화 내용을 녹음한 것으로서 불법감청에 해당하기 때문이다. 비명소리는 대화에 해당하지 않는다(2016도19843). 예컨대 증인이 친분이 있던 피해자와 통화를 마친 후 전화가 끊기지 않은 상태에서 그 전화를 통해 몸싸움을 연상시키는 '악'하는 소리와 '우당탕' 소리를 1~2분 들었다고 증언한 경우, 그 소리는 통비법에서 말하는 타인간의 대화에 해당하지 않는다.

(2) 수신이 완료된 전기통신은 압수·수색영장의 대상

전자우편이 송신되어 수신인이 이를 확인하는 등으로 이미 수신이 완료된 전기통신에 관해 남아 있는 기록이나 내용을 열어보는 등의 행위는 감청에 포함되지 않고, 이는 전자우편의 '검열'이라고 볼 수 있지만, 이는 통비법이 말하는 '우편물의 검열'에는 해당하지 않는다고 판례는 본다(2012도4644; 2011도12407; 2010도9007).[3] 통비법은 '우편물의 검열'을 우편법에 의한 통상우편물과 소

---

3 이에 따라 컴퓨터 서버를 통해 고객들의 휴대폰으로 문자메시지 등을 전달하거나 전달받는 영업을 하던 중 서버에 저장되어 있던 다량의 문자메시지를 열람하는 것은 통비법의 전기통신감청죄나 우편물검열죄에 해당하지 않는다(2012도4644).

포우편물을 당사자의 동의없이 개봉하거나 기타의 방법으로 그 내용을 지득 또는 채록하거나 유치하는 것으로 정의하고 있고(제2조 제2호, 제6호), 감청은 현재 이루어지고 있는(곧 실시간) 전기통신의 내용을 지득·채록하는 경우와 통신의 송·수신을 직접적으로 방해하는 경우를 의미한다는 것이다. 따라서 송·수신이 완료된 전기통신의 내용은 형소법의 압수·수색영장을 통해 확인할 수밖에 없고, 감청영장을 근거로 이미 수신이 완료된 전자우편을 압수한 경우, 그 전자우편의 증거능력은 부정된다(2016도8137). 수사기관으로부터 통신제한조치의 집행을 위탁받은 통신기관 등이 집행에 필요한 감청설비가 없을 때에는 수사기관에 감청설비의 제공을 요청해야 하고, 그런 요청 없이 통신제한조치허가서에 기재된 사항을 준수하지 않고 압수수색의 방식으로 통신제한조치를 집행하였다면 그런 전기통신의 내용은 위법하게 수집한 증거이기 때문이다.

라. 검증

검증이란 사람이나 물건 또는 장소의 성질과 상태를 시각·청각 등 오관의 작용으로 인식하는 것이다. 검증은 그 대상에 따라 신체에 대한 검증(신체검증)과 물건이나 장소에 대한 검증으로 구별할 수 있다. 형소법은 신체검증을 신체검사라고 부르고, 이에 관한 특별한 절차를 마련하고 있다(제219조, 제141조). 신체검사의 일종인 체내검사란 혈액이나 오줌, 정액 등의 직접 채취 등을 비롯하여 항문내부나 위장내부의 검사 등과 같은 신체내부 검사를 말한다. 신체표면의 검사나 특별한 방법이 필요없는 구강검사와 같은 신체수색과 구별된다. 체내검사는 영장이 필요하다.

검증은 본래 수소(受訴)법원이 하는 증거조사방법의 하나로서, 법원은 사실을 발견함에 필요한 때에는 검증을 할 수 있다(제139조). 그러나 증거보전청구를 받은 수임판사가 하는 경우도 있고(제184조), 수사기관이 하는 경우도 있다. 다만 수사기관의 검증은 수사기관의 강제처분으로서 수색·압수와 같이 원칙적으로 사전영장이 필요하고(제215조), 검증영장의 청구와 집행은 수색·압수영장의 그것에 준한다(제219조).

검증의 경우에도 사전영장주의의 예외가 인정된다. 범행 중 또는 직후의 범죄 장소에서 긴급을 요하여 법관의 영장을 받을 수 없는 때에는 영장없이 검증을 할 수 있으나, 사후에 지체없이 영장을 받아야 한다(제216조 제3항). 체포현장에서 영장없는 검증이 허용된다(제216조 제1항 제2호). 수사기관은 체포·구속을 할 때 그 현장에서 피의자의 지문이나 족형을 채취하고 신장과 체중 등 신체특징을 측정할 수 있다. 변사자검시로 범죄혐의를 인정하고 긴급을 요할 때는 영장없이 검증할 수 있다(제222조 제2항). 긴급체포된 자가 소유·소지 또는 보관하는 물건에 대해 긴급히 압수할 필요가 있는 경우에는 체포한 때부터 24시간 이내에 한해 영장 없이 검증을 할 수 있다(제217조 제1항).

마. 감정유치·감정처분

감정도 수소법원의 증거조사 방법의 하나이다. 법원은 학식경험있는 자에게 감정을 명할 수 있다(제169조). 그러나 수사기관이 감정을 위촉할 수도 있다. 수사상 감정위촉은 임의수사이고, 수사상 감정의 경과와 결과를 기재한 서류는 공판준비나 공판기일에 수탁감정인의 진술에 의해 그 성립의 진정이 증명된 때에 증거능력을 갖는다(제313조 제3항). 그러나 수사상 감정에 강제력이 필요한 경우도 있다. 감정유치와 감정처분이 이에 해당하며, 이때는 법원의 통제를 받아야 한다. 검사는 감정을 위촉하는 경우에 정신

또는 신체에 관한 감정을 위해서 감정유치처분이 필요할 때에는 판사에게 이를 청구해야 하고, 판사는 그 청구가 상당하다고 인정할 때에는 감정유치장을 발부하여, 유치처분을 해야 한다(제221조의3 제1항, 제2항).

수탁감정인은 감정을 위해 필요한 때는 법원의 허가를 얻어 타인의 주거, 간수자 있는 가옥, 건조물, 항공기, 배 안에 들어갈 수 있고 신체의 검사, 사체의 해부, 분묘의 발굴, 물건의 파괴를 할 수 있는데, 허가청구는 검사가 하고, 판사는 그 청구가 상당하다고 인정할 때에는 허가장을 발부해야 한다(제221조의4). 감정처분허가장에는 피의자의 성명, 죄명, 들어갈 장소, 검사할 신체, 해부할 사체, 발굴할 분묘, 파괴할 물건, 수탁감정인의 성명과 유효기간을 기재한 허가장을 발부해야 하고, 수탁감정인은 감정처분을 받는 자에게 허가장을 제시해야 하며, 신체검사시 주의사항과 검증시각제한규정을 지켜야 한다(제221조의4, 제173조 제5항, 제141조, 제143조).

2. 사전영장에 의한 수색·압수의 예외

① 범행 중·직후의 범죄장소 긴급수색·압수(제216조 제3항)	지체없이 사후영장을 받아야 함
② 체포·구속을 위한 체포현장에서 수색·압수(제216조 제1항 제2호)	계속 압수의 필요성이 있으면 체포 후 48시간 내 압수영장을 청구해야 함
③ 긴급체포된 자가 소유·소지·보관하는 물건 수색·압수(제217조) 단, 체포 후 24시간 내 가능	
④ 체포·구속을 위한 타인의 주거 등 안 피의자 수색(제216조 제1항 제1호)	단, 영장에 의한 체포·구속의 경우에는 수색영장을 발부 받기 어려운 긴급한 사정이 있어야 함
⑤ 유류물이나 임의제출물의 압수(제218조)	

가. 범행 중·직후의 범죄장소 긴급수색·압수

범행 중·직후의 범죄 장소(A)에서 긴급을 요하여 법관의 영장을 받을 수 없는 때는 영장없이 수색·압수를 할 수 있지만, 사후에 지체없이 영장을 받아야 한다(제216조 제3항). '범행 중·직후의 범죄 장소'를 판례는 '범행 중·직후라는 증거가 명백하게 존재하는 범죄 장소'로 해석한다(2015도364).

아래에서 보듯이 체포현장에서 수색·압수에는 사후영장도 필요없으므로 현행범의 체포현장(B)에서는 영장없이 수색·압수가 허용된다(제216조 제1항 제2호). 그럼에도 불구하고 이런 규정을 둔 것은, 현행범체포 전이나 실패 후 범인의 체포와 관계없이 수사관의 안전을 지키고 증거를 신속하게 확보할 필요성이 있기 때문이다. 결국 A에서는 수색·압수 후 지체없이 영장을 받아야 하는 반면, B에서는 수색·압수에 사후영장도 필요없지만, 물건을 계속 압수할 필요가 있으면 체포 후 48시간 안에 지체없이 영장을 청구해야 한다. 이런 두(A와 B) 장소에서 이루어지는 수색·압수는 아래 긴급체포된 자가 소유·소지·보관하는 물건의 수색·압수와 달리 주거주 등의 참여가 없어도 가능하고 또 야간에도 할 수 있다(제220조).

나. 체포·구속을 위한 체포현장에서 수색·압수

영장체포·긴급체포·현행범체포·구속영장구속에 따라 피의자를 체포·구속하는 경우에 필요한 때에는 영장없이 '체포현장'에서 수색·압수를 할 수 있다(제216조 제1항 제2호). 체포자의 안전과 피의자의 증거인멸 방지를 위해 마련한 규정이다. 다만 압수한 물건을 계속 압수할 필요가 있는 경우에는 지체없이 체포한 때부터 48시간 이내에 수색·압수영장을 청구해야 하며, 수색·압수영장을 발부받지 못한 때에는 압수한 물건을 즉시 반환해야 한다(제217조 제2항).

음란물유포죄의 혐의로 압수·수색영장을 발부받은 수사관이 피의자의 주거지를 수색하는 과정에서 대마를 발견하자, 피의자를 마약류관리법위반죄의 현행범으로 체포하면서 대마를 압수하였으나 그 다음 날 피의자를 석방하고도 사후수색·압수영장을 발부받지 않은 사건에서, 판례는 압수물인 대마와 그 압수조서의 증거능력을 부정한다(2008도10914). 그런데 마약류범죄(필로폰 매도)혐의로 甲을 영장체포하면서 차량에서 필로폰을 압수한 후 2km 떨어진 집은 체포현장으로 볼 수 없고(2015도364), 이 집을 수색하여 추가로 마약류를 압수하고 이와 함께 총포·도검·화약류등단속법 위반의 범죄혐의의 증거로 도검을 압수한 것은 범행 중·직후의 범죄장소 긴급수색·압수로도 볼 수 없으므로 사후영장을 받았더라도 이 도검은 위법수집증거이다(2015도364).[4]

다. 긴급체포된 자가 소유·소지·보관하는 물건의 수색·압수

검사 또는 경찰은 긴급체포(제200조의3)된 자가 소유·소지 또는 보관하는 물건에 대해 긴급히 압수할 필요가 있는 경우에는 체포한 때부터 24시간 이내에 한해 영장 없이 수색·압수를 할 수 있다(제217조). 긴급체포된 사실이 알려지면 피의자와 관련된 사람들이 증거물을 은닉하므로 이를 방지하기 위해 긴급체포 후 체포현장 이외의 장소에서 별도로 수색·압수가 가능하도록 한 규정이다. 다만 압수한 물건을 계속 압수할 필요가 있으면 지체없이 체포한 때부터 48시간 이내에 수색·압수영장을 청구해야 하며, 수색·압수영장을 발부받지 못한 때에는 압수한 물건을 즉시 반환해야 한다(제217조). 긴급체포한 후에 이 현장에서 25미터 정도 떨어진 긴급체포된 자의 집에서 압수한 증거물은 이 규정(제217조)에 근거해 증거능력이 있다고 본다.[5]

---

[4] 그 이유는 아래와 같다. ① 수사관들이 영장체포현장에서 압수·수색에 착수할 당시 甲이 주거지에 마약류를 소지하고 있음이 명백하였다고 보기는 어려울 뿐만 아니라 도검에 관하여는 수사관들이 그 소지에 관한 단서조차 가지고 있지 않았으므로 甲의 주거지를 마약류 내지 도검의 소지에 관해 "범행 중 또는 범행 직후"라는 죄증이 명백하게 존재하는 범죄장소로 볼 수는 없다. ② 당시 甲의 주거지에 제3자가 동거 중이었으므로 甲의 체포사실이 알려지는 경우 위 주거지에 소지 중이던 마약류가 공범 등에 의하여 은닉될 위험성이 있었다고는 보이나 甲에 대해 이미 사전에 필로폰 매도 등 혐의로 체포영장이 발부되었던 사정을 고려하면 甲의 주거지에 대한 압수·수색영장을 미리 발부받을 시간적 여유가 없을 정도로 긴급을 요하는 상황이었다고 단정하기도 어렵다.

[5] 2011. 12. 1. 14:00경 甲은 A의 신용카드를 강취했다. 같은 날 15:00경 집으로 가는 길에 강취한 A의 신용카드를 이용하여 의류가게에서 50만원 상당의 의류를 구입하였다. 위 강도사건을 수사하던 경찰관은 2011. 12. 1. 21:00경 甲이 살고 있는 집에서 25미터 정도 떨어진 곳에서 외출하러 나오는 甲을 발견하고 긴급체포하였다. 경찰관은 그 직후 긴급체포한 甲을 그의 집으로 데려가 그의 방 책상 서랍에 있던 A의 신용카드를 압수하였고 그 후 적법하게 그 신용카드에 대한 압수수색영장을 발부받았다. 甲이 범행 일체를 부인하자 검사는 甲의 주거지에서 압수한 A의 신용카드를 증거물로 제출하였다. 검사가 제출한 그 신용카드의 증거능력 유무 및 그 근거에 대하여 논하시오. 2012년 변호

어떤 물건이 제217조의 수색·압수의 대상인지는 긴급체포의 사유가 된 범죄사실 수사에 필요한 최소한의 범위 내의 것으로서 당해 범죄사실의 구체적인 내용과 성질, 압수하고자 하는 물건의 형상·성질, 당해 범죄사실과의 관련 정도와 증거가치, 인멸의 우려는 물론 압수로 인해 발생하는 불이익의 정도 등 압수 당시의 여러 사정을 종합적으로 고려하여 객관적으로 판단해야 한다(2008도2245). 이에 따라 주민등록증압수사건[6]에서 주민등록증은 전화사기범행과 관련된다고 의심할 만한 상당한 이유가 있으므로 이를 압수한 것은 전화사기범행의 수사에 필요한 범위 내의 것으로서 적법하다.

긴급체포된 자가 소유한 물건도 긴급수색·압수의 대상이 되므로, 그 물건을 보관 중인 제3자의 주거도 수색할 수 있다. 따라서 2007년 형소법 개정논의에서 긴급체포된 자가 소지한 물건에 한정해야 한다는 주장이 있었지만, 예컨대 마약류수사에 어려움이 발생한다는 이유로 종전대로 유지되었다. 그러나 2007년 개정형소법은 종전과 달리 "긴급히 압수할 필요"라는 긴급성 요건을 명시하고, 체포 후 24시간 이내로 수색·압수가능시간을 제한하며, 긴급체포 후 구속영장발부 여부에 관계없이 체포 후 48시간 안에 지체없이 수색·압수영장을 청구해야 한다고 하여 인권침해 여지를 줄였다.[7]

라. 체포·구속을 위한 타인의 주거 등 안에서 피의자·피고인 수색

(1) 체포·구속을 위한 타인의 주거등 안에서 피의자 수색

제216조 제1항 제1호의 "영장체포(제200조의2)·긴급체포(제200조의3)·현행범체포(제212조)·구속영장구속(제201조)에 따라 피의자를 체포·구속하는 경우에 필요한 때에는 영장없이 타인의 주거나 타인이 간수하는 가옥, 건조물, 항공기, 배 안에서 피의자 수사를 할 수 있다"라는 규정에 "영장에 의해 체포·구속하는 경우의 피의자 수색은 미리 수색영장을 발부받기 어려운 긴급한 사정이 있는 때에 한정한다"라는 단서 규정이 2019. 12. 31. 신설되고, '수사'는 '수색'으로 개정된다. '체포영장의 집행을 위해 타인의 주거를 수색하는 경우 별도로 영장을 발부받기 어려운 긴급한 사정이 있는지 여부를 구별하지 않고 피의자가 그 장소에 소재할 개연성만 소명되면 수색영장 없이 피의자 수색을 할 수 있도록 허용하는 제216조 제1항 제1호 중 영장체포(제200조의2)에 관한 부분은 영장주의에 위반된다'는 헌재의 헌법불합치 결정(2016헌가7, 2015헌바370 병합)에 따른 것이다. 이에 따라 현행범체포와 긴급체포의 경우에는 피의자가 발견될 개연성만 있으면 타인의 주거에 영장없이 들어가서 수색이 가능하나, 영장에 의해 체포·구속하는 경우에는 이에 추가하여 수색영장을 발부받기 어

사시험 1문의3

6 친구 사이인 甲과 乙은 전화사기범행을 공모한 후 甲은 丙에게 전화하여 자신은 경찰관인데 丙의 계좌가 범죄에 이용되고 있다며 B의 계좌로 300만원이 이체되게 하였고, 乙은 현금인출기에서 위 돈을 인출하였다. 이 사건을 조사하던 사법경찰관 A는 2016. 9. 6. 19: 00경 우연히 乙을 발견하고 긴급체포하면서 乙이 소지하던 가방을 수색하여 C의 주민등록증을 압수하였고, 2016. 9. 7. 18: 00경 위 주민등록증에 대하여 사후압수영장을 받았다. 이후 甲도 체포되었고, 甲과 乙은 A에게 사기범행 일체를 자백하였고, C의 주민등록증은 길에서 주운 것이라고 진술하였다. A는 이와 관련하여 甲과 乙에 대한 피의자신문조서를 작성하였다. 검사가 C의 주민등록증에 대해 점유이탈물횡령죄로 기소했는데 변호인은 공판정에서 "C의 주민등록증은 전화사기와 관련이 없는 물건이므로 위법수집증거이다"라고 주장한다. 이 주장은 타당한가? (10점) 2017년 경찰간부후보생 선발 제2차시험

7 법원행정처, 형사소송법 개정법률 해설, 2007, 44면 이하.

려운 긴급한 사정이 있어야 한다.

위 헌재결정은 아래 사건이 계기가 된 것이다. 경찰 P는 마약류관리법 위반 혐의로 피의자 甲에 대한 체포영장을 발부받고 집행을 위해 甲의 통화기록과 甲의 주거지의 우편함의 우편물 및 CCTV의 출입상황 등을 조사한 후 甲이 그의 주거지 안에 있음을 확신하고, 甲의 주거지의 현관 출입문 초인종을 여러 차례 누르고 체포영장을 집행하겠다고 고지하였으나 문을 열어주지 않자 열쇠수리공을 불러 현관 출입문의 잠금장치를 열게 하고 집 안으로 들어가서, 잠겨있는 2개의 방도 열쇠수리공을 시켜 열게 하여 온 집안을 수색하였으나 甲은 물론 다른 사람도 발견하지 못하고 현관출입문과 방문을 잠근 후 철수한 사건이다. 이와 관련하여 P의 수색행위의 적법성 여부를 두고 다툼이 있었다. 국가인권위원회는 P의 수색행위는 제216조 제1항에 근거한 것으로서 적법하지만 제123조에 따라 책임자 등을 참여시키지 않은 불법이 있다고 결정한다.[8]

(2) 구속영장의 집행을 위한 피고인 수색

구속영장의 집행을 위한 피고인 수색에 관한 규정인 제137조도 '구속영장을 집행할 경우에 필요한 때에는 "미리 수색영장을 발부받기 어려운 긴급한 사정이 있는 경우에 한정하여" 타인의 주거, 간수자있는 가옥, 건조물, 항공기, 선차(배) 내에 들어가 피고인을 수색할 수 있다'라고 개정된다.

구속영장의 집행을 위해 피고인을 수색하면서 타인의 출입을 금지할 수 있고, 이를 어긴 자는 퇴거하게 하거나 집행종료시까지 간수자를 붙일 수 있으며(제119조), 건정(잠금장치)을 열거나 개봉 기타 필요한 처분을 할 수 있고(제120조), 공무소, 군사용의 항공기 또는 배 등의 내부인 경우에는 책임자 등에게 참여할 것을 통지해야 하며(제123조), 집행을 중지한 경우에 필요한 때는 집행이 종료될 때까지 그 장소를 폐쇄하거나 간수자를 둘(제127조) 수도 있다(제138조).

마. 유류물이나 임의제출물의 영장 없는 압수

검사나 경찰은 ⓐ 피의자 기타 사람이 유류한 물건이나, ⓑ 소유자, 소지자 또는 보관자가 임의로 제출한 물건, 곧 임의제출물은 영장 없이 압수할 수 있다(제218조). 앞서 보았듯이 임의제출물의 압수도 압수의 한 형태이기 때문에 영장에 의한 압수에 적용되는 법리가 그대로 적용된다. 따라서 임의제출물의 범위가 특정되지 않은 경우에는 해석에 따라 결정되어야 한다.

경찰이 피고인 소유의 쇠파이프를 피고인의 주거지 앞마당에서 발견하였으면서도 그 소유자, 소지자 또는 보관자가 아닌 피해자로부터 임의로 제출받는 형식으로 위 쇠파이프를 압수한 후 그 압수물의 사진을 찍은 경우, 압수물과 그 사진은 영장주의를 위반한 위법수집증거로서 그 절차 위반행위가 적법절차의

---

8 국가인권위원회 사건번호: 10-진정-0496800, 2011. 11. 14. 이와 달리 체포영장의 발부는 수사의 시작 단계에서 수사의 편의를 위해 이루어지는 것인 반면 구속영장 발부는 범죄혐의가 공소제기를 할 수 있을 만큼 소명되고 도망이나 증거인멸의 우려가 있을 때에 발부되므로 체포영장과 구속영장의 효력은 차이가 있고(그래서 영장재판실무도 구속영장청구심사는 매우 엄격하고 신중하지만 체포영장청구심사는 형식적이다), 제216조 제1항은 피의자를 발견한 후에 현실적으로 체포·구속할 때 한정되며(시간적 한계) 주거 내 수색이 허용됨을 의미하지 주거 밖에서 주거의 잠금장치를 해제·제거하는 것은 포함되지 않는다(장소적 한계)는 이유로 P의 수색행위는 불법이라는 견해(윤남근, "경찰관이 체포영장 발부된 피의자 수색 목적으로 타인의 주거에 잠금장치 해제하고 들어갈 수 있나", 법률신문 제4006호, 2012. 2. 9.)도 있다.

실질적인 내용을 침해하는 정도에 해당한다고 할 것이므로, 피고인의 증거동의에도 불구하고 유죄의 증거로 사용할 수 없다고 판례는 본다(2009도10092).

위 임의제출물사건에서 판례는 CD의 증거능력을 부정한다(2016도348전합). 그 이유는 아래와 같다. ① 전자정보의 임의제출에 따른 압수의 범위는 전자정보의 범위에 관한 제출자의 의사에 따라 달라진다. ② 전자정보의 제출 범위에 관한 제출자의 의사가 명확하지 않거나 알 수 없는 경우에는 임의제출의 동기가 된 범죄혐의사실과 간접증거와 정황증거를 포함하는 구체적·개별적 연관관계가 있는 전자정보로 압수의 범위가 제한된다. ③ B에 대한 범행이 담긴 전자정보는 이에 해당하지 않는다. B에 대한 범행은 A에 대한 범행과 그 시점에 상당한 간격이 있고, 범행에 이용한 휴대폰도 전혀 다르기 때문이다. ④ B에 대한 범행을 발견한 즉시 탐색을 중단하고 영장을 받아 압수하였다면 적법하다. ⑤ CD는 이런 절차를 위반한 위법수집증거이고, 사후에 영장이 발부되었거나 피고인이 증거동의를 하더라도 위법성이 치유되지 않는다.

기출문제 ___ ✎

01 강제수사에 대한 설명으로 옳은 것만을 모두 고르면?　　　　　　　　　　2023년 국가직 9급 형소법 문12

> ㄱ. 현행범인 체포의 요건을 갖추었는지 여부는 체포 당시의 상황을 기초로 판단하여야 하고, 체포 당시의 상황으로 볼 때 그 요건의 충족 여부에 관한 검사나 사법경찰관 등의 판단이 경험칙에 비추어 현저히 합리성을 잃은 경우에는 그 체포는 위법하다.
> ㄴ. 구속기간연장허가결정이 있은 경우에 그 연장기간은 구속기간이 만료된 날로부터 기산한다.
> ㄷ. 피의자, 피의자의 변호인·법정대리인·배우자·직계친족·형제자매·가족·동거인 또는 고용주는 구속된 피의자의 보석을 법원에 청구할 수 있다.
> ㄹ. 수사기관이 압수·수색영장에 적힌 '수색할 장소'에 있는 컴퓨터 등 정보처리장치에 저장된 전자정보 외에 원격지 서버에 저장된 전자정보를 압수·수색하기 위해서는 압수·수색영장에 적힌 '압수할 물건'에 별도로 원격지 서버 저장 전자정보가 특정되어 있어야 한다.

① ㄱ, ㄴ　　　　　　　　　　　　　　　② ㄱ, ㄹ
③ ㄴ, ㄷ　　　　　　　　　　　　　　　④ ㄷ, ㄹ

해설 ✎

ㄱ: ○(2015도13726), ㄴ: ×(형소규칙 제98조(구속기간연장기간의 계산) 구속기간연장허가결정이 있은 경우에 그 연장기간은 법 제203조의 규정에 의한 구속기간만료 다음 날로부터 기산), ㄷ: ×(피의자는 보석 청구권이 없음), ㄹ: ○(2022도1452)　　　　　　　　　　　　　　　**정답** ②

02 「형사소송법」 제216조 내지 제217조의 규정에 따른 영장에 의하지 아니한 압수·수색에 관한 설명 중 옳은 것은? (다툼이 있는 경우 판례에 의함) 2016년 변호사시험 형사법 문24

① 무면허운전으로 현행범체포된 피의자에 대하여 절도 범행이 의심되는 상황에서 사법경찰관은 경찰서 주차장에 세워 둔 피의자 차량의 문을 열고 내부를 수색하여 절도 범행의 증거물인 현금, 수표 등을 영장 없이 압수할 수 있다.

② 사법경찰관이 특수절도 혐의로 지명수배되어 도피 중인 피의자의 숙소에 대하여 제보를 받고 급습하였는데 피의자가 숙소에 없는 경우 그곳에 있는 특수절도 범행의 증거물인 통장, 카드 등을 영장 없이 압수할 수 있다.

③ 사법경찰관은 속칭 '대포통장' 거래 혐의로 체포영장이 발부된 피의자를 공원에서 체포한 후 피의자를 주거지에 데리고 가 범행 증거물인 통장을 영장 없이 압수할 수 있다.

④ 음주운전 혐의가 있는 피의자가 교통사고를 야기한 후 의식불명의 상태로 병원 응급실에 후송되었고 피의자의 신체와 의복에서 술 냄새 등이 현저하더라도 병원 응급실을 범죄장소에 준한다고 볼 수 없으므로 영장 없이 채혈할 수 없다.

⑤ 사법경찰관은 속칭 '전화사기' 피의자를 주거지에서 긴급체포하면서 그 주거지에 보관하던 타인의 주민등록증, 운전면허증이 든 지갑 등을 영장 없이 압수할 수 있다.

해설 🖉

⑤ ○(2008도2245: 주민등록증 등은 전화사기범행과 관련성이 있고, 긴급체포된 자가 소유·소지·보관하는 물건은 체포한 때부터 24시간 이내 영장 없이 수색·압수 가능[제217조]), ① ×(제216조 제1항 제2호: 체포·구속을 위한 체포현장에서 영장 없이 수색·압수 가능하나 절도범행은 체포구속의 근거가 된 무면허운전과 별개의 범죄이므로 영장 없이 수색·압수 불가), ② ×(혐의자도 부재하고, 범행 중·직후의 범죄장소도 아니므로 영장 없이 수색·압수 불가), ③ ×(체포현장이나 범행중·직후의 범죄장소도 아니므로 수색·압수 불가), ④ ×(2011도15258: 범행 직후의 장소에 해당하여 영장 없이 수색·압수 가능) 〔정답〕 ⑤

03 강제처분에 관한 설명 중 옳지 않은 것은? (다툼이 있는 경우 판례에 의함) 2019년 변호사시험 형사법 문25

① 「형사소송법」 제217조 제1항은 수사기관이 피의자를 긴급체포한 상황에서 피의자가 체포되었다는 사실이 공범이나 관련자들에게 알려짐으로써 관련자들이 증거를 파괴하거나 은닉하는 것을 방지하고, 범죄사실과 관련된 증거물을 신속히 확보할 수 있도록 하기 위한 것이므로, 긴급체포된 자가 체포현장이 아닌 장소에서 소유·소지 또는 보관하는 물건을 압수할 수는 없다.

② 체포영장의 제시나 고지 등은 체포를 위한 실력행사에 들어가기 이전에 미리 하여야 하는 것이 원칙이나, 달아나는 피의자를 쫓아가 붙들거나 폭력으로 대항하는 피의자를 실력으로 제압하는 경우에는 붙들거나 제압하는 과정에서 하거나, 그것이 여의치 않은 경우에는 일단 붙들거나 제압한 후에 지체없이 하여야 한다.

③ 현행범 체포현장이나 범죄장소에서 소지자 등이 임의로 제출하는 물건은 영장없이 압수할 수 있고, 이 경우에는 검사나 사법경찰관이 사후에 영장을 받을 필요가 없다.

④ 피고인이 수사 당시 긴급체포되었다가 수사기관의 조치로 석방된 후 법원이 발부한 구속영장에 의하여 구속이 이루어진 경우 「형사소송법」 제200조의4 제3항, 제208조에 규정된 재체포 또는 재구속 제한에 위배되는 위법한 구속이라고 볼 수 없다.

⑤ A가 필로폰을 투약한다는 제보를 받은 경찰관이 A의 주거지를 방문하였다가, 그곳에서 A를 발견하고 A의 전화번호로 전화를 하여 나오라고 하였으나 응하지 않자 A의 집 문을 강제로 열고 들어가 긴급체포한 경우, 경찰관이 A의 신원과 주거지 및 전화번호 등을 모두 파악하고 있었고, 당시 마약 투약의 범죄 증거가 급속하게 소멸될 상황도 아니었다면, 위법한 체포이다.

해설 🖉

① ×(제217조 제1항: 긴급체포된 자가 소유·소지 또는 보관하는 물건에 대하여 긴급히 압수할 필요가 있는 경우에는 체포한 때부터 24시간 이내에 한하여 영장 없이 압수·수색 또는 검증을 할 수 있으므로, 체포현장이 아닌 장소에서도 가능), ② ○(2011도7193), ③ ○(제218조), ④ ○(2001도4291: 재구속의 제한은 구속영장에 의하여 구속되었다가 석방된 경우를 말하는 것이지, 긴급체포나 현행범으로 체포되었다가 사후영장발부 전에 석방된 경우는 포함되지 않음), ⑤ ○(2016도5814: 미리 체포영장을 받을 시간적 여유가 없었던 경우에 해당하지 않아 긴급체포가 위법)   정답 ①

04 압수·수색에 관한 설명 중 옳지 않은 것은? (다툼이 있는 경우 판례에 의함)   2019년 변호사시험 형사법 문27

① 압수·수색영장은 피압수자로 하여금 법관이 발부한 영장에 의한 압수·수색이라는 사실을 확인함과 동시에 압수·수색영장에 필요적으로 기재하도록 정한 사항이나 그와 일체를 이루는 사항을 충분히 알 수 있도록 제시하여야 한다.

② 정보통신서비스 회사에서 보관 중인 이메일에 대하여 압수·수색영장을 집행하면서 팩스로 영장사본을 송신하였다면, 집행 시에 그 영장의 원본을 제시하지 않더라도 위법하지 않다.

③ 수사기관이 압수·수색을 실시하여 그 집행을 종료하였다면 영장의 유효기간이 남아있다고 하더라도 그 영장의 효력은 상실된다.

④ 전자정보에 대한 압수·수색영장에 기하여 저장매체 자체를 반출한 후 유관정보를 탐색하는 과정에서 당해 영장의 범죄혐의와는 다른 별도의 범죄혐의와 관련된 증거를 발견하게 되어 이를 압수하려는 경우에는 더 이상의 집행을 중단하고 법원으로부터 별도의 범죄혐의에 대한 압수·수색영장을 발부받아야 한다.

⑤ 피의자의 이메일 계정에 대한 접근권한에 갈음하여 발부받은 압수·수색영장의 집행에 필요한 처분은 원격지 서버에 있는 피의자의 이메일 등 관련 전자정보를 수색장소의 정보처리장치로 내려받거나 그 화면에 현출시키는 행위와 같이 집행의 목적을 달성하기 위한 필요 최소한도의 범위 내에서 그 수단과 목적에 비추어 사회통념상 상당하다고 인정되는 행위이어야 한다.

② ✕(2015도10648: 이메일을 수색·압수하면서 팩스로 영장 사본을 송신한 사실은 있으나 영장 원본을 제시하지 않은 경우 그 이메일은 위법수집증거), ① ○(2015도12400), ③ ○(99모161: 영장의 유효기간은 영장의 집행에 착수할 수 있는 종기를 의미하는 것이지, 이 기간 안에는 언제든지 다시 집행할 수 있다는 의미는 아님), ④ ○(2011모1839전합), ⑤ ○(2017도9747) **정답** ②

05 전자정보 압수·수색에 대한 설명으로 옳은 것은 몇 개인가? (다툼이 있는 경우 판례에 의함)

2020년 1차 순경시험 형소법 문10

> ㉠ 전자정보에 대한 압수·수색영장을 집행할 때에는 원칙적으로 영장 발부의 사유인 혐의사실과 관련된 부분만을 문서 출력물로 수집하거나 수사기관이 휴대한 저장매체에 해당 파일을 복사하는 방식으로 이루어져야 하고, 집행현장 사정상 위와 같은 방식에 의한 집행이 불가능하거나 현저히 곤란한 부득이한 사정이 존재하더라도 저장매체 자체를 직접 혹은 하드카피나 이미징 등 형태로 수사기관 사무실 등 외부로 반출하여 해당 파일을 압수·수색할 수 있도록 영장에 기재되어 있고 실제 그와 같은 사정이 발생한 때에 한하여 위 방법이 예외적으로 허용될 수 있을 뿐이다.
>
> ㉡ 수사기관 사무실 등으로 반출된 저장매체 또는 복제본에서 혐의사실 관련성에 대한 구분 없이 임의로 저장된 전자정보를 문서로 출력하거나 파일로 복제하는 행위는 원칙적으로 영장주의 원칙에 반하는 위법한 압수가 된다.
>
> ㉢ 수사기관이 피의자 甲의 공직선거법 위반 범행을 영장 범죄사실로 하여 발부받은 압수·수색영장의 집행 과정에서 乙, 丙 사이의 대화가 녹음된 녹음파일을 압수하여 乙, 丙의 공직선거법 위반 혐의사실을 발견한 사안에서, 별도의 압수·수색영장을 발부받지 않고 압수한 위 녹음파일은 위법수집증거로서 증거능력이 없다.
>
> ㉣ 수사기관이 정보저장매체에 기억된 정보 중에서 키워드 또는 확장자 검색 등을 통해 범죄 혐의사실과 관련 있는 정보를 선별한 다음 정보저장매체와 동일하게 비트열 방식으로 복제하여 생성한 파일('이미지 파일')을 제출받아 압수하였다면 이로써 압수의 목적물에 대한 압수·수색 절차는 종료된 것이므로, 수사기관이 수사기관 사무실에서 위와 같이 압수된 이미지 파일을 탐색·복제·출력하는 과정에서도 피의자 등에게 참여의 기회를 보장하여야 하는 것은 아니다.

① 1개　　　　　　　　　　　② 2개
③ 3개　　　　　　　　　　　④ 4개

㉠ ○(2009모1190), ㉡ ○(2011모1839전합), ㉢ ○(2013도7101: 피의자 甲은 乙, 丙의 혐의사실과 무관하다면 乙, 丙의 혐의사실의 녹음파일은 위법증거라는 취지), ㉣ ○(2017도13263) **정답** ④

06 압수·수색에 대한 설명으로 가장 적절하지 않은 것은? (다툼이 있는 경우 판례에 의함)

2021년 1차 순경시험 형사법 문7

① 설령 피압수자가 수사기관에 압수·수색영장의 집행에 참여하지 않는다는 의사를 명시하였다고 하더라도, 특별한 사정이 없는 한 그 변호인에게는 미리 집행의 일시와 장소를 통지하는 등으로 압수·수색영장의 집행에 참여할 기회를 별도로 보장하여야 한다.

② 압수·수색영장을 집행하는 수사기관은 원칙적으로 피압수자로 하여금 법관이 발부한 영장에 의한 압수·수색이라는 사실을 확인함과 동시에 「형사소송법」이 압수·수색영장에 필요적으로 기재하도록 정한 사항이나 그와 일체를 이루는 사항을 충분히 알 수 있도록 압수·수색영장을 제시하여야 한다.

③ 저장매체에 대한 압수·수색 과정에서 압수의 목적을 달성하기에 현저히 곤란한 예외적인 사정이 인정되어 전자정보가 담긴 저장매체 등을 수사기관 사무실 등으로 옮겨 복제·탐색·출력하는 경우에도 피압수자나 변호인에게 참여 기회를 보장하여야 하는데, 이는 수사기관이 저장매체 등에서 혐의사실과 관련된 전자정보만을 복제·출력하는 경우에도 마찬가지이다.

④ 검사나 사법경찰관에게는 현행범 체포현장에서 소지자 등이 임의로 제출하는 물건을 「형사소송법」 제218조에 의하여 영장 없이 압수하는 것이 허용되는데, 이후 검사나 사법경찰관이 압수한 물건을 계속 압수할 필요가 있는 경우에는 지체없이 영장을 청구하여야 한다.

해설 ✎

④ ✕(2019도13290: 임의제출물이므로 사후에도 영장 불요), ① ○(2020도10729: 변호인의 참여권은 피압수자의 보호를 위해 변호인에게 주어진 고유권이라는 취지), ② ○(2019모3526), ③ ○(2020도10729)

정답 ④

07 통신제한조치에 관한 설명 중 옳지 않은 것은? (다툼이 있는 경우 판례에 의함)

2020년 경찰간부후보생시험 형소법 문14

① 수사기관이 범죄수사를 위하여 당사자의 동의 없이 전기통신을 감청하기 위해서는 통신 당사자의 쌍방 또는 일방의 주소지·소재지 등을 관할하는 지방법원 또는 지원에 청구하여 발부받은 통신제한조치허가서를 통신당사자가 가입된 전기통신사업자에게 제시하여야 한다.

② 범죄수사를 위한 통신제한조치의 기간은 2개월을 초과하지 못하고, 그 기간 중 통신제한조치의 목적이 달성되었을 경우에는 즉시 종료하여야 한다.

③ 전자우편이 송신되어 수신인이 이를 확인하는 등으로 이미 수신이 완료된 전기통신에 관하여 남아 있는 기록이나 내용을 열어보는 등의 행위는 「통신비밀보호법」에서 규정하는 '전기통신의 감청'에 포함되지 않는다.

④ 수사기관은 감청의 실시를 종료하면 감청대상이 된 전기통신의 가입자에게 감청사실 등을 통지하여야 하지만, 통지로 인하여 수사에 방해될 우려가 있다고 인정할 때에는 그 사유가 해소될 때까지 통지를 유예할 수 있다.

④ ✕(통비법 제9조의2: 검사는 통신제한조치를 집행한 사건에 관해 수사종결처분을 한 날부터 30일 이내에 우편물 검열의 경우에는 그 대상자에게, 감청의 경우에는 그 대상이 된 전기통신의 가입자에게 통신제한조치를 집행한 사실과 집행기관 및 그 기간 등을 서면으로 통지하여야 하는데, 아래 사유가 있는 때에는 그 사유가 해소될 때까지 통지를 유예할 수 있다. 1. 통신제한조치를 통지할 경우 국가의 안전보장·공공의 안녕질서를 위태롭게 할 현저한 우려가 있는 때 2. 통신제한조치를 통지할 경우 사람의 생명·신체에 중대한 위험을 초래할 염려가 현저한 때), ① ○(통비법 제6조), ② ○(통비법 제6조 제7항), ③ ○(2016도8137) 정답 ④

08 압수·수색 절차에 관한 설명 중 옳은 것을 모두 고른 것은? (다툼이 있는 경우 판례에 의함)

2021년 변호사시험 형사법 문25

ㄱ. 압수·수색영장은 처분을 받는 자에게 반드시 제시하여야 하지만, 피처분자가 현장에 없거나 현장에서 그를 발견할 수 없는 경우 등 영장 제시가 현실적으로 불가능한 경우에는 영장을 제시하지 아니한 채 압수·수색을 하더라도 위법하지 아니하다.

ㄴ. 수사기관이 휴대전화 등을 압수할 당시 압수당한 피의자가 수사관에게 압수·수색영장의 내용을 보여 달라고 요구하였으나 수사관이 영장의 겉표지만 보여 주고 내용은 확인시켜 주지 않았더라도, 그 후 변호인이 피의자조사에 참여하면서 영장을 확인하였다면 압수처분은 위법하지 아니하다.

ㄷ. 수사기관이 압수·수색에 착수하면서 그 장소의 관리책임자에게 영장을 제시하였더라도 물건을 소지하고 있는 다른 사람으로부터 이를 압수하고자 하는 때에는 그 사람에게 따로 영장을 제시하여야 한다.

ㄹ. 수사기관이 피의자 참여하에 정보저장매체에 기억된 정보 중에서 키워드 또는 확장자 검색 등을 통해 범죄 혐의 사실과 관련 있는 정보를 선별한 다음 정보저장매체와 동일하게 비트열 방식으로 복제하여 생성한 파일을 제출받아 압수한 경우, 수사기관에서 위와 같이 압수된 파일을 탐색·복제·출력하는 과정에서도 피의자 등에게 참여의 기회를 보장하여야 한다.

ㅁ. 환부를 받을 피압수자가 수사기관에 압수물의 환부청구권을 포기한다는 의사표시를 한 경우에도 수사기관의 필요적 환부의무는 면제되지 않는다.

① ㄱ, ㄴ, ㅁ   ② ㄱ, ㄷ, ㅁ   ③ ㄱ, ㄴ, ㄷ, ㄹ
④ ㄱ, ㄷ, ㄹ, ㅁ   ⑤ ㄴ, ㄷ, ㄹ, ㅁ

해설 ✏️

ㄱ: ○(2014도10978전합), ㄴ: ✕(2019모3526: 변호인이 피의자조사에 참여하여 영장을 확인하였다는 사정만으로 적법하다고 볼 수 없음), ㄷ: ○(2015도12400; 2008도763), ㄹ: ✕(2017도13263), ㅁ: ○(94모51전합: ① 환부청구권은 포기할 수 없는 주관적 공권, ② 검사가 수사종결처분을 내리면서 소유권포기로 압수물 환부의무를 벗어나는 것은 적법절차에 따른 형벌권의 행사가 아님, ③ 압수 계속의 필요성이 없는 물건까지 국고에 귀속하는 것은 재산권을 보장하는 헌법에 어긋남. 또 이를 인정하면 ④ 몰수재판을 인정하지 않는 현행 몰수제도가 훼손됨, ⑤ 압수물 환부를 필요적인 것으로 규정한 제133조를 사문화시킴) 정답 ②

① 영장 발부의 사유로 된 범죄 혐의사실과 무관한 별개의 증거를 영장 없이 압수한 후에 수사기관이 그 증거를 피압수자 등에게 환부하고 후에 임의제출받아 다시 압수한 경우, 그 제출의 임의성에 관하여 검사가 합리적 의심을 배제할 수 있을 정도로 증명하지 못한다면 증거능력을 인정할 수 없다.

② 범행 현장에서 지문채취 대상물에 대한 지문채취가 적법하게 이루어진 이상, 수사기관이 그 이후에 지문채취 대상물을 적법한 절차에 의하지 아니한 채 압수하였더라도 이미 채취된 지문은 위법하게 압수한 지문채취 대상물로부터 획득한 2차적 증거에 해당하지 않으므로 위법수집증거라고 할 수 없다.

③ 범인으로부터 압수한 물품에 대하여 몰수의 선고가 없어 그 압수가 해제된 것으로 간주되더라도 공범자에 대한 범죄수사를 위하여 그 물품의 압수가 필요하다거나 공범자에 대한 재판에서 그 물품이 몰수될 가능성이 있다면 검사는 그 물품을 다시 압수할 수 있다.

④ 피압수자 등 환부를 받을 자가 압수 후 수사기관에 대하여 「형사소송법」상의 환부청구권을 포기한다는 의사표시를 하면 수사기관의 필요적 환부의무가 면제된다.

해설 ✎

④ ×(94모51전합: 면제되지 않음), ① ○(2013도11233: 원칙적으로 유죄 인정의 증거로 사용할 수 없다. 다만 수사기관이 별개의 증거를 피압수자 등에게 환부하고 후에 임의제출받아 다시 압수하였다면 증거를 압수한 최초의 절차 위반행위와 최종적인 증거수집 사이의 인과관계가 단절되었다고 평가할 수 있으나, 환부 후 다시 제출하는 과정에서 수사기관의 우월적 지위에 의하여 임의제출 명목으로 실질적으로 강제적인 압수가 행하여질 수 있으므로, 제출에 임의성이 있다는 점에 관하여는 검사가 합리적 의심을 배제할 수 있을 정도로 증명하여야 하고, 임의로 제출된 것이라고 볼 수 없는 경우에는 증거능력을 인정할 수 없음), ② ○(2008도7471: 위법한 압수 이전에 채취된 것임), ③ ○(96모34)   **정답** ④

ㄱ. 수사기관이 정보저장매체에 기억된 정보 중에서 범죄혐의사실과 관련 있는 정보를 선별한 다음, 선별한 파일을 복제하여 생성한 파일을 제출받아 적법하게 압수하였다면 수사기관 사무실에서 위와 같이 압수된 이미지 파일을 탐색·복제·출력하는 과정에서 피의자 등에게 참여의 기회를 보장하여야 하는 것은 아니다.

ㄴ. 영장담당판사가 발부한 압수·수색영장에 법관의 서명이 있다면 비록 날인이 없다고 하더라도 그 압수·수색영장은 「형사소송법」이 정한 요건을 갖추지 못하였다고 볼 수는 없다.

ㄷ. 압수·수색영장의 피처분자가 현장에 없거나 현장에서 그를 발견할 수 없는 등 영장제시가 현실적으로 불가능한 경우에도 영장을 제시하지 아니한 채 압수·수색을 하면 위법하다.

ㄹ. 수사기관이 압수·수색영장을 집행하면서 압수·수색 대상 기관에 팩스로 영장 사본을 송신하기만 하였을 뿐 영장 원본을 제시하거나 압수조서와 압수물 목록을 작성하여 피압수·수색 당사자에게 교부하지도 않았다면 그 압수·수색은 위법하다.

① ㄱ, ㄴ   ② ㄱ, ㄹ

③ ㄴ, ㄷ   ④ ㄷ, ㄹ

해설 ✎

ㄱ: ○(2017도13263), ㄴ: ✕(2018도20504), ㄷ: ✕(2014도10978전합), ㄹ: ○(2015도10648)   **정답** ③

11 압수·수색에 관한 설명 중 옳지 않은 것은? (다툼이 있는 경우 판례에 의함)   2020년 변호사시험 형사법 문29

① 수사기관이 피의자의 동의 없이 피의자의 소변을 채취하는 것은 법원으로부터 감정처분허가장을 받아 '감정에 필요한 처분'으로 할 수 있지만, 압수수색영장을 받아 집행할 수도 있다.

② 검사 또는 사법경찰관은 체포현장에서 영장 없이 압수한 물건을 계속 압수할 필요가 있는 경우에는 지체없이 압수수색영장을 청구하여야 하는데, 이 경우 압수수색영장의 청구는 압수한 때부터 48시간 이내에 하여야 한다.

③ 소유자, 소지자 또는 보관자 아닌 자로부터 임의로 제출받은 물건을 영장 없이 압수한 경우 그 압수물 및 압수물을 찍은 사진은 이를 유죄의 증거로 사용할 수 없다.

④ 범행 중 또는 범행직후의 범죄장소에서 긴급을 요하여 법원판사의 영장을 받을 수 없는 때에는 영장 없이 압수, 수색 또는 검증을 할 수 있고, 이 경우에는 사후에 지체없이 영장을 받아야 한다.

⑤ 전자정보에 대한 압수수색영장을 집행할 때에는 원칙적으로 영장 발부의 사유인 혐의사실과 관련된 부분만을 문서 출력물로 수집하거나 수사기관이 휴대한 저장매체에 해당 파일을 복사하는 방식으로 이루어져야 하지만, 집행현장 사정상 이러한 방식에 의한 집행이 불가능하거나 현저히 곤란한 부득이한 사정이 존재하는 경우, 압수수색영장에 저장매체 자체를 직접 혹은 하드카피나 이미징 등 형태로 수사기관 사무실 등 외부로 반출하여 해당 파일을 압수·수색할 수 있도록 기재되어 있고 실제 그와 같은 사정이 발생한 때에 한하여 위 방법이 예외적으로 허용될 수 있을 뿐이다.

해설 ✎

② ✕(제217조 제2항: 체포한 때부터 48시간 이내에 압수수색영장을 청구해야 함), ① ○(2018도6219: 甲의 소변, 모발, 마약류 불법사용 도구 등에 대한 압수·수색·검증영장을 발부받고, 이 영장에 따라 소변과 모발을 제출하도록 설득하였음에도 甲이 계속 거부하면서 자해를 하자 이를 제압하고 수갑과 포승을 채운 뒤 강제로 병원 응급실로 데리고 가 응급구조사가 甲의 신체에서 소변을 채취하도록 하여 이를 압수하는 것은 적법), ③ ○(2009도10092. 제218조: 소유자, 소지자, 보관자가 임의로 제출한 물건만 영장없이 압수 허용), ④ ○(제216조 제3항), ⑤ ○(제106조)   **정답** ②

12 압수·수색에 대한 설명으로 가장 적절하지 않은 것은? (다툼이 있는 경우 판례에 의함)

2019년 2차 순경시험 형소법 문5

① 수사기관의 압수·수색은 법관이 발부한 압수·수색영장에 의하여야 하는 것이 원칙이고, 그 영장에는 피의자의 성명, 압수할 물건, 수색할 장소·신체·물건과 압수수색의 사유 등이 특정되어야 하며, 피의자 아닌 자의 신체 또는 물건은 압수할 물건이 있음을 인정할 수 있는 경우에 한하여 수색할 수 있다.

② 법관이 압수·수색영장을 발부하면서 '압수할 물건'을 특정하기 위하여 기재한 문언은 엄격하게 해석해야 하고, 함부로 피압수자 등에게 불리한 내용으로 확장 또는 유추해석해서는 안 되므로, 압수·수색영장에서 압수할 물건을 '압수장소에 보관중인 물건'이라고 기재하고 있는 것을 '압수장소에 현존하는 물건'으로 해석할 수는 없다.

③ 피의자의 컴퓨터 내에 저장되어 있는 이메일 등 전자정보를 압수·수색하는 것은 전자정보의 소유자 내지 소지자를 상대로 해당 전자정보를 압수·수색하는 대물적 강제처분으로 형사소송법의 해석상 허용된다.

④ 영장에 수색할 장소를 특정하도록 한 취지에 비추어 보면, 수색장소에 있는 정보처리장치를 이용하여 정보통신망으로 연결된 원격지의 저장매체에서 수색장소에 있는 정보처리장치로 전자정보를 내려받아 이를 압수하는 것은 압수·수색영장에서 허용한 집행의 장소적 범위를 위법하게 확대하는 것이다.

해설 ✏️

④ ✕(위법하지 않다고 보았으나[2017도9747], 이후 압수 대상에 원격지 정보가 포함됨이 기재되어 있어야 한다는 판결[2022도1452]이 나옴), ① ○(제219조, 제106조, 제109조), ② ○(2008도763), ③ ○(2017도9747: 수사기관이 인터넷서비스이용자인 피의자를 상대로 피의자의 컴퓨터 등 정보처리장치 내에 저장되어 있는 이메일 등 전자정보를 압수·수색하는 것은 전자정보의 소유자 내지 소지자를 상대로 해당 전자정보를 압수·수색하는 대물적 강제처분으로 허용됨)

정답 ④

13 강제처분에 대한 설명 중 가장 적절하지 않은 것은? (다툼이 있는 경우 판례에 의함)

2020년 2차 순경시험 형소법 문9

① 압수·수색영장 대상자와 피의자 사이에 요구되는 인적 관련성은 압수·수색영장에 기재된 대상자의 공동정범, 간접정범, 교사범 등은 물론이며 필요적 공범 등에 대한 피고사건에 대해서도 인정될 수 있다.

② 사법경찰관은 피내사자를 대상으로 하는 통신제한조치에 대한 허가를 검사에게 신청하고, 검사는 법원에 대하여 그 허가를 청구할 수 있다.

③ 「통신비밀보호법」 제12조의2에 의하면 사법경찰관은 인터넷 회선을 통하여 송신·수신하는 전기통신을 대상으로 제6조 또는 제8조(제5조 제1항의 요건에 해당하는 사람에 대한 긴급통신제한조치에 한정한다)에 따른 통신제한조치를 집행한 경우 그 전기통신의 보관등을 하고자 하는 때에는 집행종료일부터 14일 이내에 보관 등이 필요한 전기통신을 선별하여 검사에게 보관 등의 승인을 신청하고 검사는 신청일부터 14일 이내에 통신제한조치를 허가한 법원에 그 승인을 청구할 수 있다.

④ 「마약류 불법거래 방지에 관한 특례법」 제4조 제1항에 따른 조치의 일환으로 특정한 수출입물품을 개봉하여 검사하고 그 내용물의 점유를 취득한 행위는 수출입물품에 대한 적정한 통관 등을 목적으로 하는 조사와 달리 범죄수사인 압수 또는 수색에 해당하여 사전 또는 사후에 영장을 받아야 한다.

③ ✕(통비법 제12조의2: 검사는 신청일부터 7일 이내에 통신제한조치를 허가한 법원에 그 승인을 청구할 수 있음), ① ○(2017도13458), ② ○(통비법 제6조), ④ ○(2014도8719) **정답** ③

14 압수·수색에 관한 설명 중 옳지 않은 것은? (다툼이 있는 경우 판례에 의함)

2020년 경찰간부후보생시험 형소법 문12

① 이메일 등 전자정보 압수·수색시, 압수·수색할 전자정보가 압수·수색영장에 기재된 수색장소에 있는 컴퓨터 등 정보처리장치 내에 있지 아니하고 그 정보처리장치와 정보통신망으로 연결된 해외 인터넷서비스 제공자가 관리하는 저장매체에 있는 경우라고 할지라도 피의자의 이메일 관련 전자정보를 수색장소의 정보처리장치로 내려받거나 그 화면에 현출시키는 것은 적법하다.

② ○○평생교육원에 대한 압수·수색 당시 원장은 현장에 없었고, 이사장도 수사관들에게 자신의 신분을 밝히지 않은 채 건물 밖에서 지켜보기만 하는 등 영장제시가 사실상 불가능한 상황에서 수사관들이 영장의 제시 없이 압수·수색을 집행한 것은 적법하다.

③ 정보통신서비스 회사에서 보관 중인 이메일에 대하여 압수·수색영장을 집행하면서 팩스로 영장사본을 송신하였다면, 집행 시에 그 영장의 원본을 제시하지 않더라도 적법하다.

④ 우편물 통관검사절차에서 이루어지는 우편물의 개봉, 시료채취, 성분분석 등의 검사는 수출입물품에 대한 적정한 통관 등을 목적으로 한 행정조사의 성격을 가지는 것으로서 수사기관의 강제처분이라고 할 수 없으므로, 압수·수색영장 없이 우편물을 개봉, 시료채취, 성분분석 등 검사가 진행되었다고 하더라도 특별한 사정이 없는 한 적법하다.

③ ✕(2015도10648), ① ○(2017도9747), ② ○(2014도10978전합), ④ ○(2013도7718) **정답** ③

15 영장에 의하지 아니한 강제처분에 대한 설명으로 가장 적절하지 않은 것은? (다툼이 있는 경우 판례에 의함)

2019년 2차 순경시험 형소법 문9

① 체포영장의 집행을 위하여 타인의 주거를 수색하는 경우 별도로 영장을 발부받기 어려운 긴급한 사정이 있는지 여부를 구별하지 않고 피의자가 그 장소에 소재할 개연성만 소명되면 수색영장 없이 피의자 수색을 할 수 있도록 허용하는 형사소송법 제216조 제1항 제1호 중 제200조의2에 관한 부분은 영장주의에 위반된다.

② 사법경찰관은 긴급체포된 자가 소유·소지 또는 보관하는 물건에 대하여 긴급히 압수할 필요가 있는 경우에는 체포한 때부터 24시간 이내에 한하여 영장 없이 압수·수색 또는 검증을 할 수 있다.

③ 긴급체포된 자가 소유·소지 또는 보관하는 물건을 영장 없이 압수한 이후 이 물건을 계속 압수할 필요가 있는 경우 사법경찰관은 압수한 때부터 48시간 이내에 압수·수색영장을 청구하여야 한다.

④ 교통사고를 가장한 살인사건의 범행일로부터 약 3개월 가까이 경과한 후 범죄에 이용된 승용차의 일부분인 강판조각이 범행현장에서 발견된 경우 이 강판조각은 형사소송법 제218조에 규정된 유류물에 해당하므로 영장 없이 압수할 수 있다.

③ ×(제217조: 긴급체포된 자가 소유·소지 또는 보관하는 물건에 대하여 긴급히 압수할 필요가 있는 경우에는 체포한 때부터 24시간 이내에 한하여 영장 없이 압수·수색 또는 검증을 할 수 있고, 이에 따라 압수한 물건을 계속 압수할 필요가 있는 경우에는 지체없이 압수·수색영장을 청구하여야 하는데, 이 경우 압수·수색영장의 청구는 체포한 때부터 48시간 이내에 하여야 함), ① ○(2016헌가7, 2015헌바370 병합), ② ○(제217조), ④ ○(2011도1902) 　　　　**정답** ③

16 영장 없는 압수·수색·검증에 관한 설명 중 옳지 않은 것은? (다툼이 있는 경우 판례에 의함)

2020년 경찰간부후보생시험 형소법 문13

① 체포영장이 발부된 피의자를 체포하기 위하여 경찰관이 타인의 주거 등을 수색하는 경우에는 피의자가 그 장소에 소재할 개연성 이외에도 별도로 사전에 수색영장을 발부받기 어려운 긴급한 사정이 있는 경우에만 제한적으로 이루어져야 한다.

② 음주운전 중 교통사고를 야기하고 의식불명 상태에 빠져 병원 응급실에 후송된 피의자의 신체 내지 의복류에 주취로 인한 냄새가 강하게 나고, 교통사고 발생 시각으로부터 사회통념상 범행 직후라고 볼 수 있는 시간 내라면 경찰관은 의료진에게 요청하여 피의자의 혈액을 채취하도록 하여 압수할 수 있다.

③ 경찰관이 음주운전과 관련한 도로교통법 위반죄의 수사를 목적으로 미성년자인 피의자의 혈액을 채취해야 할 경우, 피의자에게 의사능력이 있다면 피의자 본인의 동의를 받아서 하면 되고 별도로 법정대리인의 동의를 받을 필요는 없다.

④ 경찰관이 2020.10.5. 20:00 도로에서 마약류 거래를 하고 있는 피의자를 긴급체포한 뒤 같은 날 20:24경 영장 없이 체포현장에서 약 2km 떨어진 피의자의 주거지에 대한 수색을 실시해서 작은 방 서랍장 등에서 메스암페타민 약 10g을 압수한 것은 위법하다.

④ ×(2017도10309: 긴급체포한 상황에서 체포현장이 아닌 장소에서도 긴급체포된 자가 소유·소지 또는 보관하는 물건을 대상으로 할 수 있음), ① ○(제216조 제1항 제1호: 2015헌바370), ② ○(2011도15258: 제216조 제3항의 범죄 장소에 준한다 볼 수 있음), ③ ○(2013도1228) 　　　　**정답** ④

17 다음 사례에 대한 설명 중 가장 적절한 것은? (다툼이 있는 경우 판례에 의함) 2022년 2차 순경시험 형사법 문35

> A는 2022. 2. 10. 甲의 집에서 자고 있는 사이 甲이 자신의 의사에 반해 나체를 촬영한 범행을 저질렀다
> 며 경찰에 甲을 신고하였다. A는 甲을 신고하면서 甲의 집에서 가지고 나온 甲 소유의 휴대폰 2대(휴대폰
> 1, 휴대폰2)를 사법경찰관 P에게 임의제출하였고, P는 A에게 제출범위에 관한 의사를 따로 확인하지 않
> 았다. P는 휴대폰1에 저장된 동영상 파일을 통해 甲의 A에 대한 범행을 확인한 후, 휴대폰2에서도 甲의
> 범행의 증거를 찾던 중 2021. 1.경 A가 아닌 B와 C의 나체를 불법 촬영한 동영상 30개와 사진을 발견하
> 였다. P는 발견한 동영상과 사진을 CD에 복제한 후, 압수·수색 영장을 발부받아 이 CD를 압수하였다.

① 휴대폰은 임의제출물이기 때문에 2대의 휴대폰에 저장된 전자정보 전부가 임의제출되어 압수된 것으로
   취급할 수 있다.

② 2021. 1.경 범행 동영상은 2022. 2. 10. 범행과 동종·유사한 범행이므로 2022. 2. 10. 범행과 구체
   적·개별적 연관관계가 없다 하더라도 2022. 2. 10. 범행 혐의사실과 관련성이 있다.

③ A가 제출한 휴대폰이 임의제출물이라 하더라도 휴대폰을 탐색하는 과정에서 甲에게 참여권을 보장하고
   압수목록을 교부해야 한다.

④ 압수된 CD에 저장된 동영상과 휴대폰2에 저장된 원본 동영상과의 동일성은 검사가 주장·입증해야 하
   며, 엄격한 증명의 방법으로 증명되어야 한다.

해설 🖊

③ O(2013도1228), ① ×(2016도348전합), ② ×(2016도348전합), ④ ×(2017도13263: 엄격한 증명의 방
법이 아니라 전자문서 파일의 사본이나 출력물의 생성과 전달 및 보관 등의 절차에 관여한 사람의 증언이나
진술, 원본이나 사본 파일 생성 직후의 해시(Hash)값 비교, 전자문서 파일에 대한 검증·감정 결과 등 제반 사정
을 종합하여 증명할 수 있음) **정답** ③

탐구 과제

• 피의자로부터 압수한 휴대폰의 비밀번호 제공을 피의자에게 강제할 수 있을까?

20강

형총 + 형소: 죄수 및 경합론과 기판력 내지
일사부재리효력

20강 형총 + 형소: 죄수 및 경합론과 기판력 내지 일사부재리효력

죄수 및 경합론의 의미와 죄수 및 경합론이 형소법에 미치는 영향을 본다. 죄수 및 경합판단은 형소법의 사건 개념을 판단하는 기준이 되고, 공소제기의 효력 범위와 기판력 내지 일사부재리효력 여부를 판단하는 의미있는 기준이면서 양형에도 영향을 미친다. 이 과정에서 일부기소의 의미도 정확히 이해한다.

사례

甲과 乙이 ⓐ 강도상해를 공모하고 단란주점 앞길에서 그 주점의 종업원 V를 승용차에 태워 감금하여 가다가 乙이 주먹으로 V를 때려 반항을 억압한 다음 그로부터 현금이 들어 있는 가방을 빼앗아 강취하고, V에게 약 2주간의 치료가 필요한 상해를 입혔는데, ⓑ 그 후에도 계속 위 단란주점에서 약 15km 떨어진 월드컵주경기장 부근까지 운행하여 가다가 교통사고를 일으켜서 감금행위가 중단된 사건에서, 甲이 ⓑ 행위에 대해서는 공동감금에 의한 폭처법위반죄로 판결이 확정된 사실이 있기 때문에 검사는 ⓐ 행위에 대해서만 강도상해죄로 기소했다(공동감금사건). 유죄판결을 해야 할까? 아니면 면소판결을 해야 할까?

해결

1. 죄수 및 경합론

가. 의의

죄수(罪數)론은 어떤 행위가 하나의 죄(일죄)인지, 수개의 죄(수죄)인지 논의하는 영역이다. 수죄를 전제로 그 수죄가 상상적 경합인지, 실체적 경합인지 논의하는 영역인 경합론과 구별해야 한다. 죄수론은 범죄론의 마지막 영역인 반면, 경합론은 형벌론이 시작하는 영역이기 때문이다.

> 대법원 2007. 11. 15. 선고 2007도7140 판결
> 【판시사항】
> 허위사실 유포에 의한 업무방해죄와 명예훼손죄의 죄수관계(=상상적 경합관계)

그러나 위 판례의 표현처럼 다수견해는 죄수론과 경합론을 구별하지 않는다. 이는 독일 형법의 영향을 받은 것으로 본다. 그렇지만 한국 형법 제40조는 "한 개의 행위가 '여러 개의 죄'에 해당하는 경우에는 가장 무거운 죄에 대하여 정한 형으로 처벌한다"라고 하여 명시적으로 죄수 판단을 요구하고 있다. 독일 형법 제52조 제1항은 "하나의 동일한 행위가 '여러 개의 형벌법규 또는 동일한 형벌법규를 여러 번 위반'한 경우에는 단지 하나의 형벌로 처벌된다"라고 하여 '형벌법규 위반의 다수성' 판단만을 요구할 뿐 죄수 판단을 요구하고 있지 않다. 독일 형법은 "형벌법규의 다수성 → 행위의 단일성"의 순서로 판단하는 반

면, 한국 형법은 "형벌법규의 다수성 → 수죄 → 행위의 단일성"의 순서로 판단한다고 할 수 있다.

나. 죄수판단절차의 체계화

경합관계의 판단기준과 처벌방식은 '제5절 경합범'이라는 제목 아래 제37조부터 제40조까지 4개 조문에 규정돼 있다. 그러나 죄수관계의 판단기준에 대해서는 형법이 아무런 규정을 두고 있지 않아서, 이에 관해 다양한 견해의 대립이 있다. 종래의 행위표준설, 법익표준설, 의사표준설, 구성요건표준설, 새롭게 등장한 범죄성립요건표준설, 종합설, 사회적·형법적 행위표준설 등이 이에 해당한다. 그런데 죄수관계를 판단하는 명확하고 일반적인 기준을 마련하는 것은 곤란하다고 본다. 죄수판단에 영향을 미칠 수 있는 범죄요소들, 곧 행위, 법익, 의사, 구성요건 가운데 어떤 요소를 고려해야 할지는 획일적으로 말할 수 없고, 이는 개별 사안에 따라 달라질 수밖에 없기 때문이다.

그렇지만 죄수판단절차는 아래와 같이 체계화할 수 있다고 본다. 먼저 ① 구성요건해당행위의 다수성 여부를 판단한다. 수죄는 어떤 행위가 여러 개의 구성요건에 해당하는 것을 전제로 하기 때문이다. 구성요건해당행위의 다수성 여부는 행위를 형법의 다양한 구성요건적 관점에서 바라보면서 해석을 통해 객관적으로 판단해야 하는데, 의심스러운 경우에는 구성요건해당행위가 다수인 것으로 봐야 한다. 구성요건해당행위의 다수성은 가능한 한 최대한 인정해야 한다는 것이다. 예컨대 교도소에 수용된 죄수(罪囚)가 죄수복을 입고 나와서 남의 집 마당에 걸려 있는 옷으로 갈아입고 그 죄수복은 버리고 달아 난 경우, 죄수복에 대한 절취행위, 남의 옷에 대한 절취행위, 도주행위 3가지가 있는 것으로 판단해야 한다. ② 구성요건해당행위가 다수이면, 다음은 그 행위가 일죄가 아닌지 판단해야 한다. 구성요건해당행위가 다수일지라도 일죄인 경우도 있기 때문이다. 학설과 판례가 인정하는 포괄일죄(84도1139. 例 상습사기죄)와 법조경합(2001도1429. 例 강도죄나 강간죄와 그 죄를 구성하는 폭행·협박죄)이 이에 해당한다. 포괄일죄가 불법 통합의 원리에 따른 일죄라면, 법조경합은 불법 비양립의 원리에 따른 일죄이다.

2. 법조경합 또는 법조단일

가. 개념

법조경합 또는 법조단일은 다수의 구성요건해당행위가 있는 것처럼 보이지만 실제로는 어느 한 구성요건이 다른 구성요건을 배제하여 하나의 죄만 성립하는 경우를 말한다. 이와 관련하여 판례는 다음과 같이 말한다(2001도1429; 2002도669전합). '1개의 행위가 외관상 수개의 죄의 구성요건에 해당하는 것처럼 보이나 실질적으로 1죄만을 구성하는 경우를 말하며, 실질적으로 1죄인가 또는 수죄인가는 구성요건적 평가와 보호법익의 측면에서 고찰하여 판단해야 한다.'

V女에게 불만이 있던 甲이 "자동차에 타라, 타지 않으면 가만있지 않겠다"고 협박하면서 V를 그곳에 대기시켜 놓았던 자동차 뒷좌석에 강제로 밀어 넣어 앉히고 V가 내려 달라고 애원했으나 내려주지 않고 자동차를 운전하여 약 20분간 V를 감금한 경우가 법조경합에 해당한다. 甲에게 감금죄만 성립하고, 협박죄는 불성립한다(82도705).

나. 유형

다수견해는 법조경합을 특별관계, 보충관계, 흡수관계(불가벌적 사전행위·수반행위·사후행위)의 3가지로 유형화한다. 판례는 특별관계를 '어느 구성요건이 다른 구성요건의 모든 요소를 포함하는 이외에 다른 요소를 구비해야 성립하는 경우로서 특별법의 구성요건을 충족하는 행위는 일반법의 구성요건을 충족하지만 반대로 일반법의 구성요건을 충족하는 행위는 특별법의 구성요건을 충족하지 못한다'고 본다(2006도1713).

법조경합의 본질을 실질적으로 파악하면, 그 본질은 구성요건적 불법이 양립할 수 없다는 데 있다. 이에 따르면 법조경합은 ① 배제하는 구성요건적 불법이 배제되는 구성요건적 불법을 완전히 포섭하는 경우(불법흡수적 법조경합)와 ② 입법목적에 따라 구성요건적 불법이 양립할 수 없는 경우(입법목적적 법조경합[1]) 2가지로 구별할 수 있다.

다. 판단기준: 구성요건적 불법의 비양립

법조경합인지 여부는 구성요건적 불법의 핵심인 보호법익이 양립할 수 있는지 여부에 따라 달라진다. 따라서 각 죄의 보호법익이 다른 경우는 법조경합을 부정해야 하고, 보호법익이 같은 경우는 법조경합을 인정해야 한다. 다만 보호법익이 같을지라도 보호법익이 인격적 법익과 같은 전속적 법익인 경우는 법조경합을 부정해야 한다고 본다. 이런 점에서 판례가 부진정결과적 가중범의 경우 법조경합 여부를 단순하게 법정형만을 비교해서 판단하는 것은 옳지 않다.

3. 포괄일죄

가. 개념

포괄일죄란 '① 단일하고도 계속된 범의 하에, ② 동종의 범행을 일정 기간 반복하여 행하고, ③ 그 피해법익도 동일한 경우'를 말한다(97도2609). 다수견해는 포괄일죄를 결합범(例 결과적 가중범), 계속범(例 감금죄), 접속범(例 동일한 쌀가게에서 하룻밤 사이에 20가마를 훔친 경우), 연속범(例 동일한 쌀가게에서 한 달에 걸쳐 하루에 한 가마씩 훔친 경우), 집합범 5가지로 유형화하고, 집합범은 다시 상습범,[2] 영업범, 직업범 3가지로 분류한다. 그런데 판례는 접속범과 연속범이 구별된다는 것을 인식하고 있지만(84도1139),[3] 대부분의 판례는 이를 나타내지 않고 모두 포괄일죄로 처리한다.

甲이 2001. 11. 23.부터 2002. 3. 22. 사이에 직계존속인 V에 대한 동일한 폭력습벽의 발현에 의해

---

1 예컨대 자동차의 불법사용과정에서 문제되는 연료에 대한 절도죄를 인정하면 자동차불법사용죄를 별도로 규정한 취지가 상실되므로 자동차불법사용죄만 인정해야 하는 경우이다.

2 상습범은 흔히 포괄일죄에 해당한다. 그런데 저작권법위반죄는 친고죄이지만 영리 목적이나 상습적 저작권법위반죄는 비친고죄이다. 상습성이 친고죄를 비친고죄로 전환시키는 것이다.

3 "소위 포괄적 1죄라는 것은 각기 존재하는 복수의 행위가 그 구성요건을 한 번만 충족하는 것이라고 포괄적으로 평가되는 것을 말하며 협의의 포괄1죄, 결합범, 집합범, 접속범, 계속범 등이 이에 해당하여 본래적으로 1죄라고 하는 것인 바 현행 형법에서 연속범의 규정이 삭제됨으로써 연속범을 경합죄로 처단하게 되는 해석이 가능하게 되어…"; 대법원 1985. 9. 24. 선고 85도1686 판결(법원공보/판례, 제764호, 1464면): "소위 포괄 1죄는 수개의 행위가 포괄적으로 한 개의 구성요건에 해당하여 단순히 하나의 죄를 구성하는 것으로 수개의 행위가 결합하여 하나의 범죄를 구성하던가 수개의 동종의 행위가 동일한 의사에 의하여 반복되던가 또는 하나의 동일한 법익에 대하여 수개의 행위가 불가분적으로 접속 연속하여 행하여지는 것이므로 그 어떠한 경우를 막론하고 구성요건에 해당하는 수개의 행위가 근원적으로 동종의 행위로서 그 구성요건을 같이함을 전제로 하는 것이다."

V를 2회 폭행하고, 4회 상해를 입힌 경우, 甲에게 상습존속상해죄가 성립한다(2002도7335). 그 이유는 존속에 대한 동일한 폭력습벽의 발현에 의한 것이므로 그중 법정형이 더 중한 상습존속상해죄에 나머지 행위들을 포괄시켜 그 죄만 성립한다는 것이다. 절도범이 체포를 면탈할 목적으로 체포하려는 경찰관 V1의 얼굴을 팔꿈치로 1회 쳐 폭행하고, 발로 경찰관 V2의 정강이를 1회 걷어차 약 2주간 치료가 필요한 상해를 입힌 경우(A)에도, 포괄하여 하나의 강도상해죄만 성립한다(2001도3447. 同늘: 66도1392).[4] 반면에 경찰관 V1, V2가 甲에 대해 접수된 피해 신고를 받고 함께 출동하여 신고 처리 및 수사업무를 집행 중이었는데, 甲이 같은 장소에서 위 경찰관들에게 욕설을 하면서 먼저 V1을 폭행하고 곧이어 이를 제지하는 V2를 폭행한 경우(B)에는, 甲의 V1, V2에 대한 공무집행방해죄는 상상적 경합이다(2009도3505). 그 이유는 동일한 공무를 집행하는 여러 명의 공무원을 폭행하면 공무원의 숫자만큼 공무집행방해죄가 성립하고, 그 폭행이 동일한 장소에서 동일한 기회에 이루어진 것이므로 사회관념상 1개의 행위로 평가하는 것이 옳다는 것이다. 그러나 A의 경우에는 보호법익이 다르고 V1에 대한 상해의 고의를 인정하기 어렵다고 봐야 하므로 준강도죄와 강도치상죄의 상상적 경합이 옳고, B의 경우에는 보호법익이 국가적 법익이므로 개별 경찰관마다 공무집행방해죄를 인정할 것이 아니라 하나의 공무집행방해죄를 인정하는 것이 옳다고 본다.

절도범이 주인집의 방안에서 재물을 절취하고 그 무렵 세 들어 사는 사람의 방안에서 재물을 절취한 경우, 다수의 절도죄의 실체적 경합이라고 판례는 본다(89도664). 그러나 재산은 비전속적 법익이고 행위의 시간적·장소적 밀접성이 인정되므로 접속범으로서 일죄로 볼 수도 있다.

나. 포괄일죄의 한 유형인 계속범

(1) 개념

범죄의 '종료' 개념을 부정하는 견해도 있지만, 다수견해는 이를 긍정하고 범죄의 기수와 구별한다. 범죄의 기수가 형식적 완성이라면, 종료는 실질적 완성이라는 것이다. 범죄의 기수가 법익침해(구체적 위험발생)의 시작시점이라면 종료는 그 종료시점이다.

계속범은 감금죄처럼 범죄의 기수와 종료 두 시점이 일치하지 않는 범죄형태로서, 다음 2가지를 개념 요소로 한다. 하나는 범죄가 기수에 이르려면 구성요건을 실현하는 행위가 일정 시간 계속되어야 한다는 것이고, 다른 하나는 이로써 야기된 위법상태를 유지하려면 그 상태를 유지하려는 행위를 계속해야 한다는 것이다. 곧 계속범은 위법상태를 야기하는 행위와 야기된 위법상태를 유지하는 행위가 모두 계속되어야 하고, 위법상태 유지행위가 계속되는 한 범죄가 종료되지 않는 범죄형태이다. 그래서 실행행위의 계속성이 계속범의 구성요건의 일반적 불법유형을 구성한다.[5]

위법상태 야기행위와 야기된 위법상태의 유지행위를 하나의 범죄로 본다는 점에서 계속범을 포괄일죄의 하나이다. 범죄가 기수에 이르렀다 할지라도 종료되기 전까지는 방조범이 성립할 수 있고, 또 위법상태 유지행위를 분담할 수 있으므로 범죄의 종료 전까지는 공동정범이 성립할 수 있다. 또한

---

4 원심은 V1에 대한 준강도죄와 V2에 대한 강도상해죄의 실체적 경합으로 봤다.
5 이상돈, 형법강의, 법문사, 2010, 4/49.

공소시효의 기산점은 범죄행위의 종료시점이다.

판례는 체포죄(2017도21249),⁶ 감금죄(96도2715), 범인도피원조죄(2012도6027), 농지법의 무허가농지전용죄(2007도6703전합)는 계속범이지만, 정보통신망법의 명예훼손죄는 계속범이 아니라고 본다(2006도346). 판례는 직무유기죄도 계속범으로 본다(97도675). 따라서 예컨대 경찰이 1963. 12. 1. 범죄혐의사실을 발견하고도 의식적으로 이를 수사하지 않고 1964. 4. 30. 경찰공무원을 퇴직할 때까지 방치하였는데, 직무유기죄에 대해 1963. 12. 14. 공포된 일반사면이 있더라도 일반사면이 이루어진 당시 직무유기죄가 종료된 것이 아니라 계속된 것이므로 직무유기죄에 대해 사면을 받을 수 없다(65도826전합).

(2) 즉시범과 상태범(Zustandsdelikt)의 구별 여부

(가) 비구별설: 판례

판례는 '학대죄는 학대행위가 있음과 동시에 범죄가 완성되는 상태범 또는 즉시범이다'라고 하면서(84도2922), 즉시범과 상태범을 구별하지 않는다.

그런데 판례는 자동차관리법의 자동차소유권이전등록신청의무위반죄⁷는 등록된 자동차를 양수받은 자가 그 자동차를 매수한 날부터 15일 이내에 소유권 이전등록 신청을 하지 아니함으로써 곧바로 범죄가 성립하고 그와 동시에 완성되는 즉시범이지만(2012도15057), 횡령죄는 상태범이므로 횡령행위의 완료 후에 횡령물의 처분행위는 그것이 그 횡령행위에 의해 평가된 범위 안의 것이면 불가벌적 사후행위라고 보기도 한다(78도2175). 또 판례는 건설산업기본법의 명의대여죄⁸는 타인에게 자기의 성명 또는 상호를 사용하여 건설공사를 수급하게 하거나 공사에 착수하게 한 때에 완성되어 기수가 되고 그 후 공사종료시까지는 그 법익침해상태가 남아있을 뿐이라고 한다(89도2173; 2007도883; 2009도10778). S전자 직원 甲이 S전자의 영업비밀을 CD에 담아 집으로 가져와 보관한 경우 업무상배임죄의 기수가 성립하고, 이처럼 기수에 이른 후에는 乙이 甲에게 접촉하여 그 영업비밀을 취득하더라도 업무상배임죄의 공동정범은 성립할

---

6 V가 甲으로부터 강간미수 피해를 입은 후 甲의 집에서 나가려고 하였는데 甲이 V가 나가지 못하도록 현관에서 거실 쪽으로 V를 세 번 밀쳤고, V가 甲을 뿌리치고 현관문을 열고 나와 엘리베이터를 누르고 기다리는데 甲이 팬티 바람으로 쫓아 나왔으며, V가 엘리베이터를 탔는데도 V의 팔을 잡고 끌어내리려고 해서 이를 뿌리쳤고, 甲이 닫히는 엘리베이터 문을 손으로 막으며 엘리베이터로 들어오려고 하자 V가 버튼을 누르고 손으로 甲의 가슴을 밀어낸 사건에서, 판례는 체포죄의 미수를 인정한다(2017도21249). 체포죄는 시간적 계속을 요하는 계속범이지만, 甲이 체포의 고의로 V의 신체적 활동의 자유를 현실적으로 침해하는 행위를 개시하여 일시적으로나마 V의 신체를 구속하였다는 것이다.

7 제81조(벌칙) 다음 각 호의 어느 하나에 해당하는 자는 1년 이하의 징역 또는 300만원 이하의 벌금에 처한다. 2. 제12조 제1항을 위반하여 정당한 사유 없이 자동차 소유권의 이전등록을 신청하지 아니한 자.
제12조(이전등록) ① 등록된 자동차를 양수받는 자는 대통령령으로 정하는 바에 따라 시·도지사에게 자동차 소유권의 이전등록(이하 "이전등록"이라 한다)을 신청하여야 한다.

8 제96조(벌칙) 다음 각 호의 어느 하나에 해당하는 자는 3년 이하의 징역 또는 3천만원 이하의 벌금에 처한다. 3. 제21조를 위반한 건설업자 및 그 상대방.
제21조(건설업 등록증 등의 대여 및 알선 금지) ① 건설업자는 다른 사람에게 자기의 성명이나 상호를 사용하여 건설공사를 수급 또는 시공하게 하거나 건설업 등록증 또는 건설업 등록수첩을 빌려주어서는 아니 된다. ② 누구든지 제1항에서 금지된 행위를 알선하여서는 아니 된다.

수 없다고 판례는 본다(2003도4382).

    (나) 사견: 구별설

즉시범과 상태범은 구별하는 것이 옳다.[9] 상태범도 계속범처럼 범죄의 기수시점과 종료시점이 일치하지 않을 수 있는 범죄형태인 반면, 즉시범은 기수시점과 종료시점이 일치하는 범죄형태이다. 도주 중인 절취범[10]의 경우처럼, 형식적으로는 범죄가 완성(기수)되었지만 실질적으로는 범죄가 완성(종료)되지 않았다고 봐야 하는 경우도 있고, 또 그래야 방조범의 성부, 공소시효의 기산점 등도 고려할 수 있다.[11]

법률에 의해 구금된 甲이 구금시설을 벗어나서 도주 중에 있는데, 추격하는 간수자가 甲을 체포하지 못하도록 乙이 간주자의 발을 걸어 넘어지게 한 경우, 도주죄를 판례(91도1656)처럼 즉시범으로 보면 乙은 범인도피죄(3년 이하 징역 또는 500만원 이하 벌금)이지만, 상태범으로 보면 도주원조죄(10년 이하 징역)이다.

그런데 두 범죄형태를 구별하면서 두 범죄형태 모두 기수시점과 종료시점이 일치하지만, 상태범은 즉시범과 달리 기수 이후에도 위법상태가 존속하면서도 그 위법상태 유지행위가 불가벌적 사후행위로 평가되는 범죄이므로, 위법상태 유지행위가 불가벌적 사후행위로 평가되면 상태범이고, 그렇지 않으면 즉시범이라고 보는 견해[12]가 있다. 이 견해는 예컨대 살인죄의 범인이 사체를 그 자리에 방치하면 그 행위는 불가벌적 사후행위로서 이 경우의 살인죄는 상태범이지만, 그 사체를 다른 장소로 옮겨 방치하면 그 행위는 사체유기죄에 해당하므로 이 경우의 살인죄는 즉시범이라고 본다.

그러나 두 범죄형태는 모두 위법상태가 존속하는 범죄라고 봐야 하고, 위법상태 유지행위가 불가벌적 사후행위인지 여부를 구별기준으로 삼는 것은 옳지 않다. 즉시범인 살인죄의 종료 이후에도 생명침해라는 위법상태가 존속하고, 상태범인 절도죄의 종료 이후에도 점유침해라는 위법상태가 존속한다. 즉시범과 상태범 모두의 경우 위법상태 유지행위가 불가벌적 사후행위로 평가될 수도 있고, 그렇지 않을 수도 있기 때문이다. 판례는 절취한 자기앞수표를 음식대금으로 교부하고 거스름돈을 받은 행위는 불가벌적 사후행위로 보는 반면(86도1728), 절취한 예금통장으로 은행원을 기망하여 예금을 인출한 행위는 불가벌적 사후행위가 아니라 사기죄라고 본다(74도2817). 그런데 위 견해에 따르면 전자의 절도죄는 상태범이고, 후자의 절도죄는 즉시범이다.

---

  9 신동운, 형법총론, 법문사, 2006, 455면 이하.

10 절도죄는 절취행위로 범죄가 기수가 이르지만 그런 상태가 어느 정도 유지되어야 범죄가 종료되는 상태범으로서, 절도죄는 절도범이 절취물을 훔쳐서 가지고 나오는 순간 기수에 이르지만, 절도범이 절취물을 사용·수익·처분할 수 있는 상태, 곧 범죄행위가 종료되려면 소유권자의 추적을 피해 안전한 상태에 이르러야 한다. 따라서 절취 후 도주 중인 절도범은 범죄의 기수 후 종료 이전의 단계에 있는 것이며, 이 단계에서 절도범을 도운 사람은 공동정범은 될 수 없고, 단지 방조범이 성립할 수 있다. 실행행위는 이미 종료하여 범죄행위가 기수에 이르렀으므로 실행행위의 분담이라는 개념을 인정할 수 없기 때문이다. 또 아직 범죄가 종료된 것이 아니므로, 장물취득죄가 성립할 수도 없고, 이러한 절도범을 추적하여 물건을 되찾는 행위는 자구행위가 아니라 정당방위이다.

11 同旨: 송진경, "농지법상 농지전용죄와 범죄의 성격", 비교형사법연구 제11권 제2호, 2009, 272면.

12 김일수/서보학, 형법총론, 박영사, 2018, 97면.

(3) 사견: 계속범과 상태범 및 즉시범의 구별기준

계속범과 상태범 및 즉시범의 구별기준은 아래 표로 정리할 수 있다.[13] 이 표에서 보면 각 범죄형태는 다른 범죄형태와 공통점을 가지고 있다는 것을 알 수 있다. 이런 점 때문에 개별범죄가 어떤 범죄형태인지 구별하기가 쉽지 않은 것이다.

구별기준	계속범	상태범	즉시범
① 위법상태 야기행위의 시간적 계속성이 필요한가	○	×	×
② 위법상태 유지행위가 범죄의 종료시점을 결정하는가	○	×	×
③ 범죄의 기수시점과 종료시점이 불일치할 수 있는가	○	○	×
④ 범죄의 종료 이후에도 위법상태가 존속할 수 있는가	×	○	○

위 표에서 "③ 범죄의 기수시점과 종료시점이 불일치할 수 있는가"라는 질문에 대해 계속범과 상태범은 긍정(○)인 반면 즉시범은 부정(×)인 것은, 계속범과 상태범의 경우는 범죄의 기수시점과 종료시점이 일치할 수도 있고(例 감금죄가 기수에 이르자마자 위법상태유지행위를 그만둔 경우), 그렇지 않을 수도 있지만, 즉시범의 경우는 두 시점이 불일치할 수 없고 언제나 같다는 것(例 살인죄는 생명이 침해되어야 기수에 이르고 동시에 종료됨)을 의미한다.

"④ 범죄의 종료 이후에도 위법상태가 존속할 수 있는가"라는 질문에 대해 계속범은 부정(×)인 반면, 상태범과 즉시범은 긍정(○)인 것은, 계속범의 경우는 범죄가 종료되면 위법상태(例 주거침입죄에서 사생활침해상태, 감금죄에서 장소이전의 자유가 제한된 상태)가 존속할 수 없지만, 상태범과 즉시범의 경우는 범죄가 종료된 이후에 위법상태가 존속할 수도 있고, 그렇지 않을 수도 있다는 것을 의미한다. 물론 3가지 범죄형태 모두 범죄로 피해를 입었다는 것 또는 그런 사실은 범죄의 종료 이후에도 여전히 남지만, 이것과 위법상태는 구별해야 한다.

이 기준에 따르면 절도죄와 상해죄는 상태범이다. 절도죄의 경우는 범죄의 기수시점과 종료시점이 불일치할 수 있다. 상해죄의 경우도 두 시점이 불일치할 수 있다. 예컨대 甲이 V를 상해하려고 야구방망이로 엉덩이를 여러 차례 때린 경우 처음 때렸을 때 기수에 이르지만 종료시점은 그런 행위를 마친 때라고 볼 수 있기 때문이다. 따라서 이런 행위가 계속되는 동안에는 공동정범이 성립할 수 있고, 방조범도 성립할 수 있으며, 공소시효도 기산되지 않는다. 또한 甲의 이런 행위로 인해 입은 V의 신체의 불완전은 회복되지 않을 수도 있고(곧 위법상태의 존속), 회복될 수도 있기 때문이다.

4. 상상적 경합과 연결효과이론

가. 상상적 경합 개념

상상적 경합이란 수죄가 성립한 경우 그 수죄가 '하나의 행위'로 발생한 경우를 말한다. 예컨대 2인용 유모차에 2명의 아이가 타고 있는데 그 유모차를 강물에 빠뜨려서 익사하게 한 경우다.

이와 달리 실체적 경합범이란 수죄(數罪), 곧 다수의 죄이지만 실체적 경합관계로 처리하는 경우로서

---

13 윤동호, "농지법의 무허가농지전용죄가 계속범(繼續犯)인지 여부", 형사법연구 제23권 제1호, 2011, 282면 이하.

동시적 경합범과 사후적 경합범으로 구별된다.[14] 예컨대 오늘 한 명 살해하고, 내일 한 명 살해하는 연쇄살인범이다. 실체적 경합의 경우는 3가지 방식(흡수주의, 가중주의, 병과주의) 중 하나를 적용하여[15] 처단형을 정한다.[16] 처단형이란 선고형의 전 단계로서 법정형을 가중 또는 감경한 형을 말한다.

실체적 경합과 상상적 경합을 구별하는 기준은 제40조가 규정하고 있듯이 '한 개의 행위' 여부이다. 예컨대 야구방망이를 한번 휘둘러 사람을 다치게 하고 유리창도 깨뜨린 사람을 오늘 야구방망이를 휘둘러 사람을 다치게 하고 열흘 뒤에 유리창을 깨뜨린 사람보다 가볍게 처벌하는 것이 옳은지에 대해서는 다툼이 있을 수 있고, 전자의 경우 상해죄와 손괴죄가 성립한다는 구성요건적 평가가 잘못된 것은 아니다. 그러나 평가의 대상은 동일하므로 중복된 평가이다. 따라서 중복평가된 부분을 제거하는 것이 옳다. 그래서 인정된 개념이 상상적 경합이다. 상상적 경합은 범죄론의 영역에서 중복평가된 구성요건적 불법을 양형의 단계에서 사후적으로 제거하는 것이라고 할 수 있다. 상상적 경합을 인정하는 것은 양형론의 이중평가금지원칙의 소극적 적용이라고 할 수 있다.

상상적 경합인 경우 그 수죄 중 "가장 무거운 죄에 대하여 정한 형"으로 처벌한다. 여기서 "형"은 문언상 수죄 중 가장 무거운 죄의 법정형을 말한다. 예컨대 강도강간죄(무기 또는 10년 이상 징역)와 강도상해죄(무기 또는 7년 이상 징역)의 상상적 경합인 경우, 그 법정형은 강도강간죄의 형인 "무기 또는 10년 이상 징역"이 된다. 이 가운데 법관이 10년 이상 징역을 선택한 경우 그 형을 가중 또는 감경하지 않는다면 이 선택형(제54조)의 범위 안에서, 곧 10년 이상 30년 이하(유기형의 상한: 제42조) 사이에서 형을 정하여 선고한다. 이를 선고형이라고 한다. 법정형이나 선택형에 대해 가중 또는 감경한 형을 처단형이라고 한다.

그러나 판례는 "가장 무거운 죄에 대하여 정한 형"의 의미를 '가장 무겁게 처벌할 수 있는 형'으로 본다. 이에 따라 상상적 경합인 수죄(A, B)의 법정형은 수죄 중 상한이 중한 죄(A)의 법정형으로 하되, 다른 죄(B)의 하한이 중하면 A죄의 하한이 B죄의 하한으로 대체된다고 본다. 이는 문언의 의미에 반하는 피고인에게 불리한 해석으로 죄형법정주의에 어긋난다. 예컨대 강도강간죄(무기 또는 10년 이상 징역)의 미수와 강도상해죄(무기 또는 7년 이상 징역)의 상상적 경합인 경우[17] 그 하한은 강도상해죄의 하한인

---

14 제37조(경합범) 판결이 확정되지 아니한 수개의 죄 또는 금고 이상의 형에 처한 판결이 확정된 죄와 그 판결확정전에 범한 죄를 경합범으로 한다.

15 참고로 미국은 이런 경우 개별범죄에 따라 형을 정한 후 그 형을 모두 합산하는 병과주의를 따르고 있다. 그래서 100년형이 나오는 것이다. 한국 형법은 영미법계가 아니라 대륙법계에 따라 수죄의 형벌을 정하고 있다.

16 제38조(경합범과 처벌례) ① 경합범을 동시에 판결할 때에는 다음의 구별에 의하여 처벌한다.
  1. 가장 중한 죄에 정한 형이 사형 또는 무기징역이나 무기금고인 때에는 가장 중한 죄에 정한 형으로 처벌한다.
  2. 각 죄에 정한 형이 사형 또는 무기징역이나 무기금고 이외의 동종의 형인 때에는 가장 중한 죄에 정한 장기 또는 다액에 그 2분의 1까지 가중하되 각 죄에 정한 형의 장기 또는 다액을 합산한 형기 또는 액수를 초과할 수 없다. 단 과료와 과료, 몰수와 몰수는 병과할 수 있다.
  3. 각 죄에 정한 형이 무기징역이나 무기금고 이외의 이종의 형인 때에는 병과한다.

17 甲이 23:30경 논둑길에서 그곳을 지나가던 V(20세, 女)에게 소리치면 죽이겠다고 하면서 오른손으로 V의 머리채를 잡고, 왼손으로 V의 입을 틀어막아 땅에 넘어뜨리고, 주먹으로 V의 머리를 수회 구타하여 V의 반항을 억압한 다음 V가 차고 있던 손목시계 1개 시가 25,000원 상당을 강제로 풀어 낚아채어 이를 강취한 후, V를 강간할 것을

7년 이상 징역이라고 본다. 이는 어느 것이 중한 죄인지 여부는 미수감경하기 전 법정형을 비교하여 결정하므로 이 사건에서는 강도강간죄가 중한 형인데, 이를 미수감경하면 처단형이 징역 5년 이상이 될 수 있고, 이는 강도상해죄의 하한인 7년 이상 징역에 견줘 불합리하다고 본 것이다.

나. 연결효과이론

예비군중대장 甲은 예비군훈련을 받지 않게 해주는 대가로 乙로부터 180,000원을 교부받고 예비군훈련에 불참하였음에도 불구하고 참석한 것처럼 예비군 중대학급편성부에 "참"이라는 도장을 찍어 허위공문서를 작성하고 이를 예비군중대 사무실에 비치한 경우, 甲에게 ⓐ 수뢰후부정처사죄, ⓑ 허위공문서작성죄, ⓒ 동행사죄가 성립하는데, 허위공문서작성죄와 동행사죄가 수뢰후부정처사죄와 각각 상상적 경합관계이고, 허위공문서작성죄와 허위작성공문서행사죄는 실체적 경합관계일지라도, 상상적 경합관계에 있는 수뢰후부정처사죄와 비교하여 가장 중한 죄인 수뢰후부정처사죄의 정한 형으로 처단하면 족하고 경합 가중을 할 필요는 없다고 판례는 본다(83도1378. 同旨: 2000도1216).

연결효과이론이란 위 사건처럼 실체적 경합인 ⓑ와 ⓒ가 ⓐ와 각각 상상적 경합인 경우 ⓐ, ⓑ, ⓒ 모두를 상상적 경합으로 간주하는 이론이다.[18] 위 판례는 연결효과이론을 인정한 것과 그 효과가 같지만, 연결효과이론을 인정한 것으로 단정하기는 어렵다고 본다. ⓑ와 ⓒ가 실체적 경합임을 부정하고 있지 않고, ⓐ가 아니라 ⓑ 또는 ⓒ가 가장 무거운 죄인 경우에도 위와 같이 판단할지 불확실하기 때문이다.

6. 심판대상론과 기판력 및 일사부재리효력

가. 기판력과 일사부재리효력 개념의 관계

기판력은 이미 판단된 사건의 효력이라는 의미로 대륙법계의 기판력 개념이다. 실체재판이 확정되면 동일한 사건에 대해 재소가 금지되는 효과가 발생하고, 이런 재소(再訴)금지의 효력을 일사부재리효력이라고 한다.

기판력과 일사부재리효력은 같은 개념일까, 다른 개념일까? 이는 심판대상론의 영향을 받는다. 심판대상의 범위에 관한 소인(사실)대상설, 범죄사실대상설, 절충설, 이원설에 따라 달라진다. 소인대상설과 이원설은 심판대상의 범위와 일사부재리효력의 범위가 불일치할 수 있다고 보고, 일사부재리효력과 실체적 확정력을 분리하고 기판력을 이 둘을 포함한 개념으로 이해한다. 일사부재리효력과 실체적 확정력을 분리하는 이유는 예컨대 피고인이 방화죄에 대해 무죄를 선고받은 후에 보험금을 청구하였는데 방화죄가 유죄라고 하면서 사기죄로 기소된 경우, 후소(後訴)법원이 방화죄에 관해 심리하지 못하도록 하려면 일사부재리효력 외에 내용적 구속력을 인정할 필요가 있기 때문이다. 방화죄를 다시 심리하는 것이 아니므로 일사부재리효력은 문제되지 않기 때문이다. 이런 점에서 방화죄가 유죄임을 전제로 하여 피고인에게 사기죄의 유죄를 인정할 할 수 없도록 실체재판의 경우에도 내용적 구속력을 인정할 필요가 있다. 이런 관점은 강구진교수가 실체재판의 내용적 구속력의 의미를 부각시키고, 기판력을 내용적 구속

결의하고 V의 배 위로 올라가 한 손으로 V의 입을 막고 한 손으로 V의 머리를 수회 구타하여 V의 반항을 억압한 다음 강간을 시도했으나 V가 몸부림치는 바람에 목적을 이루지 못하고 미수에 그치고, V에게 상해를 입힌 사건.

18 윤동호, "연결효과에 의한 상상적 경합의 재고찰", 비교형사법연구 제9권 제1호, 2007 참조.

력과 일사부재리효력을 포함하는 개념으로 파악하면서 등장한 것이다.[19]

① 재판의 확정력	형식적 확정력		
	내용적 확정력 (실체적 확정력)	대내적 효력	재판의 집행력
② 일사부재리효력(B)		대외적 효력	내용적 구속력(a)
			② 일사부재리효력(b)
③ 기판력(A)	A=a=b → 일치설(범죄사실대상설)		
	A=a≠b → 구별설(소인대상설 중 차용석)		
	A=a+b → 포함설(소인대상설 중 강구진, 이원설)		

나. 재판의 확정과 그 시점 및 재판의 확정력

(1) 재판의 확정과 그 시점

재판이 보통의 상소방법이나 이에 준하는 불복방법으로는 더 이상 다툴 수 없게 되어 그 내용을 변경할 수 없게 된 상태를 재판의 확정이라고 하고, 이런 재판을 확정재판이라고 한다. 재판의 확정시기는 중요한데, 이는 그 재판에 불복이 허용되는지 여부에 따라 달라진다. 불복이 허용되지 않는 재판, 예컨대 대법원의 재판은 재판의 선고 또는 고지와 동시에 확정된다. 불복이 허용되는 재판은 그 불복의 가능성이 소멸한 때, 예컨대 불복신청의 기간이 지났거나 불복신청을 포기 또는 취하한 경우에 확정된다.

포괄일죄의 경우 기판력이 어느 시점의 범행까지 미치는지를 두고 다툼이 있는데, 판례는 정식재판의 경우 사실심리의 가능성이 있는 최후의 시점인 판결선고시를 기준으로 기판력이 미치므로 약식명령의 경우도 약식명령의 송달시가 아니라 발령시를 기준으로 그 이전의 범행까지 기판력이 미친다고 본다(84도1129; 2013도4737). 항소심은 항소심판결선고시이므로 항소이유서 미제출로 항소가 기각된 경우는 사실심리의 가능성이 있는 최후시점인 항소기각결정시(93도836)이다.

(2) 재판의 확정력

(가) 형식적 확정력

형식적 확정력이란 확정재판에 대해 더 이상 다툴 수 없게 된 상태를 말한다. 흔히 ① 불가쟁적(不可爭的) 효력으로 부르지만, ② 불가변적(不可變的) 효력으로 부르기도 하고, ③ 불가변적 효력과 불가쟁적 효력을 포함한다고 보기도 한다.

'다툴 수 없다'는 말과 '변경할 수 없다'는 말은 다르므로, '불가쟁적'과 '불가변적'이라는 문언 사이에는 그 의미에 차이가 있고, 불가쟁적 효력과 불가변적 효력의 불일치가 발생할 수도 있다. 상고심판결서의 경정가능성(제400조, 제401조)을 고려하여, 재판확정시기를 판결정정이 불가능해진 때로 보면 불가쟁적 효력과 불가변적 효력의 발생시기가 달라지기 때문이다. 불가변적 효력으로 부르는 견해는 대법원의 판결확정시기를 판결선고시가 아니라 판결정정 신청기

---

19 강구진, 형사소송법원론, 학연사, 1982, 531면.

간인 10일이 경과했거나 또는 판결정정신청 기각결정이나 판결정정의 판결이 선고된 때로 본 것이다.

형식적 확정력 개념에 대한 견해대립은 단순히 문언 그 자체의 의미 차이에 그치는 것이 아니라, 대법원 판결의 확정시기를 언제로 볼 것인가의 문제가 걸려있다. 대법원 판결의 정정은 오산·오기와 같은 판결내용의 오류를 정정하는 것에 지나지 않으므로, 대법원 판결도 선고와 동시에 확정된다고 보는 것이 옳다. 따라서 대법원 판결의 확정시기를 판결선고시로 보면서, 형식적 확정력을 불가쟁적 효력과 불가변적 효력을 포함하는 의미로 보는 것은 확정된 대법원 판결의 정정가능성을 강조하는 의미를 갖는다.

형식적 확정력 개념에 대한 다툼은 이런 의미를 부각시킬 것인가의 문제로 좁혀진다. 이런 부각이 오히려 형식적 확정력 개념에 대한 혼란을 가져올 수 있다. '불가쟁적'이라는 말에는 법원 자신도 이에 구속되어 재판의 내용을 철회하거나 변경할 수 없게 된다는 의미도 담길 수 있으므로, 형식적 확정력은 '불가쟁적 효력'으로 부르는 것이 옳다.

(나) 내용적 구속력

확정재판은 재판에서 판단한 내용대로 법률관계를 확정시킨다는 '내용적(실질적) 확정력'을 갖는다. 실체재판의 경우에는 일사부재리효력이 인정되므로, 내용적 확정력의 내용은 그 재판이 형식재판인가, 실체재판인가에 따라 달라진다. 실체재판의 내용적 확정력을 가리켜 실체적 확정력이라고 한다. 실체적 확정력은 그 판단내용이 형벌권의 존부와 범위에 관한 실체재판인 경우의 내용적 확정력을 특별히 부르는 개념으로, 사건의 실체가 밝혀졌다는 의미를 강조하기 위한 것이다.

그런데 일사부재리효력이 재판의 효력 가운데 어디에 위치하는지에 관해 다툼이 있고, 이에 따라 내용적 확정력의 대외적 효과의 내용도 달라진다. 형식재판의 내용적 확정력은 재판의 집행력을 의미하는 대내적 효과와 내용적(실질적) 구속력을 의미하는 대외적 효과로 구분된다. 내용적 구속력이란 재판이 확정되면 후소(後訴)법원이 동일한 사정과 동일한 사항에 대해 원래의 재판과 상이한 판단을 할 수 없도록 하는 효과를 말한다.

다. 심판대상론이 기판력과 일사부재리효력 개념에서 갖는 의미

불고불리원칙에 따라 법원은 검사가 공소제기하지 않은 범죄사실에 대해서는 심판할 수 없고, 공소불가분원칙(제248조 제2항)에 따라 범죄사실의 일부에 대한 공소는 그 효력이 전부에 미치며, 공소장변경은 공소사실의 동일성을 해하지 않는 한도에서만 가능하다(제298조 제1항). 공소장변경(제298조)의 한계가 되는 '공소사실과 동일성이 인정되는 범죄사실'은 곧 하나의 범죄사실을 의미한다. 또 재판의 확정으로 발생하는 일사부재리효력은 공소사실과 동일성이 인정되는 전체의 범죄사실에 미친다. 이에 따르면 1개의 범죄사실 모두가 당연히 법원의 심판대상이 되어야 하고, 일사부재리효력도 심판대상이 된 1개의 범죄사실에 대해서만 미쳐야 한다.

구별	공소불가분원칙	소인개념	공소장변경	교호신문	피고인신문
한국	○	×	○	직권적	○
일본	×	○	○	×(형소규칙에 규정)	×

그러나 심판대상의 범위에 관해 견해가 대립하고, 아래 표에서 보듯이 심판대상의 범위와 일사부재리효력의 범위의 일치 여부에 관해 다툼이 있다. 소인대상설은 양자가 불일치할 수 있다고 보는 반면, 그 나머지 학설은 양자가 일치한다고 본다. 각 학설은 제248조 제2항의 '범죄사실'과 공소장변경의 한계가 되는 제298조 제1항의 '공소사실의 동일성' 개념을 달리 해석한다. 범죄사실대상설은 공소장변경제도는 피고인의 방어권 보장을 위한 것으로 보는 반면, 나머지 학설을 심판대상화 기능을 한다고 본다. 소인대상설은 일사부재리효력과 실체적 확정력을 분리하여, 심판대상의 범위를 결정하는 개념은 소인(訴因)이고 공소사실의 동일성 개념은 일사부재리효력의 범위만을 결정한다고 이해한다. 소인사실대상설은 기판력은 심판대상이 된 소인사실에만 미친다고 본다. 따라서 일사부재리효력이 공소사실 전체에 미친다고 하기 위해서는 새로운 근거가 필요하다. 일사부재리효력이 기판력으로부터 발생한다고 보는 것은 논리적으로 모순이기 때문이다. 그래서 소인사실대상설은 기판력과 일사부재리효력을 분리하고, 일사부재리효력의 발생근거를 영미의 이중위험금지원칙에서 발견하고, 헌법 제13조 제1항 후단의 규정은 영미의 이중위험금지원칙에서 온 것이라고 본다.

구별	심판대상	공소장변경	일사부재리효력
소인사실대상설	소인사실	심판대상화 기능	심판대상과 불일치 가능
절충설	소인사실(현실적), 공소사실(잠재적)	심판대상화 기능	심판대상과 언제나 일치
범죄사실대상설	범죄사실	피고인의 방어권보장	
이원설	공소사실(현실적), 범죄사실(잠재적)	심판대상화 기능	

7. 죄수 및 경합론과 형사법의 사건 개념의 관계

가. 형사절차에서 하나의 사건의 의미

범죄사실을 흔히 사건이라고 부른다. 그럼 무엇을 하나의 사건으로 봐야 할까. 판례는 원칙적으로 ① 죄수론상 일죄, ② 경합론상 상상적 경합인 수죄를 하나의 사건으로 본다. 상상적 경합관계인 감금죄와 강간미수죄(96도2715) 중 강간미수죄에 대한 공소제기의 효력은 감금죄에도 미치고, 상상적 경합인 수죄 중 일부의 죄에 대해 형을 선고한 판결이 확정되면 기판력은 다른 죄에도 미친다(2010도13801; 2005도10233). 그러나 판례는 피고인의 처벌을 위해서 하나의 사건을 분리하여 일사부재리효력을 차단하기도 한다.

나. 법조경합과 일부기소

범죄사실의 일부만을 공소하는 경우를 가리켜 일부기소라고 한다. 예컨대 강간죄의 일부인 폭행·협박만을 기소하는 경우를 말한다. 일부기소의 허용 여부에 관해 다툼이 있다. 그런데 정확히 말하면 일부기소의 허용 여부에 관한 다툼이 아니라 일부기소가 되었는데, 그 공소사실이 하나의 범죄사실의 일부임이 밝혀진 경우 어떤 판결을 해야 할지의 문제이다. 왜냐하면 검사의 일부기소 자체를 막을 길은 없기 때문이다. 일부기소에 대해 어떤 판결을 해야 할지는 판결의 확정 전후에 따라 달리 봐야 한다.

(1) 판결이 확정되기 전에 일부기소임이 밝혀진 경우

판결이 확정되기 전에 일부기소임이 밝혀진 경우, 검사의 공소권남용으로서 공소 자체를 불법한 것으로 보면 공소기각판결을 해야 한다(공소기각판결설). 그러나 공소불가분원칙에 따라 전체 범죄사실이 심판대상이 된다고 보는 견해나 일부기소 부분만 심판대상이 된다고 보는 견해에 다르면 유·무죄의 실체판결을 해야 한다(유·무죄판결설). 이와 관련하여 과거 강간죄가 친고죄였을 때 강간의 수단으로 또는 그에 수반하여 저질러진 폭행·협박은 강간죄의 구성요소로서 그에 흡수되는 법조경합에 해당하므로 이를 따로 떼어내어 폭행죄나 협박죄로 공소제기할 수 없다고 해야 하고, 이런 공소제기를 허용하면 강간죄를 친고죄로 규정한 취지에 반하며, 따라서 그런 공소제기가 있다면, 이는 그 절차가 법률에 위반되어 무효인 경우로서 공소기각판결(형소법 제327조 제2호)을 해야 한다고 봤다(2002도51전합의 다수의견).[20]

그런데 피고인이 범인을 체포하라는 국방부 합동조사단장의 지시에 따르지 않고 범인과 전화통화를 하고, 서류를 전달해주었으며, 예금통장까지 개설해 주고 이를 보고조차 하지 않은 경우 부작위범인 직무유기죄와 작위범인 범인도피죄의 구성요건을 동시에 충족하는데, 이런 경우 직무유기죄로만 공소제기할 수도 있다고 본 판례(99도1904)가 있다. 검사로부터 범인을 검거하라는 지시를 받은 경찰관이 전화로 도피를 권유하여 범인을 도피시킨 경우 직무위배의 위법상태가 범인도피행위 속에 포함되어 있는 것으로 봐야 할 것이므로 작위범인 범인도피죄만 성립하고 부작위범인 직무유기죄는 따로 성립하지 않는다고 본 판례(96도51)를 비롯하여 다수의 판례(82도2210; 99도2240; 2005도3909전합)와 비교하면, 위 판례는 작위범인 범인도피죄와 부작위범인 직무유기죄는 법조경합에 해당한다고 본 것이다. 따라서 일죄의 일부기소에 대해 위 판례의 다수의견이 공소기각판결설에 따른 것이라면, 이 판례는 유·무죄판결설에 따른 것이다. 그래서 유·무죄판결설의 판례를 두고 일죄의 일부기소를 인정한 것이라고 보는 견해도 있다. 위 99도1904와 2002도51이 모순된다고 볼 수도 있지만, 2002도51은 친고죄의 특성을 고려하여 그 취지를 살린 것으로 볼 수 있다. 따라서 강간죄가 친고죄가 아닌 현행법에서는 강간죄의 폭행·협박 부분만 기소가 된 경우 유·무죄판결설에 따라 판단할 것으로 예상한다. 위 99도1904는 법조경합의 불가벌인 행위에 대해서도 기소할 수 있다고 본 판례이다.

(2) 판결이 확정된 후에 일부기소임이 밝혀진 경우

판결이 확정된 후에 일부기소임이 밝혀진 경우에는, 기판력 내지 일사부재리효력이 문제된다. 예컨대 폭행·협박에 대해 기소가 되어 유죄판결이 내려진 후에 그 폭행·협박이 강도죄의 일부로 밝혀져서

---

20 이는 이런 경우 무죄판결을 해야 한다고 본 종전판례(75도3365)의 입장을 변경한 것이다. 이런 다수의견과 취지를 같이하면서 다만 강간죄와 같은 결합범일지라도 친고죄의 취지를 해하지 않는 아래 경우라면 예외적으로 강간의 수단인 폭행·협박 부분을 분리하여 처벌하는 것이 반드시 불가능하다고만 볼 것은 아니라는 별개의견이 있다. ⓐ 피해자가 강간죄 자체가 아니라 특별히 그 수단인 폭행·협박의 점에 대하여만 한정하여 처벌을 원하는 취지의 고소를 한 경우, ⓑ 강간죄의 고소기간이 도과된 후에 그 폭행·협박의 점에 대한 처벌을 원하는 고소를 한 경우처럼 행위자를 강간죄로 소추할 수 없는 상태에서 피해자가 적극적으로 강간죄의 수단인 폭행·협박의 점에 대한 처벌을 원하고 있는 경우.

강도죄로 기소된 경우에는 폭행·협박의 유죄판결에 대해 일사부재리효력을 인정한다면 면소판결을 해야 하고, 그렇지 않다면 유·무죄판결을 해야 하는데, 둘은 하나의 사건이므로 전자가 옳다고 본다.

다. 포괄일죄와 공소제기 및 공소장 변경

(1) 공소제기

(가) 공소장의 제출

공소제기를 할 때는 공소장을 관할법원에 제출하여야 한다(제254조 제1항). 공소제기는 서면으로 해야 한다. 공소사실을 서면으로 명확하게 함으로써 법원이 심판대상을 확정하고 피고인이 방어준비를 하는 데 도움을 주기 위한 것이다. 이에 따라 공소제기나 공소장변경신청을 서면으로 하지 않고 디지털정보저장매체로 하는 경우, 출력시 문서의 양이 방대하거나 피고인과 변호인이 이의제기를 하지 않았더라도 그 소송행위의 효력을 인정할 수 없다고 본다(2015도3682; 2016도11138; 2016도19027).

(나) 공소사실의 특정

공소장에는 다음 사항을 반드시 기재해야 한다(제254조 제3항). ① 피고인의 성명 기타 피고인을 특정할 수 있는 사항, ② 죄명, ③ 공소사실, ④ 적용법조. 공소사실은 공소장에 기재된 범죄사실을 말하는데, 공소사실의 기재는 범죄의 시일, 장소와 방법을 명시하여 사실을 특정할 수 있도록 해야 한다(제254조 제4항). 이처럼 형소법이 공소사실의 특정을 요구하는 것은 법원의 심판대상을 명확히 하여 피고인의 방어권 행사를 용이하게 하려는 데에 있다(84도1139). 이런 공소사실의 특정은 가능한 한 구체적이고 세밀해야 하지만, 그것이 지나치면 아래에서 볼 공소장일본주의에 위배될 수 있고, 공소제기 업무 자체에도 부담이 될 수 있다. 판례는 공소사실의 특정은 다른 범죄사실과 구별할 수 있는 정도, 달리 말해 공소장변경의 한계인 '공소사실의 동일성'을 인정할 수 있는 정도로 그 일시·장소·방법·목적·물건 등을 적시하면 충분하다고 본다(68도302).

공소제기가 현저한 방식 위반에 해당하면 공소제기의 절차가 법률의 규정에 위반한 무효이므로 이에 대해 피고인과 변호인이 이의를 제기하지 않고 변론에 응하였다고 하여 그 하자가 치유되지 않는다(2008도11813). 예컨대 검사가 공판기일에서 피고인 등이 특정되어 있지 않은 공소장변경허가신청서를 공소장에 갈음하는 것으로 구두진술하고 피고인과 변호인이 이의를 제기하지 않은 경우이다.

(다) 공소권남용

4년 전에 기소유예처분한 사건을 그동안 의미있는 사정변경이 없음에도 불구하고 다시 기소된 사건에서 판례는 공소권남용을 인정하여 공소기각판결을 했다(2016도14772).

(라) 공소장일본주의

공소장일본주의는 형소규칙 제118조 제2항이 규정하고 있다. 아래의 서류를 제외하고 법원에 예단이 생기게 할 수 있는 서류 기타 물건의 첨부가 금지된다. ① 공소제기 전에 변호인이 선임되거나 보조인의 신고가 있는 경우 그 변호인선임서 또는 보조인신고서, ② 공소제기 전에 특별대리인의 선임이 있는 경우 그 특별대리인 선임결정등본, ③ 공소제기 당시 피고인이 구속되어 있거나, 체포·구속된 후 석방된 경우 체포영장, 긴급체포서, 구속영장 기타 구속에 관한 서류. 공소장일본주의에 위반한 공소제기는 '공소제기의 절차가 법률의 규정에 위반하여 무효인 때'에 해당하여 공소기각판결을 해야 하지만, 공소장일본주의는 공소사실의 특정이라는 또 다른 요청에 의해 필연적으로 제약을 받을 수밖에 없으므로 공소장 기재방식에 관해 피고인 쪽이 아무런 이의를 제기하지 않았고 법원 역시 범죄사실의 실체를 파악하는 데 지장이 없다고 판단하여 그대로 공판절차를 진행한 결과 증거조사절차가 마무리되어 법관의 심증형성이 이루어진 단계에서는 소송절차의 동적 안정성 및 소송경제의 이념 등에 비추어 볼 때 더 이상 공소장일본주의 위반을 이유로 이미 진행된 소송절차의 효력을 다툴 수는 없다(2009도7436전합).

(2) 공소장변경

공소장변경이란 검사가 법원의 허가를 얻어 공소장에 기재한 공소사실 또는 적용법조의 추가, 철회 또는 변경하는 것을 말하는데, 이는 공소사실의 동일성을 해하지 않는 한도에서만 가능하다(제298조 제1항). 예비적·택일적 공소장 기재가 여러 개의 범죄사실인 경우에도 가능하다고 보면, 공소장변경은 예비적·택일적 공소장 기재와 구별된다.

공소장변경 허가신청서를 제출하여 신청하는 것이 원칙이지만, 피고인이 재정하는 경우에는 피고인에게 이익이 되거나 피고인이 동의하면 법원이 구술에 의한 신청을 허가할 수 있다(형소규칙 제142조 제5항). 신청은 법원이 심리를 종결하기 전에 해야 한다. 법원이 적법하게 공판의 심리를 종결한 뒤에 검사가 공소장변경 허가신청을 한 경우 반드시 공판의 심리를 재개하여 공소장변경을 허가해야 하는 것은 아니다(2007도6553).

검사의 공소장변경허가신청이 공소사실의 동일성의 범위 안에 있는 것이면 법원은 이를 허가해야 한다(2012도14097). 검사가 공소사실을 추가하는 공소장변경을 요구한 경우 명백하게 공소사실의 동일성이 인정되면 법원은 공소장변경을 허가하여 추가된 공소사실에 대해서도 심리·판단해야 하고, 공소장변경을 불허하는 결정은 위법이다(89도1317).

법원은 공소장변경이 피고인의 불이익을 증가할 염려가 있다고 인정한 때는 직권 또는 피고인이나 변호인의 청구로 피고인이 필요한 방어의 준비를 할 수 있도록 결정으로 필요한 기간 동안 공판절차를 정지할 수 있다(제298조 제4항). 공소장변경으로 인해 공판절차가 정지된 기간은 피고인의 구속기간에 산입하지 아니한다(제92조 제3항). 법원은 심리의 경과에 비추어 상당하다고 인정할 때에는 공소사실 또는 적용법조의 추가 또는 변경을 요구해야 한다(제298조 제2항).

(3) 포괄일죄의 공소제기와 공소장변경

포괄일죄의 범죄사실을 공소장에 기재할 때 그 일죄를 구성하는 개개의 행위를 구체적으로 특정하지 않더라도 그 전체 범행의 시기와 종기, 범행방법과 장소, 상대방, 범행횟수나 피해액의 합계 등을 명시하면 된다(2008도9414). 그러나 사기죄가 포괄일죄가 아니라 경합범인 경우에는 피해자별로 사기죄가 성립하므로 사기죄의 피해자와 피해자별 피해액을 특정해야 하고, 이를 위반하면[21] 공소사

---

21 피고인이 1992. 9. 1.경부터 1994. 7. 11. 사이에 판매하다 남은 재고 정육상품에 부착되어 있는 바코드와 비닐랩

실의 특정 원칙에 어긋난다(95도2121).

포괄일죄에서 공소장변경 허가 여부를 결정할 때도 포괄일죄를 구성하는 개개 공소사실별로 종전의 것과 동일성 여부를 따지기보다는 변경된 공소사실이 전체적으로 포괄일죄의 범주 내에 있는지 여부, 즉 단일하고 계속된 범의 아래 동종의 범행을 반복하여 행하고 그 피해법익도 동일한 경우에 해당한다고 볼 수 있는지 여부에 초점을 맞추어야 한다(2006도514).

포괄일죄의 일부기소 후에 추가기소가 이루어진 경우, 피고인의 방어권 행사를 위해서는 일부기소와 추가기소가 '하나의 사건'임을 명확히 하는 검사의 석명(釋明) 후에 법원이 공소장변경을 인정하는 방식으로 처리하는 것이 옳다(99도3929).

라. 포괄일죄의 분리와 일사부재리효력 차단

(1) 확정판결에 의한 분리

계속범(2008도2099; 2005도7283), 영업범(2016도21342) 등 포괄일죄의 경우에 다수의 구성요건해당행위 사이에 확정판결이 있으면 기판력은 그 확정판결 이전의 행위에 대해서만 미친다. 확정판결 여부를 기준으로 일죄를 분리하여 일사부재리효력을 차단한 것이다. 상습절도죄의 확정판결의 효력이 이와 포괄일죄에 해당하는 그 판결시점 이전의 다수의 절도행위에도 미친다(73도1366). 다만 개개의 범죄행위가 다른 종류의 죄의 확정판결의 전후에 걸쳐서 행해진 경우에는 그 포괄일죄는 2개의 죄로 분리되지 않고, 확정판결 후인 최종의 범죄행위시에 완성된다(2002도5341; 2002도2029). 여기서 확정판결시점은 사실심리의 가능성이 있는 판결선고시점이므로(73도1366), 항소사건의 경우는 항소심 판결선고시이다(82도2829; 82감도612).

그러나 상습사기죄(B)가 단순사기죄의 확정판결(A) 전후에 걸쳐서 있는 경우에는 그 상습사기죄가 두 개의 죄로 분리되지 않고 확정판결 후 최종 범행시점에 상습사기죄가 완료된다(2010도1939). 이에 따라 이 경우 단순사기죄의 확정판결(A)의 효력은 상습사기죄(B)에 대해서는 미치지 않으므로 그 확정판결의 사실심판결 선고시점 전후에 범한 상습사기죄로 처벌할 수 있다(2001도3206전합; 2009도12627; 2010도2182). 이는 확정판결 전의 사기죄로 기소된 경우 이 죄는 확정판결을 받은 사기죄와 동일한 사건이므로 면소판결을 해야 한다는 법리는, 확정판결이 상습사기죄가 아닌 단순사기죄인 경우에는 적용되지 않는다고 본 것이다. 만일 이런 경우에도 기판력이 미치도록 하면, 뒤에 드러난 다른 범죄사실이나 그 밖의 사정을 부가하여 전의 확정판결(A)의 효력을 검사의 기소 내용보다 무거운 범죄유형인 상습범에 대한 판결(B)로 바꾸어 적용하는 것으로서, 형사소송의 기본원칙에 비추어 적절하지 않다는 것이다. 그런데 이 판례의 별개의견도 사기죄로 처벌할 수 있다고 본다. 그 이유는 상습사기죄는 포괄일죄가 아니라 실체법상 수죄라는 것이다. 그러나 이 판례의 반대

포장을 벗겨낸 다음 다시 새로운 비닐랩으로 재포장한 후 새로운 바코드와 백화점 상표를 부착하고 진열하여 마치 위 상품이 판매 당일 구입되어 가공된 신선한 것처럼 하는 방법으로 성명불상의 고객들에게 가공일을 고쳐서 소양, 소천엽, 닭다리, 닭가슴살, 닭어깨살, 닭날개 등 소부산물 및 계육 등 1일 평균 10개, 대금 합계 25,000원 상당을 판매하여 그 대금 상당액을 편취하였다고 기재.

의견은 면소판결설의 입장이다.[22]

(2) 수사기관의 압수에 의한 분리

판례는 컴퓨터로 음란 동영상을 제공한 제1범행으로 서버컴퓨터가 압수된 이후 다시 장비를 갖추어 동종의 제2범행을 하고 제2범행으로 인해 약식명령을 받아 확정된 경우, 피고인에게 범의의 갱신이 있어 두 범죄행위는 포괄일죄가 아니라 실체적 경합이라고 보고, 약식명령의 효력이 제1범행에 대해서는 미치지 않는다고 본다(2005도4051). 결국 포괄일죄로 볼 수 있는 두 행위가 수사기관의 압수로 분리된다고 본 것이다.

(3) 다른 범행에 의한 분리

심지어 판례는 계속범인 감금죄의 중간에 다른 범행이 있으면 감금죄를 그 범행 전후로 구별하여 별개의 죄로 봐서, 다른 범행과 그 범행 이전의 감금ⓐ는 상상적 경합이지만, 다른 범행과 그 범행 이후의 감금ⓑ는 실체적 경합으로 본다. 이에 따라 공동감금사건에서 대법원은 강도상해죄와 감금죄는 실체적 경합이라고 봐서 강도상해죄에 대해 유죄판결을 한다(2002도4380). 그 이유는 감금행위가 단순히 강도상해의 수단이 되는 데 그치지 않고 강도상해가 끝난 뒤에도 계속된 경우에는 1개의 행위가 감금죄와 강도상해죄에 해당하는 경우라고 볼 수 없다는 것이다. 강도상해죄로 다시 처벌하기 위해서 대법원은 감금죄를 두 개의 죄로 분리한 것이다. 결국 판례에 따르면 감금이 수단이 된 다른 범행과 함께 감금이 종료된 경우는 감금죄와 다른 범행은 상상적 경합이지만, 다른 범행 이후에 감금이 계속된 경우는 감금죄와 다른 범행은 실체적 경합이다.[23]

---

22 그 이유는 아래와 같다. ① 다수의견에 따르면 포괄일죄인 상습사기죄의 일부에 대해 유죄의 확정판결이 있더라도 단순사기죄로 처벌된 것인지, 상습사기죄로 처벌된 것인지에 따라 기판력이 미치는 범위가 달라지는데, 이는 공소불가분원칙과 일사부재리원칙에 반하는 것으로서, 이는 다수의견이 기존에 확립된 판례를 변경하는 것은 법령의 해석·적용에 관하여 선택할 수 있는 여러 견해 중 하나를 선택하는 차원의 범위를 넘어선다. ② 후에 공소제기된 사건에 관해 확정판결이 있었는지 여부는 그 사건의 공소사실의 전부 또는 일부에 대해 이미 판결이 있었는지 여부의 문제인 것이지, 전의 확정판결의 죄명이나 판단내용에 의하여 좌우되는 것이 아니므로, 이론상으로도 전의 확정판결에서 단순사기죄로 판단한 것의 구속력을 인정(부정의 오기로 추정)할 여지는 없고, 또 단순사기죄의 확정판결에 그와 같은 내용적 확정력을 인정(부정의 오기로 추정)할 법령상의 근거도 찾아볼 수 없다. ③ 다수의견이 이처럼 기판력이 미치는 범위를 기본적으로 공소장 기재 사실을 한도로 하는 것은 소인개념을 채택하고 있지 아니하는 현행법상으로는 무리한 해석이라는 것이다.

23 이와 달리 원심은 감금ⓐ는 시간적·장소적으로 감금ⓑ와 중복될 뿐만 아니라 감금ⓐ가 강도의 수단이 된 것이므로, 강도상해죄와 감금죄가 상상적 경합관계이고, 따라서 이 사건 공소사실인 감금ⓐ는 확정판결이 있은 때에 해당한다고 보고 甲에 대해 면소판결을 한다. 원심이 옳다고 본다. 감금죄는 계속범으로서 포괄일죄이기 때문이다.

죄수 및 경합론과 일부기소	1. 하나의 행위가 부작위범인 직무유기죄와 작위범인 허위공문서작성·행사죄의 구성요건을 동시에 충족하는 경우, 공소제기권자는 재량에 의하여 작위범인 허위공문서작성·행사죄로 공소를 제기하지 않고 부작위범인 직무유기죄로만 공소를 제기할 수 있다. [2010년 사법시험 형법 문19]
	2. 공무원이 신축건물에 대한 착공 및 준공검사를 마치고 관계서류를 작성함에 있어 그 허가조건의 위배사실을 숨기기 위하여 허위의 복명서를 작성·행사하였을 경우 작위범인 허위공문서작성 및 동행사죄 이외에 부작위범인 직무유기죄도 성립한다. [2011년 사법시험 형법 문6] [2008년 사법시험 형법 문8]
	3. 작위범인 허위공문서작성죄와 부작위범인 직무유기죄가 상상적 경합관계에 있는 경우, 작위범인 허위공문서작성죄로 기소하지 않고 부작위범인 직무유기죄로만 기소할 수 있다. [2012년 변호사시험 형사법 문31] [2010년 사법시험 문19]

🔒 **정답 및 해설**

1. ○(99도1904), 2. ×(72도722; 99도2240: 부작위범인 직무유기죄는 불성립), 3. ○(99도1904: 작위범과 부작위범은 상상적 경합관계에 있을 수가 없고 법조경합이라고 판례[99도2240]는 봄)

01 죄수(罪數)결정 기준에 관한 설명으로 가장 적절한 것은? (다툼이 있는 경우 판례에 의함)

2020년 1차 순경시험 형법 문10

① 행위표준설은 죄수의 판단을 위한 기본요소를 행위자의 행위에서 구하여 행위가 하나일 때 하나의 죄를, 행위가 다수일 때 수개의 죄를 인정하는 견해로 판례는 연속범의 경우 이 견해를 취하고 있다.

② 법익표준설은 한 사람의 행위자가 실현시킨 범죄실현의 과정에서 몇 개의 보호법익이 침해 또는 위태롭게 되었는가를 기준으로 죄의 개수를 인정하는 견해로 판례는 강간, 공갈죄의 경우 이 견해를 취하고 있다.

③ 의사표준설은 행위자가 실현하려는 범죄의사의 개수에 따라서 죄의 개수를 결정하려는 견해로 행위자에게 1개의 범죄의사가 있으면 1죄를, 수개의 범죄의사가 있으면 수개의 죄를 각각 인정하게 되며, 판례는 연속범의 경우를 제외하고는 원칙적으로 이 견해를 취하고 있다.

④ 구성요건표준설은 구성요건에 해당하는 회수를 기준으로 죄수를 결정하는 견해로 죄수의 결정은 법률적인 구성요건충족의 문제로 해석하여 구성요건을 1회 충족하면 일죄이고, 수개의 구성요건에 해당하면 수죄를 인정하게 되며, 판례는 조세포탈범의 죄수는 위반사실의 구성요건 충족 회수를 기준으로 1죄가 성립하는 것이 원칙이라고 하여 이 견해를 따르는 경우도 있다.

해설 ✎

④ ○(99도3822전합), ①·③ ×(연속범은 다수 행위를 범죄의사가 하나이면 일죄로 인정하게 해주는 개념), ② ×(판례가 강간, 공갈의 경우 법익표준설을 따르고 있다고 단정할 수 없음) **정답** ④

02 판례의 다음 기술 중 옳지 않은 것은?

① 상상적 경합은 1개의 행위가 실질적으로 수개의 구성요건을 충족하는 경우를 말하고 법조경합은 1개의 행위가 외관상 수개의 죄의 구성요건에 해당하는 것처럼 보이나 실질적으로 1죄만을 구성하는 경우를 말하며, ② 실질적으로 1죄인가 또는 수죄인가는 보호법익과는 관계없이 구성요건적 평가의 측면을 고찰하여 판단하여야 한다. 따라서 업무상 배임행위에 사기행위가 수반된 때의 죄수관계에 관하여 보면, ③ 사기죄는 사람을 기망하여 재물의 교부를 받거나 재산상의 이익을 취득하는 것을 구성요건으로 하는 범죄로서 임무위배를 그 구성요소로 하지 아니하고 사기죄의 관념에 임무위배 행위가 당연히 포함된다고 할 수도 없으며, ④ 업무상배임죄는 업무상 타인의 사무를 처리하는 자가 그 업무상의 임무에 위배하는 행위로써 재산상의 이익을 취득하거나 제3자로 하여금 이를 취득하게 하여 본인에게 손해를 가하는 것을 구성요건으로 하는 범죄로서 기망적 요소를 구성요건의 일부로 하는 것이 아니어서, ⑤ 양죄는 그 구성요건을 달리하는 별개의 범죄이고 형법상으로도 각각 별개의 장에 규정되어 있어, 1개의 행위에 관하여 사기죄와 업무상배임죄의 각 구성요건이 모두 구비된 때에는 상상적 경합관계로 봄이 상당하다.

해설 🖉

② ✕(2002도669전합: 실질적으로 1죄인가 또는 수죄인가는 구성요건적 평가와 보호법익의 측면에서 고찰하여 판단해야 함)

정답 ②

03 죄수(罪數)에 대한 설명으로 옳지 않은 것은?

① 상상적 경합은 1개의 행위가 실질적으로 여러 개의 구성요건을 충족하는 경우를 말하고, 법조경합은 1개의 행위가 외관상 여러 개의 죄의 구성요건에 해당하는 것처럼 보이나 실질적으로 1죄만을 구성하는 경우를 말하며, 실질적으로 1죄인가 또는 수죄인가는 구성요건적 평가와 보호법익의 측면에서 고찰하여 판단하여야 한다.

② 무면허운전으로 인한 도로교통법위반죄에 관해서는 어느 날에 운전을 시작하여 다음 날까지 동일한 기회에 일련의 과정에서 계속 운전을 한 경우 등 특별한 경우를 제외하고는 사회통념상 운전한 날을 기준으로 운전한 날마다 1개의 운전행위가 있다고 보는 것이 상당하므로, 운전한 날마다 무면허운전으로 인한 도로교통법위반의 1죄가 성립한다고 보아야 한다.

③ 유죄의 확정판결을 받은 사람이 그 후 별개의 후행범죄를 저질렀는데 유죄의 확정판결에 대하여 재심이 개시된 경우, 후행범죄가 재심대상판결에 대한 재심판결 확정 전에 범하여졌다면 아직 판결을 받지 아니한 후행범죄와 재심판결이 확정된 선행범죄 사이에는 「형법」 제37조 후단에서 정한 경합범 관계가 성립한다.

④ 「형법」 제37조 후단 경합범에 대하여 「형법」 제39조 제1항에 따라 형을 감경할 때에도 법률상 감경에 관한 「형법」 제55조 제1항이 적용되어 유기징역을 감경할 때에는 그 형기의 2분의 1 미만으로는 감경할 수 없다.

③ ×(2018도20698전합), ① ○(2002도669전합), ② ○(2001도6281), ④ ○(2017도14609전합)　　정답 ③

04 범죄의 종류에 관한 설명 중 옳은 것(○)과 옳지 않은 것(×)을 올바르게 조합한 것은? (다툼이 있는 경우 판례에 의함)　　2019년 변호사시험 형사법 문1

> ㄱ. 도주죄는 계속범이므로 도주죄의 범인이 도주행위를 하여 기수에 이른 이후에 그 범인의 도피를 도와 주는 행위는 도주원조죄에 해당한다.
>
> ㄴ. 「폭력행위 등 처벌에 관한 법률」 제4조 제1항 소정의 단체 등의 구성죄는 같은 법에 규정된 범죄를 목적으로 한 단체 또는 집단을 구성함으로써 즉시 성립하고 그와 동시에 완성되는 즉시범이라 할 것이 므로, 피고인이 범죄단체를 구성하기만 하면 위 범죄가 성립하고 그와 동시에 공소시효도 진행된다.
>
> ㄷ. 「형법」 제136조에서 정한 공무집행방해죄는 직무를 집행하는 공무원에 대하여 폭행 또는 협박한 경 우에 성립하고, 추상적 위험범으로서 구체적으로 직무집행의 방해라는 결과발생을 요하지 아니한다.
>
> ㄹ. 일반교통방해죄에서 교통방해 행위는 계속범의 성질을 가지는 것이어서 교통방해의 상태가 계속되는 한 위법상태는 계속 존재하므로, 교통방해를 유발한 집회에 피고인이 참가한 경우 참가 당시 이미 다른 참가자들에 의해 교통의 흐름이 차단된 상태였다고 하더라도 교통방해를 유발한 다른 참가자들 과 암묵적·순차적으로 공모하여 교통방해의 위법상태를 지속시켰다고 평가할 수 있다면 피고인에게 일반교통방해죄가 성립한다.
>
> ㅁ. 내란죄는 다수인이 결합하여 국토를 참절하거나 국헌을 문란할 목적으로 한 지방의 평온을 해할 정도의 폭행·협박행위를 하면 기수에 이르지만, 그 목적 달성 여부와 관계없이 한 지방의 평온을 해할 정도의 폭행·협박행위를 하는 한 가벌적인 위법행위가 계속 반복되고 있는 계속범이라고 보아야 한다.

① ㄱ(○), ㄴ(○), ㄷ(○), ㄹ(×), ㅁ(○)　　② ㄱ(○), ㄴ(×), ㄷ(○), ㄹ(×), ㅁ(×)
③ ㄱ(○), ㄴ(×), ㄷ(○), ㄹ(○), ㅁ(×)　　④ ㄱ(×), ㄴ(○), ㄷ(○), ㄹ(○), ㅁ(×)
⑤ ㄱ(×), ㄴ(○), ㄷ(×), ㄹ(○), ㅁ(○)

ㄱ: ×(91도1656: 도주죄는 즉시범), ㄴ: ○(2008도10177), ㄷ: ○(2017도21537), ㄹ: ○(2017도9146), ㅁ: ×(96도3376전합: 내란죄는 상태범)　　정답 ④

05 범죄의 종류에 관한 설명 중 옳지 않은 것은? (다툼이 있는 경우 판례에 의함)　　2020년 변호사시험 형사법 문2

① 직무유기죄는 작위의무를 수행하지 아니함으로써 구성요건에 해당하는 사실이 있고 그 후에도 계속하 여 그 작위의무를 수행하지 아니하는 위법한 부작위상태가 계속되는 한 가벌적 위법상태는 계속 존재한 다고 할 것이므로 즉시범이라고 할 수 없다.

② 협박죄는 사람의 의사결정의 자유를 보호법익으로 하는 위험범이고, 해악의 고지가 상대방에게 도달은 하였으나 상대방이 이를 지각하지 못하였거나 고지된 해악의 의미를 인식하지 못한 경우에도 협박죄는 기수에 이르렀다고 해야 한다.

③ 학대죄는 자기의 보호 또는 감독을 받는 사람에게 육체적으로 고통을 주거나 정신적으로 차별대우를 하는 행위가 있음과 동시에 범죄가 완성되는 상태범 또는 즉시범이다.

④ 도주죄는 즉시범으로서 범인이 간수자의 실력적 지배를 이탈한 상태에 이르렀을 때에 기수가 되어 도주행위가 종료하고, 도주죄의 범인이 도주행위를 하여 기수에 이른 이후에 범인의 도피를 도와주는 행위는 범인도피죄에 해당할 수 있을 뿐 도주원조죄에는 해당하지 아니한다.

⑤ 범인도피죄는 위험범으로서 현실적으로 형사사법의 작용을 방해하는 결과를 초래할 것을 요하지 아니하나, 도피하게 하는 행위는 은닉행위에 비견될 정도로 수사기관의 발견·체포를 곤란하게 하는 행위, 즉 직접 범인을 도피시키는 행위 또는 도피를 직접적으로 용이하게 하는 행위에 한정된다.

해설 ✎

② ×(2007도606전합: 협박죄는 위험범으로서, 해악의 고지가 일반적으로 상대방에게 공포심을 일으키게 하기에 충분하고 상대방이 그 취지를 인식하면 공포심을 갖지 않더라도 협박죄의 기수), ① ○(97도675: 즉시범이 아니라 계속범), ③ ○(84도2922: 학대죄는 학대행위가 있음과 동시에 범죄가 완성되는 상태범 또는 즉시범), ④ ○(91도1656: 도주죄는 범인이 간수자의 실력적 지배를 이탈한 상태에 이르렀을 때에 기수가 되어 도주행위가 종료하는 즉시범), ⑤ ○(2012도13999; 93도3080)　　**정답** ②

06 공소장변경에 대한 설명으로 옳지 않은 것은?　　2023년 국가직 7급 형소법 문14

① 검사가 1심이나 항소심에서 상상적 경합의 관계에 있는 수죄 가운데 당초 공소를 제기하지 아니한 공소사실을 추가하는 내용의 공소장변경신청을 하는 경우, 법원은 공소사실의 동일성을 해하지 아니함이 명백하므로 그 공소장변경을 허가하여 추가된 공소사실에 대하여 심리·판단하여야 한다.

② 법원은 검사가 공소장변경을 신청한 경우 피고인이나 변호인의 청구가 있는 때에는 피고인으로 하여금 필요한 방어의 준비를 하게 하기 위해 필요한 기간 공판절차를 정지하여야 한다.

③ 포괄일죄의 경우 법원이 공소장변경 허가 여부를 결정할 때는 포괄일죄를 구성하는 개개 공소사실별로 종전 것과의 동일성 여부를 따지기보다는 변경된 공소사실이 전체적으로 포괄일죄의 범주 내에 있는지 여부에 초점을 맞추어야 한다.

④ 법원이 적법하게 공판의 심리를 종결하고 판결선고기일까지 고지하기에 이르렀다면, 비록 검사가 변론재개신청과 함께 공소장변경신청을 하더라도 법원이 종결한 심리를 재개하여 공소장변경을 허가할 의무는 없다.

해설 ✎

② ×(제298조 제4항: 정지할 수 있음), ① ○(2023도3038; 89도1317), ③ ○(2006도514), ④ ○(2007도6553)　　**정답** ②

07 공소장변경에 대한 설명으로 옳지 않은 것은?

2023년 국가직 9급 형소법 문7

① 검사가 제출한 공소장변경허가신청서 부본을 즉시 피고인에게 송달하지 않은 채 법원이 공판절차를 진행한 조치는 절차상의 법령위반에 해당하나, 그러한 경우에도 피고인의 방어권이나 변호인의 변호권 등이 본질적으로 침해되었다고 볼 정도에 이르지 않는 한 그것만으로 판결에 영향을 미친 위법이라고 할 수 없다.

② 포괄일죄인 영업범에서 공소제기된 범죄사실과 공판심리 중에 추가로 발견된 범죄사실 사이에 그 범죄 사실들과 동일성이 인정되는 또 다른 범죄사실에 대한 유죄의 확정판결이 있더라도 추가로 발견된 범죄 사실을 공소장변경절차에 의하여 공소사실로 추가할 수 있다.

③ 상고심에서 원심판결을 파기하고 사건을 항소심에 환송한 경우, 환송받은 항소심에서도 공소장변경이 허용된다.

④ 검사가 공소장변경을 하고자 하는 경우, 피고인이 재정하는 공판정에서는 피고인에게 이익이 되거나 피고인이 동의하면 법원은 구술에 의한 공소장변경을 허가할 수 있다.

해설 ✎

② ×(2016도21342: 별개의 독립된 범죄이므로 공소장변경이 허용되지 않고 추가기소를 해야 함), ① ○(2019 도7217), ③ ○(79도2105), ④ ○(형소규칙 제142조 제5항)　　　　　　　　　　　　　**정답 ②**

08 공소장변경제도에 관한 설명 중 옳지 않은 것은? (다툼이 있는 경우 판례에 의함) 2018년 변호사시험 형사법 문24

① 항소심의 구조가 사후심으로서의 성격만을 가지는 것은 아니므로, 피고인의 상고에 의하여 상고심에서 원심판결을 파기하고 사건을 항소심에 환송한 경우에도 공소사실의 동일성이 인정되면 항소심 법원은 공소장변경을 허가하여 변경된 공소사실을 심판대상으로 삼을 수 있다.

② 검사가 구두로 공소장변경허가신청을 하면서 변경하려는 공소사실의 일부만 진술하고 나머지는 전자적 형태의 문서로 저장한 저장매체를 제출한 경우, 저장매체에 저장된 전자적 형태의 문서로 제출된 부분 은 공소장변경허가신청이 된 것이라고 할 수 없으므로 법원이 그 부분에 대해서까지 공소장변경허가를 하였더라도 적법하게 공소장변경이 된 것으로 볼 수 없다.

③ 「형사소송규칙」은 "공소장변경허가신청서가 제출된 경우 법원은 그 부본을 피고인 또는 변호인에게 즉 시 송달하여야 한다"라고 규정하고 있는데, 이는 피고인과 변호인 모두에게 부본을 송달하여야 한다는 취지가 아니므로 공소장변경신청서 부본을 피고인과 변호인 중 어느 한쪽에 대해서만 송달하였다고 하 여 절차상 잘못이 있다고 할 수 없다.

④ 공소장변경절차에 의하여 공소사실이 변경됨에 따라 그 법정형에 차이가 있는 경우, 변경된 공소사실에 대한 법정형이 공소시효기간의 판단기준이 된다.

⑤ 1심에서 합의부 관할사건에 관하여 단독판사 관할사건으로 죄명과 적용법조를 변경하는 공소장변경허 가신청서가 제출된 경우, 사건을 배당받은 합의부가 공소장변경을 허가하는 결정을 하였다면 합의부는 결정으로 관할권이 있는 단독판사에게 사건을 이송하여야 한다.

⑤ ×(2013도1658: 단독판사의 관할사건이 공소장변경에 의해 합의부 관할사건으로 변경된 경우 합의부로 이송하도록 규정하고 있을 뿐 그 반대의 경우에 관해서는 규정하고 있지 않고, '법관 등의 사무분담 및 사건배당에 관한 예규'에서도 이러한 경우를 재배당사유로 규정하고 있지 아니하므로, 사건을 배당받은 합의부는 공소장변경허가결정을 하였는지에 관계없이 사건의 실체에 들어가 심판하였어야 하고 사건을 단독판사에게 재배당할 수 없음), ① ○(2003도8153), ② ○(2015도3682: 공소제기에 관하여 서면주의와 엄격한 요식행위를 채용한 것은 앞으로 진행될 심판의 대상을 서면에 명확하게 기재하여 둠으로써 법원의 심판 대상을 명백하게 하고 피고인의 방어권을 충분히 보장하기 위한 것이므로, 서면인 공소장의 제출은 공소제기라는 소송행위가 성립하기 위한 본질적 요소라고 보아야 한다. 따라서 서면인 공소장의 제출 없이 공소를 제기한 경우에는 이를 허용하는 특별한 규정이 없는 한 공소제기에 요구되는 소송법상의 정형을 갖추었다고 할 수 없어 소송행위로서의 공소제기가 성립되었다고 볼 수 없음), ③ ○(2013도5165), ④ ○(2001도2902)   정답 ⑤

09 다음 〈사례〉에서 X사건과 Y사건 및 Z사건이 甲의 동일한 사기습벽의 발현에 의하여 저질러진 것이라고 할 때, 이에 관한 설명 중 옳지 않은 것은? (다툼이 있는 경우에는 판례에 의함)   2012년 변호사시험 형사법 문28

┌ 사례 ┐

ⓐ 甲은 춘천지방법원에 단순사기의 범죄사실(X사건, 범행일 2009. 6. 20.)로 기소되어 2009. 8. 11. 징역 8월 및 집행유예 2년의 형을 선고받아 같은 달 18일 판결이 확정되었다.

ⓑ 甲은 다시 대전지방법원에서 A로부터 7회에 걸쳐 재물을 편취하였다는 상습사기의 범죄사실(Y사건, 범행일 2009. 1. 1.부터 2009. 6. 14.까지)로 재판을 받고 있던 중, 춘천지방검찰청 검사가 甲의 B에 대한 사기의 범죄사실(Z사건, 범행일 2010. 3. 2.)을 추가로 확인하였다.

① X사건에 대한 위 판결의 기판력은 Z사건에 미치지 아니한다.

② 대전지방법원은 Y사건에 대하여 면소판결을 선고하여야 한다.

③ 검사는 Y사건의 공판심리 중 공소장변경절차를 통하여 Z사건의 범죄사실을 Y사건의 공소사실에 추가할 수 있다.

④ Y사건의 판결이 2010. 7. 1. 선고되어 같은 달 8일 확정된 후에 검사가 Z사건에 대하여 공소를 제기하면 법원은 면소판결을 선고하여야 한다.

⑤ Y사건의 소송 계속 중 검사가 춘천지방법원에 Z사건을 단순사기죄로 기소하였다면 춘천지방법원은 Z사건에 대하여 공소기각의 결정을 하여야 한다.

해설 ✎

② ×(2001도3206전합: 상습사기죄 중 일부에 대해 유죄판결이 확정되었다 하더라도 그 확정판결이 상습사기죄에 관한 것이 아니면, 그 확정판결의 사실심판결 선고 전에 저지른 사기죄로 처벌할 수 있음. 同旨: 2009도12627; 2010도2182), ①·④ ○(2010도1939: 상습사기죄가 단순사기죄의 확정판결 전후에 걸쳐서 있는 경우에는 그 상습사기죄가 두 개의 죄로 분리되지 않고 확정판결 후 최종 범행시점에 상습사기죄가 완료되고, 포괄일죄의 기판력은 확정판결 이전의 범행에 대해서만 미칠 수 있다. 따라서 Z사건은 단순사기죄에 관한 X사건의

확정판결 이후의 범죄이므로 X사건의 기판력이 Z사건에 미치지 않음), ③ O(Z사건은 상습사기범죄인 Y사건의 일부로서, 두 사건은 하나의 동일한 사건), ⑤ O(동일사건이 사물관할을 같이하는 수개의 법원에 걸려서 먼저 공소를 받은 법원이 심판하거나 각 법원에 공통되는 직근상급법원이 검사 또는 피고인의 신청에 따라 결정으로 뒤에 공소를 받은 법원이 심판하게 해서 재판을 할 수 없게 된 때[제13조]에는 공소기각결정을 함[제328조 제1항])

정답 ②

10 다음의 [사례]는 甲이 저지른 X, Y, Z 범죄사실에 관한 처리 상황이다. [전제]는 이 [사례]에 대한 가정이다. 이에 관한 설명 중 옳은 것은? (다툼이 있는 경우 판례에 의함) 2020년 경찰간부후보생시험 형소법 문26

┤ 사례 ├

㉠ 甲은 X범죄사실(범행종료일 2015. 9. 21.)로 기소되어 징역 8월 및 집행유예 2년의 형을 선고받아 2016. 2. 27. 확정되었다. ㉡ 甲은 다시 Y범죄사실(범행종료일 2016. 1. 7.)로 공소가 제기되어 재판을 받고 있다. 그런데 ㉢ Y공소사실의 공판심리 중 검사는 甲의 Z범죄사실(범행종료일 2016. 4. 18.)을 추가로 확인하였다.

┤ 전제 ├

ⓐ X, Y, Z 범죄사실이 모두 포괄일죄인 영업범에 해당한다고 가정한다.
ⓑ X, Y, Z 범죄사실이 모두 포괄일죄인 상습범으로 처벌할 수 있다고 가정한다.

① ⓐ의 경우 Z범죄사실을 Y공소사실에 추가하는 공소장변경을 할 수 있다.
② ⓐ의 경우 법원은 Y공소사실에 대해 면소판결을 선고하여야 한다.
③ ⓑ의 경우 만일 X범죄사실이 상습사기죄에 관한 것이면 Z범죄사실을 Y공소사실에 추가하는 공소장변경을 할 수 있다.
④ ⓑ의 경우 만일 X범죄사실이 단순사기죄에 관한 것이면 법원은 Y공소사실에 대해 면소판결을 선고하여야 한다.

해설 ✎

사실심선고일자를 기재하지 않은 오류가 있다. 1심과 2심이라면 흔히 2016. 2. 20. 선고되었다고 볼 수 있으므로 그 선고일 Y범죄사실의 범행종료일(2016. 1. 7.) 이후임이 명확하지만, 만일 대법원에서 확정되었다면 사실심 선고일이 Y범죄사실의 범행종료일(2016. 1. 7.) 이전일 수 있기 때문이다. 본 문제는 포괄일죄에 관한 기판력 효력범위와 공소장변경의 가능 여부에 관한 문제로서, 1심이나 2심을 전제로 포괄일죄의 중간에 확정판결이 있으면 그 죄는 전과 후로 분리되나, 상습사기죄인 포괄일죄의 경우에는 그 확정판결이 단순사기죄에 관한 것이면 분리되지 않는다는 것이 판례의 법리를 묻고자 한 것이다. 이에 따르면 ②가 정답. ① ×(2016도21342: 별개의 독립된 범죄이므로 공소장변경이 허용되지 않고 추가기소를 해야 함), ② O(2016도21342: Y는 X 확정판결 전의 범죄사실로서 두 범죄사실은 일죄이므로 면소판결의 대상), ③ ×(2001도3206전합: X범죄사실이 상습사기죄에 관한 것이면 Y범죄사실과 Z범죄사실은 분리되어 두 범죄사실은 별개의 범죄가 되므로 Z범죄사실을 Y범죄사실에 추가하는 공소장변경을 할 수 없음), ④ ×(2001도3206전합: X범죄사실이 단순사기죄에 관한 것이면

Y범죄사실과 Z범죄사실은 분리되지 않아서 두 범죄사실은 하나의 범죄). 대법원에서 확정되었다는 것을 전제로 사실심 선고일이 Y범죄사실의 범행종료일(2016. 1. 7.) 이전이면 ①과 ③이 정답(두 가능성을 모두 인정하여)

정답 공지된 답은 ①, ②, ③

탐구 과제

- 공소장변경과 공소사실의 예비적·택일적 기재는 어떤 차이가 있는가?
- 심판대상론에 관한 소인(사실)대상설, 범죄사실대상설, 절충설, 이원설의 차이는?
- 미국의 대배심제도란?

21강

형소: 피의자신문조서의 증거능력 요건과 형소법 제310조의2의 전문증거

21강 형소: 피의자신문조서의 증거능력 요건과 형소법 제310조의2의 전문증거

증거법의 체계를 전반적으로 보고, 실무에서 증거로 많이 활용되고 있는 형소법 제310조의2의 증거와 전문법칙의 의미 및 체계를 본다. 특히 경찰작성 피신조서의 증거능력 요건을 정확하게 이해한다.

甲이 경영하는 병원의 사무국장으로 근무하던 乙이 2011. 8. 23.부터 2012. 2. 21.까지 총 43회에 걸쳐 합계 23,490,000원을 환자 소개의 대가 등 명목으로 교부함으로써 영리를 목적으로 환자를 소개·알선·유인하는 행위를 했다. 검사는 甲을 양벌규정인 의료법 제91조를 적용하여 기소하였다. 甲은 1심 제3회 공판기일에서 검사가 증거로 제출한 사법경찰관 작성의 乙에 대한 피의자신문조서를 증거로 함에 동의하지 않고 그 내용을 부인하였다. 경찰이 작성한 乙에 대한 피의자신문조서(피신조서)에는 乙이 범행을 인정하는 내용이 담겨있는데, 乙이 사망하여 공판기일에 출석하여 진술을 할 수 없게 되었다. 乙에 대한 경찰작성 피신조서를 甲의 범죄에 대한 유죄의 증거로 사용할 수 있는가?

해결

1. 증거법 개관

형사소송의 목적은 범죄의 성립 여부 또는 범죄성립을 전제로 한 형벌의 종류나 양형 등 구체적 법률관계의 확정에 있는데, 이는 사실관계의 확정(사실의 인정)을 전제로 한다. 증거란 사실의 인정을 위한 자료를 말하고, 증명이란 증거에 의해 사실관계가 확정되는 과정을 말한다. 증명의 대상이 되는 사실(관계)을 가리켜 요증사실(要證事實)이라고 한다. 형소법 제2편 제3장의 1심 공판절차 가운데 제2절의 '증거'라는 제목 아래 규정된 17개의 조문(제307조-제318조의3)은 증거의 증거능력과 증명력에 관한 규정이다. 이는 항소심과 상고심에 준용되며, 이를 가리켜 협의의 증거법이라고 한다. 그런데 흔히 자유심증주의의 예외로 인정되는 형소법 제56조(공판조서는 절대적 증명력을 갖는다)도 여기에 포함시킬 수 있다. 협의의 증거법에 증거조사에 관한 규정을 포함하여 광의의 증거법이라고 한다.

① 증거재판주의(제307조)는 증거능력에 관한 규정이다. 위법수집증거(제308조의2, 위법수집증거배제법칙)나 임의성없는 자백(제309조, 자백배제법칙)은 증거능력이 없다. 제310조의2의 증거는 원칙적으로 증거능력이 없고, 예외규정(제311조-제316조)에 해당하거나 증거동의가 있어야 증거능력이 인정된다(제318조, 제318조의3). 이처럼 형소법은 전문법칙에 앞서 위법수집증거배제법칙과 자백배제법칙을 규정하고 있다. 그런데 형사실무에서는 수사절차에서 수집된 대부분의 진술증거는 각종 조서나 서류의 형태로 전환되어 증

거조사절차에서 증거서류로 제출되므로, 형사실무는 일단 전문법칙에 어긋나지 않는 증거에 대해서만 위법수집증거배제법칙과 자백배제법칙을 검토한다. ② 증거의 증명력은 법관이 자유롭게 판단할 수 있다. 이를 자유심증주의(제308조)라고 한다. 그러나 공판조서는 절대적 증명력을 갖는다(제56조). 또 다른 보강증거 없이 자백만으로는 증명력을 가질 수 없다(제310조, 자백보강법칙). 또한 증거능력없는 전문증거일지라도 진술증거의 증명력을 다투기 위한 탄핵증거(제318조의2)로는 사용할 수 있다. 자유심증주의에 따라 법관은 증거의 제출자나 신청자의 입증취지에 구속되지 않으므로, 증거가 오히려 증거제출자에게 불리하게 사용될 수 있는데, 이를 증거공통(證據共通)의 원칙이라고 한다.

2. 증거재판주의와 증명의 두 가지 방법

가. 증거재판주의

증거재판주의[1]란 제307조가 규정하고 있듯이 '사실의 인정은 증거에 의하여야 하고, 범죄사실의 인정은 합리적인 의심이 없는 정도의 증명(proof beyond a reasonable doubt)에 이르러야 한다'는 원칙을 말한다.

증명에는 엄격한 증명과 자유로운 증명 두 가지가 있다. 범죄사실의 증명을 위한 증거는 적법한 증거조사절차를 거친 것으로서 법률상 증거능력을 가진 것이어야 한다. 이런 증거를 엄격한 증거라고 하고, 엄격한 증거로 증명하는 것을 엄격한 증명이라고 한다. 자유로운 증명은 엄격한 증명에 대비되는 개념으로서, 법령이 정한 증거조사방식을 거치지 않은 증거 또는 법률상 증거능력이 없는 증거로 사실관계를 확정하는 것을 말한다. 다만 법정에서 이에 관한 증거조사는 필요하다(97도1770).

엄격한 증명과 자유로운 증명은 증거능력의 유무와 증거조사의 실시방법에 차이가 있을 뿐 심증의 정도에 차이가 있는 것은 아니다. 두 증명 모두 '합리적 의심없는 정도의 증명' 또는 '확신'을 요구한다(86도586). 이런 정도의 심증을 형성하는 증거가 없다면 피고인이 유죄라는 의심이 들더라도 무죄로 판단할 수밖에 없다(2008도507).

나. 엄격한 증명의 대상

(1) 형벌권의 존부나 범위에 관한 사실: 주요사실

공소장에 기재된 범죄사실, 곧 공소사실은 법관의 형사처벌법규 적용의 전제가 되는 사실이므로, 이는 엄격한 증명의 대상이 된다.

공소(범죄)사실은 범죄구성요건에 해당하는 위법·유책한 사실을 말한다. 구성요건해당사실은 그것이 객관적인 것인지, 아니면 주관적인 것인지를 가리지 않고 모두 엄격한 증명의 대상이 된다. 따라서 교사자의 교사행위(99도1252), 행위의 주체, 객체, 결과발생, 인과관계 등의 객관적 구성요건해당사실뿐만 아니라, 고의나 목적(2014도10978전합), 공동정범에서 공모(88도1114; 99도4923; 2000도1899; 2002도6103) 등과 같은 주관적 구성요건해당사실도 엄격한 증명의 대상이 된다. 피고인이 공모(2011도9721)나 목적(2010도1189전합)을 부인하는 경우 정황사실 또는 간접사실로 증

---

1 이 규정은 일본 형소법에는 있지만, 독일과 프랑스의 형소법은 물론 영미의 증거법에는 없다.

명할 수밖에 없다. 구성요건해당사실의 존부를 알아내기 위해 과학공식 등의 경험법칙을 이용하는 경우 그 법칙적용의 전제가 되는 개별적이고 구체적인 사실, 예컨대 위드마크(Widmark)공식을 사용하여 혈중알콜농도를 추정할 경우, 그 전제사실인 음주량, 음주시각, 체중, 평소의 음주정도 등은 엄격한 증명의 대상이 된다(99도128).

구성요건해당성으로 추정되는 행위의 위법성과 책임은 위법성조각사유와 책임조각사유의 존재로 깨져서 그 행위가 범죄로 성립할 수 없으므로, 위법성조각사유와 책임조각사유의 부존재도 엄격한 증명의 대상이다. 공소사실에 대한 입증책임은 검사에게 있고, 유죄의 인정은 법관이 합리적인 의심을 할 여지가 없을 정도로 공소사실이 진실이라는 확신을 가지게 하는 증명력을 가진 증거로 해야 한다(2014도3163; 2001도2823).

형법 제6조 본문에 의하여 외국인이 대한민국 영역 외에서 대한민국 국민에 대하여 범죄를 저지른 경우 우리 형법이 적용되지만, 같은 조 단서에 의하여 행위지 법률에 의하여 범죄를 구성하지 아니하거나 소추 또는 형의 집행을 면제할 경우에는 우리 형법을 적용하여 처벌할 수 없고, 이 경우 행위지 법률에 의하여 범죄를 구성하는지는 엄격한 증명의 대상이 된다(2011도6507).

형벌의 종류나 형량은 형벌권의 존부에 못지않게 피고인의 이익에 중대한 영향을 미치므로, 이것도 원칙적으로 엄격한 증명의 대상이 된다. 누범전과, 상습범에서 상습성, 미수, 자수·자복 등이 이에 해당한다.

(2) 간접사실

간접사실이란 주요사실을 간접적으로 추론하게 하는 사실을 말하며, 간접사실을 증명하는 증거를 간접증거 또는 정황증거(情況證據)라고 부른다.

유죄의 심증이 반드시 직접증거에 의해 형성되어야만 하는 것은 아니고 경험칙과 논리법칙에 위반되지 않는 한 간접증거에 의해 형성될 수 있으며, 간접증거가 개별적으로는 범죄사실에 대한 완전한 증명력을 가지지 못하더라도 전체 증거를 상호관련 아래 종합적으로 고찰할 경우 그 단독으로는 가지지 못하는 종합적 증명력이 있는 것으로 판단되면 그것으로 범죄사실을 인정할 수 있다(2008도507). 요증사실이 엄격한 증명의 대상이 되는 형벌권의 존부나 범위에 관한 주요사실이면, 이를 추론하게 하는 간접사실도 엄격한 증명의 대상이 된다. 정황증거만으로 유죄의 심증형성이 가능하다(2000도3307).

다. 자유로운 증명의 대상

(1) 명예훼손죄의 위법성조각사유 중 진실한 사실, 몰수·추징에 관한 사실, 양형의 기초가 되는 정상관계사실

명예훼손죄의 위법성조각사유(제310조) 중 '진실한 사실'은 형벌권의 존부에 관한 사실이므로 엄격한 증명의 대상으로 봐야 한다. 그러나 판례는 자유로운 증명의 대상으로서 피고인이 부담한다고 본다(95도1473). 또한 판례는 피고인의 범행 당시 정신상태가 심신상실인지, 심신미약인지는 법률적 판단이므로 엄격한 증명의 대상이 아니라고 본다(71도212; 96도638; 98도159).

몰수·추징은 부가형으로서 형벌의 일종(정확히 말하면 추징은 몰수의 환형처분)이므로 엄격한 증명의 대상이 된다고 봐야 한다. 그러나 몰수·추징의 대상이 되는지 여부나 추징액은 범죄구성요건 사실에 관한 것이 아니므로 자유로운 증명으로 충분하다(73도279; 80도2722; 81도3040; 87도399; 91도3346).

양형의 기초가 되는 정상관계사실은 엄격한 증명의 대상이 아니다(2020도2642).

(2) 탄핵보조사실

보조사실은 흔히 수집된 증거의 증명력에 영향을 미치는 사실을 말한다. 예컨대 증인의 전력(前歷)이나 약한 기억력 또는 시각·청각의 상태와 같이 증언의 신빙성에 영향을 미치는 사실이 이에 해당한다. 보조증거는 흔히 실질증거의 증명력을 다투기 위한 증거를 말한다. 여기서 실질증거란 범죄사실을 직·간접적으로 증명하는 사실, 곧 주요사실과 간접사실에 대한 증거를 말한다. 보조증거에는 보강(증강)증거와 탄핵증거가 있다. 보강증거는 실질증거의 증거능력을 뒷받침하여 증명력을 강화시키는 증거를 말한다.

탄핵증거는 실질증거의 증명력을 약화시키는 증거로서, 예컨대 강간범행의 피해자가 피해망상증으로 정신병원에서 치료를 받은 적이 있다는 사실이나 그 피해자가 전에도 다른 사람을 강간혐의로 고소한 적이 있는데 그 사건이 무혐의 처리되었다는 사실을 말한다. 증명력을 약화시키는 탄핵보조사실은 자유로운 증명의 대상이다(95도1333; 97도1770). 또한 진정성립이 인정되지 않고 증거동의가 없는 증거일지라도 공소사실과 양립할 수 없는 반대사실을 증명하는 자료로 쓸 수 있다(94도1159).

(3) 소송법적 사실

소송법적 사실이란 범죄사실이나 양형사실 이외의 사실로서, 이는 ① 소송조건의 존부나 절차진행의 적법성에 관한 순수한 소송법적 사실과 ② 증거능력을 인정하기 위한 기초사실로서 범죄사실의 인정 여부에 중대한 영향을 미치는 책임관련적 소송법적 사실로 구별할 수 있다. 친고죄에서 고소의 유무나 취소(99도947) 등은 순수한 소송법적 사실로서 자유로운 증명으로 충분하다. 이에 따라 예컨대 고소 위임의 효력을 서류만으로 인정할 수 있고 증거조사절차를 거쳐 심리할 필요없으며(98도2074), 증거능력없는 수사보고서일지라도 반의사불벌죄의 경우 피해자의 처벌희망의사표시 철회의 효력 여부를 판단하는 증거로 사용할 수 있다(2010도5610).

자백배제법칙에 관한 자백의 임의성(2003도705), 형소법 제312조 제4항의 특신상태의 증명(2012도2937), 전자증거의 원본과 복제본의 동일성 여부(2017도13263) 등은 책임관련적 소송법적 사실로서 자유로운 증명의 대상이라고 판례는 본다.

3. 형소법 제310조의2와 전문법칙

가. 이른바 '조서재판'과 제310조의2

형소법은 공판중심주의와 구두변론주의를 대원칙으로 해야 한다. 그래야 시민들이 형사재판을 이해할 수 있고, 감시할 수 있으며, 납득할 수 있기 때문이다. 국민참여재판제도는 이 원칙을 절실히 요구하며, 이에 맞추어 형소법의 개정이 필요했고, 이에 따라 이 원칙에 좀 더 가까이 다가갔다.

그러나 사실 제정형소법(1954. 9. 23.) 때부터 이 원칙은 충실히 지켜질 수 없었다. 그것은 일제는 조선통치상황에서 형사재판을 할 때 장애가 된 언어문제를 이른바 '조서재판'으로 해결할 수 있었는데, 제정

형소법은 이런 소송경제적 관점을 수용했기 때문이다.[2] 다만 조서의 작성자가 누구인가(법관, 검사, 사경)에 따라, 곧 법관작성조서, 검사작성조서, 경찰작성조서에 따라 그 조서의 증거능력 인정요건을 달리해 왔다. 작성주체에 따라 진술을 왜곡할 우려도 차이가 있다고 본 것이다. 이로써 수사기관의 고문을 방지하려고 한 것이다. 그런데 2020. 1. 27. 형소법 제312조를 개정하여 검사작성조서와 경찰작성조서의 증거능력 요건을 동일하게 한다. 피의자신문조서의 작성 주체가 검사인지, 경찰인지에 따라 (신뢰의) 차이를 두어오던 것을 없앤 것이다.

조서의 증거능력에 관한 규정이라고 할 수 있는 제310조의2는 '전문증거와 증거능력의 제한'이라는 제목 아래 '제311조 내지 제316조에 규정한 것 이외에는 공판준비 또는 공판기일에서의 진술에 대신하여 진술을 기재한 서류나 공판준비 또는 공판기일 외에서의 타인의 진술을 내용으로 하는 진술은 이를 증거로 할 수 없다'고 하고 있다. 제310조의2는 제311조－제316조의 증거를 제외하고, 직접 법정에 제출되지 않고 다른 매체를 통해 간접적으로 제출된 진술의 증거능력을 부정한 것이다. 제310조의2가 증거능력을 원칙적으로 부정하는 증거의 유형은 두 가지이다. 하나는 공판준비 또는 공판기일에서의 진술에 대신하여 진술을 기재한 서류이고, 다른 하나는 공판준비 또는 공판기일 외에서의 타인의 진술을 내용으로 하는 진술이다. 흔히 전자는 전문서류로, 후자는 전문증인으로 각각 부른다. 제310조의2가 예외적으로 인정하는 증거규정들은 아래 표와 같이 개관할 수 있다. 제311조－제315조는 전문서류이고, 제316조는 전문증인이다.

조문			2007년 개정형소법	2020년 개정형소법
전문 서류	제311조		법원·법관작성조서	
	제312조	①	검사작성 피고인이 된 피의자신문조서	검사작성 피의자신문조서
		②		삭제
		③	경찰작성 피의자신문조서	
		④	수사기관작성 피고인 아닌 자 진술조서	
		⑤	수사기관면전 진술서(①-④ 준용)	
		⑥	수사기관작성 검증조서	
	제313조	① ②	피고인·피고인 아닌 자의 진술서면	
		③	감정서	
	제314조		제312와 제313에 대한 예외	
	제315조		당연히 증거능력이 있는 서류	
전문 증인	제316조	①	피고인의 진술을 내용으로 하는 피고인 아닌 자의 진술(조사자증언제도)	
		②	피고인 아닌 타인의 진술을 내용으로 하는 피고인 아닌 자의 진술	

---

2 신동운, "사법개혁추진과 형사증거법의 개정", 서울대학교 법학 제47권 제1호, 2006, 110면 이하.

나. 제310조의2의 이론적 근거

제310조의2가 영미법의 전문법칙(傳聞法則)을 도입한 규정이라는 점에 대해서는 다툼이 없다(2006도 2556). 그러나 대륙법계의 직접주의도 이론적 근거가 되는지에 대해서는 견해가 대립한다. 전문법칙만을 규정한 것이라는 일원설(전문법칙설)과 전문법칙 외에 직접주의도 그 이론적 근거가 된다는 이원설(직접주의설)이 있다.

(1) 전문법칙설

전문법칙이란 전문증거(傳聞證據, Hearsay Evidence)는 증거능력이 없다는 영미법계의 원칙을 말한다. 미국연방증거법 제801(c)조는 전문증거를 '공판정에서 증언하는 진술자의 진술 이외의 진술로서, 주장된 문제의 진실성을 증명하기 위해서 제시된 증거'로 규정하고 있다. 예컨대 甲에게서 강간을 당한 피해자가 어머니에게 이 사실을 알렸고, 이 사실을 어머니가 증인으로서 진술한 경우 어머니의 진술이 전문증거에 해당한다.

전문법칙은 영미 증거법의 가장 중요한 특징으로서 배심제에서 유래한 것이다.[3] 법률적 지식이 부족하고 재판경험이 없는 배심원이 왜곡의 우려가 높은 전문증거를 접하면 합리적 심증형성을 그르칠 우려가 있기 때문이다. 그러나 구체적인 이론적 근거에 관해서는 다툼이 있다. 선서(宣誓)결여, 원진술자의 공판정불출석, 부정확한 전달의 위험, 반대신문결여, 신용성결여 등을 들 수 있다.[4] ① 선서의 결여는 선서가 가지는 의식의 엄숙함과 위증죄의 경고절차를 거치지 않았으므로, ② 원진술자의 공판정불출석은 원진술자가 공판정의 엄숙함과 방청객의 비판적 시선을 받지 않으므로, ③ 부정확한 전달의 위험은 타인의 말을 전달하는 경우에는 경험한 사실을 재생하는 경우에 견줘 오류의 가능성이 크므로, 각각 증거능력을 인정할 수 없다는 논리이다. ④ 반대신문결여설은 진술증거에는 기억이나 표현 또는 서술의 과정에 잘못이 개입될 위험이 크므로, 이런 오류는 이로 인해 불이익을 받을 당사자의 반대신문을 통해 걸러내어 원진술의 진실성을 담보하는 것이 옳은데, 전문증거는 이런 반대신문기회를 갖지 못한 증거이므로 증거능력을 인정할 수 없다고 본다. ⑤ 신용성결여설은 신용성결여가 전문증거의 증거능력을 부정하는 결정적인 근거라고 본다.

(2) 직접주의설

직접주의설은 전문법칙 외에 대륙법계의 직접주의도 그 이론적 근거가 된다는 견해이다. 헌재도 이 입장이다. 제314조의 위헌소원사건에서 이 규정이 직접주의와 전문법칙의 예외라고 판단했기 때문이다(93헌바26).

직접주의설은 법원이 원진술자의 진술을 공판정에서 직접 증거조사를 해야만 그의 진술내용뿐만 아니라 그의 진술태도를 관찰할 수 있고, 이러한 태도증거로 심증을 형성할 수 있는데, 전문증거는 이를 가로막기 때문에 증거로 사용할 수 없다고 본다. 또 제310조의2는 영미법의 전문법칙만으로는 설명이 불충분하다고 한다. 반대신문은 증인신문을 전제로 하여 그 증인의 진술을 두고 검사와 피고

---

3 Tohn W. Strong 외 5인, McCormick on Evidence, 2003(제5판), § 244.
4 Tohn W. Strong 외 5인, 앞의 책, § 245; 주광일, 전문법칙연구, 1986, 21면 이하.

인이 서로 다투는 것을 의미하므로, 피고인의 진술에 대해서는 이런 다툼 또는 반대신문을 생각할 수 없음에도 불구하고, 형소법은 제311조-제313조, 제316조 제1항 등에서 보듯 피고인의 진술을 원진술로 하는 전문증거를 인정하고 있는데, 이는 반대신문결여설로 설명할 수 없다는 것이다. 이런 전문증거는 피고인신문제도(제287조)를 두고 피고인에게 진술거부권(제283조의2)을 인정하는 대륙법계의 직접주의에 근거한다는 것이다.

(3) 소결: 전문법칙과 제310조의2의 차이

제310조의2의 제목에 전문증거라는 말이 나오고, 이 조문은 전문법칙을 규정한 것이라고 흔히 본다. 그러나 제310조의2와 그 예외규정들은 영미법의 전문법칙에서 말하는 전문증거 개념과 다음 두 가지 점에서 차이가 있다. 하나는 형소법은 피고인의 진술을 원진술로 하는 전문증거도 인정하고 있다는 것이다. 다른 하나는 영미법의 전문증거는 진술에서 주장된 문제의 진실성을 증명하기 위해서 제시된 증거이어야 하지만, 제310조의2는 이런 제한을 두고 있지 않다. 이런 문제가 생기게 된 이유는 특히 제311조-제313조는 형사소송법 제정 때부터 있던 조서나 서류에 관한 증거능력 규정인데, 이 규정을 그대로 두면서 1961년 형사소송법 개정 때 제310조의2의 전문법칙을 도입했기 때문이다. 따라서 제311조-제316조의 예외는 전문법칙만으로는 설명하기 어렵다는 점에서 직접주의설이 옳다고 본다. 그런데 흔히 전문법칙과 제310조의2의 차이를 무시하고 제310조의2의 전문증거와 영미법의 전문증거를 동일하게 본다.

다. 전문증거의 개념: 전문증거인지 여부가 문제되는 사건

전문증거의 요건은 다음 3가지이다.[5] ① 사람의 경험적 진술이 증거가 되는 진술증거이고, ② 이것이 요증사실과 관련되어야 하며, ③ 이런 원진술이 간접적으로 법정에 제출되어야 한다. 그런데 전문증거인지 여부가 문제되는 사건들이 있다.

(1) 진술증거일 것

전문증거는 진술증거이어야 한다는 것을 제310조의2는 '진술을 기재한 서류'와 '타인의 진술을 내용으로 하는 진술'로 표현하고 있다.

① **영남위원회사건**: 국가보안법의 이적표현물소지죄로 甲을 기소하면서 이적표현을 내용으로 하는 문건이 담긴 甲의 컴퓨터디스켓이 증거로 제출된 사건에서, 판례는 문건의 내용의 진실성을 증거로 삼기 위해서는 전문증거에 관한 규정인 제313조 제1항의 요건을 갖추어야 하지만, 문건의 존재 그 자체가 (증거물로서) 직접 증거로 되는 경우에는 그럴 필요가 없다고 보면서 컴퓨터디스켓의 증거능력을 인정한다(99도2317).

② **왕재산사건**: 국가보안법의 특수잠입·탈출죄와 회합죄 인정의 근거가 되는 간접사실로 甲의 컴퓨터에 저장된 'X선생앞: 2011년 면담은 1월 30일 ~ 2월 1일까지 X선생, Y선생 등과 함께 북경에서 하였으면 하는 의견입니다'라는 등의 내용이 담겨져 있는 파일을 사용할 수 있다(2013도

---

5 전문증거의 개념에 관해서는 지유미, "전문증거의 개념에 대한 검토-사진 및 녹음테이프의 전문증거성에 대한 검토를 중심으로-", 고려법학 제74호, 2014, 334면 이하.

2511). 甲이 북한 공작원들과 이 문건의 일시경 실제로 회합하였음을 증명하려고 하는 경우에는 문건 내용이 진실한지가 문제되므로 전문법칙이 적용되지만, 그와 같은 내용이 담긴 파일이 甲의 컴퓨터에 저장되어 있다는 사실 자체는 그 기재 내용의 진실성과 관계없는 것으로서 공소사실을 입증하기 위한 간접사실에 해당하고, 이 경우까지 전문법칙이 적용된다고 볼 수 없다.[6]

③ **정보통신망법의 협박죄 사건:** 甲이 휴대전화로 '땅에 떨어진 당신의 악함을 지켜보고 있으리라, 甲' 등과 같은 내용의 문자메시지 7개를 V에게 보내서 정보통신망법위반죄로 기소된 사건에서, 판례는 휴대전화기에 저장된 문자정보는 진술의 대체물이 아니라 범행의 직접적인 수단이므로 전문증거가 아니라고 본다(2006도2556). 그러나 원심은 휴대전화 문자정보와 그 사진의 증거능력을 부정한다(2005노1051). 그 이유는 문자정보를 휴대전화기의 화면에 띄워 촬영한 사진은 원본증거가 아닐 뿐만 아니라 휴대전화기의 문자정보는 제313조 제1항 단서의 피고인이 작성한 서류에 해당하므로 작성자인 피고인의 진술에 의해 그 성립과 내용의 진정함이 증명되는 때에 한하여 그 증거능력이 있는데, 甲은 증거사용에 부동의하고, 4개의 문자정보는 보낸 적이 없고, 3개의 문자정보는 그 내용이 발췌·편집된 것이라면서 그 성립과 내용의 진정을 부정한다는 것이다. 위 판례는 예컨대 협박편지와 같은 증거물인 서면에서 그 존재인 편지 자체만으로도 증거능력이 있다고 보고 전문법칙이 적용되지 않는다고 본 것이다. 그런데 휴대전화의 협박문자정보의 존재 그 자체를 마치 협박편지처럼 증거물인 서면으로 본다 하더라도 그 서면의 존재의 진정성은 증명되어야 한다. 쉽게 말해 협박편지를 보낸 사람은 누구이고, 그 사람이 보낸 그대로 적혀있다는 것은 인정되어야 한다는 것이다. 이런 "존재의 진정성"을 제312조와 제313조에서는 "성립의 진정"으로 표현하고 있을 뿐이다.

④ **특경법의 공갈죄 사건:** 그런데 피해자인 토지구획정리사업조합의 대표자 V는 디지털 녹음기로 甲과의 대화를 녹음한 후 저장된 녹음파일 원본을 컴퓨터에 복사하고 디지털 녹음기의 파일 원본을 삭제한 뒤 다음번 대화를 다시 녹음하는 과정을 반복하여 작성한 녹음파일 사본과 해당 녹취록을 특경법의 공갈죄의 증거로 제출한 사건에서, 판례는 제313조 제1항 단서에 따라 녹음파일 사본과 해당 녹취록의 증거능력을 인정하여 유죄를 인정한다(2012도7461). 대화의 주된 내용은 甲이 ○○광역시 △구청장의 지위에서 위 조합의 토지구획정리사업 완료에 필수적인 공사 등에 관한 협의 권한이 있음을 기화로 승소 가능성이 거의 없는 소송을 제기한 뒤 甲의 요구대로 조정에 응하지 않으면 위 사업 완료를 위한 관련 협의가 진행되지 않을 것이라고 V를 협박하는 것이다. 그러나 이 사건의 경우에도 대화의 진실성이 아니라 대화의 존재 자체가 특경법의 공갈죄의 요증사실이므로 전문증거가 아니라는 견해[7]도 있다.

---

6 왕재산사건에 대해 전문법칙을 적용해야 한다는 주장: 이호중, "국가보안법 사건에서 전문법칙의 적용문제", 민주법학 제49호, 2012, 57면 이하.

7 이완규, "협박 진술 녹음의 전문증거 문제와 진정성 문제의 구별-대법원 2012. 9. 13. 선고 2012도7461-", 저스티스 통권 제139호, 2013, 397면.

⑤ **수표사본제출사건**: 부정수표단속법위반 공소사실을 증명하기 위해 제출되는 수표의 사본은 문서로서 전문증거라는 원심의 판단에 대해 대법원은 수표는 어떠한 사실을 직접 경험한 사람의 진술에 갈음하는 대체물이 아니라 그 서류의 존재 또는 상태 자체가 증거가 되는 증거물인 서면으로서 이런 사본을 증거로 사용하기 위해서는 수표 원본을 법정에 제출할 수 없거나 제출이 곤란한 사정이 있고 수표 원본이 존재하거나 존재하였으며 증거로 제출된 수표 사본이 이를 정확하게 전사한 것이라는 사실이 증명되어야 한다(2015도2275).

(2) 요증사실과 관련될 것

전문증거는 요증사실과 관련된 것이어야 한다. 따라서 ① '甲이 V를 살해하는 것을 보았다'는 E의 진술이 법원에 서면으로 보고된 경우, 이는 甲의 V에 대한 살인죄와 관련해서는 전문증거이지만, E의 甲에 대한 명예훼손죄와 관련해서는 원본증거가 된다.

② 판례는 '진술이 기재된 서류'나 '타인의 진술을 내용으로 하는 진술'은 그 내용의 진실성이 범죄사실에 대한 직접증거로 사용될 때는 전문증거가 되지만, 그와 같은 진술을 하였다는 것 자체 또는 그 진술의 진실성과 관계없는 간접사실에 대한 정황증거로 사용될 때는 반드시 전문증거가 되는 것은 아니라고 본다(2012도16001). 예컨대 甲의 사기죄에 대한 공판절차에서 증인이 '피고인 甲이 피해자에게 "토지를 공시지가로 구입하게 해주겠다"고 말하는 것을 들었다'고 진술하거나(2012도2937), 알선수재죄와 관련하여 증인이 '피고인이 "공무원이 해외연수를 가므로 그에게 사례비를 주어야 한다"고 말하는 것을 들었다'고 진술한 경우(2008도8007), 그 증인의 진술은 직접 경험한 것으로서 전문증거가 아니라 사기죄나 알선수재죄를 추정하게 하는 사실, 곧 간접사실에 대한 본래증거라는 것이다. 그 이유는 '타인의 진술을 내용으로 하는 진술'이 전문증거인지 여부는 요증사실과의 관계에서 정해야 하는데, 원진술의 내용이 요증사실인 경우에는 전문증거이지만 원진술(사기죄나 알선수재죄를 추정하게 하는 말)의 존재 자체가 요증사실인 경우에는 본래증거라는 것이다. 그러나 어떠한 내용의 진술을 하였다는 사실 자체에 대한 정황증거로 사용된다는 이유로 서류의 증거능력을 인정한 다음 다시 진술 내용이나 그 진실성을 증명하는 간접사실로 사용하는 경우에 그 서류는 전문증거에 해당한다고 판례(2018도2738전합[8])는 본다.

③ 전문진술이 단순히 원진술자의 심리적·정신적 상태를 증명하기 위해 사용된 경우는 전문증거가 아니다. 예컨대 甲이 살인혐의로 재판을 받고 있는데, 甲이 범행 후 '나는 신(神)이다'라는 말을 하는 것을 목격한 A로부터 이를 전해들은 B가 법원에서 증언한 경우, 이런 B의 증언은 전문증언이 아니다.

④ 원진술자의 인지상태를 증명하기 위한 경우도 전문증거가 아니다. 어떤 기계의 운전자 甲이 사고가 발생하기 전에 '브레이크가 고장이다'라는 말을 A에게 했고, 이를 전해들은 B가 법원에서 증언한 경우가 그렇다.

---

8 이에 따라 박근혜 전 대통령과 개별 면담자가 나눈 대화 내용을 박전대통령이 단독 면담 후 A에게 불러주어서 그 내용을 A가 기재한 수첩이 있는 경우 대화내용에 관한 A의 진술은 전문진술로서 제316조 제2항의 요건을 갖추어야 증거능력이 있는데, 박전대통령의 진술불능 요건을 갖출 수 없어서 증거능력이 없고, 이때 수첩을 대화내용을 추단할 수 있는 간접사실의 증거로도 사용할 수 없다고 본다. 이를 허용하면 대화내용을 증명하기 위한 직접증거로 사용할 수 없는 것을 결국 대화 내용을 증명하는 증거로 사용하는 결과가 된다는 것이다.

4. 수사기관 작성 조서의 증거능력 요건

가. 제312조와 증거동의

수사기관은 피의자나 참고인(피의자 아닌 자)을 조사하면서 흔히 문답식 조서를 작성한다. 특히 수사기관이 피의자를 신문할 때 작성하는 조서를 피신조서라고 한다. 수사기관의 조서는 제312조에 따라 증거능력이 인정될 수 있다. 수사기관이 작성하는 조서의 증거능력 요건은 작성 대상이 피의자인지, 참고인인지에 따라 차이가 있다. 이때 공동피고인이나 공범을 피의자로 볼 것인지, 아니면 참고인으로 볼 것인지 다툼이 있다. 그런데 작성 주체가 검사인지, 경찰인지에 따라 차이가 있었으나, 2022. 1. 1.부터 동일하게 되었다. 2020. 2. 4. 형소법이 개정되어 검사작성 피신조서와 경찰작성 피신조서의 증거능력 요건이 동일하게 되었기 때문이다.[9]

그런데 제312조의 요건을 갖추지 못해서 증거능력이 없는 수사기관의 조서일지라도 피고인이 증거동의를 하면 그대로 증거능력이 인정된다. 제318조 제1항은 "검사와 피고인이 증거로 할 수 있음을 동의한 서류 또는 물건은 진정한 것으로 인정한 때에는 증거로 할 수 있다"고 규정하고 있다. 증거동의란 이처럼 증거능력이 없는 증거에 대해 검사나 피고인이 증거능력을 인정하는 소송행위를 말한다.

나. 검사작성 피신조서의 증거능력 요건

2020. 2. 4. 형소법 개정 때 제312조 제2항은 삭제되고 제312조 제1항은 아래와 같이 개정되었다.

> 제312조(검사 또는 사법경찰관의 조서 등) ① 검사가 작성한 피의자신문조서는 적법한 절차와 방식에 따라 작성된 것으로서 공판준비 또는 공판기일에 그 피의자였던 피고인 또는 변호인이 그 내용을 인정할 때에 한하여 증거로 할 수 있다.

그런데 2022. 1. 1. 이전에 기소된 사건에 대해서는 아래와 같은 종전 형소법 제312조 제1항과 제2항이 적용된다.

> 제312조(검사 또는 사법경찰관의 조서 등) ① 검사가 피고인이 된 피의자의 진술을 기재한 조서는 적법한 절차와 방식에 따라 작성된 것으로서 피고인이 진술한 내용과 동일하게 기재되어 있음이 공판준비 또는 공판기일에서의 피고인의 진술에 의하여 인정되고, 그 조서에 기재된 진술이 특히 신빙할 수 있는 상태 하에서 행하여졌음이 증명된 때에 한하여 증거로 할 수 있다.

---

9 2007년에 형소법 개정작업을 추진한 사법제도개혁추진위원회(사개추위)는 제312조는 고문방지라는 목적달성에 취약하다고 보았고, 또 헌재는 합헌결정을 했지만(2003헌가7), 검사작성 피신조서가 경찰작성 피신조서에 견줘 그 증거능력이 쉽게 인정되도록 한 것은 검사에게 특혜를 주는 것이어서 피고인의 공정한 재판을 받을 권리를 침해하는 위헌이라는 지적도 있고, 경찰 조사를 마친 사건임에도 다시 검찰 조사를 하여 검사작성 피신조서를 만들어둘 요인으로 작용하여 이중조사의 폐해가 발생한다는 이유로 제312조를 개혁대상으로 삼고, 검사작성 피신조서에 대해서도 경찰작성의 그것과 마찬가지로 '내용의 인정'을 증거능력의 인정요건으로 하려고 하였지만 실패한다. 2007년 개정형소법은 종전과 달리 피고인이 진술로 실질적 진정성립을 부인할지라도 '실질적 진정성립이 영상녹화물이나 그 밖의 객관적 방법으로 증명'되면 조서의 증거능력을 인정할 수 있도록 한 것이다. 결국 검사작성 피신조서의 증거능력 인정요건을 경찰작성의 그것과 동일하게 하려는 사개추위는 그 뜻을 이루지 못한 데 그친 것이 아니라 오히려 증거능력의 인정요건이 종전보다 완화되었다. 피고인이 진술로 실질적 진정성립을 부인하는 경우 그 이전에는 실질적 진정성립을 증명할 다른 방법이 없었으나 '영상녹화물이나 그 밖의 객관적 방법'으로도 가능해진 것이기 때문이다. 결국 2007년 개정형소법 때 이루지 못한 사개추위의 뜻이 2020년 2월에 이루어진 것이다.

② 제1항에도 불구하고 피고인이 그 조서의 성립의 진정을 부인하는 경우에는 그 조서에 기재된 진술이 피고인이 진술한 내용과 동일하게 기재되어 있음이 영상녹화물이나 그 밖의 객관적인 방법에 의하여 증명되고, 그 조서에 기재된 진술이 특히 신빙할 수 있는 상태 하에서 행하여졌음이 증명된 때에 한하여 증거로 할 수 있다.

아래 표는 검사작성 피신조서의 증거능력 요건에 관한 2020년 개정된 형소법과 그 이전 형소법을 비교한 것이다.

신문대상	유형	종전	2020년 개정형소법
피고인이 된 피의자	1	① 적법한 절차와 방식에 따라 작성 ② 진술로 실질적 진정성립[10] 인정 ③ 특신상태 증명 　→ 증거능력 인정	① 적법한 절차와 방식에 따라 작성 ② 피의자였던 피고인 또는 변호인의 내용 인정 　→ 증거능력 인정
	2	① 적법한 절차와 방식에 따라 작성 ② 영상녹화물 기타 객관적 방법으로 실질적 진정성립 증명 ③ 특신상태 증명 　→ 증거능력 인정	삭제

'적법한 절차와 방식'은 조서의 형식적 진정성립은 물론 조서 작성의 절차와 방식의 적법성을 말한다. 피신조서의 작성방법(제244조), 진술거부권과 변호인의 조력을 받을 권리(제244조의3), 수사과정의 기록(제244조의4) 등 형소법이 정한 절차와 방식에 따라 조서가 작성되어야 한다(2013도1370). 여기서 형식적 진정성립이란 '조서에 기재된 간인과 서명 및 날인이 피고인의 것과 동일한 상태'를 말한다. 실질적 진정성립이란 '조서의 내용과 진술한 내용의 일치'를 말한다. 실질적 진정성립이 원진술자의 진술이나 영상녹화물 그 밖의 객관적 방법에 의해 증명되어야 한다. 이에 따라 2007년 개정형소법은 제221조 제1항에서 검사 또는 경찰은 수사에 필요한 때에는 피의자가 아닌 자의 출석을 요구하여 진술을 들을 수 있는데, 이때 그의 동의를 받아 영상녹화할 수 있도록 했다. 종전에는 원진술자가 실질적 진정성립을 인정해야만 그 조서의 증거능력이 있었으나, 2007년 개정형소법에서는 그러한 실질적 진정성립이 '영상녹화물 그 밖의 객관적 방법'으로 '인정'되어도 증거능력이 인정될 수 있도록 하면서, 인정을 증명으로 그 표현을 바꾼 것이다.

'진술이 특히 신빙할 수 있는 상태하에서 행하여진 것'이어야 한다는 이른바 특신상태, 특신상황, 특신정황은 그러한 진술을 하였다는 것에 허위개입의 여지가 거의 없고, 그 진술내용의 신빙성이나 임의성을 담보할 구체적이고 외부적인 정황이 있는 경우를 말한다(2004도3619; 2000도159). 예컨대 진술이 죽음을 앞두고 한 것이나 범행 직후 자신의 행동에 충격을 받고 뉘우치는 상태에서 이루어진 경우가 이에 해당한다.

---

10 판례는 이것이 형식적 진정성립과 실질적 진정성립 모두를 의미하는데 형식적 진정성립으로부터 실질적 진정성립이 추정된다고 보다가(2003도4411), 법관 면전에서 실질적 진정성립을 인정해야 진정성립이 인정된다고 보았다(2002도537전합).

다. 경찰작성 피신조서의 증거능력 요건

> 제312조(검사 또는 사법경찰관의 조서 등) ③ 검사 이외의 수사기관이 작성한 피의자신문조서는 적법한 절차와 방식에 따라 작성된 것으로서 공판준비 또는 공판기일에 그 피의자였던 피고인 또는 변호인이 그 내용을 인정할 때에 한하여 증거로 할 수 있다.

경찰이 작성한 피신조서의 증거능력 인정요건은 2가지이다. ① 적법한 절차와 방식에 따라 작성된 것이어야 한다. ② 공판준비 또는 공판기일에 그 피의자였던 피고인 또는 변호인이 그 내용을 인정해야 한다. 내용인정이란 조서에 기재된 내용이 진실한 것임을 인정하는 진술을 말한다(2010도5040). 이와 달리 내용의 부정은 흔히 피고인이 경찰에서 진술한 내용이 강요에 의한 거짓자백이거나 착오에 의한 거짓자백인 경우에 한다.

'조서의 기재내용이 진실임을 인정', 곧 내용인정을 해야 하므로 경찰작성 피신조서가 피의자의 범행사실에 대한 자백내용을 담고 있다고 하더라도, 피고인이 된 그 피의자가 공판정에서 내용인정을 하지 않으면 그 조서는 증거능력을 갖추지 못해 마치 휴지처럼 된다. 내용인정을 증거능력의 인정요건으로 한 의도는 바로 여기에 있다. 그러나 공판정에서 내용이 부인될 경찰작성 피신조서일지라도 구속영장을 청구하는 단계에서는 현실적으로 매우 유용했다.[11] 형소법의 전문법칙과 제312조는 법원이 유·무죄를 판단할 때는 적용되나, 신체구속 여부를 결정하는 단계에서는 적용되지 않기 때문이다.

라. 수사기관 작성 피고인이 아닌 자의 진술조서의 증거능력 요건

> 제312조(검사 또는 사법경찰관의 조서 등) ④ 검사 또는 사법경찰관이 피고인이 아닌 자의 진술을 기재한 조서는 적법한 절차와 방식에 따라 작성된 것으로서 그 조서가 검사 또는 사법경찰관 앞에서 진술한 내용과 동일하게 기재되어 있음이 원진술자의 공판준비 또는 공판기일에서의 진술이나 영상녹화물 또는 그 밖의 객관적인 방법에 의하여 증명되고, 피고인 또는 변호인이 공판준비 또는 공판기일에 그 기재 내용에 관하여 원진술자를 신문할 수 있었던 때에는 증거로 할 수 있다. 다만, 그 조서에 기재된 진술이 특히 신빙할 수 있는 상태하에서 행하여졌음이 증명된 때에 한한다.

2007년 개정형소법은 수사기관작성 '피고인 아닌 자'의 진술조서의 증거능력 인정요건을 그 조서의 작성주체가 검사인지, 경찰인지를 구별하지 않고 동일하게, ① 적법한 절차와 방식에 따라 작성, ② 원진술자의 진술이나 영상녹화물 그 밖의 객관적 방법으로 실질적 진정성립 증명, ③ 원진술자를 신문할 수 있었던 때(반대신문의 기회보장), ④ 특신상태의 증명 4가지로 규정한다(제312조 제4항). 다만 반대신문의 기회를 주면 족하지, 현실적으로 반대신문이 이루어져야만 하는 것은 아니다.[12] 가명진술조서일지라도 가명이라는 이유만으로 조서작성의 절차와 방식의 적법성을 부정하여 증거능력을 부정해서는 안 된다고 판례는 본다(2011도7757).[13]

---

11 신동운, "사법개혁추진과 형사증거법의 개정", 서울대학교 법학 제47권 제1호, 2006, 117면.
12 법원행정처, 형사소송법 개정법률 해설, 2007, 137면.
13 그 이유는 '적법한 절차와 방식'이란 조서 작성 과정에서 지켜야 할 진술거부권의 고지 등 형소법이 정한 제반 절차를 준수하고 조서의 작성방식에도 어긋나지 않음을 의미하지만, 형소법은 조서에 진술자의 실명 등 인적 사항을 확

증인에 대한 검사작성 진술조서는 제312조 제4항의 적용대상이 된다고 볼 수 있다. '피고인이 아닌 자'란 피고인이 된 피의자(甲)를 제외한 사람 모두(공동피의자, 참고인, 증인)를 의미하기 때문이다. 그러나 이에 해당한다고 하여 곧바로 그 조서의 증거능력이 인정되는 것은 아니다. 검사가 법정에서 증언한 증인을 다시 검찰청으로 소환하여 진술조서를 작성하는 것은 형소법 제275조의2의 '공판정에서의 변론은 구두로 해야 한다'는 구두변론주의에 어긋나므로, 적법한 절차와 방식이라는 요건을 흠결하여 증거능력이 없다. 공판준비 또는 공판기일에 이미 증언을 마친 증인을 검사가 소환한 후 피고인에게 유리한 그 증언 내용을 추궁하여 이를 일방적으로 번복시키는 방식으로 작성된 진술조서(99도1108전합)나 진술서(2012도534) 또는 피신조서(2012도13665) 모두 피고인이 증거동의를 하지 않는 한 증거능력이 부정된다. 그 조서에 대한 원진술자인 증인이 다시 법정에 출석하여 증언을 하면서 그 진술조서의 성립의 진정함을 인정하고 피고인 쪽에 반대신문의 기회를 부여한 경우 그 증언 자체를 유죄의 증거로 할 수 있음은 또 다른 문제이고, 이런 검사의 행위는 당사자주의·공판중심주의·직접주의를 지향하는 현행 형소법의 소송구조에 어긋나는 것일 뿐만 아니라, 수사라기보다는 검사가 공판정에서 하는 재신문행위로서 조서나 서류에 해당한다고 볼 수 없기 때문이다.

성폭력범죄의 피해자가 19세 미만이거나 신체적·정신적 장애로 사물을 변별하거나 의사를 결정할 능력이 미약한 경우에 촬영·보존되는 영상녹화물에 수록된 피해자의 진술에 대해 증거능력을 인정하는 규정(성폭법 제30조 제6항[14])은 위 규정에 대한 특칙이다. 영상녹화물에 수록된 피해자의 진술은 공판준비기일 또는 공판기일에 ① 피해자나, ② 조사 과정에 동석하였던 신뢰관계에 있는 사람 또는 ③ 진술조력인의 진술에 의해 그 성립의 진정함이 인정된 경우에 증거로 할 수 있다. 그런데 헌재는 19세 미만 성폭력범죄 피해자에 관한 부분은 피고인의 반대신문권을 침해한다는 이유로 위헌이라고 결정한다(2018헌바524). 이에 따라 이 점을 반영한 성폭법 제30조의2[15]를 신설하면서 동시에 19세미만피해자

인하여 이를 그대로 밝혀 기재할 것을 요구하는 규정을 따로 두고 있지는 않으므로 특정범죄신고자 등 보호법등에서처럼 명시적으로 진술자의 인적 사항의 전부 또는 일부의 기재를 생략할 수 있도록 한 경우가 아니더라도 진술자와 피고인의 관계, 범죄의 종류, 진술자 보호의 필요성 등 여러 사정으로 볼 때 상당한 이유가 있는 경우에는 가명으로 조서를 작성할 수 있기 때문이다.

14 ⑥ 제1항에 따라 촬영한 영상물에 수록된 피해자의 진술은 공판준비기일 또는 공판기일에 피해자나 조사 과정에 동석하였던 신뢰관계에 있는 사람 또는 진술조력인의 진술에 의하여 그 성립의 진정함이 인정된 경우에 증거로 할 수 있다.

15 제30조의2(영상녹화물의 증거능력 특례) ① 제30조 제1항에 따라 19세미만피해자등의 진술이 영상녹화된 영상녹화물은 같은 조 제4항부터 제6항까지에서 정한 절차와 방식에 따라 영상녹화된 것으로서 다음 각 호의 어느 하나의 경우에 증거로 할 수 있다.

1. 증거보전기일, 공판준비기일 또는 공판기일에 그 내용에 대하여 피의자, 피고인 또는 변호인이 피해자를 신문할 수 있었던 경우. 다만, 증거보전기일에서의 신문의 경우 법원이 피의자나 피고인의 방어권이 보장된 상태에서 피해자에 대한 반대신문이 충분히 이루어졌다고 인정하는 경우로 한정한다.

2. 19세미만피해자등이 다음 각 목의 어느 하나에 해당하는 사유로 공판준비기일 또는 공판기일에 출석하여 진술할 수 없는 경우. 다만, 영상녹화된 진술 및 영상녹화가 특별히 신빙(信憑)할 수 있는 상태에서 이루어졌음이 증명된 경우로 한정한다.
   가. 사망
   나. 외국 거주

등의 진술불능을 조건으로 영상녹화물의 증거능력을 인정하는 규정도 신설한다.

5. 진술서면과 녹음·녹화진술

제313조(진술서등) ① 전2조의 규정 이외에 피고인 또는 피고인이 아닌 자가 작성한 진술서나 그 진술을 기재한 서류로서 그 작성자 또는 진술자의 자필이거나 그 서명 또는 날인이 있는 것(피고인 또는 피고인 아닌 자가 작성하였거나 진술한 내용이 포함된 문자·사진·영상 등의 정보로서 컴퓨터용디스크, 그 밖에 이와 비슷한 정보저장매체에 저장된 것을 포함한다. 이하 이 조에서 같다)은 공판준비나 공판기일에서의 그 작성자 또는 진술자의 진술에 의하여 그 성립의 진정함이 증명된 때에는 증거로 할 수 있다. 단, 피고인의 진술을 기재한 서류는 공판준비 또는 공판기일에서의 그 작성자의 진술에 의하여 그 성립의 진정함이 증명되고 그 진술이 특히 신빙할 수 있는 상태하에서 행하여 진 때에 한하여 피고인의 공판준비 또는 공판기일에서의 진술에 불구하고 증거로 할 수 있다.
② 제1항 본문에도 불구하고 진술서의 작성자가 공판준비나 공판기일에서 그 성립의 진정을 부인하는 경우에는 과학적 분석결과에 기초한 디지털포렌식 자료, 감정 등 객관적 방법으로 성립의 진정함이 증명되는 때에는 증거로 할 수 있다. 다만, 피고인 아닌 자가 작성한 진술서는 피고인 또는 변호인이 공판준비 또는 공판기일에 그 기재 내용에 관하여 작성자를 신문할 수 있었을 것을 요한다.
③ 감정의 경과와 결과를 기재한 서류도 제1항 및 제2항과 같다.

가. 진술서면의 증거능력

(1) 진술서면의 개념과 유형

제311조와 제312조의 조서를 제외하고 피고인 또는 피고인 아닌 자가 작성한 진술서나 그 진술을 기재한 서류를 진술서면이라고 한다. 예컨대 메모나 일기 또는 의사가 작성한 진단서가 이에 해당한다. 다만 일기나 고해성사에 대해서는 그 주체의 절대적 정보지배권이 미치고, 따라서 일기의 증거 사용은 인격의 핵심부를 침해하는 것이므로 일기는 증거능력을 부정함이 옳다고 볼 수도 있다.

진술서면은 피고인 또는 피고인 아닌 자가 직접 작성한 서면인 진술서와 이들의 부탁을 받아 타인이 작성한 서면인 진술기재서로 구별할 수 있다. 진술서가 자신의 진술을 직접 적은 것이라면 진술기재서는 자신의 진술을 타인이 적도록 한 것이다.

세무공무원이 작성한 범칙혐의자심문조서는 형소법 제312조 제3항의 조서가 아니라 제313조의 진술서면에 해당하므로 피고인이 내용을 부인하더라도 제313조의 요건을 충족하면 증거능력이 인정된다고 판례는 본다(2022도8824). 세무업무의 내용과 실질이 수사절차와 유사한 점이 있고, 세무공무원의 고발이 있어야 형사절차로 이행되긴 하지만, 세무공무원을 특사경으로 보는 명시적인 규정이 없으므로 조세범칙조사절차는 행정절차로서 형사절차로 볼 수 없다는 것이다.

(2) 아날로그진술서면과 디지털진술서면의 구별

피고인 또는 피고인 아닌 자의 진술이 컴퓨터 등 각종 정보저장매체에 담겨서 전자적 정보의 형태로

다. 신체적, 정신적 질병·장애
라. 소재불명
마. 그 밖에 이에 준하는 경우

디지털화되어 증거로 제출되는 것이 현실의 법정이 되었다. 종전의 진술서면이 아날로그진술서면이라면 요즘의 진술서면은 디지털진술서면인 것이다. 이런 진술서면의 증거능력 요건은 그 작성자 또는 진술자가 피고인인지, 아니면 피고인이 아닌 자인지에 따른 차이만 있었다. 그런데 2016. 5. 29. 형소법을 개정하여 디지털진술서면의 증거능력 요건에 관한 별도의 규정을 마련하면서 그 진술서면이 아날로그진술서면인지, 아니면 디지털진술서면인지에 따라서도 차이가 생겼다.

(아날로그)진술서면은 작성자 또는 진술자의 자필이거나 그 서명 또는 날인이 있어야 하지만, 디지털진술서면은 이런 요건이 필요없고 피고인 또는 피고인 아닌 자가 작성하였거나 진술한 내용이 포함된 문자·사진·영상 등의 정보로서 컴퓨터용디스크, 그 밖에 이와 비슷한 정보저장매체에 저장된 것이면 된다.

(3) 진정성립의 증명: 진술뿐만 아니라 객관적 방법으로도 가능

형소규칙 제134조의7에 따라 증거조사를 한 압수물인 디지털정보저장매체로부터 출력한 문건을 증거로 사용하기 위해서는 먼저 디지털정보저장매체 원본에 저장된 내용과 출력한 문건의 동일성이 인정되어야 하는데, 이를 위해서는 ① 디지털정보저장매체 원본이 압수시부터 문건 출력시까지 변경되지 않았음이 담보되어야 하고, 특히 ② 디지털정보저장매체 원본을 대신하여 저장매체에 저장된 자료를 '하드카피' 또는 '이미징'한 매체로부터 출력한 문건인 경우에는 디지털정보저장매체 원본과 '하드카피' 또는 '이미징'한 매체 사이에 자료의 동일성도 인정되어야 할 뿐만 아니라, ③ 이를 확인하는 과정에서 이용한 컴퓨터의 기계적 정확성, 프로그램의 신뢰성, 입력·처리·출력의 각 단계에서 조작자의 전문적인 기술능력과 정확성이 담보되어야 한다.

다음으로 압수된 디지털정보저장매체로부터 출력한 문건을 진술증거로 사용하려면, 그 기재 내용의 진실성에 관하여는 전문법칙이 적용되고 (작성자가 수사기관이 아니므로) 제313조 제1항에 따라 그 작성자나 진술자의 진술에 의해 그 성립의 진정이 증명되어야만 하였으나(2007도7257[일심회사건]. 同旨: 99도2318[영남위원회사건]),[16] 2016. 5. 29. 형소법 제313조 제2항을 신설하여, 아날로그진술서면이든 디지털진술서면이든 '과학적 분석결과에 기초한 디지털포렌식 자료, 감정 등 객관적 방법'으로도 진정성립을 증명할 수 있도록 한다. 디지털진술서면의 경우 성립의 진정을 부인하는 진술(예컨대 "내가 작성하지 않았다")로 쉽게 증거능력이 부정되는 것은 문제이기 때문이다.

(4) 피고인의 진술서면의 증거능력 요건

피고인의 진술서와 진술기재서의 증거능력 요건이 동일한지 여부를 두고 다툼이 있다. 판례는 다르게 본다(구별설). 판례는 형소법 제313조 제1항 단서의 '피고인의 진술을 기재한 서류'는 피고인의 진술기재서를 의미한다는 전제 아래 피해자가 피고인과의 대화내용을 녹음한 테이프의 증거능력과 관련하여 이는 피고인의 진술기재서와 같다고 보고 제313조 제1항 단서의 "작성자"는 기재한 사람,

---

16 다만 디지털정보저장매체에 기억된 문자정보의 내용의 진실성이 아닌 그와 같은 내용의 문자정보가 존재하는 것 자체가 증거로 되는 경우에는 전문법칙이 적용되지 않고, 또한 어떤 진술을 범죄사실에 대한 직접증거로 사용할 때에는 그 진술이 전문증거가 된다고 하더라도 그와 같은 진술을 하였다는 것 자체 또는 그 진술의 진실성과 관계없는 간접사실에 대한 정황증거로 사용할 때에는 반드시 전문증거가 되는 것은 아니라고 판례는 보았다(2013도2511).

곧 녹음한 자인 피해자를 의미하고, ① 피해자가 법정에서 진정성립을 인정하고, ② 피고인의 진술의 특신상태가 인정되면 진정성립을 부인하는 피고인의 진술에도 불구하고 증거능력이 인정된다고 본다(2005도2945; 2007도10804; 2012도7461).[17] 이에 따르면 피고인의 진술기재서와 달리 피고인의 진술서는 법정에서 피고인의 진술로 진정성립이 인정되어야 증거능력이 인정되나(제313조 제1항 본문), 진정성립이 부인될 경우에는 과학적 분석결과에 기초한 디지털포렌식 자료, 감정 등 객관적 방법으로 진정성립이 증명되면 증거능력이 인정된다(제313조 제2항 본문). 결국 피고인의 진술기재서는 진정성립이 객관적 방법으로 대체하여 증명될 수 없다.

그러나 피고인 아닌 자(E)가 피고인 아닌 자(V)와의 대화 내용을 촬영한 비디오테이프는 V의 진술서면으로 보고 진정성립의 주체를 E가 아니라 V로 보는 판례(2004도3161)에 견줘보면 옳지 않다. 또한 이런 논리에 따르면 수사기관작성조서의 경우도 원진술자의 진술보다 조서 작성자의 진술에 무게를 두어야 한다. 만일 판례처럼 작성자를 피해자로 보면 피고인의 진술을 내용으로 하는 피해자의 전문진술서면으로 보는 것이 옳고, 따라서 이 경우 제313조와 제316조에 따라 증거능력을 인정해야 한다. 이런 점에서 피고인의 진술서와 피고인의 진술기재서의 증거능력 요건은 동일하게 봐야 한다(비구별설). 피고인의 진술서와 진술기재서는 동일하게 피고인의 진술을 담고 있고, 진술기재서는 작성만 타인이 하도록 한 것이므로 그 문서의 작성명의인은 분명히 피고인이기 때문이다. 이에 따라 피고인의 진술서면은 ① 원진술자인 피고인의 진술로 진정성립이 증명되고, ② 그 진술의 특신상태가 인정되면 법정에서 피고인의 내용부인의 진술에도 불구하고 증거능력이 인정되고(제313조 제1항),[18] 진정성립이 부인되더라도 과학적 분석결과에 기초한 디지털포렌식 자료, 감정 등 객관적 방법으로 진정성립이 증명되면 증거능력이 인정된다고 봐야 한다(제313조 제2항 본문). 물론 아날로그진술서면은 원진술자의 자필이거나 서명 또는 날인이 있어야 한다.

(5) 피고인 아닌 자의 진술서면의 증거능력 요건

피고인 아닌 자의 진술서와 진술기재서의 증거능력 요건도 다르게 보기도 한다(구별설). 구별설에 따르면 피고인 아닌 자의 진술기재서는 작성자인 피고인 아닌 자가 아니라 원진술자인 피고인 아닌 자가 법정에서 진술로 진정성립을 증명하면 증거능력이 인정되나(제313조 제1항 본문), 진정성립을 부인하는 경우에는 과학적 분석결과에 기초한 디지털포렌식 자료, 감정 등 객관적 방법으로 진정성립이 증명되면 증거능력이 인정된다(제313조 제2항 본문). 반면에 피고인 아닌 자의 진술서는 원진술자이자 작성자인 그 피고인 아닌 자가 법정에서 진술로 진정성립을 증명하면 증거능력이 인정되고(제313조 제1항 본문), 진정성립을 부인하더라도 과학적 분석결과에 기초한 디지털포렌식 자료, 감정 등 객관적 방법으로 진정성립이 증명되면 증거능력이 인정되지만, 이 경우에는 추가적으로 피고인 또는 변호인이 법정에서 그 기재 내용에 관해 피고인 아닌 자를 신문할 수 있어야 한다(제313조 제2항 단서).[19] 곧 피고인 아닌 자의 진술기재서는 반대신문을 증거능력 요건으로 하지 않지만, 피

---

17 이창섭, "형사소송법 제313조 제1항에 관한 몇 가지 검토", 동아법학, 2014, 236면.
18 예컨대 임동규, 형사소송법, 법문사, 2012, 516면.
19 배종대·홍영기, 형사소송법, 홍문사, 2017, 352면.

고인 아닌 자의 진술서는 반대신문을 증거능력 요건으로 한다고 보는 견해이다.

그러나 피고인의 진술서면처럼 피고인 아닌 자의 진술서와 진술기재서의 증거능력 요건도 동일하게 보는 것이 옳다(비구별설). 모두 피고인 아닌 자의 진술을 내용으로 하는 서면이기 때문이다. 따라서 피고인 아닌 자(원진술자)의 진술서면의 증거능력이 인정되려면 ① 법정에서 피고인 아닌 자(원진술자)의 진술(제313조 제1항)이나 과학적 분석결과에 기초한 디지털포렌식 자료, 감정 등 객관적 방법(제313조 제2항)으로 진정성립이 증명되고, ② 피고인 또는 변호인이 법정에서 그 기재 내용에 관해 피고인 아닌 자(원진술자)를 신문할 수 있었을 것이 필요하다. 반대신문의 기회를 피고인에게 보장한 것이다. 물론 아날로그진술서면은 원진술자[20]의 자필이거나 서명 또는 날인이 있어야 한다.

판례는 피고인 아닌 자(E)가 피고인 아닌 자(V)와의 대화 내용을 촬영한 비디오테이프는 V의 진술서면으로 보고 진정성립의 주체를 E가 아니라 V라고 본다(2004도3161).

구별	진술서면(제313조)
공통요건	아날로그진술서면의 경우는 원진술자의 자필이거나 서명 또는 날인이 있을 것(제1항 본문)
피고인	▶ 구별설: 진술서 – 진정성립 증명(피고인의 진술 또는 객관적 방법)(제1항, 제2항 본문) 　진술기재서 – 진정성립 증명(피고인이 아니라 작성자의 진술로만), 특신상태(제1항 단서) ▶ 비구별설: 진정성립 증명(피고인의 진술 또는 객관적 방법), 특신상태(제1항 단서)
피고인 아닌 자	▶ 구별설: 진술서 – 진정성립 증명(원진술자의 진술 또는 객관적 방법), 단 객관적 방법으로 진정성립을 증명한 경우에는 반대신문 필요(제2항 단서) 　진술기재서 – 진정성립 증명(원진술자의 진술 또는 객관적 방법)(제1항, 제2항 본문) ▶ 비구별설: 진정성립 증명(원진술자의 진술 또는 객관적 방법), 반대신문 필요(제2항 단서)

(6) 감정서

제313조 제3항은 '감정의 경과와 결과를 기재한 서류도 전항과 같다'고 하고 있다. 감정의 경과와 결과를 기재한 서류의 작성주체는 감정인이고, 이는 피고인 아닌 자에 해당하므로, 피고인 아닌 자의 진술서면의 증거능력 요건과 같다.

나. 녹음·녹화된 진술

(1) 피해자가 피고인과의 대화내용을 녹음한 테이프

피해자가 피고인과 대화내용을 녹음한 테이프의 녹취서가 공소사실의 증거로 제출되어 그 녹취서의 기재내용과 녹음테이프의 녹음내용이 동일한지 여부에 관해 법원이 검증을 실시한 경우에 증거자료가 되는 것은 녹음테이프에 녹음된 대화내용 그 자체이고, 그중 피고인의 진술내용은 실질적으로 제313조 제1항 단서가 말하는 피고인의 진술을 기재한 서류와 다름없으며, 피고인이 그 녹음테이프를 증거로 함에 동의하지 않은 이상 그 녹음테이프 검증조서의 기재 중 피고인의 진술내용을 증거로 사용하기 위해서는 제313조 제1항 단서에 따라 ① 공판준비 또는 공판기일에 그 작성자인 피해자의

---

20 진정성립의 주체가 작성자인지 기재한 자인지 논란이 될 수 있으므로 아예 이렇게 원진술자로 규정하자는 주장: 노수환, "디지털증거의 진정성립 증명과 증거능력 – 형사소송법 제313조 제1항의 해석과 관련한 판례의 비판적 검토–", 법조, 2015, 47면의 각주 63.

진술에 의해 녹음테이프에 녹음된 피고인의 진술내용이 피고인이 진술한 대로 녹음된 것임(진정성립)이 증명되고, ② 그 진술이 특히 신빙할 수 있는 상태에서 행해진 것임(특신상태)이 인정되어야 하며, ③ 녹음테이프는 그 성질상 작성자나 진술자의 서명 혹은 날인이 없을 뿐만 아니라, 녹음자의 의도나 특정한 기술에 의하여 그 내용이 편집, 조작될 위험성이 있음을 고려하여, 그 대화내용을 녹음한 원본이거나 원본으로부터 복사한 사본일 경우에는 복사과정에서 편집되는 등의 인위적 개작 없이 원본의 내용 그대로 복사된 사본임이 입증되어야만 하고, 디지털녹음기(보이스 펜)에 대한 증거조사절차를 거치지 않은 채 그 녹음내용을 재녹음한 카세트테이프에 대한 1심 검증조서 중 피고인의 진술부분을 유죄의 증거로 채택한 것은 위법이다(2005도2945).

피해자 V가 디지털 녹음기로 피고인과 대화를 녹음한 후 저장된 녹음파일 원본을 컴퓨터에 복사하고 디지털 녹음기의 파일 원본을 삭제한 뒤 다음번 대화를 다시 녹음하는 과정을 반복하여 작성한 녹음파일 사본과 해당 녹취록을 공갈죄의 증거로 제출한 사건에서도, 제313조 제1항 단서에 따라 녹음파일 사본과 해당 녹취록의 증거능력을 인정하여 유죄를 인정하면서, 진술자인 피고인이 아니라 작성자라고 할 수 있는 V의 진술로 진정성립이 인정되어야 한다(2012도7461).

(2) 피고인 아닌 A가 피고인 아닌 B(피해자)와 대화 내용을 촬영한 비디오테이프

피고인 아닌 A가 피고인 아닌 B와의 대화 내용을 촬영한 비디오테이프는 B의 진술을 기재한 서류와 다르지 않으므로, 그 진술 부분에 대해 증거능력을 부여하기 위해서는 ① 비디오테이프가, ⓐ 원본이거나, ⓑ 사본일 경우에는 복사과정에서 편집되는 등 인위적 개작 없이 원본의 내용 그대로 복사된 사본이어야 하고, ② 제313조 제1항에 따라 공판준비나 공판기일에서 원진술자인 B의 진술에 의해 그 비디오테이프에 녹음된 진술내용이 자신이 진술한 대로 녹음된 것이라는 점이 인정되어야 한다(2004도3161). 곧 녹음·녹화과정에서 편집되는 등 인위적 개작 없이 녹음·녹화된 것임이 입증되고, 녹음·녹화된 사람이 녹음·녹화된 내용을 확인해야 한다는 것이다.

피고인 아닌 A가 피고인 아닌 B(피해자)와의 통화를 녹음한 녹음테이프에 대한 법원의 검증조서의 경우에는 법원이 실시한 검증의 내용이 ① 녹음테이프에 녹음된 통화의 내용이면 제313조 제1항에 따라 공판준비나 공판기일에서 원진술자의 진술에 의해 그 녹음테이프에 녹음된 진술내용이 자신이 진술한 대로 녹음된 것이라는 점이 인정되어야 하지만, ② 통화 당시 진술자의 상태(例 술에 취한 상태에서 횡설수설한 것은 아닌지) 등을 확인하기 위한 것이면 그 검증조서는 법원의 검증의 결과를 기재한 조서로서 제311조에 따라 당연히 증거능력이 인정된다(2007도10755).

6. 형소법 제314조: 제312조와 제313조에 대한 예외

제314조(증거능력에 대한 예외) 제312조 또는 제313조의 경우에 공판준비 또는 공판기일에 진술을 요하는 자가 사망·질병·외국거주·소재불명 그 밖에 이에 준하는 사유로 인하여 진술할 수 없는 때에는 그 조서 및 그 밖의 서류(피고인 또는 피고인 아닌 자가 작성하였거나 진술한 내용이 포함된 문자·사진·영상 등의 정보로서 컴퓨터용디스크, 그 밖에 이와 비슷한 정보저장매체에 저장된 것을 포함한다)를 증거로 할 수 있다. 다만, 그 진술 또는 작성이 특히 신빙할 수 있는 상태하에서 행하여졌음이 증명된 때에 한한다.

가. 요건 개관

제314조는 제312조와 제313조에 대한 예외규정이다. 제314조에 따르면 제312조나 제313조의 조서나 서류 또는 디지털조서·서류(피고인 또는 피고인 아닌 자가 작성하였거나 진술한 내용이 포함된 문자·사진·영상 등의 정보로서 컴퓨터용디스크, 그 밖에 이와 비슷한 정보저장매체에 저장된 것. 이는 2016. 5. 29. 형소법을 개정하여 제313조에 디지털진술서면의 증거능력 요건에 관한 규정을 별도로 마련하면서 추가한 것임)가 다음 2가지를 충족하면 증거능력이 인정된다. ① 진술불능이다. 진술을 요할 자가 사망, 질병, 외국거주, 소재불명 '그 밖에 이에 준하는 사유'로 인하여 공판준비 또는 공판기일에 진술할 수 없는 경우이어야 한다. 2007년 개정형소법은 '소재불명'을 신설하고, 종전의 '기타 사유'를 '그 밖에 이에 준하는 사유'로 개정한다. ② 그 진술 또는 서류의 작성이 특히 신빙할 수 있는 상태에서 한 것이어야 한다(특신상태). '특신상태'의 증명은 단지 그러할 개연성이 있다는 정도로는 부족하고 합리적인 의심의 여지를 배제할 정도에 이르러야 한다(2012도725). 원진술자의 진술불능에도 불구하고 제312조나 제313조의 조서가 진실발견을 위해 필요한 것이라는 점에서 전자는 필요성의 요건, 후자는 신용성의 정황적 보장의 요건이다(2004도3619).

만 5세 무렵에 당한 성추행으로 인해 외상 후 스트레스 증후군을 앓고 있다는 등의 이유로 공판정에 출석하지 않은 약 10세 남짓의 성추행 피해자에 대한 진술조서는 위 두 요건을 갖추지 못하여 증거능력이 없다고 판례는 본다(2004도3619). 그러나 수사기관에서 진술한 피해자인 만 3세가 조금 넘은 유아가 공판정에서 진술을 하였지만 증인신문 당시 일정한 사항에 관하여 기억이 나지 않는다는 취지로 진술하여 그 진술의 일부가 재현 불가능하게 된 경우는, 제314조와 제316조 제2항에서 말하는 '원진술자가 진술을 할 수 없는 때'에 해당한다고 본다(2005도9561).

판례는 제314조의 적용대상이 되는 서류에는 외국수사기관이 작성한 조서도 포함된다고 보고, 미합중국 주검찰 수사관이 작성한 질문서와 형사사법공조요청에 따라 미합중국 법원의 지명을 받은 자가 작성한 증언녹취서의 증거능력을 인정한다(97도1351).

나. 진술불능

진술을 요하는 자가 거주하는 외국의 주소나 연락처 등이 파악되고 해당 국가와 대한민국 사이에 국제형사사법공조조약이 체결된 경우는 위 제314조에 해당할 수 없다고 판례는 본다(2015도17115). 그 이유는 진술을 요하는 자가 외국에 있다는 것만으로는 부족하고 가능하고 상당한 수단을 다하더라도 진술을 요할 자를 법정에 출석하게 할 수 없는 사정이 있어야 한다는 것이다.

판례는 필요성의 요건 중 '질병'은 진술을 요할 자가 공판이 계속되는 동안 임상신문이나 출장신문도 불가능할 정도의 중병을 말하고, 2007년 개정형소법 이전의 '기타 사유'는 ① 사망 또는 질병에 준하여 증인으로 소환될 당시부터 기억력이나 분별력의 상실 상태에 있는 경우, ② 법정에 출석하여 증언거부권을 행사하는 경우(92도1211; 92도1244), ③ 증인소환장을 송달받고 출석하지 않아서 구인을 명하였으나 끝내 구인 집행이 되지 않은 경우 등을 말한다고 보았다(2004도3619). 그런데 변호사가 의뢰인에게 법률자문을 한 내용을 적은 '법률의견서'는 제313조 제1항의 진술서면에 해당하고, 변호사가 정당하게 증언거부권을 행사하여 증언을 거부함으로써 성립의 진정이 증명되지 않았다면 제314조에 근거해서도 증거능력을 인정할 수 없다는 판례(2009도6788전합)가 나와서 위 ②는 제314조에 해당하지 않게 되었다.[21] 변호인과 의뢰인 사이에서 비밀리에 이뤄진 의사교환에 대해 공개를 거부할 수 있는 특권을 인정하여 변호사가 법정에서 증언거부권을 행사한 경우는 '그 밖에 이에 준하는 사유'에 해당하지 않는다고 본 것이다. 법정에서 증언을 거부하여 법정진술이 확보되지 않은 상황에서 만일 제314조를 근거로 그 진술이 기재된 서류의 증거능력을 인정하면 정당한 증거거부권의 행사를 무의미하게 한다.

그러나 증인이 정당하게 증언거부권을 행사한 것으로 볼 수 없는 경우도, 피고인이 증인의 증언거부 상황을 초래하였다는 등의 특별한 사정이 없는 한, 제314조의 '그 밖에 이에 준하는 사유'에 해당하지 않는다(2018도13945전합).[22] 그 이유는 아래 4가지다. ① 증인이 정당하게 증언거부권을 행사한 경우와 증언거부권의 정당한 행사가 아닌 경우를 비교하면, 피고인의 반대신문권이 보장되지 않는다는 점에서 아무런 차이가 없다. ② 증인의 증언거부가 정당하게 증언거부권을 행사한 것인지 여부는 피고인과는 상관없는 증인의 영역에서 일어나는 문제이고, 피고인으로서는 증언거부권이 인정되는 증인이건 증언거부권이 인정되지 않는 증인이건 상관없이 형사소송법이 정한 반대신문권이 보장되어야 한다. ③ 증인의 증언거부권의 존부라는 우연한 사정에 따라 제314조의 해당 여부가 달라지는 것은 피고인의 형사소송 절차상 지위에 심각한 불안정을 초래한다. ④ 사안에 따라서는 증인의 증언거부에 정당한 이유가 있는지를 명확히 판별하기 쉽지 않은 경우도 있으므로, 증인이 정당하게 증언거부권을 행사했는지 여부에 따라 증인의 수사기관 조서의 증거능력에 관한 판단을 달리하는 것은 형사소송절차의 안정마저 저해할 우려가 있다.

'그 밖에 이에 준하는 사유'를 보다 엄격하게 해석해서, 형식적으로 구인장 집행이 불가능하다는 취지의 서면이 제출되었다는 것만으로는 부족하고, 증인에 대한 구인장의 강제력에 기해 증인의 법정 출석을 위한 가능하고도 충분한 노력을 다하였음에도 불구하고, 부득이 증인의 법정 출석이 불가능하게 되었다는 사정을 검사가 입증한 경우이어야 한다(2006도7228). 진술거부권을 피고인의 권리로서 보장되어야 하므로, 피고인이 증거서류의 진정성립을 묻는 검사의 질문에 대해 진술거부권을 행사하여 진술을 거부한 경우는 제314조의 '그 밖에 이에 준하는 사유'에 해당하지 않는다(2012도16001).

다. 피고인과 공범인 피의자의 진술이 기재된 경찰작성 피신조서와 제314조

甲이 乙과 함께 살인을 하였다는 내용이 담긴 경찰작성 피신조서를 남긴 후 행방불명이 되었고, 그 후

---

21 판례변경을 하지 않은 것은 2007년 개정형소법의 '그 밖에 이에 준하는 사유'는 그 이전의 '기타 사유'와 달리 예외 사유를 엄격히 제한하여 직접심리주의와 공판중심주의를 강화하기 위한 것으로서 두 문언은 실질적으로 차이가 있다고 본 것이다. 이와 달리 법률의견서는 요증사실에 대한 체험이 아니라 단지 의견표명에 불과하므로 전문증거가 아니고, 전문증거로 본다고 하더라도 '그 밖에 이에 준하는 사유'와 '기타 사유'라는 두 문언은 실질적인 차이가 없으므로 변호사가 증언거부권을 행사하는 경우도 종전처럼 제314조의 '그 밖에 이에 준하는 사유'로 봐야 한다는 반대의견이 있다.

22 피고인이 필로폰을 증인에게 매매한 사건에서 증인 자신의 재판이 확정되었음에도 불구하고 피고인의 사건에서 증인으로 출석하여 증언을 거부한 경우로서, 다수의견은 피고인이 증인의 증언거부 상황을 초래한 것도 아니라는 이유로 '그 밖에 이에 준하는 사유'에 해당하지 않는다고 본 것이다. 이 판결의 별개의견은 증인이 정당하게 증언거부권을 행사한 것으로 볼 수 없는 경우는 '그 밖에 이에 준하는 사유'에 해당한다고 본다.

경찰이 甲의 소재에 대해 수사한 결과 甲은 미국으로 도피하여 현재 그곳에 거주하고 있는 것으로 확인된 경우, 甲의 조서에 대해 제314조를 적용하여 乙의 유죄의 증거로 사용할 수 있는가?

공동피고인이 아닌 공범의 경우에는 그 공범이 흔히 공판정에서 진술할 수 없는 경우도 있으므로 제314조의 적용 여부가 문제된다. 위 甲의 조서에 대해 제314조가 적용될 수 있을까? 판례(2008도10787; 2003도7185전합)는 부정한다. 그 이유는 피고인과 '공범관계'인 피의자에 대한 경찰작성 피신조서는 그 피의자의 법정진술에 의해 그 내용인정을 하더라도 피고인 乙이 공판기일에서 그 조서의 내용을 부인하면 증거능력이 부정된다는 것이다. 여기서 말하는 '공범관계'는 형법 총칙의 공범관계는 물론 필요적 공범 내지 대향범 관계도 포함한다. 필요적 공범 내지 대향범의 경우 형법 총칙의 공범관계와 마찬가지로 어느 한 피고인이 자기의 범죄에 대하여 한 진술이 나머지 대향적 관계에 있는 자가 저지른 범죄에도 내용상 불가분적으로 관련되어 있어 목격자, 피해자 등 제3자의 진술과는 본질적으로 다른 속성을 지니고 있기 때문이다.

판례는 양벌규정에 따라 처벌되는 행위자와 행위자가 아닌 법인·개인(사업주)의 관계는, 행위자가 저지른 법규위반행위가 사업주의 법규위반행위와 사실관계가 동일하거나 적어도 중요 부분을 공유한다는 점에서 내용상 불가분적 관련성을 갖고 있고, 형법 총칙의 공범관계 등과 마찬가지로 인권보장적인 요청에 따라 형소법 제312조 제3항이 이들 사이에서도 적용되고, 따라서 제314조도 적용되지 않는다고 본다(2016도9367).

7. 제311조의 법원·법관작성조서와 제315조의 당연히 증거능력 있는 서류

가. 제311조의 법원·법관작성조서

공판기일에 수소법원의 공판정(법정)에서 한 진술에 대한 조서는 전문법칙의 적용을 받지 않는다. 이는 전문증거가 아니다. 그 진술은 직접주의에 따른 것이고, 반대신문권도 보장된 것이다. 그래서 실무에서는 수소법원의 공판조서나 증인신문조서는 증거로 사용하지 않고 판결문에 증거로 기재하지도 않는다.[23] 곧 판결문에서 '증거의 요지' 항목에 "1. 피고인 甲의 법정진술 2. 증인 E의 법정진술…"로 설시하지, "1. 피고인 甲의 진술이 기재된 공판조서 2. 증인 E의 증언이 기재된 증인신문조서…"라고 설시하지 않는다. 제311조는 법원·법관작성조서는 법관 인사이동이나 공판절차의 갱신 등으로 인해 판결을 선고할 법원이 피고인의 진술이나 증인의 증언을 직접 청취하지 못한 경우를 위한 것이다. 법원·법관작성조서는 아무런 요건없이 곧바로 절대적 증거능력을 갖는다. 입법자의 이런 특별한 신뢰는 헌법이 보장하는 법관의 인적·물적 독립성에서 오는 것이다.

나. 제315조의 당연히 증거능력 있는 서류

> 제315조(당연히 증거능력이 있는 서류) 다음에 게기한 서류는 증거로 할 수 있다.
> 1. 가족관계기록사항에 관한 증명서, 공정증서등본 기타 공무원 또는 외국공무원의 직무상 증명할 수 있는 사항에 관하여 작성한 문서

---

23 차정인, 형사소송실무[기록형 형사법], 신조사, 2012, 27면.

> 2. 상업장부, 항해일지 기타 업무상 필요로 작성한 통상문서
> 3. 기타 특히 신용할 만한 정황에 의하여 작성된 문서

아래 서류는 제315조에 따라 당연히 증거능력이 있다. 첫째, 공무원이 직무상 증명할 수 있는 사항에 관해 작성한 문서이다(제1호). 옛 호적을 대신하는 가족관계기록사항에 관한 증명서, 공정증서 등본, 등기부등초본, 주민등록등초본, 법원판결서의 사본 등이 이에 해당하며, 공무원에는 외국공무원도 포함된다(83도3145). 둘째, 상업장부, 항해일지 기타 업무상 필요로 작성한 통상문서이다(제2호). 셋째, 기타 특히 신용할 만한 정황에 의해 작성된 문서이다(제3호). 공공기록, 스포츠기록, 공무소작성의 각종 통계와 연감 등이 이에 해당한다. 이러한 문서는 업무의 기계적 반복성으로 인하여 허위가 개입될 여지가 적고, 또 문서의 성질에 비추어 고도의 신용성이 인정되어 반대신문의 필요가 없거나 작성자를 소환해도 서면제출 이상의 의미가 없는 것이어서 제315조가 당연히 증거능력을 인정한 것이고, 제315조 제3호에서 규정한 '기타 특히 신용할 만한 정황에 의하여 작성된 문서'는 제315조 제1호와 제2호에서 열거된 공권적 증명문서 및 업무상 통상문서에 준하여 '굳이 반대신문의 기회 부여 여부가 문제 되지 않을 정도로 고도의 신용성의 정황적 보장이 있는 문서'를 의미한다고 헌재는 본다(2011헌바79).

어떤 문서가 제315조 제2호의 업무상 통상문서에 해당하는지를 구체적으로 판단할 때는 제315조 제2호 및 제3호의 입법 취지를 참작하여 당해 문서가 정규적·규칙적으로 이루어지는 업무활동으로부터 나온 것인지 여부, 당해 문서를 작성하는 것이 일상적인 업무 관행 또는 직무상 강제되는 것인지 여부, 당해 문서에 기재된 정보가 취득된 즉시 또는 그 직후에 이루어져 정확성이 보장될 수 있는 것인지 여부, 당해 문서의 기록이 비교적 기계적으로 행하여지는 것이어서 기록 과정에 기록자의 주관적 개입의 여지가 거의 없다고 볼 수 있는지 여부, 당해 문서가 공시성이 있는 등으로 사후적으로 내용의 정확성을 확인·검증할 기회가 있어 신용성이 담보되어 있는지 여부 등을 종합적으로 고려해야 한다고 판례는 본다(2015도2625전합).

피고인이 뇌물공여 혐의를 받기 전에 이와는 관계없이 준설공사에 필요한 각종 인·허가 등의 업무를 위임받아 이를 추진하는 과정에서 그 업무수행에 필요한 자금을 지출하면서, 스스로 그 지출한 자금내역을 자료로 남겨두기 위해 뇌물자금과 기타 자금을 구별하지 않고 그 지출 일시, 금액, 상대방 등 내역을 그때그때 계속적·기계적으로 기입한 수첩을 판례는 제315조 제2호의 업무상 통상문서로 보고 그 기재내용에 대해 증거능력을 판례는 인정한다(94도2865전합). 판례는 성매매업소에 고용된 여성들이 성매매를 업으로 하면서 영업에 참고하기 위해 성매매 상대방의 아이디와 전화번호 및 성매매방법 등을 메모지에 적어두었다가 직접 메모리카드에 입력하거나 업주가 고용한 다른 여직원이 그 내용을 입력한 사건에서, 메모리카드의 내용은 제315조 제2호의 '영업상 필요로 작성한 통상문서'로서 당연히 증거능력 있는 문서에 해당한다고 본다(2007도3219).

그러나 원세훈전국정원장의 대선·정치 개입사건에서 판례는 국정원 직원들이 사용한 트위터 계정이 담긴 전자우편 첨부파일[24]의 증거능력을, 그 내용의 출처가 불분명하고 작성자가 기계적으로 반복해 작성

---

24 첨부파일은 '425지논' 파일과 '시큐리티' 파일 2개인데, 전자는 4월 25일 논지로 추정되는 A4 용지 420장 분량의 파일로서 2012년 4월 25일부터 12월 5일까지 매일 원전원장이 내린 지시사항의 요점이 담겨있고, 후자는 A4 19

한 것인지 알 수 없다는 이유로 부정한다(2015도2625전합).[25] 그러나 이런 범죄적 업무가 비밀조직인 국가정보원에서 이루어진 점을 감안하면 관련 서류는 비공식적 비밀문서일 수밖에 없고 오히려 그렇기 때문에 더 신뢰할 만한 문서라고 볼 수 있다. 따라서 형소법 제315조 제2호의 업무상 통상문서로서 그 증거능력을 인정한 항소심(2014노2820)이 옳다.[26]

보험사기 사건에서 건강보험심사평가원이 수사기관의 의뢰에 따라 그 보내온 자료를 토대로 입원진료의 적정성에 대한 의견을 제시하는 내용의 '건강보험심사평가원의 입원진료 적정성 여부 등 검토의뢰에 대한 회신'은 제315조 제3호의 '기타 특히 신용할 만한 정황에 의하여 작성된 문서'에 해당하지 않는다고 판례는 본다(2017도12671). 사무처리 내역을 계속적, 기계적으로 기재한 문서가 아니라 수사기관의 의뢰에 따라 그 보내온 자료를 토대로 범죄사실의 인정 여부와 관련 있는 입원진료의 적정성에 대한 의견을 제시하는 내용을 담고 있는 문서라는 것이다.

문서의 사본이라도 특히 신용할 만한 정황에 의해 작성된 문서인 경우에는 그 증거능력이 있다고 판례는 본다(90도2601). 그러나 복사기술의 발달로 원본의 신용성이 재현될 수 있지만 조작의 가능성도 여전히 남아있으므로 전자복사 등 고도의 정밀성을 가진 기계에 의한 복사문서일지라도 복사문서는 제315조 제3호의 '기타 특히 신용할 만한 정황에 의해 작성된 문서'에 해당한다고 보는 것은 옳지 않다.

8. 형소법 제316조의 전문진술

> 제316조(전문의 진술) ① 피고인이 아닌 자(공소제기 전에 피고인을 피의자로 조사하였거나 그 조사에 참여하였던 자를 포함한다. 이하 이 조에서 같다)의 공판준비 또는 공판기일에서의 진술이 피고인의 진술을 그 내용으로 하는 것인 때에는 그 진술이 특히 신빙할 수 있는 상태하에서 행하여졌음이 증명된 때에 한하여 이를 증거로 할 수 있다.
> ② 피고인 아닌 자의 공판준비 또는 공판기일에서의 진술이 피고인 아닌 타인의 진술을 그 내용으로 하는 것인 때에는 원진술자가 사망, 질병, 외국거주, 소재불명 그 밖에 이에 준하는 사유로 인하여 진술할 수 없고, 그 진술이 특히 신빙할 수 있는 상태하에서 행하여졌음이 증명된 때에 한하여 이를 증거로 할 수 있다.

장 분량의 파일로서 국정원 직원 K씨가 사용한 트위터 계정 30개와 비밀번호, 다른 요원의 이름 앞 두 글자와 이들이 사용한 것으로 추정되는 계정들이 나열돼 있고, K씨의 트위터 활동내역과 함께 리트위트할 우판 논객 트위터 계정, 팔로워 늘리는 방법도 적혀있다. 검찰은 이 파일에 적힌 계정들을 출발점으로 삼아 연결 계정 1157개와 78만 6698건의 트위터 글을 찾아냈다. K씨는 검찰에서는 자신이 파일을 작성했다고 했으나 1심 법정에서 "전자우편은 내가 쓴 게 맞지만 첨부파일은 누가 썼는지 모른다"고 진술을 번복하여, 형소법 제313조의 증거능력 요건인 성립의 진정을 부정했으나, 첨부파일에는 K씨만 알 수 있는 활동내역이 날짜와 장소별로 기록돼 있다.

25 1심은 국정원 직원이 시인한 일부 계정 및 이 계정과 자동전파 프로그램(트위트덱)으로 연결된 계정 등 총 175개 계정이 쓴 글 11만 3621건만 증거로 인정하고, 트위터 내용이 정부를 홍보하거나 야당을 비판하는 내용이어서 정치관여는 맞지만, 선고를 앞두고는 오히려 글이 감소해 선거개입의 목적이 아니라고 판단해서 국정원법위반죄는 유죄를 공직선거법위반죄는 무죄를 각각 선고했으나, 2심은 두 파일의 증거능력을 인정하여 공직선거법위반죄도 유죄를 인정하였다. 대법원이 증거능력을 부정한 트위터 글로 예컨대 "안철수 교수가 대권에 출마할 생각을 한 순간부터 자신에 대한 시중 루머는 각오해야 하지 않았을까요? 시중에 퍼진 얘기를 다시 리마인딩 시킨 걸 가지고 조직적 뒷조사라며 우긴다는 건 좀 시대착오적 발상 같네요"를 들 수 있다.

26 同旨: 김인회, "증거능력이 인정되는 통상문서의 요건", 대한변협신문 제566호, 2015. 11. 16.

제316조는 피고인 아닌 자의 진술이 다른 사람의 진술을 내용으로 한 경우, 이른바 전문진술의 증거능력 인정요건에 관한 규정이다. 그 다른 사람이 피고인인지, 아니면 피고인 아닌 타인인지에 따라 그 요건이 다르다.

가. 피고인의 진술을 내용으로 하는 피고인 아닌 자의 진술과 조사자증언제도

폭행치사사건에서 피고인으로부터 "피해자가 하도 때려서 내가 밀었어"라는 말을 들었다는 증인의 법정 진술이 피고인의 진술을 내용으로 하는 피고인 아닌 자의 진술에 해당하는데(2010도5948), 이는 제316조 제1항에 따라 원진술자, 곧 피고인의 진술이 특신상태에서 이루어진 것임이 증명된 때에 한해 증거능력이 인정된다. 또한 위 증인으로부터 피고인의 진술을 전해 들었다는 또 다른 증인의 진술은 재전문진술이라고 하는데, 이는 피고인이 증거로 동의하지 않는 한 증거능력이 없다(2010도5948).

2007년 개정형소법은 피고인 아닌 자에 '공소제기 전에 피고인을 피의자로 조사하였거나 그 조사에 참여하였던 자를 포함한다'고 하여 조사자증언제도를 도입한다. 경찰작성 피신조서는 공판정에서 그 내용이 부인되면 휴지처럼 될 수 있다는 점에서 검사는 경찰에 견주면 증거법의 영역에서 독점적 지위를 누렸다. 이런 독점적 지위를 약화시키려고 조사자증언제도가 채택됐다.[27] 조사자 증언제도는 공판중심주의에 부합하고, 경찰작성 피신조서가 휴지로 될 가능성에 대비한 검사의 이중수사와 이로 인한 피의자의 불편을 해소하며, 경찰의 무리한 수사를 억제하는 효과를 갖는다.

사실 종전에도 조사자 증언제도가 해석상 가능했다. 제316조 제1항의 '피고인이 아닌 자'에는 '공소제기 전에 피고인을 피의자로 조사하였거나 그 조사에 참여하였던 자'도 포함한다고 해석할 수 있고, 제312조 제3항의 피의자신문'조서'와 제316조 제1항의 '진술'은 다르다고 볼 수도 있기 때문이다. 이런 해석은 물론 종전 제316조 제1항의 적용을 우회하려는 시도인데, 판례는 일관되게 허용하지 않았다(2002도2112). 이에 따라 피고인이 공판정에서 사경작성 피의자신문조서의 내용을 부인하는 경우, 그 조서를 작성한 경찰이 공판기일에 피의자가 자백한 대로 조서를 작성했다고 진술하거나 검사가 조사경찰에 대해 같은 내용으로 참고인진술조서를 작성했다고 진술하더라도 그 증거능력을 인정하지 않았다. 다만 현행범을 체포한 경찰의 진술은 증거능력을 인정했다(95도535). 그 이유는 범행을 목격한 부분에 관한 한 목격자와 다르지 않다는 것이다.

그런데 2007년 개정형소법 제316조 제1항이 '피고인이 아닌 자'에는 '공소제기 전에 피고인을 피의자로 조사하였거나 그 조사에 참여하였던 자'도 포함한다고 명시적으로 규정하면서 조사자증언제도를 도입한 것이다. 이에 따라 피의자를 수사한 경찰이 법정에 증인으로 나와서 위증죄의 부담을 안고 피고인 쪽의 반대신문을 받으면서 증언의 기회를 갖고 그 증언을 증거능력있는 증거로 활용할 수 있는 명백한 근거가 마련된다. 조사자에는 당연히 경찰은 물론 수사검사도 포함된다. 따라서 수사검사도 법정에서 나와서 조사자로서 증언할 수 있다.

조사자증언에서 피고인의 진술의 특신상태에 대한 증명은 그럴 개연성이 있다는 정도로는 부족하고 합리적인 의심의 여지를 배제할 정도에 이르러야 한다(2023도7301).

---

27 신동운, "사법개혁추진과 형사증거법의 개정", 서울대학교 법학 제47권 제1호, 2006, 124면.

나. '피고인 아닌 타인'의 진술을 내용으로 하는 피고인 아닌 자의 진술

원진술자의 진술이 특신상태에서 이루어졌음이 증명되고(특신상태의 증명), 원진술자가 사망, 질병, 외국거주, 소재불명 그 밖에 이에 준하는 사유로 진술할 수 없는 경우(진술불능)에 증거능력이 인정된다(제316조 제2항). 여기서 특신상태란 그 진술에 허위개입의 여지가 거의 없고, 그 진술내용의 신빙성이나 임의성을 담보할 구체적이고 외부적인 정황이 있는 경우를 말한다(2015도12981). 예컨대 사건발생과 동시 또는 직후, 흥분상태, 진찰 및 치료상황, 사건 당시 심리상태나 감정을 표현하는 상황 등이다. '피고인 아닌 타인'에는 공동피고인도 해당하나 원진술자인 그 공동피고인이 법정에서 공소사실을 부인하고 있다면 '원진술자의 진술불능' 요건을 충족하지 못하여 그 전문진술은 증거능력이 부정된다(99도5679. 同旨: 2019도11552). 같은 취지에서 범죄현장을 목격한 자를 참고인으로 조사한 경찰이 법정에서 "참고인이 범죄현장을 목격했다고 말했다"는 취지로 증언하더라도 원진술자가 법정에 출석하여 그런 진술을 한 적이 없다고 부인하면 경찰의 법정진술은 증거능력이 없다(2008도6985). 조사자증언에 대해서도 제316조 제2항이 적용되는데, 원진술자인 참고인의 진술불능 요건을 흠결했기 때문이다.

9. 피고인과 공범인 피의자에 대한 수사기관 작성 조서의 피고인에 대한 증거능력 요건

가. 피고인과 공범인 피의자 진술이 기재된 경찰작성 피신조서

살인죄의 정범 甲과 교사범 乙이 공동피고인으로서 기소되었는데, 甲이 경찰의 수사를 받을 때 乙의 교사를 받아 범죄를 저질렀다고 자백하여 그 자백진술이 피의자신문조서의 형태로 공판정에 제출된 경우, 그 조서를 범행을 부인하는 乙의 유죄인정을 위한 증거로 사용할 수 있는가?

甲에 대한 경찰작성 피신조서가 乙의 유죄인정을 위해서 갖추어야 할 증거능력 요건이 무엇인지 다툼이 있다. 내용인정설은 제312조 제3항을 적용하여 피고인이 그 조서의 내용을 인정해야 한다는 입장이다. 반대신문설은 반대신문권을 명문화한 제312조 제4항이 적용된다는 입장이다.

판례는 내용인정설로 甲의 내용인정만으로는 부족하고 乙이 그 조서의 내용을 인정해야 한다는 입장이다(2009도10139; 2003도7185전합). 공범이 공동피고인인지 여부는 관계없다고 본다(2003도7185전합). 그 이유는 ① 공범이 자기와 관련해서는 내용을 부인하고 피고인과 관련해서는 내용을 인정하게 되면 불합리해지고, ② 반대신문의 기회도 없이 피고인이 불이익해지며, ③ 내용인정을 변호인이 한 것이라면 피고인은 자기의 변호인도 아닌 사람의 소송행위로 불이익을 받는 것이다(86도1783).

반대신문설은 위 조서에 대해 반대신문권을 명문화한 제312조 제4항을 적용하는 것은 제312조 제3항을 적용하는 것보다는 덜 피고인에게 유리하지만 제312조 제3항의 '피의자였던 피고인'에 '공동피고인'도 포함한다는 '무리한' 해석을 할 필요가 없다고 본다. 여기서 피고인에 공동피고인도 포함하는 해석을 '무리'라고 한 것은 피고인에 공동피고인도 포함할지 여부는 제312조 제3항뿐만 아니라 제310조를 비롯한 제312조 제1항에도 관련되므로 통일적 해석이 필요하기 때문이다.

나. 피고인과 공범인 피의자의 진술이 기재된 검사작성 피신조서

살인죄의 정범 甲이 먼저 검거되어 검찰수사단계에서 乙의 교사를 받아 범행을 했다고 자백하여 유죄판결이 확정된 후 나중에 검거된 乙이 범행을 부인하는 경우, 검사가 작성한 甲의 자백이 기재된 피신조서

를 乙의 유죄인정을 위한 증거로 사용할 수 있는가?

甲의 자백이 담긴 검사작성 피신조서는 乙의 유죄인정의 증거로 사용할 수 있으려면 제312조 제4항의 요건을 갖추어야 한다는 것이 2007년 개정형소법의 취지였다.[28] 乙의 입장에서 보면 甲에 대한 조서는 참고인진술조서에 해당한다는 것이다.

그런데 앞서 보았듯이 2020. 2. 4. 형소법이 개정되어 검사작성 피신조서와 경찰작성 피신조서의 증거 능력 요건이 동일해졌다. 따라서 그럼에도 여전히 제312조 제4항이 적용되는지 논란이 될 수 있는데, 판례는 제312조 제1항이 적용된다고 본다(2023도3741). 피고인이 향정신성의약품(필로폰)을 A에게 매도한 사건에서 A에 대한 검사작성 피신조서가 피고인의 마약류범죄의 증거로 쓸 수 있으려면 제312조 제1항에 따라 피고인이 내용인정을 해야 한다는 것이다.

10. 공범의 공판정 자백과 공판조서의 증거능력 요건

가. 공동피고인인 공범의 자백의 증거능력

공무원 甲이 乙로부터 1천만원의 뇌물을 받고 공동피고인으로 기소되어 甲은 일관되게 범행을 부인하고 乙은 공판정에서 자백한 경우, 그 자백을 甲의 뇌물수수죄의 증거로 사용할 수 있는가? 乙의 자백만으로 甲에게 유죄를 인정할 수 있는가?

판례에 따르면 공동피고인인 공범은 변론을 분리하지 않는 한 증인적격이 없다. 따라서 공동피고인인 공범의 자백을 피고인의 유죄인정을 위한 증거로 사용하기 위해서 공범을 증인으로 세울 수는 없다. 그 렇다고 피고인에 대해 불리한 진술을 한 공동피고인인 공범에 대한 반대신문의 기회를 주지 않는 것은 옳지 않다.

그런데 판례는 공범이 공동피고인인 경우 피고인의 반대신문권이 보장되어 있어서 증인으로 신문한 경 우와 다르지 않다는 이유로 공판정 자백의 증거능력을 인정한다(2006도1944; 92도917; 87도1020; 85도691; 78도1031).[29] 공동정범인 공동피고인 상호간 이해관계가 상반된다고 해도 마찬가지라고 본 다(2006도1944). 이와 달리 乙의 자백은 甲에 대한 유죄의 증거로 사용할 수 없다는 견해도 있다. 형소 법은 공범인 공동피고인에 대한 피고인의 반대신문권을 보장하고 있지 않고, 공동피고인은 진술거부권 을 갖고 있으므로 피고인이 반대신문권을 충실히 행사하기가 현실적으로 곤란하며, 증인의 자격이 아니 므로 진술의 진실성이 선서에 의해 담보될 수도 없으므로, 변론을 분리하여 乙을 증인으로 세워 이에 대해 甲이 반대신문을 행사할 수 있어야 한다는 것이다.

공범이 공동피고인인지 여부에 관계없이 공범 乙의 자백만으로는 갑의 유죄를 인정할 수 없다고 보는 견해도 있다. 자백보강법칙에 따라 공범의 자백도 피고인의 자백과 같이 보강증거가 필요하다고 본 것 이다. 그러나 판례(92도917; 86도1773; 85도951)는 보강증거불요설로 공범이 공동피고인인지 여부나 그 자백이 공판정에서 한 것인지 아니면 밖에서 한 것인지에 관계없이 공범의 자백은 보강증거가 필요

---

28 법무부, 개정 형사소송법, 2007, 237면; 법원행정처, 형사소송법 개정법률 해설, 2007, 135면.
29 다만 63도185판결과 80도2722판결에서는 공동피고인이 공범인지 여부를 가리지 않고 공동피고인의 진술의 증거능 력을 인정했다.

없다고 본다. 제310조의 피고인의 자백에는 공범의 자백은 포함되지 않는다고 본 것이다.

나. 공범의 자백이 기재된 공판조서

공범 甲과 乙이 공동피고인으로서 소송계속 중 공범(甲)은 자백을 하고 피고인(乙)은 공소사실을 부인한 상태에서 공판절차가 갱신된 경우, 공범(甲)의 자백이 기재된 공판절차갱신 전 공판조서를 피고인(乙)의 유죄인정을 위한 증거로 사용할 수 있는가?

공판절차의 갱신, 심급의 변경, 파기환송, 이송, 관할위반의 재판확정 후 재기소 등으로 판결법원이 달라진 경우 공범인 공동피고인의 자백이 공판조서의 형태로 등장할 수 있다. 판례(66도316)는 甲의 자백이 기재된 공판조서는 제311조의 조서에 해당한다고 보아서 乙의 동의가 필요없이 증거능력을 인정한다. 甲과 乙이 공범이 서로 다른 법원에서 심리를 받게 되어 甲의 자백이 기재된 공판조서의 등본이 유죄인정의 증거로 제출된 경우 판례는 그 등본은 제315조 제3호에 따라 증거능력을 인정한다(66도617). 제311조의 공판조서는 당해사건에 제한된다는 것이다.

기출문제 ✎

01 전문법칙에 관한 설명 중 옳은 것(○)과 옳지 않은 것(×)을 올바르게 조합한 것은? (다툼이 있는 경우 판례에 의함)

2021년 변호사시험 형사법 문38

> ㄱ. 다른 사람의 진술, 즉 원진술의 내용인 사실이 요증사실인 경우에는 전문증거이지만, 원진술의 존재 자체가 요증사실인 경우에는 본래증거이지 전문증거가 아니다.
>
> ㄴ. 어떠한 내용의 진술을 하였다는 사실 자체에 대한 정황증거로 사용될 것이라는 이유로 서류의 증거능력을 인정한 다음 그 사실을 다시 진술 내용이나 그 진실성을 증명하는 간접사실로 사용하는 경우에는 그 서류는 전문증거에 해당한다.
>
> ㄷ. 甲이 정보통신망을 통하여 "너를 죽이고 싶다"라는 문자메시지를 반복적으로 乙에게 도달하게 하는 행위를 하였다는 정보통신망이용촉진및정보보호등에관한법률위반의 공소사실에 대하여 휴대전화기에 저장된 문자정보(위 협박문자)가 그 증거가 되는 경우, 그 문자 정보는 피고인의 진술에 해당하므로 「형사소송법」 제313조 제1항의 요건이 충족되어야 증거능력이 인정된다.
>
> ㄹ. 「형사소송법」 제314조의 적용에 있어서 증인이 소재불명이거나 그 밖에 이에 준하는 사유로 인하여 진술할 수 없는 때에 해당한다고 법원이 인정할 수 있으려면 증인의 법정 출석을 위한 가능하고도 충분한 노력을 다하였음에도 부득이 증인의 법정 출석이 불가능하게 되었다는 사정을 검사가 입증하여야 한다.

① ㄱ(○), ㄴ(○), ㄷ(○), ㄹ(○)   ② ㄱ(○), ㄴ(○), ㄷ(×), ㄹ(×)

③ ㄱ(○), ㄴ(○), ㄷ(×), ㄹ(○)   ④ ㄱ(○), ㄴ(×), ㄷ(×), ㄹ(○)

⑤ ㄱ(×), ㄴ(×), ㄷ(×), ㄹ(○)

ㄱ: ○(2012도16001: 예컨대 甲의 사기죄에 대한 공판절차에서 증인이 '피고인 甲이 피해자에게 "토지를 공시지가로 구입하게 해주겠다"고 말하는 것을 들었'고 진술하거나[2012도2937] 알선수재죄와 관련하여 증인이 '피고인이 "공무원이 해외연수를 가므로 그에게 사례비를 주어야 한다"고 말하는 것을 들었'고 진술한 경우[2008도8007]), ㄴ: ○(2018도2738전합), ㄷ: ×(2006도556: 진술의 대체물이 아니라 범행의 직접적인 수단임), ㄹ: ○(2006도7228)   정답 ③

02 전문법칙에 대한 설명으로 적절한 것만을 고른 것은 모두 몇 개인가? (다툼이 있는 경우 판례에 의함)

> ㉠ 다른 사람의 진술을 내용으로 하는 진술이 전문증거인지는 요증사실이 무엇인지에 따라 정해지는 바, 다른 사람의 진술, 즉 원진술의 내용인 사실이 요증사실인 경우에는 전문증거이지만 원진술의 존재 자체가 요증사실인 경우에는 본래증거이지 전문증거가 아니다.
> ㉡ 어떤 진술이 기재된 서류가 어떠한 내용의 진술을 하였다는 사실 자체에 대한 정황증거로 사용될 것이라는 이유로 서류의 증거능력을 인정한 다음 그 사실을 다시 진술 내용이나 그 진실성을 증명하는 간접사실로 사용하는 경우에 그 서류는 전문증거에 해당한다.
> ㉢ 甲이 乙로부터 들은 피고인 A의 진술내용을 수사기관이 진술조서에 기재하여 증거로 제출하였다면, 그 진술조서 중 피고인 A의 진술을 기재한 부분은 乙이 증거로 하는 데 동의하지 않는 한 「형사소송법」 제310조의2의 규정에 의하여 이를 증거로 할 수 없다.
> ㉣ 「형사소송법」 제312조부터 제316조까지의 규정에 따라 증거로 할 수 없는 서류나 진술이라도 공판준비 또는 공판기일에서의 피고인 또는 피고인 아닌 자의 진술의 증명력을 다투기 위하여 증거로 할 수 있다.

① 1개   ② 2개
③ 3개   ④ 4개

㉠ ○(2012도16001), ㉡ ○(2018도2738전합), ㉢ ×(2010도5948; 2003도171: 재전문진술조서이므로 피고인 A가 증거동의를 해야 함), ㉣ ○(형소법 제318조의2 제1항)   정답 ④

03 전문증거에 관한 설명 중 가장 적절하지 않은 것은? (다툼이 있는 경우 판례에 의함)

① 녹음파일에 담긴 진술 내용의 진실성이 증명의 대상이 되는 때에는 전문법칙이 적용된다고 할 것이나, 녹음파일에 담긴 진술 내용의 진실성이 아닌 그와 같은 진술이 존재하는 것 자체가 증명의 대상이 되는 경우에는 전문법칙이 적용되지 않는다.

② "피해자로부터 '피고인이 자신을 추행했다.'는 취지의 말을 들었다."는 A의 진술을 "피고인이 자신을 추행했다."는 피해자의 진술내용의 진실성을 증명하는 간접사실로 사용하는 경우에는 전문증거에 해당하지 않는다.

③ 전문증거라도 당사자가 동의한 경우에는 전문법칙이 적용되지 않으며, 증인의 신용성을 탄핵하기 위한 탄핵증거로 제출된 경우에도 전문법칙이 적용되지 않는다.

④ A에 대한 사기죄로 공소제기된 甲의 공판에서 甲이 자신의 처에게 보낸 "내가 A를 속여 투자금을 받았는데 그 돈을 송금한다."라는 내용의 문자 메시지가 증거로 제출되었다면 이 메시지는 전문증거에 해당한다.

해설 🖉

② ✕(2018도738전합), ① ○(2014도10978전합; 2013도2511; 2010도3504), ③ ○(2018도13685; 2004도4428: 전문증거일지라도 증거동의하면 증거능력이 인정됨. 85도441: 탄핵증거는 범죄사실을 인정하는 증거가 아니므로 그것이 증거서류이던 진술이던 간에 유죄증거에 관한 엄격한 증거능력을 요하지 아니하므로 전문증거라 하여도 유죄증거의 증명력을 다투기 위한 반대 증거로 사용할 수 있음. 형소법 제318조의2), ④ ○(형소법 제313조의 진술서면) **정답** ②

---

04 전문법칙의 예외에 관한 설명 중 가장 적절한 것은? (다툼이 있는 경우 판례에 의함)

2022년 2차 순경시험 형사법 문38

① 사법경찰관이 적법한 절차와 방식에 따라 작성한 검증조서에 피의자 아닌 자의 진술이 기재된 경우, 그 진술이 영상녹화물에 의하여 증명되고 공판기일에서 작성자인 사법경찰관의 진술에 따라 그 성립의 진정함이 증명된 때에는 증거로 할 수 있다.

② A는 살인현장을 목격한 친구 B가 "甲이 길가던 여자를 죽였다."고 말한 내용을 자필 일기장에 작성하였고, 훗날 이 일기장이 甲의 살인죄의 공판에 증거로 제출된 경우, 이 일기장은 형사소송법 제313조 제1항의 진술기재서(류)에 해당된다.

③ 자기에게 맡겨진 사무를 처리한 내역을 그때 그때 계속적, 기계적으로 기재한 문서라 하더라도 불법적인 업무과정에서 작성한 문서는 신용성이 없으므로 당연히 증거능력이 인정되지 않는다.

④ 甲이 살인죄로 공소제기된 공판에서 A가 증인으로 출석하여 교통사고로 사망한 B가 생전에 자신에게 "甲이 C를 살해하는 것을 보았다."는 말을 한 적이 있다고 진술한 경우, B의 진술이 특히 신빙할 수 있는 상태하에서 행하여졌음이 증명된 때에 한하여 이를 증거로 할 수 있다.

해설 🖉

④ ○(제316조 제2항의 피의자 아닌 자의 진술을 내용으로 하는 피의자의 아닌 자의 진술에 해당. B가 진술불능이므로 증거능력 인정), ① ✕(제314조 제4항의 요건을 갖추어야 하므로, 진술자인 피의자 아닌 자의 진정성립 인정 필요), ② ✕(B가 목격한 내용을 A가 전달하는 것인데, 서면의 형태로 법정에 제시된 것이므로 전문진술서면에 해당하고, 제313조 제1항과 제316조의 요건을 갖추어야 증거능력이 인정), ③ ✕(2007도3219: 성매매영업을 하면서 관련 내용을 기록한 장부) **정답** ④

05 전문증거의 증거능력에 대한 설명으로 옳지 않은 것은? (다툼이 있는 경우 판례에 의함)

2021년 국가직 9급 형소법 문6

① 「형사소송법」 제312조 제4항에서 '적법한 절차와 방식에 따라 작성'한다는 것은 「형사소송법」이 피고인 아닌 사람의 진술에 대한 조서 작성 과정에서 지켜야 한다고 정한 여러 절차를 준수하고 조서의 작성 방식에도 어긋나지 않아야 한다는 것을 의미한다.

② 「형사소송법」 제313조에 따르면 피고인이 작성한 진술서는 공판준비나 공판기일에서의 피고인의 진술에 의하여 그 성립의 진정함이 증명된 때에만 증거로 할 수 있고, 피고인이 그 성립의 진정을 부인한 경우에는 증거로 할 수 있는 방법은 없다.

③ 「형사소송법」 제314조의 '외국거주'는 진술을 하여야 할 사람이 외국에 있다는 사정만으로는 부족하고, 가능하고 상당한 수단을 다하더라도 그 사람을 법정에 출석하게 할 수 없는 사정이 있어야 예외적으로 그 요건이 충족될 수 있다.

④ 「형사소송법」 제316조 제2항에서 '그 진술이 특히 신빙할 수 있는 상태하에서 행하여졌음'이란 진술 내용에 허위가 개입할 여지가 거의 없고, 진술 내용의 신빙성이나 임의성을 담보할 구체적이고 외부적인 정황이 있는 경우를 의미한다.

> **해설** ✎
>
> ② ✕(형소법 제313조 제2항: 성립의 진정을 부인하는 경우에는 과학적 분석결과에 기초한 디지털포렌식 자료, 감정 등 객관적 방법으로 성립의 진정함이 증명되는 때에는 증거로 할 수 있음), ① ○(2013도1370), ③ ○ (2006도7228), ④ ○(2004도3619)
>
> **정답** ②

06 「형사소송법」 제312조 제3항에 대한 설명으로 옳지 않은 것은? (다툼이 있는 경우 판례에 의함)

2022년 국가직 9급 형소법 문14

① 사법경찰관이 작성한 피고인의 공범에 대한 피의자신문조서의 경우에 사망 등의 사유로 인하여 법정에서 진술할 수 없는 때에는 예외적으로 증거능력을 인정하는 규정인 「형사소송법」 제314조가 적용된다.

② 「형사소송법」 제312조 제3항의 '그 내용을 인정할 때'라 함은 피의자신문조서의 기재내용이 진술 내용대로 기재되어 있다는 의미가 아니고 그와 같이 진술한 내용이 실제 사실과 부합한다는 것을 의미한다.

③ 피고인과 공범관계에 있는 공동피고인에 대하여 수사과정에서 작성된 피의자신문조서는 그 공동피고인에 의하여 성립의 진정이 인정되더라도 해당 피고인이 공판기일에 그 조서의 내용을 부인하면 증거능력이 없다.

④ 사법경찰관이 작성한 양벌규정 위반 행위자의 피의자신문조서가 적법한 절차와 방식에 따라 작성된 것이지만, 공판기일에 양벌규정에 의해 기소된 사업주가 그 내용을 증거로 함에 동의하지 않고 그 내용을 부인하였다면 증거로 할 수 없다.

> **해설** ✎
>
> ① ✕(2008도10787: 2003도7185전합), ② ○(2010도5040), ③ ○(2009도10139), ④ ○(2016도9367)
>
> **정답** ①

07 검사 이외의 수사기관이 작성한 피의자신문조서에 관한 설명 중 옳지 않은 것은? (다툼이 있는 경우 판례에 의함)

2020년 경찰간부후보생시험 형소법 문27

① 양벌규정에 따라 처벌되는 행위자와 사업주가 공동피고인으로 기소된 경우 그 행위자에 대해 검사 이외의 수사기관이 작성한 피의자신문조서는 그 행위자의 법정진술에 의해 그 성립의 진정이 인정되는 등 「형사소송법」 제312조 제4항의 요건을 갖추면 그 사업주가 공판기일에서 그 조서의 내용을 부인하더라도 증거능력이 인정된다.

② 검사 이외의 수사기관이 작성한 피의자신문조서는 적법한 절차와 방식에 따라 작성된 것으로서 공판준비 또는 공판기일에 그 피의자였던 피고인 또는 변호인이 그 내용을 인정할 때에 한하여 「형사소송법」 제312조 제3항에 따라 증거로 할 수 있다.

③ 피고인과 공범관계에 있는 다른 피의자에 대한 검사 이외의 수사기관 작성의 피의자신문조서에 대하여는 사망 등 사유로 인하여 법정에서 진술할 수 없는 때에 예외적으로 증거능력을 인정하는 규정인 「형사소송법」 제314조가 적용되지 않는다.

④ 「형사소송법」 제312조 제3항은 형법 총칙의 공범 이외에도, 서로 대향된 행위의 존재를 필요로 할 뿐 각자의 구성요건을 실현하고 별도의 형벌 규정에 따라 처벌되는 강학상 필요적 공범 내지 대향범 관계에 있는 자들 사이에서도 적용된다.

해설 ✎

①×(2016도9367), ② ○(형소법 제312조 제3항), ③ ○(2003도7185전합; 2016도9367), ④ ○(2016도9367)

정답 ①

08 사법경찰관 작성 피의자신문조서의 증거능력에 대한 설명 중 가장 적절하지 않은 것은? (다툼이 있는 경우 판례에 의함)

2020년 1차 순경시험 형소법 문15

① 검사 이외의 수사기관이 작성한 피의자신문조서는 적법한 절차와 방식에 따라 작성된 것으로서 공판준비 또는 공판기일에 그 피의자였던 피고인 또는 변호인이 그 내용을 인정할 때에 한하여 증거로 할 수 있다.

② 피고인이 1심 제4회 공판기일부터 공소사실을 일관되게 부인하여 경찰작성 피의자신문조서의 진술 내용을 인정하지 않는 경우, 1심 제4회 공판기일에 피고인이 그 서증의 내용을 인정한 것으로 공판조서에 기재된 것은 착오 기재 등으로 보아 피의자신문조서의 증거능력을 부정하여야 한다.

③ 사법경찰관이 피의자에게 진술거부권을 행사할 수 있음을 알려 주고 그 행사 여부를 질문하였다면, 비록 「형사소송법」 제244조의3 제2항에 규정한 방식에 위반하여 진술거부권 행사 여부에 대한 피의자의 답변이 자필로 기재되어 있지 않더라도 사법경찰관 작성의 피의자신문조서는 특별한 사정이 없는 한 그 증거능력을 인정할 수 있다.

④ 당해 피고인과 공범관계에 있는 공동피고인에 대하여 검사 이외의 수사기관이 작성한 피의자신문조서는 그 공동피고인의 법정진술에 의하여 성립의 진정이 인정되더라도 당해 피고인이 공판기일에서 그 조서의 내용을 부인하면 증거능력이 부정된다.

③ ✕(형소법 제312조에 정한 '적법한 절차와 방식'에 위반된 증거일 뿐만 아니라 제308조의2에서 정한 '적법한 절차에 따르지 아니하고 수집한 증거'에 해당하므로 이를 증거로 할 수 없음), ① ○(형소법 제312조 제3항), ② ○(2010도5040), ④ ○(2009도11889)

정답 ③

09 피의자신문조서에 관한 설명 중 옳은 것(○)과 옳지 않은 것(✕)을 올바르게 조합한 것은? (다툼이 있는 경우 판례에 의함)
2019년 변호사시험 형사법 문30

ㄱ. 피고인과 공범관계에 있는 공동피고인에 대해 검사 이외의 수사기관이 작성한 피의자신문조서는 그 공동피고인이 피의자신문조서에 기재된 것과 같은 내용으로 진술하였다는 취지로 증언하였더라도 당해 피고인이 공판기일에서 그 조서의 내용을 부인하면 증거능력이 부정된다.

ㄴ. 공동피고인이 아닌 공범에 관한 검사작성의 피의자신문조서가 증거능력을 인정받기 위해서는 피고인이 위 공범에 대한 피의자신문조서를 증거로 함에 동의하지 않는 이상, 그 공범이 현재의 사건에 증인으로 출석하여 그 서류의 성립의 진정을 인정하여야 한다.

ㄷ. 피고인과 공범관계가 있는 다른 피의자에 대한 검사 이외의 수사기관 작성의 피의자신문조서에 대하여는 사망 등 사유로 인하여 법정에서 진술할 수 없는 때에 예외적으로 증거능력을 인정하는 규정인 「형사소송법」 제314조가 적용되지 않는다.

ㄹ. 절도범과 장물범이 공동피고인으로 기소된 경우, 피고인이 증거로 함에 동의한 바 없는 검사작성의 공동피고인에 대한 피의자신문조서가 증거능력을 인정받기 위해서는 공동피고인의 증언에 의하여 그 성립의 진정이 인정되어야 한다.

ㅁ. 피고인이 검사작성의 피고인에 대한 피의자신문조서의 성립이 진정함을 인정하는 진술을 하고, 그 피의자신문조서에 대하여 증거조사가 완료되었다면, 절차적 안정성을 위해 진술의 취소는 허용될 수 없다.

① ㄱ(○), ㄴ(○), ㄷ(○), ㄹ(○), ㅁ(✕)   ② ㄱ(○), ㄴ(○), ㄷ(○), ㄹ(✕), ㅁ(○)
③ ㄱ(○), ㄴ(✕), ㄷ(○), ㄹ(○), ㅁ(○)   ④ ㄱ(✕), ㄴ(○), ㄷ(○), ㄹ(○), ㅁ(✕)
⑤ ㄱ(✕), ㄴ(○), ㄷ(✕), ㄹ(✕), ㅁ(○)

ㄱ: ○(2009도1889), ㄴ: △(2007년 개정형소법 이전 판례[99도3063]에 따르면 옳지만, 2007년 개정형소법에 따르면 제312조 제4항의 요건을 갖추어야 증거능력이 인정되고, 그 핵심은 피고인이 공범에 대해 반대신문권을 행사할 수 있는 기회를 가져야 한다는 것임. 그런데 2020년 형소법이 개정되어 검사작성 피신조서의 증거능력 요건이 경찰작성 피신조서의 증거능력 요건과 동일해지면서 피고인이 공범에 관한 검사작성 피신조서에 대해 내용을 인정해야 증거능력이 인정됨[2023도3741]), ㄷ: ○(2003도7185전합: 피고인이 내용부인을 하면 증거능력이 부정되기 때문), ㄹ: △(2007년 개정형소법 이전 판례[2005도7601]에 따르면 옳지만, 2007년 개정형소법에 따르면 제312조 제4항의 요건을 갖추어야 증거능력이 인정된다. 다만 공동피고인의 증인적격이 문제되는데 판례는 절도범과 장물범은 공범이 아니므로 변론을 분리하지 않더라도 증인이 될 수 있다고 봄), ㅁ:

×(2007도7760: 증거조사가 완료된 후에는 진술을 번복하더라도 원칙적으로 이미 인정된 조서의 증거능력이 당연히 상실되는 것은 아니지만, 적법절차관점에서 성립의 진정을 인정한 최초 진술의 효력을 유지하기 어려운 중대한 하자가 있고 그에 관해 진술인에게 귀책사유가 없는 경우에 한해 예외적으로 증거조사 절차가 완료된 뒤에도 그 진술을 취소할 수 있고, 취소의 이유가 정당하다면 법원은 증거배제결정을 해야 함)

정답 공지된 답은 ①

10 증거능력과 증명력에 대한 설명으로 옳지 않은 것은?

① 거짓말탐지기 검사결과는 항상 진실에 부합한다고 단정할 수 없다 하더라도 검사를 받는 사람의 진술의 신빙성을 가늠하는 정황증거로서 기능을 하므로, 그 검사결과만으로 범행 당시의 상황이나 범행 이후 정황에 부합하는 진술의 신빙성을 부정할 수 있다.[30]

② 수사기관에서 진술한 참고인이 법정에서 증언을 거부하여 피고인이 반대신문을 하지 못한 경우에는 정당하게 증언거부권을 행사한 것이 아니라도, 피고인이 증인의 증언거부 상황을 초래하였다는 등의 특별한 사정이 없는 한 「형사소송법」 제314조의 '그 밖에 이에 준하는 사유로 인하여 진술할 수 없는 때'에 해당하지 않는다.

③ 검사가 공판기일에 증인으로 신청하여 신문할 사람을 특별한 사정없이 미리 수사기관에 소환하여 면담하는 절차를 거친 후에 그 사람이 증인으로 소환되어 법정에서 피고인에게 불리한 내용의 진술을 한 경우, 검사가 증인신문 전 면담과정에서 증인에 대한 회유나 압박, 답변유도나 암시 등으로 증인의 법정 진술에 영향을 미치지 않았다는 점이 담보되어야 증인의 법정진술을 신빙할 수 있다.

④ 전문진술이 기재된 조서는 「형사소송법」 제312조 또는 제314조에 따라 증거능력이 인정될 수 있는 경우에 해당하여야 하며, 원진술자가 사망, 질병, 외국거주, 소재불명 그 밖에 이에 준하는 사유로 인하여 진술할 수 없고, 그 진술이 특히 신빙할 수 있는 상태하에서 행하여졌음이 증명된 때에 한하여 예외적으로 이를 증거로 할 수 있다.

해설 ✎

① ×(2016도15526: 진술의 신빙성을 부정할 수 없음), ② ○(2018도13945전합), ③ ○(2020도15891), ④ ○(2015도12981)

정답 ①

---

30 거짓말탐지기 조사결과에 대해 증거능력을 인정하기 위해서는 아래 3가지 요건이 필요하다(2005도30; 84도36). ① 거짓말을 하면 반드시 일정한 심리상태의 변동이 일어나고, ② 심리상태의 변동은 반드시 일정한 생리적 반응을 일으키며, ③ 그 생리적 반응에 의해 피검사자의 말이 거짓인지 아닌지가 정확히 판정될 수 있어야 한다. 특히 생리적 반응에 대한 거짓 여부의 판정은 거짓말탐지기가 생리적 반응을 정확히 측정할 수 있는 장치이어야 하고 질문 조항의 작성과 검사의 기술 및 방법이 합리적이어야 하며 검사자가 측정내용을 객관적이고 정확하게 판단할 능력을 갖추어야 한다.

11 엄격한 증명과 자유로운 증명에 대한 다음 설명(㉠~㉣) 중 옳고 그름의 표시(○, ×)가 바르게 된 것은? (다툼이 있는 경우 판례에 의함)

2020년 1차 순경시험 형소법 문14

㉠ 내란선동죄에서 국헌문란의 목적은 초과주관적 위법요소로서 엄격한 증명사항에 속하므로 확정적 인식임을 요한다.

㉡ 법원은 재심청구 이유의 유무를 판단함에 필요한 경우에는 사실을 조사할 수 있으며, 공판절차에 적용되는 엄격한 증거조사 방식에 따라야 한다.

㉢ 공모관계를 인정하기 위해서는 엄격한 증명이 요구되지만 피고인이 공모관계를 부인하는 경우에는 상당한 관련성이 있는 간접사실 또는 정황사실을 증명하는 방법으로 이를 증명할 수밖에 없다.

㉣ 목적범의 목적은 내심의 의사로서 이를 직접 증명하는 것이 불가능하므로 고의 등과 같이 내심의 의사를 인정하는 통상적인 방법에 따라 정황사실 또는 간접사실 등에 의하여 이를 증명하여야 한다.

① ㉠(○), ㉡(○), ㉢(○), ㉣(×) ② ㉠(○), ㉡(×), ㉢(○), ㉣(○)
③ ㉠(×), ㉡(○), ㉢(×), ㉣(×) ④ ㉠(×), ㉡(×), ㉢(○), ㉣(○)

해설 🖉

㉠ ×(2014도10978전합: 미필적 인식으로도 족함), ㉡ ×(2015모2229전합: 공판절차에 적용되는 엄격한 증거조사 방식 따를 필요 없음), ㉢ ○(2011도9721), ㉣ ○(2010도1189전합)

정답 ④

탐구 과제

• 영상녹화물의 증거능력은 인정되는가?
• 위법수집증거배제법칙이란?
• 자백배제법칙과 자백보강법칙이란?

22강

형소: 법원의 공정성 확보와 상소제도 및
특별절차

22강 형소: 법원의 공정성 확보와 상소제도 및 특별절차

2021년에 각급 법원에서 처리한 형사사건 1,419,293건 중 공판사건은 319,542건(22.5%)이었다. 반면 약식사건은 381,073건(26.9%)이었고, 즉결사건은 113,728건(8%)이었으며, 영장사건은 486,697건(34.3%)이었다.[1] 간이한 형사절차로 처리되는 건수가 정식의 형사절차로 처리되는 건수의 약 2배에 이른다. 이런 특별절차를 본 후 상소제도를 본다. 이에 앞서 법원의 공정성 확보를 위한 관할의 엄격성과 법관 배제제도를 개관한다.

🔨 사례

甲은 군사법원에서 유죄의 확정판결을 받은 후 군에서 제적된 이후에 군사법원에 재심청구를 하였는데, 군사법원은 재판권이 없다는 이유로 (일반)법원으로 사건을 이송하였고, 서울고등법원에서 유죄판결을 받고 나서, 자신의 재심사건은 군사법원법 제472조[2]에 따라 군사법원에서 심판을 받아야 하는데 (일반)법원에서 심판을 받아서 위법하다는 이유로 대법원에 상고한 경우, 그 상고는 이유있는가?

🔍 해결

1. 법원의 공정성 확보: 관할의 엄격성과 법관 배제제도

국가형벌권의 실현을 목적으로 하는 형사재판은 공정해야 한다. 이는 공정한 법원을 전제로 한다. 법원의 공정성은 2가지 측면을 갖는다. 먼저 물적 요소인 심판권 내지 관할의 엄격성이다. 관할법원은 법률에 따라 획일적으로 엄격하게 결정된다. 다음은 인적 요소인 법관의 공정성이다. 법관은 헌법과 법률 및 양심에 따라 독립하여 심판해야 한다. 불공정성이 우려되는 법관등을 법원의 구성에서 배제하고 있다. 형소법은 법관과 법원사무관등의 제척·기피·회피제도를 두고 있다.

가. 관할의 의의

국법상 의미의 법원은 다수이지만, 한 법원이 모든 사건을 재판할 수는 없다. 따라서 다수의 법원 가운데 어떤 법원이 구체적 사건의 재판을 담당할 것인지 정할 필요가 있다. 다수의 사건을 다수의 법원에 적절히 배분할 필요가 있다. 이때 정해진 법원이 그 사건의 구체적 재판권을 갖는 것을 가리켜 관할이라고 하고, 그 법원을 관할법원이라고 한다. 관할법원이 사건에 대한 재판의 권한을 가지며, 법원조직법은 이를 심판권이라고 한다. 관할 또는 심판권은 재판권과 다르며, 재판권을 전제로 한다. 군인이 아닌 甲에 대해 군사

---

1 2022 사법연감, 법원행정처, 2023, 717면.
2 제472조(재심의 관할) 재심청구는 원판결을 한 군사법원이나 상소법원이 관할한다.

법원은 재판권을 갖지 않으므로 위 사건에서 상고는 이유없다(84도2972전합).

형사사건의 관할은 심리의 편의와 사건의 능률적 처리라는 절차적 요구뿐만 아니라 피고인의 출석과 방어권 행사의 편의라는 방어상의 이익도 충분히 고려하여 결정해야 하고, 특히 자의적 사건처리를 방지하기 위하여 법률에 규정된 추상적 기준에 따라 획일적으로 결정해야 한다(2015도1803). 관할은 법원의 입장에서 보면 사건의 분담기준에 불과하지만, 피고인에게는 매우 중요한 의미를 갖는다. 관할법원이 피고인의 주거지에서 너무 멀면 피고인의 방어권 행사에 현실적인 장애가 되고, 관할법원이 어디인지에 따라 형량이 달라질 수도 있기 때문이다. 따라서 관할의 결정기준에 관해 많은 다툼이 있을 수 있으므로, 이를 획일적으로 엄격하게 정할 필요가 있다. 그래서 법원조직법과 형소법에 이를 규정한 것이다.

관할에 관한 법원의 결정에 대해서는 항고나 즉시항고를 하지 못한다. 제403조 제1항이 법원의 관할에 관한 결정에 대하여는 특히 즉시항고를 할 수 있는 경우 외에는 항고하지 못한다고 하고 있는데, 관할에 관한 결정에 대한 즉시항고규정은 없기 때문이다.

관할은 사건배당과 구별되는 개념이다. 관할법원의 심판권은 여전히 추상적이다. 관할법원이 정해지면 그 관할법원 내부에서 정한 사무분배기준에 따라 관할법원장이 사건을 특정한 재판부에 할당해야 그 특정재판부가 구체적 심판권을 가진다. 사건배당은 이런 절차를 가리킨다. 이런 사건배당을 거쳐 수소(受訴)법원이 정해진다.

나. 관할의 종류

관할은 여러 가지 기준으로 분류할 수 있다. 먼저 피고사건 자체의 심판에 관한 관할인 사건관할과 피고사건과 관련된 특수절차, 예컨대 체포·구속적부심청구사건의 심판에 관한 관할인 직무관할로 구별된다(제214조의2). 관할은 흔히 사건관할을 의미하는데, 이는 다시 토지관할, 사물관할, 심급관할로 구별할 수 있다. 또 관할은 법률로 직접 정해지는 관할인 법정관할과 법원의 재판으로 결정되는 관할인 재정관할로 구별된다. 법정관할은 다시 피고사건을 직접 규정한 고유관할과 고유관할사건과 일정한 관계가 있어서 관할이 인정되는 관련사건의 관할로 구별된다.

아래에서는 ① 피고사건을 법률로 직접 규정한 관할, 곧 법정된 고유한 사건관할, ② 관련사건의 관할, ③ 재정관할 3가지로 구별해서 본다.

(1) 법정된 고유한 사건관할

(가) 토지관할

토지관할이란 동급법원 사이에서 사건의 지역적 관계에 의한 사건분담을 말한다. 재판적(裁判籍)이라고도 한다. 사건을 어느 지역의 법원이 담당할 것인지의 문제라는 점에서 지역관할이라는 표현이 적절하다. 관할구역과 동일한 개념으로 보는 견해도 있지만, 관할구역이란 개념은 법원 또는 법관의 직무활동의 지역적 범위를 결정하는 데에 주된 기능을 한다는 점에서 구별해야 한다.

형소법 제4조에 따라 지방법원 본원에 1심 토지관할이 인정된다고 볼 특별한 사정이 없는 한, 지방법원 지원에 1심 토지관할이 인정된다는 사정만으로 당연히 지방법원 본원에도 1심 토지관할이 인정된다고 볼 수는 없다(2015도1803). 각급 법원의 설치와 관할구역에 관한 법률 제4조 제1호 [별표 3]은 지방법원 본원과 지방법원 지원의 관할구역을 대등한 입장에서 서로 겹치지 않게 구분하여 규정하고, 1심 형사사건에 관하여 지방법원 본원과 지방법원 지원은 소송법상 별개의 법원이자 각각 일정한 토지관할 구역을 나누어 가지는 대등한 관계에 있으므로, 지방법원 본원과 지방법원 지원 사이의 관할의 분배도 지방법원 내부의 사법행정사무로서 행해진 지방법원 본원과 지원 사이의 단순한 사무분배에 그치는 것이 아니라 소송법상 토지관할의 분배에 해당하기 때문이다.

토지관할은 사건의 효율적 처리와 피고인의 출석과 방어의 편의를 고려하여 결정해야 한다. 제4조에 따르면 토지관할의 기준은 범죄지, 피고인의 주소, 거소 또는 현재지(a)이지만(제1항), 국외에 있는 대한민국선박 내에서 범한 죄의 경우에는 여기(a)에 선적지 또는 범죄 후의 선착지가 추가되며(제2항), 이는 국외에 있는 대한민국항공기 내에서 범한 죄의 경우도 그렇다(제3항, 기적지나 기착지).

범죄지란 범죄사실의 전부나 일부가 발생한 장소를 말한다. 주소와 거소는 민법의 개념에 따른다. 소말리아 해적이 아라비아해 인근 공해상에서 대한민국 해운회사가 운항 중인 선박을 납치하여 대한민국 국민인 선원 등에게 해상강도 등 범행을 저질렀다는 내용으로 국군 청해부대에 의해 체포·이송되어 국내 수사기관에 인도된 후 구속·기소된 사건에서, 판례는 현재지란 공소제기 당시 피고인이 현재한 장소로서 임의에 의한 현재지뿐만 아니라 적법한 강제에 의한 현재지도 이에 해당한다고 본다(2011도12927). 법원은 피고인이 그 관할구역 내에 현재하지 않는 경우에 특별한 사정이 있으면 결정으로 사건을 피고인의 현재지를 관할하는 동급 법원에 이송할 수 있다(제8조 제1항).

(나) 사물관할

사물관할이란 사건의 경중이나 성질에 따른 1심 법원의 사건분담을 말한다. 법원조직법이 이를 규정하고 있다. 지방법원과 그 지원 및 시·군법원의 심판권은 단독판사가 행사하고, 지방법원과 그 지원에서 합의심판을 해야 하는 경우에는 판사 3인으로 구성된 합의부가 심판권을 행사한다(제7조 제4항·제5항). 다음이 합의부 관할사건이다(제32조 제1항). ① 합의부에서 심판할 것으로 합의부가 결정한 사건, ② 특정사건³을 제외하고 법정형이 사형·무기 또는 단기 1년 이상 징역 또는 금고에 해당하는 사건, ③ 이런 사건과 동시에 심판할 공범사건, ④ 지방법원판사에 대한 제척·기피사건, ⑤ 다른 법률에 의해 합의부의 권한에 속하는 사건. 예컨대 공직선거법의 선거범죄는 법정형에 관계없이 합의부 관할사건이다(제269조).

---

3 ① 형법의 특수절도죄(제331조), 상습특수절도죄와 그 각 미수죄에 해당하는 사건, ② 폭처법 제2조 제1항·제3항(상습폭행등과 그 누범), 제3조 제1항·제2항(집단폭행등과 그 상습), 제6조(그 미수죄), 제9조(사법경찰관리의 직무유기)에 해당하는 사건, ③ 병역법 위반사건, ④ 특가법 제5조의3 제1항(사고후도주운전죄), 제5조의4 제5항(그 누범)에 해당하는 사건, ⑤ 보건범죄단속에 관한 특별조치법 제5조(무면허의료)에 해당하는 사건, ⑥ 부정수표단속법 제5조(수표의 위·변조)에 해당하는 사건, ⑦「도로교통법」제148조의2 제1항·제2항, 같은 조 제3항 제1호 및 제2호에 해당하는 사건, ⑧「중대재해 처벌 등에 관한 법률」제6조 제1항·제3항 및 제10조 제1항에 해당하는 사건.

항소심에서 공소장변경에 의해 단독판사의 관할사건이 합의부 관할사건으로 된 경우, 법원은 형소법 제8조 제2항에 따라 사건을 관할권이 있는 법원에 이송해야 한다(97도2463). 이 경우 관할위반의 판결을 선고해야 한다는 판결(87도2196)은 형소법 제8조 제2항을 1995. 12. 29. 신설하기 전에 나온 것이다.

법원조직법에 따르면 대법원장은 지방법원 또는 그 지원 소속판사 중에서 그 관할구역 안에 위치한 시·군법원의 판사를 지명하여 시·군법원의 관할사건을 즉결심판하게 할 수 있다(제33조 제1항, 제34조 제3항). 즉결심판의 대상은 20만원 이하 벌금 또는 구류나 과료에 처할 범죄사건으로(제34조 제1항), 그 기준은 법정형이 아니라 선고형이다.

(다) 심급관할

심급관할이란 상소관계에 따른 관할로, 상소심 법원의 심판권을 의미한다. 쉽게 말해 항소, 상고, 항고 등의 심판권을 어느 법원이 갖는지의 문제다.

법원조직법에 따르면 지방법원 본원합의부나 춘천지방법원 강릉지원합의부는 지방법원 단독판사의 판결·결정·명령에 대한 항소 또는 항고사건을 2심으로 심판하고(제32조 제2항), 고등법원은 ① 지방법원합의부·가정법원합의부 또는 행정법원의 1심 판결·심판·결정·명령에 대한 항소 또는 항고사건이나 ② 다른 법률에 의하여 고등법원의 권한에 속하는 사건을 심판하며(제28조), 대법원은 ① 고등법원 또는 항소법원의 판결에 대한 상고사건, ② 항고법원·고등법원 또는 항소법원의 결정·명령에 대한 재항고사건, ③ 다른 법률에 의해 대법원의 권한에 속하는 사건을 종심으로 심판한다(제14조).

(2) 관련사건의 관할

피고인 甲의 두 사건 중 하나는 마산지방법원합의부에 항소가 제기되고 다른 하나는 부산고등법원에 항소가 제기되자, 변호인은 두 법원의 바로 위 상급법원인 대법원에 병합심리를 청구하였다. 그 청구는 이유있는가?

(가) 의의

관련사건이란 '관할이 인정된 하나의 피고사건(고유사건)'을 전제로 그 사건과 주관적(인적)·객관적(물적) 관련성이 인정되는 사건을 말한다. 형소법은 다음 4가지를 관련사건으로 정의하고(제11조), 고유관할법원이 관련사건도 병합관할 또는 병합심리를 할 수 있도록 하고 있다. ① 1인이 범한 수죄, ② 수인이 공동으로 범한 죄, ③ 수인이 동시에 동일장소에서 범한 죄, ④ 범인은닉죄, 증거인멸죄, 위증죄, 허위감정통역죄 또는 장물에 관한 죄와 그 본범의 죄. 이런 병합관할이나 병합심리를 인정하는 것은 주관적 관련사건의 경우에는 동일한 피고인에 대한 불필요한 이중심리를 피하고, 객관적 관련사건의 경우에는 동일한 사건에 대한 모순된 판결을 피하기 위해서다.

판례는 관련사건의 관할은 고유사건과 관련사건이 반드시 병합기소되거나 병합심리될 것을 전제요건으로 하는 것은 아니므로, 고유사건 계속 중 고유관할법원에 관련사건이 계속된 이상 그 후 두 사건이 병합심리되지 않은 채 고유사건에 대한 심리가 먼저 종결되었다 하더라도 관련사건에 대한 관할권은 여전히 유지된다고 본다(2006도8568).

병합관할은 공소제기 전 여러 개의 사건을 전제로 하는 반면, 병합심리는 여러 개의 사건이 여러 개의 법원에 각각 공소제기가 되어있을 것을 전제로 한다.

(나) 병합관할

토지관할을 달리하는 관련사건은 고유관할법원이 병합관할한다(제5조). 그러나 사물관할을 달리하는 관련사건은 법원합의부가 병합관할하지만, 결정으로 관할권있는 법원단독판사에게 이송할 수 있다(제9조).

병합관할은 여러 개의 사건을 전제로 한다는 점에서, 하나의 사건을 전제로 한 관할의 경합과 구별된다.

(다) 병합심리

① 사물관할은 같으나 토지관할을 달리하는 관련사건: 토지관할을 달리하는 관련사건이 '각각 다른 법원'에 계속된 때에는 공통되는 바로 위 상급법원은 검사 또는 피고인의 신청에 의해 결정으로 1개 법원이 병합심리하게 할 수 있지만(제6조), 이럴 필요가 없는 경우에는 법원은 결정으로 분리하여 관할권있는 다른 법원에 이송할 수 있다(제7조). 따라서 토지관할을 달리하는 여러 개의 1심법원에 관련사건이 계속된 경우에 그 소속 고등법원이 같은 경우에는 그 고등법원이, 그 소속 고등법원이 다른 경우에는 대법원이 위 1심법원들의 공통되는 바로 위 상급법원으로서 토지관할 병합심리 신청사건의 관할법원이 된다(2006초기335전합). 여기서 판례는 '각각 다른 법원'이란 사물관할은 같으나 토지관할을 달리하는 동종, 동등의 법원을 의미한다고 보고, 위 사건에서는 심급은 같지만 사물관할은 같지 않다는 이유로 병합심리청구를 기각한다(90초56).

② 사물관할만 달리하는 관련사건이 각각 법원합의부와 단독판사에게 계속된 때는 합의부는 결정으로 단독판사에 속한 사건을 병합심리할 수 있다(제10조).

③ 사물관할과 토지관할 모두를 달리하는 관련사건: 사물관할을 달리하는 관련사건이 토지관할도 달리하는 경우에도 합의부가 병합심리를 할 수 있는데, 단독판사는 그가 심리중인 사건과 관련사건이 합의부에 계속된 사실을 알게 된 때에는 즉시 합의부의 재판장에게 그 사실을 통지해야 한다(형소규칙 제4조 제1항, 제2항). 사물관할을 달리하는 여러 개의 관련항소사건이 각각 고등법원과 지방법원본원합의부에 계속된 때에도 고등법원은 결정으로 지방법원본원합의부에 계속한 사건을 병합심리할 수 있는데, 사물관할을 달리하는 여러 개의 관련항소사건이 토지관할을 달리하는 경우에도 고등법원이 병합심리할 수 있으며, 지방법원본원합의부의 재판장은 그 부에서 심리중인 항소사건과 관련사건이 고등법원에 계속된 사실을 알게 된 때에는 즉시 고등법원의 재판장에게 그 사실을 통지해야 한다(형소규칙 제4조의2 제1항, 제2항).

(3) 재정관할

재정관할은 법원의 재판으로 정해지는 관할로, 관할의 지정, 이전, 창설이 있다. 관할지정의 신청은 검사가 ① 법원의 관할이 명확하지 않거나, ② 관할위반을 선고한 재판이 확정된 사건에 관해 다른 관할법원이 없는 경우처럼 검사가 공소제기를 해야 할 법원을 정하기 어려운 경우에 하는데, 관계있는 1심법원에 공통되는 직근 상급법원(제14조)에, 그 사유를 기재한 신청서를 제출하여야 하고, 공소제기 후 신청하는 때는 즉시 공소를 접수한 법원에 통지해야 한다(제16조).

관할이전의 신청은 ① 관할법원이 법률상의 이유 또는 특별한 사정으로 재판권을 행사할 수 없거나, ② 범죄의 성질, 지방의 민심, 소송의 상황 기타 사정으로 재판의 공평을 유지하기 어려운 염려가 있는 경우 바로 위 상급법원에 하는데, 검사는 '해야 하고' 피고인은 '할 수 있다'(제15조). 관할이전의 신청은 그 사유를 기재한 신청서를 제출하여야 하고, 공소제기 후 신청인 때는 즉시 공소를 접수한 법원에 통지해야 한다(제16조). 판례는 공소장변경을 허용한 것이 재판의 공평을 유지하기 어려운 염려가 있는 경우는 아니라고 본다(84초45). 관할의 이전은 관할권없는 법원에게 관할권을 부여하는 재판이라는 점에서, 관할권있는 법원에 사건의 심리를 이전하는 사건의 이송과 구별된다.

관할의 창설이란 관할권없는 법원에 관할권을 인정하는 것을 말한다. 국민참여재판법 제10조 제2항이 이에 해당한다. 지방법원 지원 합의부가 심판권을 가지는 사건 중 지방법원 지원 합의부가 국민참여재판절차 회부결정을 한 사건은 지방법원 본원 합의부가 관할권을 가진다.

(4) 관할의 경합

관할의 경합이란 하나의 사건에 대해 2개 이상의 법원이 관할권을 가지는 경우이다. 형소법은 관할의 경합의 경우 다음과 같이 심판의 우선순위를 정해 중복심리나 모순되는 판결의 발생을 방지하고 있다.

동일사건이 사물관할을 달리하는 수개의 법원에 계속된 때에는 법원합의부가 심판한다(제12조). 동일사건이 사물관할을 같이하는 수개의 법원에 계속된 때는 먼저 공소를 받은 법원이 심판하지만, 각 법원에 공통되는 바로 위 상급법원은 검사나 피고인의 신청에 의해 결정으로 뒤에 공소를 받은 법원이 심판하게 할 수 있다(제13조).

다. 관할위반의 효과

법원의 관할은 소송조건이므로, 법원이 직권으로 관할을 조사해야 한다(제1조). 따라서 위 사건의 대법원의 판단은 옳다. 다만 관할위반인 경우에도 그동안 이루어진 소송행위는 그 효력에 영향이 없다(제2조). 피고사건이 법원의 관할에 속하지 않는 때에는 판결로써 관할위반의 선고를 해야 한다(제319조 본문). 그런데 단독판사의 사물관할에 속하던 사건이 공소장변경으로 합의부 관할사건으로 변경된 경우, 관할위반의 판결을 받고 나서 다시 공소를 제기해야 하는 번거로운 절차를 거치지 않고, 단독판사가 결정으로 합의부로 이송하면 된다(제8조 제2항).

토지관할의 경우 피고인의 신청이 없으면 법원은 관할위반의 선고를 하지 못하고, 그 신청은 피고사건에 대한 피고인의 진술 전에만 허용된다(제320조). 토지관할은 동급법원 사이의 업무분담으로서 이들 법원 간 그 심리의 정도에 큰 차이가 없기 때문에 피고인에게 실질적 불이익이 발생하지 않는 한 관할위반선고를 하지 않도록 하기 위한 것이다.

관할 또는 관할위반의 인정이 법률에 위반한 것은 항소이유(제361조의5 제3호)나 상고이유에 해당한다(제383조 제1호).

라. 법관등의 배제: 제척·기피·회피

(1) 법관의 제척

제척이란 다음 사유에 해당하는 법관은 자동적으로 직무집행에서 배제되도록 한 제도를 말한다(제17조). ① 법관이 피해자인 때, ② 법관이 피고인 또는 피해자의 친족 또는 친족관계가 있었던 자인 때, ③ 법관이 피고인 또는 피해자의 법정대리인, 후견감독인인 때, ④ 법관이 사건에 관해 증인, 감정인, 피해자의 대리인으로 된 때, ⑤ 법관이 사건에 관해 피고인의 대리인, 변호인, 보조인으로 된 때, ⑥ 법관이 사건에 관해 검사 또는 사법경찰관의 직무를 행한 때, ⑦ 법관이 사건에 관해 전심재판 또는 그 기초되는 조사, 심리에 관여한 때, ⑧ 법관이 사건에 관하여 피고인의 변호인이거나 피고인·피해자의 대리인인 법무법인, 법무법인(유한), 법무조합, 법률사무소, 「외국법자문사법」 제2조 제9호에 따른 합작법무법인에서 퇴직한 날부터 2년이 지나지 아니한 때, ⑨ 법관이 피고인인 법인·기관·단체에서 임원 또는 직원으로 퇴직한 날부터 2년이 지나지 아니한 때.

전심재판이란 불복신청을 한 당해 사건의 전심을 말한다. 예컨대 2심에 대한 1심, 3심에 대한 2심 또는 1심이 이에 해당한다. 당해사건과 전심재판 사이에는 상소제기로 소송계속의 이전이 발생한다. 이를 제척사유로 한 것은 하나의 사건을 동일한 법관이 여러 번 재판하도록 하는 것은 상소제도를 무의미하게 하기 때문이다. 따라서 소송계속의 이전이 발생하지 않는 경우, 예컨대 구속영장을 발부한 법관이 피고사건을 심판하는 경우는 전심재판에 관여한 때가 아니고, 이는 제척사유에 해당하지 않는다(89도612).

판례는 약식절차나 즉결심판절차와 정식재판은 동일한 심급 내에 있는 서로 다른 절차라는 이유로, 약식명령을 한 법관이 정식재판을 담당하는 경우는 전심재판의 관여에 해당하지 않지만(2002도944), 약식명령에 대한 정식재판의 항소심 공판에 관여한 경우는 전심재판의 관여에 해당한다고 본다(85도281; 2011도17). 다만 약식명령을 한 법관이 항소심 공판에 관여한 후에 경질되어 그 판결에는 관여하지 않은 경우는 전심재판에 관여한 때로 볼 수 없다고 본다(85도281; 2011도17).

1심의 증거보전절차나 증인신문절차에 관여한 법관이 2심을 담당하는 경우는 법관이 전심재판의 기초되는 조사, 심리에 관여한 때에 해당하는 제척사유로 보는 것이 옳다. 그러나 판례는 공소제기 전에 검사의 증거보전청구에 따라 증인신문을 한 법관은 전심재판 등에 관여한 법관이라고 할 수 없다고 본다(71도974).

제척사유규정을 위반한 것은 제361조의5 제7호의 '법률상 그 재판에 관여하지 못할 판사가 그 사건의 심판에 관여한 때'에 해당하는 항소이유이고, 법령위반으로 인한 상고이유이다(제383조 제1호).

(2) 법관의 기피

피고인 甲은 서울고등법원 제2형사부에서 특가법위반죄로 항소심재판을 받던 중 재판부가 선고기일을 지정하자, 甲의 증거신청을 채택하지 않고 선고기일을 잡은 것은 불공평한 재판을 할 우려가 있는 경우라는 이유로 담당법관 전원에 대해 기피신청을 했고, 서울고등법원은 기피신청을 기각하고 판결을 선고했다. 이에 甲은 소송진행을 정지하지 않고 판결을 선고한 것은 위법하다는 이유로 대법원에 재항고했는데, 대법원은 판결의 선고는 제22조가 말하는 정지해야 되는 소송진행은 아니라고 본다. 이는 옳은가?

(가) 의의

기피란 법관이 ① 제척사유에 해당하거나, ② 불공평한 재판을 할 염려가 있는 경우, 검사 또는 피고인이 신청하여 그 법관을 직무집행에서 배제시키는 제도인데, 변호인은 피고인의 명시한 의사에 반하지 않는 때에 한하여 법관에 대한 기피를 신청할 수 있다(제18조). 불공평한 재판을 할 염려가 있는 경우로, 법관이 심리 중 피고인의 유죄를 예단하는 취지로 미리 법률판단을 한 경우를 들 수 있다(74모68).

(나) 기피신청의 시기와 절차

기피신청이 언제까지 가능한지에 관해 판결선고시설과 변론종결시설이 대립한다. 판례는 변론종결시설로서, 변론종결 후에 기피신청한 경우 판결선고는 정지되지 않고, 판결이 선고되면 기피신청이 의도한 그 담당 재판부를 사건 심리에서 배제하려는 목적을 이룰 수 없다는 것이 그 이유다(2002도4893; 94모77).

① 합의법원의 법관에 대한 기피는 그 법관의 소속법원에 신청해야 하고, ② 수명법관, 수탁판사 또는 단독판사에 대한 기피는 당해법관에게 신청해야 하는데, 기피사유는 신청한 날로부터 3일 이내에 서면으로 소명해야 한다(제19조).

(다) 기피신청에 대한 재판의 주체와 형태

기피신청에 대한 재판은 기피당한 법관의 소속법원 합의부가 담당하는데, 그 형태는 크게 형식심사 후에 내리는 기각결정과 실질심사 후에 내리는 기각 또는 인용 결정 2가지로 구별할 수 있다. 이에 따라 절차와 효과가 달라진다. 전자는 민사소송의 각하에 해당하는 결정으로, 여기서는 간이기각결정이라고 부른다.

① 기피신청이 소송의 지연을 목적으로 함이 명백하거나, ② 3일 이내에 기피사유를 서면으로 소명하지 않은 경우, ③ 기피신청사건에 대해 이미 판결이 선고된 경우(94모77)에는 신청을 받은 법원이나 법관이 간이기각결정을 한다(제20조 제1항). 이 기각결정을 위해서 소송진행을 정지하지 않아도 된다(제22조).

기피신청이 (간이)기각결정의 대상이 아닌 경우에는 기피당한 법관은 지체없이 기피신청에 대한 의견서를 제출해야 하고, 기피당한 법관이 스스로 그 신청이 이유있다고 인정하는 때에는 인용결정이 있는 것으로 간주된다(제21조 제2항, 제3항).

기피당한 법관이 그 신청이 이유없다는 의견서를 제출하면 실질심사에 들어가서 인용결정 또는 기각결정을 한다. 이는 기피당한 법관의 소속법원 합의부(보통 기피신청사건전담재판부)가 결정으로 하는데, 그 법관의 소속법원이 합의부를 구성하지 못하는 때에는 직근 상급법원이 결정해야 하며, 기피당한 법관은 이 결정에 관여하지 못한다(제21조).

실질심사후결정을 위해서는 급속을 요하는 경우가 아닌 한 소송진행을 정지해야 한다(제22조). 급속을 요하는 경우란 멸실의 우려가 있는 증거를 조사해야 하거나 장기간의 해외출장을 앞두고 있는 증인의 진술을 청취할 필요가 있는 경우를 말한다. 판례는 구속기간의 만료가 임박한 경우도 이에 해당한다고 본다(94도142). 또한 판례는 판결선고는 정지해야 하는 소송진행은 아니라고 본다(94모77). 또 기피신청으로 인해 공판절차가 정지된 기간은 피고인의 구속기간에 산입하지 않는다(제92조 제3항). 실질심사후인용결정을 한 때는 기피당한 법관은 당해사건의 절차에서 배제하는 결정을 해야 한다.

(라) 기피신청재판에 대한 불복방법

기피신청 기각결정(간이기각결정과 실질심사후기각결정 둘 다)에 대해서는 즉시항고를 할 수 있다(제23조 제1항). 다만 간이기각결정에 대한 즉시항고는 재판의 집행을 정지하는 효력이 없지만, 실질심사후기각결정에 대한 즉시항고는 재판의 집행을 정지하는 효력이 있다(제23조, 제410조). 후자의 경우에는 해당법관이 재판을 진행하는 것은 옳지 않기 때문이다. 물론 실질심사후인용결정에 대해서는 즉시항고를 할 수 없다.

수소법원의 구성원인 재판장이나 수명법관이 내린 기피신청 기각결정에 대해서는 그 법관소속의 법원에 그 결정의 취소 또는 변경을 구하는 준항고를 할 수 있지만(제416조 제1항 제1호), 집행정지의 효력은 없다(제405조, 제409조).

(3) 법관의 회피

① 제척사유에 해당하거나, ② 불공평한 재판을 할 염려가 있다고 사료한 때에는 법관은 소속법원에 서면으로 신청하여 스스로 회피해야 한다(제24조 제1항, 제2항).

회피신청에 대한 재판도 기피신청에 대한 재판처럼 당해법관의 소속법원 합의부에서 결정으로 해야 하는데, 소속법원이 합의부를 구성하지 못하는 때에는 직근 상급법원이 결정해야 하고, 당해법관은 이 결정에 관여하지 못한다(제24조 제3항, 제21조).

(4) 법원사무관등의 제척·기피·회피

법관의 제척·기피·회피제도는 '법원서기관·법원사무관·법원주사 또는 법원주사보와 통역인(법원사무관등)'에 준용하는데, '전심재판 또는 그 기초되는 조사·심리에 관여한 때'는 그 성질상 제척사유에서 당연히 제외된다(제25조 제1항).

법원사무관등에 대한 기피재판은 그가 소속한 법원이 결정으로 해야 하지만, 간이기각결정은 기피당한 자의 소속법관이 내릴 수 있다(제25조 제2항). 판례는 서울지방법원 동부지원 형사과 접수계장에 대한 기피신청을 하자 그 계장이 소속된 동부지원의 판사가 기각결정을 한 사건에서, 동부지원 판사의 결정은 법원의 기관인 재판장 또는 수명법관으로서 한 것이 아니라 접수계장이 소속된 법원 (단독재판부)이 한 것이므로 그 결정에 대한 불복은 준항고가 아니라 즉시항고로 해야 한다고 본다 (84모24).

2. 형사재판의 형식과 상소제도

재판기관은 크게 수소(受訴)법원과 수소법원 이외의 재판기관 2가지로 구별된다. 수소법원이란 공소제기 후에 구체적 피고사건에 대한 심리와 재판을 하게 된 재판기관을 말한다. 수소법원 이외의 재판기관에는 고소·고발인의 재정신청을 담당하는 고등법원이나 수임판사(예컨대 영장을 발부하는 판사) 등이 있다. 재판이란 재판기관이 하는 법률행위적 소송행위를 말한다. 재판은 그 형식에 따라 크게 판결, 결정, 명령 3가지로 구별되는데, 상소(상급법원에 대한 불복)의 허용 여부와 그 방법에 관한 차이가 있다.

가. 재판의 형식

수소법원이 내리는 종국재판의 원칙적인 형식은 판결이다. 판결에는 실체판결(유죄판결, 무죄판결)과 형식판결(관할위반의 판결, 면소판결, 공소기각의 판결)이 있다. 판결은 법률에 다른 규정이 없으면 구두변론에 따라야 하고(형소법 제37조 제1항), 법관이 작성한 재판서로 해야 한다(형소법 제38조, 제42조). 보석허가결정(형소법 제95조, 제96조)처럼 수소법원이 내리는 종국전 재판(중간재판)의 기본형식은 결정이지만, 앞의 실화죄사건에 관한 공소기각결정처럼 종국재판도 있다. 판례는 명령을 수소법원이 아니라 그 구성원(재판장이나 수명법관) 또는 수탁판사 등 법관이 내리는 종국전 재판(중간재판)으로 이해한다. 형소법이 명령이라고 부르지 않더라도 수소법원이 아닌 1인의 법관이 하는 재판은 그 성질상 명령이다. 명령은 모두 종국전 재판이다. 그러나 약식명령은 이와 다르다. 약식명령절차에서 내리는 독립된 형식의 재판으로서 확정된 약식명령은 유죄의 확정판결과 동일한 효력을 가진다.

결정과 명령은 구두변론에 따르지 않을 수 있고(형소법 제37조 제2항), 필요한 때는 사실을 조사할 수 있다(형소법 제37조 제3항). 또 결정은 재판서를 작성하지 않고 조서에만 기재하여 할 수 있고(형소법 제38조), 상소를 불허하는 결정의 경우에는 이유를 명시하지 않을 수 있다(형소법 제39조). 다만 형소법 제323조는 유죄판결의 이유에 대해서만 무엇을 명시해야 하는지 규정하고 있으므로 그 밖의 어느 재판에서 어느 정도의 이유를 기재해야 할지는 재판의 성격에 따라 결정할 수밖에 없다(85모12).

나. 상소 허용 여부와 방법

판결에 대해서는 언제나 상급법원에 불복할 수 있고, 그 방법은 항소(형소법 제357조)나 상고(형소법 제371조)이다.

결정에 대해서는 항고할 수 있으나(형소법 제402조), '관할이나 판결전의 소송절차에 관한 결정'에 대해서는 즉시항고할 수 있는 경우를 제외하고 항고하지 못하는데, 다만 '구금, 보석, 압수나 압수물의 환부에 관한 결정, 감정유치결정'에 대해서는 항고가 허용된다(형소법 제403조). 즉시항고는 법률에 규정이 있는 경우에만 할 수 있는데, 즉시항고의 제기기간이 3일이었으나 지나치게 짧다는 이유로 헌법불합치 결정(2015헌바77)을 받아서 2019. 12. 31. 형소법 개정 때 7일로 변경되었는데,[4] 이때 준항고의 청구기간도 같은 이유로 3일에서 7일로 변경되었다.[5]

---

4 제405조(즉시항고의 제기기간) 즉시항고의 제기기간은 7일로 한다.
5 제416조(준항고) ① 재판장 또는 수명법관이 다음 각 호의 1에 해당한 재판을 고지한 경우에 불복이 있으면 그 법관 소속의 법원에 재판의 취소 또는 변경을 청구할 수 있다.
　1. 기피신청을 기각한 재판
　2. 구금, 보석, 압수 또는 압수물환부에 관한 재판
　3. 감정하기 위하여 피고인의 유치를 명한 재판
　4. 증인, 감정인, 통역인 또는 번역인에 대하여 과태료 또는 비용의 배상을 명한 재판
　　② 지방법원이 전항의 청구를 받은 때에는 합의부에서 결정을 하여야 한다.

형소법은 명령에 대해서는 항고를 허용하지 않고, 일정한 사유가 있는 경우 이의신청(제304조)이나 준항고(제406조)를 허용한다. 준항고는 상급법원에 대한 불복이 아니라는 점에서 엄밀히 말하면 항고와 다르다. 또한 본래 준항고란 공소제기 이후 형사절차에서 이용되는 제도로, 공소가 제기되어 사건을 심리 중인 수소법원을 전제로 하여, 그 수소법원의 구성원인 재판장 또는 수명법관이 내린 재판에 대해 불복하는 경우 그 법관이 소속한 법원에 재판의 취소 또는 변경을 청구하는 제도를 말한다(형소법 제416조). 그러나 형소법 제417조에서 보듯이 검사나 사법경찰관의 처분에 대한 수사절차상 준항고제도가 있으므로, 준항고의 개념을 넓게 이해하면, 형소법의 준항고에는 본래의 준항고와 수사상 준항고가 있다.

> **제417조(동전)** 검사 또는 사법경찰관의 구금, 압수 또는 압수물의 환부에 관한 처분과 제243조의2에 따른 변호인의 참여 등에 관한 처분에 대하여 불복이 있으면 그 직무집행지의 관할법원 또는 검사의 소속 검찰청에 대응한 법원에 그 처분의 취소 또는 변경을 청구할 수 있다.

상고심에서는 변호사 아닌 자를 변호인으로 선임하지 못하고(제386조), 변호인이 아니면 피고인을 위해 변론하지 못하며(제387조), 공판기일에는 피고인을 소환할 필요가 없다(제389조의2). 상고심은 원칙적으로 법률적 문제만 다루는 법률심이기 때문이다. 또한 상고법원은 상고장, 상고이유서 기타의 소송기록에 따라 변론없이 판결할 수 있지만, 필요한 경우 특정사항에 대해 변론을 열어 참고인의 진술을 들을 수 있다(제390조).

다. 일부상소와 상소불가분원칙

(1) 의의

'상소는 재판의 일부에 대하여 할 수 있다'는 형소법 제342조 제1항을 가리켜 일부상소라고 한다. 일부상소는 상소하지 않은 부분의 재판은 확정의 효력을 갖게 하고 상소한 부분만 상소법원의 심판대상으로 함으로써 법적 안정성과 소송경제에 기여한다. 그러나 일부상소의 이런 효과를 볼 수 없는 경우도 있다. 일부상소일지라도 '일부에 대한 상소는 그 일부와 불가분의 관계에 있는 부분에 대해서도 효력이 미친다'는 제342조 제2항의 상소불가분원칙이 적용되는 경우이다. 결국 일부상소가 인정되려면 일부상소에 대해 상소불가분원칙이 적용되지 않아야 한다. 따라서 ① 하나의 사건(일죄나 상상적 경합인 수죄) 일부에 대한 상소, ② 주위적 주문과 불가분적 관계에 있는 주문(예컨대 주형과 일체가 된 부가형, 곧 몰수·추징)에 대한 상소, ③ 경합범에 대해 1개의 형이 선고된 경우 경합범의 일부 죄에 대한 상소 등의 경우에는 상소불가분원칙이 적용된다고 봐야 하므로, 이런 경우에는 일부상소가 인정될 수 없다고 봐야 한다.

상소불가분원칙이 적용되는 경우에는 만일 피고사건의 재판 가운데 몰수·추징에 관한 부분에 대해서만 상소가 되었다고 하더라도 상소심은 그 상소가 부적법하다고 봐서는 안 되고 그 부분에 대한 상소의 효력은 그 부분과 불가분의 관계에 있는 본안에 대한 부분까지 미쳐 그 전부가 상소심으로

---

③ 제1항의 청구는 재판의 고지있는 날로부터 7일 이내에 하여야 한다.
④ 제1항 제4호의 재판은 전항의 청구기간 내와 청구가 있는 때에는 그 재판의 집행은 정지된다.

이심된다고 판례는 본다(2008도5596전합). 이와 달리 주형으로 무죄, 공소기각 또는 면소가 선고되면서 몰수·추징이 선고된 경우에는 전부상소를 인정할 것이 아니라 몰수·추징 부분만을 대상으로 한 일부상소를 허용할 필요성이 있다는 견해[6]도 있다. 그 이유는 이 경우 주형에 관해서는 피고인에게 상소의 이익이 인정되지 않아서 몰수·추징 부분만 상소할 수 있는 방법이 없기 때문이라는 것이다.

(2) 하나의 사건인 경우 일부상소와 상소불가분원칙

판례는 포괄일죄의 경우 상소불가분원칙을 인정하여 일부상소를 부정하면서도 피고인의 이익을 위해 심판대상의 범위를 제한하고 있다. 포괄일죄의 일부만 유죄로 인정된 경우 피고인만이 항소했다 하더라도 그 항소는 포괄일죄의 전부에 미친다(80도2847). 일부상소를 부정한 것이다. 다만 이 경우 상소불가분원칙에 의해 무죄부분도 상고심에 이심되기는 하나 그 부분은 이미 당사자 간의 공격방어의 대상으로부터 벗어나 사실상 심판대상에서 벗어나게 되어 상고심이 그 무죄부분까지 판단할 수 없고(2004도5014), 이는 상고심으로부터 파기환송받은 항소심도 같다(90도2820).

그러나 포괄일죄의 일부만 유죄로 인정된 경우에 검사만 무죄부분에 대해 상고하였더라도 상고되지 않은 유죄부분도 상고심에 이심되어 심판의 대상이 된다(85도1998). 공소불가분원칙상 포괄일죄의 일부에 대해서만 상고할 수는 없다는 논리이다. 피고인에게는 이익이 된다. 원심에서 상상적 경합인 수죄 모두에 대해 무죄가 선고되었는데, 검사가 무죄 전부에 대해 상고하였으나 그중 일부 무죄부분(A)은 상고이유로 삼지 않은 경우, 그 무죄 부분(A)도 상고심에 이심되지만 상고법원은 원칙적으로 상고이유서에 포함된 무죄 부분에 대해서만 심판해야 한다(2008도8922). A부분은 이미 당사자 간의 공격방어의 대상으로부터 벗어나 사실상 심판대상에서 이탈되었기 때문이다. 이 또한 피고인의 이익을 고려한 것이다.

(3) 다수의 사건인 경우 일부상소와 상소불가분원칙

판례는 2개 이상의 사건일지라도 동시적 경합범에 대해 하나의 단일형을 선고하여 주문이 하나인 경우도 상소불가분원칙을 적용하여 일부상소를 부정한다(4293형상403). 그 이유는 하나의 주문으로 선고되는 여러 개의 범죄사실을 분리하여 다룰 수는 없다는 것이다.

판례는 원심이 두 개의 죄를 경합범으로 보고 한 죄는 유죄, 다른 한 죄는 무죄를 각각 선고하자 검사가 무죄부분에 대해서만 상고했더라도 상고심의 심리 결과 두 죄가 상상적 경합으로 판단된 경우에는 무죄부분의 유·무죄 여부에 따라 처단할 죄목과 양형도 달라지므로 유죄부분도 상고심의 심판대상이 된다고 본다(80도384전합; 2004도7488: 전부이심설). 상소불가분원칙이 적용된다고 보고, 일부상소를 부정한 것이다.

그러나 동시적 경합범에 대해 일부는 유죄, 나머지는 무죄를 각각 선고하여 주문이 2개인 원심재판에서 검사만 무죄부분에 대해 상소한 경우, 두 죄가 상상적 경합으로 판단될 수 없다면, ① 판례(일부이심설)는 상소불가분원칙을 부정하여(달리 말해 일부상소를 인정하여) 상소한 부분만 심판대상

---

6 박재필, "몰수·추징 부분만의 단독상소의 문제점", 형사재판의 제문제 제3권, 박영사, 2000, 397면.

470 한눈에 잡히는 형사법

이 되고, 원심판결 파기의 효력도 이 부분에 대해서만 미친다고 본다(91도1402전합 다수의견). 그 이유는 상소불가분원칙은 1개의 주문인 경우에만 허용되고 그렇지 않은 경우는 심판대상이 분리 확정되어야 하고, 또 유죄부분은 상소기간이 지나면 확정된다는 것이다. 이와 달리 ② 전부파기설(전부이심설)은 무죄 부분에 대한 상소로 그 부분이 유죄로 변경되어 하나의 형이 선고될 가능성이 있으므로 상소불가분원칙을 적용하여 유죄 부분도 무죄 부분과 함께 상소심에 이심되고, 상소심 법원이 무죄 부분을 파기해야 할 경우에는 직권으로 유죄 부분까지도 함께 파기하여 다시 하나의 형을 선고할 수 있도록 해야 한다고 본다(91도1402전합 반대의견).

라. 불이익변경금지원칙의 판단기준

이에 관해 형소법은 명문규정을 두고 있지 않으므로, 이를 두고 다툼이 있다. 판례는 대체로 변경 전의 형은 피고인에게 가장 유리한 경우를 기준으로 하고, 변경 후의 형은 피고인에게 가장 불리한 경우를 기준으로 비교하여 판단한다(2020도4140전합).

검사와 피고인 모두 상소한 경우에는 불이익변경금지원칙이 적용되지 않는다(2005도7473). 피고인만의 상고로 원심판결을 파기하고 사건을 항소심에 환송한 경우에도 판례는 이 원칙을 적용한다(2005도8607; 92도2020). 피고인만 항소한 2심판결에 대해 검사만 상고한 상고심에서도 불이익변경금지원칙이 적용된다고 판례는 본다(4290형비상1). 1심 및 환송 전 원심이 소송비용부담을 명하지 않은 사건에서, 환송 후 원심이 소송비용부담을 명하는 것은 불이익변경금지원칙에 어긋나지 않는다고 판례는 본다(2008도488). 그 이유는 소송비용은 형벌도 아니고 또 형벌에 준하는 것도 아니라는 것이다.

3. 국민참여재판절차

국민참여재판법의 목적은 사법의 민주적 정당성과 신뢰를 높이기 위하여 국민이 형사재판에 참여하는 제도를 시행함에 있어서 참여에 따른 권한과 책임을 명확히 하고, 재판절차의 특례와 그 밖에 필요한 사항에 관하여 규정함에 있다.

가. 대상사건

국민참여재판법 제5조는 대상사건을 아래와 같이 규정하고 있다. ① 합의부 관할사건(법원조직법 제32조 제1항), ② ① 사건의 미수·교사·방조·예비·음모 사건, ③ ①과 ②의 사건과 관련사건(형소법 제11조)으로서 병합심리하는 사건. 그러나 이런 대상사건일지라도 아래 두 경우는 제외사건으로서 국민참여재판을 하지 않는다.

나. 제외사건

(1) 피고인이 서면으로 국민참여재판을 원하지 않는 경우

법원은 대상사건의 피고인에 대해 국민참여재판을 원하는지 여부에 관한 의사를 서면 등의 방법으로 반드시 확인해야 하는데, 피고인의 의사의 구체적인 확인 방법은 대법원규칙으로 정하되, 피고인의 국민참여재판을 받을 권리가 최대한 보장되도록 해야 하고, 피고인은 공소장 부본을 송달받은 날부터 7일 이내에 국민참여재판을 원하는지 여부에 관한 의사가 기재된 서면을 제출해야 한다(제8조).

그런데 판례는 공소장 부본을 송달받은 날로부터 7일 이내에 의사확인서를 제출하지 않은 피고인도 1회 공판기일이 열리기 전까지는 국민참여재판을 신청할 수 있다고 본다(2009모1032). 그 이유는 ① 입법취지가 위 기한이 지나면 피고인이 국민참여재판 신청을 할 수 없도록 하려는 데 있지 않고, ② 당초 국민참여재판을 희망하지 않는다는 의사확인서를 제출한 피고인도 1회 공판기일이 열리기 전까지 의사를 변경하여 국민참여재판 신청을 할 수 있음에도 불구하고 의사확인서를 제출하지 않은 피고인은 1회 공판기일이 열리기 전에도 국민참여재판 신청을 할 수 없다고 보는 것은 형평성에 어긋나며, ③ 의사확인서를 제출하지 않은 피고인이 1회 공판기일이 열리기 전까지 국민참여재판 신청을 할 수 있도록 허용하더라도 재판이 지연되는 정도는 중하지 않고 오히려 국민참여재판으로 진행되는 경우 재판이 더욱 신속하게 종결될 가능성이 크다는 것이다.

법원이 국민참여재판을 원하는지 여부에 관한 피고인의 의사를 확인하지 않은 채 통상의 공판절차를 진행한 경우, (항소심에서) ㉮ 국민참여재판절차에 관한 충분한 안내와 그 희망 여부에 관해 숙고할 수 있는 상당한 시간이 부여된 상황에서, ㉯ 피고인이 국민참여재판을 원하지 않는다고 하면서 1심의 절차적 위법을 문제삼지 않겠다는 의사를 명백히 표시한 경우가 아닌 한 1심의 하자는 치유되지 않는다(2012도1225. 同旨: 2012도13896; 2011도15484). 이에 따라 국민참여재판을 희망하는지 여부에 관한 피고인의 의사를 확인하지 않은 것에 대해 1회 공판기일에 피고인과 변호인이 이의가 없다고 진술하자 항소심이 같은 날 변론을 종결한 후 2회 공판기일에 피고인의 항소를 기각하는 판결을 선고한 경우처럼 위 ㉮의 요건을 충족하지 않은 경우 1심의 하자가 치유되지 않는다고 본다. 같은 취지에서 판례는 1심법원이 피고인의 강간치상사건에 대해 공소장 부본 송달일로부터 7일이 경과하기 전에 1회 공판기일을 진행하면서 국민참여재판 신청 의사를 확인하지 않고, 그 이후 도착한 피고인의 국민참여재판 신청에 대해 배제결정도 하지 않은 채 통상의 공판절차로 재판을 진행한 경우, 이런 위법한 공판절차에서 이루어진 소송행위는 무효라고 본다(2011도7106).

(2) 법원이 국민참여재판을 하지 않기로 결정한 경우

법원은 공소제기 후부터 공판준비기일이 종결된 다음 날까지 아래 중 하나에 해당하면 국민참여재판을 하지 않기로 결정을 할 수 있는데, 이에 대하여는 즉시항고를 할 수 있다(제9조). ① 배심원·예비배심원·배심원후보자 또는 그 친족의 생명·신체·재산에 대한 침해 또는 그 우려가 있어서 출석에 어려움이 있거나 국민참여재판법에 따른 직무를 공정하게 수행하지 못할 염려가 있다고 인정되는 경우, ② 공범 관계에 있는 피고인들 중 일부가 국민참여재판을 원하지 않아서 진행에 어려움이 있다고 인정되는 경우, ③ 성폭법 제2조의 범죄의 피해자 또는 법정대리인이 국민참여재판을 원하지 않는 경우, ④ 그 밖에 국민참여재판으로 진행하는 것이 적절하지 않다고 인정되는 경우.

헌재는 국민참여재판으로 진행하는 것이 적절하지 않다고 인정한 경우 법원이 배제결정을 할 수 있도록 한 제9조 제1항 제4호가 헌법과 법률이 정한 법관에 의한 재판을 받을 권리(제27조 제1항)를 침해하지 않는다고 본다(2012헌바298). 그 이유는 배심재판을 받을 권리를 헌법에 규정한 미국과 달리 피고인이 가진 재판을 받을 권리에 배심재판을 받을 권리가 포함되지 않는다는 것이다. 이는 헌법의 '헌법과 법률이 정한 법관에 의한 재판을 받을 권리'는 직업법관에 의한 재판을 주된 내용으로 하는 것이므로 국민참여재판을 받을 권리가 헌법 제27조 제1항에서 규정한 재판을 받을 권리의 보호범위에 속한다고 볼 수 없다고 본 종전 헌재 결정(2008헌바12)의 취지와 같다.

다. 국민참여재판으로 진행하는 것이 부적절한 경우의 관할

법원은 공소사실의 일부 철회 또는 변경으로 인해 대상사건에 해당하지 않게 된 경우에도 국민참여재판법에 따른 재판을 계속 진행하지만, 법원은 심리의 상황이나 그 밖의 사정을 고려하여 국민참여재판으로 진행하는 것이 적당하지 않다고 인정하는 경우에는 결정으로 당해 사건을 지방법원 본원 합의부가 국민참여재판에 의하지 않고 심판하게 할 수 있는데, 이런 결정에 대해서는 불복할 수 없고, 이런 결정이 있는 경우에는 국민참여재판에 참여한 배심원과 예비배심원은 해임된 것으로 보고, 이런 결정 전에 한 소송행위는 그 결정 이후에도 그 효력에 영향이 없다(제6조).

법원은 피고인의 질병 등으로 공판절차가 장기간 정지되거나 피고인에 대한 구속기간의 만료, 성폭력범죄 피해자의 보호, 그 밖에 심리의 제반 사정에 비추어 국민참여재판을 계속 진행하는 것이 부적절하다고 인정하면 직권 또는 검사·피고인·변호인이나 성폭력범죄 피해자 또는 법정대리인의 신청에 따라 결정으로 사건을 지방법원 본원 합의부가 국민참여재판에 의하지 않고 심판하게 할 수 있는데, 이런 결정을 하기 전에 검사·피고인 또는 변호인의 의견을 들어야 하며, 이런 결정에 대해서는 불복할 수 없다(제11조).

라. 배심원

(1) 배심원의 수

법정형이 사형·무기징역 또는 무기금고에 해당하는 대상사건에 대한 국민참여재판에는 9인의 배심원이 참여하고, 그 외의 대상사건에 대한 국민참여재판에는 7인의 배심원이 참여하지만, 법원은 피고인 또는 변호인이 공판준비절차에서 공소사실의 주요 내용을 인정한 때에는 5인의 배심원이 참여하게 할 수 있다(제13조). 법원은 사건의 내용에 비추어 특별한 사정이 있다고 인정되고 검사·피고인 또는 변호인의 동의가 있는 경우 결정으로 배심원의 수를 7인과 9인 중에서 위와 달리 정할 수 있다.

법원은 배심원의 결원 등에 대비하여 5인 이내의 예비배심원을 둘 수 있다(제14조).

(2) 배심원의 선정절차

배심원은 만 20세 이상 대한민국 국민이면서 4가지 사유(① 권리 제한에 따른 결격,[7] ② 배심제의

---

7 제17조(결격사유) 다음 각 호의 어느 하나에 해당하는 사람은 배심원으로 선정될 수 없다.
  1. 피성년후견인 또는 피한정후견인
  2. 파산선고를 받고 복권되지 아니한 사람
  3. 금고 이상의 실형을 선고받고 그 집행이 종료(종료된 것으로 보는 경우를 포함한다)되거나 집행이 면제된 후 5년을 경과하지 아니한 사람
  4. 금고 이상의 형의 집행유예를 선고받고 그 기간이 완료된 날부터 2년을 경과하지 아니한 사람
  5. 금고 이상의 형의 선고유예를 받고 그 선고유예기간 중에 있는 사람
  6. 법원의 판결에 의하여 자격이 상실 또는 정지된 사람

취지에 반하는 직업 등에 따른 제외,[8] ③ 불공정한 판단의 우려에 따른 제척,[9] ④ 직무수행의 어려움에 따른 면제[10])에 해당하지 않는 사람 가운데 아래 절차에 따라 선정한다(제16조).

(가) 선정기일

　　법원은 배심원후보예정자명부 중에서 필요한 수의 배심원후보자를 무작위 추출 방식으로 정하여 배심원과 예비배심원의 선정기일을 통지해야 한다(제23조).

　　법원은 합의부원이 선정기일의 절차를 진행하게 할 수 있는데, 이때 수명법관은 선정기일에 관해 법원 또는 재판장과 동일한 권한이 있고, 선정기일은 공개하지 않으며, 선정기일에서는 배심원후보자의 명예가 손상되지 않고 사생활이 침해되지 않도록 배려해야 한다(제24조). 법원은 선정기일의 2일 전까지 검사와 변호인에게 배심원후보자의 성명·성별·출생연도가 기재된 명부를 송부해야 하는데, 선정절차에 질문표를 사용하는 때에는 선정기일을 진행하기 전에 배심원후보자가 제출한 질문표 사본을 검사와 변호인에게 교부해야 한다(제26조).

　　법원은 검사·피고인 또는 변호인에게 선정기일을 통지해야 하고, 검사와 변호인은 선정기일에 출석해야 하며, 피고인은 법원의 허가를 받아 출석할 수 있고, 변호인이 선정기일에 출석하지

---

8 제18조(직업 등에 따른 제외사유) 다음 각 호의 어느 하나에 해당하는 사람을 배심원으로 선정하여서는 아니 된다.
　1. 대통령
　2. 국회의원·지방자치단체의 장 및 지방의회의원
　3. 입법부·사법부·행정부·헌법재판소·중앙선거관리위원회·감사원의 정무직 공무원
　4. 법관·검사
　5. 변호사·법무사
　6. 법원·검찰 공무원
　7. 경찰·교정·보호관찰 공무원
　8. 군인·군무원·소방공무원 또는 「예비군법」에 따라 동원되거나 교육훈련의무를 이행 중인 예비군
9 제19조(제척사유) 다음 각 호의 어느 하나에 해당하는 사람은 당해 사건의 배심원으로 선정될 수 없다.
　1. 피해자
　2. 피고인 또는 피해자의 친족이나 이러한 관계에 있었던 사람
　3. 피고인 또는 피해자의 법정대리인
　4. 사건에 관한 증인·감정인·피해자의 대리인
　5. 사건에 관한 피고인의 대리인·변호인·보조인
　6. 사건에 관한 검사 또는 사법경찰관의 직무를 행한 사람
　7. 사건에 관하여 전심 재판 또는 그 기초가 되는 조사·심리에 관여한 사람
10 제20조(면제사유) 법원은 직권 또는 신청에 따라 다음 각 호의 어느 하나에 해당하는 사람에 대하여 배심원 직무의 수행을 면제할 수 있다.
　1. 만 70세 이상인 사람
　2. 과거 5년 이내에 배심원후보자로서 선정기일에 출석한 사람
　3. 금고 이상의 형에 해당하는 죄로 기소되어 사건이 종결되지 아니한 사람
　4. 법령에 따라 체포 또는 구금되어 있는 사람
　5. 배심원 직무의 수행이 자신이나 제3자에게 위해를 초래하거나 직업상 회복할 수 없는 손해를 입게 될 우려가 있는 사람
　6. 중병·상해 또는 장애로 인하여 법원에 출석하기 곤란한 사람
　7. 그 밖의 부득이한 사유로 배심원 직무를 수행하기 어려운 사람

않은 경우 국선변호인을 선정해야 한다(제27조).

    (나) 선정절차

법원은 배심원후보자가 결격·제외·제척·면제(제17조-제20조)사유에 해당하는지 여부 또는 불공평한 판단을 할 우려가 있는지 여부 등을 판단하기 위해 배심원후보자에게 질문을 할 수 있고, 검사·피고인 또는 변호인은 법원으로 하여금 필요한 질문을 하도록 요청할 수 있고, 법원은 검사 또는 변호인으로 하여금 직접 질문하게 할 수 있으며, 법원은 배심원후보자가 결격·제외·제척·면제(제17조-제20조)사유에 해당하거나 불공평한 판단을 할 우려가 있다고 인정되는 때에는 직권 또는 검사·피고인·변호인의 기피신청에 따라 당해 배심원후보자에 대해 불선정결정을 해야 하며, 검사·피고인 또는 변호인의 기피신청을 기각하는 경우에는 이유를 고지해야 한다(제28조).

검사와 변호인은 각자 아래의 범위 내에서 배심원후보자에 대해 이유를 제시하지 않는 기피신청(무이유부기피신청)을 할 수 있는데, 무이유부기피신청이 있는 때에는 법원은 당해 배심원후보자를 배심원으로 선정할 수 없고, 법원은 검사·피고인 또는 변호인에게 순서를 바꿔가며 무이유부기피신청을 할 수 있는 기회를 주어야 한다(제30조). 배심원이 ① 9인인 경우는 5인, ② 7인인 경우는 4인, ③ 5인인 경우는 3인.

법원은 출석한 배심원후보자 중에서 당해 재판에서 필요한 배심원과 예비배심원의 수에 해당하는 배심원후보자를 무작위로 뽑고 이들을 대상으로 직권, 기피신청 또는 무이유부기피신청에 따른 불선정결정을 하고, 절차를 거쳐 필요한 수의 배심원과 예비배심원 후보자가 확정되면 법원은 무작위의 방법으로 배심원과 예비배심원을 선정하며, 예비배심원이 2인 이상인 경우에는 그 순번을 정해야 하는데, 법원은 배심원과 예비배심원에게 누가 배심원으로 선정되었는지 여부를 알리지 않을 수 있다(제31조).

마. 국민참여재판절차의 진행

    (1) 공판준비기일

법원은 주장과 증거를 정리하고 심리계획을 수립하기 위해 공판준비기일을 지정해야 하는데(제37조 제1항), 법원은 합의부원이 공판준비기일을 진행하게 할 수 있고, 이 경우 수명법관은 공판준비기일에 관하여 법원 또는 재판장과 동일한 권한이 있다(제37조 제2항).

공판준비기일은 공개하지만, 법원은 공개함으로써 절차 진행이 방해될 우려가 있다면 공개하지 않을 수 있는데(제37조 제3항), 공판준비기일에는 배심원이 참여하지 않는다(제37조 제4항).

    (2) 공판절차

공판기일은 배심원과 예비배심원에게 통지해야 한다(제38조). 공판정은 판사·배심원·예비배심원·검사·변호인이 출석하여 개정한다. 검사와 피고인·변호인은 대등하게 마주 보고 위치하지만, 피고인신문을 하는 때에는 피고인은 증인석에 위치한다. 배심원과 예비배심원은 ① 재판장과 ② 검사·피고인·변호인 사이 왼쪽에 위치한다. 증인석은 ① 재판장과 ② 검사·피고인·변호인 사이 오른쪽에 배심원과 예비배심원을 마주 보고 위치한다(제39조).

법원은 특별한 사정이 없는 한 공판정에서의 심리를 속기사로 하여금 속기하게 하거나 녹음장치 또는 영상녹화장치를 사용하여 녹음 또는 영상녹화해야 하는데, 속기록·녹음테이프·비디오테이프는 공판조서와는 별도로 보관해야 하며, 검사·피고인 또는 변호인은 비용을 부담하고 속기록·녹음테이프·비디오테이프의 사본을 청구할 수 있다(제40조).

배심원과 예비배심원은 피고인·증인에 대하여 필요한 사항을 신문하여 줄 것을 재판장에게 요청하거나 필요하다고 인정되는 경우 재판장의 허가를 받아 각자 필기를 하여 이를 평의에 사용할 수 있지만, ① 심리 도중에 법정을 떠나거나 평의·평결 또는 토의가 완결되기 전에 재판장의 허락 없이 평의·평결 또는 토의 장소를 떠나는 행위, ② 평의가 시작되기 전에 당해 사건에 관한 자신의 견해를 밝히거나 의논하는 행위, ③ 재판절차 외에서 당해 사건에 관한 정보를 수집하거나 조사하는 행위, ④ 평의·평결 또는 토의에 관한 비밀을 누설하는 행위를 해서는 안 된다(제41조). 배심원 또는 예비배심원은 법원의 증거능력에 관한 심리에 관여할 수 없다(제44조).

국민참여재판에는 형소법의 간이공판절차(제286조의2)를 적용하지 않는다(제43조). 공판절차가 개시된 후 새로 재판에 참여하는 배심원 또는 예비배심원이 있는 때에는 공판절차를 갱신해야 하고, 갱신절차는 새로 참여한 배심원 또는 예비배심원이 쟁점 및 조사한 증거를 이해할 수 있도록 하되, 그 부담이 과중하지 않도록 해야 한다(제45조).

(3) 평의·평결·토의 및 판결선고

재판장은 변론이 종결된 후 법정에서 배심원에게 공소사실의 요지와 적용법조, 피고인과 변호인 주장의 요지, 증거능력, 그 밖에 유의할 사항에 관해 설명해야 한다. 이 경우 필요한 때에는 증거의 요지에 관해 설명할 수 있다. 심리에 관여한 배심원은 이런 설명을 들은 후 유·무죄에 관해 평의하고, 전원의 의견이 일치하면 그에 따라 평결하는데, 이때 배심원 과반수의 요청이 있으면 심리에 관여한 판사의 의견을 들을 수 있다(임의적 의견청취). 배심원은 유·무죄에 관해 전원의 의견이 일치하지 않는 때에는 평결을 하기 전에 심리에 관여한 판사의 의견을 들어야 하는데(필요적 의견청취), 이 경우 유·무죄의 평결은 다수결의 방법으로 한다. 심리에 관여한 판사는 평의에 참석하여 의견을 진술한 경우에도 평결에는 참여할 수 없다. 평결이 유죄인 경우 배심원은 심리에 관여한 판사와 함께 양형에 관해 토의하고 그에 관한 의견을 개진한다. 재판장은 양형에 관한 토의 전에 처벌의 범위와 양형의 조건 등을 설명해야 한다. 평결과 의견은 법원을 기속하지 않는다(권고적 효력, 제46조). 그런데 2008~2020년 국민참여재판 전체 사건 2718건 중 2541건(93.5%)은 배심원 평결과 재판부 판결이 일치했다. 평결과 판결이 일치하지 않은 사건은 177건(6.5%)이었다.

배심원은 평의·평결 및 토의 과정에서 알게 된 판사 및 배심원 각자의 의견과 그 분포 등을 누설해서는 안 된다(제47조).

판결의 선고는 변론을 종결한 기일에 해야 한다. 다만 특별한 사정이 있는 때에는 따로 선고기일을 지정할 수 있는데, 변론종결 후 14일 이내로 선고기일을 정해야 한다. 변론을 종결한 기일에 판결을 선고하는 경우에는 판결서를 선고 후에 작성할 수 있다. 재판장은 판결의 선고를 할 때 피고인에게 배심원의 평결결과를 고지해야 하며, 배심원의 평결결과와 다른 판결을 선고하는 때에는 피고인에게 그 이유를 설명해야 하고(제48조), 판결서에 그 이유를 기재해야 한다(제49조).

판결서에는 배심원이 재판에 참여했다는 취지를 기재해야 하고, 배심원의 의견을 기재할 수 있다(제49조).

바. 국민참여재판절차와 항소심

국민참여재판으로 진행된 1심에서 배심원이 만장일치로 한 평결 결과를 받아들여 강도상해의 공소사실을 무죄로 판단한 것을, 항소심이 피해자에 대하여만 증인신문을 추가로 실시한 다음 유죄로 인정한 것은 공판중심주의와 실질적 직접심리주의의 위반 및 증거재판주의에 관한 법리오해의 위법이 있다고 판례는 본다(2009도14065. 同旨: 2016도18031). 그 이유는 실질적 직접심리주의 및 공판중심주의의 취지와 정신에 비추어 항소심은 1심 증인이 한 진술의 신빙성 유무에 대한 1심의 판단이 명백히 잘못되었거나 현저히 부당하지 않는 한 항소심의 판단과 다르다는 이유로 1심의 판단을 함부로 뒤집어서는 안 되고, 사법의 민주적 정당성과 신뢰를 높이기 위해 도입된 국민참여재판절차에서는 더욱 그렇다는 것이다.

4. 즉결심판절차

아버지 甲이 배고파하는 12살 아들 乙과 함께 마트에 가서 약 1만원 상당의 식료품을 乙이 메고 있던 가방에 넣고 나오다가 마트 주인 A에게 적발됐다. A의 신고를 받고 출동한 경찰은, 이들의 딱한 사연에 공감한 A가 처벌의사를 철회하자 이들을 훈방하고 근처 식당에서 국밥을 사주었다. 경찰은 행정복지센터를 통해서 甲의 일자리를 알선해주고 乙에게는 무료급식카드를 받을 수 있도록 돕기도 했다. 경찰의 훈방은 즉결심판청구권에 근거하여 적법하다고 말할 수 있을까?

가. 의의

즉결심판절차는 범증이 명백하고 죄질이 경미한 범죄사건을 신속·적정한 절차로 심판하기 위해 마련된 즉결심판법의 절차를 말한다. '지방법원, 지원 또는 시·군법원의 판사(즉결심판판사)'는 즉결심판절차에 따라 피고인을 20만원 이하 벌금, 구류 또는 과료로 처벌할 수 있다(제2조). 위 사건은 합동절도죄(1년 이상 10년 이하 징역)에 해당하여 벌금을 선고할 수 없으므로 '경찰의 훈방은 즉결심판청구권에 근거하여 적법하다'라고 말할 수 없다. 즉결심판사건에 대해서는 즉결심판법에 특별한 규정이 없는 경우 그 성질에 반하지 않는 한 형소법의 규정을 준용한다(제19조).

즉결심판절차는 범죄즉결례(1910. 12. 15. 제령 10호)에 뿌리를 둔 것인데, 범죄즉결례는 일본의 위경죄즉결례가 일제강점기에 조선에 적용된 것으로서, 경찰서장이 경미한 사건에 대해 바로 즉결심판할 수 있도록 한 법령이다.

나. 즉결심판청구

즉결심판은 관할경찰서장 또는 관할해양경찰서장이 관할법원에 청구하는데, 즉결심판청구서를 제출하여야 하며, 즉결심판청구서에는 피고인의 성명 기타 피고인을 특정할 수 있는 사항, 죄명, 범죄사실과 적용법조를 기재해야 한다(제3조).

경찰서장은 즉결심판청구와 동시에 즉결심판을 함에 필요한 서류 또는 증거물을 판사에게 제출해야 한다(제4조).

지방법원 또는 그 지원의 판사는 소속 지방법원장의 명령을 받아 소속 법원의 관할사무와 관계없이 즉결심판청구사건을 심판할 수 있다(제3조의2).

다. 즉결심판의 심리와 재판

(1) 기각

즉결심판판사는 사건이 즉결심판을 할 수 없거나 즉결심판절차에 따라 심판함이 적당하지 않다고 인정할 때에는 결정으로 즉결심판청구를 기각(이하 '간이기각')해야 하고, 이런 결정이 있는 때에는 경찰서장은 지체없이 사건을 관할지방검찰청 또는 지청의 장에게 송치해야 한다(제5조).

(2) 심리

즉결심판청구가 있는 때에는 즉결심판판사는 앞서 본 간이기각결정의 대상인 경우를 제외하고 즉시 심판을 해야 한다(제6조).

즉결심판절차에 의한 심리와 재판의 선고는 공개된 법정에서 하되, 그 법정은 경찰관서(해양경찰관서를 포함) 외의 장소에 설치해야 하고, 법정은 판사와 법원서기관, 법원사무관, 법원주사 또는 법원주사보가 열석하여 개정하는데, 이런 규정에도 불구하고 판사는 상당한 이유가 있는 경우에는 개정 없이 피고인의 진술서와 관련 서류 또는 증거물로 심판할 수 있지만, 구류로 처벌하는 경우에는 그렇지 않다(제7조).

피고인이 기일에 출석하지 않은 때에는 즉결심판법 또는 다른 법률에 특별한 규정이 있는 경우를 제외하고는 개정할 수 없는데(제8조), 벌금 또는 과료를 선고하는 경우에는 피고인이 출석하지 않더라도 심판할 수 있고, 피고인 또는 즉결심판출석통지서를 받은 자는 법원에 불출석심판을 청구할 수 있으며 법원이 이를 허가한 때에는 피고인이 출석하지 않더라도 심판할 수 있다(제8조의2).

판사는 피고인에게 피고사건의 내용과 진술거부권이 있음을 알리고 변명할 기회를 주어야 하고, 판사는 필요하다고 인정할 때에는 적당한 방법으로 법정에 있는 증거에 한하여 조사할 수 있으며, 변호인은 기일에 출석하여 증거조사에 참여할 수 있으며 의견을 진술할 수 있다(제9조). 즉결심판절차에서는 형소법의 자백보강법칙, 경찰작성 피신조서, 진술서면 등과 관련한 규정은 적용하지 않는다(제10조).

(3) 선고와 정식재판청구

(가) 유죄의 선고

즉결심판으로 유죄선고할 때에는 형, 범죄사실과 적용법조를 명시하고 피고인은 7일 이내에 정식재판을 청구할 수 있다는 것을 고지해야 하고, 참여한 법원사무관등은 그 선고의 내용을 기록해야 하는데, 피고인이 판사에게 정식재판청구의 의사를 표시하였을 때에는 이를 기록에 명시해야 한다(제11조). 유죄의 즉결심판서에는 피고인의 성명 기타 피고인을 특정할 수 있는 사항, 주문, 범죄사실과 적용법조를 명시하고 즉결심판판사가 서명·날인해야 한다(제12조 제1항).

피고인은 즉결심판의 선고·고지를 받은 날부터 7일 이내에 정식재판청구서를 경찰서장에게 제출해야 하는데, 피고인의 정식재판청구서를 받은 경찰서장은 지체없이 즉결심판판사에게 이를 송부해야 하고, 즉결심판판사는 정식재판청구서를 받은 날부터 7일 이내에 경찰서장에게 정식재판청구서를 첨부한 사건기록과 증거물을 송부하고, 경찰서장은 지체없이 관할지방검찰청 또는 지청의 장에게 이를 송부하여야 하며, 그 검찰청 또는 지청의 장은 지체없이 관할법원에 이를 송부하여야 한다(제14조 제1항, 제3항).

관할법원은 검사의 공소제기가 없더라도 공판절차에 따라 심판해야 한다(2017도10368). 즉결심판을 받은 피고인의 적법한 정식재판청구가 있으면 경찰서장의 즉결심판청구는 공소제기와 동일한 소송행위에 해당하기 때문이다. 따라서 피고인이 정식재판을 청구한 즉결심판 사건에 대하여 검사가 법원에 사건기록과 증거물을 그대로 송부하지 않고 즉결심판이 청구된 위반 내용과 동일성 있는 범죄사실에 대해 약식명령을 청구했다면, 이는 공소제기 절차가 법률의 규정에 위반하여 무효인 때에 해당하거나 공소가 제기된 사건에 대해 다시 공소가 제기된 경우에 해당한다(2017도10368).

(나) 무죄·면소 또는 공소기각의 선고

즉결심판판사는 사건이 무죄·면소 또는 공소기각을 함이 명백하다고 인정할 때에는 이를 선고·고지할 수 있고(제11조 제5항), 그 선고·고지를 한 날부터 7일 이내에 경찰서장은 정식재판을 청구할 수 있는데, 경찰서장은 관할지방검찰청 또는 지청의 검사의 승인을 얻어 정식재판청구서를 즉결심판판사에게 제출해야 한다(제14조 제2항).

(다) 즉결심판의 효력

즉결심판은 정식재판청구의 기간 경과, 정식재판청구권의 포기 또는 그 청구의 취하로 확정판결과 동일한 효력이 생기는데, 정식재판청구를 기각하는 재판이 확정된 때에도 같다(제16조). 즉결심판은 정식재판청구에 의한 판결이 있는 때 그 효력을 잃는다(제15조). 약식명령에 관한 종전의 불이익변경금지원칙을 판례는 즉결심판에 대해 피고인만이 정식재판을 청구한 경우에도 즉결심판법 제19조의 형소법 준용규정에 따라 준용했다(98도2550). 따라서 약식명령에 관해 변경된 형종상향금지원칙이 즉결심판절차에도 적용된다고 봐야 할지 논란이 있을 수 있다. 즉결심판판사는 구류의 선고를 받은 피고인이 일정한 주소가 없거나 도망할 염려가 있을 때에는 5일을 초과하지 않는 기간 경찰서유치장(지방해양경찰관서의 유치장 포함)에 유치할 것을 명령할 수 있다(제17조).

5. 경범죄처벌법과 범칙금통고제도

경범죄처벌법의 목적은 경범죄의 종류 및 처벌에 필요한 사항을 정함으로써 국민의 자유와 권리를 보호하고 사회공공의 질서유지에 이바지함에 있다.

가. 경범죄의 종류

경범죄는 제3조에 규정되어 있다.[11] 그런데 이들 죄를 짓도록 시키거나 도와준 사람은 죄를 지은 사람에

---

11 ① 10만원 이하의 벌금, 구류 또는 과료(科料)의 형: 물품강매·호객행위, 단체가입 강요, 동물 등에 의한 행패 등, 무단소등, 자릿세 징수 등, 장난전화 등, 지속적 괴롭힘, 빈집 등에의 침입, 흉기의 은닉휴대, 폭행 등 예비, 광고물 무단부착 등, 타인의 가축·기계 등 무단조작, 물길의 흐름 방해, 구걸행위 등, 불안감조성, 음주소란 등, 인근소

준하여 벌한다(제4조). 다만 이들 죄로 사람을 벌할 때에는 그 사정과 형편을 헤아려서 그 형을 면제하거나 구류와 과료를 함께 부과할 수 있다(제5조).

술에 취한 채로 관공서에서 몹시 거친 말과 행동으로 주정하거나 시끄럽게 한 행위는 '관공서에서의 주취소란'으로서 60만원 이하의 벌금으로 처벌할 수 있도록 하고 있는데, 여기에는 50만원 이하 벌금의 경우에는 원칙적으로 현행범체포나 영장체포가 허용하지 않고 있는 점을 피하기 위한 의도가 있다.

나. 경범죄 처리의 특례: 범칙금 통고처분제도

(1) 의의

경범죄처벌법 제7조에 따르면 경찰서장, 해양경찰서장, 제주특별자치도지사 또는 철도특별사법경찰대장은 범칙자에게 그 이유를 명백히 나타낸 서면으로 범칙금의 납부를 통고처분(通告處分)할 수 있다. 여기서 범칙자란 경범죄처벌법 제3조 제1항과 제2항의 범칙행위를 한 사람으로서 아래에 해당하지 않는 사람을 말한다. ① 범칙행위를 상습적으로 하는 사람, ② 죄를 지은 동기나 수단 및 결과를 헤아려볼 때 구류처분을 하는 것이 적절하다고 인정되는 사람, ③ 피해자가 있는 행위를 한 사람, ④ 18세 미만인 사람(제6조). 다만 ① 통고처분서 받기를 거부한 사람, ② 주거 또는 신원이 확실하지 않은 사람, ③ 그 밖에 통고처분을 하기가 매우 어려운 사람에게는 통고처분을 할 수 없다.

(2) 본질

범칙금 통고처분은 일정한 범죄를 저지른 자가 행정기관이 통고처분한 사항을 이행하면, 형벌을 면하게 해주는 제도이다. 그 본질이 행정처분인지, 아니면 사법처분인지 다툼이 있고, 또 위헌이라는 견해도 있지만, 현실적으로는 형벌을 신속하게 부과할 수 있도록 해주면서도 동시에 형벌을 면하게 해주며, 각 행정기관의 재정수입에도 기여한다.

판례도 경범죄처벌법의 범칙금 통고처분제도는 범칙행위에 대하여 형사절차에 앞서 경찰서장의 통고처분에 따라 범칙금을 납부한 사람은 기소를 하지 않는 처벌의 특례를 마련해 둔 것으로 법원의 재판절차와는 제도적 취지와 법적 성질에서 차이가 있다고 본다(2017도13409; 2012도6612). 또한 범칙자가 통고처분을 불이행하였더라도 기소독점주의의 예외를 인정하여 경찰서장의 즉결심판청구를 통해 공판절차를 거치지 않고 사건을 간이하고 신속·적정하게 처리함으로써 소송경제를 도모하되, 즉결심판 선고 전까지 범칙금을 납부하면 형사처벌을 면할 수 있도록 함으로써 범칙자에게 형사소추와 형사처벌을 면제받을 기회를 부여한 것이다. 범칙자의 이와 같은 절차적 지위를 보장할 필요가 있으므로 범칙금 통고처분을 하였는데 통고처분에서 정한 범칙금 납부기간이 경과하지 않은 경우 원칙적으로 경찰서장은 즉결심판을 청구할 수 없고, 검사도 그 범칙행위에 대하여 공소를 제기

란 등, 위험한 불씨 사용, 물건 던지기 등 위험행위, 인공구조물 등의 관리소홀, 위험한 동물의 관리 소홀, 공중통로 안전관리소홀, 미신요법, 행렬방해, 무단 출입, 총포 등 조작장난, 무임승차 및 무전취식, 마시는 물 사용방해, 쓰레기 등 투기, 노상방뇨 등, 자연훼손, 시체 현장변경 등, 과다노출, 도움이 필요한 사람 등의 신고불이행, 관명사칭 등, 의식방해, 공무원 원조불응, 거짓 인적사항 사용, 야간통행제한 위반, 지문채취 불응. ② 20만원 이하의 벌금, 구류 또는 과료의 형: 출판물의 부당게재 등, 거짓 광고, 암표매매, 업무방해. ③ 60만원 이하의 벌금, 구류 또는 과료의 형: 관공서에서의 주취소란, 거짓신고.

할 수 없다. 따라서 범칙행위에 대한 경찰서장의 통고처분 후 범칙금 납부기간이 지나기 전에 제기된 공소는 효력이 없다(2017도13409).

(3) 내용

통고처분서를 받은 사람은 통고처분서를 받은 날부터 10일 이내에 경찰청장·해양경찰청장 또는 철도특별사법경찰대장이 지정한 은행, 그 지점이나 대리점, 우체국 또는 제주특별자치도지사가 지정하는 금융기관이나 그 지점에 범칙금을 납부해야 하고, 납부기간에 범칙금을 납부하지 않은 사람은 납부기간의 마지막 날의 다음 날부터 20일 이내에 통고받은 범칙금에 그 금액의 100분의 20을 더한 금액을 납부해야 한다(제8조).

범칙금을 납부기간 내에 납부하지 않은 사람에 대하여 경찰서장은 지체없이 즉결심판을 청구해야 하고(제9조 제1항 제2호), 즉결심판이 청구되더라도 그 선고 전까지 피고인이 통고받은 범칙금에 50/100을 더한 금액을 납부하고 그 증명서류를 제출하였을 경우에는 경찰서장은 즉결심판 청구를 취소해야 한다(제9조 제2항).

통고받은 범칙금을 납부한 사람은 그 범칙행위에 대하여 다시 처벌받지 않는다(제8조 제3항, 제9조 제3항).

6. 약식절차

가. 의의

형소법 제448조 이하에 규정된 약식절차란 공판절차를 거치지 않고 서면심리만으로 형을 선고하는 간이한 형사절차를 말한다. 지방법원의 관할에 속하는 사건으로서 벌금, 과료 또는 몰수로 처벌할 수 있는 사건이 그 대상이 된다(제448조 제1항). 따라서 법정형이 벌금형 이하인 경우이어야 하는 것은 아니다. 법정형에 징역이 있을지라도 벌금형 이하가 선택적으로 규정되어있으면 된다. 약식명령으로 피고인을 벌금, 과료 또는 몰수로 처벌하면서, 추징 기타 부수의 처분을 할 수도 있다(제448조 제2항).

약식명령을 청구할 수 있는 사건 중 피의자가 약식절차에서의 전자문서 이용 등에 관한 법률(전자약식절차법)의 약식절차에 따를 것을 동의한 도교법 제148조의2의 음주운전죄, 제152조 제1호와 제154조 제2호의 무면허운전죄, 이 죄들과 관련된 도교법 제159조의 양벌규정 사건에 대해서는 전자약식절차법이 적용된다(제3조).

나. 약식명령의 청구와 약식명령

약식명령의 청구는 공소의 제기와 동시에 서면으로 해야 한다(제449조). 약식명령의 청구가 있는 경우에 그 사건이 약식명령으로 할 수 없거나 약식명령으로 하는 것이 적당하지 않다고 인정한 때에는 공판절차에 따라 심판해야 한다(제450조). 예컨대 무죄나 면소, 공소기각의 재판을 해야 할 경우가 이에 해당한다. 약식명령은 그 청구가 있은 날로부터 14일 이내에 해야 한다(소촉법 제22조). 약식명령에는 범죄사실, 적용법령, 주형, 부수처분과 약식명령의 고지를 받은 날로부터 7일 이내에 정식재판의 청구를 할 수 있음을 명시해야 한다(제451조). 약식명령의 고지는 검사와 피고인에 대한 재판서의 송달로 한다(제452조). 변호인이 있는 경우라도 반드시 변호인에게 약식명령 등본을 송달해야 하는 것은 아니므로 정식재판 청구기간은 피고인에 대한 약식명령 고지일을 기준으로 하여 기산하여야 한다(2017모1557).

약식명령은 정식재판의 청구기간이 경과하거나 그 청구의 취하 또는 청구기각의 결정이 확정한 때에는 확정판결과 동일한 효력이 있다(제457조). 그런데 약식명령은 정식재판청구에 따른 판결이 있는 때는 그 효력을 잃는다(제456조). 따라서 약식명령에 대해 정식재판절차에서 유죄판결이 선고되어 확정된 것임에도 불구하고 피고인이 약식명령에 대해 재심의 청구를 했고, 법원도 이를 확인하지 못하고 약식명령에 대해 재심개시결정을 했으며 검사나 피고인 등이 모두 불복하지 아니함으로써 재심개시결정이 확정된 경우, 재심절차를 진행하는 법원은 재심이 개시된 대상을 유죄의 확정판결로 변경할 수는 없고, 재심개시결정은 재심을 개시할 수 없는 약식명령을 대상으로 한 것이므로, 그 재심개시결정에 따라 재심절차를 진행하는 법원으로서는 심판의 대상이 없어 아무런 재판을 할 수 없다(2011도10626).

다. 정식재판의 청구

검사 또는 피고인은 약식명령의 고지를 받은 날로부터 7일 이내에 정식재판의 청구를 할 수 있는데, 피고인은 정식재판의 청구를 포기할 수 없고, 정식재판의 청구는 약식명령을 한 법원에 서면으로 제출하여야 하며, 정식재판의 청구가 있는 때에는 법원은 지체없이 검사 또는 피고인에게 그 사유를 통지해야 한다(제453조).

정식재판의 청구는 1심판결선고 전까지 취하할 수 있다(제454조). 정식재판의 청구가 법령상의 방식에 위반하거나 청구권의 소멸후인 것이 명백한 때에는 결정으로 기각해야 하는데, 이 결정에 대해서는 즉시항고를 할 수 있으며, 정식재판의 청구가 적법한 때에는 공판절차에 따라 심판해야 한다(제455조). '피고인이 정식재판을 청구한 사건에 대해서는 약식명령의 형보다 중한 형을 선고하지 못한다'는 불이익변경금지원칙이 형종변경금지원칙으로 변경되었다. 이에 따라 피고인이 정식재판을 청구한 사건에 대하여는 '약식명령의 형보다 중한 종류의 형을 선고하지 못하고, 약식명령의 형보다 중한 형을 선고하는 경우에는 판결서에 양형의 이유를 적어야 한다(제457조의2).' 약식명령을 받은 벌금형을 징역형으로 바꿀 수는 없으나 벌금형의 액수를 상향하여 선고할 수 있도록 한 것이다. 약식명령에 대해서도 불이익변경금지원칙을 인정하는 것은 옳지 않다는 지적을 수용하면서도 불이익변경금지원칙을 완전히 폐지하면 약식명령에 대한 정식재판청구가 위축될 수 있다는 점을 감안한 것이다.

상소의 권한자, 일부상소, 상소권회복청구, 상소의 포기와 취하, 피고인의 출정 등에 관한 규정은 정식재판의 청구 또는 그 취하에 준용한다(제458조).

7. 소년형사절차

가. 소년법의 소년

소년법의 적용 대상이 되는 소년은 다음과 같다(제4조). ① 죄를 범한 소년(범죄소년), ② 형벌 법령에 저촉되는 행위를 한 10세 이상 14세 미만인 소년(범죄소년), ③ 다음에 해당하는 사유가 있고 그의 성격이나 환경에 비추어 앞으로 형벌 법령에 저촉되는 행위를 할 우려가 있는 10세 이상인 소년(우범소년). ⓐ 집단적으로 몰려다니며 주위 사람들에게 불안감을 조성하는 성벽(性癖)이 있는 것, ⓑ 정당한 이유 없이 가출하는 것, ⓒ 술을 마시고 소란을 피우거나 유해환경에 접하는 성벽이 있는 것.

소년법은 '소년'을 19세 미만인 자로 규정하고 있다(제2조). 따라서 범죄를 저지른 소년 중 나이가 10세 이상 14세 미만인 경우는 촉법소년으로, 14세 이상 19세 미만인 경우는 범죄소년으로 각각 부른다. 그런데 판례는 소년법의 소년을 '심판시에 19세 미만'인 자로 해석하고, 소년법 제60조 제2항의 소년인지 여부는 사실심판결 선고시를 기준으로 판단해야 한다고 본다(2009도2682; 2009전도7).

나. 소년보호사건과 소년형사사건

소년법은 소년사건을 소년보호사건과 소년형사사건을 구별해서 처리하도록 하고 있다. 소년보호사건은 비공개가 원칙이지만 소년형사사건은 형소법에 따라 공개가 원칙이다. 소년보호사건은 가정법원 또는 지방법원의 소년부 단독판사가 담당한다. 소년형사사건은 필요적 변호사건에 해당한다.

소년법의 소년을 발견한 보호자 또는 학교·사회복리시설·보호관찰소(보호관찰지소를 포함)의 장은 이를 관할 소년부에 통고할 수 있고, 촉법소년과 우범소년이 있을 때에는 경찰서장은 직접 관할 소년부에 송치해야 한다(제4조). 보호사건으로 심리 개시 결정이 있었던 때로부터 그 사건에 대한 보호처분의 결정이 확정될 때까지 공소시효는 그 진행이 정지된다(제54조). 보호사건으로 진행 중에 보호사건으로 처리하는 것이 부적절하다고 판단하여 형사사건으로 전환될 수 있기 때문에 이런 규정을 둔 것이다.

검사는 소년에 대한 피의사건을 수사한 결과 보호처분에 해당하는 사유가 있다고 인정한 경우에는 사건을 관할 소년부에 송치해야 하는데, 소년부는 송치된 사건을 조사 또는 심리한 결과 그 동기와 죄질이 금고 이상의 형사처분을 할 필요가 있다고 인정할 때에는 결정으로써 해당 검찰청 검사에게 송치할 수 있으며, 송치한 사건은 다시 소년부에 송치할 수 없다(제49조). 법원은 소년에 대한 피고사건을 심리한 결과 보호처분에 해당할 사유가 있다고 인정하면 결정으로써 사건을 관할 소년부에 송치해야 한다(제50조).

소년부는 조사 또는 심리한 결과 금고 이상의 형에 해당하는 범죄사실이 발견된 경우 그 동기와 죄질이 형사처분을 할 필요가 있다고 인정하면 결정으로써 사건을 관할 지방법원에 대응한 검찰청 검사에게 송치해야 한다(제7조 제1항).

보호처분을 받은 소년은 다시 공소를 제기하거나 소년부에 송치할 수 없지만, 보호처분이 계속 중일 때에 사건 본인이 처분 당시 19세 이상인 것으로 밝혀진 경우에는 소년부 판사는 결정으로써 그 보호처분을 취소하고 공소를 제기할 수 있다(제53조).

다. 소년형사사건 처리절차

(1) 검사의 처분

(가) 검사의 결정전 조사

검사는 소년 피의사건에 대하여 소년부 송치, 공소제기, 기소유예 등의 처분을 결정하기 위하여 필요하다고 인정하면 피의자의 주거지 또는 검찰청 소재지를 관할하는 보호관찰소의 장, 소년분류심사원장 또는 소년원장에게 피의자의 품행, 경력, 생활환경이나 그 밖에 필요한 사항에 관한 조사를 요구할 수 있다(제49조의2).

(나) 선도조건부 기소유예

검사는 피의자에 대하여 다음에 해당하는 선도 등을 받게 하고, 피의사건에 대한 공소를 제기하지 않을 수 있는데, 소년과 소년의 친권자·후견인 등 법정대리인의 동의를 받아야 한다(제49조의3). ① 범죄예방자원봉사위원의 선도, ② 소년의 선도·교육과 관련된 단체·시설에서의 상담·교육·활동 등. 보호소년 등의 처우에 관한 법률(보호소년법) 제3조 제2항 제4호는 '소년법

제49조의2에 따라 소년 피의사건에 대하여 검사가 조사를 의뢰한 소년의 품행 및 환경 등의 조사'를 소년분류심사원의 임무로 규정하고 있다.

(2) 법원의 판단

(가) 조사의 위촉

법원은 소년에 대한 형사사건에 관하여 필요한 사항을 조사하도록 조사관에게 위촉할 수 있다 (제56조).

(나) 사형과 무기형의 금지 및 소년 감경

죄를 범할 당시 18세 미만인 소년에 대하여 사형 또는 무기형으로 처할 경우에는 15년의 유기 징역으로 한다(제59조). 소년의 특성에 비추어 상당하다고 인정되는 때에는 그 형을 감경할 수 있다(제60조 제2항). 다만 특정강력범죄의 처벌에 관한 특례법에 특례규정이 있다.

(다) 부정기형과 불이익변경금지원칙

소년이 법정형으로 장기 2년 이상의 유기형에 해당하는 죄를 범한 경우에는 그 형의 범위에서 장기와 단기를 정하여 선고하지만, 장기는 10년, 단기는 5년을 초과하지 못하는데, 형의 집행유예나 선고유예를 선고할 때에는 부정기형을 선고할 수 없고, 소년에 대한 부정기형을 집행하는 기관의 장은 형의 단기가 지난 소년범의 행형성적이 양호하고 교정의 목적을 달성하였다고 인정되는 경우에는 관찰 검찰청 검사의 지휘에 따라 그 형의 집행을 종료시킬 수 있다(제60조). 징역 단기 6월, 장기 1년의 부정기형을 받은 소년법의 소년이 항소 후 성년이 되자 항소심이 1심 판결을 파기하고 정기형을 선고한 경우, 불이익변경금지원칙 위반 여부를 판단할 때는 부정기형 중 단기형과 비교해야 한다고 판례가 보았으나(69도114), 장기형과 단기형의 중간형을 기준으로 판단해야 한다고 그 입장을 변경했다(2020도4140전합).

(3) 형의 집행과 가석방

보호처분이 계속 중일 때에 징역, 금고 또는 구류를 선고받은 소년에 대하여는 먼저 그 형을 집행한다(제64조). 징역 또는 금고를 선고받은 소년에 대하여는 특별히 설치된 교도소 또는 일반 교도소 안에 특별히 분리된 장소에서 그 형을 집행하지만, 소년이 형의 집행 중에 23세가 되면 일반 교도소에서 집행할 수 있다(제63조). 18세 미만인 소년에게는 형법 제70조에 따른 노역장유치선고를 하지 못하지만, 판결선고 전 구속되었거나 소년분류심사원에 위탁된 경우는 그 구속 또는 위탁의 기간에 해당하는 기간은 노역장에 유치된 것으로 보아 환형처분을 할 수 있다(제62조).

징역 또는 금고를 선고받은 소년이 다음 기간이 지난 경우 가석방을 허가할 수 있다(제65조). ① 무기형의 경우에는 5년, ② 15년 유기형의 경우에는 3년, ③ 부정기형의 경우에는 단기의 3분의 1. 징역 또는 금고를 선고받은 소년이 가석방된 후 그 처분이 취소되지 않고 가석방 전에 집행을 받은 기간과 같은 기간이 지난 경우에는 형의 집행을 종료한 것으로 하지만, 15년의 형기나 부정기형의 장기의 기간이 먼저 지난 경우에는 그 때에 형의 집행을 종료한 것으로 한다(제66조).

(4) 자격에 관한 법령의 적용

소년이었을 때 범한 죄로 형의 선고를 받은 자가 그 집행을 종료하거나 면제받은 경우 또는 형의 선고유예나 집행유예를 선고받은 경우 자격에 관한 법령을 적용할 때 장래에 향하여 형의 선고를 받지 않은 것으로 본다(제67조 제1항).

불복절차	준항고의 청구는 재판의 고지 있는 날로부터 5일 이내에 하여야 한다. [2019년 국가직 9급 형소법 문9]

🔒 **정답 및 해설**

×(즉시항고와 준항고의 청구는 재판의 고지 있는 날로부터 3일 이내에 해야 했으나 지나치게 짧아서 실질적으로 즉시항고 제기를 어렵게 하고 제도를 단지 형식적이고 이론적인 권리로서만 기능하게 하므로 재판청구권을 침해한다고 하여 2018년 12월 27일 헌재의 헌법불합치결정을 받아서 2019년 12월 31일 형소법이 개정되어 7일로 변경됨)

01 재판권 또는 관할에 대한 설명으로 가장 적절한 것은? (다툼이 있는 경우 판례에 의함)

2019년 2차 순경시험 형소법 문11

① 내국 법인의 대표자인 외국인이 내국 법인이 외국에 설립한 특수목적법인에 위탁해 둔 자금을 정해진 목적과 용도 외에 임의로 사용한 경우, 그 피해자는 외국에 설립된 특수목적법인이므로 그 외국인에 대해서는 우리나라 법원에 재판권이 없다.

② 지방법원 본원과 지방법원 지원 사이의 관할의 분배는 지방법원 내부의 사법행정사무로서 행해진 지방법원 본원과 지원 사이의 단순한 사무분배에 그치고 소송법상 토지관할의 분배에 해당한다고 할 수 없다.

③ 관련사건의 관할은 고유관할사건 및 그 관련사건이 병합기소되거나 병합되어 심리될 것을 전제요건으로 하므로, 고유관할사건 계속 중 고유관할 법원에 관련사건이 계속된 후 양 사건이 병합되어 심리되지 아니한 채 고유사건에 대한 심리가 먼저 종결되었다면 관련사건에 대한 관할권은 더 이상 유지되지 않는다.

④ 일반 국민이 범한 수개의 죄 가운데 특정 군사범죄와 그 밖의 일반범죄가 동시적 경합범 관계에 있다고 보아 하나의 사건으로 군사법원에 기소된 경우, 특정 군사범죄에 대하여는 군사법원이 전속적 재판권을 가지나 그 밖의 일반 범죄에 대하여는 군사법원이 재판권을 행사할 수 없다.

해설 🖉

④ ○(2016초기318전합: 헌법 제27조 제2항에 따르면 군인 또는 군무원이 아닌 국민은 대한민국의 영역 안에서는 중대한 군사상 기밀·초병·초소·유독음식물공급·포로·군용물에 관한 죄 중 법률이 정한 경우와 비상계엄이 선포된 경우를 제외하고는 군사법원의 재판을 받지 아니하므로 일반국민에 대한 군사법원의 재판권은 엄격하게 해석할 필요가 있음), ① ×(2016도17465: 법인 소유의 자금에 대한 사실상·법률상 지배·처분 권한을 가지고 있는 내국 법인의 대표자인 외국인이 내국 법인이 외국에 설립한 특수목적법인에 위탁해 둔 자금을 정해진 목적과 용도 외에 임의로 사용한 데 따른 횡령죄의 피해자는 당해 금전을 위탁한 내국 법인이고, 그 행위는 외국인의 국외범으로서 보호주의에 따라 행위지의 법률에 의하여 범죄를 구성하지 않거나 소추 또는 형의 집행을 면제할 경우가 아니라면 그 외국인에 대해서도 우리 형법이 적용되어[형법 제6조], 우리 법원에 재판권이

있음), ② ✕(2015도1803: 각급 법원의 설치와 관할구역에 관한 법률 제4조 제1호 [별표 3]은 지방법원 본원과 지방법원 지원의 관할구역을 대등한 입장에서 서로 겹치지 않게 구분하여 규정하고 있으므로 1심 형사사건에 관하여 지방법원 본원과 지방법원 지원은 소송법상 별개의 법원이자 각각 일정한 토지관할 구역을 나누어 가지는 대등한 관계에 있다. 따라서 지방법원 본원과 지방법원 지원 사이의 관할의 분배도 지방법원 내부의 사법행정사무로서 행해진 지방법원 본원과 지원 사이의 단순한 사무분배에 그치는 것이 아니라 소송법상 토지관할의 분배에 해당한다. 그러므로 동법 제4조에 의하여 지방법원 본원에 1심 토지관할이 인정된다고 볼 특별한 사정이 없는 한, 지방법원 지원에 1심 토지관할이 인정된다는 사정만으로 당연히 지방법원 본원에도 1심 토지관할이 인정된다고 볼 수 없음), ③ ✕(2006도8568: 관련사건의 관할은 고유관할사건과 그 관련 사건이 반드시 병합 기소되거나 병합되어 심리될 것을 전제요건으로 하는 것은 아니고, 고유관할사건 계속 중 고유관할 법원에 관련사건이 계속된 이상 그 후 양 사건이 병합되어 심리되지 아니한 채 고유사건에 대한 심리가 먼저 종결되었다 하더라도 관련 사건에 대한 관할권은 여전히 유지됨)　　　　　　　　　　　정답 ④

02 법원의 관할에 대한 설명으로 옳지 않은 것은? (다툼이 있는 경우 판례에 의함)　　2020년 국가직 9급 형법 문11

① 동일 사건이 사물관할을 달리하는 수개의 1심 법원에 계속된 때에는 법원 합의부가 심판하게 되는데, 이 경우 단독판사는 즉시 공소기각의 결정을 하여야 하지만 만일 단독판사의 판결이 먼저 확정되었다면 합의부는 면소판결을 하여야 한다.

② 토지관할의 기준으로서 피고인의 현재지는 공소제기 당시 피고인이 현재한 장소를 의미하며, 여기에는 임의에 의한 현재지뿐만 아니라 적법한 강제에 의한 현재지도 포함된다.

③ 지방법원 본원에 1심 토지관할이 인정된다고 볼 특별한 사정이 없다면, 지방법원 지원에 1심 토지관할이 인정된다는 사정만으로 지방법원 본원에도 1심 토지관할이 당연히 인정된다고 볼 수 없다.

④ 일반 국민이 범한 수개의 죄 가운데 특정 군사범죄와 그 밖의 일반 범죄가 「형법」 제37조 전단의 경합범 관계에 있다고 보아 하나의 사건으로 일반법원에 기소된 경우, 그 일반법원은 재판권이 없는 군사범죄를 포함하여 기소된 사건 전부를 심판할 수 있다.

해설 🖉

④ ✕(2016초기318전합), ① ○(제12조, 제328조 제1항 제3호, 제326조 제1호), ② ○(2011도12927: 소말리아해적사건), ③ ○(2015도1803: 1심 형사사건에 관하여 지방법원 본원과 지방법원 지원은 소송법상 별개의 법원이자 일정한 토지관할 구역을 나누어 가지는 대등한 관계에 있기 때문)　　　　　정답 ④

03 법원의 관할에 관한 설명 중 옳은 것은? (다툼이 있는 경우 판례에 의함)　　2020년 경찰간부후보생시험 형소법 문2

① 사형·무기 또는 장기 1년 이상의 징역 또는 금고에 해당하는 사건 및 이와 동시에 심판할 공범사건, 지방법원 판사에 대한 제척·기피사건은 지방법원과 그 지원의 합의부의 관할에 속한다.

② 토지관할의 기준 중 하나인 '현재지'라고 함은 공소제기 당시 피고인이 현재한 장소로서 임의에 의한 현재지뿐만 아니라 적법한 강제에 의한 현재지도 포함한다.

③ 단독판사의 관할사건이 공소장변경에 의하여 합의부 관할사건으로 변경된 경우에는 단독판사는 관할위반의 판결을 선고하고 사건을 관할권이 있는 합의부에 이송해야 한다.

④ 토지관할을 달리하는 수개의 1심 법원들에 관련 사건이 계속되는 경우에 그 소속 고등법원이 같다면 대법원이 직근상급법원으로서 토지관할 병합심리 신청사건의 관할법원이 된다.

해설 ✐

② O(2011도12927), ① ×(법원조직법 제32조 제1항: 사형, 무기 또는 단기 1년 이상의 징역 또는 금고에 해당하는 사건은 원칙적으로 지방법원과 그 지원의 합의부가 1심으로 심판), ③ ×(제8조 제2항: 단독판사의 관할사건이 공소장변경에 의하여 합의부 관할사건으로 변경된 경우에 법원은 결정으로 관할권이 있는 법원에 이송), ④ ×(2006초기335전합: 이 경우 그 소속 고등법원이 같은 경우에는 그 고등법원이, 그 소속 고등법원이 다른 경우에는 대법원이 위 1심 법원들의 공통되는 직근상급법원으로서 토지관할 병합심리 신청사건의 관할법원이 됨) **정답** ②

04 법원의 관할에 대한 설명으로 옳은 것은? (다툼이 있는 경우 판례에 의함)　　　2020년 국가직 9급 형법 문5
① 고유관할사건 계속 중 고유관할 법원에 관련사건이 계속되었지만 그 후 양 사건이 병합심리되지 아니한 채 고유사건에 대한 심리가 먼저 종결되었다면 관련사건에 대한 관할권은 유지되지 않는다.
② 「형사소송법」 제6조(토지관할을 달리하는 수개의 관련사건이 각각 다른 법원에 계속된 때에는 공통되는 직근상급법원은 검사 또는 피고인의 신청에 의하여 결정으로 1개법원으로 하여금 병합심리하게 할수 있다)의 '각각 다른 법원'은 사물관할은 같으나 토지관할을 달리하는 동종, 동등의 법원을 말한다.
③ 법원의 관할이 명확하지 않은 경우 검사, 피고인 또는 변호인은 관계있는 1심법원에 공통되는 직근상급법원에 관할지정을 신청하여야 한다.
④ 동일사건이 사물관할을 달리하는 수개의 법원에 계속된 때에는 먼저 공소를 받은 법원이 심판한다.

해설 ✐

② O(90초56), ① ×(2006도8568), ③ ×(제14조: 검사가 한다. 공소제기 전 단계이므로 이때에는 피고인이 존재할 수 없음), ④ ×(제12조: 법원합의부가 심판) **정답** ②

05 「형사소송법」의 적용범위에 대한 설명으로 가장 적절하지 않은 것은? (다툼이 있는 경우 판례에 의함)
2020년 2차 순경시험 형소법 문1
① 국회의원의 면책특권에 속하는 행위에 대하여 공소를 제기한 경우, 법원은 공소기각판결을 선고하여야한다.
② 「형사소송법」 부칙(법률 제8496호, 2007. 6. 1.) 제2조는 형사절차가 개시된 후 종결되기 전에 「형사소송법」이 개정된 경우 신법과 구법 중 어느 법을 적용할 것인지에 관한 입법례 중 이른바 혼합주의를 채택하여 구법 당시 진행된 소송행위의 효력은 그대로 인정하되 신법 시행 후의 소송절차에 대하여는 신법을 적용한다는 취지에서 규정된 것이다.
③ 일반 국민이 범한 특정 군사범죄와 그 밖의 일반 범죄가 「형법」 제37조 전단의 경합범 관계에 있다고 보아 하나의 사건으로 기소된 경우, 특정 군사범죄에 대하여 전속적인 재판권을 가지는 군사법원은 그밖의 일반 범죄에 대하여도 재판권을 행사할 수 있다.

④ 「근로기준법」 개정(법률 제7465호, 2005. 3. 31.)으로 종전에는 피해자의 의사에 상관없이 처벌할 수 있었던 동법 제112조 위반죄가 반의사불벌죄로 개정된 경우에 비록 부칙에 이에 대한 경과규정이 없을 지라도 개정법률이 피고인에게 더 유리할 수 있기에 「형법」 제1조 제2항에 의하여 개정법률이 적용되어야 한다.

해설 ✎

③ ✕(2016초기318전합), ① ○(91도3317), ② ○(2008도2826), ④ ○(2005도4462)   **정답** ③

06 다음 법원의 관할에 대한 설명 중 적절한 것만을 모두 고른 것은? (다툼이 있는 경우 판례에 의함)

2020년 2차 순경시험 형소법 문3

> ㉠ 「특정범죄 가중처벌 등에 관한 법률」 제5조의3 제1항(교통사고 후 도주)에 해당하는 사건은 단독판사 관할 사건이다.
> ㉡ 항소심이 1심의 공소기각 판결이 잘못이라고 하여 파기하면서도 사건을 1심법원에 환송하지 아니하고 본안에 들어가 심리한 후 피고인에게 유죄를 선고한 것은 「형사소송법」 제366조를 위반한 것이다.
> ㉢ 「형사소송법」 제5조(토지관할의 병합)에 정한 관련 사건의 관할은 고유관할사건 및 그 관련 사건이 반드시 병합기소되거나 병합되어 심리될 것을 전제로 하므로 고유관할사건 계속 중 고유관할 법원에 관련 사건이 계속된 이상 그 후 양 사건이 병합되어 심리되지 아니한 채 고유사건에 대한 심리가 먼저 종결되었다면 관련 사건에 대한 관할권은 종결된다.
> ㉣ 토지관할의 기준 사이에는 우열이 없으므로 하나의 피고사건에 관하여 수개의 법원이 동시에 토지관할을 가질 수 있고, 검사는 그중 어느 곳에서든지 공소제기를 할 수 있다.
> ㉤ 토지관할의 기준 중 하나인 현재지는 공소제기 당시 피고인이 현재한 장소로서 임의에 의한 현재지뿐만 아니라 적법한 강제에 의한 현재지도 포함한다.

① ㉠, ㉡, ㉢, ㉣   ② ㉡, ㉢, ㉤   ③ ㉢, ㉣, ㉤   ④ ㉠, ㉡, ㉣, ㉤

해설 ✎

㉠ ○(사물관할이란 사건의 경중이나 성질에 따른 1심 법원의 사건분담. 합의부 관할사건과 단독판사 관할사건으로 구별. 법원조직법이 이를 규정하고 있음. 지방법원과 그 지원 및 시·군법원의 심판권은 단독판사가 행사하고, 지방법원과 그 지원에서 합의심판을 해야 하는 경우에는 판사 3인으로 구성된 합의부가 심판권을 행사함(제7조 제4항·제5항)), ㉡ ○(2013도2198; 2017도1430: 파기자판이 아니라 파기환송판결을 해야 함. 제366조: 공소기각 또는 관할위반의 재판이 법률에 위반됨을 이유로 원심판결을 파기하는 때에는 판결로써 사건을 원심법원에 환송하여야 함), ㉢ ✕(2006도8568: 관련사건의 관할은 고유관할사건과 그 관련 사건이 반드시 병합기소되거나 병합되어 심리될 것을 전제요건으로 하는 것은 아님), ㉣ ○(이주원, 형사소송법, 박영사, 2020, 8면), ㉤ ○(2011도12927)   **정답** ④

07 법원의 관할에 관한 설명 중 옳은 것(○)과 옳지 않은 것(×)을 올바르게 조합한 것은? (다툼이 있는 경우에는 판례에 의함)

2014년 변호사시험 형사법 문2

> ㄱ. 피고인 甲의 A사건은 지방법원 본원 항소부에, 甲의 B사건은 고등법원에 각각 계속되어 있는 경우 甲은 대법원의 결정에 의하여 고등법원에서 병합심리를 받을 수 있다.
> ㄴ. 피고인이 국민참여재판을 원하는 의사를 표시한 경우 지방법원 지원 합의부가 배제결정을 하지 아니하는 경우에는 지방법원 지원 합의부는 국민참여재판절차 회부결정을 하여 사건을 지방법원 본원 합의부로 이송하여야 한다.
> ㄷ. 법원은 소년에 대한 피고사건을 심리한 결과 보호처분에 해당할 사유가 있다고 인정하면 결정으로써 사건을 관할 소년부에 송치하여야 한다.
> ㄹ. 단독판사의 관할사건이 공소장변경에 의하여 합의부 관할사건으로 변경된 경우에는 단독판사는 관할위반의 판결을 선고하고 사건을 관할권이 있는 합의부에 이송해야 한다.
> ㅁ. 관할이전의 사유가 존재하는 경우 검사는 직근상급법원에 관할의 이전을 신청할 의무가 있지만, 피고인은 관할의 이전을 신청할 권리만 있다.

① ㄱ(×), ㄴ(○), ㄷ(○), ㄹ(×), ㅁ(○)
② ㄱ(×), ㄴ(×), ㄷ(○), ㄹ(×), ㅁ(○)
③ ㄱ(○), ㄴ(×), ㄷ(×), ㄹ(×), ㅁ(○)
④ ㄱ(×), ㄴ(○), ㄷ(×), ㄹ(○), ㅁ(×)
⑤ ㄱ(○), ㄴ(×), ㄷ(×), ㄹ(○), ㅁ(○)

해설 🖉

ㄱ: ×(형소규칙 제4조의2: 사물관할을 달리하는 관련항소사건은 고등법원의 결정으로 병합심리가능), ㄴ: ○(국민참여재판법 제10조 제2항에 따른 관할의 창설), ㄷ: ○(소년법 제50조에 따른 사건의 이송), ㄹ: ×(단독판사의 사물관할에 속하던 피고사건이 공소장변경으로 합의부 관할사건으로 변경된 경우, 관할위반의 판결을 받고 나서 다시 공소를 제기해야 하는 번거로운 절차를 거치지 않고, 제8조 제2항에 따라 단독판사가 결정으로 합의부로 이송), ㅁ: ○(제15조: 관할이전신청을 검사는 해야 하고, 피고인은 할 수 있다)   **정답** ①

08 「형사소송법」상 제척·기피·회피에 관한 설명 중 옳지 않은 것은? (다툼이 있는 경우 판례에 의함)

2016년 변호사시험 형사법 문21

① 파기환송 전의 원심재판에 관여한 법관이 환송 후의 재판에 관여한 경우에는 제척사유에 해당한다.
② 법관이 당사자의 증거신청을 채택하지 아니하거나 이미 한 증거결정을 취소하더라도 그 사유만으로는 '불공평한 재판을 할 염려가 있는 때'에 해당한다고 보기 어렵다.
③ 법관이 스스로 기피의 원인이 있다고 판단한 때에는 소속법원에 서면으로 회피를 신청하여야 한다.
④ 구속적부심에 관여한 법관이 그 사건에 대한 1심재판에 관여한 경우 제척사유에 해당하지 않는다.
⑤ 기피신청을 기각한 결정에 대하여는 즉시항고를 할 수 있다.

① ×(78도3204: 원심과 파기환송심은 실질상 같은 심급), ② ○(95모10), ③ ○(제24조 제1항, 제2항), ④ ○(4293형상166), ⑤ ○(기피신청 기각결정[형식적인 요건 흠결에 따른 간이기각결정과 내용에 대한 실질심사후 기각결정 둘 다]에 대해서는 즉시항고 가능[제23조 제1항]. 다만 간이기각결정에 대한 즉시항고는 재판의 집행을 정지하는 효력이 없지만, 실질심사후기각결정에 대한 즉시항고는 재판의 집행을 정지하는 효력이 있음[제23조, 제410조]. 후자의 경우에는 해당법관이 재판을 진행하는 것은 옳지 않기 때문. 물론 실질심사후인용결정에 대해서는 즉시항고 불가) 【정답】①

09 1심 공판절차에서 피고인 甲의 변호인이 단독판사 A에 대한 기피신청을 A에게 하였다. 이에 대한 설명으로 옳은 것은? (다툼이 있는 경우 판례에 의함)　　　　　　　　　　　　　　　2019년 국가직 9급 형소법 문1

① 기피신청은 피고인을 위한 소송행위이므로 변호인은 甲의 명시적 의사에 반해 A에 대한 기피신청을 할 수 있다.

② 단독판사에 대한 기피신청은 해당 법관이 소속된 법원 합의부에 하여야 하므로 A는 결정으로 신청을 기각할 수 있다.

③ 변호인의 기피신청이 소송의 지연을 목적으로 함이 명백한 경우 A는 소송 진행을 정지하고 결정으로 신청을 기각하여야 한다.

④ 소송진행 정지에 대한 예외 사유가 없음에도 불구하고 A가 소송진행을 정지하지 않고 증거조사를 한 경우 그 증거조사는 무효이다.

④ ○(2012도8544: 기피신청을 받은 법관이 형소법 제22조에 위반하여 본안의 소송절차를 정지하지 않은 채 그대로 소송을 진행하여서 한 소송행위는 그 효력이 없고, 이는 그 후 그 기피신청에 대한 기각결정이 확정되었다고 하더라도 마찬가지), ① ×(제18조: 변호인은 피고인의 명시한 의사에 반하지 않는 때에 한하여 가능), ② ×(제9조: 당해법관인 단독판사 A에게 기피신청을 하는 것이 맞고, 기피신청재판은 기피당한 법관의 소속법원 합의부가 담당), ③ ×(제22조: 간이기각결정의 경우에는 소송진행을 정지하지 않아도 됨) 【정답】④

10 다음 설명 중 옳은 것을 모두 고르면? (다툼이 있는 경우 판례에 의함)　　　　　2013년 7급 국가직 형법 문19

> ㄱ. 증거보전청구 기각결정에 대해서는 항고할 수 없다.
> ㄴ. 재정신청 기각결정에 대해서는 항고는 물론 재항고도 할 수 없다.
> ㄷ. 피의자에 대한 구속영장청구 기각결정에 대해서는 항고할 수 없다.
> ㄹ. 기피신청 기각결정에 대해서는 즉시항고를 할 수 있다.
> ㅁ. 재심개시 결정에 대해서는 즉시항고를 할 수 있다.

① ㄱ, ㄴ, ㄷ　　　　　　　　　　　　② ㄱ, ㄷ, ㄹ

③ ㄷ, ㄹ, ㅁ　　　　　　　　　　　　④ ㄱ, ㄷ, ㄹ, ㅁ

ㄱ: ×(제184조 제3항: 3일 이내에 항고 허용), ㄴ: ×(96모119전합; 제262조 제4항: 재정신청기각결정에 대하여는 제415조에 따른 즉시항고를 할 수 있고, 재정신청인용결정에 대하여는 불복할 수 없다. 피고소인의 지위가 장기간 불안정해질 수 있으나 고소인의 권리보호가 필요하다고 본 것임), ㄷ: ○(97모66: 기각된 구속영장청구에 대해서는 항고나 준항고 불허. 지방법원판사가 한 압수영장(발부)재판도 마찬가지), ㄹ: ○(제23조 제1항), ㅁ: ○(제437조: 재심기각결정이나 재심개시결정에 대해서는 즉시항고 허용) **정답** ③

11 「형사소송법」상 항고와 즉시항고에 대한 설명으로 옳은 것만을 모두 고르면?

> ㄱ. 제184조 제1항의 증거보전청구를 기각하는 결정에 대하여는 항고가 허용되지 않는다.
> ㄴ. 제433조에 따라 재심의 청구가 법률상의 방식에 위반하거나 청구권의 소멸 후인 것이 명백하여 이를 기각하는 결정에 대하여는 즉시항고가 허용되지 않는다.
> ㄷ. 제266조의4에 따라 법원이 검사에게 수사서류 등의 열람·등사 또는 서면의 교부를 허용할 것을 명한 결정에 대하여는 항고가 허용되지 않는다.
> ㄹ. 제192조 제1항에 따라 재판으로 소송절차가 종료되는 경우에 피고인 아닌 자에게 소송비용을 부담하게 하는 결정에 대하여는 즉시항고를 할 수 있다.

① ㄱ, ㄴ   ② ㄱ, ㄹ
③ ㄴ, ㄷ   ④ ㄷ, ㄹ

ㄱ: ×(제184조 제4항: 3일 이내 항고), ㄴ: ×(제437조: 즉시항고 가능), ㄷ: ○(2012모1393: 수소법원의 중간재판이므로 항고 불가), ㄹ: ○(제192조 제2항) **정답** ④

12 甲은 변호사 乙을 찾아가 아래와 같이 법률상담을 하였다. 乙의 답변 중 옳은 것(○)과 옳지 않은 것(×)을 올바르게 조합한 것은?

> 甲: 변호사님, 저는 2018. 8. 8. 수요일 ○○지방법원에서 특정경제범죄가중처벌등에관한법률위반(사기)죄로 징역 3년, 집행유예 5년을 선고받았습니다. 너무 억울해서 항소하여 무죄를 받고 싶습니다. 언제까지 항소장을 제출해야 하는가요?
> 乙: (ㄱ) 선고일로부터 7일 이내에 제출하면 되는데, 8월 15일은 공휴일이므로 공휴일이 아닌 8월 16일까지 원심법원에 제출하면 됩니다.
> 甲: 항소이유서는 언제까지 제출해야 하나요?
> 乙: (ㄴ) 소송기록이 항소심인 ○○고등법원에 송부된 날로부터 20일 이내에 항소법원에 제출해야 합니다.
> 甲: 항소이유서를 제때 제출하지 않으면 어떻게 되나요?

乙: (ㄷ) 원칙적으로 항소심 법원은 항소를 기각하지만, 직권조사사유가 있거나 항소장에 항소이유의 기재가 있는 때에는 예외입니다.

① ㄱ(○), ㄴ(○), ㄷ(○)   ② ㄱ(○), ㄴ(×), ㄷ(○)   ③ ㄱ(○), ㄴ(×), ㄷ(×)

④ ㄱ(×), ㄴ(○), ㄷ(○)   ⑤ ㄱ(×), ㄴ(×), ㄷ(○)

해설 ✎

ㄱ: ○(재판을 선고한 날로부터 7일 이내[제358조]에 항소장을 원심법원에 제출하는데[제359], 초일불산입원칙이 적용되고, 기간의 말일이 공휴일에 해당하는 날은 기간에 산입하지 않음[제66조]), ㄴ: ×(제361조의3 제1항: 항소이유서는 항소인 또는 변호인이 항소법원으로부터 소송기록접수 통지를 받은 날로부터 20일 이내에 항소법원에 제출해야 함), ㄷ: ○(제361조의4: 항소인이나 변호인이 기간 내에 항소이유서를 제출하지 아니한 때에는 결정으로 항소를 기각해야 하지만, 직권조사사유가 있거나 항소장에 항소이유의 기재가 있는 때에는 예외로 하고, 항소기각결정에 대해서는 즉시항고를 할 수 있음)   **정답** ②

13 일부상소에 대한 설명으로 옳지 않은 것은? (다툼이 있는 경우 판례에 의함)   2013년 국가직 9급 형법 문7

① 원심이 두 개의 죄를 경합범으로 보고 한 죄는 유죄, 다른 한 죄는 무죄를 각 선고하자 검사가 무죄부분에 대하여만 불복하여 상고한 경우, 위 두 죄가 상상적 경합관계에 있다면 유죄부분도 상고심의 심판대상이 된다.

② 동일한 사실관계에 대하여 서로 양립할 수 없는 법조를 적용하여 주위적·예비적으로 공소제기된 사건에서 예비적 공소사실만 유죄로 인정되고 그 부분에 대하여 피고인만 상소한 경우, 주위적 공소사실은 상소심의 심판대상에 포함되지 않는다.

③ 형의 집행유예, 노역장유치 일수 등의 부수적 주문은 주형의 주문과 일체를 이루는 것이므로, 부수적 주문에 대하여만 독립하여 상소를 할 수 없다.

④ 포괄일죄 중 유죄부분에 대하여 피고인만이 상소하였을 뿐 무죄부분에 대하여 검사가 상소를 하지 않은 경우, 상소심은 무죄부분에 대하여 심리·판단할 수 없다.

해설 ✎

② ×(2006도1146: 주위적 공소사실과 예비적 공소사실은 하나의 동일한 사건이므로 주위적 공소사실도 상소심의 심판대상에 포함됨), ① ○(80도384전합; 2004도7488: 무죄부분의 유·무죄 여부에 따라 처단할 죄명과 양형이 달라지기 때문), ③ ○(주위적 주문과 불가분적 관계에 있는 주문이나 부수주문에 대해서는 상소불가분원칙이 적용됨), ④ ○(80도2847; 90도2820: 포괄일죄의 일부만 유죄로 인정되어 이에 대해 피고인만이 상소한 경우 상소불가분원칙에 따라 무죄로 인정된 포괄일죄의 일부도 이심되지만 상소심은 무죄부분까지 심판대상으로 삼을 수 없음)   **정답** ②

14 항소심이 경합범에 대하여 일부무죄·일부유죄로 판단한 경우에 상고심의 심판대상 및 파기범위에 관한 설명 중 옳은 것을 모두 고른 것은? (다툼이 있는 경우에는 판례에 의함) 2013년 변호사시험 형사법 문29

> ㄱ. 검사만이 무죄부분에 대하여 상고한 경우 피고인과 검사가 상고하지 아니한 유죄부분은 상고기간이
>   지남에 따라 확정되기 때문에 무죄부분만이 상고심의 심판의 대상이 되므로 상고심에서 파기할 때에
>   는 무죄부분만을 파기하여야 한다.
> ㄴ. 항소심이 두 개의 죄를 경합범으로 보고 한 죄는 유죄, 다른 한 죄는 무죄를 선고하고 검사가 무죄부
>   분만에 대하여 불복상고한 경우 위 두 죄가 상상적 경합관계에 있다면 유죄부분도 상고심의 심판대상
>   이 된다.
> ㄷ. 유죄부분에 대하여는 피고인이 상고하고 무죄부분에 대하여는 검사가 상고한 경우 항소심판결 전부의
>   확정이 차단되어 상고심에 이심된다. 따라서 유죄부분에 대한 피고인의 상고가 이유 없더라도 무죄부분
>   에 대한 검사의 상고가 이유있는 때에는 항소심이 유죄로 인정한 죄와 무죄로 인정한 죄가 형법 제37조
>   전단의 경합범 관계에 있다면 항소심판결의 유죄부분도 무죄부분과 함께 파기되어야 한다.

① ㄱ   ② ㄷ   ③ ㄱ, ㄴ
④ ㄴ, ㄷ   ⑤ ㄱ, ㄴ, ㄷ

해설 ✎

ㄱ: ○(91도1402전합), ㄴ: ○(80도384전합; 2004도7488: 전부이심설), ㄷ: ○(2002도807전합) **정답** ⑤

15 검사 P는 甲을 A에 대한 사기죄[사실 1]와 B에 대한 사기죄[사실 2]의 경합범으로 기소하였다. 1심법원은 [사실 1]과 [사실 2] 모두를 인정하여 징역 1년 6월, 집행유예 2년을 선고하자 甲만이 항소하였다. 항소심법원은 [사실 1]에 대하여는 무죄를 선고하였으나, [사실 2]에 대하여는 유죄를 선고하였다. 이에 관한 설명 중 옳지 않은 것은? (다툼이 있는 경우 판례에 의함) 2016년 변호사시험 형사법 문40

① 甲이 상고포기를 하기 위해서는 이를 서면으로 하여야 하지만, 공판정에서는 구술로써 할 수 있다.
② 만약 항소심법원이 [사실 2]에 대하여 징역 6월의 실형을 선고하였다면, 그 형 선고는 불이익변경금지
  원칙에 반하여 위법하다.
③ 만약 항소이유서가 제출되지 않은 경우, 항소심법원은 그 제출기간의 경과를 기다리지 않고 변론을 종
  결하여 심판할 수 없다.
④ P만이 [사실 1]에 대하여만 상고한 경우, 대법원이 두 사실을 상상적 경합이 된다고 판단하고자 하더라
  도 [사실 2]에 대해서는 심판할 수 없다.
⑤ P만이 [사실 1]에 대하여만 상고한 경우, 대법원이 이를 유죄의 취지로 판단하고자 한다면, [사실 2]는
  그대로 두고 [사실 1]만을 파기하여야 한다.

④ ×(80도384전합; 2004도7488: 상소불가분원칙이 적용되어 유죄부분도 상고심의 심판대상이 됨), ① ○ (제352조: 구술로써 한 경우에는 그 사유를 조서에 기재해야 함), ② ○(86모2), ③ ○(2017도13748), ⑤ ○(91 도1042전합: 일부이심설)　　　　　　　　　　　　　　　　　　　　　　　　　　　　　　　 **정답** ④

16 국민참여재판에 관한 설명 중 옳지 않은 것은? (다툼이 있는 경우 판례에 의함)　2020년 변호사시험 형사법 문25

① 법원은 공소사실의 일부 철회 또는 변경으로 인하여 국민참여재판의 대상사건에 해당하지 아니하게 된 경우에도 국민참여재판을 계속 진행함이 원칙이다.

② 국민참여재판에 관하여 변호인이 없는 때에는 「형사소송법」 제33조 제1항 각호(구속, 미성년자, 70세 이상 등)의 어느 하나에 해당하는 경우가 아니더라도 법원은 직권으로 변호인을 선정하여야 한다.

③ 국민참여재판에서 배심원은 사실의 인정, 법령의 적용 및 형의 양정에 관한 의견을 제시할 권한은 있으나, 법원의 증거능력에 관한 심리에 관여할 수는 없다.

④ 1심 법원이 국민참여재판 대상사건의 피고인에게 국민참여재판을 원하는지 확인하지 아니한 채 통상의 공판절차에 따라 재판을 진행하였더라도, 항소심 제1회 공판기일에 이에 대하여 이의가 없다는 피고인과 변호인의 진술만으로도 1심의 공판절차상 하자가 치유되므로, 같은 날 변론을 종결한 후 다음 공판기일에 피고인의 항소를 기각하는 판결을 선고하더라도 이는 적법하다.

⑤ 공소장 부본을 송달받은 날부터 7일 이내에 의사확인서를 제출하지 아니한 피고인도 제1회 공판기일이 열리기 전까지는 국민참여재판 신청을 할 수 있고, 법원은 그 의사를 확인하여 국민참여재판으로 진행할 수 있다.

④ ×(2012도1225: 국민참여재판절차에 대한 충분한 안내와 그 희망 여부에 관해 숙고할 수 있는 상당한 시간이 부여된 상황에서 피고인이 국민참여재판을 원하지 않는다고 하면서 1심의 절차적 위법을 문제삼지 않겠다는 의사를 명백히 표시한 경우가 아닌 한 1심의 하자는 치유되지 않음), ① ○(국민참여재판법 제6조), ② ○(국민참여재판법 제7조), ③ ○(국민참여재판법 제44조, 제46조), ⑤ ○(2009모1032)　　　　　　　　　　 **정답** ④

17 국민참여재판에 관한 설명 중 옳지 않은 것으로만 묶인 것은? (다툼이 있는 경우 판례에 의함)
2020년 경찰간부후보생시험 형사법 문38

가. 국민참여재판 대상사건의 공소제기가 있으면 법원은 피고인이 국민참여재판을 원하는지 여부에 관한 의사를 서면 등의 방법으로 반드시 확인하여야 한다.

나. 법원은 공범관계에 있는 피고인들 중 일부가 국민참여재판을 원하지 않아 국민참여재판을 진행하는 데 어려움이 있다고 판단한 경우 국민참여재판을 하지 않는 결정을 할 수 있다.

다. 「국민의 형사재판 참여에 관한 법률」에 따라 사건을 국민참여재판으로 진행 또는 배제하기로 하는 법원의 결정에 대해서는 즉시항고할 수 있다.

라. 국민참여재판에서 배심원은 사실의 인정, 법령의 적용 및 형의 양정에 관한 의견을 제시할 권한은 있으나, 법원의 증거능력에 관한 심리에 관여할 수는 없다.

마. 국민참여재판을 진행하던 중 공소사실의 변경으로 대상사건에 해당하지 않게 된 경우 국민참여재판으로 진행할 수 없다.

① 가, 다　　　　　② 나, 마　　　　　③ 다, 라　　　　　④ 다, 마

해설 ✎

가: ○(국민참여재판법 제8조), 나: ○(국민참여재판법 제9조 제1항), 다: ✕(국민참여재판법 제6조: 이런 결정에 대해서는 불복할 수 없다. 특히 국민참여재판으로 진행하기로 한 결정에 대해서는 검사의 즉시항고가 허용되지 않는다. 다만 국민참여재판으로 진행하지 않기로 한 결정이 국민참여재판법 제9조에 해당하는 경우에는 즉시항고가 허용된다. 이런 규정을 둔 것은 국민참여재판을 할 것인지 여부는 심리방식의 문제인데, 이로 인해 본안심리가 지연될 수 있기 때문), 라: ○(국민참여재판법 제44조, 제46조), 마: ✕(국민참여재판법 제6조: 계속 진행할 수 있음)

정답 ④

---

18 형사특별절차에 관한 설명 중 옳지 않은 것으로만 묶인 것은? (다툼이 있는 경우 판례에 의함)

2020년 경찰간부후보생시험 형소법 문39

가. 피고인이 정식재판을 청구한 사건에서 약식명령의 형보다 중한 종류의 형을 선고하는 경우에는 판결서에 양형의 이유를 적어야 한다.

나. 약식명령을 발부한 법관이 그 정식재판 절차의 항소심 판결에 관여하는 것은 제척사유에 해당한다.

다. 「경범죄처벌법」의 범칙행위에 대하여 경찰서장이 통고처분을 한 후 그 통고처분에서 정한 범칙금 납부기간이 경과하지 않았다면 원칙적으로 즉결심판을 청구할 수 없다.

라. 즉결심판에 대하여 피고인만이 정식재판을 청구한 사건에 대하여도 불이익변경금지원칙이 적용되므로 즉결심판의 형보다 무거운 형을 선고하지 못한다.

마. 경찰서장의 청구에 의해 즉결심판을 받은 피고인으로부터 적법한 정식재판의 청구가 있더라도 경찰서장의 즉결심판청구를 공소제기와 동일한 소송행위로 볼 수는 없다.

① 가, 나　　　　　② 다, 라　　　　　③ 가, 마　　　　　④ 다, 마

해설 ✎

가: ✕(형소법 제457조의2: 피고인이 정식재판을 청구한 사건에 대하여는 약식명령의 형보다 중한 종류의 형을 선고하지 못하고, 약식명령의 형보다 중한 형을 선고하는 경우에는 판결서에 양형의 이유를 적어야 함), 나: ○(85도281; 2011도17), 다: ○(2017도13409: 경범죄처벌법에 따른 범칙자의 절차적 지위를 보장할 필요가 있으므로 범칙금 납부기간이 경과하지 않았다면 원칙적으로 즉결심판을 청구할 수 없음), 라: ○(98도2550: 이 판결은 '즉결심판절차에 있어서 이 법에 특별한 규정이 없는 한 그 성질에 반하지 아니한 것은 형사소송법의 규정을 준용한다'는 즉결심판법 제19조에 근거한 것인데, 약식명령에 관한 불이익변경금지원칙이 형종변경금지원칙

으로 바뀌어서 이 판결도 변경될 것으로 예상함), 마: ×(2017도10368: 경찰서장의 청구에 의해 즉결심판을 받은 피고인으로부터 적법한 정식재판의 청구가 있는 경우 경찰서장의 즉결심판청구는 공소제기와 동일한 소송행위이므로 공판절차에 의하여 심판하여야 함) **정답** ③

19 특별형사절차에 관한 설명 중 옳지 않은 것은? (다툼이 있는 경우 판례에 의함) 2015년 변호사시험 형사법 문29

① 약식명령 청구의 대상은 지방법원의 관할에 속하는 벌금, 과료, 몰수에 처할 수 있는 사건이다.

② 약식명령을 내린 판사가 그 정식재판 절차의 항소심판결에 관여함은 「형사소송법」 제17조 제7호 소정의 '법관이 사건에 관하여 전심재판 또는 그 기초되는 조사, 심리에 관여한 때'에 해당하여 제척의 원인이 된다.

③ 검사의 약식명령 청구와 동시에 증거서류 및 증거물이 법원에 제출되었다고 하여 공소장일본주의를 위반하였다고 할 수 없고, 그 후 약식명령에 대한 정식재판청구가 제기되었음에도 법원이 증거서류 및 증거물을 검사에게 반환하지 않고 보관하고 있다고 하여 그 이전에 이미 적법하게 제기된 공소제기절차가 위법하게 된다고 할 수 없다.

④ 즉결심판절차에서는 사법경찰관이 작성한 피의자신문조서에 대하여 피고인이 내용을 인정하지 않더라도 증거로 사용할 수 있다.

⑤ 즉결심판절차에서도 자백보강법칙은 적용되므로, 피고인의 자백만 있고 보강증거가 없으면 유죄를 선고할 수 없다.

해설 🖉

⑤ ×(즉결심판법 제10조: 자백보강법칙, 사경작성피신조서, 진술서면 등과 관련한 규정이 적용되지 않음), ① ○(제448조), ② ○(2011도17: 약식절차와 정식재판은 동일한 심급 내에 있는 서로 다른 절차이기 때문), ③ ○(2007도3906), ④ ○(즉결심판법 제10조) **정답** ⑤

20 즉결심판과 약식명령에 대한 설명으로 가장 적절하지 않은 것은? (다툼이 있는 경우 판례에 의함)

① 경찰서장의 청구에 의해 즉결심판을 받은 피고인으로부터 적법한 정식재판의 청구가 있는 경우 경찰서장의 즉결심판청구는 공소제기와 동일한 소송행위이므로 공판절차에 의하여 심판하여야 한다.

② 피고인이 정식재판을 청구한 즉결심판 사건에 대하여 검사가 법원에 사건기록과 증거물을 그대로 송부하지 아니하고 즉결심판이 청구된 위반 내용과 동일성 있는 범죄사실에 대하여 약식명령을 청구하였다면, 이는 공소제기절차가 법률의 규정에 위반하여 무효인 때 또는 공소가 제기된 사건에 대하여 다시 공소가 제기되었을 때에 해당한다.

③ 약식명령은 그 재판서를 피고인에게 송달함으로써 효력이 발생하고, 변호인이 있는 경우라도 반드시 변호인에게 약식명령 등본을 송달해야 하는 것은 아니다.

④ 약식명령에 대하여 정식재판절차에서 유죄판결이 선고되어 확정된 경우 피고인 등은 약식명령이 아니라 유죄의 확정판결을 대상으로 재심을 청구하여야 하나, 피고인 등이 약식명령에 대하여 재심을 청구하여 재심결정이 확정되었다면 재심절차를 진행하는 법원은 재심이 개시된 대상을 유죄의 확정판결로 변경할 수 있다.

해설 ✎

④ ✕(2011도10626: 약식명령은 정식재판청구에 따른 판결이 있는 때는 그 효력을 잃는다. 따라서 약식명령에 대하여 정식재판절차에서 유죄판결이 선고되어 확정되었음에도 피고인이 약식명령에 대해 재심의 청구를 한 것인데 법원도 약식명령에 대해 재심개시결정을 했고 검사나 피고인 등이 모두 불복하지 아니함으로써 그 결정이 확정된 경우, 재심절차를 진행하는 법원은 재심이 개시된 대상을 유죄의 확정판결로 변경할 수는 없고, 이 경우 재심개시결정은 재심을 개시할 수 없는 약식명령을 대상으로 한 것이므로, 그 재심개시결정에 따라 재심절차를 진행하는 법원으로서는 심판의 대상이 없어 아무런 재판을 할 수 없음), ① ○(2017도10368), ② ○(2017도10368: 즉결심판청구 형식의 공소제기 후에 약식명령청구 형식의 공소제기가 다시 이루어진 이중기소로 볼 수 있음), ③ ○(2017모1557) **정답** ④

21 약식절차에 대한 설명 중 가장 적절한 것은? (다툼이 있는 경우 판례에 의함) 2020년 1차 순경시험 형소법 문20
① 지방법원은 그 관할에 속한 사건에 대하여 검사의 청구가 있는 때에는 공판절차 없이 약식명령으로 피고인을 벌금, 구류, 과료 또는 몰수에 처할 수 있으며, 이 경우에는 추징 기타 부수의 처분을 할 수 있다.
② 변호인이 약식명령에 대해 정식재판청구서를 제출할 것으로 믿고 피고인이 스스로 적법한 정식재판의 청구기간 내에 정식재판청구서를 제출하지 못하였다면 그것은 피고인 또는 대리인이 책임질 수 없는 사유로 인하여 정식재판의 청구기간 내에 정식재판을 청구하지 못한 때에 해당한다.
③ 약식명령의 고지는 검사와 피고인에 대한 재판서의 송달에 의하도록 규정하고 있으므로 약식명령은 그 재판서를 피고인에게 송달함으로써 효력이 발생하고, 변호인이 있는 경우라도 반드시 변호인에게 약식명령 등본을 송달해야 하는 것은 아니다.
④ 피고인이 정식재판을 청구한 사건에 대하여는 약식명령의 형보다 중한 형을 선고하지 못한다.

해설 ✎

③ ○(2017모1557), ① ✕(제448조: 구류는 불가), ② ✕(2017모1557: 해당하지 않음), ④ ✕(제457조의2의 불이익변경금지원칙이 형종상향금지원칙으로 개정됨) 2017. 12. 19. 개정 형소법은 '피고인이 정식재판을 청구한 사건에 대해서는 약식명령의 형보다 중한 형을 선고하지 못한다'는 종전의 불이익변경금지원칙을 형종상향금지원칙으로 변경함. 이에 따라 피고인이 정식재판을 청구한 경우 약식명령을 받은 벌금형을 징역형으로 바꿀 수는 없으나 벌금형의 액수를 상향하여 선고할 수 있음. 약식명령에 대해서도 불이익변경금지원칙을 인정하는 것은 옳지 않다는 지적을 수용하면서도 불이익변경금지원칙을 완전히 폐지하면 약식명령에 대한 정식재판청구가 위축될 수 있다는 점을 감안한 것임) **정답** ③

22 소년사건에 대한 설명으로 가장 적절한 것은? (다툼이 있는 경우 판례에 의함) 2020년 2차 순경시험 형소법 문19

① 「소년법」 제60조 제2항의 적용대상인 '소년'인지 여부는 범죄행위시를 기준으로 판단한다.

② 검사는 소년과 소년의 친권자·후견인 등 법정대리인의 동의가 없더라도 피의자에 대하여 범죄예방자원 봉사위원의 선도, 소년의 선도·교육과 관련된 단체·시설에서의 상담·교육·활동 등에 해당하는 선도 등을 받게 하고, 피의사건에 대한 공소를 제기하지 아니할 수 있다.

③ 「소년법」 제18조 제1항 제3호에 따른 소년분류심사원에 위탁하는 임시조치에 따른 위탁기간은 「형법」 제57조 제1항의 판결선고 전 구금일수에 포함되지 않는다.

④ 징역 또는 금고를 선고받은 소년에 대하여는 특별히 설치된 교도소 또는 일반 교도소 안에 특별히 분리 된 장소에서 그 형을 집행한다. 다만, 소년이 형의 집행 중에 23세가 되면 일반 교도소에서 집행할 수 있다.

해설 🖉

① ✕(2000도2704: 소년법 제60조 제2항의 소년감경규정과 관련하여 '소년'인지 여부는 사실심판결 선고시를 기준으로 판단해야 한다. '소년'이라는 사실이 소년재판의 조건이므로 범행할 때는 물론 심판할 때도 소년이어야 한다는 논리이다. 범행할 때는 촉법소년이었는데 심판할 때는 범죄소년이 된 경우, 소년부가 검사에게 송치할 수 있는지 논란이 될 수 있음. 형법의 적용은 범죄행위시를 기준으로 하는데, 범행할 때 형사미성년자이었으므로 송치할 수 없음), ② ✕(소년법 제49조의3: 동의가 필요하다. 유죄를 전제로 어떤 처분을 내리려면 헌법이 말하고 있는 적법절차에 따른 법원의 사법적 판단이 필요하다. 그런데 조건부기소유예제도는 검찰의 독자적 판단으로 조건을 붙여서 불기소를 하는 방식이므로 이 원칙에 반한다. 그래서 이를 검찰사법이라고 부르는 것이다. 이러한 한계가 있으므로 소년과 그 법정대리인의 동의를 요건으로 제도를 설계한 것임), ③ ✕(소년법 제61 조: 포함된다. 소년분류심사원 위탁은 소년의 조사와 보호를 위한 것이지만 실질은 구금과 차이가 없다. 따라서 일종의 미결구금에 해당하므로 이 기간을 형의 집행에 반영하는 것임), ④ ○(소년법 제63조) **정답** ④

23 소년사건의 처리절차에 대한 설명으로 가장 적절하지 않은 것은? 2021년 경찰간부후보생시험 형소법 문9

① 소년이었을 때 범한 죄에 의하여 형의 선고유예를 받은 경우, 자격에 관한 법령을 적용할 때 장래에 향하여 형의 선고를 받지 아니한 것으로 보는데, 이는 형의 선고유예가 실효된 경우에도 마찬가지이다.

② 보호처분이 계속 중일 때에 징역, 금고 또는 구류를 선고받은 소년에 대하여는 먼저 그 형을 집행한다.

③ 소년에 대한 부정기형을 집행하는 기관의 장은 형의 단기가 지난 소년범의 행형 성적이 양호하고 교정 의 목적을 달성하였다고 인정되는 경우에는 관할 검찰청 검사의 지휘에 따라 그 형의 집행을 종료시킬 수 있다.

④ 소년부 판사는 송치서와 조사관의 조사보고에 따라 사건을 심리할 필요가 있다고 인정하면 심리 개시 결정을 하여야 하는데, 이러한 결정이 있었던 때로부터 그 사건에 대한 보호처분의 결정이 확정될 때까 지 공소시효는 그 진행이 정지된다.

① ✕(2018. 9. 18. 신설된 소년법 제67조 제2항: 제1항에도 불구하고 형의 선고유예가 실효되거나 집행유예가 실효·취소된 때에는 그 때에 형을 선고받은 것으로 봄), ② ○(소년법 제64조), ③ ○(소년법 제60조), ④ ○(소년법 제54조)   정답 ①

탐구 과제

- 국민참여재판은 사법의 민주화인가? 아니면 사법의 외주화인가?
- 공소기각판결의 대상과 면소판결의 대상은 어떤 차이가 있는가?
- 성인에 대한 조건부 기소유예는 적법한가?

INDEX | 사항색인

ㄱ

가능성설	58
가담법	266
가명진술조서	434
가석방	6, 484
가중주의	402
간접사실	424, 425
간접정범	135
간접정범의 착오	212
간접증거	425
감금죄	398
감정서	439
감정유치	376
감정처분	376
감청	371, 375
강간치사죄	102
강도상해죄	106, 411
강도치사죄	103, 106
강도치상죄	106
강요된 행위	14, 171
강제수사	331
강제수사법정주의	331
강제처분법정주의	331
강제추행죄	135
개괄적 고의	233
개괄적 과실	102
개별형법	7
개연성설	58
객관설	141
객관적 귀속	102
객체	424
객체의 착오	232
거동범	88
건축법	23
검사작성 피신조서	447

검사작성조서	427
검증	371, 376
결과반가치일원론	242
결과범	109
결과적 가중범의 미수	101
결정	468
결합범	135
경고기능	236
경매·입찰방해죄	283
경범죄	479
경유증표	215
경제적 재산설	259
경찰작성 피신조서	447
경찰작성조서	427
경합론	395
경합범	6, 39
계속범	35, 398
계좌추	371
고립평가설	41
고발	301
고소	301
고소불가분원칙	126, 301
고유권설	308
고의	239, 424
고의설	41, 234
공갈죄	257
공공의 이익	244
공동연대추징	20
공동재물손괴죄	89
공동정범	72, 399
공동피고인	126
공모	424
공모공동정범	121
공무방해죄	283
공무상비밀누설죄	119

공무집행방해죄	59, 109, 283	관세법	20
공문서변조죄	214	관할	459
공문서부정행사죄	109	관할법원	408, 459
공문서위조죄	215	관할의 경합	464
공범	6	관할이전	489
공범의 독립성	208	교사범	298
공범의 종속성	208	교통방해죄	283
공범종속성원칙	195	교특법	7
공소권남용	407, 408	구금	342
공소기각결정	70	구두변론주의	426
공소기각판결	38	구류	15
공소기관	301	구법주의	34
공소불가분원칙	407	구성요건	6
공소사실	20	구성요건고의	235
공소사실의 동일성	406	구성요건모델론	187
공소시효	35	구성요건부합설	232
공소시효의 정지	125	구성요건요소설	85
공소장	408	구성요건 착오	86, 231
공소장변경	344, 409	구성요건착오유추적용설	235
공소장변경제도	406	구성요건해당성	14
공소장일본주의	408	구성요건해당행위	157
공소제기	125, 408	구속기간	333
공수처	333	구속영장	333
공수처법	301	구속영장실질심사	338
공용건조물방화죄	68	구속의 취소	347
공인중개업법	23	구속재판	347
공전자기록위작죄	218	구속적부심	347
공정거래법	306	구속집행정지	347
공정범죄	7	구인	342
공중밀집장소추행죄	133	구체적 부합설	232
공판조서	423, 449	구체적 사실의 착오	232
공판중심주의	426, 477	구체적 위험범	69
과료	15	국가주의	6
과실낙태	55	국가형벌권	459
과실범	59, 67	국민참여재판	426
과잉긴급피난	178	국민참여재판법	8
과잉입법금지원칙	11	국수본	333
과잉자구행위	178	국외도피	125
과잉정당방위	178	국외범	16
관련사건	462	군집범	120

권리행사방해죄	261	도주죄	414
귀책사유설	41	도청	375
규문주의	40	도화	214
극단종속형식	199, 288	독립대리권설	308
근로기준법	37, 175	독립행위의 경합	110
금고	15	동산양도담보물	265
금융실명제법	371	동성애	10
금품청산의무위반죄	175	동시범	110
기대가능성	239	동시적 경합범	24, 402
기대불가능성	160	동의낙태원조죄	54
기소유예	483	디지털성범죄	137
기소유예처분	408	디지털정보저장매체	374
기수시점	400		
기적지	461	**ㅁ**	
기착지	461	마약류관리법	20
기판력	395	면소판결	38, 124
기피신청	344	면책적 긴급피난	159
긴급수색 · 압수	377	명령	469
긴급체포	332	명예범죄	242
긴급피난	14, 158	명예훼손죄	109, 243
		명의대여죄	399
ㄴ		명확성원칙	10
낙태원조죄	54	모두절차	8
낙태죄	54	모욕죄	157, 243
내란죄	212, 414	모자보건법	55
내용인정	447	모해위증죄	210
내용적 구속력	405	목적	424
노역장유치	19	목적범	195
농지법	399	목적적 행위론	236
뇌물수수죄	120	몰수	15, 18
뇌물죄	119	무고죄	291
누범	6	무기징역형	24
		무단용도변경죄	35
ㄷ		무면허운전	413
다중이용장소침입죄	89	무면허의료행위죄	209
단독판사	416, 461	무허가농지전용죄	399
대물변제예약	267	무형위작	218
대체복무제	173	무형위조	213, 216
대향범	119	문서범죄	207, 212
도교법	7	문서부정행사죄	227

문서손괴죄	289	법률의 변경	34
문화재보호법	21	법률의 착오	231
물권법정주의	266	법률적 재산설	259
미결구금	347	법률주의	10
미결구금일수	17	법원의 공정성	459
미수범	6	법익보호원칙	9
미신범	142	법정관할	460
미필적 고의	58	법정구속	341
민사제재	9	법정적 부합설	232
		법정형	124, 402
ㅂ		법조경합	396
반격방어	158	법조경합설	87
반의사불벌죄	15	법효과전환책임설	235
방법의 착오	232	법효과제한책임설	235
방조범	83	변개	217
방해범죄	283	변조	217
방화죄	68, 403	변호사법	34, 123
배심원	473	병과주의	402
배심제	428	병렬범	120
배아	54	병합관할	463
배임죄	21, 109, 255	병합심리	463
백지구형	10	보강증거	426
백지형법	10	보건범죄특별법	22
벌금	15	보석	347
범인도피원조죄	120, 286	보안관찰	15
범인은닉죄	286, 288	보안처분	6, 15
범죄	5	보이스피싱	258
범죄능력	21	보조사실	426
범죄론	395	보조증거	426
범죄론체계	231	보증금납입조건부석방	350
범죄사실	20, 426	보충관계	396
범죄사실대상설	403, 406	보충규범	11
범죄소년	482	보충성	9
범죄체계론	231	보험사기	160
범죄혐의	334	보호관찰	15
범칙금	480	보호주의	16
법관의 공정성	459	보호처분	15
법관의 기피	465	복사본	214
법관의 제척	465	본원합의부	462
법관의 회피	467	부동의낙태원조죄	54

부수적 형벌	18	사형	15
부작위범	82	사형제도	101
부정기형	11	사회봉사명령	15
부진정문서	217	사회상규	162
부진정부작위범	59, 82	사후적 경합범	24, 402
부진정소급효	36	살인죄	81
부진정신분범	208	삼각사기	212
분리어설	69	상당한 이유	246
불가벌적 사후행위	399	상상적 경합	86, 401
불고불리원칙	20	상상적 경합설	87
불기소처분	125	상소	468
불능미수	139	상소불가분원칙	469
불능미수범	142	상소제도	37
불법고의	235	상습범	235
불법원인급여물	260	상태범	399
불법의 연대성	208	상해치사죄	101
불법재산	259	생략문서	214
불심검문	157	선고유예	6
불이익변경금지원칙	39, 471	선고형	124
비례성원칙	9, 330	선택형	402
비방의 목적	244	성매매처벌법	133
비상상고		성범죄	133
		성전환	146
	37	성폭법	89
		세계주의	16

ㅅ

사건	406	소극적 구성요건표지이론	235
사건관할	460	소극적 신분	207, 209
사건배당	460	소극적 안락사	84
사문서위조	215	소극적 처벌조건	14
사문서위조죄	214	소극적 행위	89
사물관할	460	소급효금지	10
사물변별능력	183	소년 감경	484
사법경찰관	8	소년법	482
사법경찰직무법	301	소멸	6
사법처분	15, 480	소송경제적	427
사실의 착오	231	소송사기	145
사실혼관계	288	소송조건	35
사이버음란물유포행위	162	소인대상설	403, 406
사전자기록위작죄	218	소인	406
사정변경	408	소추조건	15
사진촬영	331		

속인주의	16	알선수재죄	123
속지주의	16	알코올 블랙아웃	135
수강명령	15	압수 · 수색영장	20
수명법관	343	압수	371
수사	301	약사법	123
수사기관	301	약식명령	404, 479
수색	371	약식절차	8, 481
수소법원	340, 467	양도담보	264
수죄	395	양벌규정	21
수탁판사	343	양정	6
수형능력	21	양해	161
승계적 공동정범	74	양형론	402
시효	6	양형사실	426
식품위생법	174	엄격고의설	234
신법주의	34	엄격설	41
신분범	54, 207	엄격책임설	235
신분비공개수사	138	엄격한 증거	424
신분위장수사	138	엄격한 증명	424
신용카드부정사용죄	257	업무방해죄	109, 283
신증거형 재심사유	40	업무상과실치상죄	55
실질적 범죄	238	업무상배임죄	399
실질적 위법성	157	여전법	257
실질주의	216	연결어설	69
실질증거	426	연결효과이론	403
실체적 경합	86	연대의식	83
실체적 경합범	54	연명의료결정법	84
실체적 진실주의	13	연속범	412
실체형법	5	영상녹화	433
실화죄	67, 69	영상물조작 · 유포죄	137
심급관할	460	영업범	410
심리강제	10	영장전담판사	212
심신장애인	184	영장주의	331
심정반가치	236	영장청구권	332
심판대상	406	영장체포	332
심판대상론	403	예방적 정당방위	158
쌍무계약	255	예비 · 음모	195
		예비적 · 택일적 공소장	409
		오류형 재심사유	42
아동혹사죄	120	오상방위	231
안전범죄	7	온라인 그루밍 성범죄	137

완전명정죄 186
완화설 41
외국인 16
외국환관리법 20
요증사실 423
우범소년 482
우연방위 231, 242
원인설정행위 186
원인이 자유로운 행위 186
원인행위책임범 186
원조범 120
웰다잉 84
위계 284
위드마크 425
위력 284
위법성 6, 157
위법성의 착오 14, 85, 232
위법성조각사유 14, 157
위법성조각사유의 전제사실에 관한 착오 175, 234
위법수집증거 423
위법수집증거배제법칙 423
위법신분 208
위법요소설 85
위임입법 11
위장수사 138
위조 217
위조공문서행사죄 219
위조사문서행사죄 214
위증죄 290
위태범 109
위해범 109
위험범 109, 286, 291
유기징역 24
유사강간죄 137
유추금지 10
유추해석 12
유형위작 218
유형위조 213, 216
음화판매죄 119
의료법 82, 209

의사결정능력 183
의사설 58
의사주의 265
이원설 403
이익재심원칙 39
이중매매 269
이중위험금지원칙 406
이중적 소유권설 266
이중적 지위 241
이중평가금지원칙 402
인과관계 102, 424
인권옹호직무방해죄 283
인식있는 과실 58
인신구속 332
인적 처벌조각사유 14
인정신문 8
인지 15
일물일권주의 266
일반건조물방화죄 68
일반교통방해죄 109, 414
일반물건방화죄 68
일반예방이론 10
일부기소 395, 406
일부상소 469
일사부재리 39
일사부재리원칙 174
일사부재리효력 39, 395
일죄 395
임금등청산의무위반죄 37
임신중절수술 57
임의적 20
임의적 공범 119
임의제출물 377

ㅈ

자격모용작성 217
자격상실 15
자격정지 15
자구행위 14
자기무고 293

자백배제법칙	423	접견교통권	332
자백보강법칙	13, 424	정당방위	14, 157, 158
자본시장법	123, 306	정당한 이유	234
자수	12	정당행위	14
자수범	135	정당화사유	14
자유로운 증명	424	정보통신망법	7, 399
자유심증주의	424	정상참작감경	23
작량감경	23	정황사실	424
작성명의인	215	정황증거	425
장례식방해죄	109, 283	제310조	244
장애미수	139	제312조	432
재구속	341	제314조	440
재물	257	제한고의설	234
재산범죄	255	제한적 종속형식	199
재산상 이익	257	제한책임설	235
재심개시절차	39	제한평가설	41
재심심판절차	39	조사자증언제도	427
재정관할	460	조서재판	426
재정신청	125	조세포탈범	412
재정신청제도	314	존속살인죄	104
재판기관	467	존속살해죄	208
재판시법주의	34	존엄사	84
재판의 확정력	404	종료시점	400
재판적	460	종합평가설	41
재항고	70, 346	죄수 및 경합	257
쟁의행위	88	죄수 및 경합론	6, 395
적극적 신분	209	죄수론	395
적법절차	13	죄질부합설	232
적의판단	10	죄형법정주의	6
전격기소	347	주거부정	334
전문법칙	423	주거침입강간등죄	135
전문서류	427	주거침입죄	88
전문증인	427	주관설	141
전속고발범죄	306	주관적 객관설	141
전심재판	465	주관적 정당화요소	242
전체주의	7	주관주의 범죄론	233
절차적 진실	14	주위적 형벌	18
절차형법	5	주체	424
절충설	403	준강간죄	137
점유개정도	265	준강도죄	285

준강제추행죄	137	집단범	120
준항고	340	집합범	119
중지미수	139	집행유예	6
중혼죄	142	집행정지	348
즉결심판절차	477	징계처분	292
즉결심판판사	479	징벌적 제재	20
즉고발범죄	306	징역	15
즉시범	295, 399, 414		
즉시항고	70	**ㅊ**	
증거	423	착오	231
증거능력	423	착오송금	258
증거동의	432	채무불이행	268
증거법	423	책임능력	183
증거변조 및 동행사죄	289	책임모델론	187
증거보전청구제도	356	책임무능력	14
증거인멸등죄	288	책임설	235
증거재판주의	423, 424, 477	책임신분	208
증거조사	8	책임원칙	9
증명	423	책임의 개별성	208
증명력	423	책임조각사유	14
증언거부권	174, 290	처단형	402
증인신문청구제도	356	청문절차	344
증인적격	126	체포·구속적부심사청구권	349
지원합의부	462	체포적부심	347
직권남용강요죄	285	초법규적 책임조각사유	159
직권남용권리행사방해죄	283, 285	초상권	331
직권남용불법감금죄	212	촬영물소비죄	137
직권남용죄	295	촬영물이용협박·강요죄	137
직무관할	460	최후수단성	9
직무유기죄	86, 399	추상적 부합설	232
직장폐쇄	88	추상적 사실의 착오	232
직접심리주의	477	추상적 위험범	54
진료거부죄	82	추상적 위험설	145
진술거부권	8, 433	추징	18
진술서면	436	출석불응	334
진정문서	217	치료감호	15
진정부작위범	82	치료명령	15
진정성립	433	친고죄	15
진정소급효	36	친족간특례규정	15, 261
진정신분범	208	침해범	109
질권	268		

ㅋ

카메라등이용촬영 · 유포죄	137
컴퓨터등사용사기죄	262

ㅌ

탄핵주의	40
탄핵증거	424, 426
태아	54
토지관할	460
통고처분	480
통신제한조치	375
통화변조	213
퇴거불응죄	82
특경법	7
특별관계	396
특별사면	38
특별예방	15
특별형법	5
특사경	301
특수강제추행	146
특수공무집행방해치사죄	103
특신상태	433

ㅍ

판결	468
판결선고	8
판례의 변경	35
패싱아웃	135
편면적 대향범	120
평결	476
평의	476
포괄일죄	35, 396
폭처법	7, 89, 158
피고인보석	349
피고인 수색	380
피고인신문	8
피신조서	423
피의자 수색	379
피의자신문조서	427
피해자의 승낙	14, 160

피해자의 양해	171
필요적 가담	119
필요적 공범	119

ㅎ

학대죄	415
함정수사	138
합동강간죄	122
합동범	121
합동절도죄	121
합의부	416, 461
항소심	477
해상강도치사죄	106
해상강도치상죄	106
행위론	6, 238
행위반가치일원론	242
행위시법주의	34
행위자형법	15
행위형법	15
행정처분	15, 480
허용상황의 착오	234
허위공문서작성죄	208, 217
허위작성	217
허위진단서등작성죄	216
헌법불합치결정	37
헌법소원	125
헌법재판소법	35
현장적 공동정범설	122
현주건조물방화죄	68
현주건조물방화치사죄	101
현주건조물일수치사죄	105
현행범	157, 336
현행범체포	336
협박죄	109, 162, 301
형면제	34
형벌	5, 15
형벌능력	22
형벌론	395
형법	5
형법각칙	5

형법전	5	형집행면제	34
형법체계론	231	확신범	235
형법총칙	5	확장해석	12
형사법	5	확정판결	43
형사소송법	5	환형처분	19
형사재판권	16	횡령죄	109, 255
형사제재권	5	후행범죄	413
형사책임능력	14	흡수관계	396
형사특별법	7	흡수주의	402
형식적 범죄	237		
형식적 진실	13		

기타

형식적 확정력	404	13세 미만자 간음·추행죄	137
형식주의	216, 265	2단계 형법체계	236
형종상향금지원칙	479	3단계 형법체계론	236

2000도1216	403	2001도3667	60
2000도159	433	2001도3990	35
2000도1731	93	2001도4014	125
2000도1881	145, 152	2001도4077	234
2000도1899	424	2001도4291	383
2000도1985전합	220, 227	2001도5074	136
2000도20	287, 294, 298	2001도513	74, 77
2000도2704	498	2001도5158	123
2000도2855	215	2001도5225	344, 367
2000도2943	234	2001도5592	284
2000도3045	224	2001도6281	414
2000도3051	234	2001도6669	145, 152
2000도3307	425	2001모53	355
2000도3570	22	2002도123	375
2000도3950	213	2002도1283	20
2000도4078	286, 288	2002도1541	185
2000도565	276	2002도18전합	215, 226
2000도5701	335	2002도2029	136, 410
2000도745	102	2002도2112	446
2000도90	123	2002도2134	257
2000모134	342, 345, 363, 366	2002도2243	88, 178
2000모22전합	355	2002도235	161, 166, 215
2001도08	318	2002도2518	167
2001도1429	86, 396	2002도2998	11
2001도204	173, 175	2002도3589	19, 20
2001도2417	134	2002도4380	317, 411
2001도2823	425	2002도4893	466
2001도2902	50, 125, 417	2002도4929	16
2001도2991	259, 274	2002도4935	221, 227
2001도300	336	2002도5004	87
2001도308	319	2002도51전합	407
2001도3081	309, 324	2002도5341	410
2001도3106	309, 321	2002도537전합	433
2001도3206전합	410, 417, 418	2002도5411	321
2001도3292	60	2002도5679	173, 175
2001도3447	285, 398	2002도6103	424

2002도669전합	396, 413, 414	2004도2767	216
2002도7134	270	2004도2870	122, 127
2002도7335	398	2004도2965전합	173
2002도7477	127	2004도3161	438, 439, 440
2002도807전합	493	2004도3405	167, 168
2002도944	465	2004도353	275
2002도95	96	2004도3619	433, 441, 452
2002도995	81, 83, 89, 92, 94, 199	2004도3994	123
2002헌바104	352	2004도4049	12
2003도1080	43	2004도42	335
2003도1256	161, 166	2004도4428	451
2003도1609	285	2004도4826	244
2003도171	450	2004도4899전합	16
2003도180	290	2004도5014	309, 318, 470
2003도2780	54, 61, 109	2004도5561	286
2003도2903	209, 222	2004도6132	218
2003도3073	22	2004도7111	37
2003도3487	12	2004도74	59, 62
2003도3945	212, 224	2004도7488	470, 492, 493, 494
2003도4382	400	2004도7545	114
2003도4411	433	2004도788	214
2003도4531	90	2004도8071	335
2003도4533	286, 288	2004도8259	201
2003도4966	23	2004도8716	62
2003도5114	290, 294, 298	2004모16	43
2003도5693	340, 350, 363, 364	2004모517	340
2003도5980	45	2004스42전합	146
2003도6282	234	2004오2	37
2003도705	20, 28, 426	2005고합564	226
2003도7178	292	2005노1051	430
2003도7185전합	443, 447, 452, 453, 454	2005도10101	174, 177, 189, 290, 294
2003도763	317	2005도10233	284, 406
2003도7762	97	2005도1373	61
2003도7927	109	2005도1731	295
2003도8136	318	2005도2945	438, 440
2003도8153	417	2005도30	455
2003도8219	260	2005도3707	288, 296, 298
2003모402	346	2005도3717	234
2003헌가7	432	2005도3832	55, 61
2004도1751	276, 277	2005도3909전합	87, 93, 407
2004도2657	22, 30	2005도4051	411

2005도4202	95	2006도4075	19, 28
2005도4462	35, 37, 488	2006도4263	266
2005도4592	234	2006도455	20
2005도4688	163	2006도4885	19
2005도4737	128	2006도4981	375
2005도4915	123	2006도5010	16
2005도626	274	2006도514	410, 415
2005도6604	274	2006도546	304
2005도7112	297	2006도556	450
2005도7283	410	2006도558	292
2005도7473	471	2006도5586	21, 28
2005도7528	286	2006도5979	135
2005도7673	22, 30	2006도6356	125, 130
2005도8081	163	2006도638	20
2005도8105	142, 145, 152, 153	2006도6686	273, 276
2005도8607	471	2006도6795	259, 279
2005도8645	90	2006도7228	442, 450, 452
2005도872	199	2006도734	59
2005도8822	110	2006도7900	185, 188
2005도9396	159	2006도7915	244
2005도9561	441	2006도8568	462, 486, 487, 488
2005모472전합	37, 41, 50	2006도8663	20
2005헌가10	22, 29	2006도8929	21
2006도1076	24	2006도920	11
2006도1125	304	2006도9314	20
2006도1146	492	2006도9453	137
2006도1390	86	2006모646	340, 362
2006도148	335	2006오2	37
2006도1663	208	2006초기335전합	463, 487
2006도1713	397	2007도10050	135, 147, 148
2006도1715	90	2007도1033	89
2006도1944	448	2007도10755	440
2006도2556	428, 430	2007도10804	119, 438
2006도2704	262, 280	2007도11137	286, 296
2006도2732	164	2007도11153	293
2006도3126	257	2007도1307	244
2006도346	399	2007도1373	172
2006도3493	61	2007도1375	161, 257, 275
2006도3591	212, 223, 224	2007도1377	257
2006도3631	291	2007도1977	209, 222
2006도3912	264	2007도2714	161

2007도2919	73	2007헌마718	12
2007도3219	444, 451	2008노3324	284
2007도3306	171, 172	2008다45828전합	258
2007도3687	142, 143, 145, 153	2008도1013	215
2007도379	269	2008도10177	414
2007도3798	218	2008도10479전합	268, 273, 277
2007도3906	496	2008도10787	443, 452
2007도4191	288	2008도10851	221
2007도425	312	2008도10914	378
2007도4484	186, 189	2008도10971	109, 265
2007도482전합	82, 88, 94	2008도11226	87, 344
2007도4977	305, 311, 321	2008도11481	43
2007도5204	88, 163	2008도11722	269, 270
2007도5312	251	2008도11784	189
2007도5838	215	2008도11813	408
2007도606전합	109, 304, 317, 415	2008도11999	333, 360
2007도6273	291	2008도1274	74
2007도629	220	2008도1464	89, 97
2007도6336	74, 77	2008도1652	270
2007도6553	409, 415	2008도2099	410
2007도6703전합	399	2008도2245	379, 382
2007도6712	123	2008도2826	488
2007도6754	284	2008도3300	126
2007도7204	223, 224	2008도3438	262
2007도7257	437	2008도3754	292
2007도7480	215	2008도3766	268, 270, 273
2007도7523	50	2008도4376	130
2007도7601	106, 112	2008도4762	314, 319
2007도7725	86	2008도4852	166, 293, 298
2007도7760	455	2008도488	471
2007도7961	344	2008도507	424, 425
2007도8155	243	2008도5200	219, 226
2007도8333	61	2008도5596전합	470
2007도8485	317	2008도5986전합	48
2007도8645	177	2008도6342	244
2007도883	399	2008도6530	22
2007도9057	292	2008도6829	174
2007도9287	286, 296	2008도6940	59
2007도9328	268	2008도6985	447
2007두26568	23	2008도7034	20
2007헌가17	33, 36	2008도7311	104, 112

2008도7462	313
2008도7471	387
2008도7562전합	37
2008도762	323
2008도763	372, 386, 389
2008도7647	287, 298
2008도7724	307
2008도8007	431, 450
2008도842전합	291
2008도8607	35, 234
2008도8812	244
2008도8922	470
2008도89	85, 92, 94, 95
2008도9414	409
2008도942전합	290, 291, 294
2008도9606	160, 163, 166, 179
2008도9867	185
2008도9919	295
2008모77	39, 43
2008어4	16, 25, 46
2008재노20	42
2008헌마629	249
2008헌바12	473
2008헌바157	12
2008헌바840	112
2009다17417전합	84
2009도10092	381, 388
2009도10139	447, 452
2009도1025	55, 61
2009도1040	63
2009도10709	287, 296
2009도10778	399
2009도11249	126
2009도11889	454
2009도12109	95
2009도12627	261, 410, 417
2009도13151	289
2009도13187	264
2009도13716	134, 147
2009도13868	234
2009도14065	477
2009도14427	269, 270
2009도1446	125
2009도1889	454
2009도224	324
2009도2576	62
2009도2682	483
2009도3505	285, 295, 398
2009도3580	146
2009도3642	123, 128
2009도4166전합	97, 283, 284, 295
2009도5075	35, 44
2009도5704	134
2009도6058전합	25, 308, 320, 321
2009도6614	320, 323
2009도6788전합	297, 442
2009도7150	195, 196
2009도7436전합	409
2009도8949	244
2009도9112	324
2009도9807	59
2009도9963	223
2009모1032	472, 494
2009모1190	374, 384
2009오1	37
2009전도7	483
2009헌가23	47
2009헌바17	33
2009헌바430	39
2010노370	258
2010도10028	291
2010도1017	304, 316
2010도10202	292
2010도1025	166
2010도10451	172
2010도10677	147, 148
2010도1125	226
2010도11293	264, 277
2010도1189전합	424, 456
2010도12069	22
2010도13450	109, 114
2010도13801	313, 406

2010도14328전합	9
2010도14587	217
2010도17237	251
2010도1939	410, 417
2010도2182	410, 417
2010도2680	309
2010도2705	214
2010도2745	167
2010도2877	251
2010도3504	451
2010도387	76
2010도4680	309, 321
2010도5040	434, 452, 454
2010도5124	90
2010도5605	36
2010도5606	36
2010도5610	426
2010도5795	261
2010도5948	446, 450
2010도5975	267
2010도5986전합	38
2010도6256	258, 279
2010도6924	73, 76
2010도7412	78
2010도7923	264
2010도8336	25
2010도9007	375
2010도9016	375
2010도9630	147
2010모363	41
2010헌바307	29
2010헌바402	56
2011노163	284
2011도10451	316
2011도10468	214, 215
2011도10539	201
2011도10626	482, 497
2011도11224	268
2011도11264	23
2011도12407	375
2011도12927	337, 461, 486, 487, 488
2011도14441	219
2011도15057전합	13, 25
2011도15258	382, 391
2011도15484	472
2011도16385	264
2011도17	465, 495
2011도1739	285, 296
2011도1765	261, 280
2011도1902	391
2011도1932전합	48, 50
2011도2170	261, 280
2011도3489	292
2011도3682	158, 163, 360
2011도4260	35, 47
2011도4451	307, 319, 322
2011도4763	361
2011도5822	260
2011도6223	161, 215
2011도639	162, 168
2011도6507	16, 17, 425
2011도7081	284
2011도7106	472
2011도7193	344, 383
2011도7725	25
2011도7757	434
2011도8529	43, 48
2011도8805	134
2011도9585	20
2011도9721	424, 456
2011모1839전합	374, 384
2011헌가36	348
2011헌마28	46
2011헌바379	173
2011헌바48	88
2011헌바79	444
2012도1225	472, 494
2012도12689	184, 185
2012도12927	336
2012도13352	162, 168
2012도13665	435
2012도13748	246

2012도13896	472
2012도13999	287, 296, 415
2012도14097	409
2012도15057	399
2012도15805	20
2012도16001	431, 442, 450
2012도1895	284
2012도2628	62, 83, 198
2012도2744	60
2012도2937	426, 431, 450
2012도2938	49
2012도4644	375
2012도4842	126, 130
2012도534	435
2012도568	321
2012도6027	287, 294, 399
2012도6612	480
2012도6848	290
2012도725	441
2012도7461	430, 438, 440
2012도7760	44
2012도8544	490
2012모1393	491
2012재두299	37
2012헌바298	472
2013도10958	318
2013도11233	387
2013도12079	287
2013도1228	391, 392
2013도12592	166, 293
2013도12939	11
2013도1370	433, 452
2013도16101	63
2013도16404	375
2013도1658	417
2013도2168	361
2013도2198	488
2013도2511	429, 437, 451
2013도3950	97
2013도4737	404
2013도5165	417
2013도5355	152
2013도5650	320, 321
2013도7101	373, 384
2013도7718	390
2013도7754	261
2013도7987	305, 318, 319
2013도8085	289, 297
2013도9162	125
2013모2347전합	315, 324, 325
2013헌바129	17
2014고합1172	306
2014노2820	445
2014노466	171
2014도10978전합	372, 386, 388, 390, 424, 451, 456
2014도11315	63
2014도11533	262
2014도12753	177
2014도17182	324
2014도17252전합	40
2014도191	167
2014도2946	42
2014도3163	425
2014도3363전합	267, 273, 274, 277
2014도4915	173
2014도6377	292, 297
2014도781	167
2014도8423	136
2014도8719	390
2014모739	48
2014오3	37
2015다200111전합	339
2015도10648	384, 388, 390
2015도12400	384, 386
2015도12981	447, 455
2015도13726	381
2015도15398	292
2015도15619	251
2015도15669	44
2015도15782	39, 40, 48, 49, 50
2015도16014전합	11, 45
2015도17115	441

2015도1803	460, 486	2016도8137	376, 386
2015도1927	164	2016도9367	443, 452, 453
2015도20396	296	2016도9470	311, 316
2015도2275	431	2016초기318전합	485, 486, 488
2015도2625전합	444, 445	2016헌가7, 2015헌바370 병합	379, 391
2015도364	377, 378	2017도10309	391
2015도3682	408, 417	2017도10368	479, 496, 497
2015도3926	323	2017도1056	109, 114
2015도5545	63	2017도10866	361
2015도5665	268	2017도12671	445
2015도5916	125	2017도13263	374, 384, 386, 388, 392, 426
2015도6057	270, 271	2017도13409	480, 481, 495
2015도6809전합	59, 94	2017도13458	373, 390
2015도6980	142	2017도13748	494
2015도9436전합	136	2017도1405	93
2015모1032	342, 366	2017도1430	488
2015모1475	36, 38	2017도14609전합	24, 414
2015모2229전합	456	2017도14992	215
2015모3243	43, 49, 50	2017도17494전합	258, 276, 278, 279
2015헌바239	45	2017도17762	45
2015헌바77	468	2017도18272전합	88, 97
2016도10912전합	171, 173, 178	2017도19025전합	246
2016도11138	408	2017도21249	399
2016도1131	39, 40	2017도21537	109
2016도13734	272	2017도21537	414
2016도14772	408	2017도2760	157, 162
2016도14820	130	2017도3829전합	271, 274
2016도15470	62	2017도4027전합	268, 269, 270, 277
2016도15526	455	2017도4578	272
2016도17465	485	2017도5977전합	17
2016도17733	135, 212, 223, 224	2017도8989	310, 316
2016도18031	477	2017도9146	285, 295, 414
2016도18035	260	2017도9254	276
2016도19027	408	2017도9747	374, 384, 389, 390
2016도19308	270	2017모1557	481, 497
2016도19843	375	2017헌바127	56
2016도2081	215	2018도13382	39
2016도21342	410, 416, 418	2018도13685	451
2016도348전합	373, 374, 381, 392	2018도13792전합	20
2016도4699	243	2018도13877전합	134
2016도5814	361, 383	2018도13945전합	442, 455

2018도15213	97	
2018도15584	268	
2018도16002전합	142, 143, 145, 151	
2018도18646	285	
2018도19043	226	
2018도20504	388	
2018도20698전합	48, 49, 50, 414	
2018도2236전합	285	
2018도2560	220, 226, 227	
2018도2738전합	431, 450	
2018도5475전합	184	
2018도6219	388	
2018도7293	297	
2018도738전합	451	
2018도9781	135	
2018헌바524	435	
2019도10678	320	
2019도11294전합	218	
2019도13290	385	
2019도13730	268	
2019도14340전합	267, 268	
2019도15167	38, 44	
2019도5186	285, 296	
2019도7217	416	
2019도9756전합	273, 277	
2019모3526	372, 385, 386	
2020고합50	212	
2020도10729	385	
2020도12630전합	89, 97	
2020도15891	455	
2020도16420전합	34, 47	
2020도17776	212	
2020도17796	135	
2020도2550	373	
2020도2642	289, 297, 426	
2020도4140전합	471, 484	
2020도5813전합	109, 114, 243	
2020도6085전합	89, 97	
2020도8682	265	
2020헌바552	339	
2021노2431	291	

2021도11126전합	309	
2021도14015	168	
2021도14514	109, 114	
2021도2030	296	
2021도4514	221	
2021도7168	28	
2021도760	47	
2021도8657	188	
2021오11	37	
2021헌가9	135, 148	
2022도12494	256	
2022도1452	375, 381	
2022도16120	72	
2022도8824	436	
2023도10768	237	
2023도162	135, 148	
2023도3038	415	
2023도3741	448	
2023도7301	446	
2023오9	37	
63오1	37	
65도1164	174	
65도826전합	289, 294, 298, 399	
66도1392	398	
66도316	449	
66도617	449	
67도471	312, 322	
68도302	408	
68도302	408	
68도370	237	
68도616	272	
68도884	232, 246	
69도114	484	
71도2032	276	
71도212	425	
71도2277	73	
71도974	465	
72도2704	276	
72도722	412	

73도1133	18	81도1931	286
73도1366	410	81도3040	426
73도1684	177	82감도612	410
73도279	426	82도117	86
74도1684	215	82도1297	220, 225, 226
74도2817	400	82도1426	161, 215
74도3113	128	82도1446	102
74도509	128	82도1504	311
74모68	466	82도1829	264, 277
75도1549	197, 200, 201	82도2024	94
75도3365	407	82도2210	87, 407
72도722	87	82도2279	73
75도727	232	82도2341	103
75도781	262	82도2595전합	21
76도151	218	82도2714	279
76도2012	24	82도2829	410
76도3685	284, 289	82도3065	86
77도1116	269, 270	82도3136	73, 75
77도1789	214	82도535	125
77도251	11	82도705	396
78도1031	448	82도781	75
78도2082	75	82도822	226
78도2175	399	82도884	74, 76, 77
78도246전합	24	83도1378	403
78도3204	490	83도1486	286
79도2105	416	83도2276	171, 172, 177
79도2201	197, 198, 199, 200	83도2543	177
79도792	356, 367	83도2813	232
		83도2967	142
80도131	261	83도3145	444
80도1545	265	83도323	313
80도2097	265	83도3331	143
80도2722	426	83도515전합	211
80도2822	297	83도639	20
80도2847	470, 492	83도685	89
80도3180	217	84도1129	404
80도3245	125	84도1139	86, 396, 397, 408
80도3321	110	84도1550	313
80도384전합	470, 492, 493, 494	84도195	207, 210, 221, 222
81도1130	219	84도2106	38
81도1171	312, 322	84도2249	309

84도2747	126	86모2	494
84도2922	399, 415	87도1020	448
84도2956	127	87도1213	22, 30
84도2972전합	460	87도1699	119
84도372	110	87도1707	308, 309
84도36	455	87도1745	223, 246
84도39	17	87도1952	272
84도691	269	87도2196	462
84모24	467	87도2451	126
84모32	41	87도399	
84초45	464	87도506전합	214
85감도347	73	87도84	125
85도108	59	87도852	145
85도1487	178	88도1114	103, 424
85도1892	110, 179	88도1240	148
85도190	309	88도1296	274
85도1940	126, 312, 324	88도1586	276
85도1998	470	88도1680	214
85도25	234	88도178	102
85도281	465, 495	88도2211	20
85도691	448	88도551	18, 28
85도897	287	88도580	290
85모12	341, 342, 468	88도650	233, 247
85모21	363	88도750	269
85모37	324	88도906	266
86도1012전합	47	88초60	13, 26
86도1112	269, 270	89도1317	313, 409, 415
86도1382	259, 274	89도1670	172, 177
86도1406	178, 237	89도2173	399
86도1517	222	89도350	264, 273, 277
86도1646	357, 367	89도358	158
86도1728	400	89도582	261
86도1783	447	89도612	465
86도2256	142	89도664	398
86도2338	58	89헌마181	346
85도2371	73		
86도255	213	90도1912	223
86도586	424	90도2820	492
86도628	274	91도2698	270
86도874	174	91도3150	125
86모15	43	91도3346	426

92도1223	270
92도2020	471
92도407	35
92도917	448
92도999	186, 189
93도3080	415
93도3612	232
94도617	261
94모77	466
95도2551	199
95도696	309
96도638	425
97도183	161, 215
98도159	425
98도2526	264
99도2240	87, 407, 412
99도2318	437
99도4923	424
99도5275	289, 298
99도636	172

저자 약력

윤동호

고려대학교 법과대학 법학사/법학박사

현 국민대학교 법과대학 교수

전 제주대학교 법학전문대학원 교수

전 부경대학교 법학과 교수

전 한국형사법무정책연구원 부연구위원

한눈에 잡히는 형사법

초판발행	2024년 3월 5일
지은이	윤동호
펴낸이	안종만·안상준
편 집	사윤지
기획/마케팅	박부하
표지디자인	Benstory
제 작	고철민·조영환
펴낸곳	(주) 박영사
	서울특별시 금천구 가산디지털2로 53, 210호(가산동, 한라시그마밸리)
	등록 1959. 3. 11. 제300-1959-1호(倫)
전 화	02)733-6771
f a x	02)736-4818
e-mail	pys@pybook.co.kr
homepage	www.pybook.co.kr
ISBN	979-11-303-4656-4 93360

copyright©윤동호, 2024, Printed in Korea

정 가   32,000원